0911012

中国宝武钢铁集团有限公司史志编纂委员会　　编

# 中国宝武钢铁集团有限公司

# 年鉴 2021

# BAOWU

上海人民出版社

CHINA BAOWU STEEL GROUP CORPORATION LIMITED

## 中国宝武钢铁集团有限公司史志编纂委员会


**主任委员** 陈德荣（中国宝武钢铁集团有限公司党委书记、董事长）

**副主任委员** 胡望明（中国宝武钢铁集团有限公司总经理、党委副书记）

魏　尧（中国宝武钢铁集团有限公司党委常委）

**委　　员**（以姓氏笔画为序）

冯爱华　吕　军　朱永红　纪　超　李庆予　吴东鹰
邹继新　汪　震　张文良　张立明　张贺雷　张锦刚
陈德荣　胡志强　胡爱民　胡望明　柯善良　侯安贵
姚林龙　秦长灯　贾砚林　钱建兴　钱　峰　郭　斌
章克勤　蒋育翔　储双杰　路巧玲　魏　尧


## 《中国宝武钢铁集团有限公司年鉴》


**主　　编** 魏　尧　　**执行主编** 张文良

**编辑部主任** 张文良


## 《中国宝武钢铁集团有限公司年鉴（2021）》栏目审稿人


（以姓氏笔画为序）

马朝晖　王永川　王明东　王建跃　王继明　王清洁　尤　艺　卢锡江　田正宏　田　钢
冯爱华　吕　军　朱汉铭　刘大卫　刘月华　刘加海　刘　澎　安　涛　孙有力　孙　彤
李大东　李世平　李庆予　李奕江　李　彬　杨建夏　肖国栋　吴小弟　吴文彬　吴东鹰
吴　军　吴琨宗　何宇城　何柏林　汪国俊　沈侃毅　宋建新　张水艳　张立明　陆克从
陆怡梅　陈在根　陈志宇　陈英颖　陈建荣　陈昭启　陈　强　拓西梅　欧江洪　罗文钦
周忠明　周宝良　周建峰　孟文旺　孟令军　赵昌旭　赵春阳　胡中杰　胡玉良　胡达新
胡　宏　胡恩龙　饶玉勇　饶志雄　姚林龙　秦长灯　秦铁汉　夏志龙　顾　斌　钱　峰
倪志军　徐克勤　徐昌林　翁志华　高建兵　高　勇　高祥明　谈爱国　黄　辉　曹　清
彭　俊　蒋育翔　智西巍　曾　泰　路巧玲　蔡正青

大钢集团厂区

1 2020年3月9日，由武钢体育馆改建的青山方舱医院休舱。新冠肺炎疫情期间，青山方舱医院收治患者519名 （吴 刚 摄）

2 2020年8月21日，山西省人民政府与中国宝武在太原签署战略合作框架协议 （施 琮 摄）

1 2020年5月28日，中国宝武向定点扶贫的云南省江城县捐赠扶贫资金 （施　琮摄）

2 2020年12月5日，宝武集团中南钢铁有限公司在广州市揭牌成立 （施　琮摄）

3 2020年12月23日，宝钢股份炼钢厂冶炼完成2020年中国宝武第一亿吨钢 （张　勇摄）

1 2020年9月17日，中国宝武与上海交通大学签署战略合作框架协议（施　琮 摄）

2 2020年12月5日，中国宝武与广东省人民政府签署战略合作框架协议（蒋丹枫 摄）

3 2020年12月21日，中国宝武与兰州市人民政府签署战略合作框架协议（陆　路 摄）

1 2020年5月6日，“中国宝武130年”系列展览首展“历史的起点”在宝武大厦开展（施 琮摄）

2 2020年7月1日，“钢铁荣耀 铸梦百年——中国宝武130年”之“重走钢铁长征路”系列活动首站——成渝片区活动在重庆工业博物馆举行（施 琮摄）

3 2020年9月13日，中国宝武在“重走钢铁长征路”系列活动第二站——武汉片区活动上表彰防疫先锋队（施 琮摄）

1
2
3

**1** 2020年9月25日，中国宝武举行“重走钢铁长征路”系列活动湛江钢铁专场暨湛江钢铁纪念投产五周年主题活动 （朱家耀 摄）

**2** 2020年10月9日，中国宝武在八一钢铁举行“重走钢铁长征路”新疆片区活动 （张 勇 摄）

**3** 2020年10月26日，中国宝武在马钢集团举行“重走钢铁长征路”宁马片区活动 （张明伟 摄）

**1** 2020年11月30日，中国宝武在韶关钢铁举行“重走钢铁长征路”华南片区活动（张　勇摄）

**2** 2020年12月8日，中国宝武在吴淞炮台湾湿地森林公园举行“重走钢铁长征路”上海片区活动（施　琮摄）

**3** 2020年12月23日，纪念中国宝武130年大会在中国宝武钢铁会博中心举行（刘　杰摄）

1 宝钢股份成品码头（刘继鸣 摄于2020年11月）

2 2020年11月22日，宝钢股份二号高炉（第三代炉役）点火投产（刘继鸣 摄）

3 2020年12月15日，宝钢股份新型耐热刻痕取向硅钢机组投产（张 犀 摄）

1 2020年2月12日，武钢有限援建武汉雷神山医院小分队在医院前合影

（傅　焰摄）

2 经历新冠肺炎疫情，2020年3月29日，武钢有限实现100%复工复产

（张运学 摄）

3 2020年7月7日，武钢有限各单位全力以赴防汛抢险，保障生产顺行

（聂德虎 摄）

1
2
3

1 2020年7月19日，湛江钢铁三号高炉系统项目冷轧工程1标六机架牌坊吊装 （朱家耀 摄）

2 2020年10月29日，湛江钢铁1550冷轧新增彩涂机组开工建设 （朱家耀 摄）

3 2020年11月18日，国内首条厚板试样加工自动产线在湛江钢铁投入运行 （鲍 智摄）

1 2020年8月，梅钢公司通过对鱼雷罐进行增加保温层改造，使铁水过程温降幅度首次降至140℃，创历史最优 （张春庆 摄）

2 梅钢公司厂区一角 （朱 飞 摄于2020年10月）

3 2020年12月20日，中国宝武年产60万吨的铝合金精深加工项目——宝武铝业一期项目建成投产 （边华骏 摄）

1 2 3

**1** 韶关钢铁厂区一角
（陶瑞基 摄于2020年3月）

**2** 2020年7月20日，韶钢松山中板产线转型工业线材技术改造工程全线热负荷试车
（龚俊明 摄）

**3** 2020年11月30日，韶关钢铁第四出口至曲江区黑石G106线公路通车
（张　勇摄）

1 鄂城钢铁员工抗疫保产
（桂　多 摄于2020年4月）

2 鄂城钢铁全自动快速分析系统
（桂　多 摄于2020年8月）

3 鄂城钢铁二号高炉区域
（李　红 摄于2020年7月）

1 2020年11月20日，重庆钢铁举行企业品牌形象发布仪式 （施 琮摄） 1

2 2020年11月20日，重庆钢铁七号转炉经升级改造后投产 （施 琮摄） 2

1
2
3

**1** 马钢股份四钢轧总厂炼钢生产线铁水预处理工序（潘兴胜 摄于2020年5月）

**2** 马钢股份在常态化疫情防控中推动复工复产；2020年上半年，重点产品风电能源用钢销量同比增长80%以上（罗继胜 摄）

**3** 2020年10月26日，马钢集团举行重型H型钢产品首发仪式（张明伟 摄）

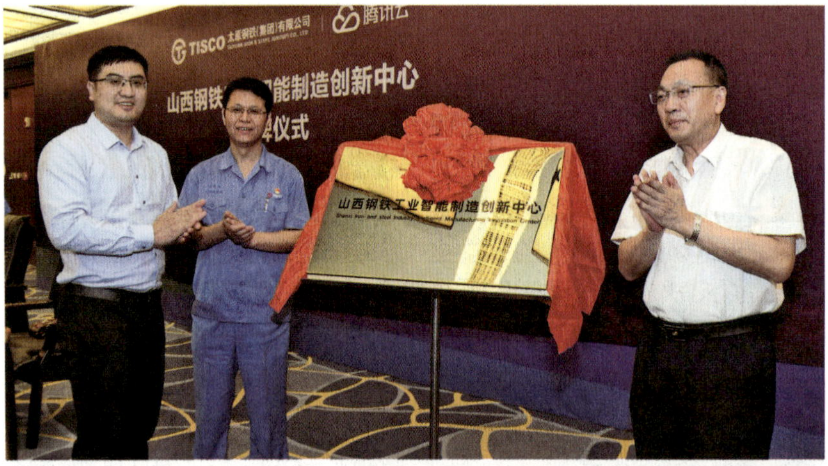

1 2020年1月15日，太钢集团举行“双良传人”命名仪式（王旭宏 摄）

2 2020年9月4日，山西钢铁工业智能制造创新中心在太钢集团揭牌（王旭宏 摄）

3 2020年10月5日，太钢不锈五号高炉大修工程竣工开炉（王旭宏 摄）

1　2020年9月28日，宝钢德盛1780热轧产线热负荷试车　（程　敏摄）　1

2　2020年12月17日，宁波宝新年产3万吨汽车用钢项目投产　（陈丽君 摄）　2

1 用八一钢铁废钢渣生产的路面砖应用于乌鲁木齐市头屯河沿岸综合整治工程 （姚海山 摄于2020年6月）

2 八一钢铁争分夺秒生产优质钢材，把新冠肺炎疫情造成的损失降到最低；2020年8月27日，铁路单日钢材发运量创新高，达217车，比日常发运量高出37车 （姚海山 摄）

3 八一钢铁厂区一角 （姚海山 摄于2020年7月）

1 2020年4月23日，欧冶链金再生资源有限公司揭牌成立（张明伟 摄）

2 2020年4月27日，中国宝武钢铁会博中心在上海不锈原2 500立方米高炉区域开工建设（施 琮 摄）

3 2020年5月20日，宝武清能科研性示范加氢站（宝钢股份）工程开工奠基（施 琮 摄）

1 2020年6月28日，吴淞创新城宝武地块转型首发项目开工，中国宝武吴淞园建设管理办公室揭牌成立（施　琮摄）

2 2020年8月26日，由宝武重工钢结构工程分公司负责安装的脱硫塔环梁，在马钢股份炼铁总厂吊装（张　勇摄）

3 2020年11月8日，欧冶工业品股份有限公司在中国第三届国际进口博览会上揭牌成立（张　勇摄）

1 2020年12月11日，宝钢资源马钢矿业罗河铁矿一期500万吨/年扩能工程建设项目在安徽省庐江县开工 （罗 河摄）

2 2020年12月21日，宝方炭材料科技有限公司十万吨超高功率石墨电极项目在宝武炭材兰州基地投产 （陆 路摄）

宝钢股份直属厂部高炉区域
（刘继鸣 摄于2020年4月）

# 编 辑 说 明

一、《中国宝武钢铁集团有限公司年鉴》创办于2018年，由中国宝武钢铁集团有限公司（简称中国宝武）主办，中国宝武史志编纂委员会主编，是系统记述中国宝武各方面情况的年度资料性文献，旨在为读者了解、认识、研究中国宝武提供真实可靠、可鉴、可用的翔实资料。编辑部设在中国宝武史志办公室。

二、本年鉴是中国宝武的第四部年鉴，以马克思列宁主义、毛泽东思想、邓小平理论、“三个代表”重要思想、科学发展观、习近平新时代中国特色社会主义思想为指导，系统记述中国宝武总部各部门和子公司2020年改革与发展的基本情况、重大事项，力求全面反映中国宝武及所属单位的新变化、新特点、新成就。

三、本年鉴由中国宝武总部各部门和子公司供稿。记载的时间跨度，除特别说明外均为2020年1月1日—12月31日。

四、本年鉴设总述、特载、专文、要闻大事、企业管理、科技工作、节能环保、人力资源、财务审计、钢铁主业、新材料产业、智慧服务业、资源环境业、产业园区业、产业金融业、托管企业、党群工作、企业文化、人物与荣誉、统计资料、附录、索引22个篇目，210个分目，1 390个条目。另有卷首照片58幅，随文照片92幅，图、表78张。

五、本年鉴主体内容以条目为记述的基本形式，条目标题用黑体字显示，体裁有述、记、图、表、录等。

六、本年鉴存真求实，客观反映中国宝武改革发展中所取得的成绩和存在问题，体现时代特征、企业特色和年度特点。

七、本年鉴所用的缩略语第一次出现时一般均有注解，再次出现时不再注解，以此类推。《中国宝武部分单位全称、简称对照表》《本年鉴所用专有名词解释》见附录。

八、本年鉴采用双重检索。书前刊有中、英文目录，书后备有索引。索引采用主题词（专用名、人名）索引法，方便读者检索。

九、质量是年鉴的生命。本编辑部十分重视编校质量，《中国宝武钢铁集团有限公司年鉴》2018卷、2019卷连续获得中国地方志指导小组和全国地方志学会授予的“全国地方志优秀成果（年鉴类）三等年鉴”。为进一步提高编纂质量，诚盼读者指教。

# 目　录

## 01 总　述



## 02 特　载



## 03 专　文



## 04 要闻大事



## 05 企业管理

# 06 科技工作

## 07 节能环保



## 08 人力资源

# 09 财务审计

## 10

## 钢铁主业

# 11

# 新材料产业

# 12 智慧服务业

## 13 资源环境业

# 14 产业园区业



# 15 产业金融业

## 16 托管企业

# 17

## 党群工作

## 18 企业文化

## 19 人物与荣誉



## 20 统计资料



## 21 附 录

## 22

## 索　引

封面图片：图为重庆钢铁厂区一角

# Contents

## 09

## Finance and Audit



## 10

## Iron & Steel

## 15

## Industrial Finance



## 16

## Managed Enterprise



## 17

## Party-mass Work



## 18

## Corporate Culture



## 19

## Figures and Awards



## 20

## Statistical Materia

## 21

## Appendix

## 22

## Index

# 01 总述

# 总　述

中国宝武钢铁集团有限公司(简称中国宝武,英文名称CHINA BAOWU STEEL GROUP CORPORATION LIMITED)的前身为始建于1978年12月的上海宝山钢铁总厂,后经历宝山钢铁(集团)公司、上海宝钢集团公司、宝钢集团有限公司等不同发展阶段,于2016年12月与武汉钢铁(集团)公司实施联合重组后揭牌成立。2019年9月,中国宝武对马钢(集团)控股有限公司实施联合重组;2020年10月,对中国中钢集团有限公司实施托管;12月,正式成为重庆钢铁股份有限公司实际控制人,完成对太原钢铁(集团)有限公司的联合重组,对重庆钢铁(集团)有限责任公司实施托管。中国宝武注册资本527.91亿元,资产规模10 141亿元,是国有资本投资公司试点企业;2020年钢产量突破1亿吨,是全球最大钢铁企业,在世界500强企业排名第111位。总部设在中国(上海)自由贸易试验区世博大道1859号。

## 企业现状

中国宝武以“成为全球钢铁业引领者”为愿景,以“共建高质量钢铁生态圈”为使命,以“诚信、创新、协同、共享”为公司价值观,致力于通过技术引领、效益引领、规模引领,打造以绿色精品智慧的钢铁制造业为基础,新材料产业、智慧服务业、资源环境业、产业园区业、产业金融业等相关产业协同发展的格局,形成“亿吨宝武”“万亿元营业收入”能力,打造若干个千亿元级营业收入、百亿元级利润的支柱产业和一批百亿元级营业收入、十亿元级利润的优秀企业。

钢铁制造业是中国宝武的主营业务,以“引领全球钢铁产业发展”为目标,着重体现规模、技术、效益引领,通过行业重组整合提高产业集中度,推进智慧制造,成为世界一流的碳钢、特钢、不锈钢精品钢材智造服务商,实施绿色、精品、智慧、成本、规模经营战略。2020年,钢铁

宝钢股份直属厂部一角　（刘继鸣 摄于2020年3月）

制造业拥有宝山钢铁股份有限公司（含宝钢股份直属厂部、上海梅山钢铁股份有限公司、宝钢湛江钢铁有限公司、武汉钢铁有限公司、黄石涂镀板有限公司、宝钢日铁汽车板有限公司、广州JFE钢板有限公司等），宝武集团中南钢铁有限公司（含广东韶钢松山股份有限公司、宝武集团鄂城钢铁有限责任公司、重庆钢铁股份有限公司），太钢集团［含太原钢铁（集团）有限公司、宝钢德盛不锈钢有限公司、宁波宝新不锈钢有限公司］，及马钢（集团）控股有限公司、宝钢集团新疆八一钢铁有限公司、宝武集团马钢轨交材料科技有限公司等企业，粗钢产量全球第一，产品广泛应用于汽车、机械、军工、家电、能源、电力、船舶、交通、海洋工程等行业。

新材料产业聚焦先进制造业发展和大国重器之需，重点推进新能源、海洋工程、航空航天等领域所需的镁、铝、钛等轻金属材料、特种冶金材料、金属包装材料及碳基、硅基和其他无机非金属材料产业化，提升高性能金属材料领域的差异化竞争优势。智慧服务业以大数据、云计算、人工智能技术为基础，打造数字化设计与咨询服务和工业装备智能运维服务业务，构建基于钢铁和相关大宗商品的第三方平台，为钢铁生态圈提供全生命周期智慧制造和服务的整体解决方案。资源环境业聚焦主业所需的矿产资源的开发、交易和物流业务，创新商业模式，构建全供应链的世界一流的矿产资源综合服务平台。依托城市钢厂的装备、技术和资源优势，以产城融合、城市矿山开发和资源综合利用为方向，形成专业化的行业和产城融合的环保产业。产业园区业以盘活集团存量不动产资源为出发点，通过与外部优势企业合资合作，打造新型产业园区，助力城市经济转型升级，保障老钢铁基地转型中员工新的职业发展，支撑钢铁生态圈建设。产业金融业打造专业化、市场化、平台化的产业金融服务体系，为钢铁生态圈提供供应链金融和资产管理等服务，进一步发挥产业公司的金融业务服务实体经济发展的功能和优势。

2020年底，中国宝武在册员工227 007人，在岗员工187 595人。

## 组织机构

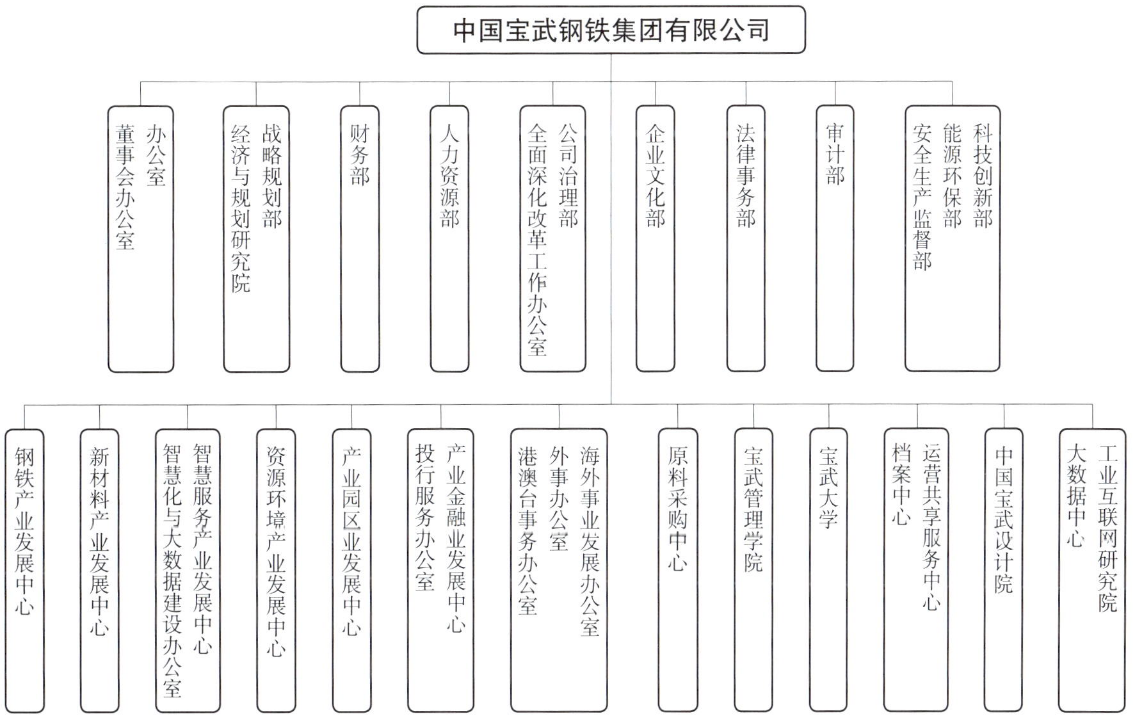


说明：

1. 办公室、董事会办公室合署办公；战略规划部、经济与规划研究院"一个机构、两块牌子"运作；公司治理部、全面深化改革工作办公室合署办公；企业文化部、宝武管理学院合署办公；科技创新部、能源环保部、安全生产监督部合署办公；运营共享服务中心、档案中心"一个机构、两块牌子"运作。
2. 智慧服务产业发展中心、智慧化与大数据建设办公室合署办公；产业金融业发展中心、投行服务办公室"一个机构、两块牌子"运作；海外事业发展办公室与外事办公室、港澳台事务办公室"一个机构、三块牌子"运作；原料采购中心与原料供应服务公司（名称以工商登记为准）合署运作；中国宝武设计院与宝钢工程"两块牌子、一套班子"运作；工业互联网研究院、大数据中心与宝信软件实行合署办公。
3. 为建设国家产教融合型企业设立宝武大学。

**中国宝武钢铁集团有限公司组织机构图（2020年12月）**

## 经营业绩

2020年，中国宝武克服新型冠状病毒感染肺炎（简称新冠肺炎）疫情不利影响，持续深化推进供给侧结构性改革，以"三高两化"为路径推进高质量发展，全年完成工业总产值（现行价格）6 079.11亿元，工业销售产值6 029.35亿元，资产总值10 140.70亿元，营业收入6 737.40亿元，实现利润总额455.40亿元，同比增利110亿元，营业收入、利润总额均创历史新高，上缴税费256.10亿元，净资产收益率8.21%；铁产量10 117.68万吨，钢产量11 528.81万吨，商品坯材产量11 262.94万吨，商品坯材销量11 261.43万吨，出口钢材453.09万吨。期末资产总额10 140.70亿元，提前实现"万亿元资产"规划目标。

全年，中国宝武研发投入率2.81%，专利申请3 779件，其中发明专利2 447件。吨钢综合能耗590千克标准煤，较2019年同口径下降1.70%；二氧化硫、化学需氧量和氮氧化物排放总量分别为28 635吨、1 887吨和68 106吨，较2019年同口径分别下降14%、10%和11%。对外捐赠2.795亿元。中国宝武被纳入中央企业创建世界一流示范企业。在2019年度中央企业负责人经营业绩考核中，中国宝武获评A级企业，在中央企业排名第14位，较上年提升12位，考核得分和排名均为历史最好水平。名列美国《财富》世界500强榜单第111位，首次跃居全球钢铁企业首位。在美国《财富》(中文版)发布的“最受赞赏的中国公司”全明星榜上位列第八。国际三大评级机构标准普尔、穆迪、惠誉继续给予全球综合性钢铁企业最高信用评级。

年内，中国宝武成为重庆钢铁实际控制人，完成对太钢集团的联合重组，对中钢集团、重钢集团实施托管。钢铁主业完善沿海沿江空间布局，优化钢铁产业结构，推进专业化、区域化、平台化公司建设，成立中南钢铁等平台公司，并实施区域内整合，强化与民营钢铁企业的效率和效益对标找差，综合竞争力不断提升。全年实现钢产量11 528.81万吨，利润248.20亿元，同比增利53.80亿元。多元产业以“亿吨宝武”为契机，立足高质量发展钢铁生态圈，推进业务聚焦和专业化整合，实施一批资本运作项目。其中，新材料产业立足成为集团公司第二大制造业板块，推进产业发展布局和重点项目落地，开展资源及业务的专业化整合，实现利润8.30亿元，同比保持平稳。智慧服务业系统开展生态圈重点智慧服务平台策划研究与实施落地，组建欧冶工业品股份有限公司(简称欧冶工业品)，推进各项专业化整合工作，实现利润29亿元，同比增利16.10亿元。资源环境业推动新产业布局，重组西藏自治区矿业发展总公司(简称西藏矿业)，构建大原料保障体系，组建宝武原料供应有限公司(简称宝武原料)，推进集团公司内部矿产资源的整合，实现利润52.20亿元，同比增利12.80亿元。产业园区业推进现代产业园区和全国性区域服务总部建设，推进吴淞科创园等重点地块规划和项目，实现利润51.40亿元，同比增利21.80亿元。产业金融业构建产业金融服务平台，推进新金融牌照布局和内部专业化整合，深耕钢铁生态圈业务，持续提升风险管控体系能力，实现利润31.10亿元，同比实现增长。

## 重点工作完成情况

### 一、疫情防控有序有力，复工复产卓有成效

2020年，中国宝武经受住了新冠肺炎疫情的考验。各单位全面开展疫情防控，推进复工复产。捐赠7 600万元助力抗击疫情，多渠道筹措抗疫物资，保障员工的健康安全；各单位严密组织，确保生产经营稳定。在鄂企业一边严抓抗疫，一边复工生产，在医用氧保障、工程建设项目材料供应、方舱医院建设等方面助力抗疫。一批集体和个人分获全国、中央企业、各省市“抗击新冠肺炎疫情”先进称号。

### 二、坚持“三个引领”，进一步做强做优做大国有资本

1. 坚持规模引领，市场占有率不断提高。2020年，中国宝武继续推进资本运作：8月21日实施对太钢集团的联合重组，12月23日完成工商变更；10月19日，托管中钢集团；12月2日，成为重庆钢铁实际控制人；12月5日、17日，八一钢铁分别完成对新兴铸管新疆有限公司和新疆伊犁钢铁有限责任公司的股权收购；12月21日，托管重钢集团。多元产业完成重组西藏矿业、宝钢金属增持南京云海金属股份有限公司、宝武炭材收购吉林精功碳纤维有限公司等。一批重要项目开工或投产：全球唯一完全面向新能源汽车行业的高等级无取向硅钢专业生产线——宝钢股份无取向硅钢产品结构优化项目开工建设；重庆钢铁七号转炉点火投产，四号连铸机新建项目开工建设；宝钢德盛1780热轧热负荷试车；宝武炭材宝方材料科技有限公司10万吨超高功率石墨电极项目在兰州投产；宝武铝业一期项目30吨熔铸、2 500毫米冷轧机等生产线陆续投产，并启动二期规划；首批氢能重型卡车在宝钢股份交付使用，全球一次性批量投入最大的氢能重卡商业化项目投入运营；宝钢资源马钢矿业罗河铁矿一期扩能工程建设项目开工建设。华宝信托获批新增QDII(合格境内机构投资者)额度1亿美元，累计20亿美元，位列国内信托行业第一。

2. 坚持技术引领，企业核心竞争力不断提升。2020年，中国宝武持续加大高水平研发投入，研发投入率为2.81%，同比增加0.21个百分点。完成智慧制造三年(2018—2020年)行动计划，基于工业互联网平台的智慧制造技术体系逐步完善，一批智慧制造示范项目脱颖而出，倒逼管理变革、流程再造、效率提升。编制并发布《中国宝武数智化专项规划》；推出工业互联网平台，支撑钢铁生态圈中智慧制造和智慧服务各类创新型企业业务的建设；启动工程数字化设计交付云平台关键技术研究和应用项目；中国宝武大数据中心建设初具规模，为生态圈互联互通提供数据保障，其中宝钢股份数据中心建成

并投入运行。承担国家使命类产品的保供任务，专项攻关项目进展良好。研究绿色低碳制造核心关键技术，建立面向行业开放的低碳冶炼新工艺创新平台。形成高强度低屈强比耐候桥梁钢、轴重45吨重载车轮等一批具有行业影响力的科研创新成果，易成型、高性能耐磨钢产品（BW400QP）等8项新产品实现全球首发。在汽车轻量化、新能源等战略性新材料领域，汽车、航空用铝合金板带生产线投产，中间相沥青基碳纤维、低成本耐热压铸镁合金等新材料产品创新和应用技术实现重点突破；在金属及新材料包装领域，开发成功深冲覆膜铁罐等新产品。年内，中国宝武获中国科学技术协会（简称中国科协）“积极贡献单位”称号，是唯一企业科协获奖单位。太钢集团“宽幅超薄精密不锈带钢工艺技术及系列产品开发”项目获中国工业大奖，宝钢股份“BG系列高性能油气开采用管开发及应用”项目获中国工业大奖表彰奖，马钢集团、中钢集团邢台机械轧辊有限公司获中国工业大奖提名奖。马钢集团和马钢交材的两个项目获中国质量协会质量技术奖优秀奖。

3. 坚持效益引领，高质量发展再上新台阶。2020年，中国宝武钢产量、收入、利润、经营现金流等指标领跑全球钢铁企业。围绕“全面对标找差，创建世界一流”管理主题，对标优秀民营企业。各一级子公司瞄准标杆企业对标找差，狠抓技术攻关和现场改善，营造上下同欲、对标找差、争创一流的氛围。宝钢股份通过成本削减创效益37.70亿元，实现宝武协同效益37.60亿元。韶钢松山综合铁钢比破770千克/吨，鄂城钢铁“破八见七”，马钢集团、湛江钢铁等“破九见八”，均创历史最好水平。

4. 常态化深入推进“瘦身健体”、低效无效资产处置等各项提质增效工作。2020年，中国宝武完成法人压减38户，同比增加50%，退出参股企业50户，同比增加80%，回笼资金24亿元，完成15户管理层级压缩。完成“处僵治困”第二阶段11户子企业减亏40%的任务目标。

## 三、坚持“四化”发展，打造细分产业领域的头部企业

围绕“一基五元”战略布局，持续完善钢铁生态圈架构，在资产经营层推进“四化”（专业化整合、平台化运营、生态化协同和市场化发展），打造各自细分领域的头部企业。

1. 聚焦专业化整合，提升国有资本投资公司核心能力。以专业化整合为抓手，推进管理覆盖、业务整合和资产重组，提升企业效率效益。重点推进马钢专业化整合，整合项目按计划推进，战略协同效应显著，欧冶链金、宝武重工等新业务整合后实现市场规模扩大与业务结构升级，马钢专业化整合取得协同效益9.20亿元。金融板块完成宝钢集团财务有限责任公司和武汉钢铁集团财务有限责任公司、马钢财务公司的整合与托管，华宝都鼎（上海）融资租赁有限公司和马钢（上海）融资租赁有限公司整合、欧冶商业保理有限责任公司和马钢（上海）商业保理有限公司整合。宝钢资源托管马迹山港商务业务，以及梅钢矿业、八钢矿业等单元。专业化整合成为提升中国宝武国有资本投资公司核心能力的重要组成部分。

2. 推进平台化运营，探索“一总部多基地”管控模式。优化钢铁产业结构，推进宝钢股份、中南钢铁等5个专业化、区域化、平台化钢铁公司建设，提高资源要素集聚和配置能力。在原有多元板块平台公司的基础上，针对大宗原燃料、备品备件、冶金装备制造、废钢、工业气体、设备运维等业务建立相应的专业化平台公司。通过推进平台化运营，各平台公司在管理模式、商业模式和体制机制等方面突破创新，基本形成专业化聚焦和区域化协同相结合的“一总部多基地”管控模式。

3. 强化生态化协同，共建高质量钢铁生态圈。各单元聚焦网络化、数字化、智能化构建产业链集群，相互协同支撑，提高资源配置效率、制造能力、运营能力。宝钢股份、韶钢松山协同支撑重庆钢铁，建立体系化精准支撑攻关项目30个，实现协同效益5亿元。专业化平台公司之间全方位推进营销、采购、技术、智慧制造、绿色环保等协同共建。欧冶工业品作为第三方产业互联网平台，通过创新商业模式，提供采购共享服务，全年降低采购成本6.50亿元。

4. 加快市场化发展，打造一批行业领先的“单打冠军”。各子公司以专业化整合为基础，瞄准20%市场占有率和集团外业务占比超50%的目标，拓展市场份额。宝武炭材焦油加工规模实现全球第一，宝钢包装两片罐、宝武特冶镍基合金市场占有率均为国内第一。宝信软件成为多元板块首家完成“百十”（百亿元级营业收入、十亿元级利润）目标的公司，盈利能力居同行前列。宝武水务新签手持订单36亿元，其中集团外订单

占比25%。宝武环科矿粉产能为1 700万吨，矿粉行业龙头地位进一步巩固，还原铁粉的市场占有率为20%。欧冶链金废钢规模1 440万吨，市场占有率快速提升。华宝证券进入A类券商行列，并取得保荐业务资格。

## 四、坚持深化改革，在重要领域和关键环节取得重大进展

1. 深化国有资本投资公司改革试点，推进公司治理体系和治理能力现代化。按照“管资本”定位，优化完善与国有资本投资公司相匹配的治理体系，推进中国宝武治理体系与治理能力现代化建设十大任务。优化一级子公司重大事项决策程序，“一企一策”充分授权、放权，完善股东大会、董事会事项决策流程及决策方式，落实差异化管控，完善权责对等的法人治理体系。

2. 国有企业改革发挥示范引领和突破带动作用。推进6家“双百企业”、2家“科改示范企业”有序实施综合改革，在实施股权多元化及混合所有制改革、健全市场化选人用人机制、强化市场化激励约束机制、激发创新动能等方面创新取得突破。宝武炭材新收购兼并项目全部落实非公资本参股，旗下子公司混合所有制改革比例逾六成。欧冶云商打造公众化产业互联网科技公司，推动IPO（首次公开募股）上市。宝武特冶引入非公有资本、管理资源，推进员工持股，迈出混合所有制改革第一步。

3. 稳妥推进剥离企业办社会职能和历史遗留问题解决。推进湖北地区大集体改革攻坚工作，落实马钢集团大集体改革新增任务，完成在职员工2.29万人妥善安置工作，基本完成厂办大集体改革任务。按时保质完成“三供一业”分离移交中央财政补助资金清算和收尾工作，获18亿元维修改造资金，维修改造工程全面完工。推进退休人员社会化管理工作，按期完成主体任务，累计实现社会化管理人员27.31万人，完成率为100%。

## 五、深化“三治四化”，实现绿色发展，追求绿色引领

2020年，安全生产形势总体平稳，未发生较大及以上事故；较2019年同口径比，工亡人数与事故总量实现双下降。推进“三治四化”和“长江大保护”行动，塑造绿色、生态的城市钢厂，无重大环境突发事件。推进废气超低排，实施40个废气超低排改造项目，探索废水零排放，固体废物实现98%不出厂的目标。宝钢股份入围世界经济论坛新一轮全球制造业领域的18家“灯塔工厂”名单，成为唯一入选的中国钢铁企业。中国宝武在全国重点大型耗能钢铁生产设备节能降耗对标竞赛中，获评2个冠军炉、10个优胜炉和7个创先炉。

## 六、坚定推进三项制度改革，员工创造力和价值显著提升

坚持“双优化”和绩效导向并行，优化领导班子职数和领导人员配置。推动干部跨单位交流任职，实现一级子公司董事、监事“职务化”选派全覆盖。实现全口径人力资源优化9.30%。多渠道引进高层次紧缺人才268人。建立专家智库。推进产教融合，4家单位成为地方产教融合企业试点。探索建立“智造岗位”，推动智慧制造转型升级。坚持激励资源向奋斗奉献者倾斜，向最有价值员工集聚，持续优化分配策略。稳妥推进员工持股、科技型企业岗位分红工作。

全面开展“我为企业‘对标找差创一流’献一计”活动，全体职工献计近20万条，各单位开展劳动竞赛5 041项。6名职工当选全国劳动模范、24名职工当选省部级劳动模范，12个集体获省部级模范集体、五一劳动奖状和“工人先锋号”称号；6名职工获评省部级工匠，2名职工获评中国机械冶金建材行业工匠。编写《劳模先进风采录》，收录888名中华人民共和国成立以来历届省部级以上劳动模范。职工岗位创新结出丰硕成果，获上海市科技进步奖二等奖1项，全国钢铁行业职工技术创新成果一等奖1项。武钢集团工会“‘梦创工社’服务职工创业促进企业转型”项目成为2020年第六届全国大众创业万众创新活动优秀“双创”项目之一。

## 七、坚决落实党中央部署，助力打赢脱贫攻坚战

将脱贫任务作为重大政治任务和“一把手”工程，推进产业扶贫、教育扶贫、消费扶贫，并以党建引领助力脱贫攻坚。加大扶贫资金投入力度，全年投入资金较2019年再增长，投向“两不愁三保障”重点问题的资金数和帮助人口数是2019年的2至3倍。定点扶贫和对口支援的10个县全部实现脱贫摘帽。中国宝武获2019年中央单位定点扶贫工作成效“好”的最高等级评价。

## 八、2020年存在的问题与不足

1. 钢产量虽超亿吨，但产业集中度仍需提高。

2. 市场影响力虽逐步提升，但抵御风险的基础尚不牢靠。

3. 国际化战略虽实施多年，但全球化发展仍处在起步阶段。

4. 盈利规模虽全球领先，但效率提升还需进一步挖潜。

## 党委工作完成情况

### 一、贯彻习近平总书记指示要求，扛起中央企业责任担当

在“学思践悟”中坚定前行方向。在中共中央总书记习近平考察调研太钢集团、马钢集团后，中国宝武第一时间组织传达学习习近平总书记考察调研重要讲话精神，掀起学习宣传贯彻热潮，集团公司党委制定贯彻落实实施意见和任务分解，各二级单位党委制订实施行动方案，各级党组织和广大党员认真开展“学讲话 展后劲 促强大”主题活动，切实增强国有企业中流砥柱的责任担当。

在新冠肺炎疫情防控大战大考中挺起钢铁脊梁。各单位牢记“疫情就是命令，防控就是责任”，展现大国重器顶梁柱的担当作为，用实际行动证明发展壮大国有经济的战略意义。地处新冠肺炎疫情风暴中心的湖北省尤其是武汉地区各单位“为国保产，为民复工”，组织医用氧气保供，驰援火神山、雷神山医院建设，提供救治隔离场所，涌现出一批先进个人和集体，获国家和国务院国有资产监督管理委员会（简称国务院国资委）嘉奖。

在打好三大攻坚战中彰显中国宝武的作为。全面风险管理体系进一步健全完善，重大重要风险全面受控；定点扶贫和对口支援的10个县全部脱贫摘帽，中国宝武定点扶贫工作2018年和2019年连续2年被评为“好”；“两于一入”“三治四化”成效明显，中国宝武长江流域环境保护扎实推进，太钢集团成为全国首批超低排放A级钢铁企业。

在深化巡视整改和巩固主题教育成果中践行初心使命。抓好2019年尚未办结的巡视整改任务，2020年新增完成4条举措、1个专项攻关项。建立健全“不忘初心、牢记使命”长效机制，强化党性教育，以理论学习、政治建设、作风建设新成果为企业改革发展提供新动能。

### 二、做强钢铁产业，夯实高质量发展基础

初步建立与中国钢铁业全球地位相匹配的企业空间规模体系，形成可复制、可推广的联合重组发展模式。联合重组太钢集团，实际控制重庆钢铁，托管重钢集团，并购新兴铸管新疆有限公司和新疆伊犁钢铁有限责任公司。受托管理中钢集团，稳步化解债务风险。推进“精准协同”，宝钢股份对马钢集团，宝钢股份、韶关钢铁对重庆钢铁的协同支撑，提升了基地的竞争力，全年协同效益超19亿元；以厚板产品为试点探索建立协同销售机制。宝钢股份开展多基地同工序管理变革。建立宝钢股份、马钢集团、太钢集团3个专业化平台，以中南钢铁作为中南地区的区域化平台，推进西北地区区域化平台建设。

### 三、推进专业化整合、平台化运营、生态化协同和市场化建设，开创业务发展新局面

持续完善钢铁生态圈架构体系，“一基五元”协同发展的布局更为优化。专业化整合深入推进：以马钢专业化整合为重点，推进多元业务的12项整合工作。平台化运营初具雏形：各单元探索“一总部多基地”运营架构建设，形成一批符合专业化整合要求、匹配市场化发展需要的生动实践案例。生态化协同初见成效：全方位推进营销、采购、物流、金融、技术、智慧制造、绿色环保等协同共建；原料和工业品集中采购取得突破，协同效益初步显现。市场化发展再上台阶：明确武钢集团、宝地资产作为中国宝武全国性产业园区专业化平台公司，强化服务型区域总部与品牌园区协同布局，推动产业集群协同发展；开拓资源综合利用、智慧服务等业务；金融牌照布局更为完善，取得证券保荐业务资格。

### 四、坚持依靠科技创新，厚植企业发展优势

服务国家战略，发展新材料板块。使命类产品研发取得明显成效，“1025专项攻关”进展良好，支撑航空航天、核电能源等国家重大工程、重点项目建设。沥青基碳纤维技术自主研发取得突破性进展，填补国内空白。宝武铝业一期项目建成投产。围绕钛及钛合金、耐火材料、铝合金、锂电池负极材料、增材制造等谋划发展，重组并购西藏矿业、吉林精功碳纤维有限公司。研发投入持续保持较高水平，一批产品实现全球首发。“四个一律”价值不断显现，宝钢股份成为国内唯一入选世界经济论坛“灯塔工厂”的钢铁企业。成立工业互联网研究院和大数据中心，工业互联网平台入选工业和信息化部“2020年跨行业跨领域工业互联

网平台清单”。组建低碳冶金创新中心，成立全球低碳冶金创新联盟筹备组，围绕绿色低碳强化基础和试验研究，部分项目取得阶段性成果。强化钢铁单元研发业务专业化整合。创设宝武水务、宝武清能等一批专业化技术研发平台。上海吴淞创新城建设取得重大突破，十大项目开工建设。

## 五、全面对标找差创一流，提升企业竞争力

结合国务院国资委“对标世界一流管理提升行动”要求，分层分类建立“三高两化”对标找差指标体系，选取优秀标杆企业比学赶超，以“我为企业‘对标找差创一流’献一计”活动为载体，动员全员参与，凸显岗位创新价值。在各单位间形成你追我赶、奋勇争先的态势。突出人力资源总量优化和人均价值创造提升，2020年在岗人数优化比例为8.02%，钢铁板块人均年钢产量1 106吨，较2019年增加10.82%。矿山和钢铁板块推进关键工序效率提升，铁精矿产量、高炉利用系数、转炉铁钢比、热送热装等指标明显改善。

## 六、深化国有企业改革，推进治理体系和治理能力现代化

研究制订《中国宝武改革三年行动实施方案》。召开专题决策人研修会，绘就中国宝武治理体系和治理能力现代化建设全景图。建立与国有资本投资公司三层管理架构相匹配的“值钱、赚钱、省钱”管理逻辑。结合“总部机关化”问题整改，优化总部职能、完善功能。全方位梳理形成党政一体的“制度树”，为推进现代化治理奠定基础。推进体制机制改革，制定混合所有制改革、上市公司股权激励等系列改革配套文件，欧冶云商、宝武特冶、宝武炭材、宝信软件、欧冶链金、华宝证券等单位体制机制改革迈出新步伐。全面落实剥离企业办社会和解决历史遗留问题工作任务，“三供一业”移交收尾、厂办大集体改革、退休人员社会化管理等均按时间节点完成改革任务。退出资本和“处僵治困”工作取得明显成效，2020年压减法人38户、退出低效无效参股企业50户，分别较2019年提高50%和80%。

## 七、巩固深化党的建设，以高质量党建引领高质量发展

贯彻落实“中央企业党建巩固深化年”专项行动要求，推动党的建设与生产经营进一步融合，为抗疫和经营“两手都要硬、两战都要赢”提供坚强的政治保证和组织保障。

1. 坚持党建引领，发挥集中力量办大事的组织优势。强化“加强党的领导与完善公司治理相统一”，发挥党委领导作用，党政工团齐抓共管，切实履行中央企业政治责任、经济责任、社会责任，在脱贫攻坚、抗击新冠肺炎疫情、防汛抗洪、生产经营等各方面积极作为，用实际行动践行“两个维护”。

2. 举旗帜聚人心，筑牢思想根基、推动文化创新。落实党委意识形态工作责任制，加强阵地管理、压实工作责任。在中国宝武130年之际，持续开展“钢铁荣耀　铸梦百年”宣传教育系列活动，创作产生了一系列有高度、有厚度、有温度的文化产品，强化了全体员工对钢铁报国初心使命和“同一个宝武”的思想认同和情感共鸣，增强了员工的行业信心、企业信心和职业信心，在集团公司内外引发强烈反响。

3. 坚持党管干部党管人才，持续推进干部队伍、人才队伍建设。突出政治标准，加强干部优化配备，以“跨地域、跨单位、跨领域、多层次、多岗位”为抓手，推进领导人员交流任职，健全领导人员履责培训体系，强化年轻干部选拔培养使用，深化董事、监事“职务化”管理机制。开展人才发展机制改革，探索“宝武科学家”队伍建设，实施“百千万”高技能人才工程，打造“专家智库”。形成“三有”指数。强化统战群团工作，开展“爱企业、献良策、作贡献”和青年创新立功活动。

4. 持续强化“三基建设”，推动基层党组织全面进步全面过硬。深入学习贯彻《中国共产党国有企业基层组织工作条例（试行）》，全面深化“三基建设”专项攻关，实施两轮专项检查，“靶向”培训、“穿透”督导，夯实基层党建基础。结合专业化整合、平台化运营、智慧制造推广应用等实际，开展基层党建专题调研，针对党员空白班组等突出问题探索解决对策。

5. 坚持全面从严治党，发挥政治监督作用。完善落实全面从严治党主体责任清单。深入落实中央八项规定精神，纠治“四风”，公车市场化改革取得明显成效。突出抓好习近平总书记考察调研中国宝武重要讲话精神的贯彻落实、新冠肺炎疫情防控、脱贫攻坚、长江大保护、创新引领、制止餐饮浪费等工作。对8家二级、61家三级党组织展开巡视。强化内部审计“常态化经济体检”监督功能。　（张文良）

编辑：张　鑫

# 02 特载

# 特 载

# 以习近平新时代中国特色社会主义思想为指导 奋力创造中国宝武高质量发展新辉煌

## ——在中国共产党中国宝武钢铁集团有限公司一届三次全委(扩大)会议上的报告(摘要)

中国宝武党委书记、董事长 陈德荣

2020年1月16日

2019年是中华人民共和国成立70周年,是全面建成小康社会的关键之年,也是中国宝武召开首次党代会,明确新时代改革发展宏伟蓝图,上下贯彻落实会议精神的开局之年。集团公司党委以习近平新时代中国特色社会主义思想为指导,全面贯彻党的十九大和十九届二中、三中、四中全会精神,加强党的全面领导,中国宝武上下积极应对市场风险挑战,铆足劲、加油干,勠力同心扎实推进公司高质量发展再上新台阶。在2019年《财富》世界500强排名中,中国宝武名列第149位,较上一年度上升13位。2019年,中国宝武实现粗钢产量9 546万吨、营业收入5 522亿元、利润345.30亿元,继续保持经营业绩领先。

## 一、过去主要工作回顾(略)

## 二、当前形势任务和2020年总体工作要求

2020年是全面建成小康社会和"十三五"规划收官之年,是实现第一个百年奋斗目标、为"十四五"发展和实现第二个百年奋斗目标打好基础的关键之年。我们要按照习近平总书记的要求,以胸怀"两个大局"为基本出发点谋划好工作。从国际形势看,世界经济增长持续放缓,制造业尤其是高端制造业是强国必争之地,而材料业是发展高端制造业的基础和关键。从国内形势看,"经济增长速度换挡期、结构调整阵痛期、前期刺激政策消化期"三期叠加影响持续深化,经济下行压力进一步加大,钢铁业供大于求的矛盾将长期延续。中央经济工作会议和中央企业负责人会议强调,要坚定不移贯彻新发展理念,推动高质量发展,提升国有资本国有企业改革综合成效。国务院国资委对《中国宝武国有资本投资公司改革试点方案》的批复,明确要求中国宝武要坚持突出主责主业,抓紧推进各项改革。中国宝武必须提高政治站位,坚守初心使命,以更好的经营业绩引领中国号钢铁巨轮劈波斩浪、稳健前行。

对照形势任务要求,结合中央巡视、"不忘初心、牢记使命"主题

教育整改和中国宝武改革发展现状，不难发现，我们存在着很多亟须解决的矛盾和问题，主要表现为：

综合竞争力有待提升，高质量发展有较大差距。中国宝武曾经的“一骑绝尘”风光不再，江苏沙钢集团有限公司、石横特钢集团有限公司等一批优秀民营企业后来居上，在吨钢利润、资产效率、人事效率等多项指标上超越我们，中国宝武面临从卓越到平庸再滑向没落的危险。中国宝武粗钢产量约占全国一成，多元板块各项业务市场占有率也不高，远不足以发挥“头部企业”应有的控制力、影响力、抗风险能力。国际化进程缓慢，至今没有实现海外钢铁制造基地“零的突破”。

改革进入攻坚阶段，体制机制仍未有实质性突破。股权多元化、混合所有制、员工持股等虽有点状突破，但整体推进仍较迟缓、质量不高。国有资本投资公司建设仍在路上，组织架构和治理结构尚未完全匹配业务发展和规模增长的新形势、新要求，没有充分体现出治理效能和效益的提升。

生态圈建设滞后，商业模式有待全面创新。“一基五元”各产业板块尚未完全匹配钢铁生态圈的战略逻辑、业务需求功能作用。内部协同性不够，外部与合作伙伴的共建共享还有待拓展提升。构建钢铁生态圈，需要进一步解放思想、探索开拓、扎实践行。

科技创新引领不足，创新成果尚未完全转化为竞争优势。尽管近年来中国宝武持续加大技术创新投入，但是未能形成具有世界级影响力的革命性、原创性成果，未能转化为竞争优势、兑现成经营效益。从服务国家战略看，“卡脖子”关键核心技术尚未全面破题，仍需大力投入、强势攻关。各单位智慧制造、绿色发展不平衡不充分现象突出，繁星点点，未成艳阳一片。

全面从严治党存在韧劲不足、层层递减的现象。党建工作责任制还没有完全落实到位，个别领导干部依然存在“重业务、轻党建”的不自觉倾向，基层党务工作者履职能力有待进一步提高，基层党建工作还存在不少薄弱环节，形式主义、官僚主义“隐形变异”和违反中央八项规定精神问题屡禁不止，党风廉政建设和反腐败工作仍须进一步深化。

少数干部政治站位不高，干事创业精气神有待提升。在谋划工作时，更多从公司自身利益和生产经营层面来考量，缺乏从钢铁报国、制造强国发展战略上思考问题的自觉意识，没有展现出中央企业应有的担当和作为。还有少数干部口头强调初心使命，能力也够，但就是缺乏斗争精神，缺乏干事创业的激情和开疆拓土的闯劲，不愿意啃硬骨、闯难关、涉险滩，造成工作思路狭窄、推进速度缓慢，甚至止步不前。

以上种种矛盾和问题，都要在今后的工作中切实加以解决。

2020年是中华民族伟大复兴征程上的重要里程碑。我们要切实强化国运意识、危机意识和斗争意识，为钢铁强国不懈努力，为民族复兴不懈奋斗。2020年，中国宝武工作的总体指导思想是：以习近平新时代中国特色社会主义思想为指导，全面贯彻党的十九大以及十九届历次全会精神，深入落实中央经济工作会议以及中央企业负责人会议精神，增强“四个意识”、坚定“四个自信”、做到“两个维护”，坚定不移坚持党的领导、加强党的建设，坚决贯彻新发展理念，以“成为全球钢铁业引领者”为愿景，加快建设高质量钢铁生态圈，落实“亿吨宝武”目标，以“三高两化”为基本战略实施路径，以改革为动力，以创新促发展，发力三大攻坚战，全面对标找差，创建世界一流，以实际行动践行钢铁使命，铸就镇国之宝，奋力创造中国宝武高质量发展新辉煌。

为此，我们需要重点把握以下工作原则：

坚持党的领导。充分发挥党委“把方向、管大局、保落实”的领导作用，巩固巡视整改和主题教育成果，提高政治站位，强化责任担当，推进产业优化升级，推动国有资本做强做优做大。

坚持深化改革。深化供给侧结构性改革和国有资本投资公司建设，落实《国企改革三年行动方案（2020—2022年）》（简称国企改革三年行动方案），加快混合所有制改革，持续推进国有企业治理体系和能力的现代化，激发企业活力。

坚持创新发展。实施创新驱动发展战略，加快关键核心技术攻关和原创性科技创新，建设高科技企业。全面推进技术、管理和商业模式创新，以共建钢铁生态圈塑造核心竞争力。

坚持对外开放。践行国家“一带一路”倡议，加快走出去步伐，创新对外投资方式，促进国际产能合作和资源优化配置，加快培育国际合作竞争新优势，成为全球钢铁业引领者。

坚持人才强企。以“发展依靠员工，发展成果与员工共享”为遵循，构建良好的人才生态环境，凝聚各方力量，夯实发展根基，不断提升员工对美好生活的获得感、安全感、幸福感。

## 三、2020年重点工作

2020年，集团公司党委将牢牢把好政治"方向标"和战略"方向盘"，统揽全局、协调各方，发动各级组织和广大干部员工贯彻新发展理念，推动高质量发展。重点做好以下工作。

### 1. 坚持以习近平新时代中国特色社会主义思想为引领，坚定政治方向，坚决做到"两个维护"

把学习贯彻习近平新时代中国特色社会主义思想作为首要政治任务，将贯彻落实习近平总书记最新重要讲话和重要指示批示精神，作为集团公司党委"第一课题"，在学懂弄通做实上下更大功夫，巩固和用好主题教育成果。将学习党的十九届四中全会精神与学习党的十九大、十九届历次全会精神结合起来，与学习习近平总书记关于加强国有企业党的建设、深化国有企业改革、全面依法治国的重要论述结合起来。分层分类推进习近平新时代中国特色社会主义思想学习贯彻的全覆盖，促进学思用贯通、知信行统一，进一步增强"四个意识"，坚定"四个自信"，做到"两个维护"。建立"不忘初心、牢记使命"长效机制，把不忘初心、牢记使命作为加强党的建设的永恒课题和全体党员、干部的终身课题，不断锤炼党员、干部忠诚干净担当的政治品格。

### 2. 贯彻落实新发展理念，坚持"三高两化"路径导向，加快成为全球钢铁业引领者

追求高科技，打造企业核心竞争力。作为处于传统行业的中国宝武，应该紧抓以信息技术、新材料、新能源等为代表的技术革命机遇，实施科技创新战略，力争拥有在世界钢铁业中具有影响力的原创性、革命性技术，以科技创新构筑核心竞争力，使中国宝武成为高科技企业。坚持绿色发展：按照"产业绿色化，绿色产业化""两于一入"，推进"三治四化"，实现源头治理、标本兼治；牵头成立低碳冶金技术创新联盟，组建低碳冶金创新研究中心，以开放的心态和开阔的胸襟，携手全球生态圈伙伴，加大在绿色低碳冶金领域的合作研发和应用力度，共筑钢铁低碳价值链，占据绿色发展的制高点。坚持智慧赋能：强化典型示范，全面推进以"四个一律"为基础的智慧生态圈建设，倒逼流程再造、管理变革和人事效率提升，提高本质化安全水平，增强员工以"三有"为核心的获得感、安全感、幸福感；紧抓"长三角（长江三角洲）一体化"和上海建设国际经济中心、金融中心、贸易中心、航运中心、科技创新中心的机遇，依托高端要素集聚优势，以宝钢股份直属厂部为核心，打造中国乃至全球的钢铁研发、运营和交易中心。坚持精品提升：在持之以恒打造极致尖端产品实现差异化发展的同时，探索精品技术向同质化产品延伸，拓展钢铁产品功能，提升客户价值，扩大收益空间；自觉服务服从国家战略，尽快在"卡脖子"关键核心技术和产品上取得突破。

谋求高市场占有率，重塑行业发展新格局。中央提出的供给侧结构性改革明确要求提高钢铁等行业的产业集中度，而高市场占有率是实现规模引领的本质内涵，是对各项战略业务的共性基本要求。当前，中国宝武离"亿吨宝武"仅一步之遥，但这不应该成为我们对企业边界认识的思维藩篱。科斯理论指出，企业边界取决于企业内部的组织成本和外部交易成本的比较。随着现代互联网、大数据、云计算和5G（第五代移动通信技术）等技术的快速发展，企业的生产水平和组织体系能力借助技术手段获得快速提升，加上近年来集团公司内部专业化整合培育的能力基础，都为各单位拓展企业边界提供了可能。各专业化子公司（包括各钢铁公司）是提高市场占有率的主力军，要以专业化整合为基础和依托，加快外部联合重组，拓展企业边界，以市场占有率20%为底线目标，使自身成为各细分领域的"单打冠军"，谋求头部企业的市场优势地位，追求专业化能力基础上的规模效应，提升控制力、影响力、抗风险能力，为实现"亿吨宝武"和钢铁生态圈协同发展贡献力量。

攻坚高效率，加快高质量发展步伐。高效率是实现效益引领的基本路径。唯有实现高效率，才能产生高效益。知不足方能奋起，知耻而后勇。各单位必须将"全面对标找差，创建世界一流"作为未来3至5年的管理主题。要根据国有资本投资公司三层管理架构，分层分类健全对标体系，开展对标管理，加速全面赶超。集团公司层面要聚焦资本效率，统筹国家对中国宝武的战略要求和财务价值两个维度，以成为国有资本运作标杆为

目标，促进资本高效流动、优化配置，实现国有资产保值增值。资产经营层子公司要拓宽对标视野，结合“一企一业、一业一企”专业化整合新态势，推动“一总部多基地、分步式网络型”的体系架构建设，培育并提升资产配置能力，实现对市场需求变化的快速响应，促使协同价值最大化。生产运营层单元要紧盯包括优秀民营企业在内的先进企业，围绕生产效率，提升工序岗位对标的深度和广度。钢铁制造单元要聚焦高炉利用系数、吨钢铁水消耗、成材率、吨钢能耗等主要技术经济指标，开展创一流工作。各单位要继续提升人力资源等效率，通过精益管理，成为细分领域的“数一数二”。

致力生态化，打造高质量命运共同体。推进商业模式创新，使新发展理念成为生态圈建设的DNA（基因）。中国宝武要做构建钢铁生态圈的引领者而非独行侠，没有竞争对手，只有合作伙伴，“心中无敌，则天下无敌”。要以“一基五元”战略业务组合为基础，推进主动型外部网络化战略合作，共建共享以钢铁产业为载体的各利益相关方的多层面高质量命运共同体。各单位要深化对生态圈战略逻辑的认识，找准定位，形成自身在生态圈中的核心业务架构和商业模式，加强与各方伙伴的协同创新、优势互补，释放生态圈整体效应，创造更高价值。

突破国际化，参与全球市场资源配置。国际化是企业发展的高级形态，也是中国宝武成为全球钢铁业引领者的必然要求。要强化全球资源配置，瞄准“一带一路”新兴成长区和欧美钢铁成熟区，开展全球化产业布局和国际化资本投资，实现海外钢铁全流程生产基地“零的突破”。要提高政治站位，推进人民币的进口结算和计价，助力人民币国际化进程。整合内部资源，加强与国际矿业公司的交流与合作，互利共赢。挖掘海内外资源潜力，完善国际国内两个市场的资源布局，在支撑“亿吨宝武”建设的同时，提升海外资源的掌控能力，提升资源保障的战略安全性和国际影响力。

## 3. 聚焦“一基五元”战略任务，实现高质量发展，成为国民经济的坚强支柱

以做强“一基五元”战略业务组合为基础，以“亿万千百十”为发展目标，以建设钢铁强国为己任，推动制造强国建设和国民经济持续健康发展。

钢铁制造业各公司要坚持“绿色、智慧、精品”战略，加快成为世界一流的精品钢材制造服务商。要按照“弯弓搭箭”的空间战略布局，把握有利时机推进并购重组和网络型钢厂布局，提升市场占有率：加快湛江钢铁基地项目建设；做好马钢集团的总体规划及新区建设；加快重庆钢铁千万吨级产能填平补齐、技术改造，释放重组红利；做好八一钢铁、韶关钢铁、鄂城钢铁中高端产品比重提升，打造区域内最具竞争力的钢铁企业和中国宝武的特色产品制造基地；实施西北地区产能整合，优化区域竞争秩序，提升盈利水平；解决钢铁产品系列发展不平衡问题，加快宝钢德盛精品不锈钢绿色产业基地和宁波宝新高品质不锈钢产能提升等重大项目建设，推进不锈钢及特钢业务的联合重组，实现“碳钢、特钢、不锈钢”三大战略产品的协同发展；推进战略联合，提高竞争力，打造世界一流的轨道交通材料品牌。要开展辅助和配套业务的专业化整合、产业化发展：通过分工促进生产力的发展，以“亿吨宝武”为基础，推进采购、营销、设备、公辅和能介等专业职能和辅助业务的平台化、产业化发展，钢铁制造基地则进一步聚焦于精品制造和客户服务等核心能力提升；以专业化的业务整合和平台化的能力体系建设为基础，以产业化方式构建钢铁生态圈的八大功能、四大平台（交易、物流、金融、数据），形成利益共享、风险共降、共生共荣的产业生态。各钢铁单元要以“简单、高效、低成本”为目标，开展工序精细化对标，推进产线协同，降低成本、提高效率，释放规模经济优势。宝钢股份要率先示范，2020年要实现人均产钢1 200吨，2021年要实现人均产钢1 500吨。

新材料产业作为中国宝武重点培育的战略性新兴产业，要与钢铁材料优势互补，形成为市场和客户提供综合材料解决方案的能力。围绕先进制造业发展和大国重器之需，重点推进新能源、海洋工程、航空航天、国防军工等领域所需的轻金属材料、特种冶金材料、金属包装材料及碳基、硅基等无机非金属材料产业化，提升高性能材料领域的差异化竞争优势。特种冶金要勇担国家使命，推进特种冶金材料国产化替代，突破“卡脖子”核心材料关键技术。金属轻量化业务要重点围绕镁、铝等重点领域，贴近客户快速布点，提升细分领域核心技术能力和市场份额。炭材料要探索海外布局，通过权益性融资等方式加速发展，在稳固焦油加工能力全球领先地位的同时，提高

其他业务的市场占有率。金属包装业务要聚焦东南亚、关注欧美，通过国内国外联动尽快提高市场占有率，同时切入工业包装领域。耐火材料业务要加快内部整合，聚焦新型高温陶瓷材料推动转型发展。宝武铝业年内要建成投产。推进聚丙烯腈基碳纤维、电池材料、金属粉末及增材制造的研究和产业化。

智慧服务业要以大数据、云计算、人工智能技术为基础，通过智慧服务业产业化发展，促进制造业实现高效率。建设中国宝武统一的生态技术平台和大数据中心，打造支撑未来智慧制造和智慧服务应用场景的工业互联网平台（iPlat平台与ePlat平台），赋能智慧钢铁生态圈，驱动中国宝武数字化转型。推进集团内外设计和工程技术服务资源整合，加快机制改革，打造全工序、数字化、可信赖的数字化设计和工程技术服务商。聚焦冶金工业装备智能服务体系建设与运维，推动设备管理体系变革，建设装备运维共享服务平台，为钢铁生态圈提供稳定、高效的设备运行保障。整合资源，建设装备（备件）制造业务平台，提升专业化能力，推进产业化发展。深耕第三方产业互联网平台，完善体系能力，加大产品和技术创新，推进产能预售等重点项目建设，促进智能匹配和智慧交付，实现生态圈高效协同。以整合为路径，建设物流基础设施平台，为钢铁生态圈提供基础设施及供应链服务。以中国宝武数字化转型为契机，对内整合资源，对外拓展布局，打造钢铁生态圈信息技术的专业化平台和国内一流的信息科技产业公司，促进生态圈各节点互联互通。

资源环境业要充分挖掘钢铁生态圈资源需求，打造世界一流矿产资源综合服务平台，强化国际优质矿业资源的布局开发，以及集团公司内资源的整合提升，创新商业模式，构建集开发、运营、物流、配送、交易、金融等为一体的全供应链大原料体系；依托城市钢厂的装备、技术和资源优势，形成专业化和产城融合的环保产业。提升非金属产品专业能力，拓展外部市场，建成面向工业和城市领域的第三方治理平台。深化水气治理资源、业务整合，推进外部合作，形成水气工程建设和治理运营的全流程服务能力，打造世界一流的水气治理专业化平台。推进内部发电、氢能、天然气等业务的整合发展，研究探寻核能等可再生能源业务的产业化发展机遇，促进城市和钢铁生态圈能源结构优化和绿色发展。建立集收集、加工、仓储、物流、信息、营销和金融为一体的再生金属资源产业发展平台，整合资源，创新“基地+贸易+金融”的商业模式，融入钢铁生态圈服务体系。

产业园区业作为中国宝武“一基五元”战略业务组合的重要组成，是盘活钢铁基地转型升级伴生的不动产资源、确保国有资产保值增值的必然需要。要以内部开发与合资合作开发相结合，建设“厂区—园区—城区”，打造新型产业园，助力城市经济转型升级，保障老钢铁基地转型中员工新的职业发展，为钢铁生态圈建设提供新空间。发挥比较优势，结合互联网数据中心、物流、再生资源、能源等业务发展，创建中国宝武特色品牌园区。加大存量资产价值挖潜，提升资产转化速度和效率，按规划推进北湖产业生态新城、白沙新城综合体等重大项目，发挥“互联宝地产业园二期”的引领示范作用，加快“吴淞国际艺术城”“吴淞口国际科创城”和“长江口创智产业园”等园区建设。进一步理顺开发体制，优化外部合作，激发内生动力，强化招商、营销、资本化运作等市场能力建设。完善园区服务配套能力，推进园区产业生态构建，提升园区及相关不动产资源的价值。

产业金融业要发挥牌照优势，释放战略价值，推进产融结合，为钢铁生态圈提供定制化和差异化的金融服务。各金融子公司要坚决贯彻落实中央“防范化解重大风险”的部署要求，构建本质化金融风险管控体系，严控金融风险。发挥中国宝武产业背景的优势，把握金融服务实体经济的初衷，围绕钢铁生态圈需求开展业务，提升圈比，驱动钢铁生态圈高质量发展。集团公司要继续优化金融牌照布局，紧抓上海“国际金融中心”建设机遇，支持金融大数据、区块链等金融科技在钢铁生态圈的研发应用。

## 4. 全面深化改革，完善公司治理，建立健全体制机制

深化产权制度改革，充分激发企业活力。结合《中央企业混合所有制改革操作指引》等文件精神，研究制定中国宝武股权多元化、混合所有制改革指导意见，按照完善治理、强化激励、突出主业、提高效率要求，坚持“因地施策、因业施策、因企施策，宜独则独、宜控则控、宜参则参，不搞拉郎配、不搞全覆盖、不设时间表”的原则，以“原则上3年内宜进行混合所有制改革的子公司完成混合所有制改革”为目标，通过引进战略投资者、产权市

场交易、上市等方式实现混合所有制改革，尤其是第四批混合所有制改革试点须提供可复制、可推广的宝武经验。推动子公司通过混合所有制改革高质量地改机制，激发活力，提高效率和效益。5家“双百企业”要加快改革，做好示范。贯彻党的十九届四中全会精神，第二季度围绕“国有企业治理体系和治理能力现代化”开展决策人研修。

健全完善市场化经营机制，着力赋能增效。贯彻落实中央企业三项制度改革专业行动落地年工作要求，实现市场化经营机制改革新突破。启动2018—2020年任期经营责任制评价工作，促进担当作为，严厉治庸治懒。推进市场化导向的员工持股、上市公司股权激励、科技型企业岗位分红与股权激励等中长期激励机制，发挥激励“杠杆”撬动作用，激发人才队伍活力。推进市场化收入分配制度改革，健全劳动、资本、土地、知识、技术、管理、数据等生产要素由市场评价贡献、按贡献决定报酬的机制，鼓励通过劳动创造美好生活。推进落实剥离企业办社会和解决历史遗留问题。按要求完成“三供一业”收尾，以及退休人员社会化管理目标任务。武汉区域要在上半年完成厂办大集体职工安置任务，下半年做好改革收口；马钢集团要在年内完成厂办大集体改革。

深化国有资本投资公司建设，进一步完善公司治理。健全完善专业管理的业务基础。按照“一企一业、一业一企”，推进专业化整合，提高市场占有率，增强中国宝武整体的竞争力、创新力、控制力、影响力、抗风险能力。在做好原有专业化整合项目委托管理或资产重组的同时，以“百日计划”为抓手，推进马钢集团各项业务向专业化平台集中整合，实现协同效益。上半年要基本完成集团公司内其他应整未整业务的专业化整合，打造极致的专业化。要遵循“服务战略、严格把控”原则，做好子公司有序进退的常态化工作，为高质量发展腾挪空间。健全完善总部管理模式。集团公司总部要结合“总部机关化”问题整改，以管资本为主，完善功能、优化职能，提升运行效率，在推动国有资本形态转化、推进供给侧结构性改革、调整优化存量、培育战略性新兴产业等方面发挥作用。各业务中心作为前台部门，要深化项目化运作，推动业务整合协同，培育资本运作能力，协调推进产业发展重大事项，根据需要组建“特战队”攻坚破难。职能部门作为中台，要建立健全制度和标准等专业体系和运作机制，为业务中心提供支撑，并做好条线专业职能管理。宝武管理学院、宝武大学、运营共享服务中心、大数据中心等后台部门，要持续优化共享业务，提升服务价值，并确保网络信息安全。健全国内外区域总部功能。提升法人治理、投资管理、创新推进、战略执行、风险控制五大体系能力。以放活管好为导向，优化对资产经营层公司的授权放权，同步强化穿透式监督体系建设，坚持科技强审（审计），推进以标准财务系统的全覆盖为基础的大数据在线审计，提升监督效能、防范经营风险。

## 5. 巩固深化党的建设，强化干部人才队伍建设，保障高质量发展

切实坚持党的领导，加强党的建设，发挥中国特色社会主义制度优势，以“中央企业党建巩固深化年”专项行动为契机，推动党建工作提质、增效、升级，铸根塑魂、凝聚人心，确保高质量发展取得新突破、新成果。

继续加强党的政治建设和思想建设，坚决做到“两个维护”。贯彻党的十九届四中全会精神，结合《中国共产党国有企业基层组织工作条例（试行）》等文件制度，健全完善坚持党的领导加强党的建设的各项制度，加快企业治理体系和治理能力的现代化。坚持“两个一以贯之”，推进国资相对控股企业党建进章程。完善“三重一大”决策机制，确保党组织在重大决策中的决定权、把关权、监督权落到实处，把党的领导制度优势转化为公司治理优势。巩固巡视整改成果，抓好攻关项目，确保收获实效。健全长效机制，着力固根基、扬优势、补短板、强弱项，以巡视整改推动中国宝武深化改革、高质量发展。贯彻落实党中央重大决策部署，提高政治站位、强化担当作为，履行中央企业政治责任、经济责任、社会责任，发力三大攻坚战，确保对口扶贫县实现脱贫摘帽、绿色发展更上台阶、防范化解重大风险能力显著提升。

加强企业文化建设和员工队伍建设，提振干部员工精气神。以开展“钢铁荣耀　铸梦百年”宣传教育系列活动为契机，压紧压实意识形态工作责任制，推进企业文化融合，增强广大干部员工对中国宝武大家庭的认同感、归属感、忠诚度。加强正面宣传和引导，让中国宝武“诚信、创新、协同、共享”的企业价值观深入人心。坚持“依靠”方针，强化科技人员正向激励，

调动骨干人才积极性。弘扬劳模工匠精神，推进中国宝武产教融合试点，创新新时期产业工人队伍建设，培育支撑钢铁脊梁的大国工匠。构建和谐劳动关系，通过智慧制造赋能，让环境更美好、工作更有趣，树立“违章就是犯罪”的理念，保障员工生命安全。通过劳动效率提升和企业效益提高，实施多样化的分配方式，鼓励先进、提升效率，让员工分享企业改革发展成果。加强人力资源统筹，畅通员工发展通道，落实科技人才、“智造人才”、国际化人才队伍等重点计划，为员工个人价值实现创造机会、提供平台。抓好群团、统战、维稳等工作，团结动员广大干部员工为企业发展群策群力、建功立业。

继续加强干部队伍建设，打造对党忠诚的“钢筋铁骨”。贯彻新时代党的组织路线，以政治建设为统领，锻造忠实践行习近平新时代中国特色社会主义思想的领导人员队伍。不断优化子公司领导班子结构，实现年龄梯次合理、专业优势互补，提升班子整体功能。实施年轻干部发现培养使用三年行动计划，培养能打硬仗、善打硬仗的后备力量。强化履职担当，贯彻新发展理念，推动高质量发展，扛起发展壮大国有经济、做强做优做大国有资本的历史使命和时代重任。

继续加强“三基建设”，把组织优势转化为发展优势。进一步夯实基本组织，抓好基层党组织带头人和党务工作者队伍建设，探索推进党员队伍围绕高觉悟、高技能、高业绩，实施“党员登高计划”活动，聚焦革命化、专业化落实党员发展，建设一流党员队伍。健全落实和严格执行基层党建制度，使制度真正成为规范基层组织和党员言行的硬约束。做好混合所有制企业、境外单位党的组织建设和党建基础工作，确保国有资本流动到哪里，党的建设就跟进到哪里、党组织的作用就发挥到哪里。加强和改进机关党的工作，发挥机关基层党组织作用。

继续加强党风廉政建设和反腐败工作，打造政治生态的“绿水青山”。全面压实管党治党“两个责任”，深入推进党委主体责任、纪委监督责任、党委书记第一责任、班子成员“一岗双责”的“四责协同”体系建设，做好“三位一体”（提醒督促机制、决策过程监督机制、常态化终端验证监督工作机制）日常监督，层层传导压力，层层压实责任。深化纪检监察体制改革。统筹推进党内监督体系和公司内控机制建设，突出对重点领域、项目和环节的监督。健全长效机制，巩固拓展落实中央八项规定精神成果，常态化纠治“四风”，从严查处顶风违纪问题，抓好公车市场化改革。深化政治巡视，强化政治监督，加强巡视巡察上下联动、上下贯通，实现对境内控股的三级以上法人单位巡视巡察全覆盖。

# “老大”变“强大”<br>成为全球钢铁业引领者

中国宝武党委书记、董事长　陈德荣

习近平总书记强调，国有企业是壮大国家综合实力、保障人民共同利益的重要力量，必须理直气壮做强做优做大，不断增强活力、影响力、抗风险能力，实现国有资产保值增值。要抓住深化国有企业改革和推动长三角一体化发展的重大机遇，加强新材料、新技术研发，开发生产更多技术含量高、附加值高的新产品，增强市场竞争力。

习近平总书记在中国宝武马钢集团考察调研时强调，国有企业是国民经济的中流砥柱，希望我们把握机遇，乘势而上，壮大自己，钢铁业“老大”变“强大”，成为后劲十足的世界一流企业。

中国宝武深入学习领会贯彻习近平总书记重要讲话精神，增强“四个意识”，坚定“四个自信”，做到“两个维护”，就是要坚守钢铁报国、产业报国初心使命，把习近平总书记对国有企业、对钢铁行业、对中国宝武的期望，切实转化为中国宝武的行业信心、企业信心、职业信心，齐心协力打造世界一流的中国宝武。

钢铁被誉为“工业粮食”，是应用最为广泛的工业基础原材料，钢铁业在国民经济中发挥着举足轻重的作用。中国宝武在今年最新发布的世界500强榜单上名列第111位，居全球钢铁企业之首。按照习近平总书记的要求，“老大”要变“强大”，中国宝武就必须遵循“创新、协调、绿色、开放、共享”的新发展理念，瞄准集团公司第一次党代会绘制的发展蓝图，通过技术引领、效益引领、规模引领，不断做强做优做大，成为全球钢铁业引领者，成为建设社会主义现代化强国的中流砥柱。

坚持技术引领，做强中国宝武。习近平总书记高度重视发展科技掌握核心技术，强调“科技兴则民族兴，科技强则国家强”，“只有把关键核心技术掌握在自己手中，才能从根本上保障国家经济安全、国防安全和其他安全”。

要成为全球钢铁业引领者，技术引领是硬核实力。中国宝武要按照习近平总书记要求，坚持创新驱动发展战略，大力研发新技术、新材料、新产品，走优势道路，谋自身发展，练就“定海神针”“不二法器”。要压实责任、打表推进，强力推动关键核心技术攻关，尽快在“卡脖子”领域取得更多突破。积极开发和布局战略性新材料，推进研发体系改革转型，为行业和用户提供综合材料解决方案，探索钢铁材料和其他新材料的耦合发展。坚持智慧制造促产业转型升级，深化“四个一律”，倒逼流程再造、管理变革，推动跨基地同工序协同运营，打造基于钢铁制造主体的公辅能介运行、装备支撑服务、营销加工网络、交易物流金融等协同的全钢铁生态圈商业新模式。进一步健全激发创新活力和创造潜能的体制机制，充分调动科研人员的积极性和创造性，鼓励重点难点技术研发创新项目揭榜挂帅、攻坚推进。

坚持效益引领，做优中国宝武。“技术引领”是变“强大”的根本所在，“效益引领”则是变“强大”的重要体现。习近平总书记在党的十九大报告中特别指出，要培育具有全球竞争力的世界一流企业。“全球竞争力”说到底，就是要经受市场检验，最终体现为效益。

与规模引领取得较大突破相比，中国宝武的单位盈利和效率指标对标世界一流仍然存在显著差距，与效益引领地位不相称。中国宝武要结合国务院国资委有关提质增效、开展对标世界一流管理提升的要求，坚定不移地将“全面对标找差，创建世界一流”作为今后几年的管理主题，瞄准“三高两化”重点攻关突破。坚持“千斤重担人人挑，人人肩上有指标”，层层对标、压实责任，营造全面对标找差、创建世界一流的氛围。各一级子公司要通过开展“我为企业‘对标找差创一流’献一计”等活动，发动广大员工结合岗位持续开展工序岗位对标，追求极致效率。建立赛马机制，对关键指标改善情况张榜公布、横向对标，让各基地争做对标找差的行动先锋和实践标杆。各单位要虚心求教，既要眼睛向内，更要眼睛向外，瞄准外部同行先进企业，放下身段、学习借鉴，补短板、强弱项。

坚持规模引领，做大中国宝武。习近平总书记在中国宝武马钢集团考察调研时充分肯定了中国宝武与马钢集团的联合重组符合企业现代化发展规律，强调现代大型制造业必须要有市场占有率和市场竞争力。党的十九大报告指出，要加快国有经济布局优化、结构调整、战略性重组，促进国有资产保值增值，推动国有资本做强做优做大，有效防止国有资产流失。没有市场占有率，就没有竞争力，中国宝武全体干部员工围绕规模引领必须进一步统一思想认识，转变观念，主动作为。

当前，“小低散乱差”（企业单体规模比较小、档次比较低、布局比较散、秩序比较乱、效益比较差）是中国钢铁业长期面临的主要矛盾。破解这些矛盾，就能纲举目张、掌控全局，达到以点带面、事半功倍的效果。中国宝武必须坚决贯彻落实有关提高竞争力、提高市场占有率的要求，对标成熟经济体钢铁业头部企业市场占有率水平，向更高的市场占有率目标大步迈进。钢铁板块要把握有利时机全力推进国内钢铁业联合重组，进一步完善“弯弓搭箭”空间布局，提升碳钢、不锈钢、特钢细分领域地位，提高产品市场占有率，巩固提升头部企业市场优势。要创新实践匹配国有资本投资公司定位和规模发展需要的管控模式，结合“资本运作层、资产经营层、资源运营层”三层管理架构，完善资产经营层“一总部多基地”管理体系，根据产品特点和区位条件，探索建立专业化平台和区域化平台，强化产线基地分工和区域协同，打好“组合拳”，提升管理效率。“五元”板块要积极开疆拓土，反向助推钢铁板块提高市场占有率，合力提升中国宝武整体竞争力。

新时代新起点新征程。中国宝武正在从事着一项前无古人的事业，如何有效管理"亿吨级"体量企业，并无太多前人的经验可供借鉴。中国宝武从"变大"到"强大"，需要通过"专业化整合、平台化运营、生态化协同、市场化发展"，在管理模式、商业模式、体制机制等方面不断突破创新。让我们瞄准"三个引领"，对标找差创一流，激发十足后劲，钢铁挂帅争强大，勇当中流砥柱，成为全球钢铁业引领者！

（刊登于《中国宝武报》2020年9月29日第一版）

# 勇担新时代使命　奋进高质量发展

## ——在中国宝武一届三次职工代表大会上的工作报告（摘要）

中国宝武总经理、党委副书记　胡望明

2020年1月17日

## 一、2019年工作报告

2019年是中华人民共和国成立70周年，是全面建成小康社会的关键之年，是充满挑战和机遇的一年，更是全体员工不懈奋斗的一年。一年来，中国宝武不仅接受了中央巡视的政治洗礼，而且在全球经济处于下行周期、中国经济增速放缓的大背景下，主动应对挑战，奋力开拓进取，经受住了市场考验。集团公司以巡视整改为动力，以开展"不忘初心、牢记使命"主题教育活动为契机，全面贯彻落实新发展理念，坚持改革创新、稳中求进，圆满完成2019年各项经营目标任务，继续保持业界领先，展示出强大的竞争力。

2019年，中国宝武坚持深化供给侧结构性改革，以市场化方式与马钢集团进行联合重组，专业化整合协同效应进一步显现；聚焦"创新提升体系能力、协同共建钢铁生态圈"主题，推进"一基五元"产业布局优化；通过技术创新和商业模式创新的有机结合共建高质量钢铁生态圈；深入推进国有资本投资公司管控体系建设，钢铁主业和多元产业完成一批资本运作项目，稳步推进从产业经营到资本运营转型。

### 1. 经营业绩完成情况

2019年，中国宝武按照"一基五元"战略规划持续推进深化改革与转型发展，聚焦专业化整合，全年实现营业收入营业收入5 522.06亿元，实现利润345.30亿元，上缴税费256.07亿元，经营利润保持历史较好水平。在美国《财富》世界500强评选中，中国宝武名列第149位，在全球钢铁业排名第二。连续被《财富》杂志评为最受赞赏的中国公司，且首次进入前十名；国际三大评级机构标普、穆迪、惠誉继续给予全球综合性钢铁企业最高信用评级。

钢铁主业持续推进发展质量变革、效率变革和动力变革，成功实施八一钢铁债转股、重组马钢集团，不断提高综合竞争力。全年实现钢产量9 545.55万吨，利润241.50亿元。多元产业以宝武重组为契机，进一步深化业务聚焦和整合融合，发挥专业化协同基础上的规模效益，开创协同发展新局面。其中，新材料产业实现利润40.20亿元，同比扭亏为盈；智慧服务业实现利润14.10亿元，同比增加50%；资源环境业实现利润16.20亿元，同比增加52%；产业园区业实现利润21.30亿元，同比扭亏为盈；产业金融业实现利润37.40亿元，同比增加70%。

从2019年经营业绩看，多元产业的收入和利润较2018年分别增加430亿元、97亿元，其中利润占集团公司的比重由2018年的10%上升到2019年的35%。多元产业的快速发展使中国宝武抵御钢铁行业波动风险的能力显著增强。

### 2. 2019年重点工作完成情况（略）

## 二、当前形势分析和2020年总体工作要求

### 1. 当前形势分析

2020年是全面建成小康社会和"十三五"规划收官之年，也是子公司3年任期经营责任制的最后一年，中国宝武既面临纷繁复杂的外部环境，也迎来新的发展机遇，我们必须客观、全面、辩证和积极地分析研判形势，因势而谋、因势而动、因势而进。

外部环境依然复杂，困难和挑战明显增多。从国际形势看，世界经济仍处在国际金融危机后的深度调整期，虽然国际货币基金组织预计2020年全球经济将增长3.40%，比2019年提高0.4个百分点，但全球经济依然缺乏新的增长点，可能呈现低增长、低通胀、低利率、高债务、高风险的"三低两高"特征。从国内形势看，中国经济稳中向好、长期向好的基本趋势没有改变。但困难和挑战明显增多。中美贸易战不仅影响全球经济和直接出口，同时对制造业投资和间接出口的影响力度也在加大，汽车行业仍处于调整期，需求持续偏弱，新一轮稳增长政策传导至钢材需求还有待时日。具体到钢铁行业，随着限产力度减弱，大量新增产能投产，预计短期内钢价将出现回落，钢铁企业利润进一步收缩。钢价回落和利润收缩将倒逼新一轮钢铁行业的供给侧改革。

行业转型升级，赋予中国宝武更大责任。中国正处于重要战略机遇期，经济由高速增长转向高质量发展。党中央、国务院要求中国宝武成为具有全球竞争力的世界一流企业。这是机遇，有助于我们贯彻新发展理念，推动结构优化、效率提升、动力变革，寻求高质量发展。同时更是挑战，因为我们将承担更多、更重要的国家使命和任务，再也不能依赖原有的发展模式，必须走创新转型发展道路。中国钢铁业已进入长周期的去产能和结构调整阶段，行业面临的矛盾和问题十分突出，生态文明建设、材料需求升级、产业服务化转型等都对钢铁行业的发展提出了更高要求。

### 2. 2020年工作指导思想和需要重点把握的原则要求

2020年，中国宝武经营管理工作的总体指导思想是：以习近平新时代中国特色社会主义思想为指导，深入贯彻落实习近平总书记关于国资国企改革发展和党的建设的重要论述，全面贯彻党的十九大和十九届历次全会精神，认真贯彻落实党中央和国务院决策部署、中央经济工作会议、中央企业负责人会议精神，在集团公司党委和董事会领导下，坚持稳中求进的工作总基调，紧紧围绕"全面对标找差，创建世界一流"的管理主题，主动落实国家战略，坚持新发展理念，坚持以供给侧结构性改革为主线，以"三高两化"为战略路径，深入开展国有资本投资公司改革试点，推动产业布局结构优化，加快高质量钢铁生态圈建设，把中国宝武打造成具有全球竞争力的世界一流企业，引领中国钢铁行业转型升级。

为贯彻落实这一指导思想，工作中要重点把握好以下几个方面：

三个导向：目标导向、问题导向、结果导向。高质量发展必须以目标导向作为引领，树立一流标准。党的十九大提出要培育具有全球竞争力的世界一流企业，中国宝武新一轮战略规划也明确提出要推动国有资本做强做优做大，培育具有全球竞争力的世界一流示范企业。因此，我们要坚持钢铁报国的初心使命，勇敢担负起新时代中央企业的责任，实现成为全球钢铁业引领者的愿景。高质量发展必须以问题导向作为抓手，增强问题意识。只有找到问题、发现自身不足才能保持不断前进的动力。我们要以世界一流企业、行业优秀标杆作为对标对象，通过全面对标找差发现差距所在，明确重点突破和改进方向。高质量发展必须以结果导向作为验证，强化绩效管理。对标找差是手段，在发现问题的基础上，要系统反思管理体系，精心策划变革方案，扎实推进方案落实，但这一切管理活动的效果如何，最终要以经营绩效作为衡量标准，能够有效提高资本配置效率、资产经营效率、资本回报率的对标找差，才是真正需要和倡导的。

三个责任：经济效益增速与国民经济增速匹配的责任、国有资产保值增值责任、引领行业转型升级责任。中国宝武在应对复杂多变的外部环境的过程中，要确保效益增速与国民经济增速匹配。认真研判经济形势变化和政策调整情况，准确把握中国经济"稳中向好、长期向好"的基本趋势和钢铁行业自身周期特点，不断创造优异的业绩。从联合到整合再到融合的艰巨过程中，要确保国有资产保值增值。坚持"超越自我、跑赢大盘，追求卓越"的绩效导向，加强对标，聚焦短板，

持续做好“瘦身健体”、效率提升以及运营风险管理等各项基础管理工作，提高生产经营质量。在推进国有资本投资公司建设的过程中，要引领行业转型升级。结合中央企业承担的责任和秉持的价值观，以“引领全球钢铁业”为目标，优化区域布局和产品结构，增加产能规模、提高市场份额，加快推进钢铁生态圈建设，推动高质量发展再上新台阶。

五力提升：企业竞争力、创新力、控制力、影响力、抗风险能力提升。中国宝武进一步优化对标找差管理体系，深化整合融合，最大化发挥协同效益，打造核心竞争力。强化商业模式、技术创新与管理创新，提升驱动转型升级发展的创新力。完善钢铁主业和多元产业布局，通过高市场占有率掌控话语权，提升购销两端市场的控制力。深化资本市场运作与开放合作，全面提升中国宝武品牌形象的影响力。完善三层架构管控体系，打造防范有效的风险控制体系，提高抗风险能力。

2020年，中国宝武的生产经营目标：粗钢产量9 443万吨，营业收入稳步增长，利润水平同比保持平稳。

安全生产目标：进一步提升安全管理体系能力，区域内所有事故的管理改善措施100%落实，不发生较大及以上生产安全事故，伤害频率稳步下降。

能源环保目标：完成政府下达给中国宝武的煤炭消费总量及工业企业用能总量指标，二氧化硫排放总量同口径同比（以下同）下降4.60%，氮氧化物排放总量下降4.20%，化学需氧量排放总量下降3.70%，吨钢综合能耗低于580千克标准煤。

## 三、2020年重点工作

### 1. 坚持规划引领，把准高质量发展目标方向

围绕中国宝武愿景使命，以“三高两化”为路径推进产业布局优化，真正通过规模效应提高市场话语权和控制力。

钢铁板块要在深入分析国内钢铁行业发展趋势的基础上，对各制造基地的专业分工进行总体布局，充分发挥各自优势和协同效应，以市场需求为导向、生产成本最低为原则，实施灵活善变的生产组织方式，通过极致的专业化、标准化、系列化，实现设备的简单化、可靠化和智慧化，切实增强市场控制力和竞争力。高效推进湛江钢铁三号高炉系统项目建设，确保2021年7月1日点火投产；加快推进马钢股份规划调整方案落地，系统解决新区工序不匹配、产能不平衡问题，推动现有产能的空间布局优化和改造提升；推进重庆钢铁技术改造，发挥重组协同效应；推进西北地区产能整合，全面提升八一钢铁在西北市场的话语权和影响力；加快推进宝钢德盛精品不锈钢绿色产业基地建设，确保1780热轧和1600酸洗项目第四季度热负荷试车；韶关钢铁要按照“宜控则控、宜参则参、宜管则管”的思路，继续推进分布式短流程钢厂建设。

多元产业要进行前瞻性产业布局，实现外延式快速发展。宝钢金属要推进铝、镁业务的并购重组，夯实轻量化整体解决方案的产业平台；宝武炭材要加速完成从传统煤化工加工产业到炭材料产业链延伸布局的转变，形成以针状焦、石墨电极、碳纤维等战略产品为核心的产业布局；宝钢包装要在完善原有业务国内布局的同时加快扩张东南亚市场；宝钢工程要快速推进集团内外设计院和工程技术服务资源整合；实质性推动欧冶云商IPO（首次公开募股），通过登陆资本市场，进一步深化混合所有制改革，促进业务发展，提升综合实力，增强品牌影响。宝信软件要积极整合内外部资源，通过资本运作，支撑工业互联网业务发展和新一代信息基础设施全国布局。宝钢资源要加快推进海外核心矿产资源项目开发和集团内部矿产资源的整合融合，挖掘存量矿山的资源供应能力。宝武环科要通过资本运作延伸产业链，加快建成面向工业和城市领域的环境污染第三方治理专业化平台。

坚定不移地推进国际化战略，抓住“一带一路”发展机遇，瞄准“一带一路”新兴成长区和欧美钢铁成熟区，加快推进海外全流程钢铁制造基地建设。推进海外矿产资源布局开发，提高全球资源掌控力。推进人民币的进口结算和计价，助力人民币国际化进程。推进上、中、下游产业链整合，提升国际化投资运营能力，开启中国宝武国际化发展的新篇章。强化国际化经营的推进体系，提升中国宝武集团总部国际化管理能力，协调、指导、服务各产业和相关子公司推进海外投资项目落地，尽快补上国际化发展的短板，提高全球一体化资源配置能力。

### 2. 狠抓效益引领，夯实高质量发展管理基础

强化对标找差，提高资本配置

效率、资产经营效率和资本回报率。2020年，中国宝武构建对标体系，剖析发展现状和面临的瓶颈，为每家子公司精选世界一流企业、行业先进企业作为对标对象；合理选取对标要素，通过定性、定量相结合的对标发现短板、补足弱项、策划方案，狠抓落实。利用信息化手段，将智慧制造技术与管理变革、流程再造紧密结合，实现有效联动；用追求极致化的思维创新商业模式、优化管理体系、降低运营成本；通过生产力发展带动生产关系调整，发挥技术、管理、信息化优势，深入挖掘潜力，提高运营效率。

持续深化扭亏增盈，扎实推进“瘦身健体”。坚持“企业不消灭亏损、就消灭亏损企业”的原则，推进扭亏增盈工作，全面落实扭亏增盈专项措施，强化存量管理，突出规模效益，明确工作目标，层层建立扭亏增盈责任制，推进亏损企业治理。优化压减长效机制，抓好低效无效资产处置，推动资源向主业集中。

树立“现金为王”理念，全力做好“两金”管控、降杠杆减负债。要拿出解决高杠杆、高负债、高“两金”的实招硬招，采取有力有效措施降杠杆减负债，加强管控、守住底线，坚决打好打赢防范化解重大风险攻坚战。围绕投资能力区间定位，坚持一企一策、分类管控，推进“靶向治疗”、精准施策，确保集团公司整体负债率稳中有降，负债结构持续优化。

强化内部协同，发挥整合融合优势。坚持战略规划引领、专业化整合和分类施策原则，按照中国宝武总体战略和总体布局，本着“积极稳妥、分批分步”的原则，推进与马钢集团整合融合，在“一企一业、一业一企”的整体框架下，通过联合、整合、融合，最大限度发挥协同效应，实现整体价值最大化，实现“1 + 1>2”的目标。

## 3. 推动技术引领，增强高质量发展创新动力

坚持创新驱动，打造核心竞争优势。坚持新发展理念，践行创新驱动战略，以建设世界一流示范企业为目标，以“三高两化”为路径，围绕“绿色、智慧、精品”战略，开展前瞻性、颠覆性、突破性技术方向研究，将技术创新成果真正转化为竞争力。加快“低碳冶金创新研究中心”建设，推动低碳冶金等新技术的研发，促进绿色发展从末端治理到源头控制和过程控制的转变。

推进智慧钢企建设，引领行业智慧发展。推进大数据、人工智能等新技术的研究应用，按照“四个一律”要求和“ONE MILL”（一个工厂）理念，构建集智能装备、智能工厂、智能运营于一体的智慧制造体系，实现本质化安全，并借此推进管理变革和流程再造。加强区块链等新技术场景化应用，促进智慧制造和智慧服务结合，加快智慧钢铁生态圈的建设。

积极承担国家使命，坚持精品战略。加大关键核心材料的研发力度，加快突破“卡脖子”的关键核心技术短板，切实提升自主创新能力，满足国家重大工程关键材料需求。坚持以客户为中心，围绕成本、质量和生产效率，在持之以恒打造极致尖端产品的同时，将技术优势延伸到普通产品和各钢铁单元，拓展盈利空间。

## 4. 践行共建共享，打造高质量发展生态系统

2019年，中国宝武在“共建高质量钢铁生态圈”的使命引领下，践行共建共享发展理念，培育产业生态圈发展的新商业模式，吸纳多元主体参与生态圈建设，生态圈建设的雏形已经形成。2020年要将这一战略往纵深方向发展。对内加快专业化聚焦整合，以市场化为原则，以平台化、生态化思维为引导，加快高质量钢铁生态圈“八大功能体系”（以制造为基础，交易、物流、原料、金融、数据、技术及园区八大功能体系）构建，力争体系基础骨架布局尽快成型。在整合内部业务与资源的同时，统一中国宝武智慧与大数据技术架构，进一步提升以“四大基础平台”为代表的生态圈基础设施的综合能力与影响力，完善和发挥各平台功能，增强生态圈吸引力与黏性；持续推进生态圈宣传教育工作全面纵深开展，加强中国宝武员工对生态圈的正确认识和理解，增强生态圈工作在员工心中的使命感。

## 5. 完善治理结构，激发高质量发展改革活力

深化国有资本投资公司体系能力建设。加强国有资本运作统筹谋划，加快打造市场化、专业化平台。发挥国有资本投资公司功能作用，通过开展投资融资、产业培育和资本运作等，推动产业集聚、化解过剩产能和转型升级，培育核心竞争力和创新能力。优化国有资本运营，通过股权运作、基金投资、培育孵化、价值管理、有序进退等方式，实现国有资本合理流动和保值增值。

进一步优化子公司法人治理

结构。对直属子公司董事会、监事会运行情况进行系统评估，进一步优化派出董事授权方式和决策程序，规范决策程序、提高决策效率、保障决策质量。按照子公司平台化、多基地管理模式的要求，推动子公司开展管理变革和流程再造。

稳妥推进混合所有制改革，全面提升混合所有制改革的广度、深度和质量。按照完善治理、强化激励、突出主业、提高效率要求和“宜混（混合所有制）尽混、混是基础、改（体制机制改革）是关键”的推进原则，明确子公司混合所有制改革清单、实施路径、计划安排，“一企一策”制订混合所有制改革方案，优化股权结构，强化激励约束，塑造内生动力，建立完善灵活的市场化经营机制，落实好战略性核心业务控股为主的要求。加快国家发展和改革委员会第四批混合所有制改革试点的落实落地，原则上3年内完成宜混子公司混合所有制改革，进一步激发企业活力和广大员工干事创业热情。改革过程中要严格执行操作规范，坚决做到国有资产不流失。

深入推进“总部机关化”专项整改工作。以开展管理者问卷评估及年度发布《宝武集团总部工作规范》为抓手，巩固整改工作成果，确保不反弹回流。落实集团公司审批备案事项优化，持续推进集团公司总部管理文件制度修编。进一步优化总部功能，提高运行效率。

## 6. 实施人才强企，优化高质量发展队伍素质

推动人才引领发展战略。坚持使命引领、靶向引才，对标找差，快速响应，全面实施人才盘点，分类别和分层次制订紧缺人才引进、培养方案。拓宽引才视野，引进一批战略发展急需的创新型、专业化、高层次人才。组建“专家智库”，着力破解“卡脖子”难题。加快各类人才前端发现、源头培养，夯实人才梯队基础。

深化人才发展机制改革。推动“两高四关”管理人员培训，建立健全年轻干部发现培养使用日常保障机制，推进年轻干部及骨干人才全程培养；倡导科学家精神、劳模工匠精神，促进高科技人才、高技能人才队伍建设，以强有力的人才队伍促进效率持续提升，支撑世界一流企业目标的实现。

健全以“效益、效率”为导向的市场化薪酬激励管控机制。坚持市场化改革方向，强化工资总额与经济效益、劳动生产率等挂钩联动，优化工资总额决定机制，探索实施工资总额3年周期预算管理；聚焦“一基五元”战略，按“一企一策”推行差异化薪酬策略。推动混合所有制改革企业员工持股、上市企业股权激励、科技型企业股权与分红激励等多样化激励工具运用，促进各类生产要素活力竞相迸发；进一步加大对核心技术技能人才的激励，探索实施科技项目“一项一策”激励方式。坚决破除平均主义，收入分配向关键岗位、高层次人才、科研骨干、高技能人才倾斜，合理拉开分配差距。

全面对标完善劳动效率指标体系。瞄准行业优秀、世界一流的企业标杆，以职能服务平台化、技术业务共享化、生产制造智慧化为要求，系统设计更加灵活、高效的人力资源配置模式，实施本质化效率提升举措。突破人才流动瓶颈，推进中国宝武内外转型发展，促进人员向战略发展方向及高效率单元有序流动，力争3至5年实现行业一流、5至8年实现世界一流的人力资本效率目标。

全心全意依靠职工办企业。坚持以职工为本，发挥广大职工在改革发展中的主力军作用，增强归属感和主人翁意识，激发职工的工作积极性和劳动热情。普及健康生活理念，优化健康服务，完善健康保障，建设健康环境，提高员工身心健康水平。推进新时期产业工人队伍建设，完善创新创业平台、协商协调平台、关心关爱平台，维护职工合法权益，实现员工和企业共同发展。

## 7. 抓好风险防范，推动高质量发展行稳致远

对标业界风险管理最佳实践，打造防范有效的风险控制体系。深化事前规范内部控制、事中穿透式监督、事后严格责任追究的机制建设。创新监督手段，继续推进大数据平台和穿透式监督系统建设。通过互联网、大数据等科技手段，实现事中在线穿透式监督和智慧化管理，实现信息化与风险管控的深度融合。加强对新设一级子公司内控体系建设的指导，重点强化授权受控管理、“三重一大”体系完善。守住监管合规的红线底线，贯彻执行各项经营禁令等方面的工作。强化合规管理，进一步提升依法合规经营水平。把合规要求融入制度流程、落实到岗位、固化于系统，强内控、防风险、促合规。强化“三重一大”合规管控、关键内控系统覆盖、推进境外合规管理；建立“外规内化”的长效机制，明确红线底线；强化重要岗位、关键人员、离职与调岗人员的授权受

控管理。着力防控经营风险，尤其是市场风险、金融风险、投资风险。对于市场风险，各公司要聚焦重点生产经营领域，密切跟踪宏观环境和行业变化，动态监测经济运行、大宗商品价格、重要生产经营指标以及资本市场指标变化，加强采购、销售两端的市场研判和竞争对手分析，事前做好分析研判和预案准备，事中做好风险转移和风险缓释。对于金融风险，要严防脱实向虚，紧密围绕钢铁生态圈需求开展业务，加强金融业务的日常监测监督，金融衍生业务严禁投机行为，严控授权管理。对于投资风险，要做好尽职调查和可行性研究，摸清潜在风险情况，采取有效的风险防范措施。

## 8. 加快城市钢厂建设，落实高质量发展绿色理念

全面梳理、深入学习、坚决贯彻习近平总书记关于生态文明建设的重要论述，统一思想认识，提高政治站位，强化生态环境保护意识，坚持在发展中保护，在保护中发展，实现生态环境保护与经济发展的辩证统一。进一步完善能源环保管理体系，严格落实能源环保责任制，严格控制污染物排放总量、能源消耗和煤炭消费总量，确保完成能源环保目标任务。进一步完善能源数据质量管理。中国宝武被列入第二轮第二批生态环境保护督察中央企业的初步名单中，各单位要对照相关要求，开展深度自查自纠，及时部署，加大力度推进问题整改。全面对标找差，加快“三治四化”步伐，实现精准治污、科学治污、依法治污，持续推进绿色城市钢厂建设。项目化推进“废气超低排放”，开展“废水零排放”区域零排放试点建设，验证钢铁单元“固体废物不出厂”成果。推广绿色城市钢厂评价指标体系成果应用。聚焦长江大保护，落实巡视整改攻坚项目，严格督办被纳入长江经济带生态环境警示片中的问题整改；健全环保督察督办机制，进一步提高督察水平，提高督察工作的效果和严肃性；推进国务院国资委2019年中央企业生态环境保护专项调研中涉及相关工作的整改，确保环境风险受控。依托科技创新强化绿色发展引领能力，进一步提升长三角区域环境空气质量保障能力；加强土壤环境风险排查与管控、碳排放管理交流与合作。加快推进宝武环科、宝武水务、宝武清能等能源环保企业发展，加强原发性的绿色工艺技术研发，加快低碳环保科技成果转化为生产力；现有生产线要把绿色发展作为引领的主要方向，追求极致的绿色发展。

## 9. 提升本质化安全能力，践行高质量发展人本思想

2020年，继续推进建设全面覆盖的安全管理体系，提高整合融合过程中的安全管理效能；严格落实党政领导干部安全生产责任制，全面建立安全履职清单；全面紧盯高温熔融金属、冶金煤气、危险化学品、煤矿及金属非金属矿山、大型城市商业综合体等重大安全风险，持续深入推进安全风险分级管控和隐患排查治理双重预防机制；围绕“全面对标找差，创建世界一流”的管理主题，按照“四个一律”原则，推动“科技强安（安全）”项目，全面提升本质化安全水平；不断优化协力安全管理模式，逐步取消插入式岗位协力，督促业务外包单位落实主体安全责任。强化落实消防合规性有效性管理，建立协调、高效的应急联动和快速反应机制；持续推进“控重点、抓履职、促落实，提升安全管理体系保障能力”的安全督导工作。

编辑：张　鑫

# 03 专文

# 专　文

## 风雨同舟　众志成城
### ——中国宝武抗击新冠肺炎疫情纪实

中国宝武管理学院媒体与在线学习中心

2020年初，一场突如其来的新冠肺炎疫情在武汉暴发。

面对疫情，无论是地处防控主战场的武钢集团、宝钢股份武钢有限、鄂城钢铁等中国宝武在鄂企业，还是中国宝武总部、新疆的八一钢铁、广东的韶关钢铁，山西的太钢集团、安徽的马钢集团……中国宝武全体员工英勇无畏抗疫情、众志成城保生产，为打赢防疫阻击战贡献了应有力量。

在这期间，中国宝武广大干部员工，无论是共产党员，还是普通员工，风雨同舟，众志成城，用热血和胆识书写忠诚，以无私和责任奉献大爱，彰显了宝武力量和宝武担当，涌现出无数感人至深的事迹。

### 一、方舱勇士

1月23日上午10时，武汉封城。新冠肺炎疫情肆虐，武汉市每日新增患者人数一度维持在4位数的高位。方舱医院，成了实现"应收尽收、应治尽治"要求的非常之举。2月3日晚上，武汉市首批改造的3家方舱医院连夜动工。位于武汉市青山区的武钢体育中心也要被改建为方舱医院，武钢体育中心经理董大鹏和他的同事们，被推上了这场抗疫大战的前线。

1月22日，武钢体育中心闭馆。董大鹏心里想的是，"做好自己的事，看好自己的门"，他和几名同事一直轮流在体育中心值班。2月4日上午，董大鹏接到武钢集团江北公司来电，告知他武汉市已经明确，要把武钢体育中心改建为青山方舱医院。此时，武汉封城已经一个多星期了。董大鹏心里一沉，开车就往体育中心赶。中午11点，武钢集团明确表态，不讲任何条件，全力支持青山区建设方舱医院。下午2时，董大鹏便带着同事们忙着清空器材，协助体育馆的全面消杀。当天晚上7时，多方召开现场协调会，董大鹏接到的任务是24小时值班，负责方舱医院外围的水、电维护保驾。当天晚上，董大鹏12时多回了家，和衣睡在了沙发上。由于在外面转了大半天，他生怕会有什么情况，也不知道怎么和爱人孩子说。第二天一大早，爱人问起情况，董大鹏只能含糊其词，"可能要在单位值几天班"，然而这"几天"，最后却成了60多天。

当时正是武汉疫情高峰之时，人们谈疫色变，人人自危，连门都不敢出。"说实话，我心理负担也很重，但是没办法呀，这事情总得有人干。"2月6日中午，董大鹏弄来一大盆馒头，召集值班员工边吃边商量。他话不多，把情况简单介绍后，只说了两句："我是共产党员，我先上；共产党员跟我上！"让他没想到的是，体育中心运行主管王锋、维修班班长周维等党员纷纷响应，9名党员签上了自己的名字，并用大拇指按上了自己鲜红的指印。就这样，"方舱党员突击队"成立了。但还有一个名额让董大鹏很是为难，争相报名的党员不少，但安全员付昌飞找了他好几次，态度非常坚决，“我虽然不是党员，但家里人都在外地过年，我一个人在武汉也没有啥事情，我上。”董大鹏真诚地对他说，“你还年轻，婚都没有结，这项工作还是有一定风险的，要不要再和家里人商量一下？”付昌飞的回答斩钉截铁：“都这种时候了，还有啥好商量的？您就让我上吧！”董大鹏心里一阵热血翻涌，这样要求进步的年轻人，他又怎么能够拒绝。

名单确定后，还有几名党员不肯回家，一定要和他们一起坚守，是董大鹏一个个把他们“赶”回去的。一名老党员还再三对他说：“莫要客气，我随叫随到！”王锋在2019年底的体检中查出了严重的甲状腺结节，一直处于术后恢复期，身体虚弱，抵抗力较差，本想借着春节假期好好休息，调养身体。但作为综合部运行主管，他深知自己熟悉情况，方舱保驾离不开他，没有任何犹豫就留下了。从2月4日到4月8日，董大鹏、王锋、周维、付昌飞，连续坚守青山方舱医院60多天，吃住都在方舱。早中晚3次巡查雷打不动，其间进舱8次。病人吃什么，他们吃什么，时常用方便面和咸菜改善伙食。在压力和危险面前，他们展现了共产党员和钢铁汉子的英雄本色。

“说不害怕，那是吹牛。”董大鹏快人快语，“说实话，我们都已经作好被感染的心理准备了。”这是他们当时的心里话。董大鹏他们所在的办公、值班区域，是原来体育馆搭建的一排临时简易板房，离改建的方舱医院也就几十米远。推开门，方舱医院的灯光就在眼前。“空气传染、气溶胶传播……”当时早已传得沸沸扬扬，这点距离，等于是不设防的。更让董大鹏他们压力陡增的是，青山区政府告知，原来负责方舱医院内设备维护的人员，已经被紧急抽调去建设另一个方舱了，这意味着，他们很有可能要进方舱医院，而不是仅仅在外围巡查维护。

2月14日，武汉雨雪交加，狂风大作，天寒地冻。雨夹着雪一直下到15日凌晨还没有停的意思，在板房内被窗户震得本来就睡不着的王锋听到体育馆方向传来一阵阵异响，经验告诉他，肯定出问题了。他赶紧和同样睡不着的董大鹏等4人顶风冒雪出门巡查，最后发现体育馆东门上方的屋面顶篷被狂风掀开了一个约40平方米的大口子，雨雪呼啦啦地涌进了方舱医院的隔离区，再这么下去，就直接到病床前了。方舱医院内170余名新冠肺炎患者和80余名医护人员将无法容身。没顾得多想，4个人一面通知有关部门，一面就冲进了方舱医院，拼命清扫已经开始淤积的雨雪与掉落的杂物，并封闭了该区域的通道。忙活了20多分钟，等他们撤出方舱医院，大家的心里这才后怕起来。事发突然，也没有防护服，就这么冲进去了……他们作业的地方，离病人就只有一门之隔。董大鹏发了一圈烟，几个人默默抽完，一声不吭，谁都不愿意提这个话题，增加大家的心理负担。

2月18日下午4时，党员突击队又接到求援电话，方舱医务人员缓冲区卫生间的排污管道堵塞，污水四溢。又要进舱，维修班班长、退伍军人周维主动请缨，和董大鹏第一时间赶到现场。卫生间的污水已经漫到脚踝了，周维二话不说，捋起袖子就摸找排水孔，用自己的双手，一把一把地清理污物。驰援方舱医院的陕西医疗队员看在眼里，热在心里，“武钢人，真是好样的！”

2月26日晚，方舱医院发现B舱（训练馆）部分门窗未有效封闭，向党员突击队求援。这意味着，4名队员要进入方舱最核心的区域——污染区，直接和患者们“零距离”接触。“谁的心里不压着一块大石头呢？付出的代价很可能就是被感染”，但让队长董大鹏百感交集的是，接到任务的队员们没有什么豪言壮语，也没有一个退缩。大家在医护人员的指导下，穿上医用防护服，戴上口罩、面屏、手套等，“全副武装”进入了方舱核心区。经过一个半小时的紧张作业，B舱所有的门窗全部完成了封闭。董大鹏他们四人，防护服里面已经全部湿透，连鞋子里面也都湿透了。一小半是干活出汗，防护服捂出不少汗，一大半是紧张出汗。在先后8次的进舱作业中，4名队员基本都在现场。有一次，周维和付昌飞甚至走到病床前，帮一名患者修好了插电板。他们说，“进去多了，好像也不怎么害怕了。想想也是，这些医护人员不也都天天在里面吗？”就这样，4名队员每次进入舱内污染区少则1个多小时，多则3个小时，及时处置水电运行等各类问题和安全隐患50余项。

董大鹏身材敦实，肤色黝黑，看着像个“糙汉子”。作为武钢集团的一位基层管理者，他的“不讲情面”很多人领教过，管理风格刚毅果决。但是在整个守护方舱的日子里，他才发现自己还真有一点“气短”。2月13日开舱当天，当他得知自己和同事们时刻都可能进舱作业，心里无比沉重。入夜，躺在办公室里的沙发上，他怎么也睡不着，索性坐了起来，一根接着一根抽烟。董大鹏心里最愧对的，是他的妻子，结婚之时没有给她一个像样的婚礼，婚后自己忙于工作，还远赴广西工作了3年，家中里里外外都是贤惠的妻子操劳。董大鹏39岁才喜得千金，宝贝女儿现在还没上初中。要是自己出点啥问题，家里该怎么办？董大鹏想着想着，不知不觉拿起了纸笔，整整一个晚上，他给公司一名领导写了一封信。满满3页纸，没有豪言壮语，只有一个请求，万一发生意外，请公司一定给他妻子安排好岗位，为她女儿安排好学校。董大鹏一边写，一边用力眨眼睛，尽力不让眼泪流出来。暗夜里，这个中年汉子低低的啜泣无人听闻，作为一名共产党员，他作好了献出自己生命的心理准备，只是放不下柔弱的妻子、幼小的女儿，还有90岁的老父亲。

“80后”(指1980—1989年出生的人)付昌飞，原来是武钢文工团的一名舞蹈演员，这几年转型成了武钢体育中心的一名安全员。在家里，他是受父母和哥哥姐姐宠爱的“老小”。守护方舱的日子里，他一直瞒着家人，只说自己在单位里值班。每次发朋友圈，他都会细心地把所有的亲人一个个地屏蔽掉。小伙子白白净净，看不出丝毫狠劲，但守护方舱，却是主动请缨，心意坚定。休舱回家后，他的母亲拉着他，一边哭，一边狠命地打，“你这不听话的娃，怎么不和妈说句实话啊”。

王锋和周维，都不善言辞，但干起活来却毫不逊色。在开挖B舱化粪池基坑时，施工方不慎挖断了地下水管，周维不声不响，跳进坑就干。王锋在完成方舱医院运行保障工作的同时，还默默守护大家的健康和安全。他多方联系，四处采购、募集口罩2万余只、酒精100余升、额温枪15支及消毒片300余千克等疫情防控物资，满足了值守人员需求，也为公司后期复工的防控需求做好了充足的保障。

董大鹏的那封信，最终也没有寄出去。3月11日下午4时左右，方舱医院给他打来电话。知道是他们四人的核酸检测结果出来了，董大鹏心里紧张万分。电话那头，和他已经非常熟悉的医生还故意逗他，“董队长，祝贺你中奖了！”董大鹏一下脸色苍白，手机差点没拿稳，几秒钟没出声。那名医生赶紧告诉他，四人的核酸检测全部为阴性。董大鹏连说了一大串的“谢谢”，一下子从椅子上跳了起来，连跑带跳地冲到办公室的走廊里，对着楼下就是一通狂喊：“王锋、周维、付昌飞，莫得事情啦，我们全都是阴性。快给家里打电话！”董大鹏一边喊，一边鼻子发酸，喊着喊着，几乎带着哭腔。几名队员听到喊声吓了一跳，以为出什么事情了。等听清他喊的话，也都冲出了屋子。

那段日子里，董大鹏经常问自己，这一切都值得吗？但是当他亲眼目睹一个又一个患者治愈出院；当他和家人再次走上武汉车水马龙的大街；当他懂事的女儿抱着他说“爸爸是英雄”，董大鹏的心里，就笃定有了答案。

## 二、火神山医院荣誉员工

马保华，58岁，武钢有限检修中心焊接技能大师，凭借自己精湛的技艺和勇猛无畏的作风，完成了武汉火神山医院、雷神山医院病房输氧管道焊接任务，获得了“火神山医院荣誉员工”称号，工牌编号“001”。

从业40多年来，马保华一直从事焊接工作。常年的钻研和打拼，历练了一身绝活。有色金属各种不同材料以及塑料材质，他都能实现异种材料的焊接。这身技能让他解决了许多现场和业内外企业的疑难杂症，可谓远近闻名。

可是，这次毕竟不同寻常。疫情肆虐，情况不明，此时冒着巨大的风险出门，万一被感染了怎么办？家人正为他出门执行任务感到担忧，老马早已作好思想准备，他拿出自己的存折交给妻子，斩钉截铁地说：“我是宝武的党员、武汉劳模，身份不一样，我必须去！”说完就消失在茫茫夜色中……

马保华向单位主动请缨担任队长，率领10余名工友奔赴建设工地，马上投入紧张的工作中。需要焊接的屋顶主氧气管每根有五六米长，他和工友手拿肩扛，在泥泞的场地穿梭。此时已是晚上11时，在老马带领下，大家全神贯注开始焊接。经过连夜努力，第二天早上6时，15栋病房的屋顶氧气管道全部完成，比计划提前了两个小时。由于表现出色，早上刚返回检修中心准备休息的他们，再次被征召回工地，一直干到2月3日早上才收兵。

由于紧迫的医疗救治形势，火神山医院是边建边投用，2月4日正好是医院第一批建好的病房启用的日子。但剩下的焊接建设任务仍需要人手，建设指挥部希望检修中心的人员能够留下来继续支援。此时，确诊的病人正接连入住病房，现场的建设者面临可能被感染的巨大风险。为了保护更多工友，老马再次主动站出来："接下来的任务是铜管和钢管对接焊，我拿手，就让我一个人留下来。"

带着必胜的信念，老马义无反顾。他一边做好防护，一边配合其他单位人员投入焊接。此刻，老马的经验再次发挥作用。由于别人采用的是丙烷火焰焊接，每焊成一次需要20分钟。老马看在眼里急在心上，为了加快进度，他采用氧气乙炔焊，每焊成一次只需要20秒，大大加快了焊接速度。

在这期间，每天几乎没有正常的休息时间。在没有窗户的病房里干活，时间一长，他也不知道屋外是白天还是黑夜。困了，就倚靠病房墙面，小睡片刻。醒了，揉揉双眼继续"上阵"。有时吃饭也顾不上，常年的老胃炎发作，时而隐隐作痛，可是马保华顾不得这么多，心里只有一个想法：要和时间赛跑，确保病房都能顺利投用。经过努力，他依靠卓越技能和顽强毅力，从2月4日开始，孤身一人奋战，一直干到2月9日，将所有病房的焊接任务保质保量完成。建设指挥部一位副总指挥向他竖起大拇指："因为你的表现，整整将施工进度提前了3天，关键时候还要看央企！"

老马还未来得及歇息一下，一个突发状况让大家的神经陡然绷紧。由于某施工队伍疏忽，漏装了一个抢救病房的供氧管道，而这个病房正好紧挨着病毒污染区。如果不补上管道，危重病人将无法抢救。在其他焊接施工单位人员面面相觑、低头不语的时候，还是老马斩钉截铁地说："我上，我来干！"检修中心总经理严爱军再三叮嘱他一定要做好防护再进病房。老马穿上单位送来的防护服直奔病房而去。一分钟、两分钟……所有人的心都悬起来。终于，十几分钟后，马保华完成焊接走出了病房，现场掌声雷动。

松了一口气的老马刚准备回去休息，又接到了雷神山医院建设指挥部短信，希望他能紧急支援。马保华一刻不停，召集8名工友赶赴施工现场，从凌晨一直干到早上8时，圆满完成48个病房的管道焊接任务。由于缺少休息，老马连续"作战"后，手肘已酸胀得无法放下，脚后跟也肿得不敢着地。

当记者问他这么大岁数了为啥还这么拼时，这个耿直的汉子哽咽了："按理说，快退休的年龄了，一般人也不会往前冲了。但是患者需要、建设需要、国家需要，我不拼谁拼？"马保华回忆起老父亲经常对他说："人这辈子总要为社会留下点什么，当你老了的时候，才会感到没有白活。"

2020年10月底召开的中央企业抗击新冠肺炎疫情表彰大会暨先进事迹报告会上，马保华获评"抗疫先进个人"。

## 三、保产保运输

疫情，是一场遭遇战。面对疫情蔓延和防控的巨大风险、压力，钢铁战士们选择坚守，勇做"我在阵地在"的践行者。

突如其来的疫情让郭刚和曾康措手不及。他俩是武钢有限质检中心水尺作业区船舶计量工，从2020年1月1日开始外派到鄂州工作点轮值一个月，为企业矿石采购运输船测量载重数据。1月23日，正准备收拾行囊返回武汉与家人过春节，他们接到作业区来电："因武汉封城，形势严峻，短期内无法派人替换，希望你们继续值守。"

紧接着，鄂州封城，困难接踵而至。当地菜场、超市关闭，除夕夜，俩人就着仅有的萝卜、白菜和一片肉皮，给自己做了一顿"年夜饭"；因来自武汉，还遭到住地小区居民的嫌弃和排斥；防护用品短缺，仅有的几个口罩用蒸锅蒸后继续再用……

没有退路可言，那就选择向前！"留下来压力很大，但工作如果不做，企业的工序就卡了，这个影响更巨大"，郭刚和曾康义无反顾。与此同时，质检中心领导得知他们的困境后，始终保持联系，边安抚鼓励边紧急协调鄂城钢铁、武钢资源鄂州球团有限公司，及时送来防护用品；争取当地镇政府的支持，为他们的生活提供便利。

由于车子不能开，两个人每天早早起来，迎着寒风步行一个小时去工作点。长时间步行往返，郭刚的脚底磨出了大水泡，他强忍着简单处理一下，又继续赶路。在周边相熟居民的帮助下，他们每天可以买到两三样菜，一段时间内，蔬菜和米饭，就是他们的一日三餐。

船载计量需要与船舶和作业点人员接触。起初几天，船上有确诊病例。为了保护自己和其他作业人员，他俩防护不松懈，克服心理压力，仔细做好每一步操作，并改变台账记录方法，确保在不接触的前提下完成作业。他们承受着难以想象的交叉感染风险，还牵挂家人的安危。每天通过电话给家人报平安，也嘱咐家人做好防护。

靠着顽强的意志和坚守的责任，他们在鄂州驻守，圆满完成每天工作，直到6月底才返回武汉。"最欣慰的是没有辜负单位的信任，我们终于挺过来了，希望企业和我们都有更好的未来”，这是他们的共同心声。

鄂州是紧随武汉实施封城的城市，1月下旬，疫情在湖北暴发后，为了确保生产不间断，鄂城钢铁在市政府的支持协调下，争取到了几百张袖章和通行证，以保证员工可以出入小区上下班，而这些凭证数只有员工总人数的一半。

轧材厂棒一热轧车间作业长陈实，原本春节期间打算带家人回老家，他把爱人和孩子送到姐姐家，主动申请驻厂。“钢铁是国家的支柱，疫情期间不能停产，上班人数减少，我是有心理准备的”，他说，“怕设备出问题影响生产，在家我也不踏实。”

驻厂期间，陈实一边带领为数不多的兄弟们做好防疫工作，一边集中精力保障设备运行。封城意味着物流断了，担心一些备品备件进不来，他就加强与操作人员沟通，密切跟踪状态，将下线的缺陷备件自己修复，以满足生产所需。忙到深夜下了班，独自待在休息室床上，辗转反侧睡不着。有时干脆到现场给倒班的兄弟发防疫用品，关心一下大家状态。

在驻厂的20多天时间里，陈实深深牵挂着家人。女儿刚满8岁，平时父女俩关系“铁”，陈实一有空就陪着孩子。驻厂后，每次跟孩子视频，孩子都哭闹：“爸爸，我想你，快回来陪我做作业。”陈实只好用以后带她出去玩来哄孩子。他告诉记者，“驻厂那阵子是我最孤独的时候，但生产始终保持稳定，感觉一切都值了。”

大年初三，武汉火神山医院建设急需的首批建筑钢材抵达工地。为了这批钢材顺利交付，鄂城钢铁销售部建材工作室业务经理胡红鹰已经一昼夜没合眼了。一般从承接需求到交付，只需两个小时。大年初二，在家远程办公的胡红鹰接到支援指令后眉头紧蹙：封城意味着人流、车流、物流一切归零，库房无人、物流无车无司机，路上都是卡口。

抢救生命的医院建设刻不容缓，“哪怕华山一条路，我也要全力以赴！”抱定信念，胡红鹰与在单位值班的部领导及公司领导取得联系。经过各方努力，在鄂州市委、市政府的支持下，胡红鹰用手机紧急协同市有关部门疏通渠道。通知库房、物流单位和司机，协调道路管理部门、当地疫情防控指挥部，紧急办理各种通行证明，从早到晚，胡红鹰都扑在上面。每一个环节的疏通确认，让整个供应链联动起来，直到第二天产品顺利到达，胡红鹰才长吁了一口气。未及好好休息，雷神山医院也发来求援指令。有了前次的经验，胡红鹰又全神贯注，继续打通渠道。

随着疫情防控更加严峻，鄂州“小汤山”医院建设紧锣密鼓，接到钢材需求的通知后，老胡在通行审核比之前更严的情况下，再次事无巨细一点一点疏通落实。经过艰苦努力，3个医院建设所需的几百吨钢材全部如期交付。胡红鹰感慨道：“我是在与时间和生命赛跑，这是我的工作，也是我的使命。”

保产抗疫，义不容辞。2月的一天，武汉大风将雷神山医院部分屋顶掀翻，急需200吨彩涂板补缺口。承接生产指令的武钢有限冷轧厂，当时正在生产其他彩涂板。为满足需求，在厂长刘博的带领下，冷轧厂克服因封城导致上班人员紧缺的困难，紧急调整计划。虽然切换品种会带来成本上升，但全体员工不计得失，各工序配合有序，全力组织生产，仅用4个小时就全部生产完毕。

## 四、最美志愿者

2020年9月的一天，作为新冠肺炎康复者，汪洋独自前往武汉市血液中心，捐献了400毫升康复者血浆。“做不了什么大事，但最起码要做一些力所能及的小事，回报社会，回报身边的人。”

汪洋是武钢有限焦化公司的一名普通工人，这个总是自称“咱武汉人”的河南信阳小伙儿，到武汉求学、工作、生活已经10多年了，武汉早已成为了他的“第二故乡”。

2020年春节，汪洋计划在大年初二返回老家，和全家人吃上一顿团圆饭。然而，突发的新冠肺炎疫情打破了团圆的计划。1月23日，武汉关闭离汉通道，汪洋只能一个人留在单身公寓过春节。因为宿舍里空空荡荡，那几天，他跑了好几趟超市，购买食品等生活必需品。“回想起来，可能就是那几天，没做好防护，不慎‘中招’了。”除夕当晚，汪洋开始发烧，第二天，他赶到医院检查，CT（电子计算机断层扫描）影像显示肺部已有轻微感染。

在等待拍摄CT影像的时候，一位“80后”护士排在他前面，她也疑似感染了新冠病毒，需要做影像检查诊断。简短的交谈中，汪洋得知，面对新冠肺炎疫情，许许多多的“白衣天使”放弃春节和家人团圆，坚守岗位、救死扶伤，和死神赛跑。

“那一刻我潸然泪下，甚至忘了自己也是个病人。”在医院里，汪洋亲眼看到医护人员一直都在高负荷工作。“他们太累了，他们是最美逆行者，是真英雄！如果能够帮点忙、出点力，让他们休息哪怕一会儿也好。”

2月6日，汪洋接受了核酸检测，结果为阳性。2月11日，被安排住进汉阳国博方舱医院，成为该方舱医院的首批收治患者。他对关心并接送自己的社区工作人员感谢不已：“等我病好了，就回社区当志愿者。”

“原本想着病好了，才能当志愿者。没想到自己的志愿行动，在方舱医院里，从送餐开始了。”送餐听起来容易，但在人员相对短缺的方舱医院，其实是件体力活。汪洋说，方舱医院的一日三餐很丰盛，营养均衡，正餐有菜、饭、汤，还有水果和汤药。但这些餐食要分别拿，送餐车又很小，每次发放餐食时，医护人员都要跑来跑去好几趟，非常累。“他们每天穿着厚厚的防护服，一忙就是6个多小时，其间不能吃、不能喝、不能上厕所，确实是挺难受的。”他决心为这些医护“小姐姐”们做点什么。“不能让他们对武汉的印象，只是辛苦。”

住进方舱的第二天，他就将《志愿者申请书》交到导医台。隔着护目镜，医生眼里透露出犹豫的目光，汪洋向医生解释，他一周没有发烧，也没有特别不舒服的感觉，是轻症患者。“希望能配合医护人员，分担一些力所能及的工作，比如帮医护人员送餐给病人。”反复解释后，医生应允了。“行，那就麻烦你帮忙送餐吧。”

“刘阿姨，这是您的饭菜，您拿好。”“张伯伯，这是您的水果。”

承担下送餐的任务后，汪洋所在单元的一日三餐、饮品、水果，都由他来分发到病人手上。整个餐食发放至少要半个多小时，汪洋推着餐车来来回回，要跑好多趟，着实是个体力活。“要让医护人员多歇一会儿，一些基础性的工作我们能做就做。我就当作锻炼身体了。”

为了便于管理，方舱医院里的患者们被分为不同单元，汪洋所在的10单元由山东省第八批援鄂医疗队管理。由于医护人员不能将手机带进方舱医院，各种信息不能及时传递，而交接班的时间仅有短短半个小时。汪洋便主动当起了“联络员”，承担起了2个医疗工作组承上启下的衔接工作。“16床、46床、59床这几位发烧患者，需关注！”“69床咳嗽、胸闷，请注意”……来自山东的医疗队员们有时听不懂病人的武汉话，汪洋就又在一旁当起了“翻译”。

在成为方舱“小蜜蜂”志愿者团队的一员后，汪洋给自己争取到“小组长”的身份，整天忙个不停，和其他志愿者一起领取、发放物资，协助保洁师傅清理垃圾，安抚病友情绪，组织大家锻炼，帮助收集病患信息。“汪洋”的名字在方舱医院里呼叫率很高，大家有任何需要就习惯喊他。“汪洋，等会准备发药，把每个舱的志愿者召集起来”；“汪洋，这是新来的患者，你带着他熟悉下环境”；“汪洋，登记一下这位病人个人信息”；“汪洋，来分诊台一下”……

山东第一医科大学附属滨州市人民医院重症医学科医生吴萌萌说，刚开始到方舱医院，工作千头万绪，汪洋主动来帮忙，召集志愿者将物资摆放得整整齐齐，患者信息登记准确无误，监督患者用药，关注患者心理状况，建立医护病患共同群……

患者汪洋成了方舱医院里的“铁人”。

医生也没有放松对汪洋的病情监控。在例行检查中，医生发现，汪洋体内可能藏着凶险的隐患。“汪洋，你心率过快，病情可能很危险，要做进一步的检查。”得知自己病情加重的“铁人”汪洋，在日记中写道：“无论能否走出医院，这次经历会让我用全新的眼光审视人生。怎么审视？就是珍惜和感恩。”当晚，汪洋通过手机激动地向汉阳方舱医院舱内临时党支部工作人员表达了自己入党的心愿：“我患病后，在党和政府的安排下，得到及时、科学的治疗。方舱医院里很多医护人员都是党员，他们的最美逆行让我坚定了想入党的决心。”第二天，一份手写的入党申请书，通过微信照片传递到了隔离区外的工作人员手中。

陈星是武钢有限质检中心的一名普通员工。1月23日武汉封城当天，陈星就报名当了一名志愿者，上岗第一天，写下“遗书”。

43岁的陈星是一名单亲妈妈，抚养着一对脑瘫双胞胎儿子。报名当晚，陈星给爸爸妈妈打了一个电话，希望能得到二老的支持。电话中，她向妈妈敞开了心扉，自己的两个儿子，从出生患病、治疗康复至今，整整11年里，孩子能像其他正常孩子一样健康成长，多亏了周围很多热心人的帮助。“我是土生土长的武汉人，报名当志愿者，就是想为武汉做点事，尽点力！但是，这两个孩子，实在放心不下……”

“丫头，放心去，我和你爸爸保护你的儿子，你保护武汉。武汉在，家就在！”电话那头，妈妈想也没想，就回答了陈星，陈星哭着挂断了电话。第二天，陈星就把孩子送到了爸妈家，走上了抗疫一线的志愿者岗位。

陈星所在的志愿者岗位是值守在二七长江大桥的武昌桥头，配合交警，测量过往车辆驾驶员和乘客的体温，做好记录，确保他们没有发热症状，才能进出城区。1月26日正式上岗。上岗第一天，陈星就碰到了一个高烧达40度的男士。“刚开始几天，我们都没有穿防护服，没有戴防护镜，就戴着普通口罩，手拿一把测温枪。我当时很害怕，连续往后退了好几步，然后大声叫着身边的搭档和交警，报告情况。”陈星身边的志愿者也都非常紧张，拿着酒精对着她，从上到下喷了好几遍，并让陈星到桥下吹吹风，缓解一下紧张情绪。“我一个人走到桥下，来到没人的地方，整个人一下瘫坐到地上。”值完班回家后，陈星立刻冲到卫生间，从头到脚洗了好几遍。下午6时左右，陈星开始觉得浑身酸疼，她紧紧地裹着被子，不停地打着冷颤。“当时，我真的开始担心自己感染了病毒，一边流着眼泪，一边拿出笔来，给爸爸妈妈和孩子分别写下了‘遗书’，算是对他们有个交代：爸爸年岁大了，身体也不好。如果我走了，请妈妈照顾好爸爸……”她给自己幼小的孩子留下一封遗书——“妈妈的名字叫陈星，当你们想妈妈的时候，抬头看看星空，天上最亮的那颗星星就是妈妈，会一直看着你们……”

半夜里，陈星迷迷糊糊地想到，如果真的被确诊感染、隔离，就有可能再也看不到爸爸妈妈和孩子们。“我要最后听听爸爸妈妈、宝贝们的声音。”于是，她拿起电话，哭着告诉妈妈自己感觉很不舒服。“我知道妈妈心里也是慌得很，可做过医生的妈妈还是镇静地说，丫头，你就是一般的感冒，多喝水多休息……”在妈妈的安慰和好友的鼓励下，1月27日晚，陈星渐渐恢复了精神。28日，她又走上二七长江大桥，站在了她的岗位上。测温值守每一班的时间最短是8小时，最长12小时。当时桥上的温度很低，冰点以下的冷风中，往往在岗位上待上一会儿，就冻透了。

除了测体温，陈星也抢着做其他事，装卸搬运防疫物资，慰问方舱医护人员……哪里需要就去哪里。一次，志愿者团队接到一个紧急的物资装卸任务，要把几大卡车大米从车上运到指定位置。“看到50斤一袋的大米，我心里也是一颤，我扛得动吗？”陈星跟在一群小伙子后面，排队扛米。当排到了她，大米“噗”的一声砸在她的肩膀上。“大米真的很沉，腿不自觉地都被压弯了。想放弃，但想想，既然都来了，还能在旁边看着？咬咬牙，挺挺腰杆，迈开步，一袋、两袋……竟然也扛了20多袋。”

“说真的，从医护人员到公安干警，再到我们志愿者，生活中都是普通人。疫情暴发的非常时期，谁不怕被感染呢？”陈星坦言，“虽然怕，但是大家还是坚强地站出来，做自己该做的事，互相温暖，互相保护，共同守护我们的家园。”

# 坚持共同发展理念<br>共筑钢铁生态圈扶贫之路

## ——中国宝武钢铁集团有限公司精准扶贫模式

中国宝武扶贫工作领导小组办公室

中国宝武以“中央战略部署、当地政府所需、广大百姓所盼、中国宝武所能”为原则，把自身寻求转型升级、谋求绿色发展与扶贫力求精准施策、追求协同发展统筹谋划，逐步探索出了一条以“钢铁生态圈扶贫”为特色的扶贫之路，全面助力打好脱贫攻坚战。

## 一、吸引感召生态圈伙伴参与扶贫

中国宝武定点扶贫云南宁洱、江城、镇沅、广南以及湖北罗田、广西上林6县，对口支援西藏仲巴、丁青、八宿和青海同德4县，并在湖北、安徽、新疆、山西、云南、广东、重庆7个省级行政区的县、乡、村开展帮扶，是承担扶贫任务最重的中央企业之一。2002—2020年，共投入无偿帮扶资金10.75亿元。

党的十九大以来，中国宝武按照“一基五元”战略布局推进钢铁产业供给侧结构性改革，特别是在奋力进军新产业征程中，始终不忘把产业发展与扶贫工作相结合。中国宝武提出，扶贫是阶段性工作，而发展是长期工作，坚持扶贫工作与中国宝武新产业共同发展的理念，在扶贫中共同寻找发展机会，共享发展成果。这一共同发展愿景感召和激发了包括生态圈系统成员在内的更多社会力量参与生态圈扶贫、与扶贫地区共同寻找机会、共享发展成果。截至2020年底，中国宝武助力脱贫攻坚的“朋友圈”越来越大，“圈层成员”的定位和作用越来越清晰：扶贫工作领导小组办公室（简称扶贫办）11个成员单位发挥专业职能各司其职、牵引推动；战略规划部会同六大产业发展中心进行产业寻源与投资机会扫描，寻求与贫困地区经济发展的共同利益交集；近40家子公司、百余家生态圈系统成员从资源优势和发展需要出发，在产业扶贫、消费扶贫、就业扶贫、教育扶贫、金融扶贫、抓党建促扶贫等各领域发挥优势、各尽其能、贡献力量。

为保障生态圈扶贫工作落实见效，中国宝武从组织领导、制度建设、队伍保障、监督评价、信息公开等维度，完善扶贫管理工作机制，保障帮扶实践系统化、制度化、规范化。在具体实践中，中国宝武注重加强统一协调、跟踪指导，把扶贫工作实实在在地融入并落到企业管理中，建立党委负责的脱贫攻坚责任制，加强对定点扶贫和对口支援工作的领导，明确责任、制度、工作、监督和考核体系；形成了扶贫办统一协调、扶贫干部一线协同、职能部门专业支撑、管理制度流程监控的工作体系；建立了“一把手”挂帅、统一领导指挥，成员单位各负其责、各司其职的责任体系；织密了多渠道、全方位、最严格的监督检查体系；形成“541”项目（即整村推进项目50%，产业开发项目40%，教育培训项目10%）精准投入管理和“541”项目资金（即首期50%资金，项目完成过半后下拨第二期40%资金，项目竣工验收和审计后下拨最后10%资金）过程管理体系；打造了一支政治过硬、能力突出、群众认可的扶贫干部队伍，为打赢打好脱贫攻坚战提供有力组织保障。

中国宝武牢记“国有企业是党和国家最可信赖的依靠力量”这一职责使命，面对重大政治任务，汇聚体系力量全员全力以赴；面对突发灾难险情，团结生态圈内外力量倾力援助，彰显中央企业硬核担当。2016年，湖北罗田县遭受特大洪灾，导致村民房被冲毁，中国宝武定向捐赠1 000万元支援灾后重建，集合政府配套资金，建成该县规模最大的易地搬迁扶贫安置点“武钢新村”，用于43个村、1 075名因灾倒房户和建档立卡贫困户的集中安置。2020年，新冠肺炎疫情发生后，中国宝武扶贫办主动对接帮扶各县，了解因疫滞销影响程度，集中采购云南普洱市3个县积压的农产品242.50万元，动员生态圈成员单位、干部职工踊跃购买滞销沃柑和蔬菜，并将其送到在鄂扶贫县和奋战在承担武汉“生命氧”保供任务的职工手中，既解决扶贫县农产品滞销问题，又缓解疫区百姓职工“菜篮子”难题。2020年，为助力国务院挂牌督战的广南县早日脱贫摘帽，中国宝武开展“一中心包一村”精准帮扶行动，六大产业中心组织27家子公司开展“一日捐”帮扶，实施爱心助学，组织职工自愿捐款，募集资金324.69万元，帮助对口帮扶的广南县黑支果乡8个挂牌督战村实施改厨改厕、资助辍学的建档立卡贫困户子女、建设爱心超市等“两不愁三保障”突出问题中的补短板项目。

## 二、打出脱贫攻坚“组合拳”

中国宝武注重精准施策，因地制宜确定帮扶重点方向，整合生态圈各类资源，采取有力举措，更加集中地支持，更加精细地工作，统筹推进产业扶贫、教育扶贫、消费扶贫、就业扶贫、抓党建促扶贫，以“组合拳”聚力打好脱贫攻坚战。

### 1. 产业扶贫

中国宝武提出，要实现从捐赠式扶贫向产业扶贫的根本转变，提高脱贫攻坚档次、能力和效果。党的十八大以来，中国宝武突出产业扶贫，把产业扶贫项目投入由20%提升到40%，在持续加大投入力度基础上，注重创新丰富产业扶贫模式、提升质量，依托自身发展及生态圈建设的机会空间与产业优势，帮助增强扶贫县“造血”功能，建立健全解决相对贫困的长效机制。具体做法包括：

直接投资产业，向帮扶贫困地区延伸产业链。中国宝武宝钢包装股份有限公司在云南4县投资覆膜铁罐灌装产线，将宝钢股份生产的新型绿色材料覆膜铁用于扶贫食品包装，既解决农产品长距离运输保质保鲜等难题，又明显提升农产品颜值和价值，在扶持龙头企业、带动建档立卡贫困户持续增收的同时，拓展中国宝武新材料市场空间，延伸了从农产品生产、包装到销售的扶贫产业链。

探索创客扶贫模式，呼应创客扶贫需要。中国宝武创建创客扶贫中心，吸引200名创客发起“一棵核桃树的爱”公益活动，认领核桃树1 900余棵。由宝武Wesocool创业园孵化的初创型企业——上海棣康智能科技有限公司向广南县59个贫困村卫生室捐赠数十台智能健康自助体检仪，帮助改善当地医疗条件。

## 2. 消费扶贫

消费扶贫是帮助贫困人口增收的扶贫方式，是社会力量参与脱贫攻坚的重要途径，有助于促进贫困人口稳定脱贫和贫困地区产业持续发展。近年来，中国宝武不断扩大消费扶贫参与力量的规模边界，下属企业广泛动员合作伙伴及其供应商和用户，积极参与扶贫县农产品的采购和帮销。2020年，各方克服新冠肺炎疫情不利影响，完成1.45亿元消费扶贫实绩。

中国宝武大力推进拓宽对口帮扶地区产品销路的渠道建设，在自营商业综合体“宝乐汇”为普洱市农副产品提供直销门店，开设“云普优品”体验专柜，在自建智慧工会平台开设好生活云南馆、福豆工社扶贫专馆。中国宝武还与中央企业消费扶贫电商平台对接上线“中国宝武扶贫专馆”，在生态圈伙伴中国建设银行善融电商平台开设“中国宝武专馆”，开辟广泛便捷的网上销售渠道。

2020年5月27日，中国宝武党委书记、董事长陈德荣（左）走进云南省普洱市江城县直播间，为扶贫特色农产品直播带货（施 琮 摄）

中国宝武积极探索“电商新零售+直播带货”新模式，邀请企业高管、劳模先进等“企业网红”，举办多场扶贫直播带货活动，中国宝武党委书记、董事长陈德荣走进江城县直播间，现场带货1小时，吸引225.66万人观看，达成7 481.23万元的在线成交与线下意向认购额，带动贫困户就近就地就业。

## 3. 教育扶贫、就业扶贫、抓党建促扶贫

中国宝武注重从源头治贫，从根处阻贫，向外引进智力输入，向内创造就业机会，不仅让困难群众“富口袋”，更让他们“富脑袋”，扶持贫困群众用自己的双手创造看得见的未来。

教育扶贫方面，坚持培训赋能，结对帮扶。中国宝武结合定点扶贫县产业发展需要，探索产教融合培训模式，以网络学习和现场教育相结合方式培训基层干部和技术人才。具体做法包括：在“宝武微学院”网络平台开辟扶贫培训网络专区，十大专题36门课程同步上线，面向定点扶贫各县开通学习权限；选取宁洱县勐先镇先胜希望小学为重点，126名品学兼优贫困生与中国宝武51名员工、87个党（团）组织建立持续到学生毕业的“一对一”结对帮扶关系。近3年来，中国宝武生态圈成员单位与各帮扶贫困县结对助学的人数超过3 000名。

就业扶贫方面，系统规划、提供就业机会。中国宝武赴扶贫各县举办专场招聘会，定向招工，如遇新业务拓展招聘需求增大时，优先考虑招录定点扶贫县应届毕业生、社会成熟人才，组织动员生态圈协作单位提供农民工就业岗位。2020年6月，中国宝武在定点扶贫国务院挂牌督战的广南县民职中学举办校园招聘会，在100多名职高学生中现场签约录取了14人。

抓党建促扶贫方面，依托党建优势，建强配齐扶贫地区基层党组

织。“第一书记”深入扶贫一线，帮助规范基层党组织生活，促进党支部结对共建，完善党员结对帮扶机制，加大对村干部培训力度，支持党员创办领办脱贫致富项目，为贫困村脱贫致富奠定组织基础。驻村书记所在村党组织均与中国宝武生态圈系统成员单位党组织结对共建，帮助贫困村培训“两委”（村党支部委员会和村民委员会）班子成员和创业致富带头人，接受培训的村民一般都是建档立卡贫困户，通过技能培训学到可以在当地就业的一技之长。

## 三、巩固脱贫攻坚成果与乡村振兴有效衔接

党的十八大以来，中国宝武加强扶贫顶层设计，探索特色扶贫路径，构建目标明确、体系完善、监督有力、保障有效的扶贫工作体系，形成了与贫困地区“共同寻找机会、共享发展成果，携手合作伙伴共建扶贫生态圈”的精准扶贫格局。

中国宝武着力构筑钢铁生态圈的扶贫之路，体现了党的十八大以来，中央企业助力脱贫攻坚逐渐由慈善方式向市场方式转化、由封闭“输血”向开放“造血”升级。随着广南县于2020年11月13日退出贫困县序列，中国宝武定点扶贫6县全部脱贫摘帽。各县经济发展步伐明显加快，基础设施巨变升级，产业蝶变富民强村，贫困群众收入大幅增长，生产生活条件明显改善。中国宝武定点扶贫工作2018年、2019年、2020年连续3年被国务院扶贫开发领导小组评价为“好”。党中央、国务院授予中国宝武扶贫工作领导小组办公室“全国脱贫攻坚先进集体”称号。

## 四、中国宝武精准扶贫经验启示

中国宝武一环一环紧密衔接的精准扶贫推进模式是中国宝武助力脱贫攻坚的“法宝”，也为其他企业更好推进脱贫工作提供了经验和借鉴。

### 1. 自上而下系统推进，提高扶贫效率和减贫成效

中国宝武在扶贫管理与实践中，不仅仅对贫困地区提供资金支持，而且把扶贫工作实实在在地落到企业管理工作中，不断加强对扶贫工作的统一协调、追踪指导。中国宝武成立专门的扶贫领导小组办公室，把工会作为中国宝武扶贫办工作的常设机构。扶贫办根据集团公司党委要求，有组织、有计划、大力度地助力对口地区脱贫攻坚行动，制订三年行动规划方案，策划年度扶贫计划，加强扶贫工作的统一协调，高效、科学、高质量推进扶贫事业的发展，提升扶贫效果。

### 2. 做强产业扶贫培育龙头企业，实现贫困地区持续增收

中国宝武把产业扶贫放到突出位置，注重实现从过去捐赠式扶贫向产业扶贫的根本转变，提高脱贫攻坚的档次、能力和效果，产业扶贫项目的投入由原来的20%提到40%。在此过程中重视培育龙头企业，引领、示范、带动贫困户发展产业脱贫。

### 3. 激发更多力量参与扶贫，打通产业扶贫的“最后一公里”

中国宝武大力推进对口地区电商平台建设、对接销售渠道等，使对口地区农副产品外销渠道迅速扩大，产业升级速度加快，解决产业扶贫“最后一公里”的难题。构建“钢铁扶贫生态圈”，动员中国宝武全体系及更多社会消费力量，购买来自贫困地区和贫困人口的产品与服务，扩大销售渠道，同时调动了贫困人口依靠自身努力实现脱贫致富的积极性。

编辑：张　鑫

# 04 要闻大事

# 要闻大事

## 2020年中国宝武十件大事

### 一、习近平考察调研太钢集团、马钢集团

5月12日，中共中央总书记习近平在山西省考察期间走进太钢不锈钢精密带钢有限公司生产车间，观看了厚度仅为0.02毫米的不锈钢箔材产品——“手撕钢”。习近平勉励太钢集团：“在科技创新上再接再厉、勇攀高峰，在支撑先进制造业发展方面迈出新的更大步伐。”

8月19日，习近平到中国宝武马钢集团考察调研并发表重要讲话，肯定了中国宝武的改革发展成绩，强调“企业发展，钢铁挂帅”，希望中国宝武把握机遇，乘势而上，由“老大”变“强大”，成为后劲十足的世界一流企业。

### 二、坚决夺取疫情防控和经营发展双胜利

面对突如其来的新冠肺炎疫情，中国宝武贯彻落实习近平总书记重要讲话和指示批示精神，以及党中央、国务院、国务院国资委关于疫情防控的决策部署，做好疫情防控和生产经营工作，两手抓、两不误、两促进，奋力夺取抗疫保产战役双胜利。

中国宝武向湖北省及相关地

疫情期间，中国宝武武汉总部为武汉市56家医院供应医用氧5 295立方米（吴　刚　摄）

市捐款4 900万元，组织各方捐献抗疫物资，并在党员中开展自愿捐款活动；中国宝武武汉总部及在鄂各单位体现中央企业的使命担当：加量生产医用氧保障武汉市医院一半的氧气供应，改造5家医院供氧系统；腾挪企业场地为武汉建立1所方舱医院和3个集中隔离观察点；全天候为火神山医院、雷神山医院建设提供钢材。

中国宝武全年经营业绩逆势而上，营业收入、利润创历史新高。

## 三、在决战决胜脱贫攻坚中贡献中国宝武力量

2020年是全面建成小康社会和“十三五”规划“交卷”之年，也是决战决胜脱贫攻坚的收官之年。中国宝武助力打赢脱贫攻坚战，将其作为重大政治任务和“一把手”工程，推进产业扶贫、教育扶贫、消费扶贫，并以党建引领助力脱贫攻坚。定点扶贫和对口支援的10个县全部实现脱贫摘帽。

5月27日，中国宝武党委书记、董事长陈德荣走进云南省普洱市江城县直播间，为扶贫特色农产品倾情直播带货，当晚带货总金额7 481.23万元。

国务院扶贫开发领导小组通报2019年中央单位定点扶贫工作成效评价情况，中国宝武获得“好”的最高等次评价。这是继上年度之后，中国宝武再次获得“好”评。

## 四、推进联合重组、整合融合，优化行业秩序，引导行业发展

中国宝武承担起引导行业发展的历史责任，推进联合重组、整合融合，加快改革创新、转型升级。

6月29日，西藏自治区国有资产监督管理委员会（简称西藏自治区国资委）、中国宝武资源环境产业发展中心、日喀则珠峰城市投资发展集团有限公司、仲巴县马泉河投资有限公司对西藏自治区矿业发展总公司进行改制重组，变更其为中国宝武主导、四方共同合资经营的公司。

8月21日，中国宝武与山西省国有资本运营有限公司签署太钢集团股权划转协议，推进太钢集团与中国宝武的联合重组。12月23日，太钢集团完成51%股权工商变更登记，控股股东变更为中国宝武。太钢集团成为中国宝武子公司。

9月4日，中国宝武与新兴际华集团有限公司签订合作谅解备忘录，推进相关合作项目落地。12月5日，八一钢铁对新兴铸管新疆有限公司完成100%股权收购、工商变更，挂牌成立新疆天山钢铁巴州有限公司。

10月19日，在中钢集团干部大会上，国务院国资委有关厅局负责人传达国务院国资委决定，由中国宝武对中钢集团进行托管。

12月2日，重庆钢铁完成工商登记变更，中国宝武正式成为其实际控制人。

12月30日，中国宝武受托管理重庆钢铁（集团）有限责任公司。

## 五、“亿吨宝武”梦圆，为中国宝武130年增添浓墨重彩

中国宝武绵延赓续的130年，也是近现代中国钢铁工业从无到有、由弱到强，直至登顶世界巅峰的130年。为铭记历史、启迪未来，强化钢铁报国的初心使命，中国宝武开展“钢铁荣耀　铸梦百年”宣传教育系列活动。系列活动进一步提升全体宝武人的行业信心、企业信心和职业信心。

4月27日，以中国宝武钢铁会博中心开工建设暨“钢铁荣耀　铸梦百年”活动标识首发为标志，拉开宣传教育系列活动大幕，先后举行“重走钢铁长征路”重庆片区、武汉片区、新疆片区、宁马片区、华南片区、上海片区活动，以及湛江钢铁、梅钢公司专场活动；在宝武大厦举行“中国宝武130年”系列主题展9个；《铸梦百年——中国宝武130年简史》首发；由中国宝武

员工自主摄制的《百年宝武》4集纪录片首映；环保动画片《华丽的转身》首发。

12月23日，举行纪念中国宝武130年大会及“金色炉台”主题活动，将“12月23日”设立为公司日和员工创新日。劳动模范代表获颁“中国宝武130年”纪念章，并举行大型画册《百年宝武》首发和中国宝武司歌——《我战斗在金色的炉台上》首唱。

12月23日，在纪念中国宝武130年“金色炉台”主题活动上，中国宝武党委书记、董事长陈德荣宣布：“中国宝武钢铁集团有限公司2020年钢产量突破1亿吨。亿吨宝武，今日梦圆！”随着“亿吨宝武”目标的达成，中国宝武离实现全球钢铁业引领者的梦想又前进了一大步。

12月31日，大型原创现实主义话剧——《铸梦》首演。

## 六、中国宝武成为中央企业创建世界一流示范企业

7月23日召开的中国宝武党委一届二次全委（扩大）会，明确提出“全面对标找差，创建世界一流”工作要求，以“三高两化”为路径实现高质量发展。8月24日，中国宝武举行“对标创一流”管理提升行动部署会，全面推进对标提升行动。

集团公司高层以及各业务板块有关人员先后到国内先进企业进行考察交流学习，围绕对标找差形成12项调研成果。

钢铁单元聚焦炼铁炼钢工序关键经济技术指标，提高高炉截面积利用系数，聚焦转炉铁钢比以及轧钢的热送指数，提升效率，低碳减排。

中国宝武下属宝钢股份分别与全球三大铁矿石供应商——巴西淡水河谷公司（简称淡水河谷）、澳大利亚必和必拓公司（简称必和必拓）、力拓集团实现首单铁矿石交易的人民币跨境结算。在后续交易中，宝钢股份与铁矿石供应商实现了区块链技术在铁矿石人民币跨境结算中的应用。

面向员工开展“我为企业‘对标找差创一流’献一计”活动，累计献计197 114条，采纳124 943条，实施70 405条。

中国宝武提高政治站位，勇于担当作为，提升自主创新能力、产业引导能力、运营管理能力和品牌形象，努力发挥在钢铁行业的示范引领作用。12月8日，国务院国资委批复，将中国宝武纳入中央企业创建世界一流示范企业。

## 七、谋划“十四五”，践行国企改革三年行动

中国宝武贯彻落实党的十九届四中全会、五中全会精神和习近平总书记重要讲话精神，以打造新时代的“宝武之治”，推动企业不断做强做优做大。

5月21—22日举行的中国宝武党委理论学习中心组（扩大）学习暨第九期决策人研修会，提出中国宝武公司治理体系与治理能力现代化建设的全景图、总体思路和十大任务。

11月11—13日举行的中国宝武党委理论学习中心组（扩大）学习暨第十期决策人研修，谋划中国宝武“十四五”战略规划和国企改革三年行动实施方案。

2020年12月23日，中国宝武“金色炉台”主题活动　（刘　杰　摄）

## 八、《财富》世界500强排名实现新跨越

8月10日，在美国《财富》杂志发布的世界500强排行榜上，中国宝武以2019年营业收入79 932百万美元排名第111位，较上一年跃升38位，首次跃居全球钢铁企业首位，在世界500强榜单上排名再创新高。

7月初，国务院国资委公布2019年度中央企业负责人经营业绩考核结果，中国宝武获评2019年度中央企业负责人经营业绩考核A级企业，在中央企业中排第14位，较上年进步12位，考核得分和排名均为历史最好水平。

## 九、专业化整合，战略合作协同共享，共建高质量钢铁生态圈

组建中南钢铁。这是中国宝武夯实中南地区发展根基、蓄势东南亚市场境外布局，促进国内国际“双循环”的重要战略部署。

马钢集团推进与多元板块的专业化整合融合，实现中国宝武整体利益最大化。

宝钢股份成立硅钢事业部，将多基地硅钢产品纳入一体化管理。同时，设立炼铁部、炼钢部、热轧部、冷轧部，并调整设立新的厚板部，深化“一公司多基地”管理模式。

成立欧冶工业品、宝武重工、中国宝武原料资源共享平台；中国宝武运营共享服务中心武汉、乌鲁木齐、马鞍山分中心，以及宝钢股份中央研究院马钢技术中心相继挂牌。

宝地资产、宝钢工程、宝武智维、宝武水务、宝武清能、宝钢资源等子公司加快专业化整合步伐。

欧冶云商启动武汉工业港项目，并拓展斯凯孚集团等生态圈合作伙伴，增强服务能力。

与西藏自治区人民政府签订战略合作协议；与广东省人民政府签署战略合作框架协议；与广州市人民政府签署合作框架协议。与上海汽车集团股份有限公司签署全面战略合作框架协议；与必和必拓签署气候变化合作谅解备忘录；与新兴际华集团有限公司签订合作谅解备忘录；与上海交通大学、安徽省淮北市人民政府签订《陶铝新材料产业合作发展框架协议》。先后与中国建材集团有限公司、中国中车集团有限公司、东风汽车集团有限公司、中国光大集团股份公司、上海交通大学、上海建工集团股份有限公司等签署战略合作框架协议。

## 十、推进“绿色、精品、智慧”战略，打造“国之重器”和“镇国之宝”

9月30日，中国宝武低碳冶金创新中心富氢冶金示范线投入运行。这是中国宝武低碳绿色发展战略的重大行动。10月14日，世界钢铁协会揭晓第11届“Steelie奖”获奖名单，中国宝武“LCA（全生命周期评价）在碳交易市场决策中的应用”项目获生命周期评价卓越成就奖。

2020年，宝武特冶为长征五号B运载火箭提供核心部件用材，助力首飞成功。宝武特冶、太钢集团为长征五号遥五运载火箭关键部件提供高端材料。宝钢股份全球首发耐微生物腐蚀管材、高速铁路（简称高铁）用耐腐蚀钢轨U68CuCr和耐热刻痕产业化技术。自主研制的全球最高强度缆索钢丝、2.25Cr1Mo评定钢板，应用于国家“十三五”重大工程和国内60万千瓦示范快堆工程。马钢集团自主研发、国内首创的635兆帕级高强抗震钢筋，应用于安徽省重点工程涡阳体育场。鄂城钢铁专用钢GT785，应用于国内首台40米高铁运架一体机。

1月2—3日，在鄂城钢铁和宝钢股份武钢有限举行以“‘绿’动宝武、‘智’享未来”为主题的中国宝武绿色发展与智慧制造武汉地区现场会。1月10日，世界经济论坛（WEF）发布新一轮全球制造业领域的18家“灯塔工厂”名单，宝钢股份成为唯一入选的中国钢铁企业。12月8日，宝钢股份大数据中心建成投用，这是中国钢铁行业的首家大数据中心。（张文良）

# 要　闻

## 宝钢股份入选世界经济论坛“灯塔工厂”

1月10日，世界经济论坛发布新一轮全球制造业领域的18家“灯塔工厂”名单。宝钢股份宝山基地工厂成为唯一入选的中国钢铁行业代表。

“灯塔工厂”是全球先进制造领域最具影响力的评选之一。它诞生于全球制造业面临转型难题的大背景下，从2018年开始，由世界经济论坛和麦肯锡咨询公司共同遴选全球制造业范围内应用第四次工业革命尖端技术、堪为全球表率的先进制造基地。作为“数字化制造”和“全球工业化4.0”的示范者，“灯塔工厂”广泛应用数据分析、人工智能和虚拟现实等先进技术，创新传统企业的管理模式、生产系统和价值链，打造具有颠覆潜力的新型商业模式，以灯塔之光刺

破全球工业转型停滞不前的迷雾，驱散企业“创新困境”的黑暗，为全球企业的多边开放协作提供共同学习和成长的机会。

本次评比中，宝钢股份宝山基地的5个智慧制造项目获评“灯塔工厂”最佳实践案例，覆盖智慧计划、智慧生产、智慧设备管理、智慧质量管理和智慧物流五大模块，具体包括：满足个性化定制需求的大数据热轧自动生产计划编制系统，降低炼钢成本的转炉数字孪生系统与自动出钢专家系统，实现设备状态智能诊断的数字化工厂平台与智能模型，代替传统人工经验的AI（人工智能技术）表面质量在线检测系统，以及实现实时追踪、无人操作和自动计划的智慧物流系统。

宝钢股份智慧制造以营销、采购、研发、制造等公司核心业务作为数字化、智能化转型切入点，以精准、实时、高效的数据采集互联体系为纽带，旨在构建一个“全要素、全业务、全流程”的智能化动态运行系统，持续优化资源配置效率，以自动化提高工作效率，以智能化、智慧化提高决策精准性，实现“作业自动化、管理智能化、决策智慧化”的精细化深度运营。

在国家级试点示范、作业无人化、业务模式创新、流程变革等领域，宝钢股份建成炼铁数字化料场、热轧厂1580智能车间试点示范、一炼钢厚板连铸智能产线、冷轧厂C008热镀锌智能车间、硅钢四期智能工厂、出厂物流优化等一批智能化生产线。世界经济论坛给予的评价是：“作为一家有着40余年历史的企业，宝钢股份很早就进行了数字化的探索，广泛应用AI（人工智能技术）、高级分析技术，在数字时代里依然保持着引领行业的竞争力”。（鲍　武）

## 中国宝武与全球铁矿石三大供应商实现人民币跨境结算

1月，宝钢股份与全球最大的铁矿石供应商淡水河谷完成首单人民币跨境结算，总金额3.30亿元人民币。4月，与必和必拓完成首单进口铁矿石人民币跨境结算，总金额近1亿元。随着交易流程的日益完善，宝钢股份进口铁矿石人民币跨境结算开始从试单向一定数量的常态化结算过渡。作为国内第一家开展此类业务的钢铁企业，中国宝武成为第一家常态化进行铁矿石人民币跨境结算的中国企业。5月，宝钢股份与力拓集团完成首单利用区块链技术实现的人民币跨境结算，总金额逾1亿元。至此，中国宝武与全球三大铁矿石供应商之间均实现铁矿石交易的人民币跨境结算。

中国是国际贸易大国，人民币在国际贸易结算中得到越来越多的采用，体现了国际市场对中国经济稳定性的认可。中国宝武每年的铁矿石进口量巨大，推进在铁矿石交易中部分使用人民币支付结算既是经营上的需要，符合人民币国际化的发展趋势，对于希望与中国市场长期合作的国际企业也有吸引力，值得产业链生态圈上下游合作伙伴共同探索。（孙延军）

## 中国宝武重组西藏自治区矿业发展总公司

6月29日，西藏自治区国资委、中国宝武资源环境产业发展中心、日喀则珠峰城市投资发展集团有限公司、仲巴县马泉河投资有限公司在拉萨共同签署《关于西藏自治区矿业发展总公司之改制重组协议》。根据协议，签约四方共同对西藏自治区矿业发展总公司进行改制重组，西藏自治区矿业发展总公司变更为由中国宝武主导、四方共同合资经营的公司，更名为“西藏矿业资产经营有限公司”（暂定名，以工商登记为准，简称西藏矿业），并继续作为经营主体，推动西藏产业经济的发展。中国宝武通过加大

2020年6月29日，西藏自治区国资委、中国宝武资源环境产生发展中心、日喀则珠峰城市投资发展集团有限公司、仲巴县马泉河投资有限公司共同签署《关于西藏自治区矿业发展总公司之改制重组协议》（王　磊　摄）

管理、技术等资源投入，加强专业支撑，增强市场协同，促进新公司经营改善。11月23日，中国宝武间接受让西藏矿业控股股权有关事宜获国务院国资委批复。11月29日，中国宝武发文，将西藏矿业作为中国宝武一级子公司进行管理，纳入中国宝武管理体系，业务对口资环业发展中心。

（王　磊　张文良）

## 习近平到马钢集团考察调研

8月19日，中共中央总书记习近平到马钢集团考察调研，了解企业复工复产和生产运行情况并发表重要讲话。他充分肯定中国宝武的改革发展成绩，强调“企业发展，钢铁挂帅”，希望中国宝武把握机遇，乘势而上，由“老大”变“强大”，成为后劲十足的世界一流企业。

习近平在马钢集团展示厅察看了企业重点产品展示，随后走进优质合金棒材车间，察看加热炉、初轧机、中轧机等运行情况。走出车间，习近平在车间门口与等候在那里的劳动模范、工人代表打招呼，并同劳动模范、工人代表亲切交流。他说，劳动模范是共和国的功臣，要大力弘扬劳模精神。他指出，新冠肺炎疫情肆虐的这一段时间，社会、经济都受到了影响，但是马钢集团比较早的复工复产，实现了产量和营销收入的同比“双升”，这也能看出国有企业强大的韧性。他勉励马钢集团抓住深化国有企业改革和推动长三角一体化发展的重大机遇，顺势而上，加强新材料新技术研发，开发生产更多技术含量高、附加值高的新产品，增强市场竞争力。

（张文良）

## 中国宝武与太钢集团联合重组

8月21日，山西省国有资本运营有限公司与中国宝武签署太原钢铁（集团）有限公司股权划转协议，推进太钢集团与中国宝武的联合重组。9月27日，股权划转协议获国务院国资委批复同意；11月10日，国家市场监督管理总局经营者集中反垄断审查通过；12月23日，山西省市场监督管理局办理太钢集团工商变更登记，太钢集团控股股东变更为中国宝武。

太钢集团是集铁矿采掘和钢铁生产、加工、配送、贸易为一体的特大型钢铁联合企业，也是全球不锈钢行业领军企业，具备年产1 294万吨钢（其中450万吨不锈钢）的生产能力，可生产不锈钢、碳钢和复合板材三大系列产品。2019年，资产总额1 284.70亿元，实现粗钢产量1 086万吨，营业收入797亿元，利润总额35.13亿元。实施联合重组后，太钢集团的发展方向是建成中国宝武不锈钢产业一体化运营的旗舰平台公司。

（吴永中）

## 中国宝武对中钢集团实施托管

10月19日，国务院国资委有关厅局负责人在中钢集团干部大会上传达国务院国资委决定，由中国宝武对中钢集团进行托管。会上，成立中钢集团管理委员会，中国宝武党委书记、董事长陈德荣任主任，全面负责托管期间各项工作。

中钢集团是国务院国资委监管的中央企业，主要从事冶金矿产资源开发与加工，冶金原料、产品贸易与物流，相关工程技术服务与设备制造，是一家为冶金工业提供资源、科技、装备集成服务，集矿产资源、工程装备、科技新材、贸易物流、投资服务为一体的大型跨国企业集团。多年以来，中钢集团一直致力于冶金矿产资源全球配置的探索和实践。在国内及澳大利亚、喀麦隆、南非、津巴布韦、印度尼西亚、菲律宾等国家或地区建立了铁矿、铬矿、镍矿等资源基地，拥有较为丰富的矿产资源量和较强的矿石开采和加工能力。　（张文良）

## 宝武集团中南钢铁有限公司成立

11月18日，经广东省市场监督管理局核准，宝武集团广东韶关钢铁有限公司变更为“宝武集团中南钢铁有限公司”。

12月5日，广东省人民政府、广州市人民政府分别与中国宝武签署《广东省人民政府、中国宝武钢铁集团有限公司战略合作框架协议》《宝武集团中南钢铁有限公司合作框架协议》，宝武集团中南钢铁有限公司在广州市揭牌成立。中南钢铁由中国宝武持股51%，广东省广物控股集团有限公司持股49%。

12月5日，广东省与中央企业合作发展座谈会暨战略合作框架协议签约仪式在广州举行。在中共中央政治局委员、广东省委书记李希，广东省委副书记、省长马兴瑞，中国宝武党委书记、董事长陈德荣的见证下，广东省副省长王曦与中国宝武总经理、党委副书记胡望明在仪式上签署《广东省人民政府、中国宝武钢铁集团有限公司战略合作框架协议》。国务院国资委党委委员、秘书长彭华岗，广东省委常委、常务副省长林克庆，省委常委、秘书长、宣传部部长张福海，省委常委叶贞琴，副省长陈良贤、覃伟中、张新，广州市市长温国辉等领导出席仪式。

陈德荣在致辞时说，中国宝武经过联合重组、整合融合，已初步形成钢铁产业沿海、沿江“弯弓搭箭”空间战略布局，产能达到1亿吨以上。2020年8月19日，习近平总书记在考察调研中国宝武时指出，联合重组符合企业发展规律、顺应现代化发展潮流，并提出了“企业发展、钢铁挂帅”的重要论述，提出了中国宝武要由“老大”变“强大”的殷切希望。在“亿吨宝武”规模背景下，中国宝武以习近平总书记考察调研中国宝武重要讲话精神为指引，深入贯彻落实国有企业做强做优做大战略要求，以国有企业改革三年行动方案为契机，发挥国有企业对区域经济发展的促进作用和行业龙头的引领作用，与广东省共同出资成立中南钢铁，推动钢铁板块的区域化、专业化整合，将加快钢铁产业新旧动能转化，推动钢铁业的绿色高质量发展，提升中国钢铁工业在全球的影响力和话语权，这既是对国有经济布局优化和结构调整的积极探索，也是全面落实“十四五”规划、助力建设制造强国的创新实践。中国宝武将在三个方面服务广东省：一是携手合作，设立中南钢铁有限公司，落户广州；二是综合利用氢能、风能等新能源，在湛江钢铁大力发展绿色低碳冶金；三是通过联合整合，提高广东省钢铁产业集中度，推动广东钢铁行业高质量发展。此次中国宝武与广东省人民政府签署战略合作协议，翻开了中央企业与地方合作的崭新篇章，中国宝武将充分发挥品牌、资金、人才、管理及技术优势，坚持市场化原则，发挥资本市场的动能作用，加快推动联合重组，形成“一总部多基地”运营管控模式；重构供应链、产业链和价值链，实现钢铁行业的高质量发展。

李希代表广东省委、省政府对国务院国资委和中央企业长期以来给予广东工作的支持帮助表示衷心感谢。他说，近年来，中央企业和广东的合作领域不断拓展、合作规模不断扩大、合作层次不断提升，有力支持了广东经济社会发展，为广东打赢脱贫攻坚战、全面建成小康社会作出了重要贡献。广东省将大力支持中央企业在粤投资发展，全面加强与中央企业的全方位合作，在助推广东走在全国前列、创造新的辉煌的同时，支持中央企业做强做优做大。

同日，宝武集团中南钢铁有限公司揭牌暨广州市人民政府与中国宝武合作框架协议签约仪式在广州举行。广东省委常委、广州市委书记张硕辅，广州市委副书记、市长温国辉，市委常委、常务副市长陈志英，市委常委、市委秘书长潘建国，市政府秘书长陈杰；中国宝武党委书记、董事长陈德荣，中国宝武总经理、党委副书记胡望明，中国宝武党委常委、副总经理，中南钢铁党委书记、董事长张锦刚；广东省国资委主任、党委书记李成；广东省广物控股集团有限公司党委书记、董事长方启超，党委副书记、总经理梁庆彦等共同为宝武集团中南钢铁有限公司揭牌。陈志英和张锦刚分别代表广州市政府和中国宝武签署《宝武集团中南钢铁有限公司合作框架协议》。

中国宝武与广东省携手合作，成立宝武集团中南钢铁有限公司，并落户广州，旨在通过中央企业和地方的深化合作，充分发挥广东省经济排头兵的发展优势和中国宝武行业龙头的带动作用，推动中南区域中国宝武各钢铁基地的专业化整合、产业化发展、平台化运营、生态化协同、多元化混合所有制改革，共同推动钢铁行业高质量发展，加快形成国内华南地区与西南地区、国外东南亚地区“双循环”相互促进的新优势和新格局，全力服务粤港澳大湾区建设和深圳建设中国特色社会主义先行示范区，为广东省构建“一核一带一区”的区域发展新格局，助推广州加快实现老城市新活力，奋力在全面建设社会主义现代化国家新征程中走在全国前列提速赋能。中国宝武与广州市人民政府签署《宝武集团中南钢铁有限公司合作框架协议》，通过加快钢铁产业新旧动能转化，构建以钢铁产业为核心的产业集群和钢铁生态圈，为广东省、广州市经济的快速发展和钢铁工业的高质量发展打造新引擎、注入新活力。（吴永中）

## 中国宝武入选中央企业创建世界一流示范企业

12月8日，国务院国资委将中国宝武纳入“中央企业创建世界一流示范企业”名单。入选中央企业创建世界一流示范企业的有11家，覆盖航空、能源、投资建设等多个领域。

“深化世界一流企业创建示范工程”是国企改革三年行动方案明确的五大国有企业改革专项工程之一，要求综合运用完善公司治理、推动兼并重组、加大国有资本投入、深化科技创新、健全激励机制、引进高端人才、激发企业家精神、加强党的建设等多项措施，形成政策集成效应，支持国有企业做强做优做大，发挥示范引领和突破带动作用。

纳入中央企业创建世界一流示范企业，要按照培育具有全球竞争力世界一流企业的“三个领军”“三个领先”“三个典范”核心内涵（即在国际资源配置中占主导地位、引领全球行业技术发展、在全球产业发展中具有话语权和影响力的领军企业，在全要素生产率和劳动生产率等效率指标、净资产收益率和资本保值增值率等效益指标、提供优质产品和服务等方面的领先企业，在践行新发展理念、履行社会责任、拥有全球知名品牌形象方面的典范企业），结合企业实际，坚持目标和问题导向，探索实施经济高质量改革的有效途径，加快建设具有全球竞争力世界一流企业。（张　萍）

## 宝钢股份新型耐热刻痕产业化技术实现全球首发

12月15日，宝钢股份新型耐热刻痕取向硅钢机组投产，填补国内取向硅钢耐热刻痕系列产品的空白。至此，宝钢股份取向硅钢覆盖世界取向硅钢商业产品的全部系列，实现取向硅钢研发、制造技术全面引领。

耐热刻痕取向硅钢是新型立体卷铁芯节能变压器所用材料，对电网节能减排意义重大。长期以来，世界上仅有国外两家公司能够小批量生产该类型取向硅钢，严重制约中国高能效变压器特别是立体卷铁芯节能型变压器产业的发展。

宝钢股份技术团队于2011年启动耐热刻痕产业化技术研究。研发团队立足自主创新，摒弃国外企业采用的机械刻痕、化学腐蚀等工艺技术路线，独辟蹊径，以实现刻痕技术迭代为目标研发激光刻痕工艺，解决了激光动态连续微加工的世界性难题，相继突破了能量效率最佳化、光路系统实现、模块化产线设计、柔性生产等耐热刻痕核心技术；发明了激光高速化连续生产“冷加工”技术，实现新型耐热刻痕产业化技术的全球首发。

新型耐热刻痕取向硅钢机组的投产，使宝钢股份具备年产1.20万吨高等级耐热刻痕取向硅钢产品的能力，其中50%为厚度0.20毫米及以下全球最高等级产品，50%为厚度0.23毫米高端产品。（张　犀）

## 中国宝武年钢产量首次突破1亿吨

12月23日，中国宝武党委书记、董事长陈德荣在中国宝武钢铁会博中心“金色炉台”举行的纪念中国宝武130年大会上宣布：“中国宝武钢铁集团有限公司2020年钢产量突破1亿吨。亿吨宝武，今日梦圆！”

中国首家亿吨钢铁企业的出现，是中国钢铁行业由小到大、由弱到强的缩影。1949年中华人民共和国成立时，中国钢产量仅15.80万吨，不足当时世界钢产量的千分之一。1996年，中国粗钢产量突破1亿吨，成为全球第一大产钢国。至2020年，中国粗钢产量突破10亿吨，超过全球粗钢产量的一半。从中华人民共和国成立初期的缺铁少钢，发展到大部分钢材品种的完全自给。

2016年，宝钢集团与武钢集团实施联合重组，成立中国宝武钢铁集团有限公司，钢铁产能规模提升至7 000万吨，位居中国第一、全球第二。2019年9月，中国宝武重组马钢集团，规模进一步扩大至9 000万吨；12月，中国宝武实施对重庆钢铁的实质性管理；当年，中国宝武实现钢产量9 547万吨。2020年12月，中国宝武完成对太钢集团的重组。太钢集团具备年产1 294万吨钢（其中450万吨不锈钢）的生产能力。至此，中国宝武构建起国内沿海沿江“弯弓搭箭”的空间布局，形成宝钢股份、中南钢铁、马钢集团、太钢集团、八一钢铁五大钢铁板块为基础的普碳钢、不锈钢、特钢产品全系列，并在年产量上超越安赛乐米塔尔集团，成为全球最大钢铁企业。

（张文良）

# 大事记

## 1月

2—3日　集团公司在鄂城钢铁和武钢有限举行以“‘绿’动宝武、‘智’享未来”为主题的中国宝武绿色发展与智慧制造武汉地区现场会。会上，中国宝武党委书记、董事长陈德荣，总经理、党委副书记胡望明将中国宝武工业互联网研究院、中国宝武大数据中心授牌给宝信软件。

6日　中国宝武发文，决定将网络安全和信息化领导小组调整为网络安全和信息化委员会（简称网信委）。网信委是中国宝武网络安全和信息化工作的领导机构，负责集团公司网络安全领域工作的顶层设计、总体布局、统筹协调、整体推进、督促落实。下设办公室，与智慧化与大数据建设办公室合署运作。

10日 2019年度国家科学技术奖励大会在北京人民大会堂举行。宝武特冶参研项目“高品质特殊钢绿色高效电渣重熔关键技术的开发和应用”，通过电渣重熔装备、工艺及产品适应性研究，实现国内电渣技术“从跟跑、并跑、到领跑”的历史性跨越，获2019年度国家科学技术进步奖一等奖；宝钢股份参研项目“废弃物焚烧与钢铁冶炼二噁英污染控制技术与对策”“冶金炉窑强化供热关键技术及应用”，宝钢德盛参研项目“红土矿冶炼镍铁及冶炼渣增值利用关键技术与应用”获2019年度国家科学技术进步奖二等奖。

同日 世界经济论坛发布新一轮全球制造业领域的18家“灯塔工厂”名单，肯定了入选企业在应用第四次工业革命技术改变产业价值链、推动企业运营创新和环境可持续发展方面的卓越表现。6家中国工厂入选，其中宝钢股份为唯一入选的中国钢铁企业。

13日 中国宝武与普锐特冶金技术有限公司在宝武大厦签署战略合作备忘录。

同日 住房和城乡建设部公布第九批全国工程勘察设计大师名单，湛江钢铁工程指挥部副总指挥陈炯获“全国工程勘察设计大师”称号。

14日 中国宝武与日本钢铁工程控股公司在宝武大厦举行宝武杰富意特殊钢有限公司合资合同签约仪式。

同日 中国宝武深化与浙江省海港集团的合作。浙江省海港集团、宁波舟山港集团领导到中国宝武调研。

15日 中国宝武在宝武大厦召开“不忘初心、牢记使命”主题教育总结大会。中央第十三巡回督导组组长王炳华参加会议。

16日 中国共产党中国宝武钢铁集团有限公司一届三次全委（扩大）会暨干部大会、中国共产党中国宝武钢铁集团有限公司纪律检查委员会一届二次全委会举行。会议审议通过《关于党委工作报告的决议和关于纪委工作报告的决议》。

17日 中国宝武钢铁集团有限公司一届三次职工代表大会在宝武管理学院大礼堂举行。会上举行中国宝武年度人物颁奖仪式。

25日 针对湖北省武汉市出现的新冠肺炎疫情，中国宝武决定向武汉市捐赠3 000万元。

27日 中国宝武召开新冠肺炎疫情防控领导小组工作会议，研究部署集团公司疫情防控工作。武钢集团、武钢有限、鄂城钢铁、武汉耐材等中国宝武在鄂相关单位视频参加会议。

29日 集团公司办公室下发《关于延迟有关企业复工和进一步加强疫情防控的通知》，要求在沪各单位在春节假期后不早于2月9日24时前复工，其他单位复工时间按照单位所在地政府要求执行。若当地政府无复工通知，原则上按照2月3日起正常上班。

30日 经中国宝武董事会研究决定，华宝信托、华宝基金、华宝证券响应所在行业号召，各捐款300万元，用于国内新冠肺炎疫情防控。

1月 宝钢股份与淡水河谷完成部分进口铁矿石人民币跨境结算业务，结算金额3.30亿元，标志着中国宝武在大宗原燃料进口采购方面实现与世界主要矿山公司采用人民币跨境结算的新突破。

## 2月

4日 中国宝武决定对旗下上市公司宝钢股份股票进行适度增持，增持宝钢股份A股股票71 711 403股，占宝钢股份总股本的0.32%；并计划自本次增持之日（含本次增持日）起6个月内，择机以适当的价格累计增持宝钢股份A股股票比例不超过宝钢股份总股本的2%（含此次已增持股份）。

6日 中国宝武党委研究决定，集团公司总部在新冠肺炎疫情防控关键时期启动应急方案，部署实施远程办公。

8日 中国宝武通过武汉市慈善总会，定向给武汉市青山区慈善会捐赠500万元，专项用于抗击新冠肺炎疫情工作。

9日 中国宝武举办“防控疫情远程办公方案”专题培训，对实施好远程办公提出具体要求。要求各一级子公司创新工作方式，参照总部方案策划实施远程办公，并于2月10日正式复工之日起全面落实。

10日 集团公司总部和具备远程办公条件的单位开始实施疫期远程办公。

17日 中国宝武向湖北省鄂州市慈善总会捐赠500万元，定向用于鄂州市疫情防控工作。

20日 中国宝武发文，决定在集团公司层面成立中国宝武原料供应管理委员会，对集团公司原料资源供应及共享工作进行统一领导。

同日　中国宝武发文，决定设立档案中心，与运营共享服务中心实行“一个机构、两块牌子”运作方式，运营共享服务中心（档案中心）增设档案室。3月1日，档案中心正式运行。

同日　中国宝武发文，决定将安徽马钢工程技术集团有限公司更名为“宝武重工有限公司”（简称宝武重工），由中国宝武直接管理，业务对口智慧服务产业发展中心。4月1日，宝武重工按中国宝武直接管理方式运作。

同日　中国宝武党委和中国宝武联合发文，明确宝武大学及下属校区运作方式，并成立宝武大学校务委员会。宝武大学设乌鲁木齐、武汉、上海、南京、重庆5个校区。胡望明任宝武大学校长，伏中哲任第一副校长，傅连春任执行副校长。

21日　湖北省副省长曹广晶一行赴武钢有限气体公司医用氧生产一线——制氧操控中心，视察指导医用氧保供和新冠肺炎疫情防控工作。

同日　中国宝武发文，决定对集团公司范围内原料采购供应体系进行调整，成立中国宝武原料采购中心，与宝武原料供应有限公司合署运作。中国宝武原料采购中心同时挂宝钢股份原料采购中心牌子。

25日　宝武重工有限公司、中国宝武原料采购中心、宝武原料供应有限公司揭牌成立。

27日　中国宝武党委和中国宝武联合发文，决定宝钢发展、宝地资产自3月1日起按照“两块牌子、一套班子”合署运作。

## 3月

18日　湖北省副省长杨云彦一行到宝钢股份武钢有限调研复工复产情况，看望慰问一线员工。

21日　宝钢德盛绿色产业基地1600酸洗钢结构开始吊装，拉开1600酸洗项目建设的序幕。

31日　宝武重工有限公司经工商部门批准，完成工商注册变更，正式挂牌运营。

## 4月

7日　中国宝武和中国光大集团股份公司以远程签约的方式签署战略合作框架协议。双方通过发挥各自优势，在综合金融、园区建设、商旅会展、国际业务等方面开展全方位的战略合作。

12日　湖北省委书记应勇到武钢有限调研。

13日　中国宝武与上海建工集团股份有限公司在宝武大厦举行战略合作框架协议签约交流。双方通过加深对接互动，探索合作模式，推动战略合作，发挥各自专业和优势，在建设服务、材料应用、社会服务、资源环境、产业园区、产业金融、科技创新七大领域开展全方位合作。

同日　江苏省盐城市党政代表团到访中国宝武。

23日　宝地新疆首发项目“新宝港湾”开工奠基。该项目被列为2020年乌鲁木齐市重点项目，占地7 795平方米，建筑面积2.45万平方米，总投资2亿元。

同日　宝武炭材、重庆钢铁、重庆路洋投资有限公司举行《重庆路洋化工有限公司股权重组协议》和《重庆钢铁股份有限公司与重庆路洋化工有限公司长期合作协议》签约仪式，三方携手打造高附加值炭材料加工企业。

27日　中国宝武钢铁会博中心开工暨“钢铁荣耀　铸梦百年”活动标识首发仪式在上海不锈钢

2020年4月27日，中国宝武钢铁会博中心开工建设　（施　琮　摄）

有限公司原2 500立方米高炉区域举行。由此，中国宝武“钢铁荣耀 铸梦百年”宣传教育系列活动全面启动。

29日 武钢绿色城市技术发展有限公司海绵公司工程技术部部长何航获中国青年五四奖章。

## 5月

5日 长征五号B运载火箭首飞，宝武特冶为火箭发动机配套研制核心部件用材，助力首飞成功。

6日 “中国宝武130年”系列展览首展“历史的起点”在宝武大厦一楼展区开展。

18日 宝武物流资产有限公司与中储发展股份有限公司通过“云签约”的形式，签署战略合作协议。

同日 宝日汽车板新建冷轧废水回用项目开工。该项目运用先进技术，废水深度处理效能可达世界领先水平。项目投产后，宝日汽车板可全面实现废水零排放。

20日 宝武清能科研性示范加氢站（宝钢股份）工程开工。这是中国宝武第一个氢能产业示范项目，也是宝武清能成立后的第一个建设项目。

21—22日 中国宝武举行党委理论学习中心组（扩大）学习暨第九期决策人研修会，提出中国宝武公司治理体系与治理能力现代化建设的全景图、总体思路和十大任务。

22日 中国宝武在银行间市场成功发行120亿元3年期中期票据，票面利率2.37%。此次中期票据发行是中国宝武联合重组后，首次在银行间市场发债。

23日 宝钢股份工会携手宝信软件“好生活”平台，开展助力

2020年5月23日，宝钢股份热轧厂技能大师、全国劳动模范王军（中）做客直播间，助力云南宁洱、镇沅、江城、广南4县脱贫攻坚 （张 勇 摄）

云南宁洱、镇沅、江城、广南4县打赢脱贫攻坚战爱心特卖公益活动，全国劳动模范孔利明、王军做客直播间。

26日 宝钢股份与西门子数字化集团签署备件供应及服务综合战略合作框架协议。根据协议，西门子数字化工业集团向宝钢股份提供所有在役设备、备件的全生命周期服务，宝钢股份享有西门子售后服务的最高等级信用和全面的重要客户待遇。

27日 中国宝武党委书记、董事长陈德荣走进云南省普洱市江城县直播间，为扶贫特色农产品直播带货。两个小时的直播，为中国宝武定点扶贫和援建的10个县消费扶贫7 481万元（其中在线成交316万元，线下成交7 165万元）。

27—28日 中国宝武党委书记、董事长陈德荣一行赴云南省普洱市江城县进行定点扶贫工作调研考察，督促指导扶贫项目落实，走访慰问当地贫困户，并出席在江城县举行的决战决胜脱贫攻坚联席会。

5月 宝钢股份与力拓集团完成首单利用区块链技术实现的人民币跨境结算，总金额逾1亿元。这是宝钢股份继2020年1月和4月分别与淡水河谷、必和必拓完成首单人民币跨境结算后的又一新进展。至此，中国宝武与全球三大铁矿石供应商之间均实现铁矿石交易的人民币跨境结算。

## 6月

4日 中国宝武党委书记、董事长陈德荣在太原与山西省委书记、省人大常委会主任楼阳生举行工作会谈，就深化合作进行深入交流。中国宝武总经理、党委副书记胡望明，山西省副省长王一新参加会谈。

15日 湖北省委书记应勇，省委副书记、省长王晓东在武汉与中国宝武党委书记、董事长陈德荣，总经理、党委副书记胡望明座谈交流。应勇表示，湖北省委、省政府将持续优化营商环境，支持中国宝

武在鄂更好地发展。

16日　宝钢股份黄石公司新港(物流)工业园项目二期(退城环保搬迁改造)工程(简称新港项目二期工程)举行开工仪式。

21日　中国宝武发文，决定成立中国宝武西南总部，日常管理由宝地资产承担。

同日　中国宝武发文，决定成立宝武大学重庆校区，定位为支撑重庆钢铁业、新材料业和先进制造业发展的高技能人才培养基地。

23日　湖北省委书记应勇到鄂城钢铁调研，对鄂城钢铁在节能降耗、绿色发展、环保治理、智慧制造等方面工作给予肯定。

28日　吴淞创新城宝武地块转型首发项目开工建设。

同日　中国宝武吴淞园建设管理办公室揭牌成立。

29日　中国宝武和西藏自治区在拉萨签订战略合作等协议。

同日　西藏自治区国资委、中国宝武资源环境产业发展中心、日喀则珠峰城市投资发展集团有限公司、仲巴县马泉河投资有限公司共同签署《关于西藏自治区矿业发展总公司之改制重组协议》。西藏自治区矿业发展总公司变更为由中国宝武主导、四方共同合资经营的公司，更名为“西藏矿业资产经营有限公司”(暂定名，以工商登记为准，简称西藏矿业)。

30日　中国宝武与重庆钢铁管理对接会在重庆钢铁会议中心举行。

## 7月

1日　以“重走钢铁长征路　共铸民族钢铁魂”为主题的中国宝武“重走钢铁长征路”系列活动首站——成渝片区活动在重庆工业博物馆举行。中国宝武西南总部、中国钢铁博物馆(筹)、宝武大学重庆校区以及中国宝武中央研究院西南新材料研发中心等揭牌。

9日　中国宝武党委书记、董事长陈德荣与来访的广东省副省长覃伟中一行，就5G(第五代移动通信技术)行业应用、加强合作等进行座谈交流。

10日　宝钢包装兰州宝钢制罐智能化铝制易拉罐生产线项目开工仪式在兰州高新区定连园区举行。

13日　中国宝武、上海交通大学、淮北市陶铝新材料产业合作发展座谈会在安徽省淮北市召开。会上，三方就陶铝新材料产业合作发展草签框架协议。

15日　中国宝武与上海汽车集团股份有限公司签署全面战略合作框架协议，把氢能利用作为其中一项重要的合作内容。

17日　国务院国资委公布2019年度中央企业负责人经营业绩考核结果。中国宝武获评2019年度中央企业负责人经营业绩考核A级企业，在中央企业中排第14位，较上年进步12位，考核得分和排名均为历史最好水平。

20日　中国宝武党委书记、董事长陈德荣在宝武大厦会见广西壮族自治区党委常委、南宁市委书记王小东一行。双方就进一步加强协同对接，在智慧城轨、产业园区等领域深化合作，推动区域市场和产业发展等进行座谈交流。

同日　韶钢松山中板产线转型工业线材技术改造(即韶钢松山第三条高速线材生产线，简称高三线)项目全线热负荷试车。

23日　中国宝武党委召开一

2020年7月1日，中国宝武“重走钢铁长征路”系列活动首站——成渝片区活动在重庆工业博物馆举行　　(张　勇　摄)

2020年7月30日，宝武铝业30吨熔铸产线生产出第一块铝扁锭　（鲍　轩　摄）

届二次全委（扩大）会，明确提出“全面对标找差，创建世界一流”工作要求，以“三高两化”为路径实现高质量发展。

27日　美国《财富》中文网发布2020年中国上市企业500强排行榜，中国宝武有5家公司上榜：宝钢股份列第33位，继续保持国内同行业最优业绩；马钢股份列第130位；韶钢松山位列第332位；重庆钢铁位列第390位；八钢股份位列第449位。

30日　宝武铝业30吨熔铸产线热负荷试车，生产出第一炉3块铝扁锭。这是宝武铝业第一条投入试运行的生产线。

## 8月

5日　中国宝武和中国建材集团有限公司在北京签署战略合作框架协议。

10日　美国《财富》杂志发布世界500强企业排行榜，中国宝武以2019年营业收入799.32亿美元排名第111位，首次跃居全球钢铁企业首位。

17日　生态环境部党组书记孙金龙到中国宝武调研生态环境保护工作。上海市副市长汤志平，中国宝武党委书记、董事长陈德荣，中国宝武总经理、党委副书记胡望明等参加调研。

19日　中共中央总书记习近平到马钢集团考察调研并发表重要讲话，充分肯定中国宝武的改革发展成绩，强调“企业发展，钢铁挂帅”，希望中国宝武把握机遇，乘势而上，由“老大”变“强大”，成为后劲十足的世界一流企业。

21日　山西省委书记楼阳生在太原与中国宝武党委书记、董事长陈德荣举行工作会谈。

同日　山西省人民政府与中国宝武在太原签署战略合作框架协议。

同日　山西省国有资本运营有限公司与中国宝武签署太钢集团股权划转协议，推进太钢集团与中国宝武的联合重组。

23日　宝钢股份钢管条钢事业部金国平领衔的“方坯连铸轻压下质量优化控制”项目获2019年度上海市科技进步奖二等奖，硅钢部宋俊创新工作室获首批“上海市工匠创新工作室”称号。

24日　中国宝武举行“对标创一流”管理提升行动部署会，全面推进对标提升行动。

24—25日　西藏自治区日喀则市仲巴县党政代表团到中国宝武回访交流。

28日　云南省普洱市党政代表团到访中国宝武，双方举行中国宝武·普洱市决战决胜脱贫攻坚联席会。

同日　宝钢德盛1 780毫米热轧工程一号加热炉点火烘炉。

30日　宝钢股份二号高炉（第二代炉役）停炉。二号高炉（第二代炉役）于2006年12月7日投产，单位炉容产铁1.064万吨，达到世界公认的长寿高炉标准；平均喷煤比、煤气利用率、吨铁综合能耗、一代炉役平均利用系数等关键经济技术指标，均保持国内同类型高炉领先水平。

## 9月

1日，宝钢股份二号高炉开始大修。

4日　中国宝武与新兴际华集团有限公司在宝武大厦签订合作谅解备忘录。双方本着高效协同、共谋发展的原则，共同促进新疆地区钢铁产业结构优化和转型发展。

8日　全国抗击新冠肺炎疫情表彰大会在北京人民大会堂举行。宝钢股份副总经理，武钢有限党委书记、执行董事刘安获“全国抗击新冠肺炎疫情先进个人”称号；宝钢股份武钢有限气体公司获“全国抗击新冠肺炎疫情先进集体”称号。

9日　2020年中国国际服务贸易交易会闭幕。在6天的会期中，中央企业交易团中国宝武交易分团签约相关合作协议，合同总金额为60亿元。

同日　宝钢资源马钢矿业国家级智慧制造示范矿山建设项目——钟九铁矿采选建设工程开工。钟九铁矿总资源量6 453.68万吨，项目建设投资9.476 7亿元，矿山建设规模为200万吨/年，年产品位为66%的铁精矿80万吨。

11日　中国宝武党委书记、董事长陈德荣与安徽省委常委、合肥市委书记虞爱华就加快推进合作项目——中国宝武合肥总部项目进行会谈。该项目位于合肥东部新中心，以“创新创业、智慧新城”为产业发展方向，拟对区域内老工业建筑进行保护性开发，打造合肥“厂区—园区—城区”新地标。

13日　湖北省人民政府和中国宝武签署战略合作框架协议。双方表示，要在能源、环保等领域进一步深化合作。

14日　中国宝武与东风汽车集团有限公司签订战略合作框架协议。

16日　四源合（重庆）钢铁产业发展股权投资基金合伙企业（有限合伙）与中国宝武、四川德胜集团钒钛有限公司签署股权转让协议，中国宝武与重庆战略性新兴产业股权投资基金合伙企业（有限合伙）、重庆渝富资本股权投资基金管理有限公司签署《一致行动协议》。重庆钢铁实际控制人由四源合股权投资管理有限公司变更为中国宝武钢铁集团有限公司。

同日　中国宝武与上海交通大学签署战略合作框架协议。双方表示，要继续巩固已有合作渠道和方式，在钢铁冶金、先进材料、人工智能、大数据、区块链、物联网、环境科学、氢能与工程领域，拓展产学研合作模式，加强在人才培养、人才交流、双创园区和金融科技等领域的合作。

22日　宝武炭材湖北宝乾新能源材料有限公司5万吨负极材料项目开工建设。该项目位于湖北省襄阳市宜城经济开发区，总投资6亿元，规划年产5万吨负极材料。

2020年9月13日，湖北省人民政府与中国宝武签署战略合作框架协议　（施　琮　摄）

25日　宝武炭材与新疆鑫联化工有限公司进行股权转让与联合重组签约，实质性控股新疆鑫联化工有限公司。

27日　重庆钢铁四号高炉开炉复产。

28日　中国企业联合会、中国企业家协会发布“2020中国企业500强名单”，中国宝武排名第32位，较2019年提升8位，再次位居钢铁企业榜首。

同日　中国企业联合会、中国企业家协会发布“2020中国制造业企业500强”名单，中国宝武排名第九位，位居钢铁企业榜首。

同日　中国宝武党委书记、董事长陈德荣带队到永锋集团有限公司、河北敬业集团有限公司开展对标找差考察交流。

同日　宝钢德盛1 780毫米热轧产线热负荷试车。

同日　宝武铝业2 500毫米冷轧机组热负荷试车。

29日　中国宝武党委书记、董事长陈德荣在宝武大厦与到访的华为技术有限公司董事长梁华一行进行座谈交流。双方就进一步深化合作，推进新一代信息技术在钢铁制造领域的运用进行了探讨并达成共识。

同日　中国宝武党委书记、董事长陈德荣在宝武大厦会见中国电信集团有限公司党组书记、董事长柯瑞文一行。双方达成共识，要在5G（第五代移动通信技术）时代、工业互联网时代深化合作，加强前沿信息化技术的应用，在中央企业中起示范带头作用。

同日　欧冶工业品股份有限公司注册成立。

30日　宝钢股份炼铁厂一号高炉开始富氢冶炼铁水，标志着中国宝武低碳冶金创新中心富氢冶金示范线投入运行。

## 10月

9日　宝钢股份新设立炼铁部、炼钢部、热轧部、冷轧部，并调整设立新的厚板部（原厚板部成建制划转至新成立的厚板厂，由厚板厂负责厚板区域生产运营管理），以深化“一公司多基地”管理模式。

14日　世界钢铁协会第11届“Steelie奖”获奖名单揭晓，中国宝武“LCA（产品全生命周期评价）在碳交易市场决策中的应用”获生命周期评价卓越成就奖。

15日　中国宝武和力拓集团通过视频共同庆祝宝瑞吉合资项目完成2亿吨铁矿石发货量目标。

同日　中国宝武党委书记、董事长陈德荣，河南省委常委、洛阳市委书记李亚在中钢集团党委书记、董事长徐思伟等陪同下，到中钢洛耐科技股份有限公司考察调研。

19日　国务院国资委有关厅局负责人在中钢集团干部大会上传达国资委决定，由中国宝武对中钢集团进行托管。会上，成立中钢集团管理委员会，中国宝武党委书记、董事长陈德荣任主任，全面负责托管期间各项工作。

20日　广西壮族自治区党委书记、自治区人大常委会主任鹿心社在南宁与中国宝武党委书记、董事长陈德荣进行工作会谈。

22日　中央企业抗击新冠肺炎疫情表彰大会暨先进事迹报告会在北京举行。中国宝武5人被授予“中央企业抗击新冠肺炎疫情先进个人”称号，1个集体被授予“中央企业抗击新冠肺炎疫情先进集体”称号，1人被授予“中央企业优秀共产党员”称号，1个基层党组织被授予“中央企业先进基层党组织”称号。

28日　湖北省武汉市人民政府与中国宝武举行退休人员社会化管理移交集体签约仪式，中国宝武武汉总部9万余名退休人员向武汉市各区政府正式移交。

## 11月

2日，云南省扶贫开发领导小组办公室在“云南发布”上，发布省内9个县（市）通过州市审核、省级核查和第三方实地评估检查，拟退出贫困县序列的公示，中国宝武定点扶贫的广南县位列其中。至此，由中国宝武定点扶贫和对口支援的10个县全部实现脱贫摘帽。

3日　2020年美国《财富》（中文版）杂志发布最受赞赏的中国公司排行榜，中国宝武在全明星榜上位列第八，在金属行业榜中连续第四年位列榜首。

同日　天津市委副书记、市长廖国勋与中国宝武党委书记、董事长陈德荣在宝武大厦进行座谈交流。

5日　山西省委副书记、省长林武与中国宝武党委书记、董事长陈德荣在宝武大厦进行座谈交流。双方就深化合作、推进中国宝武与太钢集团联合重组进程，谋划好太钢集团后续发展等话题开展沟通交流。

8日　欧冶工业品股份有限公司在第三届中国国际进口博览会（简称第三届进博会）上举行揭牌仪式。该公司由中国宝武、宝钢股份、马钢股份、八一钢铁、韶钢松山、鄂城钢铁、欧冶云商、宝信软件等共同决策发起并出资组建，是一家致力于建设全新工业品生态平台的互联网公司，其打造的平台取名“欧贝”。

11日　中国宝武发文，决定不再直接管理宝武物流资产有限公司、新疆宝地产城发展有限公司、广东宝地南华产城发展有限公司。宝武物流资产有限公司由中国宝武委托欧冶云商管理，自11月16日起按调整后的管理关系运作；宝地新疆由八一钢铁委托武钢集团管理，宝地广东由韶关钢铁委托宝地资产管理，自12月1日起按调整后的管理关系运作。

11—13日　中国宝武举行党委理论学习中心组（扩大）学习暨第十期决策人研修，谋划中国宝武“十四五”战略规划和国企改革三年行动实施方案。

13日　宝钢集团财务有限责任公司更名为“宝武集团财务有限责任公司”。

18日　经广东省市场监督管理局核准，宝武集团广东韶关钢铁有限公司变更为“宝武集团中南钢铁有限公司”。

19日　中国宝武发文，宝武集团广东韶关钢铁有限公司更名为“宝武集团中南钢铁有限公司”。

20日　全国精神文明建设表彰大会在北京举行。宝钢股份营销中心获“第六届全国文明单位”称号。

同日　重庆钢铁七号转炉成功点火投产，四号连铸机新建项目开工建设。

同日　中国钢铁工业协会科技创新工作委员会成立大会暨第一次全体委员会议在北京召开。

中国宝武任首届主任委员单位，中国宝武技术专家、宝钢股份技术参事张丕军任首届主任委员。

21日　为期3天的“第24届全国发明展览会·‘一带一路’暨金砖国家技能发展与技术创新大赛”在广东佛山闭幕。中国宝武获金奖28项、银奖52项、铜奖61项；中国宝武展团被授予“优秀展团奖”。

22日　宝钢股份二号高炉经82天大修，点火投产，创造了特大型高炉大修效率最高、投资最省的新纪录。二号高炉于1991年6月投产，设备国产化率达95%以上，2006年8月30日停炉大修，同年12月7日投产；2020年9月1日再次大修。

23日　宁波宝新不锈钢有限公司举行年产3万吨汽车用钢项目二十辊轧机热负荷试车仪式，汽车用钢轧机机组轧制出第一卷合格产品。

同日　中国宝武间接受让西藏矿业控股股权有关事宜获国务院国资委批复。

24日　全国劳动模范和先进工作者表彰大会在北京人民大会堂举行。宝钢股份湛江钢铁副总指挥陈炯，宝钢股份钢管条钢事业部电气设备技能大师金国平，韶钢松山能源环保部维检作业区调试班班长钟韶，马钢集团马钢股份技术中心型钢研究所所长吴保桥，八一钢铁制造管理部理化检验中心作业长吴琨，鄂城钢铁宽厚板厂热轧车间总作业长、电气首席师李永生获“全国劳动模范”称号，出席大会并接受表彰。

同日　长征五号遥五运载火箭搭载嫦娥五号探测器点火升空，宝武特冶、太钢集团为火箭关键结构部位提供高端材料。

29日　中国宝武发文，将西藏矿业作为中国宝武一级子公司进行管理，纳入中国宝武管理体系，业务对口资环业中心。

同日　中国宝武发文，决定不再直接管理宝地南京。宝地南京由宝钢集团上海梅山有限公司委托宝地资产进行管理，纳入宝地资产管理体系，自12月15日起按调整后的管理关系运作。

## 12月

2日　2020年上海市劳动模范（先进工作者）和上海市模范集体表彰会举行，中国宝武有16名上海市劳动模范和7个劳动模范集体获表彰。

同日　重庆钢铁完成工商登记变更，中国宝武正式成为其实际控制人。

同日　宝钢金属巢湖轻量化项目在安徽省巢湖市开工建设。

5日　广东省人民政府与中国宝武在广州市签署《广东省人民政府、中国宝武钢铁集团有限公司战略合作框架协议》。

同日　宝武集团中南钢铁有限公司在广州市揭牌成立。

同日　广州市人民政府与中国宝武在广州举行《宝武集团中南钢铁有限公司合作框架协议》签约仪式。

同日　八一钢铁对新兴铸管新疆有限公司完成100%股权收购、工商变更，挂牌成立新疆天山钢铁巴州有限公司。

7日　云南省委书记阮成发、代省长王予波在昆明会见中国宝武党委书记、董事长陈德荣，总经理、党委副书记胡望明。

8日　国务院国资委将中国宝武纳入“中央企业创建世界一流示范企业”名单。

同日　宝钢股份无取向硅钢产品结构优化项目开工建设。该项目是全球唯一完全面向新能源汽车行业的高等级无取向硅钢专业生产线。项目建成投产后，每年可为400万辆新能源汽车提供高等级用材。

同日　宝钢股份举行大数据中心建成投用仪式。这是中国钢铁行业首家大数据中心。

11日　宝钢资源马钢矿业罗河铁矿一期500万吨/年扩能工程建设项目在安徽省庐江县开工。

14日　福建省重点项目——宝钢德盛1780热轧机组热负荷试车。

15日　欧冶云商下属武汉钢铁集团物流有限公司启动武汉工业港项目建设。该项目包含码头作业区、智能仓配区、绿色散货堆存区、临港产业区、港城融合区、商品交易中心和物流交易中心，主要服务于武钢有限、鄂城钢铁、马钢集团等中国宝武体系钢厂及用户，总投资57亿元，分三期建设，计划5年内建成。

同日　宝钢股份新型耐热刻痕取向硅钢机组投产，填补国内取向硅钢耐热刻痕系列产品的空白。该机组具备年产1.20万吨高等级耐热刻痕取向硅钢产品的能力，其中50%为厚度0.20毫米及以下全球最高等级产品，50%为厚度0.23毫米高端产品。

17日　八一钢铁完成对新疆伊犁钢铁有限责任公司的股权收购。

同日　宁波宝新高端不锈钢精密产品生产线——年产3万吨汽车用钢项目投产。

2020年12月18日，第三届“宝武十大杰出青年”评选揭晓　（鲍　团　摄）

18日　中国宝武与中国中车集团有限公司（简称中国中车）在中国中车总部签订战略合作框架协议。

同日　第三届“宝武十大杰出青年”评选决赛在宝武大厦举行。

19日　中央电视台《钢铁脊梁》纪录片拍摄启动仪式在中国宝武钢铁会博中心举行。

20日　中国宝武安徽（产业）总部首发项目启动仪式在合肥市瑶海区原合肥钢铁集团有限公司地块举行。该项目总投资3.50亿元，计划建设5万多平方米的高品质产业园。

同日　河南省委副书记、省长尹弘在郑州会见中国宝武党委书记、董事长陈德荣，双方就深化合作进行会谈。

同日　宝武铝业一期项目投产仪式在河南省三门峡市城乡一体化示范区（高新区）举行。

同日　中国宝武三门峡铝基新材料研发中心成立。

21日　重庆市国有资产监督管理委员会（简称重庆市国资委）与中国宝武签署《关于重庆钢铁（集团）有限责任公司股权无偿划转协议》，重庆市国资委将所持重钢集团90%股权无偿划转中国宝武。

同日　甘肃省兰州市人民政府与中国宝武签订战略合作框架协议。

同日　宝武炭材宝方炭材料科技有限公司10万吨超高功率石墨电极项目投产活动在宝武炭材兰州基地举行。

同日　宝钢包装在马来西亚雪兰莪州EBPV工业区举行新建易拉罐生产线项目开工仪式。

22日　中国宝武科技成果发布展示会在中国宝武会博中心金色炉台一楼大厅举行。中央研究院、太钢集团、马钢交材发布手撕钢、轴重45吨重载车轮、高强度低屈强比耐候桥梁Q690qENH厚板、顶煤气循环氧气高炉低碳冶炼技术等十大科技创新成果。

23日　以“金色炉台”命名的中国宝武钢铁会博中心正式启用。

同日　吴淞创新城宝武吴淞

2020年12月23日，中国钢铁博物园数字技术体验中心项目奠基　（刘　杰　摄）

园十大产业项目开工建设，中国钢铁博物园数字技术体验中心项目奠基。

同日　集团公司举行纪念中国宝武130年大会及“金色炉台”主题活动，将“12月23日”设立为公司日和员工创新日。劳动模范代表获颁“中国宝武130年”纪念章，并举行大型画册《百年宝武》首发和中国宝武司歌《我战斗在金色的炉台上》首唱。

同日　在纪念中国宝武130年“金色炉台”主题活动上，中国宝武党委书记、董事长陈德荣宣布：“中国宝武钢铁集团有限公司2020年钢产量突破1亿吨”。

同日　太钢集团完成51%股权工商变更登记，控股股东变更为中国宝武。

27日　第六届中国工业大奖发布会在北京举行。山西太钢不锈钢精密带钢有限公司的“宽幅超薄精密不锈带钢工艺技术及系列产品开发”项目获中国工业大奖，宝钢股份的“BG系列高性能油气开采用管开发及应用”项目获中国工业大奖表彰奖，马钢集团、中钢集团邢台机械轧辊有限公司获中国工业大奖提名奖。

28日　中国宝武党委书记、董事长陈德荣会见来访的中国台湾地区“台湾水泥股份有限公司”董事长张安平一行。

同日　中国宝武与浙江省绍兴市柯桥区产业发展合作交流暨精功碳纤维项目签约仪式在柯桥区举行。

29日　中国宝武发文，决定将太钢集团作为中国宝武一级子公司进行管理。

30日　太钢集团托管宝钢德盛和宁波宝新，签约仪式在宝武大厦举行。

同日　中国宝武发文，根据《关于重庆钢铁（集团）有限责任公司股权无偿划转协议》及相关委托管理协议等内容，决定在受托管理期间将重钢集团纳入中国宝武管理体系，参照一级子公司进行管理。

31日　以中国宝武和中国近现代钢铁工业130年发展历程为创作背景的大型原创现实主义话剧《铸梦》，在上海市宝山区委党校首演。

（张文良）

编辑：张　鑫

# 05 企业管理

# 企业管理

## 战略规划(经济与规划研究)

【概况】 2020年,战略规划部围绕规划与投资、战略合作与协同、产业策划三条主线,完成《中国宝武战略规划纲要(2020—2022年)》的滚动更新、实施情况评估和《中国宝武“十四五”战略规划纲要》编制;优化投资管理体系,推进国有资本投资公司建设;完善钢铁生态圈架构体系,推进对标找差工作;以战略合作协议签署和合作项目推进为抓手,挖掘合作资源;开展联合重组方案、专业化整合方案策划等重点工作。年底,在册员工20人。 (张　云)

【机构调整】 4月,中国宝武优化海外事业推进体制,将海外事业推进办公室更名为“海外事业发展办公室”并独立运作,不再与战略规划部合署办公。 (张　云)

【滚动更新《中国宝武战略规划纲要(2020—2022年)》】 第 季度,战略规划部完成《中国宝武战略规划纲要(2020—2022年)》滚动更新。新一轮滚动规划延续上一轮滚动规划,由集团公司总体规划、产业规划和职能支撑规划组成,将2019年组建的一级子公司全部纳入规划体系,并对产业组合体系中新的子业务重新进行定位。 (张　云)

【评估2020年度战略规划实施情况】 9月,战略规划部启动2020年战略规划评估工作。10月起,分别组织听取各一级子公司对本公司规划评估的报告,指出存在的问题,形成中国宝武整体规划实施情况评估、产业规划实施情况评估、职能规划实施情况评估和各一级子公司规划实施情况评估等系列评估报告。 (张　云)

【完成“十四五”战略规划纲要编制】 10月,中国宝武编制“十四五”战略规划纲要（简称“纲要”）。战略规划部完成“纲要”的讨论稿，并在第十期决策人研修班上发布和讨论，最终完成“纲要”的编制工作。（张　云）

【推进国有资本投资公司建设】2020年，战略规划部推进国有资本投资公司建设，在“资本运作—资产经营—生产运营”三层架构的管控模式下，明确对各产业、各子公司投资方向的指导要求。以对标找差工作为抓手，遵循“三高两化”战略路径，谋划投资布局。以对标指标体系为基础，围绕找差距、补短板，提升“三高两化”目标的资源配置水平。优化投资管理工具，对集团公司投资管理信息化系统进行升级改造，将“三高两化”、行业分类、投资能力等管控要素融入投资项目管理，做到上承规划、下接项目，为投资计划备案与投资计划执行、投资过程跟踪评价、投资能力管理、季度投资管理报告等工作提供信息化管理工具。探索按照管理体系、管理制度、操作执行等分层分类形成标准文件，实现模块化管理输出，支撑整合融合管理对接工作。（张　云）

【完善钢铁生态圈架构体系】2020年，战略规划部完成《“钢铁生态圈共建进展及展望”报告》，并在集团公司第九期决策人研修班上发布；完成《高质量钢铁生态圈建设解读》，并在《中国宝武报》刊发；牵头开展对标找差指标体系设计工作，历时4个月，完成包括集团公司和34家一级子公司两个层面的对标找差指标体系设计，并以中国宝武行政文件下发；指导、配合业务中心和子公司开展对标找差，撰写并完成《中国宝武对标找差年度研究报告》。（张　云）

【挖掘合作资源】2020年，战略规划部围绕服务钢铁主业战略性重组、区域产业协同、新材料产业布局、产融结合、科技创新、产教融合等多领域拓展战略合作关系，完成与山西省、湖北省、广东省、广东省广州市、山东省、浙江省绍兴市柯桥区，及新兴际华集团有限公司、东风汽车集团有限公司、上海汽车集团股份有限公司、上海交通大学、大连高级经理学院等政府、企业、高校22项战略合作协议的起草、协商与签署工作；开展对湖北省、重庆市、山西省、中国国际海运集装箱（集团）股份有限公司等战略合作项目的清单化管理，加强重点合作项目跟踪；建立子公司战略合作协议备案管理和共享制度，挖掘合作资源。（张　云）

2020年12月5日，中国宝武与广州市人民政府签署合作框架协议（蒋丹枫 摄）

【开展联合重组工作】2020年，战略规划部先后完成太钢集团、重钢集团等联合重组策划方案；牵头各业务中心，开展重组项目业务尽职调查，并完成系列尽职调查报告；开展并购寻源，完善联合重组潜在对象数据库。（张　云）

【推进专业化整合方案】2020年，战略规划部完成《马钢专业化整合总体方案》《中国宝武应整未整业务专业化整合方案》《存量业务聚焦整合及持续优化管控架构方案》《关于中国宝武管控模式及组建中南钢铁有限公司的方案》的制订。协同公司治理部完成《中国宝武专业化整合工作指导手册》的编写；完成宝武重工整合方案策划工作；与相关单位共同策划完成《中国宝武原料资源共享平台方案》；参与欧冶工业品股份有限公司公司组建方案策划。（张　云）

【制订产业扶贫项目方案】2020年，战略规划部面向中国宝武定点帮扶云南省、湖北省、广西壮族自治区的6个县，及对口支援西藏自治区、青海省的4个县，完成《中国宝武产业扶贫项目筛选方案》的制订。（张　云）

## 公司改革

【概况】 中国宝武全面深化改革工作办公室(简称深改办)作为集团公司全面深化改革领导小组(简称深改领导小组)常设机构,直接对深改领导小组负责,是集团公司深化改革工作的枢纽。深改办主要负责开展全面深化改革政策研究,掌握改革全局,提出全面深化改革工作实施意见和年度全面深化改革工作要点,并组织集团公司重大改革方案制订及宣传贯彻工作,协调推进各项改革方案的实施工作。退出资本资产办公室(简称退资办)是中国宝武为适应国有资本投资公司建设需要、提高资本资产的配置效率、提升资本资产退出能力设立的特设机构,以常态化、职能化的方式推进资本资产退出工作。2020年,退资办以公司战略为引领,统筹策划,推进低效、无效股权及资产的退出,减少低效、无效资产占用,提升资产经营效率,助力中国宝武实现高质量发展。(赵 真 陆晓莉)

【编制国企改革三年行动实施方案】 2020年,深改办按国务院国资委要求,组织中国宝武国企改革三年行动实施方案编制、研修、审批,上报《中国宝武钢铁集团有限公司改革三年行动实施方案(2020—2022年)》《中国宝武改革发展十大工程》。报送国务院国资委的《中国宝武持续深化改革 引领高质量发展》入选《国企改革简报》。 (秦长灯)

【出台专项实施方案和工作清单】 2020年,深改办根据国务院国资委关于对标世界一流管理提升行动的统一决策部署和各项工作安排,起草编制并出台“1+10+N”专项实施方案和工作清单,其中包括:设计1套全面对标找差指标体系,分层分类设计七方面28项定量指标体系,在集团公司和各子公司两个层面开展全面对标找差;推进10项专业族群对标提升任务,细化形成41个对标领域、175条提升举措;实施N家子公司对标提升行动方案。实施方案和工作清单获评“国务院国资委十大优秀案例”。 (秦长灯)

【深入落实专项改革工作】 2020年,深改办起草《关于申请加入中央企业创建世界一流示范企业的请示》报告,并于12月获国务院国资委复函同意,中国宝武被纳入中央企业创建世界一流示范企业。完成2家“科改示范企业”申请和改革实施方案报备。组织参加“双百企业”三项制度改革专项评估,4家企业获评A级,获A比例高于中央企业平均数。中国宝武成为“双百行动”“科改示范企业”“混合所有制改革试点”户数最多的中央企业之一。做好国有资本投资公司总结和工作要点报备,受国务院国资委改革局委托,总结19家国有资本投资公司经验模式。按照“国企改革三年行动方案”要求,年底,基本完成厂办大集体改革任务,职工安置完成率100%(含马钢集团)。报送的工作总结材料入选《国有企业改革动态》。实现18亿元“三供一业”维修改造资金如期获准落地;子公司移交项目维修改造工程全面完工。完成起草《中国宝武决策体系优化方案》,为中央“三重一大”决策制度体系文件出台后的实施作好准备。 (秦长灯)

【推进厂办大集体改革】 2020年,深改办按照“国企改革三年行动方案”的要求,深入推进武钢集团、武钢资源、鄂城钢铁厂办大集体改革工作,推进马钢集团厂办大集体改革新增任务,年底基本完成厂办大集体改革工作。至12月底,安置厂办大集体在职职工22 943人(含马钢集团),完成职工妥善安置任务。在厂办大集体企业基本终止经营活动的基础上,及时将改革工作重心转向集体企业资产处置、债权债务处理和集体产权法人退出工作。集体法人退出经营444户,完成率95.70%;通过清算注销、股权转让、依法破产等方式,完成法人处置173户,法人处置率37.30%。全年发生改革成本4.43亿元。 (王诚翔)

【压减法人】 2020年,中国宝武压减、退出全资控股企业38户,同比增长52%;完成压减、退出参股投资50户,同口径同比增长80%。 (陆晓莉)

【“处僵治困”】 2020年,中国宝武通过国务院国资委、审计署开展的“处僵治困”工作专项检查和审计。被国务院国资委列入中央企业重点亏损子企业名单内的11户企业,超额完成年度减亏任务。 (陆晓莉)

【处置闲置资产】 2020年,中国宝武推进上海不锈和宝钢特钢闲置生产线的处置,退资办发挥集团公司内部专业协同能力优势,为资产处置相关流程提供支撑。牵头走访集团内多家企业,推荐闲置产线、备件,征询设备利用意见,为吴淞地块的开发腾挪空间。年内，上海不锈烧结机、熔清炉、脱硫、精炼等6条生产线和相关设备得到处置，处置收入超过2亿元。（陆晓莉）

## 公司治理

【概况】 中国宝武公司治理部主要承担集团公司管控模式整体策划、子公司法人治理模式优化、全面风险管理体系建设、商业秘密保护管理、信息化管理和组织绩效评价工作。2020年底，在册、在岗员工14人。（赵 真）

【调整业务部门名称】 1月14日，中国宝武业务部门名称调整，钢铁及相关制造业发展中心更名为“钢铁产业发展中心”（简称钢铁业中心）；新材料产业发展中心全称不作调整（简称新材业中心）；智慧服务业发展中心更名为“智慧服务产业发展中心”（简称服务业中心）；资源环境产业发展中心全称不作调整（简称资环业中心）；产业园区业发展中心全称不作调整（简称园区业中心）；产业和金融业结合发展中心更名为“产业金融业发展中心”（简称产融业中心）。8月4日，智慧服务产业发展中心简称调整为“智慧业中心”。（史永超）

【成立档案中心】 2月20日，为理顺中国宝武档案管理体制，贯彻落实上级管理部门要求，改变档案管理方式，完善档案管理手段，提升档案管理水平，中国宝武成立档案中心。档案中心与运营共享服务中心实行“一个机构、两块牌子”运作方式，运营共享服务中心（档案中心）增设档案室。（王萌华）

【成立中国宝武原料供应管理委员会】 2月20日，为建立开放、共享、智慧、高效的钢铁生态圈大原料体系，提升中国宝武在国内外大宗商品市场的地位及影响力，实现大宗原料的资源平衡、谈判签约、金融服务、物流配送、混配矿及现货交易的“六统一”，集团公司成立中国宝武原料供应管理委员会（简称原料委员会），对原料资源供应及共享工作进行统一领导。原料委员会下设秘书处，作为原料委员会日常办事机构，秘书处设在中国宝武原料采购中心。原料委员会下设配矿技术专家委员会。7月23日，原料供应管理委员会更名为“中国宝武采购供应管理委员会”（简称采购委员会），对集团公司内大宗原料、工业品采购供应及共享工作进行统一领导。采购委员会下设原料供应秘书处，具体工作由中国宝武原料采购中心承担。采购委员会下设工业品采购办公室，工业品采购办公室与欧冶工业品合署运作。（王萌华）

【成立原料采购中心】 2月21日，中国宝武成立原料采购中心。原料采购中心是以提升“大宗原料采购话语权及市场影响力”为目标，按“保供、降本、提效、风控”要求，执行中国宝武原料供应管理委员会决议，负责集团公司内大宗原料采购统一策划、组织实施的业务部门，承担中国宝武原料供应管理委员会秘书处工作。原料采购中心与宝武原料供应有限公司合署运作，中国宝武原料采购中心同时挂宝钢股份原料采购中心牌子。4月26日，中国宝武深化原料采购中心与宝武原料供应有限公司的合署运作方式。（王萌华）

【优化海外事业推进体制】 4月7日，为深入贯彻落实“一带一路”倡议，提升中国宝武国际化重大项目投资推进力度，统筹协调集团公司内外部资源，中国宝武优化总部层面海外事业推进体制。海外事业推进办公室更名为“海外事业发展办公室”，作为特设机构，定位为总部业务部门，实行独立运作。海外事业发展办公室承担海外事业管理、对外事务管理及海外投资项目管理职责，承担中国宝武海外事业推进领导小组日常工作。海外事业发展办公室下设海外事业、海外项目、对外事务3个模块，印尼镍铁项目组管理关系由钢铁业中心调整至海外事业发展办公室。（史永超）

【设立中央研究院西南新材料研发中心】 5月26日，为落实中国宝武和重庆市人民政府战略合作框架协议，更好开展特种冶金关键材料研发创新和技术服务，集团公司设立中国宝武中央研究院西南新材料研发中心（简称西南新材料研发中心），宝武特种冶金有限公司收购重庆钢铁（集团）有限责任公司下属重庆钢铁研究所有限公司（简称重庆钢研）后，重庆钢研纳入宝武特冶管理体系。西南新材料研发中心依托重庆钢研运作，并与重庆钢研实施“两块牌子、一套班子”的运作模式。西南新材料研发中心相关业务由中央研究院委托宝武特冶进行管理。（史永超）

【办公室设置“调研室”职能模块】 6月1日，为更好地统一思想、凝聚共识，支撑决策、落实工作，有效统筹督办、调研、信息、综合性政策研究、重要文稿起草等事项的协同运作，集团公司办公室设置“调研室”职能模块，承担督办、调研、信息、综合性政策研究、重要文稿起草等工作的综合管理职责。（史永超）

【明确三个区域总部设置方案】 6月5日，为推动中国宝武在安徽区域、新疆区域、广东区域的产业结构调整和布局优化，助推“一基五元”战略规划落地，集团公司成立中国宝武马鞍山总部、中国宝武韶关总部，明确马鞍山总部、乌鲁木齐总部、韶关总部机构设置及运作方式。马鞍山总部、乌鲁木齐总部、韶关总部作为中国宝武总部部门职能职责的延伸，不承担经营职责，代表中国宝武总部行使区域发展、区域监管、区域协调及区域服务等职责。12月26日，韶关总部调整为与广东韶钢松山股份有限公司合署办公。（史永超）

【整合协同马钢研发业务】 6月5日，为共享集团公司内部研发资源，加强钢铁单元研发业务专业化整合力度，中国宝武对马钢研发业务实施整合协同。按“专业集中、统分结合、资源共享”原则，中国宝武中央研究院成立马钢技术中心，与马钢股份技术中心实行“两块牌子、一套班子”运作模式。马钢技术中心负责马钢股份和马钢交材的新产品和新技术研发、现场技术支持、市场技术支持，承接技术移植工作、对接马钢交材的新技术需要。马钢技术中心由马钢股份和中央研究院实施双重管理，日常管理以马钢股份为主。（史永超）

【成立吴淞园建设管理办公室】 6月7日，为加快不锈钢、特钢、罗泾三大园区的土地转型工作，加大协调力度，中国宝武成立吴淞园建设管理办公室（简称吴淞园办公室）。吴淞园办公室是集团公司特设机构，统筹协调推进不锈钢、特钢、罗泾三大园区的土地转型工作。吴淞园办公室日常工作由上海不锈/宝钢特钢承担，业务对口产业园区业发展中心。（王萌华）

【实施财务共享业务一体化集中管理】 6月7日，为发挥运营共享服务在中国宝武管理体系覆盖移植、风险控制、数字化转型及穿透式监督等方面作用，持续强化财务共享业务规范化、标准化，中国宝武推进财务共享业务一体化集中管理。中国宝武运营共享服务中心（档案中心）设置综合管理室、运营管理室、数据支持室及标准管理室4个管理室，原系统支持室撤销。运营共享服务中心下设上海区域分中心、武汉区域分中心、马鞍山区域分中心、乌鲁木齐区域分中心。武汉区域分中心挂靠武钢集团，马鞍山区域分中心挂靠马钢集团，乌鲁木齐区域分中心挂靠八一钢铁。运营共享服务中心原采购结算室、销售结算室、费用结算室、单证税务室、总账报表室、薪酬业务室、总部服务室及档案室进入上海区域分中心。上海区域分中心和运营共享服务中心一体化运作，上述业务室由运营共享服务中心直接管理。其他区域分中心设置采购结算室、销售结算室、费用结算室、单证税务室、总账报表室以及综合办公室。（王萌华）

【成立宝武大学重庆校区】 6月21日，为加快推进宝武大学属地教育培训机构整合，中国宝武决定成立宝武大学重庆校区，定位为支撑重庆钢铁业、新材料业和先进制造业发展的高技能人才培养基地。重庆市大渡口区千业教育培训有限责任公司（简称千业教育）完成重庆钢铁（集团）有限责任公司范围内的相关资产整合，进入中国宝武，重庆校区与千业教育实行“两块牌子、一套班子”的运作方式。（史永超）

【成立中国宝武西南总部】 6月21日，为优化完善产业布局、寻求产业发展机会，为共建高质量钢铁生态圈提供保障，中国宝武成立西南总部。中国宝武西南总部日常管理由宝地资产承担。（史永超）

【成立中国钢铁博物馆（筹）】 6月22日，为展现中国钢铁工业在民族复兴伟大征程中所彰显的民族精神和使命担当，体现中国宝武作为行业引领者的社会责任和在推动传统产业向高质量发展转型升级中的示范作用，中国宝武成立中国钢铁博物馆（筹），负责开展中国钢铁博物馆正式成立前的相关筹建工作。中国钢铁博物馆（筹）与中国宝武企业文化部合署，相关筹建工作由企业文化部牵头承担。（王萌华）

【成立欧冶工业品股份有限公司筹备组】 7月18日，为建设完善钢铁生态圈大交易体系，打造全品类、全功能、覆盖全行业的工业品交易与服务平台，中国宝武组建欧冶工业品股份有限公司（简称欧冶工业品），并成立欧冶工业品筹备组。欧冶工业品筹备组作为中国宝武特设机构，业务对口智慧服务产业发展中心，日常工作由宝钢股份设备资材采购中心及欧冶采购承担。欧冶工业品工商登记完成后，筹备组自然撤销。（王萌华）

【设立低碳冶金创新中心】 7月20日，为推进低碳冶金工艺技术创新工作，经国家相关部委批复同意，中国宝武设立低碳冶金创新中心。中国宝武低碳冶金创新中心依托中央研究院及相关钢铁公司现有体系，打造面向集团公司内钢铁单元、集团公司外科研院所、高校及其他社会主体的炼铁工艺技术研究开放式平台。低碳冶金创新中心开展钢铁前瞻性、颠覆性、突破性创新技术的研究开发，探索行业绿色低碳发展的冶金工艺技术，并对全国乃至全球开放。低碳冶金创新中心挂靠中央研究院，分设八钢基地、湛江基地。（史永超）

【成立中南钢铁有限公司筹备组】 8月21日，为加强中南区域资源整合协同，提升长材、中厚板和优特钢等品种的市场影响力和控制力，形成中国宝武在中南区域市场的引领地位，优化中南区域钢铁子公司管控模式，中国宝武组建中南钢铁有限公司（简称中南钢铁）。中南钢铁定位为中国宝武中南区域钢铁平台公司，作为辐射和开拓东南亚市场的桥头堡，探索专业化聚焦和区域化协同相结合的管理模式，优化资产经营层公司“一总部多基地”管控方式。为更好地开展中南钢铁组建工作，成立中南钢铁筹备组，作为中国宝武特设机构，业务对口钢铁业中心。中南钢铁工商登记完成后，筹备组自然撤销。（史永超）

【环境保护督查工作组更名】 9月22日，为贯彻落实中共中央、国务院关于生态环境保护督察的相关规定，深入开展环境保护督察工作，加大对环保问题的检查、整改及督办力度，中国宝武环境保护督查工作组更名为“环境保护督察组”。（王萌华）

【调整产业金融板块运作体系】 10月19日，为推动中国宝武产业金融战略发展规划落实落地，构建产业金融服务平台，实现“产业金融”+“金融科技”双轮驱动，中国宝武对产业金融板块运作体系进行调整，产业金融业发展中心与华宝投资有限公司根据各自定位独立运作，不再实行“两块牌子、一套班子”运作方式。产业金融业发展中心（投行服务办公室）业务模块调整，“金融产业管理”及“资产管理”整合为“运营管理”业务模块，撤销“生态圈金融管理”业务模块，其职责由华宝投资承担，“资本运作”业务模块职责调整。华宝投资定位为中国宝武金融控股公司，作为中国宝武一级子公司进行管理，业务对口产融业中心。华宝信托有限责任公司、华宝基金管理有限公司、华宝证券有限责任公司、宝钢集团财务有限责任公司作为中国宝武一级子公司的管理方式保持不变。上海欧冶金融信息服务股份有限公司由华宝投资直接管理，定位为中国宝武金融服务平台。华宝都鼎（上海）融资租赁有限公司、马钢（上海）融资租赁有限公司不再委托华宝信托管理，由华宝投资进行管理。华宝（上海）股权投资基金管理有限公司不再委托华宝信托管理，由华宝投资进行管理。华宝冶金资产管理有限公司调整为华宝投资进行管理。四源合股权投资管理有限公司调整为华宝投资对口管理。（王萌华）

【调整四家子公司管理关系】 11月11日，为深化国有资本投资公司体系能力建设，优化“分业经营、分级管理”的三层管控架构，中国宝武不再直接管理宝武物流资产有限公司，委托欧冶云商进行管理。中国宝武不再直接管理新疆宝地产城发展有限公司，由八一钢铁委托武钢集团进行管理。中国宝武不再直接管理广东宝地南华产城发展有限公司，由韶关钢铁委托宝地资产进行管理。11月29日，中国宝武不再直接管理南京宝地梅山产城发展有限公司，由宝钢集团上海梅山有限公司委托宝地资产进行管理。（史永超）

【宝武集团广东韶关钢铁有限公司更名】 11月19日，中国宝武发文，为加强中南区域资源整合协同，宝武集团广东韶关钢铁有限公司更名为“宝武集团中南钢铁有限公司”（简称中南钢铁），作为中国宝武直接管理的一级子公司，业务对口钢铁业中心。中国宝武不再直接管理宝武集团鄂城钢铁有限公司，由武钢集团、中国宝武委托中南钢铁进行管理。重庆长寿钢铁有限公司、重庆钢铁股份有限公司不再按照中国宝武一级子公司管理，由中国宝武委托中南钢铁进行管理。（史永超）

【西藏矿业作为一级子公司管理】 11月29日，根据国务院国资委《关于中国宝武钢铁集团有限公司间接受让西藏矿业发展股份有限公司控股权有关事项的批复》相关要求，以及中国宝武资源环境产业发展中心与西藏自治区国资委、日喀则珠峰城市投资发展集团有限公司、仲巴县马泉河投资有限公司签订的《关于西藏自治区矿业发展总公司之改制重组协议》相关内容，西藏矿业总公司改制重组后设立西藏矿业资产经营有限公司（简称西藏矿业），作为中国宝武一级子公司进行管理，纳入中国宝武管理体系。（史永超）

【太钢集团作为一级子公司管理】 12月29日，根据国务院国资委《关于太原钢铁（集团）有限公司国有股权无偿划转有关事项的批复》相关要求，以及中国宝武与山西省国有资本运营有限公司签订的《关于太原钢铁（集团）有限公司股权无偿划转协议》相关内容，太原钢铁（集团）有限公司（简称太钢集团）作为中国宝武一级子公司进行管理，业务对口钢铁业中心。12月30日，太钢集团托管宝钢德盛和宁波宝新，签约仪式在宝武大厦举行。中国宝武不再直接管理宝钢德盛、宁波宝新，将其委托太钢集团进行管理。（史永超）

【重钢集团纳入中国宝武管理体系】 12月30日，根据重庆市国有资产监督管理委员会和中国宝武签署的《关于重庆钢铁（集团）有限责任公司股权无偿划转协议》及相关委托管理协议等内容，中国宝武受托管理重庆钢铁（集团）有限责任公司（简称重钢集团），将其纳入中国宝武管理体系，参照一级子公司进行管理。（史永超）

2020年中国宝武一级子公司（管理关系）一览表

| 一级子公司（管理关系） | | 对口总部业务中心 |
|---|---|---|
| 全　称 | 简　称 | 全　称 |
| 宝山钢铁股份有限公司 | 宝钢股份 | 钢铁产业发展中心 |
| 宝武集团中南钢铁有限公司 | 中南钢铁 | |
| 太原钢铁（集团）有限公司 | 太钢集团 | |
| 马钢（集团）控股有限公司 | 马钢集团 | |
| 宝钢集团新疆八一钢铁有限公司 | 八一钢铁 | |
| 宝武集团马钢轨交材料科技有限公司 | 马钢交材 | 新材料产业发展中心 |
| 宝武炭材料科技有限公司 | 宝武炭材 | |
| 宝钢金属有限公司 | 宝钢金属 | |
| 上海宝钢包装股份有限公司 | 宝钢包装 | |
| 宝武特种冶金有限公司 | 宝武特冶 | |
| 武汉钢铁集团耐火材料有限责任公司 | 武汉耐材 | |
| 欧冶云商股份有限公司 | 欧冶云商 | 智慧服务产业发展中心 |
| 上海宝信软件股份有限公司 | 宝信软件 | |
| 宝钢工程技术集团有限公司 | 宝钢工程 | |
| 宝武装备智能科技有限公司 | 宝武智维 | |
| 宝武重工有限公司 | 宝武重工 | |
| 欧冶工业品股份有限公司 | 欧冶工业品 | |
| 宝钢资源有限公司/宝钢资源（国际）有限公司 | 宝钢资源 | 资源环境产业发展中心 |
| 宝武集团环境资源科技有限公司 | 宝武环科 | |
| 宝武原料供应有限公司 | 宝武原料 | |

（续　表）

<table>
<tr><th colspan="2">一级子公司（管理关系）</th><th>对口总部业务中心</th></tr>
<tr><th>全　称</th><th>简　称</th><th>全　称</th></tr>
<tr><td>宝武水务科技有限公司</td><td>宝武水务</td><td rowspan="4">资源环境产业发展中心</td></tr>
<tr><td>宝武清洁能源有限公司</td><td>宝武清能</td></tr>
<tr><td>欧冶链金再生资源有限公司</td><td>欧冶链金</td></tr>
<tr><td>西藏矿业资产经营有限公司</td><td>西藏矿业</td></tr>
<tr><td>武钢集团有限公司</td><td>武钢集团</td><td rowspan="5">产业园区业发展中心</td></tr>
<tr><td>宝钢发展有限公司</td><td rowspan="2">宝地资产</td></tr>
<tr><td>上海宝地不动产资产管理有限公司</td></tr>
<tr><td>上海宝钢不锈钢有限公司</td><td rowspan="2">宝地吴淞</td></tr>
<tr><td>宝钢特钢有限公司</td></tr>
<tr><td>华宝投资有限公司</td><td>华宝投资</td><td rowspan="5">产业金融业发展中心</td></tr>
<tr><td>华宝信托有限责任公司</td><td>华宝信托</td></tr>
<tr><td>华宝基金管理有限公司</td><td>华宝基金</td></tr>
<tr><td>华宝证券有限责任公司</td><td>华宝证券</td></tr>
<tr><td>宝武集团财务有限责任公司</td><td>财务公司</td></tr>
</table>

（史永超）

【获管理创新成果奖】 2020年，在第27届全国企业管理现代化创新成果评选中，太钢集团获二等奖2项。26项管理创新成果获中国钢铁工业协会评选的“2020年冶金企业管理现代化创新成果”。7项管理创新成果获上海市工业经济联合会评选的“2020年上海市企业管理现代化创新成果”。2项管理创新成果获新疆维吾尔自治区工业经济联合会评选的“2020年新疆维吾尔自治区企业管理现代化创新成果”。2项管理创新成果获安徽省工业经济联合会评选的“2020年安徽省企业管理现代化创新成果”。16项管理创新成果获湖北省工业经济联合会评选的“2020年湖北省企业管理现代化创新成果”。3项管理创新成果获武汉市工业经济联合会评选的“2020年武汉市企业管理现代化创新成果”。（赵　真）

**2020年中国宝武获全国企业管理现代化创新成果一览表**

| 序　号 | 申　报　单　位 | 成　果　名　称 | 奖　项 |
|---|---|---|---|
| 1 | 太钢集团系统创新部、能源环保部 | 贯彻产品全生命周期的绿色生态钢铁企业建设 | 二等奖 |
| 2 | 太钢集团矿业分公司 | 冶金矿山企业实现低成本战略的“进用育退”四位一体人力资源管理 | 二等奖 |

**2020年中国宝武获冶金企业管理现代化创新成果一览表**

| 序　号 | 申　报　单　位 | 成　果　名　称 | 奖　项 |
|---|---|---|---|
| 1 | 宝钢股份热轧厂 | 热轧智能车间的决策与运维管理 | 一等奖 |
| 2 | 宝钢股份设备部 | 大型钢铁企业构建一公司多基地设备管理模式的探索与实践 | 一等奖 |

（续　表）

| 序　号 | 申　报　单　位 | 成　果　名　称 | 奖　项 |
|---|---|---|---|
| 3 | 韶关钢铁 | 以对标争先为抓手体系化推进降本增效的管理创新与实践 | 一等奖 |
| 4 | 马钢集团物流有限公司 | 以多式联运助推钢铁物流生态圈建设的创新实践 | 一等奖 |
| 5 | 太钢集团系统创新部、技术中心 | 以需求为导向、研发为核心企业创新体系的构建与实践 | 一等奖 |
| 6 | 宝钢股份宝钢国际广州宝钢南方贸易有限公司 | 厚板同质化产品的快速精准交付营销新模式 | 一等奖 |
| 7 | 宝钢金属 | 通过“资产经营+产销经营”模式实现企业价值成长 | 一等奖 |
| 8 | 中国宝武能源环保部 | 创新构建新型评价指标体系，引领绿色城市钢厂建设 | 二等奖 |
| 9 | 宝钢资源安徽马钢矿业资源集团公司 | 基于打造国内一流矿业公司的“六型矿山”建设 | 二等奖 |
| 10 | 太钢集团技术中心 | 基于卓越绩效模式的质量标准化精细化管控与评价体系的建立 | 二等奖 |
| 11 | 宝钢股份湛江钢铁 | 全流程系统性协同降成本的管理创新实践 | 二等奖 |
| 12 | 太钢集团太钢不锈计财部 | 直接融资租入长周期施工的大型设备企业内部流程的构建与实施 | 二等奖 |
| 13 | 宝钢股份宝钢国际长春宝钢钢材贸易有限公司 | 基于人工智能的钢铁业一体化供应链管理新模式探索与实践 | 二等奖 |
| 14 | 太钢集团峨口铁矿 | 矿山企业基于转型发展的“1135”战略机制构建 | 三等奖 |
| 15 | 宝钢股份武钢有限制造管理部 | 全员质量风险预警管控体系的探索与实践 | 三等奖 |
| 16 | 宝钢股份梅钢公司 | 铁水预处理一体化智能集控项目开发与应用 | 三等奖 |
| 17 | 马钢集团马钢股份 | 以效率效益为引擎，构筑以两头市场为导向的铁钢比动态预测模型 | 三等奖 |
| 18 | 宝钢资源安徽马钢矿业资源集团公司 | 系统构建资源综合利用管理体系，推动多元化产业高质量发展 | 三等奖 |
| 19 | 宝钢股份武钢有限能源环保部 | 极限状态下钢铁煤气系统“三管一控”管理理念的创立与实践 | 三等奖 |
| 20 | 太钢集团能源环保部 | 以“阀长制”为核心的蒸气精细化管控体系的建立与运行 | 三等奖 |
| 21 | 宝钢股份梅钢公司 | “固体废物不出厂”管理创新体系实践 | 三等奖 |
| 22 | 宝钢资源安徽马钢矿业资源集团公司 | 建设矿业板块高效协同开放的科技创新体系 | 三等奖 |
| 23 | 太钢集团太钢不锈炼钢二厂 | 精细点检、精心维护、精益检修——精细化在炼钢厂设备管理中的实践与应用 | 三等奖 |
| 24 | 马钢集团财务公司 | 以核心企业为主导的供应链金融实践与创新 | 三等奖 |
| 25 | 太钢集团教培中心 | 虚拟移动（Tri-C）教育培训网络平台的构建与实施 | 三等奖 |
| 26 | 太钢集团太钢不锈冷轧厂 | 客户—应用—制造（CFM）全方位用户服务管理体系的构建与实施 | 三等奖 |

## 2020 年中国宝武获上海市企业管理现代化创新成果一览表

| 序　号 | 申　报　单　位 | 成　果　名　称 | 奖　项 |
|---|---|---|---|
| 1 | 中国宝武智数办、宝信软件 | 围绕“云网芯”布局下的智慧运维管理实践 | 一等奖 |
| 2 | 宝武环科 | 专业化聚焦融合的管理实践 | 二等奖 |
| 3 | 宝武炭材 | 连续流程型高危生产线的智慧制造管理实践 | 二等奖 |
| 4 | 中国宝武审计部 | 与国有资本投资公司试点配套的投资项目后评价审计体系建设 | 二等奖 |
| 5 | 宝钢股份经营财务部 | 基于内部供应链的票据集中管理平台构建 | 三等奖 |
| 6 | 宝武炭材 | “引智、引制”构建开放式炭材料研发平台的管理实践 | 三等奖 |
| 7 | 中国宝武退资办 | 大批量闲置固定资产集中处置管理实践 | 三等奖 |

## 2020 年中国宝武获新疆维吾尔自治区企业管理现代化创新成果一览表

| 序　号 | 申　报　单　位 | 成　果　名　称 | 奖　项 |
|---|---|---|---|
| 1 | 八一钢铁 | 大型钢铁企业基于市场化、法治化为核心的增资扩股暨债转股项目管理 | 一等奖 |
| 2 | 八一钢铁 | “指标链”管理思想牵引下钢铁企业基于全过程的动态对标管控模型构建 | 二等奖 |

## 2020 年中国宝武获安徽省企业管理现代化创新成果一览表

| 序　号 | 申　报　单　位 | 成　果　名　称 | 奖　项 |
|---|---|---|---|
| 1 | 马钢集团 | 基于“互联网＋”的智慧工会服务平台建设 | 二等奖 |
| 2 | 马钢交材 | 马钢轮轴国际销售一体化 | 三等奖 |

## 2020 年中国宝武获湖北省企业管理现代化创新成果一览表

| 序　号 | 申　报　单　位 | 成　果　名　称 | 奖　项 |
|---|---|---|---|
| 1 | 宝钢股份武钢有限热轧厂 | 面向高附加值热轧产品的技术集成管理创新体系建设 | 一等奖 |
| 2 | 鄂城钢铁信息化部 | 中型钢铁企业全流程智能化管控流程建设 | 一等奖 |
| 3 | 鄂城钢铁信息化部 | 基于多源多维数据投资项目后评价审计的实践与创新 | 一等奖 |
| 4 | 宝钢股份武钢有限人力资源部 | 新冠肺炎武汉保卫战高压态势下大型钢铁企业“战时状态”用工管理 | 二等奖 |
| 5 | 宝钢股份武钢有限运营改善部 | 以创新发展为核心的企业智慧制造实践 | 二等奖 |
| 6 | 宝钢股份武钢有限硅钢部 | 基于大数据的质量可视化管理研究与实践 | 二等奖 |
| 7 | 宝钢股份武钢有限纪检监督部 | 基于风险导向和价值提升的内控自评技术体系构建 | 二等奖 |

（续　表）

| 序　号 | 申　报　单　位 | 成　果　名　称 | 奖　项 |
|---|---|---|---|
| 8 | 武钢集团武钢大数据产业园有限公司 | 引进EPCM顾问，强化项目体系管理能力，推行平行发包管理模式 | 二等奖 |
| 9 | 武钢集团工会 | “掌上学”创新职工思想政治教育新形式 | 二等奖 |
| 10 | 鄂城钢铁能源动力厂 | 盘活闲置资源，提高富余能源利用率，助推绿色智慧型城市钢厂创建 | 二等奖 |
| 11 | 武钢集团集体企业改革中心 | 以人民为中心的大型企业厂办大集体改革 | 二等奖 |
| 12 | 宝钢股份武钢有限经营财务部 | 大型钢铁企业全价值链经营分析体系建设与实践 | 三等奖 |
| 13 | 宝钢股份武钢有限条材厂 | 基于“板形质量+α”五维控制模型管理实践 | 三等奖 |
| 14 | 宝钢股份武钢日铁（武汉）镀锡板有限公司 | 提高包装材料精准高效结算的创新实践 | 三等奖 |
| 15 | 宝钢股份武钢有限经营财务部 | 大型钢铁企业铁水成本动态跟踪管理实践 | 三等奖 |
| 16 | 武钢集团武钢绿色城市技术发展有限公司 | PPP项目财务精益管理创新与实践 | 三等奖 |

**2020年中国宝武获武汉市企业管理现代化创新成果一览表**

| 序　号 | 申　报　单　位 | 成　果　名　称 | 奖　项 |
|---|---|---|---|
| 1 | 宝钢股份武钢有限冷轧厂 | 打造安全高效镀锌机组的智慧制造集成 | 一等奖 |
| 2 | 宝钢股份武钢有限运营改善部 | 全员管理创新体系的构建和实践 | 二等奖 |
| 3 | 宝钢股份武钢有限制造管理部 | 以订单为纽带的全流程日均库存管控 | 三等奖 |

（赵　真）

## 风险控制

【重大、重要风险管控】　2020年，公司治理部编制《中国宝武钢铁集团有限公司2020年全面风险管理报告》，1月25日经中国宝武第一届第十八次董事会专题通过。发布《中国宝武钢铁集团2020年全面风险管理工作推进计划》，明确集团公司年内六项重大风险，逐一落实管理责任和任务目标，形成具体的管控举措，定期组织跟踪、评价和完善。（董　杰）

【战略与投资风险防控机制建设】　2020年，公司治理部牵头细化集团公司级联合重组项目的管理方式，颁发《关于优化集团级联合重组项目管理方式的通知》，规范中国宝武联合重组项目的管理，明确分工、厘清职责、优化流程、提高效率，以适应“超亿吨宝武”管理要求。

（董　杰）

【经营风险防控机制建设】　2020年，公司治理部围绕钢铁生态圈开展业务，出台《关于加强中国宝武基金业务风险管理的实施意见》，以“坚持服务主业和强化风险防范”为基本原则，推动基金业务围绕中国宝武主业规范有序发展。完善金融风险月度报告、季度例会等机制，加强金融业务的日常监测和专项审计，金融衍生业务严禁投机行为，严控授权管理。

（董　杰）

【强化内部合规监督】　2020年，公司治理部牵头组织开展中国宝武制度文件的精简梳理工作，构建党政一体的中国宝武“制度树”及其转版更新机制；梳理集团公司总部202个管理类制度文件涉及的246个监管文件，按“上报审批、报告备案、必备文件、内部审核、定量约束、重要要求、禁止事项”7个大类，分析、识别、归类、甄别6 864个关键合规事项；推进“一文一表”落实合规管理要求，整合编制《总部内控合规手册》和《集团内控合规评价标准》；规范行政问责、建立穿透式问责机制，更新发布关于规范行政问责、建立穿透式问责机制，印发《关于〈违规经营投资责任追究实施办法〉的通知》。（董　杰）

## 组织绩效管理

【推进公司治理体系和治理能力现代化建设】 5月，中国宝武召开党委理论学习中心组（扩大）学习暨第九期决策人研修，公司治理部牵头组织起草决策人研修主题报告《深入学习贯彻党的十九届四中全会精神，全力推进中国宝武公司治理体系和治理能力现代化》，形成中国宝武公司治理体系和治理能力现代化建设的全景图、十大任务等。根据决策人研修成果，组织编制并下发《中国宝武2020年度重点任务分解之“公司治理体系和治理能力现代化”部分》，共十个方面、39项、53个子项任务，按照项目化管理方式推进。（刘亦飞）

【完善绩效驱动型战略执行体系】 2020年，公司治理部在坚持“超越自我、跑赢大盘、追求卓越”绩效导向的基础上，优化绩效考核办法，对接“对标找差创一流”指标体系，创新“三高两化”指标评价方法，引入各项指标的“理论极值/一流水平”，计算指标的进步度和难度系数。编制并下发《关于下发〈总部管理者“一人一表”管理方案（试行）〉的通知》，组织编制集团公司总部管理者年度“一人一表”。依托宝信软件开发中国宝武组织绩效管理应用系统，包含指标库管理、绩效管理、一人一表管理等。（刘亦飞）

【优化一级子公司档级评估模型】 6—12月，公司治理部借助第三方咨询公司力量，开展中国宝武一级子公司档级评估模型优化工作，形成一级子公司档级评估六步法。根据优化后的档级评估模型，对纳入集团公司直接管理的一级子公司开展评估，形成一级子公司档级认定结果。（刘亦飞）

【提升专业化整合能力】 8—11月，公司治理部作为牵头部门，开展专业化整合大调研工作。根据调研工作成果，组织集团公司总部相关部门、子公司编制《中国宝武专业化整合工作指导手册（2020版）》，描绘中国宝武专业化整合工作全景图，界定专业化整合工作阶段和环节划分，明确具体工作流程、工作内容和工作要求，提示过程操作风险。（刘亦飞）

## 办公室事务管理

【概况】 办公室与党委办公室、董事会办公室合署办公，下设调研室、秘书室、行政室3个职能，信访办公室、保密办公室挂靠办公室。其中，调研室为2020年6月新设职能模块。党委办公室是集团公司党委的综合管理部门，按党委要求协调有关方面开展工作，承担党委运行保障具体事务，推动党委决策部署落实落地。董事会办公室是中国宝武董事会常设工作机构，主要承担筹备董事会会议，保管董事会会议记录、决议及其他有关文件，跟踪反馈董事会决议执行情况，为集团公司与外部董事日常沟通提供服务等职责。

（吴蓓珠　许沧海）

【董事会建设】 7月，根据国务院国资委对董事的聘任和调整决定，伏中哲不再担任中国宝武董事；10月，傅连春不再担任中国宝武职工董事，新聘张贺雷为中国宝武职工董事。根据上述变化，董事会调整专门委员会成员。同时，加强体系建设，按照《中国宝武钢铁集团有限公司章程》和《董事会议事规则》规范运作。全年，召开董事会会议16次，其中现场会议4次（10月，结合现场会议同时召开务虚会议1次），以视频或书面传签方式的临时会议12次，审议讨论议题59项。其中，涉及重大投融资决策17项、战略规划与实施5项、内控与风险管理7项、财务预决算5项、对外捐赠6项、对外担保3项、金融衍生品3项。形成董事会决议37项。

（庞丽雯）

【贯彻落实习近平总书记重要讲话和指示批示精神工作】 2020年，办公室（党委办公室）修订完善《中国宝武党委常态化贯彻落实习近平总书记重要讲话和指示批示精神工作实施办法》，建立“第一议题”机制，构建党委学习研究部署、调研督办结合、狠抓贯彻落实的有效机制，并严格执行向党中央请示报告制度。传达学习贯彻习近平总书记重要讲话和指示批示精神23次，向党中央提交报告13篇。8月19日习近平总书记考察调研中国宝武马钢集团后，办公室（党委办公室）牵头起草《中国宝武党委关于学习贯彻习近平总书记考察调研中国宝武重要讲话精神的实施意见》（简称《实施意见》），组织召开中国宝武党委第一届第四次全委（扩大）会暨干部大会，专题传达学习部署贯彻落实习近平总书记考察调研重要讲话精神。制定、下发《中国宝武党委学习贯彻习近平总书记考察调研中国宝武重要讲话精神任务分解表》，将《实施意见》分解细化为十一个方面、33个具体项目，并纳入班子成员“一人一表”。组织各一级子公司结合实际形成本单位贯彻落实《实施意见》的具体行动方案。党委办公室代表中国宝武党委在国务院国资委举办的新时代中央企业督促检查工作研讨班上作专题交流发言。（金芳英　吴蓓珠）

【疫情防控】 2020年，办公室（党委办公室）发挥集团公司应急办职能，统筹协调各单位加强新冠肺炎疫情防控。坚持“横向到边、纵向到底”，及时高效传递信息。疫情暴发期间，每天收集汇总各单位相关信息，报告疫情发展情况。“外防输入、内防反弹”，严格落实出入境管理要求，确保内外信息畅通；筹措防疫物资，调配33万只口罩，800把测温枪，逾1 000件防护服，逾1万份洗手液、洗手皂等。制订并动态完善疫情防控工作方案和应急预案，细化防控措施，下发防疫抗疫文件32份，督促各相关单位对文件要求全消化、措施全转化、执行全量化。开展常态化疫情防控，完善应急机制，修订完成集团公司《重大突发事件应急管理办法（总预案）》《突发公共卫生事件应急预案》。（李　斌）

【中央巡视问题整改督办管理】 2020年，办公室（党委办公室）承担巡视整改工作领导小组办公室职责，做好中央巡视问题整改督办工作。协同纪委和党委宣传部起草巡视整改党内通报稿和社会公开稿。3月20日，下发党内通报稿；3月21日，中央纪委国家监委网站刊发中国宝武巡视整改情况通报。就巡视整改150条举措和6个专项攻关项，组织各单位系统盘点整改成效，形成专项自查报告。在2019年完成142条举措的基础上，年内新增完成4条举措和1个专项攻关项。起草上报《中国宝武党委深入贯彻落实习近平总书记指示精神　狠抓“三个结合”深化巡视整改进展情况报告》《中国宝武党委扎实开展“回头看”巩固深化巡视整改成效有关情况报告》。开展自查自纠，牵头起草制订《“四个专项整治”方案》，并向国务院国资委上报相关自查自纠报告和总结报告。（吴蓓珠　许沧海）

【“三重一大”相关工作】 2020年，办公室（党委办公室）做好党委常委会、总经理常务会、董事会等集团公司级决策会议组织实施工作，对上会议题严格把关，按照会前充分酝酿、会中依规决策、会后督促落实进行闭环管理，组织召开47次党委常委会，审议议题241个，其中由党委直接决策133个、前置研究讨论议题108个；组织召开总经理常务会32次，审议议题128个。推进中国宝武“三重一大”决策和运行监管系统全覆盖，牵头梳理各级次法人公司“三重一大”事项制度建设和落实情况，推动“三重一大”信息报送系统升级改造，逐步覆盖新进入中国宝武的子公司。（蒋丹枫　吴海凤）

【文件管理】 2020年，办公室（党委办公室）做好公文（代拟文、呈批文、外来文）的登记、初审、拟办、承办、催办等工作，全年处理各类文件6 585份。定期跟踪集团公司领导批文周期，做好提醒跟踪。文件处理周期平均为1.5天，集团公司领导两天内作出批示的文件平均批文率为96.80%。全年收到党内文件17 561份，分发中未发生遗失、缺少等现象。做好集团公司密码传真件的收、发、流转、回收等工作，全年接收密码电报21件。做好密码机密钥保管、更换及试报工作；清退2019年度上海市委机要局下发的密码电报9份。（赵诗琴）

【督办管理】 2020年，办公室（党委办公室）做好党政年度工作要点、会议决议、公文批示等各类事项的跟踪督办工作，牵头编制形成4个大类、59个大项集团公司年度重点任务，衔接公司治理体系和治理能力现代化任务分解39个大类任务，以及来自会议决议、公文批示、调研指示等逾100项日常重要事项，遵循“PDCA”（计划、实施、检查、处理）原则，按月跟踪督办，形成督办汇报材料，通过书记办公会、党政联席会、总经理工作例会等进行滚动报告，实现闭环管理。

（吴蓓珠　许沧海）

【信息调研】 2020年，办公室（党委办公室）健全完善集团公司总部、各一级子公司信息员队伍，实现集团公司信息调研工作体系全覆盖。4—12月，面向集团公司助理及以上领导、直管干部、总部重点管理岗位人员、海外大区总代表编发《每日要情》195期（含专刊7期）、《海外周讯》38期。策划形成《2020年大调研工作实施方案》，汇编形成12个调研课题成果材料。牵头完成第一届第三次党委全委（扩大）会议、第一届第四次党委全委（扩大）会议、职工代表大会、决策人研修、季度工作例会、绿色发展智慧制造现场会、中央企业负责人会议、企业家高端对话网络公益活动等会议活动相关文稿起草工作。（吴蓓珠　冯茂芬）

【改进作风建设相关工作】 2020年，办公室（党委办公室）制订、下发《关于持续解决形式主义问题改进工作作风的实施方案》，明确十大重点举措。巩固深化"总部机关化"整改，设立集团公司总部宝山办公点，加强对基层的服务。推进"精文减会"并优化会议方式，全年集团公司级发文数、会议数同比减少16%，倡导开短会、半截会、视频会、网络会、现场会。制定、下发《简报管理办法》。推动领导人员基层联系点落实落地，集团公司领导班子成员深入19个基层联系点，开展调研活动34次，其中到联系点指导党建工作27人次，讲党课10人次。下发《关于坚决制止餐饮浪费行为的通知》，从规范各类活动用餐管理、推进食堂精细化管理和优化供餐方式、倡导科学文明的餐饮文化等方面着手，全面遏制"舌尖上的浪费"。修订完善履职待遇业务支出管理办法，严格执行，厉行勤俭节约。推进公车市场化社会化改革，减少一般经营和保障用车，对公车进行平台化、信息化管理，公车定位系统应上尽上，外租车辆退租完成率、司勤人员安置率为100%。（王茂森　吴海凤）

【修订完善管理制度】 2020年，办公室（党委办公室）协同党委组织部落实党建工作领域制度梳理，做好相关制度修订完善工作，完成延用制度的年度翻版工作。配合公司治理部做好办公室（党委办公室）制度梳理完善工作，废止制度20个，拟修订制度28个，制度压减率35.40%。经梳理完善，办公室（党委办公室）有制度性文件31个（其中基本制度6个、重要制度22个、管理规范3个），年内列入计划修订的28个制度中完成23个。

（金芳英）

【扶贫工作支撑】 2020年，办公室（党委办公室）履行扶贫工作领导小组成员单位职责，做好集团公司领导扶贫调研、上级部门及对口扶贫地区来访交流安排等工作，实现班子成员到对口扶贫县调研检查的全覆盖。落实集团公司总部年度对口支援资金预算拨付，合计5 720万元。推动集团公司总部采购对口支援和定点扶贫地区农特产品，助力消费扶贫，落实逾120万元产品采购。（庞丽雯）

【接待及会务工作】 2020年，办公室（党委办公室）联络安排各类接待154批、1 142人次，其中副部级以上团组16批，重要合作伙伴主要领导19批。筹备、组织、协调中国宝武130年系列活动、绿色发展智慧制造现场会、决策人研修、集团公司级战略合作协议签字仪式等大型内外部会议和活动。（王茂森）

【信访维稳工作】 2020年，信访办公室办理各类信访事项394件、753批、1 175人次。与上年相比，信访总量增加、上级转办件增加、在册人员初信初访占比增加、来访量下降。初次信访动态化解率97%，未发生有损中国宝武形象的重大事件。做好全国"两会"、习近平总书记到中国宝武考察调研、第三届进博会、浦东开发开放30周年、中国宝武130年等重要会议与活动，以及抗击新冠肺炎疫情期间专项稳控工作。全年，集团公司党委常委会2次听取信访工作汇报，集团公司领导批阅信访件11批次，信访办公室召开"政企共商""警企共建"等平台会议8次，向国务院国资委信访办公室、上海市信访办公室等上报专项材料13份，向集团公司领导上报情况专报15份。组织开展信访维稳专项调研；开展集中治理重复信访、化解信访积案专项工作；开展"一季一培训"，共23课时，770人次参训。中国宝武信访办公室、武钢集团办公室维稳信访处获评"中央企业信访工作先进集体"。（严　俊　沙雄伟）

【保密管理】 2020年，保密办公室将各业务系统总监（处长）设为本业务保密第一责任人、各部门负责人设为本部门保密管理第一责任人，并将各保密责任人保密工作情况纳入年终绩效评价。强化涉密人员全流程管理，进一步规范因公、因私出国（境）保密管理。创新保密培训形式，将保密培训纳入集团公司总部党支部任务，组织总部新进人员保密培训4次，229人次参加培训，为子公司现场送教培训3次。加强技防手段，搭建非密敏感信息专用网，探索应用远程保密检查工具。协同集团公司科技部和重大项目负责单位，健全军工科研项目与其他重大项目的保密管理机制。（高叶庄）

【零星固定资产管理】 2020年，办公室（党委办公室）采购各类设备344件（套），使用资金302万元，同比下降6.80%。强化对总部新增人员的零星固定资产统筹配置，降低各部门采购预算，提高资金使用效率。与欧冶云商签订采购协议，推动电脑、打印机等常用类设备上网采购，占采购金额57%的设备通过欧冶云商平台采购。（张 涛）

【人民武装工作】 中国宝武人民武装部与宝钢股份人民武装部实行“两块牌子、一套班子”运行机制，并与宝钢股份安全保卫部合署，人员关系隶属宝钢股份。是中国宝武、宝钢股份的军事工作部门，受上海警备区和中国宝武党委、宝钢股份党委双重领导，是集团公司及宝钢股份国防动员、兵役征集、国防教育、拥军优属、人民防空工作的办事机构，负责中国宝武沪内单位国防动员潜力调查、后备力量整组建设、民兵预备役军事训练、兵役管理、国防教育、拥军优属、人防工程设施管理、民兵武器装备管理维护等工作。2020年，民兵武器装备安全管理无事故，征兵工作无不廉洁问题，义务兵入伍服役无责任退兵，拥军优属无涉军纠纷问题，人防工程设施安全管理、重要经济目标防护无重大安全隐患。中国宝武获评“2019年度上海市征兵工作先进单位”，宝钢股份被授予“2015—2019年度上海市爱国拥军模范单位”称号，中国宝武人民武装部被上海警备区评为“先进人武部”，中国宝武民兵消防灭火连被上海警备区评为“先进民兵分队”。（俞德兴）

## 档案管理

【概况】 2020年3月，中国宝武设立档案中心，承担集团公司档案管理职责，对口国家、地方档案行政管理部门开展工作，对集团公司内成员单位档案管理工作进行指导监督检查。档案中心与运营共享服务中心实行“两块牌子、一套班子”运作方式，运营共享服务中心（档案中心）增设档案室，完成机构设立、业务及人员划转。（艾 涛）

【完善档案管理体系建设】 2020年，档案中心开展面向集团公司各级次482家公司的档案管理现状调研分析，对标外部标杆企业档案管理模式，完成档案管理体系优化方案设计，制订“统一与分级管理相结合”的档案管理运行架构、实施路径和行动方案；完善档案管理制度体系建设，形成“管理办法—管理规范—业务标准”的制度体系架构，出台中国宝武《档案工作管理办法》，修订《文书档案工作规范》《建设项目档案工作规范》《会计档案工作规范》3个管理规范文件。（艾 涛）

【退休人员人事档案社会化】 2020年，档案中心统筹协调开展退休人员档案社会化管理工作。对内发挥专业能力优势，编制下发工作方案及系列业务操作规范，同步加强过程指导；对外主动对接上海市档案局，邀请专家赴各单位实地指导、检查档案整理、数字化工作，建立良好的沟通机制。牵头制订《退休人员人事档案整理及数字化合作框架协议》，下发各单位指导实施，完成退休人员社会化管理工作的人事档案整理、移交工作。（艾 涛）

【落实国家及行业法律法规要求】 2020年，档案中心贯彻落实6月20日新修订的《中华人民共和国档案法》。组织各级档案部门学习研讨，深入领会档案法修订的重大意义和精神实质，推进档案法在中国宝武的贯彻实施和制度固化；动态完善适用企业的档案法律法规清单，对照国家档案局法律法规制度体系，结合企业档案工作实际，分层分类梳理出适用于企业的法律、行政法规、部门规章、规范性文件39项，以及国家标准、行业标准54项，上传“宝钢档案信息资源网”共享查阅。（艾 涛）

【档案信息化工作】 2020年，档案中心推进档案系统功能拓展与优化，实现中冶赛迪工程技术股份有限公司、中冶南方工程技术有限公司2家设计院施工图在线归档，与宝华智慧招标共享平台、宝钢股份工程项目管理系统2个前端业务系统对接，完成档案系统归档接口适应性改造。规范档案系统运维报修流程，解决系统扩容问题，为5家子公司档案系统覆盖提供业务指导；与4家国内档案软件服务企业进行技术交流；对标《企业数字档案馆（室）建设指南》，开展档案系统功能评估，形成档案系统升级改造方案。（艾　涛）

【档案业务数据】 2020年，档案中心完成各类档案（含人事档案）整编入库42 979件、30 171卷，提供利用349 677人次、414 635卷（件）次，移交社会化管理退休人员档案20 972卷。截至年底，档案中心档案室有馆藏纸质档案231 363件、883 310卷，照片档案49 262张，录音/录像磁带170盘，实物档案3 052件，电子文件存储量4 700 GB。（艾　涛）

## 境外事务管理

【机构调整】 4月，中国宝武海外事业推进办公室更名为“海外事业发展办公室”。海外事业发展办公室独立运作，不再与战略规划部合署办公。海外事业发展办公室与外事办公室、港澳台事务办公室“三块牌子、一个机构”。海外事业发展办公室（外事办公室、港澳台事务办公室）下设海外项目、海外事业、对外事务3个模块。（徐　菁）

【完善外事管理制度】 2020年，海外事业发展办公室修订《国（境）外突发事件应急处置管理办法》《邀请外国人来华管理细则》；合并修订《因公出国（境）团组申报审批管理细则》《因公出国（境）团组派遣管理细则》，合并修订《外国专家管理工作实施细则》《外国专家突发事件应急预案》；新增《赴特定国家和地区团组突发事件应急处置预案》。年底，中国宝武外事相关管理制度精简为5个。（吴俊珺）

【出国（境）管理】 2020年，受全球新冠肺炎疫情影响，中国宝武出国（境）管理的工作重点调整为疫情期间的出入境管控。海外事业发展办公室发布出入境管控和境外疫情防控相关工作要求和文件32批次。建立在册员工因公、因私出入境（隔离），家属出入境（涉及员工陪同隔离）的信息报告制度。疫情期间所有因公出入境团组一律由集团公司集中审批，并滚动制定在疫情不同发展阶段人员因公出入境管控细则。受理169批次团组的申报审批工作，涉及447人次、35个国家或地区（不含疫情期间出入境集中审批）。（吴俊珺）

【境外疫情防控】 2020年，海外事业发展办公室组建“中国宝武境外防控工作组”，组织召开中国宝武境外机构疫情防控工作会议，建立境外员工疫情日报制度。编制《中国宝武境外疫情防控应急预案》，印发《中国宝武境外机构（项目）常态化疫情防控措施》。落实上级部委开展的对外投资项目排查、境外疫情防控工作排查、重点区域视频巡检、境外疫情防控专题讲座等相关工作55批次。（吴俊珺）

【对外邀请管理】 2020年，海外事业发展办公室按照“防疫为先、确保必需、压实责任、体现便利”的原则，开展邀请外国人来华管理工作。疫情期间，严格集中审核审批对外邀请事项。全年受理226批次、426人次的邀请函审批和签发工作，涉及30个国家的外籍人员；受理审批签证延长17批次。（徐　菁）

【外国专家管理】 2020年，海外事业发展办公室指导监督外籍人员入境后的防疫和日常管理工作，建立每周两次外国专家出入境信息统计上报制度，强化人员动态信息跟踪。2月17日后入境的在中国宝武范围内开展技术服务的外国专家（含合资公司派遣人员）201人次，无感染者。要求各单位制订分级分类应急预案，并进行指导和抽查。（徐　菁）

【服务国际交流合作】 2020年，海外事业发展办公室组织并参与抗疫国际合作。在国内防疫物资紧缺的关头，与集团公司境外机构寻求筹措防疫物资支援。三井物产株式会社、韩国浦项制铁集团公司、日本制铁株式会社、商船三井株式会社、普锐特冶金技术有限公司、澳大利亚福蒂斯丘金属集团、奥钢联集团、俄罗斯矿业联盟等海外合作伙伴，调配筹措逾30万只防护口罩、3 600多件防护服等各类防疫物资。组织协调向境外友好合作伙伴开展捐赠口罩（计3.60万余只）等防疫物资工作。为中国宝武参加世界钢铁协会各类会议、第三届进博会、中国（北京）国际服务贸易交易会做好服务工作。9月，组织协调相关子公司参展中国（北京）国际服务贸易交易会，通过视频等方式签订相关合作协议、合同，金额为60亿元。在10月12日举行的世界钢铁协会执委会会议上，中国宝武董事长陈德荣向与会企业代表介绍中国宝武拟发起成立的“全球低碳冶金创新联盟”筹备工作进展，并邀请同行加入联盟。11月，陈德荣出席第三届进博会，并在中国宝武举行的“铸梦百年，共建高质量钢铁生态圈”主题活动上为欧冶工业品股份有限公司揭牌，为采购集中签约鉴证并发表讲话。（徐　菁）

【服务重大外事活动】 2020年，海外事业发展办公室组织实施外事活动20批167人次（不包括下属各子公司外事活动），主要有：中国宝武与日本钢铁工程控股公司合作交流协议签约活动，中国宝武与普锐特冶金技术有限公司战略合作谅解备忘录签约活动，韶钢松山与日本钢铁工程控股公司的宝武杰富意特殊钢有限公司合资合同签约活动，宝瑞吉合资项目达成2亿吨发运目标庆典活动，中国宝武与澳大利亚必和必拓公司气候变化合作谅解备忘录签署活动。组织策划并邀请安赛乐米塔尔集团、日本制铁株式会社、日本钢铁工程控股公司、韩国浦项制铁集团公司、三井物产株式会社、三菱商事株式会社、世界钢铁协会等境外重要合作伙伴（同行、机构）的中国公司高层，出席12月23日在上海举行的中国宝武130年“金色炉台”主题活动。（徐　菁）

## 法律事务管理

【概况】 中国宝武法律事务部（简称法务部）是负责中国宝武及子公司重大合同谈判、审核，各类纠纷调解、仲裁、诉讼代理和反倾销等贸易争端处理，以及其他法律事务的归口管理部门。2020年，为集团公司总部及下属子公司的98个重组、整合、投资、融资、资产处置项目提供法律服务；审核各类合同逾500份，对中国宝武82项管理制度进行合规审核，处理各类工商登记、备案和“宝武”字号授权使用事项。全年，集团公司新增重大诉讼案件11起，涉案金额114 422万元。年底，法务部在册员工8人。（蔡东辉）

【召开2020年度法治工作会议】 12月18日，中国宝武召开2020年度法治工作会议，34家一级子公司参加会议，其中沪内23家子公司参加现场会议，11家沪外子公司通过视频会议方式参会。会议听取法务部关于中国宝武“十三五”期间法治建设情况和以“适应亿吨宝武发展战略的法务体系建设”课题大调研情况汇报，听取宝钢股份《贸易救济调查与应对》、武钢集团《服务武钢转型发展　发挥支撑保障作用》、马钢集团《马钢外聘律师选聘专题汇报》、欧冶云商《产业互联网平台公司法律风险防范》、华宝证券《化解群体性诉讼风险，保障公司业务稳健运行》的报告，部署了2021年重点工作。（蔡东辉　黄志燕）

【开展法治央企建设总结验收工作】 2020年，法务部根据国务院国资委办公厅《关于开展法治央企建设总结验收工作的通知》，系统梳理自2015年国务院国资委下发《关于全面推进法治央企建设的意见》以来，中国宝武围绕改革发展中心任务，推进法治建设，开展依法治企工作成果，逐项对照验收标准，开展自查，查找法治工作中存在的短板和不足，提出了加强法律事务机构的体系性和有机性、健全法治工作队伍、充实合规管理力量等方面存在的问题。（蔡东辉　黄志燕）

【推进总法律顾问制度建设】 7月，中国宝武聘请蒋育翔为总法律顾问；11月，聘请蒋育翔兼任法务部部长。年内，法务部探索在有条件的重要子企业逐步选拔设立总法律顾问。6月，宝钢金属聘任李长春为总法律顾问；11月，宝钢股份聘任沈雁为总法律顾问；武钢集团和马钢集团也设立了总法律顾问制度。（蔡东辉　黄志燕）

【规范子公司章程管理工作】 12月29日，中国宝武发布《公司章程管理办法》，并于30日实施。该办法明确了依法管理、两级管理和矩阵式审查管理原则，明确了章程管理的职责分工、制定（修订）流程和责任追究等内容。（黄志燕）

【加强合规管理工作】 2月11日，中国宝武发布《合规管理制度》。该制度明确以全面覆盖、强化责任、协同联动、客观独立、适企适地和持续改进为原则，加快建立、持续改进并健全中国宝武合规管理体系；明确董事会、监事会和经营管理机构的合规管理职责；设合规管理委员会，集团公司主要负责人担任合规管理委员会负责人，法务部为合规管理牵头部门；明确加强对重点领域、重点环节、重点人员的合规管理。《合规管理制度》下发后，法务部指导协助子公司开展

合规管理制度建设。（章晓军）

【为重组太钢集团提供法律支撑】 2020年，在中国宝武重组太钢集团过程中，法务部参与了交易构架的论证，对交易文本作了法律审核，有重点地对太钢集团开展法律尽职调查。开展境内及境外共8个司法辖区的经营者集中反垄断申报。12月23日，完成太钢集团股权交割。（蔡东辉 杨 巍）

【为筹建中南钢铁提供法务支撑】 12月5日，宝武集团中南钢铁有限公司在广州市揭牌成立。法务部派专人参与中南钢铁筹建，负责法务组工作。（章晓军）

【为厂办大集体改革工作提供法务支撑】 2020年，法务部配合集团公司相关部门完成厂办大集体改革工作、公车市场化社会化改革工作、退休人员社会化管理工作。审核各子公司厂办大集体改革总体方案、实施方案、公车改革方案等。年底，厂办大集体改革工作完成人员安置；公车市场改革完成改革方案审核；退休人员社会化管理工作，主要进行了方案制订、政策宣传、人员档案移交工作。（朱芩蔚）

【开展境内外反垄断申报工作】 2020年，法务部开展太钢集团项目境内外反垄断申报、长寿钢铁项目境内反垄断申报、重钢集团项目境内反垄断申报，同时参与了西藏矿业项目、八一钢铁疆内整合项目等的境内反垄断申报工作。其中，针对太钢集团的反垄断申报工作，法务部与境内外律师共同商讨申报策略，梳理集团公司各相关板块业务情况，与子公司讨论相关市场业务数据的统计口径及方法，完成相关法域的反垄断申报工作。

（王 瑶 杨 巍 蔡东辉）

【为重组西藏矿业提供法务支撑】 6月29日，中国宝武在拉萨与西藏自治区人民政府签订战略合作协议；同日，与西藏自治区国资委就重组西藏矿业签订相关协议。法务部全程参与中国宝武在西藏自治区首个产业扶贫类投资项目，解决了全民企业改制、上市公司收购、反垄断申报等环节涉及的法务问题。（章晓军）

## 安全生产监督管理

【概况】 中国宝武安全生产监督部是集团公司安全生产监督管理机构，下设安全企划、安全督查职能，主要负责安全管理体系的策划和推进、各单元安全管理工作的督查、评价和指导，为各单元安全管理工作提供管理和技术支撑，同时代表中国宝武对口政府部门开展工作。2020年底，在册员工6人。全年，集团公司安全生产形势总体平稳，未发生较大及以上事故，区域内发生一般生产安全事故68起，导致70人受到伤害，其中纳入统计的工亡事故9起、工亡10人。较2019年同口径比，工亡人数与事故总量分别下降16.70%、17.60%。（张丽梅）

【落实安全生产责任】 1月，中国宝武主要领导审定、签发2020年度安全生产工作要点，确定年内安全管理重点工作。5月，中国宝武制定、下发《关于落实“违章就是犯罪”的理念 进一步强化违章人员责任追究的实施意见》，要求各单位本着依法从严、有责追责、分级分类的原则，对于造成生产安全事故发生或财产损失的主要责任者，以及典型违章作业行为的集团公司员工及相关方人员进行严肃追责。7月，修订《中国宝武安全生产责任制度》。12月，修订《中国宝武安全事故问责管理办法》。（张丽梅）

【做好新冠肺炎疫情期间安全生产工作】 2月初，新冠肺炎疫情防控伊始，中国宝武下发《关于进一步做好当前安全生产工作的通知》，要求各单位坚决落实安全防范责任，认真学习贯彻党中央关于疫情防控工作的精神及集团公司在疫情防控方面有关决策部署，全面贯彻“坚定信心、同舟共济、科学防治、精准施策”要求。（张丽梅）

【开展穿透式安全专项督导】 2月，中国宝武下发《2020年安全督导工作方案》，确定主题为“控重点、抓履职、促落实，持续提升安全管理体系保障能力”，通过“长时间、全覆盖、不间断”、安全轮换督导和过程管理严肃问责的方式，对集团公司下属生产性的30余家子公司，开展安全督导工作。年内，安全督导组开展专项检查80多次，发现问题1 220项，主要集中在隐患排查治理、建设项目安全管理两个常规项目和安全履职、消防安全两个专题方面。其中，隐患排查治理占18.85%，建设项目安全管理占10.98%，安全履职占10.25%，消防安全占14.26%。（张丽梅）

【开展危险化学品使用安全专项整治】 3月，中国宝武下发《关于开展危险化学品使用安全专项整治的通知》，要求各单位把强化危险化学品使用安全作为重点来抓，落实专人负责本次专项整治工作，从源头梳理，自查自纠，摸清本单位当前危险化学品使用的现状，掌握危险化学品使用过程存在的问题，推进整改、整治工作，确保各类隐患问题得到及时、彻底的解决。检查发现问题4 437项，年内整改4 394项。（张丽梅）

【开展智慧制造专项劳动竞赛】 3月，中国宝武制订、下发《2020年智慧制造专项劳动竞赛方案》。该劳动竞赛旨在聚焦钢铁生态圈建设和分业经营功能定位，按业务分“智慧制造”“智慧园区”和“智慧服务”三类开展。年内，集团公司下属30余家生产性子公司参加竞赛，报送参赛项目289项，其中260个项目涉及“3D”岗位（风险大、环境脏、重复劳动岗位）或“煤气危化”属性。（张丽梅）

【开展高温熔融金属作业安全管控专项排查】 4月，中国宝武下发《关于开展高温熔融金属作业安全管控专项排查的通知》，要求涉及高温熔融金属作业的各相关单位对吊运高温熔融金属的行车和盛装高温熔融金属容器的基础信息进行梳理填报。9家子公司上报涉及高温熔融金属作业相关重大安全隐患22项，年内整改完成15项。（张丽梅）

【开展钢铁企业专项安全隐患排查】 4月，中国宝武下发《关于紧急开展钢铁企业专项安全隐患排查的通知》，并于5月初邀请中钢集团武汉安全环保研究院专家对下属相关单位安全负责人、安全管理人员，就“钢铁企业执法检查重点事项”“工贸行业重大生产安全事故隐患判定标准”等内容进行讲解，要求相关单位参照执法检查方式方法，在4月份开展的高温熔融金属作业安全管控专项排查基础上再次开展自查，新增上报涉及高温熔融金属作业相关重大安全隐患46项，年内整改37项。（张丽梅）

【策划“安全生产月”“安康杯”活动】 5月，中国宝武下发《关于开展2020年“安全生产月”活动的通知》，要求各单位以安全生产专项整治三年行动为重点，以“消除事故隐患，筑牢安全防线”为主题，以发动员工自主管理、开展智慧制造劳动竞赛、安全警示科普宣传和建设团队互助安全文化等为重点内容和活动形式，深入排查安全风险隐患，扎实推进问题整改，增强全员安全意识，提高全员安全素质，坚决遏制较大及以上事故发生，促进安全生产水平提升和安全生产形势持续稳定好转。在“安康杯”活动中，经中华全国总工会、应急管理部、国家卫生健康委员会等组成的评审委员会评定，上海梅山钢铁股份有限公司获2018—2019年度全国“安康杯”竞赛优胜单位，宝武炭材料科技有限公司宝山化产厂苯加氢作业区乙班获2018—2019年度全国“安康杯”竞赛优胜班组。（张丽梅）

【汛期安全管理】 5月、6月，中国宝武分别下发《关于做好2020年高温季节防暑降温工作的通知》《关于做好汛期和高温季节安全生产工作的通知》，要求各单位建立健全防暑降温与汛期安全工作制度，采取有效措施，加强高温作业、高温天气作业劳动保护工作，主动打好防汛防台和防暑降温攻坚战。（张丽梅）

【推进煤气危险区域人员密集场所专项整治】 2020年，中国宝武在2019年集中组织各单位开展煤气危险区域人员密集场所专项整治工作的基础上，继续推进该项工作。6月底，对2019年梳理出的349间人员密集场所，全部完成拆除或搬迁，完成率100%。（张丽梅）

【制订《安全生产专项整治三年行动实施方案》】 7月，中国宝武制订、下发《安全生产专项整治三年行动实施方案》，实施方案重点分2个专题和12个专项，细化形成59个小项。（张丽梅）

【完善安全管理体系与评价方案】 10月，中国宝武制订、下发《2020年安全生产管理评价方案》，按照安全绩效与安全管理体系运行过程并重的原则，依据集团公司安全管理体系规范和年度安全生产重点工作，对各子公司安全管理体系运行状况和年度安全生产重点工作落实情况进行评价。（张丽梅）

【重点时段安全管理】 10月，中国宝武下发《关于进一步加强第三届进博会期间安全生产工作的通知》，要求第三届进博会期间，加强值班值守，执行“零报告”制度。国庆节和第三届进博会期间，集团公司在沪子公司重伤及以上事故为零。（张丽梅）

## 运营共享服务

【概况】 中国宝武运营共享服务中心成立于2018年5月，为集团公司各级分（子）公司提供财务共享及人力资源共享服务。2020年，完成“一总部多基地”的架构布局，成立马鞍山、武汉、乌鲁木齐区域分中心。服务301家单元的财务共享业务及116个发薪单元的薪酬处理共享业务，保障663家标准财务系统、569家人力资源管理系统的正常运行。年底，在册员工271人。（章 玮）

【财务共享一体化整合】 2020年，运营共享服务中心推进中国宝武财务共享一体化整合，完成宝钢金属、宝钢工程、宝钢资源3家财务共享中心吸收合并工作，以及马鞍山、乌鲁木齐、武汉区域分中心的设立及切换，完成328人劳动关系划转与改签工作。落实与马钢集团、八一钢铁、武钢集团3个区域总部挂靠管理关系和托管协议签订，并根据上海、马鞍山、乌鲁木齐、武汉4个分中心的不同阶段，针对性开展业务设计与重点推进。（章 玮）

【运营共享系统覆盖】 2020年，运营共享服务中心推进完成中国宝武标准财务系统和人力资源管理系统对202家公司的覆盖上线，其中包括马钢集团、金融板块各子公司等。（章 玮）

【公车平台化管理】 2020年，运营共享服务中心持续推进公车平台化管理，组织马钢集团969辆公车上平台。安装车载全球定位系统（GPS）设备6 121辆，拆除车载GPS设备2 009台；推进各公司油卡绑定及油耗数据录入平台。年底，公务用车绑定油卡400辆，生产保障用车绑定油卡1 956辆。（章 玮）

【应对财税与人事新政策变化】 2020年，运营共享服务中心推进新金融工具会计准则、新收入会计准则、新租赁会计准则的切换及全面实施；完成新冠肺炎疫情防控的减税政策、提高出口退税率、减免文化建设费、社保费由税务部门统一征收政策的配套调整与实施。开展企业阶段性减免社保费用申报、稳岗补贴返还申请、个税新政首年度汇算清缴工作。（章 玮）

【推进运营共享生态圈应用项目（二期）建设】 2020年，运营共享服务中心推进中国宝武运营共享生态圈应用（二期）项目建设开发和应用推广。设计开发中国宝武统一的开票平台，支持各类纸质发票、电子发票开票需求，与税务系统、各业务系统的双向对接，服务生态圈企业税务自动化及信息挖掘；利用电子文档光学字符（OCR）识别技术和票联平台发票明细信息，开发上线移动报支App（手机应用程序），简化员工报销流程；同步开展“差旅小秘书”、票联平台、平台户管理等二期功能优化与应用拓展。（章 玮）

编辑：李 冰

# 06 科技工作

# 科技工作

## 概　述

2020年，中国宝武研发投入强度2.81%，其中工业企业研发投入强度3.14%；专利申请3 779件，其中发明专利2 447件。一批科研成果受到表彰，“热连轧超高强钢产业化关键技术研究与应用”等5个项目获2020年冶金科学技术奖一等奖，硅钢系列标准获国家市场监管总局（标准委）颁发的中国标准创新贡献奖，中国宝武工业互联网平台入选工业和信息化部“2020年跨行业跨领域工业互联网平台清单”，“宽幅超薄精密不锈带钢工艺技术及系列产品”项目获第六届中国工业大奖。（李　钊）

## 科技管理

【优化技术创新体系】 2020年，中国宝武推动中央研究院“面向现场、面向市场、面向未来”的变革，从问题导向的内向型体系转换成以市场为导向、以用户为中心的外向型体系，通过体制和机制建设，设立综合材料解决方案中心，引领中央研究院的转型发展。成立工业互联网研究院/大数据中心，与宝信软件合署办公，为宝武钢铁生态圈及各业务板块提供数据服务。

（李　钊）

【推动关键核心技术攻关】 2020年，中国宝武围绕航空航天、核电能源等国家重大工程，针对核心材料，组建中国宝武特种冶金材料专家智库。突破超长、薄壁、小口径GH3600管材内壁质量控制技术，成材率较2019年同期提升3.43%。完成国家保供任务，助推系列火箭发射，为北斗卫星、探月、空间站和火星探测等一系列国家重大工程的实施奠定材料基础。依托国家科技重大专项，开发出第四代核电高温气冷堆用N06625大口径管材，突破难变形镍基合金大口径管材热挤压工艺的稳定制造技术，实现高性能指

标要求大口径管材的稳定制造。（李　钊）

【加快低碳冶金前沿技术开发】2020年，八一钢铁欧冶炉实现稳定生产，在作业率、生产成本指标等方面实现开炉以来最好绩效；依托欧冶炉完成顶煤气资源化利用技术开发，实现炼铁工艺碳利用效率提升，吨铁固体燃料消耗下降30%；完成氧气高炉试验平台的设计改造和工程建设。7月15日，氧气高炉试验平台点火运行，10月9日氧气高炉完成第一阶段的富氧冶炼试验，鼓风含氧量为35%。（李　钊）

【深化“四个一律”】2020年，在“操作室一律集中”方面，宝钢股份湛江钢铁行业首创全厂水系统一体化管控平台，实现人员集中管理和远程操控，做到“全厂水量一张表、生产监控一张图”，全年吨钢耗新水2.70立方米；马钢集团将17条冷轧产线操作室集中至冷轧智控中心，实现工序融合和效率提升。在“操作岗位一律机器人”方面，宝钢股份推进工业机器人、图像识别、数学模型、检测诊断等数智化技术应用，现场操作进一步少人化；湛江钢铁全球首创铁水智慧运输，铁水机车实现无人化。在“设备运维一律远程”方面，宝钢股份逾5万台套设备接入“智维云”平台。在“服务环节一律上线”方面，欧冶云商运用大数据、人工智能、区块链等技术，赋能智慧服务平台，加快业务环节线上化；通过产能预售模式创新、供应链客户全流程在线自动化、区块链服务支撑交易监管等措施，提升客户服务体验满意度。（李　钊）

【推进精品材料研发及成果转化】2020年，中国宝武高强度低屈强比耐候桥梁钢Q690qENH等8项新产品实现全球首发；研制出全球损耗最低的取向硅钢产品B18R055；易成型、高性能耐磨钢产品BW400QP应用于中国国际海运集装箱（集团）股份有限公司自卸车车厢制造，轻量化率为40%、耐磨性能翻番；高铁用耐蚀钢轨产品U68CuCr应用于广深港高铁，可减少由钢轨腐蚀造成的安全隐患和钢轨维护成本，延长使用寿命；完成国家“十三五”重大研发计划“高性能桥梁用钢”，研发出第七代桥梁用钢Q690qENH厚板（DQ型高强低屈服比耐候桥梁钢），应用于“一带一路”项目澳氹四桥；围绕“安全和减振降噪”，研发出直径580毫米弹性车轮并实现应用；在国内率先开发出翼缘厚度50～80毫米规格热轧H型钢，打破国外对该领域的技术和市场垄断；自主研制出45吨世界最大轴重重载车轮，提高重载车轮抗磨损和抗热损失能力，保证重载运输的安全性、可靠性，延长了使用寿命；试制出不锈钢复层螺纹钢筋，耐蚀性能达到不锈钢产品标准，市场售价为不锈钢材质螺纹钢的三分之一。（李　钊）

**2020年中国宝武科研项目获奖情况表**

| 项目名称 | 负责单位（个人） | 奖项 | 获奖等级 |
|---|---|---|---|
| 热连轧超高强钢产业化关键技术研究与应用 | 宝山钢铁股份有限公司 | 2020年冶金科学技术奖 | 一等奖 |
| 优质球团矿产品多元化低成本清洁生产技术开发与应用 | 宝钢湛江钢铁有限公司、宝山钢铁股份有限公司、中南大学、武钢资源鄂州球团有限公司、安阳豫河永通球团有限责任公司 | 2020年冶金科学技术奖 | 一等奖 |
| 汽车用热冲压材料与零件关键技术与产业化应用项目 | 宝山钢铁股份有限公司、上汽通用五菱汽车股份有限公司、上海大学、上海交通大学、宁波合力模具科技股份有限公司 | 2020年冶金科学技术奖 | 一等奖 |
| 钢铁多流耦合分布式能源技术研究与应用 | 宝山钢铁股份有限公司、上海宝钢节能环保技术有限公司 | 2020年冶金科学技术奖 | 一等奖 |
| 特殊高合金钢品种冶炼及连铸关键技术开发与应用 | 太原钢铁（集团）有限公司、东北大学、山西太钢不锈钢股份有限公司 | 2020年冶金科学技术奖 | 一等奖 |
| 高强厚料热镀锌和热镀铝硅首创共线机组自主集成 | 宝山钢铁股份有限公司、宝钢工程技术集团有限公司、上海宝信软件股份有限公司 | 2020年冶金科学技术奖 | 二等奖 |

（续　表）

| 项　目　名　称 | 负责单位（个人） | 奖　项 | 获奖等级 |
|---|---|---|---|
| 和睦山磁铁矿提质增效选矿工艺技术集成研究 | 安徽马钢矿业资源集团有限公司、长沙矿冶研究院有限责任公司 | 2020年冶金科学技术奖 | 二等奖 |
| 高质量连铸坯生产装备及工艺技术研究 | 武汉钢铁有限公司、中冶南方连铸技术工程有限责任公司、武汉科技大学 | 2020年冶金科学技术奖 | 三等奖 |
| 连铸大包自动浇钢技术开发与应用 | 广东韶钢松山股份有限公司、湖南镭目科技有限公司 | 2020年冶金科学技术奖 | 三等奖 |
| 商用车用高性能弹簧扁钢研制与应用 | 武汉钢铁有限公司、钢铁研究总院、武钢集团襄阳新材料产业有限公司、中信金属股份有限公司、武汉科技大学 | 2020年冶金科学技术奖 | 三等奖 |
| 钢铁冶金质量大数据分析云服务平台 | 飞马智科信息技术股份有限公司、安徽工业大学、安徽祥云科技有限公司 | 2020年冶金科学技术奖 | 三等奖 |
| 液压多缸同步控制新方法及其应用技术研究 | 马鞍山钢铁股份有限公司 | 2020年冶金科学技术奖 | 三等奖 |
| 太阳能领域用高品质含铌奥氏体不锈钢关键工艺及产品技术开发 | 太原钢铁（集团）有限公司、中国成达工程有限公司、山西太钢不锈钢股份有限公司 | 2020年冶金科学技术奖 | 三等奖 |
| 典型不锈钢组织及析出相显示方法的创新开发与应用 | 太原钢铁（集团）有限公司、山西太钢不锈钢股份有限公司 | 2020年冶金科学技术奖 | 三等奖 |
| 不锈钢热连轧操作预调整技术开发（工人奖） | 邱华东（山西太钢不锈钢股份有限公司） | 2020年冶金科学技术奖 | 三等奖 |
| 方坯连铸轻压下质量控制提升和优化技术（工人奖） | 金国平（宝山钢铁股份有限公司） | 2020年上海市科技进步奖 | 二等奖 |
| 超强高强钢冷轧高速轧制技术的开发与应用 | 宝山钢铁股份有限公司、上海宝信软件股份有限公司 | 2020年上海市科技进步奖 | 二等奖 |
| 富氢低碳燃料和含锌固废（固体废物）资源在高炉冶炼中的集成应用 | 武汉钢铁有限公司、武汉科技大学 | 2020年湖北省科技进步奖 | 二等奖 |
| 高能效配电变压器用高等级取向硅钢的研制与产业化 | 武汉钢铁有限公司 | 2020年湖北省科技进步奖 | 二等奖 |
| 超千米级公铁两用斜拉桥用Q500qE钢研究开发与工程应用 | 武汉钢铁有限公司、中铁大桥勘测设计院集团有限公司、宝武集团鄂城钢铁有限公司 | 2020年湖北省科技进步奖 | 二等奖 |
| 汽车先进高强钢制造及轻量化应用关键技术 | 武汉钢铁有限公司、华中科技大学、东风汽车集团股份有限公司 | 2020年湖北省科技进步奖 | 二等奖 |
| 酸洗连轧机组生产高端无取向硅钢关键技术创新与应用 | 武汉钢铁有限公司 | 2020年湖北省科技进步奖 | 二等奖 |
| 大机型液压机械用高质量热轧开平板制造技术与应用 | 武汉钢铁有限公司 | 2020年湖北省科技进步奖 | 三等奖 |

（续　表）

| 项　目　名　称 | 负责单位（个人） | 奖　项 | 获奖等级 |
| --- | --- | --- | --- |
| 铁水高效预处理关键技术与设备研究 | 武汉钢铁有限公司、武汉科技大学 | 2020年湖北省科技进步奖 | 三等奖 |
| 铁矿烧结配矿关键技术研究及应用 | 武汉钢铁有限公司 | 2020年湖北省科技进步奖 | 三等奖 |
| 连铸板坯火焰清理机关键技术及应用 | 武汉钢铁有限公司 | 2020年湖北省科技进步奖 | 三等奖 |
| 中高碳合金结构精冲钢带制造及应用技术 | 武汉钢铁有限公司、湖北大帆金属制品有限公司 | 2020年湖北省科技进步奖 | 三等奖 |
| 超临界高压锅炉管用P91钢关键冶金技术研究及产品开发 | 马鞍山钢铁股份有限公司、安徽工业大学 | 2020年安徽省科技进步奖 | 二等奖 |
| CSP（薄板坯连铸连轧）铸轧全流程薄带钢振痕生成机制研究与抑振控制 | 马鞍山钢铁股份有限公司、北京科技大学 | 2020年安徽省科技进步奖 | 二等奖 |
| 热轧板带材表面氧化行为研究及关键控制技术 | 马鞍山钢铁股份有限公司、东北大学 | 2020年安徽省科技进步奖 | 三等奖 |
| 冷轧薄板处理工艺全流程电气自动化控制技术的研发与应用 | 飞马智科信息技术股份有限公司 | 2020年安徽省科技进步奖 | 三等奖 |
| 高速轮轴智能制造关键技术研发及应用 | 飞马智科信息技术股份有限公司、马钢轨道交通装备有限公司、安徽工业大学 | 2020年安徽省科技进步奖 | 三等奖 |
| 无缝钢管控制冷却装备及工艺技术平台开发 | 宝山钢铁股份有限公司、东北大学、宝钢工程技术集团有限公司 | 2020年中国宝武技术创新重大成果奖 | 一等奖 |
| 热镀锌电磁驱渣技术应用研究 | 宝山钢铁股份有限公司、上海宝信软件股份有限公司 | 2020年中国宝武技术创新重大成果奖 | 一等奖 |
| 宝钢冷轧废水生化—物化耦合强化处理技术开发与工程应用 | 宝山钢铁股份有限公司 | 2020年中国宝武技术创新重大成果奖 | 一等奖 |
| 环境友好型搪瓷用冷轧钢板关键技术研究及应用 | 宝山钢铁股份有限公司 | 2020年中国宝武技术创新重大成果奖 | 一等奖 |
| 直径1 422毫米特大口径厚壁X80M管线钢及焊管关键技术开发与应用 | 宝山钢铁股份有限公司 | 2020年中国宝武技术创新重大成果奖 | 二等奖 |
| 热轧智能示范车间建设技术 | 宝山钢铁股份有限公司、上海宝信软件股份有限公司 | 2020年中国宝武技术创新重大成果奖 | 二等奖 |

（续　表）

| 项　目　名　称 | 负责单位(个人) | 奖　项 | 获奖等级 |
| --- | --- | --- | --- |
| 铁水KR高效脱硫预处理技术研究与应用 | 武汉钢铁有限公司、宝山钢铁股份有限公司、武汉科技大学 | 2020年中国宝武技术创新重大成果奖 | 二等奖 |
| 大跨度桥梁重点工程用1 960、2 000兆帕高强度缆索钢丝盘条开发及应用 | 宝山钢铁股份有限公司、宝钢金属有限公司 | 2020年中国宝武技术创新重大成果奖 | 二等奖 |
| 特大型智慧生态原料场技术 | 宝山钢铁股份有限公司、上海宝信软件股份有限公司、宝钢湛江钢铁有限公司、中冶赛迪工程技术股份有限公司、上海梅山钢铁股份有限公司 | 2020年中国宝武技术创新重大成果奖 | 二等奖 |
| 镁处理改性夹杂物技术研究与应用 | 上海梅山钢铁股份有限公司、宝山钢铁股份有限公司、苏州大学、上海永烨冶金科技发展有限公司 | 2020年中国宝武技术创新重大成果奖 | 二等奖 |
| 宝钢焦炉和冷轧彩涂机组VOCs(挥发性有机化合物)排放特征研究 | 宝山钢铁股份有限公司 | 2020年中国宝武技术创新重大成果奖 | 二等奖 |
| 连续退火炉内AHSS带钢预氧化、内氧化规律及控制技术研究 | 宝山钢铁股份有限公司 | 2020年中国宝武技术创新重大成果奖 | 二等奖 |
| 宝日二号热镀锌机组制造能力提升关键装备及控制技术研发与应用 | 宝钢日铁汽车板有限公司 | 2020年中国宝武技术创新重大成果奖 | 二等奖 |
| 马钢高性能车轴产品开发及应用 | 马钢轨道交通装备有限公司、马鞍山钢铁股份有限公司 | 2020年中国宝武技术创新重大成果奖 | 二等奖 |
| 宝钢大型高炉出铁场高效、环保耐材技术开发与应用实践 | 宝山钢铁股份有限公司 | 2020年中国宝武技术创新重大成果奖 | 二等奖 |
| 高钢级厚壁管线钢热连轧板卷的开发与关键制造技术 | 武汉钢铁有限公司 | 2020年中国宝武技术创新重大成果奖 | 二等奖 |
| 电炉产线高端产品纯净度和夹杂物控制技术研究 | 宝山钢铁股份有限公司 | 2020年中国宝武技术创新重大成果奖 | 三等奖 |
| 热轧分段冷却高强钢工艺平台技术开发与应用 | 宝山钢铁股份有限公司 | 2020年中国宝武技术创新重大成果奖 | 三等奖 |
| 先进焊接技术在能源交通用钢中的应用研究 | 宝山钢铁股份有限公司 | 2020年中国宝武技术创新重大成果奖 | 三等奖 |

（续 表）

| 项 目 名 称 | 负责单位（个人） | 奖 项 | 获奖等级 |
| --- | --- | --- | --- |
| 厚板连铸关键技术研究与应用 | 宝山钢铁股份有限公司 | 2020年中国宝武技术创新重大成果奖 | 三等奖 |
| 高硫磁铁矿高效提铁降硫关键技术研究及示范 | 安徽马钢罗河矿业有限责任公司、北京矿冶科技集团有限公司、中钢集团马鞍山矿山研究院 | 2020年中国宝武技术创新重大成果奖 | 三等奖 |
| 梅山铁矿深部矿体采矿参数优化及配套技术研究与应用 | 上海梅山钢铁股份有限公司 | 2020年中国宝武技术创新重大成果奖 | 三等奖 |
| Ti强化系列热轧产品的制造技术与应用集成 | 武汉钢铁有限公司、宝山钢铁股份有限公司、宝钢金属有限公司 | 2020年中国宝武技术创新重大成果奖 | 三等奖 |
| 冷轧连续退火机组先进智能退火关键技术开发与应用 | 宝钢湛江钢铁有限公司 | 2020年中国宝武技术创新重大成果奖 | 三等奖 |
| 区块链技术在大宗商品供应链金融领域的应用——通宝 | 上海欧冶金融信息服务股份有限公司 | 2020年中国宝武技术创新重大成果奖 | 三等奖 |
| 超高强钢连铸关键工艺和智能装备技术 | 宝山钢铁股份有限公司 | 2020年中国宝武技术创新重大成果奖 | 三等奖 |
| 铸坯表面缺陷图像在线检测技术研究 | 宝山钢铁股份有限公司、宝钢湛江钢铁有限公司 | 2020年中国宝武技术创新重大成果奖 | 三等奖 |
| 厚板产线宽幅超薄规格钢板生产技术 | 宝山钢铁股份有限公司、宝武装备智能科技有限公司 | 2020年中国宝武技术创新重大成果奖 | 三等奖 |
| 汽车零部件用高品质特殊钢的关键技术研究及产业化攻关 | 宝武集团广东韶关钢铁有限公司、华南理工大学 | 2020年中国宝武技术创新重大成果奖 | 三等奖 |
| 基于绿色生态设计的大型烧结机立体调优提质技术研究与应用 | 马鞍山钢铁股份有限公司 | 2020年中国宝武技术创新重大成果奖 | 三等奖 |
| TMCP态高性能桥梁钢制造技术与工程应用 | 宝武集团鄂城钢铁有限公司、武汉钢铁有限公司 | 2020年中国宝武技术创新重大成果奖 | 三等奖 |
| 汽车板激光落料关键技术研究、装备开发及产业化应用 | 宝山钢铁股份有限公司、上海宝钢国际经济贸易有限公司 | 2020年中国宝武技术创新重大成果奖 | 三等奖 |

（续　表）

| 项　目　名　称 | 负责单位（个人） | 奖　项 | 获奖等级 |
|---|---|---|---|
| 金属矿山井下有轨运输系统与无人驾驶安全检测技术研究 | 武钢资源集团有限公司、武钢资源程潮矿业有限公司、武汉理工大学 | 2020年中国宝武技术创新重大成果奖 | 三等奖 |
| RH精炼炉新型耐火材料开发及稳定使用技术研究 | 宝山钢铁股份有限公司 | 2020年中国宝武技术创新重大成果奖 | 三等奖 |
| 汽车发动机针阀体钢与连杆钢的微合金化研究与产业化应用 | 宝山钢铁股份有限公司、宝钢特钢长材有限公司、宝武集团广东韶关钢铁有限公司 | 2020年中国宝武技术创新重大成果奖 | 三等奖 |
| CSP铁素体轧制材料软化关键技术及应用研究 | 马鞍山钢铁股份有限公司 | 2020年中国宝武技术创新重大成果奖 | 三等奖 |
| C110钢级抗硫油井管产品及工艺技术研究 | 宝山钢铁股份有限公司、烟台鲁宝钢铁有限责任公司 | 2020年中国宝武技术创新重大成果奖 | 三等奖 |
| 炼焦生产过程中污染物无组织排放控制技术及应用 | 卫福全（宝山钢铁股份有限公司） | 2020年中国宝武技术创新重大成果奖 | 工人奖 |
| 嵌入式钢水液面传感器的修复与线圈国产化替代 | 占时光（武汉钢铁有限公司） | 2020年中国宝武技术创新重大成果奖 | 青年奖 |

（李　钊）

## 科研机构

### 中国宝武中央研究院（技术中心）/宝钢股份中央研究院（技术中心）

【概况】　中国宝武中央研究院（技术中心）和宝钢股份中央研究院（技术中心）（简称中央研究院）实行“两块牌子、一套班子”和理事会领导下的院长负责制运作方式。理事会是中央研究院的决策机构，理事会下设秘书处，学术委员会是中央研究院的学术咨询机构。中国宝武“汽车用钢开发和应用技术国家重点实验室”和“国家硅钢工程技术研究中心”两个国家级平台依托中央研究院建设；中国宝武低碳冶金创新中心以及在澳大利亚、德国和英国设立的3个海外研发中心设立或挂靠在中央研究院。2020年4月，中央研究院理事会明确中央研究院“立足股份、服务集团、引领行业”的定位。

（王永红　张　华）

【新产品研发】　2020年，中央研究院按照“生产一代，研发一代，储备一代”的代际管理模式，加强新产品开发和市场拓展，全年销量逾360万吨。10个牌号的新产品实现全球首发，首次实现同一年对硅钢、汽车板、热轧、冷轧、厚板、长材、钢管七大类产品的全覆盖；国家重大核能科技工程——霞浦示范快堆工程核电蒸发器用关键材料按期供货。

（马永柱）

【工艺创新】　2020年，中央研究院形成一批“绿色、智慧”标志性技术，其中：开发纯电动新能源白车身技术解决方案，试制超轻型高安全纯电动白车身实物样车；“转炉自动出钢技术的开发与应用”技术推广到中国宝武多座转炉，通过自动冶炼、自动出钢、自动加合金等实施，实现“转炉自动冶炼+自动出钢”工艺贯通；在提高高炉利用系数、降低转炉铁钢比、提高热装热送率等方面开展核心技术

攻关。（吴狄峰）

【多基地服务】 2020年，中央研究院对接现场端、市场端需求，推进最佳实用技术（BAT技术）移植覆盖和各基地间产品工艺移植创效。其中，面向武钢有限、梅钢公司和湛江钢铁3个基地的基地级新产品，试制171万吨；聚焦宝钢股份直属厂部、武钢有限、梅钢公司和湛江钢铁现场重点难点技术问题和市场端重大攻关任务，支撑各基地品种结构优化和产品竞争力提升；深化“一所对一业”改革，通过“对标找差、创造价值”重大专项，为武钢有限创效逾5亿元，标志性量化目标年内达成率87.30%；以马钢股份需求为驱动，策划、形成一批标志性研发协同任务，经济型耐候钢、转炉自动出钢等部分项目取得进展，其中马钢股份第四钢轧总厂二号转炉自动出钢模型热负荷试车，并实现一键出钢。（王永红　崔　敏）

【新材料产业创新】 2020年，中央研究院新材料产业创新中心铝合金研发团队开展铝合金典型产品关键工艺技术研究和驻厂服务，为宝武铝业熔铸产线第一炉锭、冷轧第一卷、热轧产线热负荷试车提供技术支撑。在储能技术领域，重点开展宝武炭材碳基负极产业化支撑；参与陶铝、新能源正极材料、金属粉末及增材制造、碳纤维、半导体等产业及其关键材料的调研和产业寻源。（杨　兵）

【制订精品化方案】 2020年，中央研究院推进“老产品新用途、老用途新功能、老功能新性能”的钢铁精品整体方案策划，面向宝钢股份四大基地和马钢股份，提出实施路径和重点实施领域，并逐项策划，形成2020—2022年各大类产品、基地以及中央研究院整体精品化方案和挂图作战计划。（马永柱）

【探索绿色低碳技术】 7月15日，由中央研究院自主研发、宝钢工程设计的中国首套顶煤气循环氧气高炉在八一钢铁点火开炉，高炉低碳炼铁新工艺进入工业试验阶段。9月30日，由中央研究院自主研发、宝钢工程设计的高炉喷吹富氢燃料示范线（富氢冶金示范线）在宝钢股份直属厂部建成并投入运行。10月14日，世界钢铁协会揭晓第11届“Steelie奖”，中国宝武“LCA（全生命周期评价）在碳交易市场决策中的应用”项目获生命周期评价卓越成就奖。（许海法　刘颖昊）

【智慧制造】 2020年，中央研究院开展转炉智能化冶炼、高炉自动控制关键、热轧智能产线制造、机器人应用、大数据应用等智慧制造技术研发，通过数据赋能、培养数字化人才，实现产品质量与生产效率提升。在中央研究院负责的智慧制造技术成果中，有4项入选宝钢股份年度十佳实用技术，2项被认定为宝钢股份年度十大软实力种子项目。（夏　瑛）

【科研成果】 2020年，中央研究院负责的“BG系列高性能油气开采用管开发及应用”获第六届中国工业大奖表彰奖，“热镀锌锌锅内锌液流动控制方法与装置”获第12届国际发明展览会金奖。热连轧超高强钢产业化关键技术、汽车用热冲压材料与零件关键技术、钢铁多流耦合分布式能源技术等16项成果分获冶金科学技术奖和省级科学技术奖，35项成果获中国宝武技术创新重大成果奖和第十届宝钢专利创意奖；6项成果通过上海市高新技术成果认定，新增承担政府项目7项。（崔　敏）

【研发体系整合融合】 2020年，中央研究院按“专业化整合、平台化支撑、生态化协同、市场化运作”方针推进整合协同工作，首批策划的10项协同项目落地实施；策划推进太钢集团研发业务的整合融合；设立中央研究院西南新材料研发中心，依托重庆钢铁研究所有限公司运作，宝武特冶承担主体管理责任；6月30日，中央研究院马钢技术中心揭牌成立。与多元产业共建个性化联合研发中心，其中：6月22日，宝武水务—中央研究院水气治理联合研发中心揭牌，依托中央研究院并承担宝武水务技术中心功能；宝武清能聘请中央研究院研发人员承担清洁能源研发工作。（王永红）

【设立综合材料解决方案中心】 8月3日，宝钢股份发文，在中央研究院设综合材料解决方案中心，以推动研发体系从问题导向的内向型体系转换成以市场为导向、以用户为中心的外向型体系。向内对接产品、基地，向外对接行业、设计院，挖掘典型行业需求、统筹集团内资源、以项目为载体，采用矩阵化管理，实现“高覆盖、高市场占有率、高溢价”，形成具有差异化核心能力的综合材料技术解决方案。（王宝森）

【技术创新生态圈建设】 2020年，中央研究院欧洲研发中心围绕技术寻源、技术服务、产业支持、人才培养四大功能定位，以欧洲市场战略产品的关键技术和市场端问题为主确定9个首批合作项目，并开展运行机制建设。宝钢股份—上海交大未来钢铁联合研究中心首批策划10个合作项目落地运行，第二轮策划启动并形成21个项目计划。1月7日，宝钢与北京科技大学签订《"先进金属材料联合研究院"战略合作协议》。该研究院下设先进金属材料研究所、先进工艺技术研究所、近终形制造研究所、绿色制造研究所、智能制造研究所，首批11个合作项目签约并启动运行。 （马永柱　黄　利）

【强化人才储备】 2020年，中央研究院重点支撑综合材料解决方案中心和新材料产业创新中心人员需求，引进成熟型优秀人才。拓展招聘渠道，通过海外引进、博士后引进、优秀高校毕业生引进等方式，优化人才梯队结构；加大人才培养力度，开展"金苹果团队"研修，邀请国内外行业专家多种渠道开展"名家讲学"等活动，策划研发经理人和研发精英等重点领域重点培训项目。建立多基地管理模式下的人员共同工作机制，探索基于价值贡献度的薪酬包干政策，并依据部门价值贡献系数兑现激励。（张　华）

【实验室建设】 12月，中央研究院300千克试验焦炉荒煤气处理系统改造完成。改造后的荒煤气处理系统提高了安全性、稳定性、可操作性和可维护性，并使试验焦炉运行更接近工业生产焦炉生产现状。 （曹仲恺）

【主持国家、行业和团体标准制订】 2020年，中央研究院主持制订并颁布实施GB/T 38684—2020《金属材料　薄板和薄带　双轴应力—应变曲线胀形试验　光学测量方法》、GB/T 38769—2020《金属材料　预裂纹夏比试样冲击加载断裂韧性的测定》、GB/T 38806—2020《金属材料　薄板和薄带　弯折性能试验方法》3项材料表征技术国家标准。 （张　毅　方　健）

【情报服务】 2020年，中央研究院开展情报专题调研，撰写研究报告242份、对标报告17份；与马钢技术中心建立交流沟通机制，实现信息资源和情报服务平台的覆盖和共享。完成中国工程院"钢结构桥梁用钢铁材料发展战略研究"咨询项目的研究工作，提出中国桥梁用钢铁材料发展路线图，向国家有关部委提交1份院士建议；启动中国工程院"武汉市钢铁工业生态化发展路径研究"咨询项目的研究工作；参与中国工程院"2020年全球工程前沿研究战略"咨询项目的研究工作。

（周群芳　姚昌国）

## 中国宝武科学技术协会

【概况】 中国宝武钢铁集团有限公司科学技术协会（简称中国宝武科协）是集团公司党委联系科技工作者的桥梁和纽带，是推动中国宝武科技进步的重要力量，是互联网时代以人为载体开展的信息交流平台，是推进中国宝武科技创新及经营战略任务落实的重要平台，是全面对标找差创一流、提升企业竞争力的重要平台，是快速补齐各基地技术短板、技术交流共享与技术推广的重要平台，是培养和发现中国宝武科技英才的重要平台，是推动各专委会实现专业领域技术引领的重要平台。中国宝武科协是中国科协企业科协的成员单位，是上海市科学技术协会的基层组织，业务上接受其指导。2020年底，在册员工3人，在岗员工3人。 （袁鹏飞）

【召开中国宝武科协第一届委员会全体会议】 1月16日，中国宝武科协第一届委员会及中国宝武金属学会第一届理事会第一次全体会议召开，选举产生首届中国宝武科协主席、中国宝武金属学会理事长。集团公司党委书记、董事长陈德荣当选首届中国宝武科协主席、中国宝武金属学会理事长。胡望明、伏中哲、邹继新、郭斌、张锦刚、魏尧、张丕军当选中国宝武科协副主席，张锦刚、张丕军当选中国宝武金属学会副理事长。 （袁鹏飞）

【推进"双创"示范基地建设】 3月20日，中国科协揭晓全国120家"大众创业万众创新"示范基地评估结果：中国宝武位列13家中央企业第三位。5—9月，按国家发展和改革委员会、国务院国资委等部委开展"校企行"专项行动要求，由中国宝武科协、人力资源部、各相关子公司及吴淞口创业园、互联宝地等共同策划"六个一批"（释放一批就业岗位、发布一批创新创业需求、提供一批创业就业导师、对接一批优秀创业项目、打造一批创业就业服务品牌、组织一批成果展示）重点任务及方案。与北京大学、南京大学等高校举办3场创新创业项目线上选拔路演活动，推荐31名导师入围教育部创业就业导师名录；发挥“双创”园区就业潜力，吸纳“双创”园区入驻企业招聘的600余人就业；深化与各高校的企校深度合作，通过与高校签订战略合作框架协议、共建研发中心、提供实习基地等方式缓解高校毕业生就业压力。10月15—21日，中国宝武科协推荐武钢集团“建‘梦创工社’ 搭‘双创’平台 促员工创业”项目入选2020年全国“双创”活动周展示项目。承担上海分会场就业新模式线上活动的组织协调工作，推荐吴淞口创业园、互联宝地、欧冶云商、宝信软件等10项活动入选上海分会场平台展示。（袁鹏飞）

【宝钢科协组织建设】 3月23—27日，召开宝钢股份科学技术协会（简称宝钢科协）第一届委员会第一次会议暨宝钢金属学会第八届理事会第一次会议，选举邹继新为宝钢科协主席、宝钢金属学会理事长。7月21日，召开武钢有限科协第一次代表大会。（袁鹏飞）

【开展中国宝武科技工作者日活动】 中国宝武科协落实中国科协、科学技术部关于开展2020年“全国科技工作者日”活动部署，于5月30日前后陆续开展29项主题活动，其中有：宝钢资源科技论文征集，宝武环科技术创新讲座——冶金固体废弃物的资源循环再生，宝钢金属“境界杯”技术报告系列讲坛等。组织开展首届“创新争先”优秀科技工作者和团队评选；围绕“工序、专业领域对标”“技术创新成果”“双创”“科普”等方面，评选出宝钢股份宝武协同青山彩涂产销研团队等10个优秀团队、宝钢股份研究院钟勇等10名优秀个人。推荐欧冶云商“网络爬虫”“人脸检测”等抖音科普短视频入选中国科协“全国科技工作者日”云平台，并于5月26日发布。中国宝武科协获评中国科协“积极贡献单位”称号，是唯一企业科协获奖单位。（袁鹏飞）

【成立鄂城钢铁科协、鄂城钢铁金属学会】 6月3日，鄂城钢铁召开科协第一届委员会暨金属学会第一届理事会第一次会议，选举王素琳为鄂城钢铁科协主席、金属学会理事长。（袁鹏飞）

【推进专业技术管理】 9—12月，中国宝武科协牵头编制并发布《中国宝武技术管理推进委员会工作动态信息月报》，汇总各专委会对标找差、技术支撑、交流及重点推进项目情况。与钢铁业中心、工会共同开展“铁钢对标挖潜创一流”劳动竞赛。分别召开铁区、炼钢、热轧、冷轧、长材等技术委员会年度工作会议及专题技术交流会议。对马钢集团、重庆钢铁等单位开展调研，将相关基地对标、技术支撑等工作纳入专业委员会管理体系。12月，成立中国宝武科协能源环保专业委员会、厚板技术管理推进委员会。（袁鹏飞）

【一批科技创新成果获奖】 9月，在中国金属学会组织的第四届冶金青年创新创意大赛上，中国宝武获63个奖项。其中，宝钢股份、宝武智维、中南钢铁等单位申报的11个项目获一等奖。12月8日，在中国科协、科学技术部、天津市人民政府主办的2020年中国创新方法大赛总决赛上，马钢集团、马钢交材6个项目参赛，获二等奖4项、三等奖1项、优胜奖1项。（袁鹏飞）

【承办行业会议】 10月13日，武钢有限承办2020钢铁工业生态发展论坛；10月28日，吴淞口创业园承办全球技术转移大会—2020吴淞口“双创”论坛。（袁鹏飞）

编辑：李　冰

# 07 节能环保

# 节能环保

## 概　述

2020年，中国宝武吨钢综合能耗569千克标准煤，同比下降1.70%；二氧化硫、化学需氧量和氮氧化物排放总量分别为28 635吨、1 887吨和68 106吨，分别同比下降14%、10%和11%。中国宝武上海地区工业企业用能总量、煤炭消耗总量均完成上海市下达的年度目标。年内，宝钢股份直属厂部、武钢有限、湛江钢铁、太钢股份通过中国钢铁工业协会“清洁生产环境友好企业”复审；鄂城钢铁通过“清洁生产环境友好企业”评审，获工业和信息化部“绿色工厂”称号；宝武环科下属上海宝田新型建材有限公司和安徽马钢嘉华新型建材有限公司，宝钢包装下属上海宝翼制罐有限公司、成都宝钢制罐有限公司、河南宝钢制罐有限公司，欧冶云商下属宁波宝钢不锈

韶关钢铁厂区的樱花大道　　（何少华 摄于2020年4月）

钢加工有限公司等单位获地方政府“绿色工厂”称号。中国宝武选送的“LCA（产品全生命周期评价）在碳交易市场决策中的应用”项目获世界钢铁协会生命周期评价卓越成就奖。（林高平）

## 节能减排

【引入全国首批“氢能源”半挂牵引整车】3月20日，宝武物流资产有限公司购入全国首批“氢能源”半挂牵引整车，并于9月1日投入使用。该批车辆采用先进的氢燃料电池，最大牵引质量为33.30吨，续航里程突破300千米，每辆车每年能实现二氧化碳减排85吨。（林高平）

【鄂城钢铁超高温亚临界煤气发电项目开工】4月30日，鄂城钢铁举行新建超高温亚临界煤气发电项目开工仪式。该项目采用世界先进技术，能够提升煤气利用效率，实现煤气资源的零放散，达产后年发电量逾6亿千瓦时。项目总投资2.60亿元，计划于2021年3月底投产。（林高平）

【韶关钢铁煤气高效综合循环利用项目一期改建工程投产】5月30日，韶关钢铁煤气高效综合循环利用项目一期改建工程投产。该项目建设2台135兆瓦超高压高温煤气发电机组及相关配套设施。投产后，韶关钢铁煤气利用率可达100%，实现煤气零放散。同时，原高温高压机组退出生产运行序列，整套机组热效率可达38%，能源利用效率提高30%。项目年供电量10.20亿千瓦时。（林高平）

【成立氢能应用和氢储能联合研究实验室】5月28日，宝武清能与中国航天科技集团有限公司第811研究所联合成立的氢能应用和氢储能联合研究实验室在上海航天氢能科技有限公司揭牌。该实验室致力于打造上海市储能用（氢储能）电池及系统监测专业技术服务平台，拥有1条千套级燃料电池电堆生产线、1条电堆测试线。研究领域主要包括：氢燃料电池及应用技术和产品的开发，氢能在产业

宝钢股份直属厂部一角（刘继鸣 摄于2020年7月）

园区及移动场景使用技术开发,光伏—氢—储能综合能源开发应用。（林高平）

【中国宝武首个科研性示范加氢站建成】 7月15日,中国宝武第一个氢能产业示范项目——宝武清能科研性示范加氢站(宝钢股份)建成并投入运行。该项目位于宝钢股份直属厂部,加氢站为日加氢规模500千克的三级加氢站。项目投用后,可为中国宝武宝山区域氢能源汽车的正常运行提供能源保障。（林高平）

【韶关钢铁特轧厂烟气余热回收系统投产】 8月1日,韶关钢铁特轧厂板材工序一号加热炉烟气余热回收系统投产。项目投产后,每小时产蒸气8～10吨,烟气排放温度由原来的450℃降低至180℃,可降低板材工序能耗和加工成本。（林高平）

【节能减排成果获冶金科学技术奖】 8月13日,2020年冶金科学技术奖评选结果公布,由宝钢股份、宝钢工程下属上海宝钢节能环保技术有限公司完成的“钢铁多流耦合分布式能源技术研究与应用”项目获一等奖,项目以“多能互补、数据驱动、网储一体、源荷交互、区域平衡、极限能效”为理论主线,推动传统钢铁能源系统变革。该项目共开展27项低碳、高能效技术开发与应用,3年内实现节能8.87万吨标准煤、减排二氧化碳22万吨,对钢铁能效提升、绿色低碳转型发展提供实践示范。（林高平）

【高炉富氢冶金示范线投入运行】 9月30日,中国宝武低碳冶金创新中心富氢冶金示范线在宝钢股份直属厂部一号高炉投入运行。富氢冶金示范线是中国宝武氢冶金研究计划的项目之一,目标是用氢气来替代碳,减少钢铁冶金流程的温室气体排放,直至实现钢铁冶金生产过程的碳中和。（林高平）

【重庆钢铁富余煤气高效利用发电项目开工】 10月30日,重庆钢铁富余煤气高效利用发电项目开工建设。该项目新建3台80兆瓦超高温亚临界发电机组,并同步建设脱硫、脱硝等环保设施,计划于2021年底建成投产。项目建成后,可减少煤气放散,年发电量可达19.20亿千瓦时。（林高平）

【中国宝武与必和必拓签署气候变化合作谅解备忘录】 11月6日,中国宝武和必和必拓视频签署气候变化合作谅解备忘录。根据约定,必和必拓计划未来5年投资3 500万美元用于与中国宝武合作,开展低碳冶金相关的技术研究开发、示范项目建设与运营以及知识共享。在中国宝武低碳冶金创新中心框架下,建立中国宝武—必和必拓低碳知识分享中心。（林高平）

【武钢有限建设亚临界燃气锅炉发电项目】 11月28日,宝钢股份武钢有限亚临界燃气锅炉发电项目开工建设。项目采用国际领先的超高温亚临界煤气发电技术,机组设计热效率为40.50%,比原来的煤气锅炉机组提升45%,每年可多发电5.86亿千瓦时,直接经济效益3.50亿元,计划于2021年9月30日完成两台机组并网发电。项目建成后,武钢有限自发电率可由60%提高至68%,设计的锅炉烟气排放可满足国家超低排放要求。（林高平）

【举办中国钢铁低碳发展目标与路径研讨会】 12月17日,力拓集团、中国宝武和清华大学三方在北京共同举办中国钢铁低碳发展目标与路径研讨会,探讨中国实现气候变化新目标对钢铁行业的新要求,及中国钢铁行业低碳转型实践与创新。（林高平）

【首批氢能重型卡车投入商业化运营】 12月29日,中国宝武首批60辆42吨半挂氢能重型卡车在宝钢股份投入运营,标志着由宝武清能承担的上海市重点产业化科研项目“氢燃料重卡在宝钢基地可靠性、适应性验证及示范应用”完成。项目突破了氢燃料电池发动机面临的大功率、高比功率、长寿命、耐低温及整车集成等关键问题,解决了氢燃料动力系统在整车上的布置、热管理和稳定高效的控制策略等核心技术,实现了电堆耐久性不低于1万小时的应用要求;探索氢燃料电池汽车运营管理方法,提升燃料电池汽车检测技术,验证整车、动力系统及关键零部件的性能,提高燃料电池汽车的可靠性。（林高平）

【八一钢铁氧气高炉实现第一阶段目标】 10月9日,八一钢铁氧气高炉完成第一阶段工业实验,鼓风氧含量为35%。与传统高炉相比,氧气高炉的二氧化碳排放量更低。（林高平）

【宝钢股份钢铁节能低碳技术库推广应用】 2020年,宝钢股份钢铁节能低碳技术库历经2年更新与

完善后在武钢有限推广应用，实现吨钢能源成本下降40元的年度目标。（林高平）

## 环境保护

**【梅钢公司智慧环保料场封闭示范项目建成】** 3月18日，宝钢股份梅钢公司原料码头智慧环保料场示范项目开工。项目对该料场所有3个转运站及17条输料皮带机通廊全部实施封闭改造，实现智慧化环保。12月30日，项目主体工程建成并投入运行。（林高平）

**【启动向山地区综合环境治理项目】** 4月28日，宝钢资源与安徽省马鞍山市人民政府就共同推进马钢矿业下属南山矿所在的向山地区综合环境治理项目签署战略合作协议，目标是解决向山地区生态环境突出问题，构筑向山地区“村庄集聚美丽、环境宜居宜业、矿区生态修复、产业融合发展”的生态文明新格局。（林高平）

**【宝日汽车板建设冷轧废水回用项目】** 5月18日，宝钢股份直属厂部冷轧废水零排放标志性项目——宝日汽车板冷轧废水回用项目开工建设。项目计划于2021年6月建成。项目建成后，宝日汽车板冷轧废水处理能力可达每小时400立方米，实现废水零排放，每年可实现回用废水240万吨，处理过程产生的废物全部转化为自用原料和可供销售的产品。（林高平）

改造中的宝钢股份梅钢公司原料码头智慧环保料场示范项目（朱　飞　摄于2020年10月）

**【宝武环科完成宝山新城土壤修复】** 5月15日，宝武环科下属上海宝发环科技术有限公司采用自有系列专利技术完成“宝山新城01—06地块”土壤修复，使该地块成功移出《上海市建设用地土壤污染风险管控和修复名录(第一批)》，成为长江经济带区域首批移出该名录的三个地块之一。（林高平）

**【举办环保网格化监测技术研讨会】** 6月16日，集团公司能源环保部协同上海吴淞口创业园有限公司举办环保网格化监测技术研讨会，25家子公司参会。（林高平）

**【宝武水务—中央研究院联合研发中心成立】** 6月22日，宝武水务—中央研究院联合研发中心成立。该中心的方向是围绕“废水零排放、废气超低排”，发挥宝武水务和中央研究院在资源、技术、研发、成果转化方面的优势，在技术战略咨询、前沿技术攻关、新产品研制、科技成果产业化、人才培养等方面展开长期深入合作。（林高平）

**【《钢铁企业绿色高质量发展指数》标准发布】** 7月22日，中国钢铁工业协会发布5项团体标准，由中国宝武牵头编制的《钢铁企业绿色高质量发展指数》在列。该标准以《中国宝武绿色城市钢厂指标体系》为基础，从装备技术、资源利用、能源效率、环保绩效、区域环境，经营管理、智慧创新、产品与供应链、社会贡献、应对气候变化等“多目标约束”统筹优化与集成解决为出发点，提出符合中国钢铁企业的绿色高质量发展指数，推动行业绿色高质量发展。（林高平）

**【三家单位入选上海市绿色制造体系示范单位】** 8月5日，上海市发布第一批绿色制造体系示范单位名单，宝钢股份、宝钢包装下属上海宝翼制罐有限公司、宝武环科下属上海宝田新型建材有限公司成为首批绿色制造体系绿色工厂示范单位。宝钢股份6个大类、68个牌号的取向硅钢和新能源汽车用无取向硅钢产品进入绿色产品名单。（林高平）

**【中国宝武居“中国企业可持续发展100佳”榜首】** 9月27日，在中国企业500强高峰论坛期间，中国可持续发展工商理事会和中国企业联合会联合发布《2020中国企业可持续发展指数报告》及“2020中国企业可持续发展100佳”榜单。中国宝武再次居“2020中国企业可持续发展100佳”榜首。中国宝武优秀案例再次入选《2020中国企业可持续发展指数报告》。（林高平）

**【宝钢股份开展工程机械更新活动】** 9月28日，宝钢股份直属厂部举行以“清洁运输，共建城市钢厂”为主题的工程机械更新活动。宝钢股份直属厂部有不达标的非道路移动机械259台，由宝钢股份运输部牵头报废并同步更新189台。计划于2021年底完成超低排放和A级企业所需的清洁运输配套项目，完成绿色清洁运输线路和清洁运输业务优化。（林高平）

国家级绿色工厂——鄂城钢铁厂区一角 （盛园田 摄于2020年5月）

**【三家单位成为国家级绿色工厂】** 10月16日，工业和信息化部公布第五批绿色制造名单，中国宝武所属上海宝翼制罐有限公司、安徽长江钢铁股份有限公司、宝武集团鄂城钢铁有限公司3家单位入选国家第五批绿色工厂名单。（林高平）

**【主办钢铁行业节能减排活动】** 10月30日，由国家节能中心、中国钢铁工业协会、中国节能环保金融联盟、中国宝武共同主办的钢铁行业超低排放与节能技术改造、绿色金融供需对接服务活动在北京召开。宝钢工程、宝武水务和宝武环科会上发布8项节能环保技术。（林高平）

**【上海市生态环境局致信感谢中国宝武】** 11月初，中国宝武收到上海市生态环境局感谢信，感谢中国

2020年9月28日，宝钢股份直属厂部举行工程机械更新活动 （张 勇 摄）

宝武为第三届进博会环境空气质量保障作出的贡献。第三届进博会期间，中国宝武制订整体方案，严格跟踪检查，发布10期空气质量改善攻坚工作信息快报；宝钢股份、宝钢工程、宝武炭材、宝武环科和宝武特冶等单位调整生产，确保各项减排措施落实到位。（林高平）

## 循环经济

【宝武环科与中化环境签订战略合作框架协议】 6月10日，宝武环科与中化环境控股有限公司（简称中化环境）分别在上海、北京两地，以“云签约”方式签订战略合作框架协议。双方通过围绕废盐、土壤修复、冶金渣硅肥、环保综合园区、工业危险废物、生活垃圾、污泥等各种资源的回收与利用等细分领域，开展全方位、多领域的深度合作。（林高平）

【宝武环科无害化处置温州市有毒有害垃圾】 2020年，作为浙江省温州市唯一综合性危险废物处置单位，宝武环科下属温州市环境发展有限公司面向全市域范围内的13个县市区，提供从中转站到处置厂的收运处置一体化服务。7月26日，温州市环境发展有限公司联合瑞安市综合行政执法局、鹿城区环境卫生管理处，接收过期药品、化妆品、杀虫剂、日光灯管、废电池等有害垃圾2.05吨，并将这些有毒有害垃圾进行无害化处置。（林高平）

【宝武环科承接的转底炉项目投产】 8月18日，江苏省张家港市大宗固体废物综合利用基地冶金尘泥资源化处理项目投产，这是宝武环科转底炉业务迈向全国市场的首个成果。该项目于2019年6月15日开始桩基施工，工期历时11个半月，创造了转底炉生产线建造最短周期。该项目对强力混合机、高压压球机等重要进口设备进行国产化，缩短了设备交货周期，实现了国产替代。同时，创造性地采用新式圆筒冷却机，彻底解决了过去转底炉冷却机蒸气无组织外排的问题，在改善生产环境的同时，也为后续冷却水循环利用、热量回收提供了基础依据。（林高平）

【鄂城钢铁钢渣处理生产线建成投产】 11月10日，由宝武环科鄂州资源有限责任公司负责建设的鄂城钢铁钢渣处理生产线投产。该项目于2019年12月30日开工，处理能力为75万吨/年。所有工艺过程配备相应的除尘设施，粉尘排放量小于10毫克/立方米，远低于国家标准，实现二次资源的全部回收利用，达到“固体废物不出厂”目标。（林高平）

【宝武环科参与国内循环经济相关活动】 11月19日，宝武环科作为中国循环经济协会副会长单位，参加中国循环经济协会主办的2020中国循环经济发展论坛，并作《大力发展循环经济、支撑钢铁行业绿色发展》主题报告；同时，宝武环科承办2020中国工业固体废物综合利用产业发展分论坛，主持“思辨‘十四五’：循环经济与绿色增长”对话活动。（林高平）

编辑：李　冰

# 08

# 人力资源

# 人力资源

## 概　述

中国宝武人力资源工作包括人力资源管理和教育培训工作。中国宝武人力资源部是集团公司人力资源管理的职能部门，下设领导力发展、人事效率、薪酬福利、员工发展、青年工作5个职能，主要职责包括领导力发展机制的整体策划、实施与评估，下属各单位领导班子建设与发展的整体策划与实施，人事效率提升体系策划、目标制定及评估督导，招聘计划制订、评估及指导实施，协力用工规范与优化，工资总额与人工成本管理，激励机制建设与薪酬福利体系总体策划，人力资源规划、人才发展规划拟订、实施及评估，员工教育培训制度及政策的整体策划、拟订及完善，青年人才发现、推荐、开发体系及机制建设等管理工作。中共中国宝武党校（简称宝武党校）围绕党的路线、方针、政策，对党员干部和员工进行党的理论教育和党性教育，以提高党员、干部队伍的思想政治素质、党性修养和领导能力；中国宝武管理学院（简称宝武管理学院）负责管理人员的教育培训与管理研究等工作，支撑中国宝武战略落地、管理变革和能力提升；宝武大学负责技术技能人才的教育培训管理。　（张　钊）

## 领导力发展

【开展一级子公司领导班子分析】2020年，人力资源部针对一级子公司滚动开展班子分析，从配置情况、年龄梯次、任职年限、绩效情况、功能搭配、履职经历六个方面全面分析子公司领导班子及助理级领导人员配置情况，深挖痛点，形成《一级子公司班子分析报告》，推进领导班子和领导人员“双优化”，打造年龄梯次合理、专业优势互补、功能合理、与国有资本投资匹配的子公司领导班子队伍。

（霍兆光）

【优化班子职数和领导人员配置】 2020年，人力资源部从有利于规范子公司领导班子配置、领导人员队伍建设、推动整合融合化合等工作角度考虑，提出“阶段性拉长板凳”的优化举措。对3家新切换为一级子公司的领导班子开展评估，为4家新成立的一级子公司配备领导班子、董事、监事，优化、调整直管干部180人次，涉及28家子公司。其中，提拔使用26人，进一步使用3人。 （霍兆光）

【推进干部交流任职】 2020年，人力资源部结合集团公司业务布局，以“三跨两多”(跨地域、跨单位、跨领域、多层次、多岗位）为抓手，在集团公司直管干部层面跨单位交流77人次，占直管干部总数比例达29.20%，其中集团公司总部与子公司间交流27人次，占比10.20%。 （霍兆光）

【开展年度绩效评价工作】 2020年，人力资源部按照“坚持强绩效导向、适度评价授权、加强监督应用”原则，严格应用党纪政纪处分及组织处理的结果，全面考量领导人员实际工作绩效和各个专业维度相关方面评价情况，完成201名直管领导人员、72名集团公司总部重点管理岗位人员的2019年度绩效评价工作。 （霍兆光）

【推进董事、监事“职务化”管理】 2020年，人力资源部按照规范化、职务化、专业化的原则，把有知识、有能力、有经验、有专业背景的干部选派到外部董事、监事岗位，在集团公司一级子公司内实现职务化选派全覆盖，全年调整派出董事、监事105人次。 （霍兆光）

【完成领导人员层级等次切换工作】 2020年，人力资源部本着“兼顾历史、注重公平”的原则，形成层级及等次切换规则，完成集团公司直管干部、总部重点管理人员等433人的层级等次切换。会同公司治理部，按照统一单位分档标准及岗位逐级递推规则，对9家新成立子公司、5家专业化整合涉及子公司的直管单位档级及直管岗位层级进行审定，确保集团公司各单位间、专业化整合单位间的统筹协调平衡。 （霍兆光）

【规范领导干部个人事项填报工作】 2020年，人力资源部制订《中国宝武关于贯彻落实领导干部个人有关事项报告专项整治的工作方案》，召开干部监督年度工作会议暨领导干部个人有关事项集中填报等专题培训。以填报提示、领导人员自查、党委组织部排查及警示案例等形式，提升报告填报、录入、分析的准确度和规范性，领导干部个人有关事项查核一致率从2019年的64%提高至2020年的90%。 （霍兆光）

【推进干部监督工作】 2020年，人力资源部规范领导人员兼职管理、因私出国（境）管理，落实领导班子成员分工调整报告制度；严格外派国（境）外、配偶移居国（境）外领导人员的任职岗位管理，部署、开展境外腐败专项治理工作。 （霍兆光）

【选派新一批扶贫干部】 2020年，人力资源部向云南省广南县增派1名驻村第一书记；向云南省普洱市选派1名挂职干部；向革命老区河南省光山县增派1名挂职干部。开展任前培训，明确工作职责和要求；指定专人服务干部家属，解决扶贫挂职干部后顾之忧。 （霍兆光）

【加强干部基础信息管理】 2020年，人力资源部制作形成工作提示，下发《关于进一步规范干部信息管理的工作提示》《干部任免审批表填报说明》，提升干部信息的规范性和准确度；优化信息展示方式，实时更新《中国宝武二级单位领导人员信息表》，使领导掌握即时、准确、详实、立体的干部信息，为选人用人提供有力支撑；推进模板化管理，结合规范管理要求，形成流程标准、要点清晰、书写规范的“前备案管理岗位推荐人选请示、领导人员层级提升请示”等常用报告参考模板。 （霍兆光）

## 中国宝武钢铁集团有限公司负责人（2020年12月）

董事长：陈德荣
董　事：胡望明
李国安（外部董事）
林建清（外部董事）
罗建川（外部董事）
文传甫（外部董事）
张贺雷（职工董事）
总经理：胡望明
副总经理：郭　斌　张锦刚
总会计师：朱永红
党委书记：陈德荣
党委副书记：胡望明
党委常委：陈德荣　胡望明
邹继新　朱永红
郭　斌　张锦刚
章克勤　侯安贵
魏　尧
纪委书记：章克勤
工会主席：张贺雷

**董事会秘书：**朱永红（兼）
**总法律顾问：**蒋育翔
**总经理助理：**李庆予　纪　超

## 中国宝武钢铁集团有限公司总部各部室领导人员（含总监、处长及内设、挂靠部门负责人）（2020年12月）

### 钢铁产业发展中心
总经理：姚林龙
钢铁业规划总监：陈君明
钢铁业投资总监：许旭东
钢铁业运营评价总监：温卫萍
武汉分中心主任：赵昌武

### 新材料产业发展中心
总经理：储双杰
新材业规划投资总监：虞　跃
新材业运营评价总监：李永东

### 智慧服务产业发展中心（智慧化与大数据建设办公室）
总经理、主任：贾砚林
智慧化与大数据建设办公室专职副主任：杨建夏
智慧业规划投资总监：邹　峻
智慧业运营评价总监：张彤艳
信息总监：杨建夏（兼）

### 资源环境产业发展中心
总经理：钱　峰
资环业规划投资总监：吴青贤
资环业运营评价总监：方庆舟

### 产业园区业发展中心
总经理：吕　军
副总经理：顾柏松
园区业规划总监：刘晋波
园区业项目总监：夏　琦
园区业资产总监：金学湛

### 产业金融业发展中心
总经理：胡爱民
产融业金融资产总监：刘　俊
产融业金融资本运作总监：刘文昕

### 海外事业发展办公室
主任：李庆予（兼）
印尼镍铁项目组专职组长：史国敏
海外项目总监：严　曜
海外事业发展总监：李庆林
外事办公室副主任：张　敏

### 原料采购中心
总经理：纪　超（兼）
副总经理：朱学滨　周　斌
矿石业务总监：袁　涛
原料资源平衡总监：舒文虎

### 党委办公室、办公室
主任：冯爱华
副主任：杨建忠
信访办公室主任：杨建忠
信访办公室副主任：严　俊
行政室主任：王茂森
调研室副主任：吴蓓珠

### 战略规划部（经济与规划研究院）
总经理（院长）：吴东鹰
规划投资总监：吕笑然
战略合作与协同总监、经济规划与研究院院长助理：何太平
制造业发展策划总监：常兴辉
服务业发展策划总监：池忠仁

### 财务部
总经理：路巧玲
退资办专职副主任：赵春阳
预算总监：夏　峰
资金总监：李建涛
首席会计师：李　钊
资产管理总监：徐少兵
产权交易总监：周宝英

### 党委组织部、人力资源部、党委统战部、老干部工作部
部长、总经理：汪　震
领导力发展总监、干部监督处处长：冯　军
人事效率总监：封　峰
薪酬福利总监：张玉宾
员工发展总监：刘兆华
组织统战处处长：陆卫忠
青年工作处处长：郑卓君
中国宝武党建督导高级专员：寿耀明

### 公司治理部（全面深化改革工作办公室）
总经理、主任：秦长灯
公司治理总监：汪爱民
风险控制总监：刘新宇
组织绩效总监：刘亦飞
深改办专职成员：王诚翔　殷　登

### 党委宣传部、企业文化部、党校、管理学院
党校校长：魏　尧（兼）
部长、院长、常务副校长：钱建兴
副部长、副院长、副校长：
田　钢　徐美竹
新闻管理处处长：钱建兴（兼）
新闻中心主任：钱建兴（兼）
新闻中心副主任：田　钢（兼）
思政工作处处长：汤平健
企业文化处处长：王丹云
史志办公室主任：张文良
管理学院院长助理兼党校、管理学院管理教研室主任：陶云武
党校、管理学院办公室主任：杨敏宏
党校、管理学院办公室副主任：许　勇
党校、管理学院媒体与在线学习中心主任：童　赟
党校、管理学院媒体与在线学习中心副主任：李晓虹
党校、管理学院党建教研室副主任：徐力方
党校、管理学院管理教研室副主任：梁　军
培训管理高级专员：龚　斌

### 法律事务部
部长：蒋育翔
合同管理处处长：蔡东辉

### 审计部
部长：张立明
投资审计处处长：尚　宁
经营审计处处长：唐志强

派出子公司监事管理处处长：
赵　雍

### 纪委、监察专员办公室

副书记：朱汉铭
纪委常委：张忠武
信访案管室主任：武海山
纪检干部监督与综合管理室主任：
陈　佳
监督检查室主任：张颖睿
审查调查室主任：徐　佶
审理室副主任：陈宁国

### 党委巡视工作办公室

主任：胡达新

### 党委巡视组

专职组长：吴声彪　陶全兴
第四巡视组副组长：戴洪涛

### 能源环保部、安全生产监督部、科技创新部

部长：柯善良
安全生产监督部副部长：孙有力
环境保护处处长、碳减排办公室主任：
韩　晶
安全企划处处长：李　盛
科技发展处处长：马朝晖
上海市金属学会、中国宝武科学技术协会副秘书长：拓西梅

### 环境保护督查组

专职组长：王　平
副组长：戴　坚

### 安全督导组

第一安全督导组组长：杨　敏
第一安全督导组副组长：周学龙
第二安全督导组组长：何荣杰
第三安全督导组组长：胡邦喜
第三安全督导组副组长：尹小鹏
第四安全督导组副组长：张望兴
第五安全督导组副组长：吴　斌

### 工会

副主席：周　瑾
经济工作部部长：吕艳斌
宣教保障部部长：杨小川
办公室主任：陈　妍
组织民管部副部长：李士伟

### 团委

书记：周　瑾
副书记：郑卓君

### 机关党委

党委书记：冯爱华
纪委书记：陈　佳
工会主席：张　伟

### 宝武大学

校长：胡望明（兼）
执行副校长、建设产教融合型企业工作办公室主任：傅连春
副校长：陈志宇

### 运营共享服务中心（档案中心）

总经理：陆怡梅
党委书记：陆怡梅
副总经理：张翠娥
财务管理专员：夏春红

## 中国宝武钢铁集团有限公司各子公司负责人（2020年12月）

### 宝山钢铁股份有限公司

董事长：邹继新（兼）
总经理：盛更红
副总经理：魏成文　胡玉良
党委书记：邹继新（兼）
党委副书记：盛更红　周学东
党委常委：邹继新　盛更红
陈冬生　施　兵
吴小弟　周学东
纪委书记：陈冬生

### 宝武集团中南钢铁有限公司

董事长：张锦刚（兼）
总裁：李世平
高级副总裁：赖晓敏
党委书记：张锦刚（兼）
党委副书记：李世平　蔡建群
党委委员：张锦刚　李世平
王素琳　赖晓敏
解　旗　刘建荣
蔡建群
纪委书记：蔡建群

### 太原钢铁（集团）有限公司

董事长：高祥明
总经理：高建兵
副总经理：柴志勇　马法成
总会计师：张晓东
总经济师：王立新
总工程师：李建民
党委书记：高祥明
党委副书记：高建兵　韩瑞平
党委常委：高祥明　高建兵
韩瑞平　柴志勇
李　华　高　铁
曹志福　张晓东
赵恕昆
纪委书记：高　铁

### 马钢（集团）控股有限公司

董事长：丁　毅
总经理：刘国旺
副总经理：钱海帆　唐琪明
党委书记：丁　毅
党委副书记：刘国旺　何柏林
党委常委：丁　毅　刘国旺
张文洋　钱海帆
唐琪明　何柏林
伏　明　章茂晗
纪委书记：何柏林

### 宝钢集团新疆八一钢铁有限公司

董事长：肖国栋
总经理：吴　彬
副总经理：兰　银　袁万能
党委书记：肖国栋
党委副书记：吴　彬　冯　义
塔依尔·买买提
纪委书记：季艳军

### 欧冶云商股份有限公司

董事长：赵昌旭
总裁：金文海
高级副总裁：张　维　张佩璇
潘智军　顾永兴
党委书记：赵昌旭
党委副书记：金文海　王小干

纪委书记：王小干

上海宝信软件股份有限公司

董事长：夏雪松
总经理：朱湘凯
副总经理：周建平　宋健海
　　　　　陈　健　胡国奋
　　　　　宋世炜　梁越永
党委书记：夏雪松
党委副书记：朱湘凯　高银波
纪委书记：高银波

宝钢资源有限公司、宝钢资源（国际）有限公司

董事长：张典波
总裁：陆克从
高级副总裁：熊新海　鲁兆明
　　　　　　崔伟灿　朱学滨
　　　　　　吴寒芬　张　华
宝钢资源（国际）有限公司党委书记：张典波
宝钢资源（国际）有限公司党委副书记：陆克从　王铁成
宝钢资源（国际）有限公司纪委书记：王铁成

宝武集团环境资源科技有限公司

董事长：陈在根
总经理：朱建春
副总经理：荀士保　张　波
党委书记：陈在根
党委副书记：朱建春

武钢集团有限公司

董事长：周忠明
总经理：傅新宇
副总经理：陈清泉　肖　扬
　　　　　陆大胜　张　铁
党委书记：周忠明
党委副书记：傅新宇　张先贵
纪委书记：张先贵

宝钢发展有限公司、上海宝地不动产资产管理有限公司

董事长：王继明
总裁：王　语
高级副总裁：冯国辉　杨大宏
　　　　　　黄道锋　蒋勤芳
　　　　　　范宏超
党委书记：王继明
党委副书记：王　语　朱　超
纪委书记：朱　超

宝武炭材料科技有限公司

董事长：林秀贞
总经理：徐同建
副总经理：李峻海　范松林
党委书记：林秀贞
党委副书记：徐同建　翁志华
纪委书记：翁志华

宝钢工程技术集团有限公司

董事长：王建跃
副总经理：袁　磊　李晓庆
　　　　　陈孝文
党委书记：王建跃
党委副书记：徐建耀
纪委书记：徐建耀

上海宝钢不锈钢有限公司、宝钢特钢有限公司

董事长：蔡伟飞
总经理：秦铁汉
副总经理：施劲松　张鹤鸣
　　　　　周新平
党委书记：蔡伟飞
党委副书记：秦铁汉　戴相全
纪委书记：戴相全

宝武集团马钢轨交材料科技有限公司

董事长：任天宝
总裁：安　涛
高级副总裁：李　翔　杨文武
党委书记：任天宝
党委副书记：安　涛　何　潮
纪委书记：何　潮

宝钢金属有限公司

董事长：王强民
总裁：祁卫东
高级副总裁：陈国荣　庄建军
　　　　　　李长春
党委书记：王强民
党委副书记：祁卫东　蔡正青
纪委书记：蔡正青

上海宝钢包装股份有限公司

董事长：曹　清
总裁：曹　清
高级副总裁：葛志荣　谈五聪
　　　　　　朱未来
党委书记：刘长威
党委副书记：夏　辰
纪委书记：夏　辰

宝武特种冶金有限公司

执行董事：章青云
总经理：陈步权
副总经理：刘剑恒　施　威
党委书记：章青云
党委副书记：陈步权　徐克勤
纪委书记：徐克勤

宝武装备智能科技有限公司

董事长：李　麒
总经理：王剑虎
副总经理：许寿华　李　杰
　　　　　黄加坤
党委书记：李　麒
党委副书记：王剑虎　张智勇
纪委书记：张智勇

宝武重工有限公司

董事长：朱庆明
副总经理：程建国（主持工作）
党委书记：朱庆明
党委副书记：程建国　赵厚信
纪委书记：赵厚信

欧冶工业品股份有限公司

董事长：王　静
总裁：王　静
高级副总裁：田国兵　李志霞
　　　　　　周建平（挂职）
党委书记：田国兵
党委副书记：谈爱国
纪委书记：谈爱国

宝武水务科技有限公司

董事长：汪平刚
总经理：严　华

副总经理：金志杰　董晓丹
　　　　　胡新华
党委书记：汪平刚
党委副书记：严　华　袁文清
纪委书记：袁文清

**宝武清洁能源有限公司**

董事长：周建峰
总裁：魏　炜
高级副总裁：魏春奇　蔡方伟
党委书记：周建峰
党委副书记：魏　炜　崔荣新
纪委书记：崔荣新

**欧冶链金再生资源有限公司**

董事长：陈昭启
总裁：严鸽群
高级副总裁：陶　炜　曹玉龙
党委书记：陈昭启
党委副书记：胡志强
纪委书记：胡志强

**西藏矿业资产经营有限公司**

董事长：曾　泰
总经理：曾　泰
党委书记：曾　泰
党委副书记：张金涛　拉巴江村
党委委员：张金涛　拉巴江村
　　　　　次　仁　尼　拉
　　　　　布琼次仁
纪委书记：拉巴江村

**华宝投资有限公司**

董事长：胡爱民
党委书记：胡爱民
党委副书记：黄洪永
纪委书记：黄洪永

**华宝信托有限责任公司**

董事长：李琦强
总经理：孔祥清
副总经理：张晓喆　刘雪莲
党委书记：李琦强
党委副书记：孔祥清　刘月华
纪委书记：刘月华

**华宝基金管理有限公司**

董事长：朱永红（兼）
总经理：黄小薏
副总经理：李慧勇　向　辉
党委书记：黄孔威
党委副书记：欧江洪
纪委书记：欧江洪

**华宝证券有限责任公司**

董事长：胡爱民（兼）
总裁：刘加海
高级副总裁：郑　亮　冯　葆
　　　　　　熊　伟
党委书记：贾　璐
党委副书记：刘加海　徐世磊
纪委书记：徐世磊

**宝武集团财务有限责任公司**

董事长：朱永红（兼）
副董事长：王明东
总经理：陈海涛
副总经理：姚文忠　张　波
党委副书记：王明东　陈海涛
　　　　　　童卫银
纪委书记：童卫银

**武汉钢铁集团耐火材料有限责任公司**

执行董事：李　军
总裁：李　军
高级副总裁：胡　波
总会计师：匡奕军
党委副书记：李　军（主持工作）
　　　　　　孙　彤
纪委书记：孙　彤

## 人事效率

【推进人事效率提升】　2020年，人力资源部坚持以人力资源总量优化和人均价值创造提升，支撑集团公司经营管理持续改善。全年，集团公司在岗人数优化8%；钢铁主业人均钢产量1 106吨/人·年，同比增加10.80%；人均营业收入377万元/人·年，同比增加8.20%。（杨　军）

【优化协力用工管理】　2020年，人力资源部制订《2020—2022年加强协力用工规划及分年度计划》，明确协力用工管理逻辑，加强协作供应商管理，推进全口径劳动效率提升。聚焦安全管理本质化，着力提升协力用工管理水平，形成《钢铁主业协力优化有关方案》，按季度推进协力用工管理优化工作。年底，集团公司插入式协力及劳务派遣用工总数1.65万人，较年初优化15%。（黄　宇）

【引进紧缺型人才】　2020年，人力资源部面对重点产业和关键技术领域对高端、紧缺型人才的需求，多渠道引进战略发展所需的创新型、专业化、高层次人才。新冠肺炎疫情期间，通过内部员工推荐、外部专业机构合作等方式，引进人才294名。（陈利萍）

【落实“稳岗扩就业”】　2020年，人力资源部参与“抗疫稳岗扩就业国聘专项行动”“战略新兴产业面向2020届高校毕业生网络招聘”等大型网络云招聘活动；主动对接各大高校，开展2020春季校园招聘活动；赴上海交通大学、复旦大学启动2021年校园联合招聘活动。推动就业帮扶，帮助对口扶贫县的911名贫困人口转移就业，招录53名贫困地区应届大学毕业生、成熟人才加入中国宝武下属子公司。（陈利萍）

【优化离岗人员管理】　2020年，人力资源部按照“多退少养、多转少留、抑高抬低”的原则，加强政策牵引，规范离岗人员管理，引导员工市场化退出和转岗转型。对离岗人员管理优化提出相关建议和管理举措，形成《离岗管理优化建议方案》。全年，精简离岗人员2 447人，精简比例7.20%。（陈　亮）

【探索试行远程办公】　2020年新冠肺炎疫情期间，人力资源部制定《集团总部远程办公人员管理若干规定（试行）》文件，提出远程办公行为准则。2月10日至3月27日试行期间，集团公司总部482人参与远程办公，占总部非管理岗位人数的91.30%。（陈利萍）

【策划高效总部人才队伍建设方案】　2020年，人力资源部制订《高效总部人才队伍建设的方案》，配置适应联合重组、专业化整合融合下的高素质总部人才队伍。强化总部人才选拔的“高起点性”、人才结构的“高成长性”，坚持“价值化”的高效人才配置，打造契合国有资本投资公司需要、支撑高效总部建设的高素质人才队伍。

（文帅帼）

## 薪酬福利

【实践中长期激励】　2020年，人力资源部聚焦效益效率，提升员工动力活力，实践多样化中长期激励。发布《中国宝武所属上市公司股权激励管理办法（试行）》，有序开展上市公司股权激励；贯彻科技创新发展战略，精准实施科技型企业岗位分红；坚持以“混”（混合所有制）促“改”（体制机制改革），推进混合所有制企业员工持股。

（王艳民）

【优化员工意外综合团体保险】　2020年，人力资源部遵循保障企业员工更好的生产条件、生活条件，按普惠与均等原则，对员工意外综合团体保险责任进行优化调整，适度提高员工住院医疗保障水平。

（王艳民）

## 员工发展

【完成干部教育培训情况自评报告】　2020年，人力资源部通过系统总结中国宝武干部培训制度体系、探索性创新等实践及典型做法，完成中国宝武干部教育培训情况自评报告。截至年底，4 087名C层级及以上管理人员参加系统理论教育、严格党性教育和专业化能力专题培训；集团公司管理人员完成人均脱产培训127.08学时，人均网络培训84.33学时。（张　钊）

【建立健全员工发展相关制度】　2020年，人力资源部加快完善中国宝武人才工作体系，按照“全面覆盖、责任清晰、快速传递、运作高效”制度体系要求，推进员工教育培训工作科学化、制度化、规范化，制定、下发《深化人才发展机制改革加强科技人才、技能人才队伍建设的实施意见》《中国宝武员工教育培训工作实施意见》等8项员工发展管理制度，加强专业工作指导，培养造就高素质专业化人才队伍。（张　钊）

【建立人才培训工作专业化分工机制】　2020年，经集团公司总经理常务会审定，明确党委组织部/人力资源部、党校/管理学院、宝武大学人才培训内部分工方案，聚焦找准定位、优化模式、明确任务三个方面，形成人才培训工作协同合力；建立“虚拟工作团队”模式，采用月度沟通等方式协同推进培训需求收集、策划设计、效果评价等管理工作。（张　钊）

【搭建优秀实践分享平台】　2020年，人力资源部开展组织及人力资源“TOP10（十佳）最佳实践”“优秀实践”评选工作。各单位申报77个优秀实践案例，评选出宝钢股份、宝武炭材、华宝证券、武钢集团、马钢集团、宝武智维、中南钢铁鄂城钢铁、宝钢资源、太钢集团、八一钢铁10家“最佳实践”项目，及宝钢股份钢管条钢事业部、宝武特冶、宝信软件上海宝康电子控制工程有限公司、宝地资产、宝武水务5家“优秀实践”项目。

（张　钊）

【建立管理人员“三营五航”培训体系】　2020年，人力资源部建立管理人员“三营五航”培训体系（三营，即党政领导班子研修营、优秀年轻干部研修营、战略预备队研修营；五航，即领航班、远航班、护航班、巡航班、启航班）。围绕战略共识、战略执行、战略潜能，重点抓好“三营”管理人员在岗研修；聚焦角色、打破层级，实施“五航”管理人员履职培训。全年，投入3 056.70万元管理人员培训费用，占集团公司年度培训投入的18.70%，60.90万人次参与培训，完成253万个脱产和网络学时。（张　钊）

【强化技术业务人才队伍建设】 2020年，人力资源部以“高、精、尖、缺”和骨干技术人才为对象，传承TOP10（十佳）研修、走进大师、“金苹果”研修、慧学堂公开课等创新技术培训品牌项目，推进技术领军人才培养，优化技术业务人员培训体系。全年，投入5 156.70万元技术业务人员培训费用，占集团公司年度培训投入的31.50%，143.10万人次参与培训，完成690万个脱产和网络学时。（张　钊）

【强化技能操作人才队伍建设】 2020年，人力资源部强化智慧制造关键技术能力提升，以“百千万”（打造100个国家级、行业级、省市级创新工作室；培育2 000名至少有一项绝技绝活、并经集团公司专业部门认定的高技能“制造人才”；培育数万名高技能人才）高技能人才为对象，优化技能大师训练营2.0（金蓝领、银蓝领、未来工匠训练营），以及智慧制造专题研修、作业长任职资格、班组长能力晋升等操作技能人员培训项目。全年，投入8 132.20万元操作技能人员培训费用，占集团公司年度培训投入49.80%，140.60万人次参与培训，完成953万个脱产和网络学时。（张　钊）

【建立“中国宝武科学家”选聘制度】 2020年，人力资源部制定、下发《中国宝武科学家选拔聘用和管理实施意见（试行）》，建立健全“中国宝武科学家”选聘制度，规范“中国宝武科学家”聘任管理，设计打造“三层三型”（集团公司战略研究型宝武科学家、子公司专业型首席/专家、基层技术型带头人）的技术人才梯队序列。（张　钊）

【组建特种冶金材料专家智库】 2020年，人力资源部聚焦关键核心技术攻关，与宝武特冶、新材料产业发展中心等共同研究组建中国宝武特种冶金材料专家智库委员会方案。7月10日，下发《关于成立中国宝武特种冶金材料专家智库委员会的通知》，邀请中国工程院院士干勇、刘正东等8名内外部专家组建专家智库，明确专家智库主要职责、组织机构和工作机制。（张　钊）

【实施“百千万”高技能人才工程】 2020年，人力资源部实施“中国宝武‘百千万’高技能人才工程”。至年底，中国宝武拥有国家级、行业级、省市级工作室105个，实现破“百”；拥有高级技师、技师12 700余名，实现破“万”。会同相关子公司遴选中国宝武高技能智造人才232人，梳理形成“绝技绝活”目录810项；举办“百千万”人才工程大讲堂，组织3期“技能慧创e站”专区学习、17期“宝武创新大咖讲坛”。（张　钊）

【向国家和地方推荐高端人才】 2020年，人力资源部选拔推荐中青年科技创新领军人才4人，重点领域创新团队1个，创新人才培养示范基地1个；全国创新争先奖候选人1名，全国创新争先奖候选团队1个；上海领军人才候选人、青年拔尖人才候选人，共10名。中国宝武享受国务院政府特殊津贴人员19名；8人获“全国技术能手”称号及第15届中华技能大奖、第四届杰出工程师奖、杰出工程师青年奖；12人获上海市首席技师新建资助、首席技师追加资助；3个单位或工作室获“国家技能人才培育突出贡献单位”“国家级技能大师工作室”称号及技能大师工作室新建资助。（张　钊）

【强化高潜力人才培养】 2020年，人力资源部实施“青苹果”高潜研修，按照TTT（Training培训启发心智、Tutor导师辅助成长、Task任务锻炼能力）培训模式，策划、举办第七期45名“青苹果”集中研修；通过职业教练、工作导师“双导师制”，引导“青苹果”学员快速成长；学员自编《冶锋》刊物，回顾成长轨迹。面向645名新进大学毕业生，实施新进大学毕业生培训，通过集中培训、岗位认知、岗位实践、项目历练等，植入中国宝武文化和价值观，促进新进大学毕业生树立职业抱负，强化职业意识，养成职场规范。（张　钊）

【提升总部职能管理体系能力】 2020年，人力资源部在集团公司总部实施党的政治建设、钢铁生态圈、企业家精神、专业能力提升等9个类别109个培训项目。克服新冠肺炎疫情影响，采用“远程直播”和“网络专题班”形式，开展总部“宝武有约”系列培训14期，3 814人次参加面授或直播，3 213人次参加网络专题班学习。策划实施2020年暖心行动项目，举办活动6场，1 034人次参加。（张　钊）

【开展跨单位轮岗交流实习】 2020年，人力资源部从“产业整合融合、生态圈协同创价值、产业对标找差、人才交流”等方面，开展跨单位实习交流培训，集团公司总部、各子公司之间有974人次进行跨单位交流实习，交流人次连续3年增长。（张　钊）

【开展教育扶贫】 2020年，人力资源部组织成立中国宝武教育扶贫宣教团，赴云南省广南县、镇沅县和湖北省罗田县等对口帮扶地区，举办中国宝武对口帮扶地区脱贫攻坚送教上门培训班，聚焦“精准帮扶”和“职业教育师资”两大主题，培训基层干部、创业致富带头人、职业教师等266人次；在“宝武微学院”网络平台，免费为定点扶贫地区干部开通“心系扶贫·智联三地”e学堂网络学习专区，552人次参与网络学习。（张 钊）

【实施西藏矿业人才培训】 2020年，人力资源部实施西藏矿业“订单式”人才培养系列培训，培训分3个阶段实施。第一阶段为期4天，12月在西藏自治区开班，共8门基础理论课，培训地方管理、技术、操作人员31人。（张 钊）

【遴选“校企行”创新创业导师】 2020年，人力资源部启动创业就业导师遴选工作，综合考虑人选的学历背景、职业经历、行业资源、业务素质等要求，推荐31名导师入选中央“校企行”创新创业导师库。对接上海交通大学、南京大学等“校企行”创新创业项目，以优秀产业实践经验，指导释放高校创新创业活力；从行业应用前景、市场需求导向等角度，创业导师先后辅导“光伏双玻隔音墙”“先进橡塑材料的研发与应用技术”等6个创业团队项目。（张 钊）

【深化校企实习实践基地建设】 6月19日，中国宝武与复旦大学签署大学生实习实践基地合作协议，畅通人才双向输送，形成协同交流机制。人力资源部制订复旦大学学生“走进宝武、双向选择、集中培训、随岗实习、实习总结”5个阶段岗位实习方案，发现、储备专业人才。新冠肺炎疫情期间，20名复旦大学学生经双向选择，进入中国宝武下属子公司开展岗位实习实践。

（张 钊）

## 青年工作

【优化交流平台】 2020年，人力资源部强化年轻干部政治锻炼、交流任职、岗位见习、援派外派等多层次历练。选派1名年轻干部赴国务院国资委交流挂职；14名年轻干部分别参与对接中央巡视，任集团公司对子公司穿透式巡察组组长、成员；3名年轻干部赴对口支援、定点扶贫地区挂职。（张 钊）

【推进优秀年轻干部培养】 2020年，人力资源部针对优秀年轻干部的职务调整情况、重要业绩、年度绩效评价等，实施动态跟踪；完成18家直属单位、48家三级单位的230名年轻干部访谈调研工作，对其中96名年轻干部开展专题讨论研究，掌握三级单位正职及以上年轻干部后续培养使用情况。

（张 钊）

【发现选拔“战略预备队”】 2020年，人力资源部开展青年人才穿透式发现、选拔工作，通过组织推荐和全员举荐，加快源头发现与培养，分类打造5支高素质专业化青年人才队伍，储备数量充足的“战略预备队”。全年，组织推荐1 080人；收到举荐信息21 990条，经整理筛选，推荐2 408人。（张 钊）

## 教育培训

### 宝武党校/宝武管理学院

【概况】 2020年，宝武党校、宝武管理学院深化培训供给侧改革，完善培训体系，在集团公司各类培训项目策划和实施中，突出党的创新理论学习，突出理论教育和党性教育。聚焦中国宝武党委重大决策部署，策划和实施决策人研修、管理人员履职培训等年度重点培训项目。面对新冠肺炎疫情，推广在线学习。完成《以高质量党的建设引领中国宝武高质量发展》等3个党建类课题报告，全年立项“中国宝武公司治理体系与治理能力现代化报告”“中国宝武管理精要”等管理研究课题与任务21项。完成课程开发27项，制作网络课件166个。年底，宝武党校、宝武管理学院在册员工85人。（许 勇）

【完成各类培训156.6万人次】 2020年，宝武党校、宝武管理学院紧扣党建和管理重点培训任务，开展党的十九届四中、五中全会精神宣讲报告会，新任党委书记、专职副书记培训，中国宝武党支部书记培训示范班暨党支部书记研修会专题研修，党员集中培训，决策人研修，管理人员履职培训，重点任务推进培训，新入职大学毕业生培训等各类培训895项(其中面授96项)，共697 597个培训日(其中面授9.55万个培训日)，1 565 832人次(其中面授近14万人次)参加学习。（许 勇）

**2020年宝武党校、宝武管理学院各类培训完成情况表**

| 部　　门 | 项目数（个） | 班级数（个） | 培训人次 | 培训日（个） |
|---|---|---|---|---|
| 党建教研室 | 40 | 170 | 115 685 | 69 677 |
| 管理教研室 | 48 | 128 | 20 396 | 23 010 |
| 在线学习中心（面授） | 8 | 16 | 3 885 | 2 828 |
| 在线学习中心（网络） | 799 | 807 | 1 425 866 | 602 082 |
| 面授合计 | 96 | 314 | 139 966 | 95 515 |
| 合计（含网络） | 895 | 1 121 | 1 565 832 | 697 597 |

（许　勇）

【党建课题研究】 2020年，宝武党校党建创新研究主要围绕中国宝武党委关于党的建设的重大工作部署和基层优秀实践展开。深化党的领导融入公司治理的相关理论研究，形成《以高质量党的建设引领中国宝武高质量发展》课程报告；在《冶金企业文化》发表《以高质量党建推动中国宝武公司治理体系和治理能力现代化》一文；《国有企业领导体制历史回顾的启示》一文获中国冶金职工思想政治工作研究会2020年冶金企业党建思想政治工作研究优秀论文二等奖。深化中央企业基层党组织建设创新实践研究，参与并指导宝钢股份党委制订《新时代宝钢股份党建工作“强基础、树品牌”专项行动方案》。深化具有中央企业特点的党的思想政治研究，形成《论党的创新理论入脑入心的重大意义、有效途径和改进思路》《培育世界一流企业文化软实力——中国宝武的实践探索与思考》两篇课题报告。注重基层党建研究成果的运用，参与中国宝武党委关于印发《2019—2023年党员教育培训工作实施意见》等的修改；参与中国宝武党建制度体系梳理优化相关工作。服务支撑党委中心组理论学习，完成3篇党委理论学习中心组学习领学材料的编写。（徐力方）

【新任党委书记、专职副书记培训】 11月23—27日，宝武党校举办新任党委书记、专职副书记培训班，41名学员参加培训。培训班以明晰基本职责、熟悉基本理论、理解基本政策、掌握基本知识和基本制度的“五个基本”为重点，进行难点释疑、案例解析和经验交流，并进行党建知识测试。集团公司党委常委魏尧与学员互动交流。（徐力方）

【党委书记研修】 2020年，宝武党校结合宝钢股份“一人双职”党委书记逐渐增多的现状，针对党委书记、行政负责人“一肩挑”领导体制下党委书记迫切需要解决的问题，以研修为主基调，以培训为基础，量身定制培训课程、授课师资和现场交流。研修与成立宝钢股份党委书记研修会同步实施，宝武党校协同宝钢股份党委组织部指导党委书记开展12项党建课题研究，推动基层党委书记学以致用。（徐力方）

【党支部书记履职培训与研修】 2020年，宝武党校以“学习最新要求、掌握工作实务、淬炼坚强党性、传递特色实践、改进工作方法、行动学习实战”为重点，完善培训课程，强化训战合一，实施9期新任党支部书记履职培训，来自集团公司总部和宝钢股份、宝信软件、宝钢资源等24家子公司的453名新任党支部书记参加培训并结业。（徐力方）

【党支部书记示范班暨组织工作干部培训班】 9月21—23日，宝武党校举办中国宝武党支部书记培训示范班暨党支部书记研修会专题研修，来自各二级单位的党支部书记代表43人参加培训。（徐力方）

【党群工作者系列研修】 2020年，宝武党校策划形成二级单位组织人事部门和党群工作部门负责人培训方案。具体培训安排由集团公司党群部门根据业务和队伍实际提出需求，宝武党校配合组织实施。支撑集团公司和各二级单位实施各类党群工作者研修逾2 000人次。（徐力方）

【党员集中培训】 2020年，宝武党校聚焦党的创新理论、党性教育、时事政策和形势任务，从“党员发挥先进性依据什么、依靠什么、干什么和怎么干”4个维度入手，设计和开发4门特色课程，发挥集团公司内党校党建师资的协同优势，组织集体备课。全年组织实施党员集中培训57期，93 484人次参加。（徐力方）

【入党积极分子、发展对象培训】 2020年，宝武党校举办入党积极分子、发展对象培训班7期，575名学员参加培训并结业。（徐力方）

【委托代理人法律知识考试】 2020年，宝武党校组织实施2次委托代理人法律知识考试。参加考试人数1 675人次，合格率56.65%。（陈恂为）

【为离退休人员提供培训服务】 9—12月，宝武党校支撑宝钢老干部（老年）大学漠河路教学点政治理论班授课，每两周一次，课程内容包括政治理论、经济形势、社会民生热点等方面，授课21学时。（陈恂为）

【管理研究】 2020年，宝武管理学院聚焦集团公司重点工作开展管理研究课题16项，其中离线自主12项、离线外协4项。16项课题中有2项离线外协为跨年度课题，其余按计划完成。内容涉及集团公司重点工作、公司治理、子公司管理、优秀管理实践总结、研训合一等方面。支撑集团公司职能部门完成“中国宝武公司治理体系与治理能力现代化报告”“一总部多基地管控模式推进”“子公司法人治理评价体系优化”“合规制度梳理”“宝武特色品牌园区建设”5项重点研究工作任务。全年编发《宝武研究》9期，发稿32篇。年度重点课题《中国宝武管理精要》以读本的形式呈现，以“探索国有资本投资公司建设”“推动钢铁生态圈高质量发展”“致力成为全球钢铁业引领者”为架构，系统阐述中国宝武2016年成立后重要时点的管理理念和管理精粹，总结了中国宝武发展中的管理实践。（雷锐戈）

### 2020年宝武管理学院管理课题研究项目一览表

| 序号 | 项目名称 | 项目类型 | 项目来源 |
|---|---|---|---|
| 1 | 宁波宝新竞争力案例分析 | 离线自主 | 集团公司委托 |
| 2 | 集团公司及子公司对标指标体系框架及工作体系研究 | 离线自主 | 集团公司委托 |
| 3 | 中国宝武专业化整合工作指导手册 | 离线自主 | 集团公司委托 |
| 4 | 专业化整合与属地化管理关系优化研究 | 离线自主 | 集团公司委托 |
| 5 | 马钢专业化整合100问手册 | 离线自主 | 集团公司委托 |
| 6 | 西藏矿业管理总结与诊断 | 离线自主 | 集团公司委托 |
| 7 | 长江钢铁混合所有制改革总结 | 离线自主 | 全面深化改革工作办公室 |
| 8 | 中国宝武管理精要 | 离线自主 | 宝武管理学院 |
| 9 | 宝武管理学院业务发展报告 | 离线自主 | 宝武管理学院 |
| 10 | 中国宝武子公司混合所有制改革操作指引优化完善 | 离线自主 | 宝武管理学院 |
| 11 | 智慧制造背景下的组织形态变革初探 | 离线自主 | 宝武管理学院 |
| 12 | 生态圈竞争力形成分析研究 | 离线自主 | 宝武管理学院 |

（续　表）

| 序　号 | 项　目　名　称 | 项目类型 | 项目来源 |
|---|---|---|---|
| 13 | 欧冶链金薪酬体系研究 | 离线外协 | 欧冶链金 |
| 14 | 欧冶链金风险管理及内部控制咨询项目 | 离线外协 | 欧冶链金 |
| 15 | 宝钢股份品牌发展战略和传播策略研究（跨年度课题） | 离线外协 | 宝钢股份 |
| 16 | 宝武智维发展战略、组织模式与人力资源研究（跨年度课题） | 离线外协 | 宝武智维 |

（雷锐戈）

**【决策人研修】**　1月2—3日，中国宝武党委理论学习中心组（扩大）学习、第八期决策人研修、中国宝武安全与环保年度会议、绿色发展与智慧制造现场会在鄂城钢铁和武钢有限举行。第八期决策人研修围绕集团公司2020年度管理主题“全面对标找差，创建世界一流”开展，结合研修学习内容、会议主题，分5个小组进行研讨，140人参加学习。5月21—22日，中国宝武党委理论学习中心组（扩大）学习暨第九期决策人研修在宝武（常熟）领导力发展中心举行，311人参加学习，其中视频参会63人。11月11—13日，中国宝武党委理论学习中心组（扩大）学习暨第十期决策人研修在宝武（常熟）领导力发展中心举行，247人参加学习。

（董荣胜）

**【管理人员履职培训】**　7月13—22日，宝武党校、宝武管理学院举办中国宝武管理人员履职培训首期远航A班（直管干部总经理班）培训，18家子公司及集团公司总部29名直管干部参加培训。9月14—23日，中国宝武管理人员履职培训首期巡航班（钢铁产业厂部长班）开班，宝钢股份、马钢集团、韶关钢铁、重庆钢铁等单位的28名厂部管理者参加培训。9月27—29日，中国宝武管理人员履职培训首期启航班（高级经理班）第一阶段通用课程培训启动，158人参加。首期培训分通用课程、专业培训、领导力提升3个阶段开展；11月，开展第二阶段5个专业班级（党群人力资源、经营规划、生产制造、营销采购、资产财务）的培训，148人参加培训。

（张宏言）

**【子公司管理者研修】**　2020年，宝武党校、宝武管理学院举办宝钢股份管理者研修1期、宝钢金属构建组织优势领导力2期、欧冶云商经营者研修2期、宝钢工程管理者研修1期、宝武智维管理者研修1期、宝钢股份营销中心（宝钢国际）管理者研修2期、宝武物流资产有限公司管理者研修1期，培训内容涉及企业传播与危机管理、新闻发言人、阿米巴经营、财务报表分析、投资项目管理、高效组织与客户服务、新冠肺炎疫情下宏观经济走势分析、一总部多基地等内容开展。871人次参加培训。

（利　玮）

**【新进大学毕业生入职培训】**　8月3—11日，宝武党校、宝武管理学院开展中国宝武新进大学毕业生入职培训，培训学员645人，其中

2020年8月11日，中国宝武新进大学毕业生岗位历练出征仪式　（施　琮　摄）

沪内319人、沪外326人。培训围绕集中培训、岗位认知、岗位实践、项目历练四个方面开展，同时配合子公司开展岗位培训，并从9月开始，每月推出1次系列主题活动。（黄　艳）

【“阳光讲坛——宝武有约”系列培训】 2020年，宝武管理学院与集团公司人力资源部、机关党委联合策划实施2020年度集团公司总部“阳光讲坛——宝武有约”系列培训。培训每月1期，聚焦“有钱、有闲、有趣”主题展开，3 213人次参加培训。结合新冠肺炎疫情防控情况，推出“宝武有约”专题培训班，作为网络学习课程。（黄　艳）

【“青苹果”研修】 2020年，宝武管理学院开展3期“青苹果”研修，39人参加培训。培训围绕职业素养、领导力、执行力、创造力和多元思维五大核心能力素质开展。（黄　艳）

【援青培训】 10月26—30日，第七期青海青年干部培训班在宝武大厦和宝武管理学院举办，37人参加培训。11月20—27日，青海政协企业家(经济界)委员培训班在宝武管理学院举办，37人参加培训。（董荣胜）

【人才测评】 2020年，宝武管理学院围绕集团公司总部重点管理岗位比选择优等需求，开展人才测评工作。实施人才测评项目11个，测评145人、234人次。聚焦选拔配置，实施的重点项目有“集团公司财务部资金总监比选择优测评”“资环业中心运营评价总监比选择优测评”“新材业中心规划投资总监比选择优测评”“智慧业中心规划投资总监比选择优测评”“集团公司纪委纪检监察员招聘选拔测评”“新进集团公司总部人员职业性格测评”“欧冶云商干部选拔TD12测评”“西藏矿业协同支撑人员选拔在线测评”“重庆钢铁后备选拔在线测评”“梅钢公司培训中心新员工在线测评”等。（王万康）

【在线学习】 2020年，宝武管理学院宝武微学院围绕集团公司工作重点，推进《2018—2022年全国干部教育培训规划》实施。全年，集团公司逾12万人登录宝武微学院平台参加学习，总登录608.70万人次；全员人均登录35次、选课12门、完成29学时；总学习量205万人课次、总浏览数2 015万次、总学习时长383.70万小时，同比翻番。协同集团公司安全生产监督部、智慧化与大数据建设办公室、企业文化部，组织实施分层分类安全生产责任者安全管理培训、网络安全专项研修、短视频影音作品创作培训，累计实施网络培训799个项目，举办807个培训班，1 425 866人次参加培训，有效培训日602 082个，培训人次同比增长144.06%，培训日同比增长71.40%。学员评价超过9.70分。（李晓虹）

【微课获奖】 2020年，宝武管理学院组织举办中国宝武(2020年)微课大赛，并将之纳入中国宝武第二届职工技能大赛。集团公司28家单位、406个作品进入微课大赛决赛，从中选拔微课大赛前6名参加中国钢铁工业协会职业培训中心举办的第九届钢铁行业职工培训和职业教育优秀多媒体课件大赛，获一等奖1项、二等奖2项、三等奖3项、优秀奖3项，并获优秀组织奖。（李晓虹）

【中大院宝武教学基地培训】 2020年，中国大连高级经理学院(简称中大院)宝武教学基地举办“国有企业基层党组织书记履职能力提升”“公司治理与集团管控”“智慧制造与数字化工厂”“人才开发与培养”四大主题的研修班4期，培训学员176人，学员平均满意度为97.80分。同时开展“企业国际化经营与‘一带一路’建设”“国有企业混合所有制改革”等10期网上专题班，4 400名学员参加学习，学员评价逾9.70分。（许　勇　李晓虹）

【课程开发】 2020年，宝武党校、宝武管理学院完成“认真贯彻落实党的十九届四中全会精神，坚定制度自信、强化制度执行”“新时代共产党员的行为规范和作用发挥”“坚守初心使命　明确形势任务　保持行业领先　铸就镇国之‘宝’”“共建高质量钢铁生态圈”“中国宝武管理精要”“智慧制造与管理变革”等课程，完成课程开发27项，制作网络课件166个。（吴赛峰）

【专职师资队伍建设】 2020年，宝武党校、宝武管理学院开展主任师、高级主任师岗位选聘工作，4人晋升为宝武党校、宝武管理学院高级主任师，8人晋升为主任师。开展团队愿景共建培训，新冠肺炎疫情期间策划、实施“混合式教学能力提升”“学习项目策划中的挑战与对策”等内部培训。员工外出参加中大院等组织的培训10人次。组织党建专业、管理研究等岗位招聘，全年开展实习6人次。媒体与在线学习中心编辑团队获集团公司“青年示范先锋岗”称号。（于　敏）

【兼职师资队伍建设】　2020年，宝武党校、宝武管理学院根据培训项目的需要，聘请使用兼职教师471人，授课777人次。其中，聘请集团公司直管人员63人，授课111人次；聘请集团公司总部重点岗位人员40人，授课82人次；聘请集团公司领导9人，授课37人次。评选并授予10名管理者“金牌讲师”称号。（奚赛峰）

【培训管理改善】　2020年，宝武党校、宝武管理学院完成《培训实施管理办法》《供应商管理办法》的修订，发布《培训工作意识形态管理办法》，颁发《关于进一步规范培训计划、方案、实施等编制与审批流程的通知》，开展制度流程、合同签订、费用管理等事项的自查和《自查报告》撰写，完成从培训计划编制、方案设计、培训实施至效果评估的全流程再造。

（许　勇）

【合同及供应商管理】　5月，宝武党校、宝武管理学院修订出台《供应商管理办法》《宣传文化供应商管理细则》《宣传文化品牌外委管理细则》《培训供应商管理细则》《后勤服务类供应商管理细则》等系列供应商管理制度。全年完成183份合同管理相关工作，其中宣传文化类75份（35家供应商），培训研究类91份（53家供应商和6家客户），后勤服务类20份（20家供应商），新增35家供应商，均完成准入程序。（许　勇）

2020年9月9日，宝武党校、宝武管理学院评出首批“金牌讲师”　（施　琮　摄）

【获得荣誉】　4月，宝武管理学院“共建高质量钢铁生态圈教程”被中国企业高管培训发展联盟授予国有企业人才培养“2019年度优秀教材成果奖”；“基于钢铁生态圈共建的跨单位实习交流”被中国企业高管培训发展联盟授予国有企业人才培养“2019年度优秀管理类培训项目”。中国宝武被中国企业高管培训发展联盟授予第三届（2019年）中央企业“联盟杯”网络课程大赛特色实践奖。11月，中国宝武被中国钢铁工业协会职业培训中心授予“第九届钢铁行业优秀多媒体课件大赛”一等奖1项、二等奖2项、三等奖3项、优秀奖3项，并获优秀组织奖。12月，课题报告《国有企业领导体制历史回顾的启示》获评中国冶金思想政治工作研究会“2020年冶金企业党建思想政治工作研究优秀论文二等奖”；“培育世界一流企业文化软实力——中国宝武的实践探索与思考”获中央企业党建思想政治工作研究会“2020年度优秀课题研究成果三等奖”。（胡　欢）

## 宝武大学

【概况】　宝武大学于2019年12月12日成立，是中国宝武直属机构，负责中国宝武技术技能人才教育培训的一体化管理，是新生人才培养基地、岗位赋能培训基地、产教融合创新基地。下设综合管理部，负责日常运行管理工作，承担全国钢铁工业产教融合联盟秘书处工作和产教融合领导小组办公室日常工作。2020年底，宝武大学在上海、武汉、南京、马鞍山、重庆、乌鲁木齐、太原设7个校区，在岗员工1 066人，在册员工955人。

（唐　林　邱家乐）

【培训项目实施】　2020年，宝武大学克服新冠肺炎疫情影响，借助远程直播、在线培训等平台，推进教育培训项目实施。技术业务类职工教育经费实际使用额为5 157万元，占总费用的31.55%；技能操作类职工教育经费实际使用额为8 132万元，占总费用的49.75%。全员人均培训101.57学时，其中

网络培训为48.54学时，同比增长136.73%。（唐　林）

【产教融合型企业建设】 2020年，宝武大学推动各相关子公司申报、建设地方产教融合型企业。2月，宝钢股份被上海市人力资源和社会保障局推荐"建设上海市产教融合型企业"，成为上海市2019年（第一批）产教融合型企业建设培育试点单位；7月，马钢集团纳入安徽省第二批产教融合型企业建设培育范围；9月，太钢集团获批山西省第二批产教融合型企业培育试点单位；12月，重庆钢铁获批成为重庆市第一批产教融合型建设培育企业。强化产教融合教育培训、实训基地建设。宝武大学上海校区协同中国环境保护产业协会和上海市环境监测中心开展社会环境监测资质和能力提升类培训项目5期，481人参加培训；接待高校实习10批次，618名高校学生到中国宝武参观学习；完成3期中国钢铁工业协会专题培训班，231人参加培训；举办河北钢铁集团邯郸钢铁集团有限责任公司质量管理培训；举办建龙钢铁控股有限公司作业长培训12期，784名作业长参加培训，并形成《建龙钢铁作业长培训典型案例集——现场管理点滴》一书。宝武大学武汉校区调整专业结构布局形成专业群建设方案，完成凤凰山实训基地建设方案编制；开展技术技能人才培训项目292期，培训技术技能人才15 290人。（蔡国华　张丽娟）

【产教融合联盟建设】 6月11日，宝武大学牵头组建钢铁工业产教融合联盟，邀请国家发展和改革委员会、教育部、中国钢铁工业协会，以及高等院校、产业链上下游企业等35家单位出席联盟工作联席会，围绕"管理链、产业链、生态链、人才链、教育链、创新链"6个领域进行研讨，原则通过《钢铁工业产教融合联盟章程》，明确中国宝武线上学习平台——"宝武微学院"开通产教融合联盟学习专区，用于联盟成员单位人员学习。聚焦"产业整合融合、生态圈协同创价值、产业对标找差、优秀实践共享"四个方面，开展2020年生态圈跨单位实习交流，集团公司总部、各子公司974人次参加跨单位实习交流。10月，邀请教育部、上海交通大学、东风汽车集团有限公司、建行大学、中广核大学等交流研讨。

（蔡国华　唐　林）

【教育扶贫】 2020年，宝武大学将教育扶贫、技能扶贫纳入工作范围，中国宝武各定点扶贫县基层干部、技术人才培训人数同比分别增长272.30%和528.20%。成立教育扶贫宣教团，向对口帮扶地区派出支教团队。7月30—31日，选派5名骨干教师组成支教团队前往云南广南县民族职业高级中学，对该校62名教师开展对口培训。8月20日，组成送教团，赴湖北罗田县开展教育扶贫。宝武大学江南校区和安徽马钢张庄矿业有限责任公司实施"安徽省阜南县定点扶贫招生"项目，招收学生83人，其中建档立卡贫困户28人。学生在校期间享受学费减免政策，并按月提供生活费。

（唐　林　邱家乐）

【技术技能人才及基层管理者培训】 2020年，宝武大学实施宝钢股份TOP10（十大产品质量和技术攻关问题）研修、"金苹果"研修、"慧学堂"公开课等537个专业技术类培训班次，培训85 053人。实施"青蓝计划"培训、智维工程师实训、技能大师训练营2.0、智慧制造专题研修、作业长任职资格培训、班组长能力晋升培训等536个技能类培训班次，培训21 953人。落实国家及地方重大人才培养工程，选拔推荐2020年享受国务院政府特殊津贴人员19名；选拔推荐15名杰出科技人才参加科技部中青年科技创新领军人才、全国创新争先奖候选人、上海市领军人才、上海市青年拔尖人才等国家及地方重大人才工程；选拔推荐20名能工巧匠参加第15届中华技能大奖和全国技术能手、2020年（第四届）中华国际科学交流基金会杰出工程师奖、2020年（第四届）中华国际科学交流基金会杰出工程师青年奖等技术技能类奖项评比。协同宝钢股份人力资源部开展"慧学堂"培训3期、实战演练项目2期；联合宝武智维设立"智维工程师实操训练基地"；配合宝武铝业内审员培训及投产前的审核诊断工作；开展宝武清能转型人员培训，开办2期培训班，101人参加；举办宝武环科危化品及工业煤气安全主题研修、宝武物流资产有限公司安全管理实务及管理者研修等。在子公司技能人才鉴定方面，为韶关钢铁登高作业鉴定43人，有毒有害有限空间作业鉴定50人；宝武铝业37人次、湛江钢铁14人次参加有毒有害有限空间作业培训。为湛江钢铁职业技能鉴定446人，实施冶金煤气培训考核523人。支撑宝钢德盛等级工考试工作，开展等级工鉴定376人。（唐　林　邱家乐）

【支撑各类技能大赛】 2020年，中国宝武举办职工技能大赛，589人参加13个相关竞赛工种初赛和决赛。宝武大学配合竞赛工种牵头单位，完成4个工种竞赛大纲制定、题库收集整理及选手培训等工作；承办设备点检、智能制造、安全竞赛等工作。举办中国宝武首届数据分析大赛，组织实施初赛前培训17个班次、决赛前培训5个班次，形成智慧制造人才培养专项报告。协同宝钢股份参加全国“海康杯”设备点检员比赛集训工作，256名选手参加初赛，81位晋级决赛。协同推进宝武智维工业机器人比赛、欧冶云商安全比赛、宝钢工程工业机器人技术及其应用比赛。首次承担上海市环境监测技能比武。 （张丽娟　邱家乐）

【武汉工程职业技术学院概况】 武汉工程职业技术学院是由宝武大学直接管理、在教育部备案的全日制普通高等职业院校。2020年，武汉工程职业技术学院面向全国17个省、自治区、直辖市进行招生，录取学生4 507人，实际入学4 336人，报到率96.20%；应届毕业生3 524人，就业率90%，高于武汉地区同类型院校水平。全年完成培训538期，组织考试77 494人，培训收入3 460万元。 （王有农）

【疫情防控】 2月下旬，武汉工程职业技术学院招募党员干部志愿者抗击新冠肺炎疫情，完成3个防控隔离点建设，腾出校舍800间；开通学校办公自动化系统和教学管理系统的外网访问权限，满足居家办公、教学的需要。利用官网、微信公众号等平台，开展疫情防控宣传教育。春季学期，299名任课教师开设在线课程352门，在线服务8 207名学生。 （王有农）

【管理变革】 6月17日，“宝武大学（武汉校区）”在武汉工程职业技术学院江北校区揭牌。年内，武汉工程职业技术学院推进《武汉工程职业技术学院产教融合重点项目及2020年度工作推进计划》，分别与鄂城钢铁、宝武炭材、宝武智维签署协议，150多名学生参与人才培养方案制订、课程开发，校企共同组建教学团队。为集团公司输送毕业生、顶岗实习学生250人。落实专兼职师资队伍建设，暑期选派8名骨干教师到企业实践锻炼。邀请“宝武工匠”、优秀青年代表等，开通10次网上直播。新增宝武炭材、宝武智维、宝钢德盛产教融合实训基地，新设“宝武职业教育奖”项目，评出优秀教师奖6人，优秀学生奖6人，助力中国宝武（武汉总部）获批全国职业教育教师实践基地。2020年，获武汉市五一劳动奖状，被授予“武汉市产业工人培训示范基地”称号。

（王有农）

【专业建设】 2020年，武汉工程职业技术学院初步形成智能制造技术专业群、现代商品流通专业群、黑色冶金技术专业群、物联网专业群、智能建筑专业群等建设方案。完成“机电一体化技术”“建筑设备工程技术”两个湖北省高职教育特色专业验收评审工作。组织“1+X”证书制度试点申报并审核通过13个，新增考点申报审核通过4个，73位教师获得职业技能等级证书或考评员证书。首次承办“湖北工匠杯”技能大赛信息技术及应用赛项，获特等奖1项、一等奖1项、二等奖4项、三等奖4项。与宝武炭材、鄂城钢铁、武钢集团共同申报的“全国职业教育教师企业实践基地产教融合专项课题研究项目”获教育部立项，完成湖北省高校学生工作精品项目1项，推荐省级优秀成果1项，校内立项重点课题3项。在《武汉冶金管理干部学院学报》开设产教融合专栏，为中国宝武内部企业发表科技论文35篇。 （王有农）

编辑：李　冰

# 09 财务审计

# 财务审计

## 概述

2020年，中国宝武财务部围绕“全面对标找差、创建世界一流”的管理主题，以“三高两化”为战略路径，探索财务管理体系建设和能力提升，发挥经营决策支撑和财务价值创造作用。财务部下设预算室、资金室、资产室、会计室和税务室。年底，在册员工26人。

中国宝武审计部下设经营审计处、投资审计处、管理审计处和派出子公司监事管理处；中国宝武审计体系实行两级设置、统一管理，集团公司和直接管理的一级子公司设立内部审计机构，二级（含）以下子公司原则上不设内部审计机构，其业务由上一级内部审计机构集中管理。年底，审计部有员工19人，审计体系有员工203人。

（吴翠芳　梁晓婷）

## 财务管理

【参与重组太钢集团】 2020年，财务部会同集团公司相关部门和太钢集团，同步推进重组工作：与山西省国有资本运营有限公司协调签署无偿划转协议；沟通净资产审计，取得国务院国资委《关于太原钢铁（集团）有限公司国有股权无偿划转有关事项的批复》；12月23日，太钢集团完成工商股权变更，正式成为中国宝武的控股子公司。

（梅英俊）

【参与重组重钢集团】 2020年，财务部作为牵头单位，会同集团公司相关部门和重钢集团，同步推进与重钢集团的联合重组工作。通过财务尽职调查、净资产审计及谈判，确定重组方案，将重钢集团归母净资产由52.47亿元调减为

0.56亿元，夯实了重钢集团的资产质量。（薛青峰）

【参与重组西藏矿业】 2020年，财务部发挥产业协同效应，通过增资重组西藏自治区矿业发展总公司项目，实现从捐赠式扶贫向产业扶贫的转变。组织推进财务尽职调查、审计和资产评估工作，做好方案策划、可研编制、资产评估和风险揭示。参与西藏矿业管理对接和管理诊断，派出财务人员对西藏矿业提升财务管理水平开展支撑工作。（周庆伟）

【参与重组昆钢和中钢集团】 2020年，财务部牵头组织对昆明钢铁控股有限公司（简称昆钢）等企业的财务尽职调查，调查分析经营状况，夯实净资产，挖掘优质业务、资产和协同效益；牵头对中钢集团开展管理对接，对资产负债结构进行深入剖析，在2016年债转股的基础上策划债务重组方案，和债权人关于债务重组的方向和原则初步达成一致。（王海光）

【亏损子企业扭亏增盈专项治理】 2020年，财务部组织各子公司制订2020年度扭亏增盈工作计划，召开专题会议，强化对子公司的指导和协调，加强对亏损子公司的跟踪管理。年底，中国宝武下属企业中亏损总户数79户，同比下降11户；亏损面12.10%，同比下降4.5个百分点。（康晓春）

【对标找差】 2020年，财务部和相关子公司、业务部门相继走访江苏沙钢集团有限公司等民营钢铁企业，以及湖南华菱钢铁集团有限责任公司等国有企业，聚焦对标分析重点及深度，揭示民营钢铁企业在成本管理、绩效分配、资源使用效率、研发创新和环保投入等方面的经验和做法，围绕“短板”，提出改进方向和措施。（王海光）

【降杠杆、减负债、防风险】 2020年底，中国宝武合并资产负债率52.54%，较年初下降0.94%，有息负债2 830.22亿元，较年初增加108.85亿元。（梅英俊）

【“两金”管控】 2020年，财务部深化“两金”日常管理，强化组织、落实“两金”管控工作责任。按月跟踪、深入分析各业务板块、各子公司相关指标的完成情况，对完成进度不达预期、异常的单位及时分析、预警，常态化“两金”日常管控。截至年底，经营活动净现金流581亿元，“两金”合计1 320亿元（其中存货净值1 146亿元，应收账款净值174亿元），较上年同期同口径减少23亿元，降幅1.71%；营业收入同比增加6.63%，“两金”增幅低于营业收入增幅。（薛青峰）

【衍生品管控】 2020年，财务部推进衍生品新规落地，强化衍生业务风险管控。制订衍生品业务年度计划，并按月度跟踪监测子公司衍生业务开展情况，每季度编制集团公司衍生业务季度报告，并报国务院国资委进行备案。严格衍生业务准入机制，年内对首次申请开展衍生业务的兰州宝钢制罐有限公司等6家子公司开展相关评估和审核工作。（薛青峰）

【推进民营企业清欠工作】 2020年，财务部组织境内子公司开展对民营企业清欠工作，坚持“一手抓剩余账款清欠，一手抓长效机制建设”，对有分歧逾期款3 203万元完成清欠2 306万元。根据国务院国资委反馈的问题线索，组织相关单位即查即改，截至年底，处理68条。（梁晓婷）

【优化管理制度结构】 2020年，财务部组织各职能部门逐项审视各项管理制度，对原有制度作出合并、废止、修订等处理意见，制订修编计划，建立财务管理文件“一人一文一表”。经过两轮梳理压缩，原有的66个管理文件和行政文件被压减至32个，压减率为52%。（梁晓婷）

【财务信息化建设】 2020年，财务部会同运营共享服务中心推进马钢集团、新设子公司、金融子公司标准财务系统覆盖相关工作；会同运营共享服务中心研究境外公司财务系统状况，推进覆盖方案设计；组织与中国中化集团有限公司等单位进行财务信息化交流。（施　蔚）

【试行子公司财务部门负责人管理办法】 2020年，财务部制定《子公司财务部门负责人管理办法（试行）》，通过任职资格、任前备案、岗位交流、年度考核等方式，加强对子公司财务部门的管理，打造与国有资本投资公司三级管理架构相匹配的财务管理体系，强化财务部门责任意识，发现和培养集团公司财务管理人员。（施　蔚）

【制定关联交易指导意见】 2020年，财务部制定、下发《中国宝武关联交易指导意见》，规范关联交易行为及定价、核对、披露等，促进各级子公司在内部专业化整合的基础上推进产业化发展，聚焦向外，合理控制关联交易的规模和范围，提高市场占有率，降低关联交易违规风险。（施　蔚）

【深化混合所有制改革】 2020年，财务部制定《混合所有制改革工作推进实施办法》，建立中国宝武混合所有制改革工作推进管理体系和机制。研究确定混合所有制改革的工作范围、深度、管控安排和目标，明确工作对象和实施进程，提出国企改革三年行动中，要完成子公司“宜混（混合所有制）尽混”“已混深混”目标，原则上一级子公司实现改制上市，引入各类战略投资者，优化股权结构，参与公司治理。开展混合所有制改革培训，帮助各级子公司了解相关政策要求和实施混合所有制改革的操作要领。全年，中国宝武投资新增混合所有制企业11户，推进存量企业混合所有制改革项目10个。（唐松平）

【中央企业负责人经营业绩考核】 2020年，财务部牵头制定并上报的中国宝武企业负责人2019年度经营业绩考核指标，经国务院国资委党委会审议通过，中国宝武位列A级企业名单第14位。（李少君）

【资产评估】 2020年度，财务部组织完成204个项目的评估报告备案工作。涉及评估前账面净资产282.87亿元，评估值为423.64亿元，评估增值140.77亿元、增值率49.76%。项目包括资产转让、股权转让、土地补偿和资产收购等，涉及集团公司聚焦融合、混合所有制改革、“瘦身健体”和处置低效无效资产、企业转型升级等重点工作。（庞燕雯）

【产权交易】 2020年，财务部代表中国宝武以产权经纪人的身份，通过上海联合产权交易所和北京产权交易所组织完成产权交易81宗，交易总额13.65亿元。中国宝武获上海联合产权交易所有限公司2020年度“产权交易组织金奖”、北京产权交易所2020年度“最佳产权交易组织奖”。

（张　绮）

【子公司利润分配管理】 2020年，财务部按照“收支两条线”原则和“穿透管理”原则，加强子公司利润分配管理，实现“应分尽分”。全年，集团公司总部收到子公司现金分红66亿元，收到参股投资企业现金分红15亿元，合计81亿元。（周庆伟）

【国有资本经营预算】 2020年，中国宝武获国有资本经营预算中央财政补助资金3.63亿元。其中，特困企业专项治理补助资金2.01亿元，职工家属区“三供一业”分离移交财政资金1.61亿元，离休干部医药费补助资金0.01亿元。国有资本经营预算资金全部拨付到位，国资预算执行率为100%。

（杨华荣）

【减税降费】 2020年，中国宝武实际上缴税费265.35亿元（含太钢集团，下同），同口径同比减少33.13亿元，下降11.10%。其中，增值税同比减少15.29亿元，企业所得税同比减少10.79亿元，税金及附加同比减少2.98亿元。此外，国家针对新冠肺炎疫情防控，出台了阶段性减税降费优惠政策。全年，中国宝武累计减税降费17.77亿元，其中减税0.84亿元，降费16.93亿元。（杨华荣）

## 审计管理

【审计项目实施】 2020年，中国宝武审计体系按照年度审计计划安排，完成380项审计项目，发现审计问题3 065项；提出管理建议2 469项；审计挽回金额1 581.31万元（不含委托中介机构实施的630项工程造价审计、120项净资产审计）。审计部按照“从合规审计向战略绩效审计转型”要求，聚焦战略绩效、投资后评价等领域，完成24个审计项目。（黄立毅）

【战略绩效审计】 2020年，审计部完成2019年度经营绩效审计，包括马钢集团、马钢股份、欧冶链金、马钢交材等新进单元的审计调查，宝钢股份、宝钢资源等6家子公司专业化整合效益审计调查，劳动效率提升专项审计，扭亏增盈专项审计，6个定点扶贫县的扶贫资金专项审计，历年备品备件相关审计情况专项分析，清理拖欠民营企业账款专项审计，不动产租赁专项审计等13个项目。（赵　雍）

【经营审计】 2020年，审计部聚焦战略一致性、流程合规性、投资回报率等相关问题，完成宝钢金属、宝钢发展、上海不锈/宝钢特钢、华宝信托4个经济责任审计项目。

（鲍雷军）

【投资审计】 2020年，审计部确保“国家政策法规、集团规章制度、公司战略规划”要求在投资项目管理上落实到位，完成宝地资产、宝信软件、宝钢国际的投资后评价审计，宝武铝业投资过程审计，宝武炭材宝山基地四期焦化废水零排放项目专项审计等5个项目。（苏 央）

【内部控制评审】 2020年，审计部修订《内部控制评审管理办法》；建立中国宝武各级子公司内控（内部控制）联络人员体系，梳理出需出具2020年度内控自评报告的466家法人单位，现场走访和指导14家新进一级子公司，提供4场现场内控培训，126人次参加培训；为宝武水务、宝武特冶等子公司开展内控评价指导支撑。参与撰写《中国宝武2019年度中央企业内控体系工作报告》，揭示存在的内控缺陷。（黄 卫）

【审计信息化建设和大数据审计】 2020年，审计部构建形成内审业务管理信息系统和在线审计监督相关功能，打通“总体分析—发现疑点—分散核实—系统研究”的数字化审计模式，将内部审计系统的功能定位从传统的“审计作业管理”提升至“数据挖掘分析”，通过智慧审计提升审计体系的在线审计能力。（尚 宁 黄立毅）

【审计整改】 2020年，审计部组织中国宝武审计体系推进国家审计、内部审计、外部审计3类审计问题的整改管理与成果运用，优化各司其职、各负其责的整改工作机制，并推进违规追责工作体系建设，实现审计整改“全覆盖”闭环管理。针对审计署审计发现的问题，以内部审计管理系统为支撑，以常态化方式持续巩固和发挥整改成效。针对内部审计问题，通过内部审计系统督促子公司落实整改责任，实施整改销号机制，对典型审计问题实施“标签化”管理。由公司治理部牵头，审计部与财务部一起建立内审、外审沟通交流、成果共享机制，组织全审计体系共同推进上年度会计师事务所年审管理建议书问题整改督办工作，首次跟踪督办2019年底前已设立的各级子公司。（黄立毅 吴翠芳）

【审计成果运用】 2020年，审计部编制4期《审计要情》，对典型审计问题及整改情况、海外审计、违规追责工作情况等进行回顾，提高风险识别与防范能力。发出4期《审计提示》，回顾中国宝武内部审计事业历程；传达集团公司内控评价管理工作、审计问题整改等相关专项工作动态；邀请马钢集团、宝钢资源等相关子公司就审计工作实践经验与体会进行分享。（黄立毅 苏 央）

【支撑产权变动和投资并购业务】 2020年，审计部组织审计体系完成125项净资产审计项目，参与70个投资项目决策前预审，分析提示合规风险点，落实审计从事后向事前、事中的转变。（尚 宁 唐志强）

【新进单元审计全覆盖】 2020年，审计部采取“人员对接、制度对接、业务指导、系统覆盖、专项审计”五个方面措施，对马钢集团、重庆钢铁等新进单元开展全方位管理对接，推进审计全覆盖。（赵 雍）

【加强审计体系指导监督】 2020年，审计部通过在线培训、体系调研、外部对标交流、审计人员协同等措施，加强对审计体系的指导监督。面对新冠肺炎疫情，探索以“腾讯会议视频直播”形式开展在线审计培训。3月4日—5月20日，每周为170名审计人员安排一次集中在线培训，共12讲。（苏 央）

【优化审计管理】 2020年，审计部废止管理文件4项、行政文件1项。年底，内部审计文件数量为12项，包括《中国宝武所属单位领导人员经济责任审计管理办法》《财务收支审计管理办法》《内部控制评审管理办法》《内部审计制度》等。（吴翠芳）

【对中介机构归口管理】 2020年，审计部履行审计业务聘用社会中介机构的归口管理职能，通过日常专业管理及年度评价，组织审计业务合格社会中介机构名录的调整、发布。中介机构受聘开展或参与各类审计项目290项；完成工程造价审计637项，净核减10.92亿元，净核减率12.28%；提供专业人员支撑127人次。（李卓明）

【为派出监事提供履职支撑】 2020年，审计部处理56项子公司董事会、监事会议案。针对议案中涉及的监事会报告、内部控制年度评价报告等内容，及时出具预处理意见；基于审计专业视角，对其他相关事项进行风险提示，为派出监事提供履职支撑。（吴翠芳）

编辑：李 冰

# 10 钢铁主业

# 钢铁主业

## 钢铁产业发展中心

【概况】 2020年，钢铁及相关制造业发展中心更名为“钢铁产业发展中心”（简称钢铁业中心）。钢铁业中心承担中国宝武钢铁及相关制造板块的资本投资运营功能，对资产总量、结构和效率负责，推进资本投资项目的“投、融、管、退”工作，采用项目化、矩阵式、扁平化的运作方式，下设钢铁规划、投资管理、资本运作、运营评价等业务模块。年底，在册、在岗员工14人。（沈宇明）

【优化空间战略布局】 2020年，钢铁业中心优化国内“弯弓搭箭”的空间战略布局。推进重庆钢铁权益变动工作，中国宝武获得重庆长寿钢铁有限公司40%股权，并与重庆战略性新兴产业股权投资基金合伙企业达成一致行动协议，取得重庆长寿钢铁有限公司的控制权，中国宝武成为重庆钢铁实际控制人。推进落实中国宝武对太钢集团的重组工作，完成太钢集团尽职调查和重组的可行性研究报告，提出一系列应对并购重组太钢集团的风险及举措。推进新疆维吾尔自治区钢铁产能整合工作。协同八一钢铁推进新疆维吾尔自治区钢铁产能整合工作，新疆天山钢铁联合有限公司注册成立。按照新疆维吾尔自治区钢铁产业环境的变化，将整合路径调整为“战略上整体整合，战术上分步实施”，对相关目标企业开展尽职调查和审计评估等工作，为新疆维吾尔自治区钢铁业进一步整合创造条件。（沈宇明）

【完善钢铁产业结构】 2020年，钢铁业中心协同集团公司相关部门，优化钢铁产业结构，推进钢铁专业化、区域化、平台化公司建设。按照将马钢集团打造成为“宝武优特长材平台化公司”的战略定位，协助马钢集团统筹推进马钢集团规划的制订工作。推进不锈钢相关资产注入太钢集团有关工作，推进不锈钢产业的统一管理，策划并形成宝钢德盛资产处置、股权变更等多种方案，落实宁波宝新各股东同意中国宝武将持有的宁波宝新股权转让给太钢集团相关事宜。跟踪宝钢德盛精品不锈钢绿色基地建设推进情况，协调落实项目节能评估、环境影响评价的合规性，推进上海不锈钢有限公司相关装备搬迁工作，组织落实上海不锈钢有限公司出让给宝钢德盛钢铁产能指标的资产评估和转让协议签订工作。（沈宇明）

【开展钢铁产业并购重组寻源】 2020年，钢铁业中心通过对未来中国钢铁总体竞争格局、区域竞争格局及钢铁消费市场分布的研究，根据强化中国宝武钢铁战略布局的需要，开展对相关可能并购对象的战略研究。对昆明钢铁控股有限公司进行调研，对其竞争力进行整体研判，并提出一系列发展建议，为集团公司领导决策提供参考依据。（沈宇明）

【开展钢铁产业规划实施评估】 2020年，钢铁业中心起草并完成《2020年中国宝武钢铁产业规划实施评估报告》。评估报告以国内外钢铁业宏观环境为视野，从外部环境变化对钢铁产业规划实施的影响、内部环境变化对钢铁产业规划实施的影响、2020年钢铁产业主要经营指标完成情况、2020年钢铁产业重大战略规划举措实施情况四个方面，对新冠肺炎疫情发生后国内外经济和发展环境的变化，及其对中国宝武规划实施的影响，进行分析和总结，并对年度规划滚动和"十四五"规划编制提出相关建议。（沈宇明）

【推进协同支撑】 2020年，钢铁业中心协同集团公司相关部门，推进宝钢股份对马钢股份协同支撑工作，支撑项目设15个大项、83个目标，其中管理类项目目标58项，指标类目标25项。组织韶关钢铁对重庆钢铁的协同支撑，韶关钢铁派出287人次（合计1 108个工作日）前往重庆钢铁，开展协同支撑专项工作。组织重庆钢铁各级人员到韶关钢铁对标交流学习33次，289人次参加。开展对宝钢德盛、宁波宝新进行"阶段式"协同支撑。上半年，牵头并会同宝武管理学院通过调研、访谈等方式，开展宁波宝新竞争力评估，并形成评估报告；下半年，会同集团公司财务部通过现场调研、访谈等方式，开展宝钢德盛经营分析，并形成相关报告。（沈宇明）

【开展建立中南钢铁可行性研究】 2020年，钢铁业中心根据集团公司各基地产品特点和区位条件，研究策划钢铁专业化、区域化和平台化公司建设的方案，开展建立5个专业化平台和区域平台公司的探索，并着重开展中南钢铁建立的可行性研究，完成中南钢铁建立的可行性研究报告。11月，宝武集团中南钢铁有限公司正式揭牌成立。（沈宇明）

【拓展多基地制造管理模式】 2020年，钢铁业中心在总结宝钢股份多基地协同经验的基础上，开展跨单元业务协同模式优化研究。通过完成标准模式方案，把宝钢股份加强各生产基地之间的协同、优化多制造基地管理模式、提升整体竞争力的方法在集团公司层面推广。同时，做好各生产基地产品协调、产线协调、资源协调、市场协调、管理协同方面的推进工作，提升各生产基地之间的协同能力。（沈宇明）

【推进产能置换工作】 2020年，钢铁业中心参与国家主导的《钢铁行业产能置换实施办法》的修订工作，优化中国宝武内部产能的使用。为解决因梅钢公司1 280立方米高炉停产影响其成本竞争力，并保证湛江钢铁三号高炉系统项目产能置换的合规性，向国家发展和改革委员会、工业和信息化部提出1 280立方米高炉产能出让调整的申请。（沈宇明）

# 宝山钢铁股份有限公司

## 概　述

宝山钢铁股份有限公司（简称宝钢股份）是中国宝武下属控股子公司，2000年2月3日由宝钢集团有限公司（简称宝钢集团）独家发起创立，同年12月12日在上海证券交易所挂牌上市，2017年2月27日吸收合并武钢股份并复牌上市。同年3月，武汉钢铁有限公司（简称武钢有限）挂牌成立。2019年3月29日，湛江钢铁三号高炉系统项目全面开工建设。2020年1月10日，宝钢股份入围世界经济论坛新一轮全球制造业领域的18家"灯塔工厂"名单，是唯一入选的中国钢铁企业。

宝钢股份拥有四大钢铁制造基地，即宝山基地（宝钢股份直属厂部为主）、青山基地（武汉钢铁有限公司）、东山基地（宝钢湛江钢铁有限公司）和梅山基地（上海梅山钢铁股份有限公司），专业生产高技术含量、高附加值的碳钢薄板、厚板与钢管等钢铁精品。拥有国内领先的系列产品，汽车用钢、硅钢等大类品种在国内高端市场居于领导地位，质量控制水平居行业前列，冷轧超高强钢等部分品种达国际领先水平，部分品种实现全球首发。拥有国内领先的技术，在超高强钢、高表面质量、高性能要求、高尺寸精度产品及用户使用技术方面拥有大量的核心技术，构成了产品差异化的核心能力。拥有遍布全球的营销网络，在国内拥有最多的钢材服务中心，为汽车等行业提供剪切配送、激光拼焊、车轮制造、热冲压、液压成型、焊接总成等全系列的加工配送服务，并通过现代信息技术构建了便捷的供应链服务系统。作为客户最值得信赖的价值创造伙伴，通过服务先期介

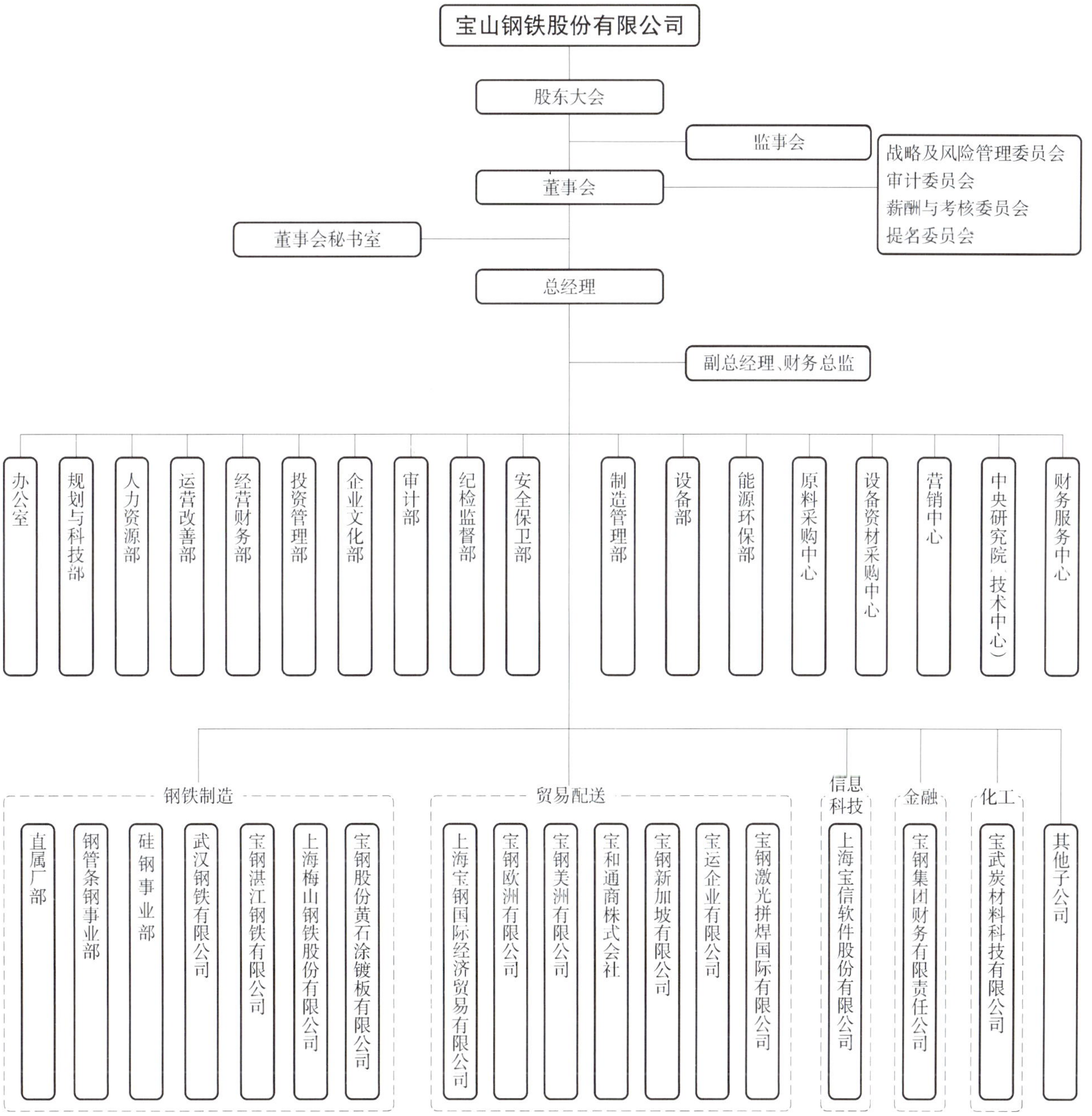


宝山钢铁股份有限公司组织机构图（2020年12月）

宝钢股份成品码头　　（刘继鸣 摄于2020年11月）

入、大客户总监负责制、完善的营销服务快速响应体系、慧创电子商务服务平台，为客户提供一流的产品、技术和服务，在满足国内市场需求的同时，产品出口日本、韩国、欧美等70多个国家或地区。

2020年，宝钢股份生产铁4 345万吨、钢4 739万吨、商品锭坯材4 591万吨，销售商品坯材4 596万吨；实现营业收入2 844.36亿元、利润总额160.22亿元；耗能总量2 714万吨标准煤，吨钢综合能耗573千克标准煤。绿色化发展指数76，在中国宝武一级子公司中总体得分最高。研发投入率3.09%，新产品销售率13.86%，独有新试产品比例31.99%，专利申请量1 271件，其中发明专利比例91.90%，科研直接新增效益30.93亿元。加强关键核心技术攻关，供国家重大核能科技工程——霞浦示范快堆工程用SA387钢板、新型耐热刻痕取向硅钢、顶煤气循环氧气高炉等取得突破。全年固定资产投资216.60亿元，当年严控投资，压减投资规模20亿元。年底，在册员工55 865人，在岗员工44 560人。

（孙荣祥）

**【企业负责人简介】** 邹继新，1968年7月生，湖北监利人，中共党员，教授级高级工程师，宝钢股份党委书记、董事长。

盛更红，1964年1月生，江西永新人，中共党员，高级工程师，宝钢股份董事、总经理、党委副书记。

（孙荣祥）

**宝钢股份主要装备（生产线）一览表**

| 区　域 | 装备和规格 | 数量 |
|---|---|---|
| 宝钢股份直属厂部 | 600平方米烧结机 | 3台 |
| 宝钢股份直属厂部 | 7米50孔焦炉、6米50孔焦炉 | 各4座 |
| 宝钢股份直属厂部 | 7米55孔焦炉 | 2座 |
| 宝钢股份直属厂部 | 4 966立方米高炉、4 706立方米高炉、4 850立方米高炉、4 747立方米高炉 | 各1座 |
| 宝钢股份直属厂部 | 300吨转炉、250吨转炉 | 各3座 |
| 宝钢股份直属厂部 | 1 930毫米板坯连铸机、1 450毫米板坯连铸机 | 各2台 |
| 宝钢股份直属厂部 | 2 300毫米板坯连铸机、1 750毫米板坯连铸机 | 各1台 |
| 宝钢股份直属厂部 | 2 050毫米热连轧机、1 580毫米热连轧机、1 880毫米热连轧机 | 各1套 |
| 宝钢股份直属厂部 | 2 030毫米冷连轧机、1 420毫米冷连轧机、1 550毫米冷连轧机、1 730毫米冷连轧机 | 各1套 |
| 宝钢股份直属厂部 | 5米厚板轧机 | 1套 |
| 钢管条钢事业部 | 直径140毫米无缝钢管机组、中口径直缝焊管机组、大口径直缝焊管机组 | 各1套 |

（续　表）

| 区　域 | 装备和规格 | 数　量 |
|---|---|---|
| 钢管条钢事业部 | 460毫米无缝钢管机组 | 1套 |
| 钢管条钢事业部 | 150吨电炉 | 2座 |
| 钢管条钢事业部 | 320毫米×425毫米大方坯连铸机 | 1台 |
| 钢管条钢事业部 | 1 300毫米初轧机组、高速线材机组 | 各1套 |
| 武钢有限 | 6米55孔焦炉 | 3座 |
| 武钢有限 | 7米60孔焦炉 | 2座 |
| 武钢有限 | 7.63米70孔焦炉 | 2座 |
| 武钢有限 | 450平方米烧结机 | 3台 |
| 武钢有限 | 360平方米烧结机 | 1台 |
| 武钢有限 | 2 600立方米高炉 | 1座 |
| 武钢有限 | 3 200立方米高炉 | 3座 |
| 武钢有限 | 4 117立方米高炉 | 1座 |
| 湛江钢铁 | 550平方米烧结机 | 2台 |
| 湛江钢铁 | 5 050立方米高炉 | 2座 |
| 湛江钢铁 | 6.98米65孔焦炉 | 4座 |
| 湛江钢铁 | 500万吨球团生产线 | 1条 |
| 湛江钢铁 | 350吨转炉 | 3座 |
| 湛江钢铁 | 2 150毫米连铸机 | 2台 |
| 湛江钢铁 | 2 300毫米连铸机 | 1台 |
| 湛江钢铁 | 2 250毫米热连轧机 | 1套 |
| 湛江钢铁 | 4 200毫米厚板轧机 | 1套 |
| 湛江钢铁 | 2 030毫米冷连轧机 | 1套 |
| 湛江钢铁 | 2 030毫米热镀锌机组 | 2套 |
| 湛江钢铁 | 2 030毫米连退机组 | 1套 |
| 湛江钢铁 | 1 550酸洗机组 | 1套 |
| 湛江钢铁 | 1 550毫米冷连轧机 | 1套 |
| 湛江钢铁 | 1 550毫米热镀锌机组 | 1套 |
| 湛江钢铁 | 1 550毫米连退机组 | 1套 |

（续　表）

| 区　域 | 装备和规格 | 数　量 |
|---|---|---|
| 湛江钢铁 | 1 550毫米硅钢机组 | 2套 |
| 湛江钢铁 | 连退/热镀锌超高强钢机组 | 1套 |
| 梅钢公司 | 198平方米烧结机 | 1台 |
| 梅钢公司 | 450平方米烧结机 | 2台 |
| 梅钢公司 | 1 422毫米热连轧机、1 780毫米热连轧机 | 各1套 |
| 梅钢公司 | 1 630毫米热轧酸洗机组 | 1套 |
| 梅钢公司 | 1 420毫米冷连轧机 | 1套 |
| 黄石公司 | 45万吨酸洗机组、20万吨连退机组、15万吨镀锌机组、20万吨镀铝锌机组、12万吨建筑彩涂机组、8万吨家电彩涂机组 | 各1条 |
| 黄石公司 | 20万吨冷轧机组 | 2条 |
| 宝日汽车板 | 1 800毫米冷连轧机 | 1套 |

（孙荣祥）

## 股东大会　董事会　监事会

【股东大会重要事项】　1月21日，宝钢股份召开2020年第一次临时股东大会，审议通过《关于回购注销第二期限制性股票计划部分激励对象限制性股票的议案》《关于增选罗建川先生为公司第七届董事会董事的议案》。3月23日，召开2020年第二次临时股东大会，审议通过《关于增选姚林龙先生为公司第七届董事会董事的议案》。5月19日，召开2019年度股东大会，审议通过《2019年度董事会报告》《2019年度监事会报告》《2019年年度报告（全文及摘要）》《关于2019年度财务决算报告的议案》《关于2019年度利润分配的议案》《2019年度董事、监事及高级管理人员薪酬执行情况报告》《关于2020年度预算的议案》《关于2020年度日常关联交易的议案》《关于续聘安永华明会计师事务所为2020年度独立会计师及内控审计师的议案》。9月15日，召开2020年第三次临时股东大会，审议通过《关于申请公开发行短期公司债券的议案》《关于回购注销第二期限制性股票计划部分激励对象限制性股票的议案》。　（李　于）

【董事会重要事项】　1月3日，宝钢股份以书面投票表决的方式召开第七届董事会第十三次会议，审议通过《关于第二期A股限制性股票计划第一个解除限售期解除限售相关事项的议案》《关于回购注销第二期限制性股票计划部分激励对象限制性股票的议案》《关于批准子公司开展金融衍生品业务的议案》《关于增选公司第七届董事会董事及调整专门委员会成员的议案》《关于召开2020年第一次临时股东大会的议案》。1月23日，以书面投票表决的方式召开第七届董事会第十四次会议，审议通过《关于聘任公司副总经理的议案》。2月26日，以书面投票表决的方式召开第七届董事会第十五次会议，审议通过《关于2020年定点云南扶贫项目及预算安排的议案》《关于聘任公司财务总监的议案》。3月6日，以书面投票表决的方式召开第七届董事会第十六次会议，审议通过《关于增选公司第七届董事会董事及调整执行董事、战略及风险管理委员会成员的议案》《关于召开2020年第二次临时股东大会的议案》。4月6日，以书面投票表决的方式召开第七届董事会第十七次会议，审议通过《关于向境外友好合作伙伴捐赠防疫物资的议案》。4月13日，以书面投票表决的方式召开第七届董事会第十八次会议，审议通过《关于宝信软件实施第二期A股限制性股票计划的议案》。4月27—28日，召开第七届董事会第十九次会议，听取《2019年度总经理工作报告》《关于2019年度资产损失情况的报告》《宝钢股份疫情应对情况报告》，审议通过《关于2019年末母公司提取各项资产减值准备的议案》《2019年年度报告（全文及摘要）》《关于2019年度财务决算报告的议案》《关于2019年度利润分配的议案》《关于2020年度预算的议案》《关于2020年度日常关联交易的议案》《关于续聘安永华明会计师事务所为2020年度独立会计师及内控审计师的议案》《关于执行新收入等会计准则的议案》《关于2020年一季度末母公司提取各项资产减值准备的议案》《2020年第一季度报告》《关于〈2019年度内部控制评价报告〉的议案》《关于2020年金融衍生品操作计划及2019年金融衍生品开展情况的议案》《2019年度全面风险管理报告的议案》《2019年度组织机构管理工作执行情况及2020年度工作方案的议案》《2019年度董事、监事及高级管理人员薪酬执行情况报告》《关于总经理2020年度绩效指标（值）设置的议案》《关于2019年捐赠项目执行情况暨2020年捐赠项目的议案》《2019年度可持续发展报告》《关于增聘公司证券事务代表的议案》《关于召开2019年度股东大会的议案》。7月14日，以书面投票表决的方式召开第七届董事会第二十次会议，审议通过《关于武钢气体优化资本结构的议案》。7月30日，以书面投票表决的方式召开第七届董事会第二十一次会议，审议通过《关于高级管理人员2019年度绩效评价结果及薪酬结算的议案》《关于湛江钢铁捐赠项目的议案》。8月27日，召开第七届董事会第二十二次会议，听取《2020年半年度总经理工作报告》《铁矿石采购专题汇报》，审议通过《关于2020年二季度末母公司提取各项资产减值准备的议案》《2020年半年度报告（全文及摘要）》《关于申请公开发行短期公司债券的议案》《关于回购注销第二期限制性股票计划部分激励对象限制性股票的议案》《关于召开2020年第三次临时股东大会的议案》。9月10日，以书面投票表决的方式召开第七届董事会第二十三次会议，审议通过《关于2020年度新增日常关联交易的议案》。9月21日，以书面投票表决的方式召开第七届董事会第二十四次会议，审议通过《关于参股设立欧冶工业品股份有限公司的议案》《宝信软件关于设立宝信软件（南京）有限公司的议案》《关于宝信软件建设"宝之云"五期暨增资宝景信息的议案》。10月29日，召开第七届董事会第二十五次会议，听取《关于武钢有限及湛江钢铁参股宝武清能的报告》《关于南通宝钢钢铁有限公司地块不动产被政府征收相关事项的报告》《投资成本过高造成竞争力下降风险管控策略及应对方案》《关于宝武炭材启动分拆上市及马钢集团现金增资宝武炭材的报告》，审议通过《关于2020年三季度末母公司提取各项资产减值准备的议案》《2020年第三季度报告》《关于宝信软件收购飞马智科的议案》《关于武澳公司股权转让的议案》。11月24日，以书面投票表决的方式召开第七届董事会第二十六次会议，审议通过《关于成立宝山工业气体分公司的议案》《关于2020年度新增日常关联交易的议案》《关于马钢集团现金增资宝武炭材的议案》《关于南通宝钢钢铁有限公司地块不动产被政府征收相关事项的议案》《关于武钢有限新建连续热处理线项目的议案》。12月11日，以书面投票表决的方式召开第七届董事会第二十七次会议，审议通过《关于武钢有限及湛江钢铁参股宝武清能的议案》。12月17日，以现场结合通讯的方式召开第七届董事会第二十八次会议，审议通过《关于宝武炭材收购精功碳纤维股权的议案》。（李　于）

【监事会重要事项】 1月3日，宝钢股份召开第七届监事会第十三次会议，审议通过《关于审议董事会"关于第二期A股限制性股票计划第一个解除限售期解除限售相关事项的议案"的提案》《关于审议董事会"关于回购注销第二期限制性股票计划部分激励对象限制性股票的议案"的提案》《关于审议董事会"关于批准子公司开展金融衍生品业务的议案"的提案》《关于审议董事会"关于增选公司第七届董事会董事及调整专门委员会成员的议案"的提案》《关于审议董事会"关于召开2020年第一次临时股东大会的议案"的提案》。1月23日，以书面投票表决的方式召开第七届监事会第十四次会议，审议通过《关于审议董事会"关于聘任公司副总经理的议案"的提案》。2月26日，以书面投票表决的方式召开第七届监事会第十五次会议，审议通过《关于审议董事会"关于2020年定点云南扶贫项目及预算安排的议案"

的提案》《关于审议董事会“关于聘任公司财务总监的议案”的提案》。3月6日，以书面投票表决的方式召开第七届监事会第十六次会议，审议通过《关于审议董事会“关于增选公司第七届董事会董事及调整执行董事、战略及风险管理委员会成员的议案”的提案》《关于审议董事会“关于召开2020年第二次临时股东大会的议案”的提案》。4月6日，以书面投票表决的方式召开第七届监事会第十七次会议，审议通过《关于审议董事会“关于向境外友好合作伙伴捐赠防疫物资的议案”的提案》。4月13日，以书面投票表决的方式召开第七届监事会第十八次会议，审议通过《关于审议董事会“关于宝信软件实施第二期A股限制性股票计划的议案”的提案》。4月28日，召开第七届监事会第十九次会议，审议通过《2019年度监事会报告》《2019年度董事履职情况的报告》《2019年度内部控制检查监督工作报告》《关于审议董事会“关于2019年末母公司提取各项资产减值准备的议案”的提案》《关于审议董事会“2019年年度报告（全文及摘要）”的提案》《关于审议董事会“关于2019年度财务决算报告的议案”的提案》《关于审议董事会“关于2019年度利润分配的议案”的提案》《关于审议董事会“关于2020年度预算的议案”的提案》《关于审议董事会“关于2020年度日常关联交易的议案”的提案》《关于审议董事会“关于执行新收入等会计准则的议案”的提案》《关于审议董事会“关于2020年一季度末母公司提取各项资产减值准备的议案”的提案》《关于审议董事会“2020年第一季度报告”的提案》《关于审议董事会“关于〈2019年度内部控制评价报告〉的议案”的提案》《关于审议董事会“2019年度可持续发展报告”的提案》《关于审议董事会“关于续聘安永华明会计师事务所为2020年度独立会计师及内控审计师的议案”的提案》《关于审议董事会“2019年度组织机构管理工作执行情况及2020年度工作方案的议案”的提案》《关于审议董事会“关于总经理2020年度绩效指标（值）设置的议案”的提案》。7月14日，以书面投票表决的方式召开第七届监事会第二十次会议，审议通过《关于审议董事会“关于武钢气体优化资本结构的议案”的提案》。7月30日，以书面投票表决的方式召开第七届监事会第二十一次会议，审议通过《关于审议董事会“关于高级管理人员2019年度绩效评价结果及薪酬结算的议案”的提案》《关于审议董事会“关于湛江钢铁捐赠项目的议案”的提案》。8月27日，召开第七届监事会第二十二次会议，审议通过《2020年上半年度内部控制检查监督工作报告》《关于审议董事会“关于2020年二季度末母公司提取各项资产减值准备的议案”的提案》《关于审议董事会“2020年半年度报告（全文及摘要）”的提案》《关于审议董事会“关于申请公开发行短期公司债券的议案”的提案》《关于审议董事会“关于回购注销第二期限制性股票计划部分激励对象限制性股票的议案”的提案》《关于审议董事会“关于召开2020年第三次临时股东大会的议案”的提案》。9月10日，以书面投票表决的方式召开第七届监事会第二十三次会议，审议通过《关于审议董事会“关于2020年度新增日常关联交易的议案”的提案》。9月21日，以书面投票表决的方式召开第七届监事会第二十四次会议，审议通过《关于审议董事会“关于参股设立欧冶工业品股份有限公司的议案”的提案》《关于审议董事会“关于宝信软件设立宝信软件（南京）有限公司的议案”的提案》《关于审议董事会“关于宝信软件建设‘宝之云’五期暨增资宝景信息的议案”的提案》。10月29日，召开第七届监事会第二十五次会议，审议通过《关于审议董事会“关于2020年三季度末母公司提取各项资产减值准备的议案”的提案》《关于审议董事会“2020年第三季度报告”的提案》。11月24日，以书面投票表决的方式召开第七届监事会第二十六次会议，审议通过《关于审议董事会“关于成立宝山工业气体分公司的议案”的提案》《关于审议董事会“关于2020年度新增日常关联交易的议案”的提案》《关于审议董事会“关于马钢集团现金增资宝武炭材的议案”的提案》《关于审议董事会“关于南通宝钢钢铁有限公司地块不动产被政府征收相关事项的议案”的提案》《关于审议董事会“关于武钢有限新建连续热处理线项目的议案”的提案》。12月11日，以书面投票表决的方式召开第七届监事会第二十七次会议，审议通过《关于审议董事会“关于武钢有限及湛江钢铁参股宝武清能的议案”的提案》。12月17日，以现场结合通讯的方式召开第七届监事会第二十八次会议，审议通过《关于审议董事会“关于宝武炭材收购精功碳纤维股权的议案”的提案》。

（李　于）

## 生产经营管理

【抗疫保产】 2020年，宝钢股份全力以赴防控新冠肺炎疫情。武钢有限工作场所“无一起聚集性感染”，生产现场“一分钟不停”；强化落实境外疫情防控措施及出入境人员管理，向86家境外合作伙伴捐赠保障物资；统筹兼顾，多方协调打通供应链，确保公司主要单元生产“零间断”；彰显中央企业政治责任和社会责任，紧急驰援雷神山、火神山医院建设。武钢有限刘安被评为“全国抗击新冠肺炎疫情先进个人”，武钢有限气体公司被评为“全国抗击新冠肺炎疫情先进集体”。 （孙荣祥）

2020年2月7日，宝钢股份炼钢厂工会分发防控新冠肺炎疫情宣传画 （刘继鸣 摄）

【“一公司多基地”管理】 2020年，宝钢股份深化经营中心建设，推进智慧经营决策支持系统项目开发及数字化转型，构建面向流程、价值链的“一公司多基地”经营管控体系。基于大数据技术的管理决策起步，多基地产销平衡运营平台（DSP2.0）、物流一体化等管控系统投入运行。优化多制造基地产线分工运行机制，推进小炉次集约化、热轧专业化、汽车板超高强钢分工。推进运行中心（IROC）建设，设备操控中心和运输操控中心投入运行。实施多基地产品专业化整合，成立硅钢事业部。实施工序专业化整合，成立炼铁部、炼钢部、热轧部、厚板部、冷轧部等工序专业化部，形成“军种+战区”的矩阵式、网络式管理模式，统领四大基地工序发展。以“公司制度树”建设为抓手，推进适应“一公司多基地”管理的流程优化。 （孙荣祥）

【成本变革】 2020年，宝钢股份全面对标国内外优秀企业，推进人工、折旧等固定成本削减，围绕制造端效率提升、研发费用优化、低效无效资产清理、财务费用削减等，细化变革举措，全年削减成本38亿元。 （孙荣祥）

【科技创新】 2020年，宝钢股份加快“三性”（颠覆性、前瞻性、突破性）技术研发，追求技术领先。供国家重大核能科技工程——霞浦示范快堆工程用SA387钢板、中国海洋石油集团有限公司（简称中国海油）深水采油平台用R6系泊链棒材交付用户；高效环保变压器用极低铁损取向硅钢等10项产品实现全球首发；硅钢热轧带钢边部减薄控制技术等23项标志性技术实现突破。开发和布局战略性新材料，推进第四轮“金苹果”计划落地，富氢冶金示范线在宝钢股份直属厂部一号高炉投入运行；高性能无取向硅钢等10项成果获上海市高新技术成果认定。建立开发创新平台，宝钢欧洲研发中心正式运行。 （孙荣祥）

【市场营销】 2020年，宝钢股份深化“以用户为中心”运营机制，从行业维度实施产销研工作机制变革，面向下游用户群，成立10个产销研一体化推进组。设立建筑、交通运输、桥梁、海工船舶、能源、汽车、硅钢等“5+2”行业解决方案中心，推进研发体系面向市场的变革。推进同质化产品营销模式创新，升级优化产能预售，提高近地化供应比例。全年销售冷轧汽车板812万吨（其中，国内市场销量760万吨），保持国内市场占有率50%以上。在国内市场销售取向硅钢69万吨，其中高磁感取向硅钢100%占有国内直流特高压市场，薄规格高能效硅钢形成全球领先的用户使用技术和产品解决方案能力。汽车用弹簧钢市场占有率为40%，汽车用冷镦钢市场占有率为34%，高强钢管市场占有率提升至52%。推进智慧供应链建设，开展与江苏华鹏变压器有限公司的数字钢卷，汽车零部件企业的产线级数字化协同，实现与用户的效率、效益“双赢”。（孙荣祥）

【智慧制造】 2020年，宝钢股份推进以“四个一律”为核心的智能化工厂建设，加快大数据中心建设，倒逼流程再造、管理变革。宝钢股份直属厂部、湛江钢铁“四个一律”指数在集团公司内领跑；营销、制造、财务等9个大数据试点项目实现标志性功能投入运行，并形成可复制经验，智慧经营系统基本实现购销两端数据贯通、全流程物流成本跟踪和App（手机应用程序）开发的第一阶段目标；推进劳动效率提升、设备在线诊断等类别的智慧制造改造项目90项。（孙荣祥）

【城市钢厂建设】 2020年，宝钢股份推进“三治四化”“长江大保护”行动，主要环保指标实绩得到改善，重点污染源在线排放100%过程达标，无重大环境风险事件。宝钢股份绿色发展指数较2019年提升12分，在中国宝武一级子公司中居首位。宝钢股份直属厂部完成滩涂原固体废物堆场治理，并通过上海市生态环境局销号；湛江钢铁实现固体废物单月100%不出厂；武钢有限强化环保措施落实，绿色发展指数较2019年提升19分；梅钢公司成为江苏省工业旅游区。（孙荣祥）

【发挥产供销合力】 2020年，宝钢股份供产销体系紧密协同，在制造系统推进“算账生产”和“降本增效”工作，深挖产线潜力，挑战产能极限，全年粗钢产量4 739万吨。在营销系统，准确把握下游复工复产、国内外市场动态，以公司效益最大化为原则，灵活调整国内外市场资源投放比例、配置各基地各品种资源，确保四大基地高炉满产。在采购系统，把握市场机会，优化各基地炼铁配煤配矿结构，完善新品种开发体系，推进高性价比矿石替代，下半年降成本1 700多万元。增加低价煤采购，推进国内各基地煤焦新品种开发和高硫煤使用等，累计效益超1亿元。资材备件采购物料代码共享比例由26.60%提升至33.90%，武钢有限吨钢资材备件成本下降10.13%。（孙荣祥）

【对标找差】 2020年，宝钢股份把“对标找差创一流”作为工作重中之重，参加中国宝武与江阴兴澄特种钢铁有限公司、河北敬业集团、永锋集团有限公司等企业的对标交流，选择方大特钢科技股份有限公司、湖南华菱钢铁股份有限公司、福建省三钢（集团）有限责任公司等企业对标找差，学习经营理念、管理思路和方法工具等方面的先进做法。通过对标找差，在提升制造效率上取得历史性突破。高炉系数大幅提升，湛江钢铁二号高炉利用系数树立5 000立方米级特大型高炉新标杆；四大基地铁钢比值全面进入0.90以下，实现“破九进八”。在提升资金效率上，年末“两金”总额423.60亿元，“两金”周转天数同比加快2.6天。在提升劳动效率上，钢铁主业人均年钢产量1 288吨。（孙荣祥）

【深化改革】 2020年，宝钢股份抓好“双百行动”综合改革方案落地。推进股权多元化和混合所有制改革；巩固深化三项制度改革成果，宝钢股份经理层全部实施任期制管理；推进落实退休人员管理社会化，公司退休人员党组织关系实现应转尽转，服务管理关系100%转接属地社区；推进子公司法人压减和“参股瘦身”工作，完成子公司法人压减4户和参股公司“瘦身”8户；推进“处僵治困”，烟台鲁宝钢管有限责任公司完成扭亏目标，上海宝钢工业有限公司落实“去公司化”改革，重庆宝井钢材加工有限公司和南通宝钢钢铁有限公司实现专项治理计划阶段性目标。宝钢股份获评“双百企业”三项制度改革专项评估A级企业。（孙荣祥）

【推进设备管理变革】 2020年，宝钢股份以操维（操作维护）、检维（点检维护）、检修（点检维修）三个“一体化”为重点，推进设备管理变革。宝钢股份直属厂部炼铁烧结、硅钢四期等区域实现“操维一体化”，2050精轧等6个区域实现“检维一体化”，推进炼钢机清等项目实施专业化维护总包，实现“检修一体化”。（孙荣祥）

【优化产能布局】 2020年，湛江钢铁三号高炉系统建设进度整体提前，安全、质量受控，累计完成投资91亿元。12月8日，硅钢商业化转化项目——全球唯一完全面向新能源汽车的最高等级无取向硅钢专业生产线开工建设。12月15日，新型耐热刻痕取向硅钢机组投产。12月20日，宝武铝业一期项目建成投产，迈出“从钢铁到材料

2020年12月20日，宝武铝业一期项目建成投产　　　　（滕根泉 摄）

转型升级”关键一步。　（孙荣祥）

【生态圈建设】　2020年，宝钢股份配合集团公司大宗原料集中采购整合，助推欧冶工业品股份有限公司成立运作。按照“一业一企、一企一业”专业化整合要求，支持宝武清能、宝武水务等公司运行。支撑马钢集团15个大项目、83个目标，实施率100%。做好韶关钢铁、八一钢铁、重庆钢铁的技术与管理支撑工作。共建共享高质量钢铁生态圈，在欧冶平台开展各品种产品产能预售523万吨。与中国宝武金融单元开展合作共建，全年全口径“通宝”业务开立金额339亿元，占集团公司的75%。

（孙荣祥）

【人才队伍建设】　2020年，宝钢股份调整直管干部143人次，直管干部职数比2019年同口径减少26.97%，平均年龄和同岗位任职年限实现“双降低”。推进各层面干部跨单位、跨基地交流，实现沪外基地间干部交流任职突破。实施新一轮《人才高地计划》，打造科技领军、智慧制造、国际化、高科技人才队伍，加大青年人才培养。实施中长期股权激励、贡献累积金制、利润分享计划等。

（孙荣祥）

【获得荣誉】　2020年，宝钢股份获《新财富》杂志社第16届金牌董秘奖；获全景投资者关系金奖（2019）优秀IR（投资者关系）团队；在第二届新财富最佳上市公司评选中，获评“上市公司最佳领航人”“新财富最佳上市公司”；获证券时报社第14届中国上市公司价值评选“社会责任奖”；获“中国百强企业奖”和“中国百强二十年特别贡献企业奖”。在“外滩·中国品牌创新价值榜”排名第21位，“外滩·长三角品牌创新价值榜”排名第四位，“外滩·上海品牌创新价值榜”排名第二位。宝钢股份营销中心获“第六届全国文明单位”称号；宝钢股份获“上海市首批绿色制造体系示范单位”称号。“BG系列高性能油气开采用管开发及应用”获第六届中国工业大奖表彰奖；宝钢股份参与研究的“大型转炉洁净钢高效绿色冶炼关键技术”获2020年冶金科学技术奖特等奖，“热连轧超高强钢产业化关键技术研究与应用”等6个项目获2020年冶金科学技术奖一等奖；“大型高效低噪音变压器用取向硅钢开发及应用”项目获2019年上海市科技进步奖一等奖。　（孙荣祥）

## 制造管理部

【概况】 制造管理部负责宝钢股份钢铁产品（含核电用硅钢）和副产品生产物流、技术质量、有害物质管理体系的管理；生产物流、技术质量的规划、计划管理；产品技术质量一贯制管理；企业标准的管理；公司级产品生产工艺设计的管理；周以下生产计划管理；生产管制；金属平衡和在制品库存管理；原燃料（含废钢铁、铁合金）的技术标准、需求计划、厂内库存管理；生产物流、技术质量绩效监测、综合分析和持续改进；直属厂部应急预案和生产、质量事故的管理；检化验监督及业务归口管理；标准化作业管理；钢铁产品国内外政府许可证类认证、产品及标志类认证、行业类质量体系认证。下设办公室、生产技术管理室、质量保证室、原料管理中心、薄板生产管理室、薄板工序质量室、薄板产品设计室、厚板管理室、生产管制中心、检化验中心。2020年底，在册员工674人。（许胜利）

【推进全面对标找差】 2020年，制造管理部推进与方大特钢科技股份有限公司、湖南华菱钢铁股份有限公司、福建省三钢（集团）有限责任公司对标找差工作，建立对标推进机制，策划生产线与工序对标提升方案，明确提高高炉利用系数、提高铁钢规模、优化铁水预处理、提升厚板热送热装水平、普通商品材工艺降成本等12项对标提升重点工作。高炉利用系数2.28，铁钢比0.83，鱼雷罐车周转率3.71次/天。直属厂部铁超产14.50万吨，钢超产35.20万吨，厚板年产能超200万吨。（许胜利）

【应对疫情保产保供】 2020年，制造管理部应对新冠肺炎疫情，构建统一、高效、集中、专业的物料供应“应急”管控平台。化解了上海造币厂停产风险；满足了江铃汽车股份有限公司紧急采购热轧钢板，用于防疫车辆负压救护车零部件生产的供料需求；实现了直属厂部与武钢有限协同保供上海汽车集团股份有限公司1 060吨紧急备料任务。（许胜利）

【创新生产组织模式】 下半年，二号高炉、二号连铸、2050热轧、2030冷轧系列年修，创直属厂部检修规模最大、物流平衡最难、互供结构最复杂3项新纪录。围绕用户保供目标，制造管理部统筹策划冷轧、热轧、连续退火及厚板工序生产组织方案，完成19万吨备料任务及轧硬卷备料互供任务，保障了汽车板生产线稳定运行。应对市场“井喷式”需求增长和2050热轧轧辊故障影响，组建保供团队，建立日响应、周检查保供机制，调用4万吨互供热轧卷，确保瓶颈工序生产，协调限载荷条件下的整体物流，满足了用户需求。（许胜利）

【提升原料管理能力】 2020年，制造管理部推进铁矿石供应商质量管理，选取重点品种和重点质量指标，以项目化形式推动供应商改善进厂铁矿石实物质量。铁矿石质量改善和烧结配矿结构优化，创造经济效益5 000万元。推进进口煤直进（不通过中间码头转运，直接靠泊厂内码头进厂），协调海关争取进口煤额度，提高进口煤使用量，创经济效益3.35亿元。建立24小时在线联络协调机制，解决各种突发情况，应对恶劣天气影响及新冠肺炎疫情带来的困难，克服滩涂固体废物占矿石料场30万吨库容等不利因素，直属厂部外轮直进率46.40%，创造经济效益1.54亿元。（许胜利）

【提升冷轧汽车板和超高强钢制造能力】 2020年，直属厂部热镀锌铁合金外板、纯锌热镀锌钢板、电镀外板成材率分别同比提升1.06个、2.65个、1.83个百分点；冷轧超高强钢成材率同比提高0.40个百分点；新开发980DH、1180CP、1300DP、1300CP、1500QP等超高强钢新牌号钢种。（许胜利）

【推进厚板使命类和重点项目产品交付】 2020年，直属厂部高质量完成使命类产品霞浦示范快堆工程用SA387M项目格栅板、筒体板、支撑板等产品交付任务。独家批量供货1.20万吨超大型集装箱船用止裂钢产品；完成大厚度100毫米止裂钢试制，并启动认证；EH40、EH47牌号大型容器用钢止裂性能达国内最高水平。船载液化天然气储罐用9Ni（镍）钢实现批量供货。出口印度威尔斯邦公司（Welspun）L555M牌号，创29.70毫米最大壁厚新纪录。（许胜利）

【宝钢股份运行中心投入运行】 2020年，制造管理部策划宝钢股份运行中心建设方案，完善相关管理运行机制，确定并实施“原燃料直进率提升”“铁钢界面运行效率提升”等运行中心建设10项行动方案。3月，宝钢股份运行中心投入运行；9月起，制造管理部、设备部、能源环保部、安全保卫部、运输部在运行中心集中办公。

（许胜利）

【探索多基地制造管理模式】 2020年，制造管理部探索铁钢资源中长期平衡、四大基地合金统一标准、四大基地生产线分工、多基地配煤配矿、“四新”（新用户、新规格、新产线、新用途）产品管理等管理模式，完成四大基地锡锭、镍板、镍球、铌铁和铜板标准的统一；策划发布小炉次生产线分工方案，有66个品种牌号纳入生产线分工，45个牌号实现集约化生产，月均小炉次钢种减少7.85个；推进多基地配煤配矿统一管理，联合铁矿石供应商推动质量预警；探索“四新”产品工作机制与管理流程，开发初物验证管理系统并上线运行，建立验证需求发起、确认、反馈、审核和评价的完整流程，通过智慧圈App（手机应用程序）对验证材料进行便捷处理和跟踪。（许胜利）

【系统推进成本削减】 2020年，制造管理部策划、推进协同降成本项目24项，实现效益9.23亿元。制造管理相关现货绩效改善、合金成本下降，实现降成本6.75亿元，其中冷轧产品包装降成本2 187万元。（许胜利）

【主导国家标准制修订】 2020年，制造管理部主持完成12项国家标准制、修订，包括《GB/T 24180—2020冷轧电镀铬钢板及钢带》《GB/T 15675—2020连续电镀锌、锌镍合金镀层钢板及钢带》等。承担9项汽车用热轧和冷轧高强钢国家标准修订。制造管理部获国家标准化管理委员会“2020年中国标准创新贡献奖”，《汽车用高强度冷热连轧钢板及钢带系列国家标准》获国家标准化技术委员会“2019年技术标准优秀奖”。

（许胜利）

【提升检化验管理能力】 2020年，直属厂部完成检化验18项关键绩效指标。30项重点周期指标平均提升11%，19项关键精度指标平均提升21%。彩涂试样对标欧美先进技术，在全球13个大气暴晒点展开同步大气暴晒试验和实验室加速模拟实验。核电板高温拉伸试验，通过人员培训、班次调整等措施实现24小时连续作业，检验能力从每天10根增加至每天100根。

（许胜利）

【支撑宝武铝业和马钢股份制造管理体系建设】 2020年，制造管理部支撑宝武铝业制造管理体系建设，长期派驻9人，熔铸、冷轧、公辅及检化验等工程项目投入运行，质量管理体系通过英国标准学会（BSI）ISO9001认证。委派核心骨干到马钢股份制造部挂职，支撑马钢股份制造管理体系能力提升，组织10批次专家赴马钢股份开展交流、诊断、指导和培训；马钢股份赴宝钢股份直属厂部学习培训230人·天。（许胜利）

## 设备部

【概况】 设备部下设办公室、设备管理室、检修管理室（设备管制中心）、备件固资管理室、合同管理室、计量室、设备技术室、自动化控制室、通信室（网络管制中心）。2020年底，在册员工371人。

（苏　浩）

【设备管理】 2020年，设备部以“两大平台”（智慧设备管理平台、智能远程运维平台）为依托，以“三大效率”（资产、资金、人员效率）提升为牵引，以“三个一体化”（操维一体化、检维一体化、检修一体化）为手段，推动设备管理变革，打造开放共享的设备生态圈，提高生产、设备、协力全要素资源配置效率。炼铁烧结等9个区域实现“操维一体”，2050精轧等6个区域实现“检维一体”，宝日汽车板磨辊车间等实现“检修一体”；明确了维护工程师、“操维合一”岗位设置、配套薪酬、任职资格、准入要求及成长路径；建立了维护工程师资质认证体系，首批28人通过资质认证考核。推进智慧设备工作，建立风机设备在线监测与诊断平台；推进检测数据自检、预警及诊断模型再优化，预警准确率90.72%，诊断准确率95.7%；完成2017年后投入运行的智慧制造项目（在线监测诊断方向）实施效果调研评估；建立远程运维评估体系，61条主作业线和重要作业线的远程运维指数为27.02%；组织开展直属厂部智慧制造培训班3期，62人参加。推进多基地管理，建立四大基地设备对标工作平台，对各基地各项设备指标实绩进行“不落地”传递与分析；组织四大基地设备管理业务专项对标找差，完成《四基地工业机器人管理现状分析》；推进四大基地备件、检修、技术及闲废资源共享，梳理大额共享件252

项，涉及库存超过9 036万元；完成四大基地检修工装（检修过程中所用的各种工具的总称）和检修专业人才信息建档；建立跨基地设备专业技术团队，组织对24项设备技术问题进行攻关。

（苏　浩）

【点检管理】 2020年，设备部推进直属厂部（含钢管条钢事业部）点检标准优化，全年优化点检标准77 688条，同比减少点检标准13.25%。开展点检作业规范性检查，全年321人违规，扣571分。根据"三个一体化"变革项目推进需求，组织7期专职、运行点检资质培训，628人参加。推进点检能力提升，组织3年以内新进点检员及"两长"（作业长、班组长）培训；开展点检队伍能力提升系列培训，全年开设24期，1 139人参加。组织宝钢股份电气点检员技能大赛，1 424名选手参加初赛、32名选手参加决赛；组织四大基地50名选手，开展智能设备应用维护大赛。

（苏　浩）

【维修成本管理】 2020年，设备部维修投入同比减少1 072万元。推进降本增效项目454项，实现效益18 601万元。组织冷轧油脂对标改进，四大基地冷轧油脂同比降耗29%。（苏　浩）

【制度建设与基础管理】 2020年，设备部有公司级设备管理程序文件47篇，修订1篇、作废1篇；设备管理标准60篇，修订2篇、新增2篇；设备部级管理文件27篇，修订1篇。3个作业区被宝钢股份评定为金牛级作业区，2个被评定为银牛级作业区。开展"三最"（最文明电气室、最美油库、最干净电缆隧道）评选，对1 665个电气室、液压站、电缆隧道进行评审，授予"最文明电气室"30个，"最美油库（液压站）"11个，"最干净电缆隧道"9个。

（苏　浩）

【检修管理】 2020年，设备部组织完成设备定修566次，累计时间20 354.10小时，较计划值减少1 819.90小时，同比减少5 953.10小时，降幅4.90%；组织完成主作业线年修55次，炼铁、炼钢、热轧、厚板、能环、运输和宝武炭材等单元单体设备年修73次，均按计划或提前交付生产运行。组织检修单位922人次参加"液压缸维修技术""智能设备检修技能"等149个培训科目（其中系统培训7项、协同培训38项、自主培训104项）；组织宝钢股份第15届主体检修单位专业工种技能竞赛，8家检修单位的146名选手组成20个团队，参加架子工、焊工、起重工等工种及应急响应的专项竞赛。以"三高（高风险、高频次、高强度）"类检修项目为重点，完成94项工装研发及227项电动（气动）类便携式工器具配置，并投入使用。

（苏　浩）

【运行状态管理】 2020年，直属厂部设备状态总体平稳，未发生一、二级设备事故，34条主作业线月均故障时间203.75小时，55条重要作业线月均故障时间157.95小时。年内，设备部组织推进炼钢设备状态提升专项工作，明确推进举措及设备攻关项目，并定期召开推进会，9—12月炼钢厂主（重要）作业线月均设备故障时间较1—8月下降43.77%。推动宝钢股份运行中心建设，实现定修（年修）计划自动排程系统上线、信息网络（主干网）安全防护及态势监控，实现过程控制系统、生产管理系统、制造管理系统计算机及司磅专业的远程操控和运行维护，并将1 500个电气室温度、湿度纳入实时监控和远程诊断。（苏　浩）

【备件管理】 2020年，直属厂部加强物料库存、成本管控，备件库存总量12.11亿元（含欧冶工业品股份有限公司划转库存20 220万元），较2019年底下降1.83亿元。常规维修物料消耗（不含轧辊）175 397万元，同比下降0.65%。物料国产化降成本2 056万元；推进备件"三高"（消耗高、单价高、故障率高）降成本项目，创效5 446万元；利用3年以上库存，增效3 491万元（现值）。年内，开发备件相似性检索功能，应用于采购供应链系统、设备管理信息系统。（苏　浩）

【合同管理】 2020年，设备部使用检修供应商53家（含一事一议供应商6家）、检修分包商52家（含一事一议分包商7家）、备件修理供应商132家、维修工程设计供应商24家。直属厂部组织推进维修工程项目132项，当年项目完成率73.48%；单项检修项目立项1 081项（含设备维护变革类项目4项），当年完成合同签订1 060项；与109家备件修复供应商签订备件修复框架合同；与11家备件修复供应商签订总包修复合同23项；梳理并编制完成全年备修协议价2 414条；完成备件修复项目结算1.463万项，涉及备件10.24万件；完成315条备修通用标准、434项备修专用标准系统编制，建立与

1.33万个物料代码的对照关联；设立环保快速改善专项费用，通过单项检修（19项）和维修工程（3项）渠道推进实施。（苏　浩）

【设备前期管理】 2020年，设备部组织并实施“2050热轧轧线自动化能力提升综合改造”“炼钢厂六号连铸机自动化浇钢及控流系统改造”“二号连铸机综合改造项目”“硅钢部二期库区智能化改造”等24个技术改造项目L2（过程控制系统）模型自主集成，投入运行16项。参与直属厂部建设技术改造项目各类审查769次。组织技术改造项目建议书审查72份。（苏　浩）

【固定资产管理】 2020年，直属厂部新增固定资产入账9 660项，账面成本62.14亿元；资产报废7 205项，账面原值36.13亿元，报废净值3.07亿元；资产异动1 320项，账面原值20.20亿元，净值5.04亿元；报废资产涉及零部件利用2 429项，原值6 157.65万元；归口零星固定资产购置审核6 484项，金额15 805.17万元；签订租赁合同17份，其中租出合同14份、租入合同3份，收取租金7 877万元；签订托管协议8份，涉及资产173项，账面原值7 980.80万元；完成16套消防系统年度实喷（指喷射某些特定的气体）试验工作，功能测试258套、年度检测230项；消防故障异常数同比下降8%，空调异常率同比下降5.50%。推进81个技术改造项目的报废资产回收处置工作，回收49 819.87吨，其中废钢返生产37 375.44吨；处置报废资产原值287 397.98万元，净值22 310.25万元，处置收入15 186.30万元。（苏　浩）

【计量管理】 2020年，宝钢股份四大基地首次以交叉互审方式实施测量管理体系专业审核。宝钢股份校准实验室通过强检授权扩项及复评审考核，取得砝码、压力表、压力变送器等四大类9个项目的强检授权。年内，设备部完成智能司磅系统综合改造，实现磅站远程集中监控运维和现场无人、无纸、智能化的高效过磅作业；开展现场同位素测厚仪、边降仪等设备功能精度改造；获中国计量协会冶金分会颁发的“优秀会员单位”称号。（苏　浩）

【技术管理】 2020年，设备部新增《继电保护及安全自动装置维修技术标准》《不停电检测（局部放电部分）试验规程》《工业机器人维修技术标准》3篇，修订《电机维修技术标准》等35篇通用设备技术规程。开展公司级科研项目12项，结题2项；开展设备部自管科研项目11项，结题9项，全年科研项目创效2 578万元。国家专利局受理专利9.80件，其中发明专利9.80件；认定技术秘密46项，全年通过专利、技术秘密创效1 280万元。（苏　浩）

【网络通信管理】 2020年，设备部做好网络视频会议和虚拟专用网络（VPN）远程办公等网络保障，在线用户量许可由5 000人扩展至1万人，VPN系统最大占用带宽从30兆扩大至380兆，满足新冠肺炎疫情防疫远程办公需求。推进通信设备运维管理平台升级改造，实现部分高温工业电视等接入平台设备的远程运维；推进现场通信设备数字化改造，工业电视设备数字化占比39%，指令电话主机数字化占比36%；推进“主干网接入层升级改造（一期）”项目实施。修订发布《通用设备技术规程（通信篇）》（第2版）。（苏　浩）

【过程控制系统运行维护】 2020年，设备部成立以区域划分的技术专业团队，优化L2（过程控制系统）技术保障体制；依托计算智能管控平台，进行隐患攻关72项，异常事件处置57项，测试更换老化（旧）设备248台（件），故障时间和次数同比分别下降85%和38%；负责的90个技术改造项目中，自主开发23项，申请技术秘密25项、专利2.85件；完成现场改善项目479项，其中质量提升类364项，新产品拓展类81项，降本增效类34项。（苏　浩）

## 能源环保部

【概况】 能源环保部下设办公室（党委办公室）、能源技术室、环保技术室、设备管理室、发电管理室、能电项目组、能源中心、动力分厂、发电分厂、能介一分厂、能介三分厂、水处理分厂。2020年，宝钢股份吨钢综合能耗573千克标准煤，氮氧化物排放总量32 339吨，二氧化硫排放总量11 268吨，化学需氧量排放总量744吨。年底，在册员工1 148人。（孙　莹）

【管理变革】 2020年，能源环保部牵头策划实施宝武清能制氧业务、宝武水务废水业务的专业化整合。上半年，完成制氧单元、废水业务的委托管理和相关资产评估，能介二分厂86名员工整体划转到宝武水务，精简三级机构、党支部各1个，改革过程中做到队伍不散、生产不乱。（孙　莹）

【工序协同降成本】2020年，能源环保部实施“降低高炉煤气放散率”“加强峰谷发电管理，优化发电结构”“源头减量自产消纳，开展固体废物不出厂工作”等公司重点协同项目。通过合理安排发电机组调停和负荷分配，对煤气平衡进行精细化管理，使发电机组能够以最大能力使用高炉煤气；通过优化发电结构、降低谷时段的发电安全运行负荷低限等措施，实现增加峰时发电量，减少谷时发电量；对酸再生进行源头管控，减少酸再生污泥产生量，同时推进电炉灰压球、含铬污泥返生产、乳化液返电厂消纳工作，提升工序协同降成本效益。（孙　莹）

【能源管理】2020年，能源环保部参与电量跨省替代交易相关方案、协议等的组织协调、洽商及实施工作，并尝试拓展新疆、宁夏等电力新能源交易资源和输电通道，完成电力交易11.60亿千瓦时。全年，直属厂部用煤量1 219.70万吨。通过提高发电机组运行管理水平，优化机组运行方式，减少高炉煤气放散，发电74.97亿千瓦时，消纳废乳化液10 247吨。（孙　莹）

【碳资产管理】2020年，能源环保部“全国碳市场应对策略研究项目”结题，项目对宝钢股份四大基地历史碳排放数据进行深入分析，研究适合宝钢股份的碳排放分配方案。同时，结合碳排放形势和实际需求，从自身业务建设和外部碳市场交易履约两个角度分别提出应对策略。年内，从政策争取和交易策略两方面，减少碳履约成本，与上海生态环境局等各部门沟通，获得提升国家核证自愿减排量使用比例等政策优惠。11月，能源环保部牵头，联合集团公司经济与规划研究院启动策划《碳达峰目标与碳中和愿景下碳管理专项行动方案》，制订下一阶段减碳控碳工作计划。（孙　莹）

【智慧制造】2020年，能源环保部按照智慧规划和智慧能环“1+N+X”模式要求推进实施具体工作。“1”，即1个能源中心建设：完成能源中心对3个热轧单元煤气站的远程控制，完成对2030冷轧煤气站的远程控制纳入能源中心统一在线监控；完成多部调度合署办公配套能源环保系统适应性改造。“N”，即N个二级控制中心：新建烧结余热发电机组全面投入运行；智慧能环改造（一步）8个子项目按计划进行；完成高炉循环水系统集中监控改造、1 580毫米/1 880毫米热轧操作室整合、电厂堆取料机智能化改造3个项目；将启动新建水生态中心（一步）、发电集控操作室整合项目。“X”，即完成系统策划新建智慧能环管理信息系统、堆取料机智能化改造等智慧项目。（孙　莹）

【环保工作】2020年，能源环保部启动超低排放预评估工作，修编《宝钢股份宝山基地超低排放专项规划》。完成直属厂部料场、皮带通廊及转运站的环保封闭改造，高炉集中供煤及一号、二号高炉焦矿皮带机环保改造，三号、四号烧结烟气净化系统超低排放适应性改造，一炼钢除尘系统超低排放改造，宝日汽车板废水零排放工程深度处理等重点环保项目。（孙　莹）

【绿化建设】2020年，直属厂部完成绿化建设面积31万平方米，其中新增绿化面积21.50万平方米，完成原固体废物堆场深度治理配套绿化种植工程、新建运行中心配套绿化种植工程、转底炉区域绿化种植工程、纬三路（经二路至练祁河）绿化提升工程、一号高炉炉前除尘系统改造配套绿化种植工程、新建智能产成品车间项目绿化种植工程、电炉区域绿化改造工程等。加强主干道、办公、景点区域的绿化精细化养护工作，推进“三横四纵一重点（三横：纬一路、纬三路、纬五路；四纵：经一路、经四路、经五路、经六路；一重点：三号门路口广场区域）”景观提升规划设计工作。（孙　莹）

【获得荣誉】9月，宝钢股份在上海环境能源交易所2020年会员大会上，获上海环境能源交易所优秀会员“最佳交易奖”称号。能源环保部“钢铁多流耦合分布式能源技术与应用”项目获2020年冶金科学技术奖一等奖。能介二冷煤气制氢自主管理小组“降低制氢装置氢气成本”项目获全国质量管理（QC）小组成果发表赛示范级成果奖项，获“国优小组”称号。张建辉获第一届全国技能大赛世赛项目工业4.0全国机械行业选拔赛一等奖。（孙　莹）

## 宝钢股份直属厂部

### 炼铁厂

【概况】 炼铁厂下设高炉分厂、炼焦分厂、烧结分厂、原料分厂、设备管理室、综合管理室、生产技术室、湛江工作组、盐城项目组、炼铁项目组。2020年，产铁1 411.33万吨、烧结矿2 006.56万吨、焦炭540.58万吨，原料作业总量1.25亿吨。年底，在册员工1 167人。
（仇晓磊）

【完成二号高炉大修】 9月1日，宝钢股份对二号高炉实施短期化快速大修。炼铁厂制定“精心筹划、技术创新、分段组织、分区管理、炉体为主、保障资源”的工程管理总原则，经过82天施工，11月22日，二号高炉（第三代炉役）点火投产，比计划提前8天，创特大型高炉大修效率最高、投资最省的新纪录。二号高炉（第三代炉役）采用10多项国内和国际领先的新技术，打造以智能化炼铁为核心的新型“智造”体系。 （仇晓磊）

【转底炉建成投产】 1月13日，转底炉系统的一号转底炉建成投产；5月27日，二号转底炉建成投产。转底炉的投产，解决了钢铁企业含铁含锌粉尘高效环保利用的难题，实现含锌尘泥的资源化利用，实现铁、锌、碳的综合回收和废弃物的零排放。获得的金属化球团可返回高炉或转炉使用，氧化锌粉可用作炼锌原料。年底，转底炉日处理量为900吨，能全部处理出铁场除尘灰、冷轧污泥和电炉灰，大部分的OG泥（炼钢厂煤气湿法除尘泥）、LT灰（干法电除尘灰）和高炉二次灰。 （仇晓磊）

【原料场大修改造完成】 12月30日，炼铁厂原料场大修改造项目建成并投入运行。该项目于2014年12月开工建设，采用边生产边改造的方式，建成30个筒仓、3个P型棚、5个B型棚、3个C型棚的料场及配套输送设施。改造后的原料场，煤场运行有效贮存能力78万吨，矿场运行有效贮存能力150万吨，粉尘无组织排放浓度较改造前提升41.80%，实现原料场的工艺流程优化，设备精简更新，堆取料机无人化运行，区域绿化率提高，清洁能源利用，物料损失减少，粉尘无组织排放达标等目标。 （仇晓磊）

2020年11月22日，宝钢股份二号高炉（第三代炉役）点火投产 （刘继鸣 摄）

宝钢股份炼铁厂原料场 （张 杰 摄于2020年12月）

【改善厂区环境面貌】 2020年，炼铁区域平均降尘量为9.20吨/平方千米·月；由于烟气净化设施高效运行，以及三号、四号炼焦烟气净化设施投入运行，二氧化硫排放总量1 392.92吨，同比下降31.60%；氮氧化物排放总量5 974.31吨，同比下降29.10%。资源利用总量133.98万吨，同比上升17.40%；吨铁利用量94.93千克，同比上升23.90%；返生产利用率16.10%，同比上升0.9个百分点。（仇晓磊）

【智慧制造】 1月10日，炼铁厂焦炉电缆隧道巡检机器人投入运行；5月22日，四号高炉炉前作业自动化设备投入运行；9月12日，原料单元控制室迁入炼铁控制中心，原料场实现堆取料机的无人化和料场实时盘库。（仇晓磊）

【获得荣誉】 2020年，炼铁厂参与研究的"超低能耗长寿型点火保温技术及装备的研发和应用"项目获2020年中国钢铁工业协会、中国金属学会评选的冶金科学技术奖一等奖。在第24届全国发明展览会上，缪伟良的"高炉高冶炼条件下冷却设备操作维护及其应用"、马洛文的"环冷机内烧结矿矿层温度变化测量装置及基于该装置的测温方法"获金奖，周方俊的"皮带机上用于测试金属探测器的自动投铁装置"、孙建华的"一种悬臂测温杆运输更换机械"、卫福全的"一种圆形旋转焦罐平衡检测方法"获银奖。原料分厂综合管理QC（质量管理）小组获中国质量协会"2020年第三届中央企业QC小组成果发表赛"一等奖。在第32届上海市优秀发明选拔赛上，孙建华的"一种悬臂测温杆运输更换机械"、马洛文的"环冷机内烧结矿矿层温度变化测量装置及基于该装置的测温方法"获银奖，卫福全的"焦炉生产过程中的冒烟控制技术"、王海波的"全自动液压纠偏装置"、杨斌的"一种运行中自动检测胶带机异物技术"、潘景照的"一种高炉除尘灰回收装置以及方法"获铜奖。（仇晓磊）

## 炼钢厂

【概况】 炼钢厂下设一炼钢分厂、二炼钢分厂、运转车间、设备管理室、生产技术室、综合管理室、连铸优化改造项目组、湛江工作组、盐城工作组、宝武铝业工作组。2020年，产钢1 366.54万吨，超产16.05万吨。其中，一炼钢单元720.813万吨，二炼钢单元645.732万吨。降低成本4.109亿元，位居直属厂部第一。年底，炼钢厂在册员工1 115人（含湛江工作组54人、宝武铝业工作组3人）。（王　佳）

【生产能力提升】 2020年，在一炼钢大梁改造的第二阶段，炼钢厂面对铁钢不平衡的形势，充分发挥产能，4座转炉、4台连铸机日均产钢103炉。进一步拓展大渣量和双渣法冶炼工艺，有效解决"三脱"（脱硅、脱磷、脱硫）品种钢生产瓶颈，月均577.20炉，同比提升2.01%。全年推进低铁钢比管控，铁钢比实现"破九进八"，降至879.60千克/吨；异常终浇同比下降14.80%。（王　佳）

【品种实现突破】 2020年，炼钢厂完成霞浦示范快堆工程蒸汽发生器用钢板的冶炼。完成宝钢股份关键核心技术攻关项目——"高速动车组转向架用轴承钢"项目第一阶段高铁轴承用钢的冶炼。（王　佳）

【推进技术改造与智慧制造】 2020年，炼钢厂完成二号连铸机综合改造、二号RH真空精炼炉局部改造、一炼钢浇铸一跨吊车梁系统更新改造等九大技术改造项目。二号连铸机综合改造工期59天，创连铸机综合改造工期最短纪录。一炼钢铁水预处理区域综合改造项目（七号、八号KR工位）投入运行后，仅用10天完成生产爬坡任务。加快智慧制造步伐，1930连铸中心和1450连铸中心分别于10月和11月投入运行。（王　佳）

【开展群众性创新】 2020年，炼钢厂完成科技创新效益25 789万元，同比提升33.42%；申请发明专利24件；产生知识产权经济效益7 180万元；以现场改善"落实、落地"为抓手，推进厂部"现场重点"项目30项，员工现场改善参与率100%，作业区自主管理活动参与率100%，合理化建议创经济效益4 300万元；完成自主管理课题75项；申报中国宝武技术创新重大成果奖，获奖3项；获上海市科技进步奖二等奖1项；参加上海市优秀发明选拔赛，获金奖1项、银奖1项、铜奖2项；参加第24届全国发明展览会，获金奖1项、银奖2项、铜奖2项。（王　佳）

【推进管理变革】 2020年，炼钢厂深入对标找差，以满足客户需求为标准，赴宝钢股份各基地及华菱涟源钢铁有限公司调研、考察、交流，制订相关举措。以设备状态稳定为根本，推动生产、设备间的深度融合。组织实施“蓄热式烘烤”和“机清、切割机”专业化总包，并推进实施“一炼钢区域操（操作）维（维护）合一变革”。深化组织体制、运行机制和人力资源改革，组织实施板坯精整、废钢称量、离检区域行车业务外包。（王　佳）

【协同支撑】　2020年，炼钢厂支撑湛江钢铁炼钢厂，完成全年911万吨挑战目标，三号高炉系统项目中的炼钢、连铸、石灰三大工程进度均比计划提前。支撑宝武铝业，推进体系管理优化，确保宝武铝业3条熔铸产线（30吨、50吨、110吨）按计划投产。（王　佳）

【获得荣誉】　2020年，炼钢厂“降低合金成本”项目获“2020年度中国质量协会六西格玛优秀项目”；一炼钢分厂连铸日班生产准备作业区被授予“上海市模范集体”称号。（王　佳）

## 热轧厂

【概况】　热轧厂下设生产技术室、综合管理室、设备管理室，覆盖2050、1580、1880三条热轧产线。2020年，热轧厂完成轧制量1 199.78万吨。年底，在册员工639人。（刘春会）

【组织机构变革】　2020年，热轧厂深化组织机构变革，打造“四化”（组织机构扁平化、技术业务模块化、管理服务一体化、生产运行高效化）组织。开展热工团队、精整技术团队实体化运作；强化质保组职能属性，提升质保组代表全厂管理质量工作能力；取消质检3个作业区，质检与轧钢操作人员融合；合并现场改善组，实现技术技能人才共享；实施现场班组整合，班组由96个减少至62个；优化生产技术室内部管理制度，管理文件由49份压减至5份。（刘春会）

【设备管理改革】　2020年，热轧厂2050产线精轧区域正式实施“检维一体”管理模式，精轧和卷取班组合并，设备劳动效率较改革前提升50%，故障时间下降20%；2050产线精整区域12名操作人员走上“操维一体”岗位，故障时间较改革前下降60%；实施电仪专业融合，通过现场师徒带教、实战培训等方式，实现仪电设备点检业务贯通，优化3条产线供电大电机资源配置，推进“供电大电机技术经理制”，通过点检、检修等一系列培训，2名大电机点检人员完成岗位切换。（刘春会）

【推进智慧制造】　2020年，热轧厂完成“两个集控中心”（2050产线/1580产线）与“热轧边缘节点”项目建设。2050产线开展全线L2自主集成项目升级改造，通过热轧数据边缘节点项目，采用新旧系统数据孪生技术，实现模型参数预匹配，全线生产信息、工艺参数、设备状态等数据集中管控及3条产线数据互联互通，同时采用传统热连轧全产线“1+N”模式智能监控集成技术；1580产线首次开发卷取自动定尾图像识别与控制技术、侧导板自动识别与控制技术，粗轧区域与卷取区域基本实现全自动。（刘春会）

【深化成本变革】　2020年，热轧厂优化调整成本削减评价方式，以产线（生产+设备）形式组成降成本目标制团队，应用成本OKR（目标与关键成果法）评价；组建热工专业化团队，推进能源成本改善，降低热轧能源成本820万元；制定18个降成本项目，定期推进，其中降低热轧油耗项目实现经济效益403万元；推进卷取新材质导板应用、商品材委外加工增量、委托厚板热处理产品增量等降本增效项目，增加效益1 803万元。（刘春会）

【追求极致效率】　2020年，热轧厂聚焦小时产量与日历作业率两大关

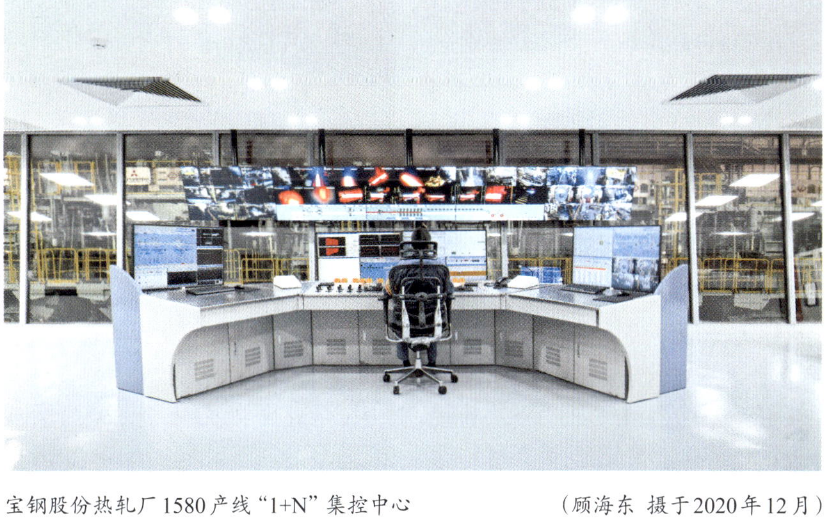

宝钢股份热轧厂1580产线“1+N”集控中心　（顾海东　摄于2020年12月）

键指标，产线日历作业率同比提高0.90%。12月，系统策划实施极致产能攻关，月度产能突破124万吨，其中2050产线月产59.80万吨，1880产线月产39.90万吨。（刘春会）

【推进新品开发】 2020年，热轧厂通过产研联合攻关，克服板形及折弯开裂等技术难题，实现新型耐磨钢BW400QP全球首发，批量供货3 000吨；铁道车辆用耐介质腐蚀钢S450AW系列产品取得中铁检验认证中心（CRCC）认证证书；热轧复合板实现全天候生产，完成世界首条用双面不锈钢轧制的复合煤气管道供货任务；试制2卷全球首发钢种——1 500兆帕级中锰钢。（刘春会）

【提高产品质量】 2020年，热轧质量管理以热镀锌铁合金外板、冷轧向高强钢、高表面酸洗板、硅钢等高端产品为重点。热镀锌铁合金外板缺陷改判率连续4个月下降14%；冷轧向高强钢麻面缺陷发生率下降75%；供佛吉亚汽车部件系统有限公司酸洗板缺陷改判率下降70%；供青岛杰森油气设备有限公司连续油管性能均匀性提升，卷取温度±30℃命中率提升30%；硅钢结疤发生率下降，节约成本1 600万元。（刘春会）

【获得荣誉】 2020年，热轧厂“热连轧超高强钢产业化关键技术研究与应用”获2020年冶金科学技术奖一等奖；“热轧智能车间的决策与运维管理”获第19届（2020年）冶金企业管理现代化创新成果奖一等奖；王军等人的“热轧分段冷却高强钢工艺用系统研制与应用”、张仁其等人的“热轧粗轧中间坯镰刀弯控制方法”获第24届全国发明展览会金奖，荣鸿伟等人的“热连轧机架压下辊缝位置自动控制技术”、李华明等人的“一种解决热轧高强钢在密集冷却区扣头废钢控制方法”、幸利军等人的“一种卷取机助卷辊踏步控制校正方法”获第24届全国发明展览会银奖；幸利军获评“上海市劳动模范”。（刘春会）

## 厚板厂

【概况】 2020年10月9日，宝钢股份成立新的厚板部，原厚板部更名为“厚板厂”。厚板厂下设生产技术室（质量检验站）、综合管理室、设备管理室、轧钢作业区、精整作业区。2020年，完成轧制量200.62万吨，缴库量181.85万吨；降成本7 502万元；重大安全环保、设备、质量和操作事故为零。年底，厚板厂在册员工365人（其中外派支撑宝武铝业8人、重庆钢铁1人）。（费　凡）

【智慧制造】 2020年，厚板过程信息与数据应用（PIDAS）大数据整体布局成型，并启动基于厚板数据中心的产品开发、生产过程、质量管理、物流管理、成本能耗、绩效管理和设备管理七大应用功能模块开发，支撑厚板生产自动化、运营管理智能化、经营决策智慧化建设。板加区、轧机区、剪切区产线自动化率由2019年的66.50%提升至2020年的71%；11月，全球首台超声波探伤机器人在厚板厂成品库投入使用。（费　凡）

【产品研发】 2020年，厚板厂独有新试产品比例为29.45%，完成国家重大核能科技工程——霞浦示范快堆工程用SA387、SA516钢板的研发，生产并供货2 335吨；生产1.20万吨超大型集装箱船用止裂钢产品，批量供应江南造船（集团）有限责任公司；生产船载液化天然石油气储罐用9Ni（镍）钢4 000吨，供南通中集太平洋海洋工程有限公司；生产300吨超薄超宽不锈钢，供浙江久立特材科技股份有限公司出口项目，打破国内市场长期依赖进口局面；试制成功625镍基合金高耐蚀管线用复合板，通过沙

2020年12月20日，宝钢股份厚板厂完成霞浦示范快堆工程用钢生产任务（费　凡 摄）

特阿拉伯国家石油公司认证，填补国内空白。（费　凡）

【员工培训】 2020年，厚板厂推进"操（操作）维（维护）一体化"，以师徒结对的方式开展"操维一体"培训，完成2批次、55人培训，27名操作人员取得专业点检资格证。（费　凡）

【获得荣誉】 2020年，丁海绍的"切头剪精准剪切技术"、王红的"用于控制加热炉的步进梁的方法及控制系统"获第32届上海市优秀发明选拔赛银奖；丁海绍的"厚板立辊轧机维护技术"、苗雨川的"一种厚板轧制翘扣头控制方法"获第24届全国发明展览会银奖；王红的"基于热辐射最小化炉门智能控制方法"、朱剑恩的"一种厚板头部第一刀剪切定位装置及其控制方法"获第24届全国发明展览会铜奖。（费　凡）

## 冷轧厂

【概况】 冷轧厂下设一冷轧分厂、二冷轧分厂、三冷轧分厂、四冷轧分厂、精整分厂、磨辊车间、综合管理室、生产技术室、设备管理室、冷轧项目组、湛江（湛江钢铁）工作组、青山（武钢有限）工作组、铝业（宝武铝业）工作组以及冷轧部推进办公室。2020年，完成轧制量539.79万吨，商品材交库量690.78万吨，退火机组产能提升9.37万吨。年底，在册员工1 588人。（董　洁）

【提升制造能力】 2020年，冷轧厂汽车外板综合成材率、超高强钢成材率同比分别提升2.30%和0.20%。热镀锌铁合金外板成材率、热镀纯锌外板、电镀锌外板成材率等重点指标均刷新历史纪录。超高强钢、热镀铝硅、精冲钢、高盈利彩涂产品产量分别同比增加15%、89%、21%、5%。拓展"两涂一烘"涂装工艺用钢7.84万吨；C317机组具备MSA（甲基磺酸）电镀锡板批量生产能力；C017机组完成0.14毫米厚度DR材（二次冷轧产品）全规格产品拓展，并实现电镀锡DR材全规格稳定顺行。（董　洁）

【节能降耗】 2020年，冷轧厂环境事件为零，污染物综合排放合格率100%。开展彩涂机组VOC（挥发性有机物）排放特征及治理BAT（最佳实用技术）技术研究，深度利用VOC废气余热并配套升级蓄热式热氧化炉改造，推进彩涂机组VOC废气超低排放。年内，彩涂机组燃气消耗同比下降40%，节能产生效益1 000万元，"冷轧彩涂机组VOC排放特征及减排措施研究项目"获中国宝武技术创新重大成果奖二等奖。（董　洁）

【开发新产品】 2020年，冷轧厂铝基板彩涂产品实现小批量生产，高铝锌铝镁彩涂产品实现批量生产。热镀锌厚料热轧基板可稳定生产3.00毫米厚度HR−550−610−LA−S钢种、3.50毫米厚度780CP钢种、4.00毫米厚度HR340钢种，满足一汽—大众汽车有限公司、华晨宝马汽车有限公司、特斯拉（上海）有限公司等用户需求。电镀锌980DP高强钢通过焊接工艺验证，实现稳定生产与供货；开展1180DP、高氢1300MS等超高强钢焊接试验；完成1180DP钢电镀试生产。开展热成型钢B1500HS焊接试验，实现热成型钢连续退火生产。实现极薄规格HC800LA钢种小批量生产，打破国外企业对这一产品规格的垄断销售。（董　洁）

【智慧制造】 2020年，冷轧厂C008热镀锌智能车间建成，12月22日入选首批上海市智能工厂。5月8日，镀锡产品集控中心开工建设。11月30日，启动1730单元智慧工厂建设。年内，新增智能机器人8台。（董　洁）

【设备年修】 2020年，冷轧厂完成1730、2030、1420、1550单元年修。其中，1730、2030单元年修，所有机组提前进入热负荷试车，分别创边际效益555万元和2 999万元。1420、1550单元年修围绕智慧运行、节能环保及设备功能精度提升，涉及1 594个检修项目，是冷轧厂建厂后规模最大、难度最大、负荷最重的年修工程。4月15日，1420、1550、1730酸再生机组合并改造项目开工建设，10月31日进入设备安装阶段。（董　洁）

【满足用户需求】 2020年，冷轧厂实现废次降（废品、次品、降级品）率5.99%。吨钢责任异议理赔额同比下降0.32个百分点。镀锡区域实现锈蚀等重大异议为零。响应和满足用户端紧急合同需求超5 000份，其中4.34万吨欧洲临保合同（指欧盟关于钢材进口含关税的配额分配临时保障措施）按期完成率为97%。（董　洁）

【设立冷轧部】 10月9日，宝钢股份设立冷轧部（由宝钢股份四大基地冷轧厂成立的一个相对虚拟的组织，与一同设立的炼铁部、炼钢部、热轧部同理），同时成立冷轧部工作推进办公室，建立16个技术服务团队和9个业务团队，推进技术体系共建、制造能力共进和资源发展共享“三个平台”建设，从质量攻关、用户感知、生产效率3个方面，形成冷轧部多基地工序管理专业化整合“百日行动计划”。截至年底，冷轧部“百日行动计划”任务群中的6个首发项目指标全部达标。（董　洁）

【获得荣誉】 2020年，冷轧厂陈杰、王康健等人的“酸连轧超高强钢焊接用激光装备研发及调整技术”获第24届全国发明展览会金奖，龚建平、黄佩杰等人的“基于大数据分析模型的焊接焊机控制应用技术”获第24届全国发明展览会铜奖。冷轧厂四冷轧分厂团支部获“全国钢铁行业五四红旗团支部”称号。冷轧厂参与研究的“超博宽幅高品质冷轧板带工业化生产关键技术开发”项目获冶金科学技术奖一等奖；“高强厚料热镀锌和热镀铝硅首创共线机组自主集成”“低耗低排放高品质氧化铁粉盐酸废液再生关键技术及装备”项目获冶金科学技术奖二等奖。庄亚明获首届上海市工业机器人技术应用技能大赛二等奖。（董　洁）

## 运输部

【概况】 运输部下设综合管理室、物流管理室、设备管理室、运行管理室、原料进厂中心、成品出厂中心、铁区运输中心、废钢供应中心。2020年，运输部马迹山港吞吐量5 380万吨；产成品码头年装卸量1 270.90万吨，其中钢制品吞吐量973.30万吨；废钢供应量360.08万吨。年底，在册员工945人。（虞　静）

【机构改革】 2020年，运输部整合优化运输管理室、货代管理室、原料采购中心废钢供应部生产管理室的业务职能，调整成立物流管理室、运行管理室。其中，物流管理室主要负责宝钢股份关务管理，物流规划，物流资源管理，物流管理（日计划、货代、商务等），港务管理，物流绩效评价和改进管理；运行管理室主要负责运输和仓储（工艺、质量、作业）管理。（虞　静）

【物流改革】 3月，宝钢股份营销中心（宝钢国际）产成品水运出厂物流管理职能划转至运输部；7月，炼铁厂原料进厂皮带系统、原料一次料场的堆料设备及作业调整至运输部管理；10月，原料采购中心废钢部分业务划转至运输部；12月，马迹山港区相关业务委托宝钢资源管理。（虞　静）

【管理变革】 8月，运输部完成成品库厂区行车“设备检修维护一体化”改革，实现设备状态、劳动效率、维修成本全面优化。9月，洗车台由集中管理优化为区域化、网格化模式，业务和资产由运输部按区域划转至对应厂部，降低运行费用20%。（虞　静）

【环保管理】 2020年，运输部推进“清洁运输”，加快淘汰排放不达标车辆，推进车辆监管物流智慧管理平台、内河水渣堆场封闭改造、原料码头新增岸基供电设施、码头初期雨污水系统改造等多个环保项目，报废更新叉车、装载机、挖掘机和推扒机等189台工程机械，其中新能源工程机械18台。（虞　静）

【智慧制造】 7月，宝钢股份产成品智能仓库（二期）投入运行，无人化框架车功能得到优化和完善，四号镀锌机组至滩涂一期仓库的运输任务全部采用无人车，全天候码头海侧港机少人化项目投入生产试运行。8月，启动“灵巧鱼雷车”的可行性研究和研发工作。（虞　静）

## 钢管条钢事业部

【概况】 宝钢股份钢管条钢事业部下设综合管理部、人力资源部、经营财务部、纪检监督部、安全保卫部、营销部、制造管理部、设备能环部、电炉厂、条钢部、无缝钢管厂、焊管部、精密钢管厂、宝钢特钢长材有限公司、烟台鲁宝钢管有限责任公司、南通宝钢钢铁有限公司、宝力钢管（泰国）有限公司，拥有电炉、初轧、棒材、高速线材、无缝钢管、中口径直缝焊管（HFW）和大口径直缝焊管（UOE）多条世界先进的现代化生产线，形成以棒线材、无缝钢管、焊管三大系列为核心的产品体系，年生产能力200万吨棒线材、170万吨无缝钢管、80万吨焊管。钢管产品形成油井管、锅炉管、管线管、机械结构管四大系列产品；长材产品形成初轧商品坯材、棒线材产品两大系列产品。产品通过美国石油协会（API）、南德意志集团、六国船级社（美国ABS、英国LR、德国GL、法国BV、挪威DNV、意大利RINA）等国际权威机构的认证，广泛应用于石油、化工、电站锅炉、汽车、机械、船舶、航天、军工等领域和行业，远销欧美、东南亚、大洋洲、非洲等国家或地区。2020年，实现商品坯材销量361万吨，营业收入197.80亿元。年底，在册员工4 073人，在岗员工3 571人。（李叶钧）

【对标找差】 2020年，钢管条钢事业部聚焦资金效率、资产效率、劳动效率和降低成本，利用经营例会、生产技术综合分析会、对标找差推进会等，分专业、专题推进对标找差工作，形成月度简报，对各项指标进行跟踪分析和持续改进。全年，钢管条钢事业部层面8项指标达标率为50%，在岗正式员工人均吨钢同比提升25%，综合成材率、一次合格率等制造能力创历史最优。产线工序层面指标达标率为62.80%，达到标杆水平的指标数由17项提升至30项。产品层面指标受市场影响，达标率为48.80%。（李叶钧）

【深化改革】 2020年，钢管条钢事业部优化组织机构与业务：撤销条钢部下设分厂，撤销宝钢特钢长材有限公司银亮钢厂建制，简化事业部本部质检管理模式，将宝钢特钢长材有限公司的生产和产品一贯制管理业务整合至钢管条钢事业部制造管理部。改革工程机械业务：业务管理主体由宝钢股份运输部划转至钢管条钢事业部，通过精简供应商，减少设备数量，降低设备管理费用319.70万元。实施接箍区域整体外包：引进专业化总包供应商，完成承包合同签订，实现产线社会化承包。新增9个产品创值团队，促进重点产品的产销研协同与市场份额提升。形成不同产线特点的“操检合一”推进方式：完成初轧区域化检修整合，管加工区域推进“操检合一”，并推进点检员自力检修和自主修复，试点实施生产操作人员承担部分运行点检和专项点检业务，降低劳务费用。实行产线经理负责制：通过签订绩效目标责任书，明确产线利润、产量、质量、成本等关键要素责任，实施营销人员新一轮绩效方案，推进营销人员优化市场接单，分享产线盈利。（李叶钧）

【优化产品结构】 2020年，钢管条钢事业部在棒线材产品方面，重点拓展汽车用棒线材市场，汽车弹簧钢线材、冷镦钢线材市场占有率分别为41.60%、34.80%，并实现进口替代及高附加值特种钢丝、合金模具钢、小规格棒材订单的均衡性。在无缝钢管产品方面，实现中国石油化工集团有限公司（简称中国石化）市场销售实绩第一，中国石化西南和西北市场非美国石油协会产品市场占有率第一，中标中国海油份额为80%。同时，管线管、油缸管、高强管、结构管等品种管订货量增加，其中高强管接单同比增长218%，无缝管线管接单同比增长166%。在焊管产品方面，完成首个提供“一揽子”服务（从光管、弯管到涂层、水泥配重等配套产品一揽子集成供货）的中国香港地区环岛海管项目，完成有史以来最高接单量的中国海油陆丰海管项目，以及中国石化西北油田、伊拉克米桑油田等抗硫化物应力腐蚀开裂用管项目。在中俄东线天然气管道工程南段招标中，获得直缝埋弧焊管订单。（李叶钧）

【加快第二方认证】 2020年，钢管条钢事业部加快第二方认证，获取高端用户准入资格，争取认证机会94项，通过认证44项，实现批量订货33项。汽车用钢方面，棒材产品通过麦格纳（江西）动力总成有限公司、江苏太平洋精锻科技股份有限公司、上海爱知锻造有限公司、四川众友机械有限责任公司吉利变速箱差速器项目认证；宝钢股份成为国内首家进入丰田汽车零部件采购体系的线材企业；通过特斯拉（上海）有限公司稳定杆、悬架簧产品认证，并实现批量供货。石油用管方面，无缝钢管产品通过泰国国家石油公司、阿尔及利亚国家石油公司等公司认证，焊管产品取得马来西亚综合油气服务公司、印度尼西亚国家石油公司投标资质。高等级机械专用管方面，通过日本小松株式会社、上海中国弹簧制造有限公司等公司认证，并实现批量供货。（李叶钧）

【开发差异化产品】 2020年，钢管条钢事业部新增科研项目56项，申请发明专利23件，完成科技创新效益2.80亿元。高等级海洋平台R6系泊链用钢、BGNDMA耐酸专用钢实现全球首发；耐微生物腐蚀管线管和油管均取得首轮订单；高强度结构管突破极限壁厚、强度再次升级；抗氧化腐蚀全新5Cr油井管具备供货能力；屈服强度555兆帕级高强度直缝高频焊管通过国家石油管材质量监督检验中心评价，获特设证书；深圳至中山跨江通道工程（简称深中通道）大桥2 060兆帕级桥梁缆索用镀锌钢丝实现批量供货，2 100兆帕级桥梁缆索用钢通过鉴定。

（李叶钧）

【提升制造能力】 2020年，钢管条钢事业部年度30项重点技术经济指标中，21项累计值优于2019年实绩，16项优于历史最佳水平。电炉产能为近5年最好水平，大方坯产线生产炉数5 933炉，创历史最高纪录。初轧产线交库量超预算6.86万吨，线材产线交库量同比提高3.10万吨。（李叶钧）

【降低成本】 2020年，钢管条钢事业部实施成本管理变革，完善员工激励评价机制，开展全员对标找差，全年降低成本2.26亿元；策划10个降本增效项目，实现效益3.15亿元。（李叶钧）

【智慧制造】 2020年，钢管条钢事业部聚焦电炉、线材、焊管、无缝智能化示范产线，推进“一线一室”、工业机器人、按支跟踪、视觉表面检测等关键技术应用。通过智慧制造专业化整合，实现示范产线建设由“点”到“面”的突破。全年推进智慧制造重点项目19项，其中4个重点项目结题。完成操作室合并间数6间、工业机器人上线16台、立体库投用1座，实现自动化替代人员机会数87人。开展“云边一体化”应用探索，完成事业部信息孤岛梳理137项和宝钢股份多基地制造系统覆盖精密钢管工作。“高精度钢管表面三维缺陷在线监测”“钢管管端直度在线测量”“大口径直缝焊管管端内外焊缝智能修磨系统”“开坯小方坯全流程全自动按支跟踪技术”“电炉向小方坯端面手写字符自动识别技术”等一系列关键技术取得突破，并成功上线。（李叶钧）

【获得荣誉】 2020年，钢管条钢事业部完成上海市高新成果审定6项，成果转化项目获财政资金扶持效益2 500万元。“BG系列高性能油气开采用管开发及应用”项目获第六届中国工业大奖表彰奖。“方坯连铸轻压下质量控制提升和优化技术”项目获上海市科技进步奖二等奖。“连铸方坯角部缺陷自动预警系统及方法”“一种单机架无槽轧制大规格方钢的方法”获第24届全国发明展览会金奖。金国平获2020年“全国劳动模范”称号，高展获“上海市劳动模范”称号，无缝钢管出口营销团队获评“上海市巾帼文明岗”。（李叶钧）

## 硅钢事业部（硅钢部）

【概况】 宝钢股份硅钢事业部（硅钢部）下设行政人事部、经营企划部、硅钢销售部、硅钢研究所、技术质量部和青山（武钢有限）工厂。2020年，完成产量354.63万吨，其中取向硅钢83.60万吨、无取向硅钢271.03万吨；完成销量356.81万吨，其中取向硅钢83.93万吨、无取向硅钢272.88万吨。年底，在册员工2 872人。（张继诚）

【硅钢事业部成立】 4月29日，宝钢股份成立硅钢事业部，与硅钢部实施一体化管理。硅钢事业部由宝钢股份宝山（直属厂部）硅钢部、青山（武钢有限）硅钢部、硅钢销售部、硅钢研究所等硅钢专业化资源整合而成，负责宝钢股份硅钢产品从研发、制造到市场的一体化战略规划的制订与实施，对硅钢产品综合竞争力负总责。成立硅钢事业部是宝钢股份在一公司多基地管理背景下由平台式组织向矩阵式、网络式组织转变的突破，是宝钢股份各基地间由协同支撑向同品种一体化体制变革的转变，以提升硅钢产品的综合竞争力。（张继诚）

【高端产品市场占有率提升】 2020年，宝钢股份取向硅钢国内市场占有率58%，其中在特高压直流领域占100%市场份额；新能源汽车驱动电机高牌号无取向硅钢的国内市场占有率60%。全球首发B18R055、B20R060和35Q155−Y三个顶级牌号，并研发成功“取向硅钢冷轧织构控制技术”和“取向硅钢环保涂层技术”两项标志性技术。（张继诚）

【无取向硅钢产品结构优化项目开工】 12月8日，宝钢股份无取向硅钢产品结构优化项目举行开工仪式。该项目是全球第一个完全面向新能源汽车行业的高等级无取向硅钢专业生产线，其工艺技术、产品技术和产线技术由宝钢股份自主研发、自主集成。项目设计年产能50万吨，建成投产后每年可为400万辆新能源汽车提供高等级电机用材，减少碳排放360万吨，相当于33万公顷森林的碳吸收量。（张继诚）

【新型耐热刻痕取向硅钢机组投产】 12月15日，宝钢股份新型耐热刻痕取向硅钢机组投产。该机组的制造工艺由宝钢股份自主研发，产线由宝钢股份自主集成设计。项目的投产，标志着宝钢股份

2020年12月15日，宝钢股份新型耐热刻痕取向硅钢机组投产　　（张　军　摄）

硅钢新型耐热刻痕全球首发技术实现商业化生产。耐热刻痕产品填补国内空白，对于保障中国电力行业产业链和供应链安全稳定、推动中国绿色发展战略具有重要意义。（张继诚）

【获得荣誉】 2020年，硅钢事业部的《磁性材料　第13部分：电工钢片（带）的密度、电阻率和叠装系数的测量方法》等19项标准获中国标准创新贡献奖二等奖；"一种节能的高磁感取向硅钢生产方法"获第24届全国发明展览会发明创业项目金奖。硅钢事业部获全国"安康杯"劳动保护竞赛（上海赛区）"优胜单位"称号。（张继诚）

## 武汉钢铁有限公司

【概况】 武汉钢铁有限公司（简称武钢有限）前身为武汉钢铁股份有限公司。公司地处湖北省武汉市青山区，厂区面积21.17平方千米，产能规模为1 600万吨。产品以碳钢板材为主，有六大类500多个品种，有冷轧硅钢片、汽车板、高性能结构用钢、精品长材四大战略产品。产品广泛应用于汽车、家电、石油化工、机械制造、能源交通、金属制品、航天航空、核电、电子仪表等行业。2020年，武钢有限下设办公室（党委办公室）、人力资源部（党委组织部）、运营改善部、经营财务部、纪检监督部（纪律检查委员会机关）、投资管理部、党群工作部（党委宣传部、企业文化部、工会、团委）7个职能部门；制造管理部、设备管理部、安全保卫部（人防武装部）、能源环保部、运输部5个业务部门；炼铁厂、炼钢厂、条材厂、热轧厂、硅钢部、冷轧厂、质检中心7个厂部单位，以及子公司武汉平煤钢铁联合焦化有限责任公司（简称焦化公司）。受托管理武钢日铁（武汉）镀锡板有限公司、武汉钢电股份有限公司2家公司。全年实现利润15.55亿元，承担和参与国家课题16项，获冶金行业、省级和中国宝武科技进步奖17项，申请发明专利280件，专利创效3 973万元。年底，在册员工22 430人，在岗人员14 107人。（余明程）

【企业负责人简介】 刘安，1961年9月生，浙江开化人，中共党员，教授级高级工程师，武钢有限党委书记（至2020年6月）、执行董事（至2020年9月）。

吴小弟，1969年6月生，浙江平湖人，中共党员，高级工程师，武钢有限党委书记（2020年6月任职）、执行董事（2020年9月任职）、总经理（至2020年9月）、党委副书记（至2020年6月）。

敖爱国，1968年12月生，江西高安人，中共党员，高级工程师。武钢有限副总经理（主持工作，2020年9月任职）、党委副书记（2020年9月任职）。（余明程）

【制造能力】 2020年，武钢有限铁、钢、材分别完成1 402万吨、1 507万吨、1 440万吨。163项技术经济指标，改善率为75%，刷新率为70%。铁钢比从年初挑战0.93至年底降至0.85，实现"五吨铁水六吨钢"，在宝钢股份四大基地中名列第二，在中国宝武内降幅位列第一。薄板坯连铸连轧（CSP）薄材、冷轧热镀纯锌外板（GI）、高牌号无取向硅钢的成材率分别较上年提升1.23%、3.79%、4.29%，生产高效高牌号硅钢30万吨，高速重轨市场份额占国内市场第一。被美国卡特彼勒公司授予亚太地区唯一"银级优秀供应商"称号。（余明程）

【绿色发展】 2020年，武钢有限15个重点环保项目投入使用，主要污染物排放总量同比下降12.80%，下半年空气质量优良天数首次多于武汉市青山区。厂区废水排放量同比下降805立方米/小时，实现北湖方向雨污分流及一号烧结、四号烧结、五号烧结、自备电厂排口区域废水零排放。绿色指数从年初49分提升至72分。碳排放量、碳排放强度同比分别下降7.45%、5.22%，获湖北省碳排放减排贡献奖。推进花园式工厂建设，拆除建筑面积13万平方米，整治道路面积23万平方米，新增绿地面积56万平方米，绿化覆盖率为30.05%。举办“公众开放日”系列活动，展示企业新形象。（余明程）

【智慧制造】 2020年，武钢有限38个续建智慧制造类技术改造项目中29个项目完成实物交接。全年集中操作室53个，134个岗位由手动作业提升为自动作业。“四个一律”综合指数在中国宝武排名第四位，综合提升率居宝钢股份四大基地第二位。11月21日，2020中国5G(第五代移动通信技术）+工业互联网大会成果发布会在武汉举行，正式发布29项5G+工业互联网典型应用，武钢有限“5G+MEC(边缘计算)”智慧工厂项目是武汉市唯一入选的项目。（余明程）

【投资管理】 2020年，武钢有限聚焦固定资产投资项目建设。新冠肺炎疫情期间，通过“云办公”跟踪和指导项目建设，推进在建设项目复工复产。树立项目全寿命周期管理理念，炼铁厂运二A区料场环保改造、焦化1～6号焦炉增设烟气净化装置等一批重点环保项目相继投产。全年完成投资30.70亿元，已完工工程质量合格率100%，实现安全生产事故、火灾事故、环境污染事故为零。（余明程）

【管理变革】 2020年，武钢有限完成武汉钢铁集团气体有限责任公司（简称气体公司）与宝武清能、水处理业务与宝武水务、检修检测相关业务与宝武智维的专业化整合。协同完成炼铁、炼钢、热轧、冷轧、硅钢5个工序专业管理部的组建。实施公车市场化改革，退出自有车辆303台。在炼钢厂、热轧厂推进“厂管作业区”改革，减少管理层次。撤销9个厂部直属车间，优化内部架构。增设产销协同及用户服务职能室，强化产销协同；分设协力管理室，推动协力管理整合。实施公司技改体制改革，设立7个公司级技改项目组，调整人力资源优化政策，劳动生产率提高20%。加强标准化作业巡查和金牛级作业区创建，金牛级、银牛级、铜牛级作业区合计比例为49.50%。持续推进“瘦身健体”，全年压减法人户数1户、亏损户数为0、参股公司“瘦身”2户。（余明程）

【抗疫保产】 2020年新冠肺炎疫情期间，武钢有限没有停产，同时履行社会责任，支援武汉抗击疫情。气体公司作为武汉最大的医用氧生产企业，为全市一半以上的医院供应医用氧气。疫情期间，武钢有限调整工艺参数，24小时开足马力生产，每天供应液态医用氧量为疫情前的4倍。1月1日—4月30日，向湖北省118家医院供应气态氧400多万立方米。气体公司技术人员先后参与金银潭医院、天佑医院等35家医院供氧系统诊断和对接改造。冷轧厂彩涂机组两次分别生产23吨、200吨彩涂板，供火神山、雷神山医院建设。检修中心牵头组建“战疫情先锋队”，由技能大师马保华带领，集结一批管网焊接的能工巧匠，5个昼夜派出6批次、130余人次驰援火神山医院。疫情期间，武钢有限保障了青山区8个街坊、白玉山地区及武钢医院、诊所的电力供应，保障了江边水站至港东水厂的送水和自来

2020年，武钢有限绿化覆盖率为30.05%　（张运学 摄于2020年11月）

水制备；对供武钢二医院发热门诊的变电所实行重点管控，安排专人对社区供电线路和江边供水管网进行24小时不间断巡查；300多名员工成为志愿者，支援武汉战疫。中央电视台《新闻联播》节目4次播放武钢有限抗疫保产、支援武汉抗疫的报道。中央指导组、湖北省应急管理厅、省市区领导先后到武钢有限调研指导，对武钢有限的防疫保产工作给予肯定，对武钢有限全力支持武汉抗疫表示感谢。在全国抗击疫情表彰大会上，气体公司获“全国抗击新冠肺炎疫情先进集体”称号，武钢有限党委书记、执行董事刘安获“全国抗击新冠肺炎疫情先进个人”称号；在中央企业抗击疫情表彰大会上，检修中心焊接技能大师马保华获“中央企业抗击新冠肺炎疫情先进个人”称号。

（余明程）

2020年2月15日，武钢有限气体公司员工在雷神山医院调整供气系统压力，确保医院的呼吸机稳定供氧

（何建平 摄）

【关爱员工】 2020年，武钢有限投入1.39亿元，实施企业年金制度。启用新的员工智能卡，发放防疫关爱礼包，助推各类人才成长，全年32.40万人次参加培训，人均116个学时。热轧厂蔡斌获湖北省第四届“荆楚工匠”称号，获全国设备点检管理职业技能竞赛总决赛团体二等奖。武钢有限获“武汉市模范和谐企业”等称号。

（余明程）

【企业文化】 2020年，武钢有限参与“钢铁荣耀 铸梦百年”中国宝武130年武汉片区系列文化活动，先后策划举行9月4日武钢主题展揭幕仪式，及9月13日武汉片区主题活动、重走钢铁长征路“健步行”和主题展演；与罗田县委联合策划“开学第一课”，邀请5所希望小学的40名孩子走进武汉、走进武钢，开展“逐梦钢铁荣耀，寻访英雄之城”公益活动；策划拍摄和首发抗疫保产专题片《英雄武钢》；与“湖北之声”合作的广播消息《武钢一号高炉永久停炉 将作为国家工业遗产整体保留》，获“中国新闻奖”二等奖；与长江日报社合作的新闻报道《武钢关停一号高炉 开建“无人工厂”》，获第37届“湖北新闻奖”二等奖、长江日报社“新闻贡献奖”。

（余明程）

【武钢有限大事纪要】

1月3日，以“‘绿’动宝武、‘智’享未来”为主题的中国宝武绿色发展与智慧制造现场会在武钢有限举行。

1月11日，武钢有限新增冶金含铁尘泥资源化再生装置项目在焦化公司开工建设。

1月15日，“贵绳—宝武联合工作室”揭牌。

1月22日，武钢有限成立疫情防控领导小组，全面部署动员疫情防控工作。

2月10日，武钢有限召开党委扩大会，专题研究疫情防控工作。

2月11日，武钢有限组建的“战疫情先锋队”，在完成火神山医院氧气、空气管道铺设焊接任务后，赶赴雷神山医院驰援。这是武钢有限继供武汉市医用氧、盖雷神山重症加强护理病房、焊火神山管道、建金银潭供氧系统、保武钢二医院供电、赠方舱医院低压电缆后，第七个驰援疫情防控的项目。

2月17日，冷轧厂用6.5个小时，完成雷神山医院扩建急需的200吨彩涂板生产任务。

2月21日，湖北省副省长曹广晶赴武钢有限气体公司医用氧生产一线，视察指导武钢医用氧保供和疫情防控工作。

2月23日，中央指导组社区防控组柳洪杰主任一行到武钢有限调研指导新冠肺炎疫情防控工作。

2月，澳大利亚福蒂斯丘金属

2020年2月17日，武钢有限冷轧厂紧急生产雷神山医院所需彩涂板　（周小舟　摄）

集团通过武钢有限向武汉市青山区慈善会捐赠100万澳元。

3月1日，在武汉市火神山医院重大建设任务先进个人表彰仪式上，武钢有限检修中心员工马保华获“火神山医院荣誉员工”称号，工牌编号001。

3月18日，湖北省副省长杨云彦带队到武钢有限调研复产复工情况，看望慰问一线员工。

3月20日，由冷轧厂生产的100吨2 050毫米超宽幅汽车外板按期交付，用于制造抗击新冠肺炎疫情的负压救护车。

3月24日，湖北省委常委、武汉市委书记王忠林，武汉市委副书记、市长周先旺到武钢有限调研指导工作。

4月1日，中央电视台《新闻联播》节目报道武钢有限100%复产复工情况。

4月12日，湖北省委书记应勇一行到武钢有限调研。

4月28日，武钢有限召开抗疫保产表彰大会暨厂情通报会。

5月20日，武钢有限与宝武清能举行工业气体整合托管协议签约仪式。武钢有限将其持有的武钢气体整体股权委托给宝武清能管理，委托宝武清能代行控股股东的部分权利。

6月1日，武汉市人民政府授予武钢有限“2019年度安全生产红旗单位”称号。

6月5日，武汉钢电股份有限公司启动全国首例医疗污泥掺烧试验。

6月12日，在湖北省科学技术奖励大会上，武钢有限13个项目获科技进步奖。

6月28日，商合杭高铁合湖段（合肥至湖州）开通运营。武钢有限向该线路供应U71MnG钢轨700千米。

6月30日，武钢有限举行纪念中国共产党成立99周年大会暨表彰大会。

6月，武钢有限整体铁钢比首次达0.899，实现“破九见八”。

7月14日，武钢有限启动防汛工作Ⅰ级响应，制订、下发专门行动方案。

7月17日，武钢有限向湖北省博物馆捐赠321件抗疫物证资料。

8月1日，华中首个污泥处置项目——武汉市青山区污泥处置及资源化利用项目在武汉钢电股份有限公司开工建设。

9月7日，武钢有限党委下发《关于武汉钢铁有限公司党群部门及基层党组织调整的通知》，优化调整党群部门设置和职责分工。

9月8日，在全国抗击新冠肺炎疫情表彰大会上，宝钢股份党委常委、副总经理，武钢有限执行董事刘安获评“全国抗击新冠肺炎疫情先进个人”称号；武钢有限气体公司获评“全国抗击新冠肺炎疫情先进集体”。

9月13日，中国宝武“重走钢铁长征路”系列活动第二站——武汉片区活动在武钢有限举行。

9月26日，武钢有限炼铁厂运二B区料场环保改造项目开工建设。

9月27日，武钢有限举行以“庆国庆、迎中秋，乘风破浪正当时”为主题的“加油宝武”2020职工健步行活动。

10月16日，热轧厂2250产线乙班作业区精轧班班长蔡斌获第四届“荆楚工匠”称号。

10月22日，检修中心焊接技能大师马保华获“中央企业抗击新冠肺炎疫情先进个人”称号。

10月29日，武钢有限与宝武智维举行《青山（武钢有限）基地检修整合共同管理协议》签约仪式。

11月20日，武钢有限亚临界燃气锅炉发电项目开工建设。

11月19—21日，在第24届全国发明展览会上，武钢有限选送的11个发明创新项目获金奖2项、银奖3项、铜奖6项。

12月3日，鞍钢集团党委书记、董事长谭成旭，鞍钢集团党委常委、副总经理王义栋一行到武钢有限访问交流。

12月，武钢有限获"2019年度武汉市模范和谐企业"称号。

（方树仁）

## 宝钢湛江钢铁有限公司

【概况】宝钢湛江钢铁有限公司（简称湛江钢铁）于2011年4月18日在广东省湛江市注册成立，同年5月22日揭牌。宝钢股份持股90%，广东恒健投资控股有限公司持股10%。湛江钢铁以华南地区为目标市场并辐射东南亚，产品主要有热轧薄板、普冷板、热镀锌板、宽厚板、无取向硅钢等，面向汽车、家电、机械、建筑、造船、集装箱等碳钢板材高端市场，同时具备热轧超高强钢生产能力。2020年，72项对标指标达设定目标；一号、二号高炉系统员工年化人均产钢2 183吨；固体废物不出厂率99.99%，有组织超低排放达标率91%，无组织超低排达标率89%；钢制品物流效率提升项目（二期）投入运行，智慧铁水运输系统上线运行，智慧质量系统（一期）达效，建成全厂水系统一体化管控平台，完成21个5G（第五代移动通信技术）站点建设、11个应用场景的试点布局；超高强钢120千克级别以下钢种实现全覆盖，冷轧高铝锌铝镁产品实现首次工业化量产。全年生产铁水850万吨、钢坯915万吨，销售商品坯材865万吨，发电53亿千瓦时，合同完成率96.46%，吨钢综合能耗559千克标准煤。年底，在册、在岗员工4 934人。

（牟　志）

【企业负责人简介】刘代德，1963年4月生，四川绵阳人，中共党员，高级工程师，湛江钢铁党委书记、董事长。

陈云鹏，1973年3月生，重庆人，中共党员，高级工程师，湛江钢铁总经理、党委副书记。

（牟　志）

【提升钢制品物流效率】1月1日，湛江钢铁钢制品物流效率提升项目（二期）投入运行。该项目于2019年2月1日开工建设，最终完成全品种覆盖，实现厂区钢制品物流"出库队列化、配载自动化、调度智能化、过程信息化"目标，成为宝钢股份首个全面建成的综合型智慧物流项目。

（牟　志）

【科技成果评审】3月18日，由湛江钢铁牵头主导的"大型煤基链篦机—回转窑高比例赤铁矿生产熔剂性球团技术开发及应用"项目通过中国金属学会组织的科技成果评审。项目攻克了高镜铁矿和高赤铁矿使用技术、多品种球团矿产品制备技术、回转窑结圈预防控制技术以及清洁生产技术等难关，开发出拥有完全自主知识产权的成套生产技术，球团产品满足市场需求，并销往日本、韩国和中国台湾地区。项目申报发明专利9件，授权4件，发表科技论文49篇，认定企业技术秘密6项。

（牟　志）

【吊斗车智能调度系统上线】4月10日，湛江钢铁吊斗车智能调度系统上线运行，全厂原料车队作业由传统人工调度模式转变为系统智能调度模式。系统接收申请指令后，对各作业区域内的指令按照时间、距离等信息进行综合考虑，计算出最优作业车辆并生成作业指令，车队在终端平板接收指令后直接作业，提高了吊斗车的周转率。

（牟　志）

【高铝锌铝镁镀层钢板下线】5月26日，中国宝武第一卷高铝锌铝镁镀层钢板在湛江钢铁热镀锌

建设中的湛江钢铁三号高炉　　（梁清松 摄于2020年8月）

机组下线。首批产品包括高耐蚀彩涂基板和建筑用商品材，其中彩涂基板在宝钢股份直属厂部加工成彩涂板后应用于湛江钢铁三号高炉系统项目厂房。湛江钢铁热镀锌机组可生产热镀纯锌、热镀锌铁、低铝锌铝镁、高铝锌铝镁等品种，产品广泛应用于汽车、家电、建筑等行业。（牟　志）

【工艺技术攻关】 5月27日，湛江钢铁炼钢厂攻克电磁纯铁冶炼难题，研发“转炉超低磷控制技术”和“转炉精炼联合超低锰控制技术”，冶炼出6炉电磁纯铁钢水。生产过程稳定、钢水成分合格。电磁纯铁是一种高附加值优质钢，要求冶炼过程中把钢水中的磷和锰元素控制在极低值。（牟　志）

【行车无人化改造】 6月15日，湛江钢铁冷轧2030单元库区无人化行车改造项目完成。该项目于2019年2月1日开工建设，对轧后库5台行车、成品库10台行车进行无人化系统改造和库区适应性改造，包括新建库区安全控制和视频系统安装，行车电气控制系统改造，部分电机、吊钩、吊具、电缆卷筒等机械设备改造等。（牟　志）

【5G工业专网签约】 6月19日，湛江钢铁与中国联合网络通信集团有限公司广东省分公司联合举办5G（第五代移动通信技术）工业专网签约暨启用仪式。5G工业专网启用是双方运用5G网络、物联网等新技术，共同探索钢铁冶炼生产信息化取得的重大进步。（牟　志）

【2030冷轧工程获奖】 7月31日，宝钢广东湛江钢铁基地项目2 030毫米冷轧工程（简称2030冷轧工程）项目获“十三五”钢铁工业创新工程奖。工程于2013年9月1日开工建设，2016年5月31日通过竣工验收，主要包括新建1条酸轧机组、1条连退机组、2条热镀锌机组等生产机组及其配套设施，主要定位于汽车板和家电板等高端产品生产。（牟　志）

【含铬废液项目攻关】 8月12日，湛江钢铁冷轧硅钢含铬废液处理系统热负荷试车成功，首批含铬废液处理后经在线检测和检化验离线检测，六价铬含量实际值均小于0.01毫克/升。（牟　志）

【1550冷轧新增彩涂机组工程开工】 10月29日，湛江钢铁1550冷轧新增彩涂机组工程开工建设。该项目的工艺技术由湛江钢铁自主集成，包括新建1条年产能为21万吨建筑用钢的彩涂机组，配套立式钢卷包装站及相应公辅设施等。（牟　志）

2020年10月29日，湛江钢铁1550冷轧新增彩涂机组开工建设　（朱家耀　摄）

【冷轧生产集控中心项目开工】 11月1日，湛江钢铁冷轧生产集控中心项目开工建设。该项目计划于2021年底完工，着力打造多维信息综合展示平台，涵盖核心岗位操控集中、边缘数据节点构建、智慧应用及信息多维展示三大功能，实现对现场画面监控和调取、机组产线状态、数字钢卷、过程质量监控、仓库信息监控、生产物流监控、综合指标等多维信息的展示。（牟　志）

【智能化连续卸船机制造完成】 11月6日，全球首台3 600吨/小时智能化连续卸船机在大连重工起重集团有限公司（简称大连重工）制造完成。该设备由湛江钢铁、大连重工、宝信软件合作制造，是湛江钢铁三号高炉系统项目码头工程的重要装备。智能化连续卸船机集节能、环保、高效、智能于一身，基于中国宝武工业互联平台进行全新设计，具备数字化、网络化、智能化等特性，是湛江钢铁践行智慧制造、智慧物流的标杆性装备。（牟　志）

【三号高炉开始耐材砌筑】 11月10日，湛江钢铁三号高炉本体耐材砌筑施工启动。高炉炉体、炉缸耐材共铺设18层，材料包含石墨砖、高导热炭砖等材料，重3 748吨。（牟　志）

【二号转炉完成炉修】 11月30日，湛江钢铁炼钢厂二号转炉炉修结束。炉修期间，湛江钢铁平均日产钢75.40炉，累计超产2.50万吨，转炉冶炼周期平均37.20分钟，首次实现“破四进三”。

（牟　志）

【获得荣誉】 2020年，湛江钢铁获工业和信息化部授予的全国钢铁行业“水效领跑者”“能效领跑者”称号。“宝钢湛江钢铁5G（第五代移动通信技术）智慧钢厂”项目获由5G应用产业方阵、IMT-2020（5G）推进组、广州市工业和信息化局共同主办的第三届“绽放杯”5G应用征集大赛一等奖和最佳功能设计奖。在第24届全国发明展览会上，“Φ1 422毫米超大口径螺旋埋弧焊管用厚规格X80热轧卷及其制造方法”获金奖，“一种防止带钢边部冷却不均的控制及导引系统”“一种烧结机点火炉清除结瘤的装置”获银奖，“一种清洗段碱液循环槽用消泡装置”获铜奖。

（牟　志）

2020年7月19日，湛江钢铁三号高炉系统项目冷轧工程Ⅰ标六机架牌坊吊装

（朱家耀 摄）

【湛江钢铁大事纪要】

1月11日，湛江钢铁三号高炉系统项目原料工程混匀料场C区网架安装完成。

1月，1750冷轧高强钢机组单月产量3.47万吨，首次实现月达产。

2月11日，湛江市委书记、市人大常委会主任郑人豪到湛江钢铁实地调研新冠肺炎疫情防控和复工生产情况。

2月27日，湛江钢铁三号高炉系统项目炼焦工程3B焦炉大棚行车吊装完成。

3月9日，湛江钢铁三号高炉系统项目1780热轧工程Ⅰ标加热炉区厂房钢结构第一根钢柱吊装。

3月23日，湛江钢铁冶炼副产品钢渣首次采用铁路运输方式进行销售，标志着冶炼副产品运输模式由水路运输向陆路运输拓展。

3月26日，湛江钢铁三号高炉系统能电项目——全厂燃气工程Ⅱ标转炉煤气柜第一根立柱吊装完成，开始地上柜体安装。

4月15日，湛江钢铁三号高炉系统项目炼铁工程二号热风炉封顶。

4月24日，湛江钢铁制造管理系统分层改造项目上线运行。

4月27日，湛江钢铁热轧厂首次成功试制BW400QP耐磨钢。

5月9日，广东省副省长覃伟中到湛江钢铁调研5G（第五代移动通信技术）应用情况。

5月12日，湛江钢铁获湛江市市场监督管理局颁发的全市首张专项计量授权（内部强检）证书。

5月23日，湛江钢铁三号高炉炉壳封顶。

5月28日，湛江钢铁1550酸轧机组首次成功试轧中高牌号硅钢。

5月31日，湛江钢铁三号高炉系统项目1780热轧工程首台行车吊装完成，1780热轧工程拉开设备安装序幕。

6月5日，湛江钢铁三号高炉系统项目冷轧工程3标连退机组设备工艺钢结构开始吊装，冷轧工程进入设备安装阶段。

6月23日，湛江钢铁炼钢厂石灰集控中心投用。

6月28日，广东省委副书记、省长马兴瑞到湛江钢铁调研。

7月15日，湛江钢铁炼铁原料B3料场8号堆取料机及下游皮带机系统试车，炼铁原料B3料场实现全线贯通。

7月19日，湛江钢铁三号高炉系统项目冷轧工程1标六机架牌坊吊装。

8月19日，湛江钢铁三号高炉系统项目热轧工程精轧牌坊吊装，热轧工程全面进入设备安装阶段。

8月，湛江钢铁冷轧酸洗机组智慧排程系统（2.0版）实现100%自动化、模型化运行。

9月23日，湛江钢铁三号高炉系统项目连铸工程1 650毫米板坯连铸机出坯区辊道试运转成功，连铸工程全面转入设备单机调试阶段。

2020年9月25日，中国宝武在湛江市举行“重走钢铁长征路”湛江钢铁专场活动
（朱家耀 摄）

9月25日，中国宝武“重走钢铁长征路”湛江钢铁专场暨湛江钢铁纪念投产五周年主题活动在湛江市金沙湾广场举行。

9月26日，湛江钢铁三号高炉系统项目炼钢工程四号转炉模拟生产状态倾动成功，炼钢工程核心设备进入冷联试阶段。

10月19日，湛江钢铁三号高炉系统项目全天候码头首榀屋架梁吊装完成，开始进入屋架梁施工阶段。

11月12日，湛江钢铁综合管理体通过BSI（英国标准学会）认证审核。

11月18日，湛江钢铁厚板试样加工智能化改造项目投入运行。

11月25日，湛江钢铁首台分体式废钢料槽重负荷试车成功。

12月18日，湛江钢铁炼钢厂产量首次突破900万吨大关。

（牟　志）

## 上海梅山钢铁股份有限公司

【概况】 上海梅山钢铁股份有限公司（简称梅钢公司）组建于2001年8月23日，2005年5月进入宝钢股份。2011年8月，梅钢公司与上海梅山有限公司（简称梅山公司）实行一体化运营。2020年，梅钢公司下设办公室（党委办公室）、企划部、财务部、人力资源部（党委组织部、党委统战部）、纪检监督部、企业文化部（党委宣传部）、安全管理部、投资管理部、规划科技部、制造管理部、设备部、保卫人武部、能源环保部、运输部、工会、团委，以及冷轧厂、热轧厂、炼钢厂、炼铁厂、热电厂。南京宝地梅山产城发展有限公司矿业分公司、新事业分公司、设备分公司、培训中心由南京宝地梅山产城发展有限公司委托梅钢公司管理。全年生产铁矿原矿516.58万吨、铁精矿235.90万吨、生铁680.39万吨、连铸坯751.54万吨、热轧板卷734.72万吨、酸轧产品89.22万吨、酸洗产品112.19万吨、热镀铝锌（108）产品18.01万吨、热镀铝锌（208）产品30.09万吨、电镀锡产品22.10万吨、连续退火卷36.58万吨，烧结矿981.88万吨，焦炭229.24万吨，新热力、余热、干熄焦、高炉煤气余压发电装置（TRT）共发电16.18亿千瓦时；实现利润（含梅山公司）5.33亿元；吨钢综合能耗563千克标准煤。年底，梅钢公司（含梅山公司）在册员工8 999人，在岗员工7 076人。（金　利）

【企业负责人简介】 储双杰，1964年12月生，安徽怀宁人，中共党员，教授级高级工程师。梅钢公司董事长、梅山公司执行董事（至2020年3月）。

施兵，1967年8月生，安徽怀远人，中共党员，高级工程师、高级政工师。梅钢公司党委书记、董事长（2020年3月任职）、总经理（至2020年3月）；梅山公司党委书记、执行董事（2020年3月任职）、总经理（至2020年3月）。

吴琨宗，1971年2月生，福建惠安人，中共党员，正高级会计师、注册会计师。梅钢公司（梅山公司）党委副书记（2020年3月任职）、总经理（2020年3月任职）。

（金　利）

【管理创新】 2020年，梅钢公司完成矿业、检修、产成品物流、冷轧废水处理等业务专业化整合，以及普莱克斯上海梅山实用气体有限公司股权托管工作。对接宝钢股份“一公司多基地”管控模式，配合完成宝钢股份多基地原料、供应商、产线统一管理，形成“军种+战区”的矩阵式管理模式。推进组织变革、流程再造，实施热轧1422产线卷运、新事业煤焦区域“检维一体”试点，完成冷轧、炼钢等单位辅助设备及除尘检修“区域一体化”试点，完成南京铁梅运输贸易有限责任公司股权转让、退出等工作，公司四级及以上组织机构精简40个。年内，“提高R2级镀锡基板粗糙度符合率”精益六西格玛项目获“2020年度中国质量协会质量技术奖六西格玛优秀黑带项目奖”，检测中心获国家实验室ISO/IEC 17025：2017认可证书。（全　利）

【产品经营】 2020年，梅钢公司策划推进“321+X”精品发展战略，即推进热轧汽车钢、精冲工具钢和超低碳钢精品，镀铝锌和酸洗双国际一流产品、镀锡双绿色产品，以及小众特色产品基地建设，持续打造“制造+服务”的差异化能力。突出“量本利”结合的新品开发策略，独有领先品种占比10.76%。开发进口替代产品2个，实现STKM14B精密焊管国产化；优化战略产品品种结构，提升汽车及精冲等战略优势品种接单量，通过品种结构优化产生效益4 490万元；管线钢产品L360M和L415M首次应用于上海燃气项目，用于输送天然气；试制A690M-S耐海水腐蚀钢，首批生产200吨；开发热轧免酸洗钢，用户试订货100吨；酸洗搪瓷钢占国内市场70%以上份额，成为海尔电器集团唯一供应商；梅钢公司成为宝钢股份唯一全规格的镀铝锌产品生产基地；S350GD+AZ高强钢产品实现2毫米极限规格的稳定量产。开展重点质量问题攻关，6项市场端质量问题攻关全面达标，包晶钢、精冲钢等表面纵裂敏感钢种的缺陷发生率降至3.58%，角横裂敏感钢种缺陷发生率降至1.28%。全年开发新产品34个；申请专利200件，其中发明专利175件。（全　利）

【对标找差降低制造成本】 2020年，梅钢公司开展对南京钢铁股份有限公司、福建省三钢（集团）有限责任公司、方大特钢科技股份有限公司等企业的对标。在63项对标指标中，39项优于上年，32项与标杆企业差距缩小，23项优于挑战目标。全年吨钢降成本7.80元。炼铁工序实现吨铁配煤配矿贡献16.30元；炼钢工序（不含合金加工）成本实现季度“破五进四”（炼钢加工成本从大于500元/吨钢进入小于500元/吨钢）；热轧工序致力于成材率提升，加工成本逼近“破二进一”（热轧加工成本从大于200元/吨钢进入小于200元/吨钢）；冷轧工序深化与湛江钢铁对标，酸洗变动成本同比减少4.91元/吨。制订“一厂一分册”能源降成本方案，推行“标准+α”能源管控模式，通过策划能源专项降成本、推进炉窑系统“一炉一档案”专项管控，六大能源介质累计降成本6 706万元。（全　利）

【疫情防控】 1月24日，梅钢公司启动公共卫生应急预案一级响应，应对新冠肺炎疫情。设立7个专业工作组，落实员工信息排摸、人员流动管控、公共区域消杀等各项疫情防控举措，完善生产保障方案。全年，无输入病例，无员工受感染，企业没有停产。（全　利）

【安全生产】 2020年，梅钢公司一线员工查找出安全隐患44 296项，管理者查出违章3 022起；结合现场需求，逐级实施安全专业管理解读；推动专业人员走进现场，指导47个作业区整改74项问题。将安全生产纳入设备管理系统（EQMS），进行全流程管理，主作业线（生产类）非计划停机26.40小时/月。（全　利）

【绿色发展】 2020年，梅钢公司实施干熄焦烟气脱硫、锅炉脱硫、干熄焦循环水外排减控等改造，细

完成环境美化工程后的梅钢公司热电厂　（朱　飞　摄于2020年5月）

化治脏、治乱、治害和绿化、硬化、亮化、美化措施，组织作业区能源环境标准化管理培训2次、法律法规宣传3次，将142个废气排口、22个废水排口环保管理责任明确到作业区、班组，专项检查危险废物管理及在线监测、环保设备设施6次，整改问题23项。全年，固体废物返生产率28.09%，其中含铁固体废物返生产利用率49.06%，吨钢综合能耗563千克标准煤。围绕7个大类、17个规划指标、28个行动项目，策划推进“长江大保护”行动方案，创建江苏省工业旅游区，展示“人在景中、路在绿中、厂在林中”的绿色梅钢名片。12月21日，梅钢公司被江苏省文化和旅游厅认定为“江苏省工业旅游区”。（金 利）

【召开第二次党代会】 12月9—10日，梅钢公司召开中国共产党上海梅山钢铁股份有限公司第二次代表大会，听取并审查梅钢公司党委工作报告，书面审查纪委工作报告。会议确定今后一个时期企业改革发展和党建工作目标任务，选举产生中共梅钢公司第二届委员会和纪律检查委员会。（金 利）

【梅钢公司大事纪要】

1月10日，炼钢厂大包铸余直返精炼使用试验获成功。

1月16日，梅钢公司产品通过印度尼西亚国家标准认证（SNI）现场审核。

3月29日，干熄焦烟气净化项目开工建设。

6月1日，梅钢公司设备管理系统（EQMS）上线。

6月7日，梅钢公司计量实验室通过中国合格评定国家认可委员会（CNAS）现场评审。

6月10日，热轧厂成功开发1422热轧“2.0毫米铁素体IF钢轧制模型”。模型采用的粗轧首末道次水平机架空过和末道次立辊空过的特殊工艺轧制技术为全国首创。

6月19日，炼钢厂智能物联网开始试运行。

7月11日，梅钢公司与浙江龙盛薄板有限公司合作，研发试制成功MGDZ电子用钢产品。

7月20日，热轧厂成功开发C75S高碳工具钢。

7月28日，梅钢公司承办中国宝武第二届职工技能大赛钳工决赛。

9月3日，梅钢公司一炼钢废钢预热自动控制模型投入使用。

9月10日，梅钢公司通过南德认证检测（中国）有限公司压力容器（PED）产品认证现场审核。

同日，中央企业党的建设与生产经营深度融合南京片区座谈会在梅钢公司召开。

9月9—11日，由江苏省总工会、人力资源和社会保障厅主办，江苏省机冶石化工会承办，梅钢公司、江苏省冶金行业协会协办的2020年度“梅钢杯”全省钢铁行业转炉炼钢工职业技能竞赛决赛在梅钢公司举行。

9月16日，梅钢公司常务会决定：将设备分公司业务整合至宝武装备智能科技有限公司；对产成品物流业务进行整合，退出汽运分公司自运业务，委托宝武物流资产有限公司运营；梅钢公司与宝武物流资产有限公司共同管理成品码头（含仓库）业务，半年内完成托管。

9月21—23日，2020年中国宝武首届党支部书记培训示范班暨党支部书记研修会专题研修在梅钢公司举办。

9月23日，梅钢公司与宝武智维签订检修力量整合协议，将南京宝地梅山产城发展有限公司设备分公司业务整合至宝武装备智能科技有限公司。

9月24日，梅钢公司1420酸轧机组试轧成功2.03毫米厚规格拓展产品。

9月25日，梅钢公司试制成功供徐州工程机械集团有限公司Q355MB厚规格方管用钢。

10月中旬，梅钢公司获2018—2019年度全国“安康杯”竞赛优胜单位，为中国宝武唯一获奖单位。

10月15日，梅钢公司试制成功40Cr合金工具钢新品。

10月22日，二炼钢大包铸余返回线投入使用。

10月26日，“重走钢铁长征路，宁马奋进谱新篇”宁马片区梅钢公司专场活动举行。

10月31日，干熄焦烟气净化项目一号干熄焦烟气净化系统投入运行。

11月9日，干熄焦烟气净化项目二号干熄焦烟气净化系统投入运行。

11月21日，在广东佛山举办的第24届全国发明展览会上，梅钢公司获金奖3项、银奖6项、铜奖5项。

11月22日，冷轧厂镀铝锌机组批量试制成功供特斯拉（上海）有限公司新能源汽车用彩涂基板。

11月25日，梅钢公司完成1.90万余份退休人员社会化管理档案移交工作。

11月27日，梅钢公司举办“钢铁荣耀 铸梦百年”职工文化艺术节闭幕式暨东风日产购车嘉年华活动启动仪式。

11月30日，梅钢公司与宝钢资源签订委托管理协议。自12月1日起，南京宝地梅山产城发展有限公司矿业分公司业务委托宝钢资源管理。

12月1日，梅钢公司成功开发X32双金属锯条背材用钢。

12月9—10日，中国共产党上海梅山钢铁股份有限公司第二次代表大会召开。

12月16—18日，炼钢厂四号连铸机完成4次1.60米/分钟工作拉速下的结晶器在线热态调宽，突破业内在线调宽0.80～1.40米/分钟的拉速标准，创国内连铸机在线调宽最高拉速纪录。

12月21日，梅钢公司被江苏省文化和旅游厅认定为“江苏省工业旅游区”。

12月30日，中国钢铁工业协会对梅钢公司超低排放改造清洁运输评估监测进行公示。梅钢公司成为江苏省第一个完成超低排放清洁运输评估监测的企业。

（金　利）

## 宝钢股份黄石涂镀板有限公司

【概况】 宝钢股份黄石涂镀板有限公司（简称黄石公司）是由宝钢股份、黄石市国有资产经营有限公司、黄石新港开发有限公司和香港臻德企业共同经营的合资企业，4家单位股权比例分别为：50.63%、25.94%、13.37%和10.06%。拥有团城山和新港两个生产区域，其中团城山区域拥有年产45万吨酸洗、20万吨连退、15万吨镀锌、7万吨彩涂机组各1条，20万吨冷轧机组2条；新港区域拥有年产20万吨镀铝锌、12万吨建筑彩涂、8万吨家电彩涂机组各1条。2020年，生产钢材35.31万吨、销售35.80万吨，销售收入19.57亿元，利润5 574万元；新港项目二期工程开工建设。年底，在册员工489人。

（朱伟杰）

【提升新港区域制造能力】 2020年，黄石公司明确新港区域以彩涂合同完成率、产销平衡、机组能力发挥3个100%为目标，并延伸到机组的合同交付能力、成本管控能力、品种开拓能力提升。以20个具体项目为牵引，组织生产方、设备方各成员对影响机组顺行和质量提升的各项问题进行研讨、消化，最终形成六大模块的标准和规范。新港区域制造能力的提升，促进了上道工序轧机产能提升，轧机月度产能稳定在3.40万吨以上。

（朱伟杰）

【提高劳动效率】 2020年，黄石公司根据新港项目二期工程需要，从机制、序列、用工方式的变化等方面推进劳动效率提升。对团城山区域磨辊业务、轧机行车业务、酸洗业务中运行管理人员进行优化，提高劳动效率10%。（朱伟杰）

【提升队伍素养】 2020年，黄石公司完善实习岗培养、师徒帮带培训、“年度之星”评选、年度优秀员工评选等机制。通过理顺业务界面、整合供应商、协力人员划转、合同及费用调整等措施，推进新港区域“操检合一”等工作的落实，全年“操检合一”工时占检修工时的40%。员工提出合理化建议2 558条，创效1 061.15万元；取得技术秘密18项，专利授权7件（其中发明专利1件）。

（朱伟杰）

【推进节能减排】 2020年，黄石公司修订环保巡查标准，及时揭示现场环保不合格项，加大环境违规行为的通报，提高员工的环保意识；开展与社区共建，主动邀请周边社区居民代表参观厂区，了解各机组环保设备运行情况。全年，环保设备投用率100%，污染物检测排放合格率100%，危险废物合规处置率100%，环境污染事件及社会影响环保事件为零。推进“长江大保护”工作，成立专项领导小组和废气治理、废水治理、固体废物治理3个专业支撑团队，采取“部门联动、突出重点、专业包干”的责任机制，保障“长江大保护”行动方案有效落实。

（朱伟杰）

【新港项目二期工程开工建设】 6月16日，黄石公司举行新港项目二期工程开工仪式。该工程包含年产50万吨酸洗机组1条、23万吨单机架轧机2条、25万吨热镀锌机组1条，计划于2022年底建成投产。二期项目总投资64 003万元，其中新增固定资产投资56 689万元。主要设备供应商有：中冶陕压重工设备有限公司、黄石山力科技股份有限公司、成都益志科技有限责任公司，中国二十冶集团有限公司负责工厂设计，中冶南方武汉工程咨询管理有限公司负责工程监理。10月15日，举行新港项目二期工程启动仪式，并与中冶陕压重工设备有限公司等4家承包合作单位签约。12月7日，在成立新港项目二期工程设备、工艺、三电、公辅和土建5个专业管理组的基础上，增设拆迁专业组、搬迁资产处置工作组和搬迁生产协调组。12月10日，团城山区域连续退火机组关停，开始搬迁至新港区域的各项准备工作。 （朱伟杰）

## 宝钢股份营销中心(宝钢国际)

【概况】 2019年4月，宝钢股份营销中心和上海宝钢国际经济贸易有限公司（简称宝钢国际）一体化运营管理。2020年底，营销中心（宝钢国际）在全国51个大中城市及3个境外城市设立营销网点96家，投资设立及托管各类子公司86家，其中运营管控类子公司57家、战略管控类子公司18家、财务管控类子公司9家、资产清理类子公司2家。全年销售钢材4 209万吨，加工配送钢材741万吨；宝钢股份冷轧汽车板占国内市场份额54.60%，取向硅钢占国内市场份额58.50%。年内，宝钢股份营销中心获第六届“全国文明单位”称号；获冶金企业管理现代化创新成果奖一等奖，第24届全国发明展览会银奖、铜奖，上海供应链创新与应用示范企业等科技创新奖项50项（次）。年底，在册员工3 596人。 （经　洁）

【提升碳钢板材定价主导权】 2020年，营销中心（宝钢国际）优化分基地、分品种效益优先级预测，为资源及价格调整提供及时决策，支持动态优化资源配置与流向；持续优化汽车用钢、家电用钢联动价格体系，利用产能预售捕捉市场价格上行信号。在新冠肺炎疫情期间，跟踪732家用户，掌握下游开复工情况；在钢材需求锐减期，冷静定价，坚守底线；在4—5月市场回暖期，率先捕捉行情，将涨基价与取消优惠相结合，提振市场信心；在6—12月市场上行期，采取扩张性价格政策，引领价格上涨，巩固价格主导权，比中期预算多创效益42亿元。 （经　洁）

【深化“一公司多基地”营销管理】 2020年，营销中心（宝钢国际）坚持从产品销售向产品经营转变，深化与四大基地的协同，建立三级产销协同机制。按照“总部管控+属地服务”模式，加强武钢有限营销服务力量配置，围绕三年提升计划，协同策划1 600万吨产能下的品种结构；与梅钢公司围绕精品目标，协同推进41项重点工作，同比增利30%；与湛江钢铁协同，推进动态资源配置、汽车板认证等重点项目；与宝钢股份直属厂部围绕二号高炉大修，策划组织各基地间汽车品种钢互供板坯、热轧卷22万吨，增加采购宝日汽车板热轧卷4.50万吨，组织14.50万吨备料方案。发挥多基地协同优势，支撑宝武铝业做好市场拓展，结合宝武铝业生产建设进度，完成548家用户排摸，签订合同1 434吨，其中冷轧产品1 325吨。 （经　洁）

【共建高质量钢铁生态圈】 2020年，营销中心（宝钢国际）从服务、拓展、创新、协同四个方面共建高质量钢铁生态圈，通过欧冶云商销售钢材868.50万吨，其中期货513.50万吨、现统货355万吨。“通宝”开立额89.60亿元。 （经　洁）

【提升劳动效率】 2020年，营销中心（宝钢国际）通过管理变革、机构调整、模式创新、强化考核等措施，精简人员407人，劳动效率提升10.20%；减少管理者43人（含退出管理岗位），提升比例9.94%。统一营销中心和宝钢国际岗位、薪酬、绩效体系；完成武钢有限营销团队整合。 （经　洁）

2020年宝钢国际全资、控股子公司一览表

| 序　号 | 公　司　名　称 | 经 营 范 围 | 持股比例 | 备　注 |
|---|---|---|---|---|
| 1 | 上海宝钢钢材贸易有限公司 | 钢材贸易 | 100% | 一体化运作 |
| 2 | 广州宝钢南方贸易有限公司 | 钢材贸易 | 100% | |
| 3 | 北京宝钢北方贸易有限公司 | 钢材贸易 | 100% | |
| 4 | 天津宝钢北方贸易有限公司 | 钢材贸易 | 100% | |

（续　表）

| 序　号 | 公　司　名　称 | 经 营 范 围 | 持股比例 | 备　注 |
|---|---|---|---|---|
| 5 | 成都宝钢西部贸易有限公司 | 钢材贸易 | 100% | 一体化运作 |
| 6 | 成都宝钢汽车钢材部件加工配送有限公司 | 钢材加工配送 | 100% | |
| 7 | 武汉宝钢华中贸易有限公司 | 钢材贸易及加工配送 | 100% | |
| 8 | 沈阳宝钢钢材贸易有限公司 | 钢材贸易及加工配送 | 100% | |
| 9 | 上海宝钢商贸有限公司 | 钢材贸易 | 100% | 一体化运作 |
| 10 | 上海宝钢浦东国际贸易有限公司 | 钢材贸易 | 100% | |
| 11 | 上海宝钢高新技术零部件有限公司 | 钢材加工配送 | 100% | |
| 12 | 上海宝钢车轮有限公司 | 钢材加工配送 | 100% | |
| 13 | 烟台宝钢车轮有限公司 | 钢材加工配送 | 100% | |
| 14 | 湖南宝钢车轮有限公司 | 钢材加工配送 | 100% | |
| 15 | 西安宝钢钢材加工配送有限公司 | 钢材加工配送 | 100% | |
| 16 | 重庆宝钢汽车钢材部件有限公司 | 钢材加工配送 | 80% | |
| 17 | 重庆宝井钢材加工有限公司 | 钢材加工配送 | 100% | 一体化运作 |
| 18 | 重庆宝钢钢材加工配送有限公司 | 钢材加工配送 | 100% | |
| 19 | 重庆宝吉汽车零部件有限公司 | 钢材加工配送 | 51% | |
| 20 | 湛江宝钢物流配送有限公司 | 物流配送 | 100% | |
| 21 | 柳州宝钢汽车零部件有限公司 | 钢材加工配送 | 95% | 一体化运作 |
| 22 | 柳州宝钢汽车钢材部件有限公司 | 钢材加工配送 | 100% | |
| 23 | 东莞宝钢钢材部件有限公司 | 钢材加工配送 | 100% | |
| 24 | 广州宝丰井汽车钢材加工有限公司 | 钢材加工配送 | 68% | 一体化运作 |
| 25 | 广州宝钢井昌钢材配送有限公司 | 钢材加工配送 | 51% | |
| 26 | 广州花都宝井汽车钢材部件有限公司 | 加工销售 | 65% | 一体化运作 |
| 27 | 佛山三水宝钢钢材部件有限公司 | 钢材加工配送 | 100% | |
| 28 | 福州宝井钢材有限公司 | 钢材加工配送 | 72% | 一体化运作 |
| 29 | 厦门宝钢精密钢材科技有限公司 | 钢材加工配送 | 100% | |
| 30 | 襄阳宝林泓钢材加工配送有限公司 | 钢材加工配送 | 90% | |

（续　表）

| 序　号 | 公　司　名　称 | 经 营 范 围 | 持股比例 | 备　注 |
|---|---|---|---|---|
| 31 | 长沙宝钢钢材加工配送有限公司 | 钢材加工配送 | 51% | |
| 32 | 郑州宝钢钢材加工配送有限公司 | 钢材加工配送 | 100% | |
| 33 | 南昌宝江钢材加工配送有限公司 | 钢材加工配送 | 51% | |
| 34 | 天津宝钢钢材配送有限公司 | 钢材加工配送 | 100% | 一体化运作 |
| 35 | 天津宝井钢材加工配送有限公司 | 钢材加工配送 | 65% | |
| 36 | 济南宝钢钢材加工配送有限公司 | 钢材加工配送 | 100% | |
| 37 | 烟台宝井钢材加工有限公司 | 钢材加工配送 | 65% | |
| 38 | 青岛宝井钢材加工配送有限公司 | 钢材加工配送 | 83% | 一体化运作 |
| 39 | 青岛宝钢钢材加工配送有限公司 | 钢材加工配送 | 100% | |
| 40 | 大连宝友金属制品有限公司 | 钢材加工配送 | 72% | |
| 41 | 长春一汽宝友钢材加工配送有限公司 | 钢材加工配送 | 53% | |
| 42 | 吉林市一汽宝钢汽车钢材部件有限公司 | 钢材加工配送 | 70% | |
| 43 | 长春宝钢钢材贸易有限公司 | 钢材加工配送 | 100% | |
| 44 | 上海宝井钢材加工配送有限公司 | 钢材加工配送 | 65% | 一体化运作 |
| 45 | 上海宝钢高强钢加工配送有限公司 | 钢材加工配送 | 100% | |
| 46 | 安徽宝钢钢材配送有限公司 | 钢材加工配送 | 70% | |
| 47 | 南京宝钢住商金属制品有限公司 | 钢材加工配送 | 51% | |
| 48 | 杭州宝井钢材加工配送有限公司 | 钢材加工配送 | 65.20% | 一体化运作 |
| 49 | 浙江宝井精密钢材科技有限公司 | 钢材加工配送 | 100% | |
| 50 | 宁波宝井钢材加工配送有限公司 | 钢材加工配送 | 65.20% | |
| 51 | 上海宝钢新材料有限公司 | 新材料 | 100% | |
| 52 | 武汉威仕科钢材加工配送有限公司 | 钢材加工配送 | 托管 | |
| 53 | 开封威仕科材料技术有限公司 | 钢材加工配送 | 托管 | |
| 54 | 武钢激光拼焊（武汉）有限公司 | 钢材加工配送 | 托管 | |
| 55 | 芜湖威仕科材料技术有限公司 | 钢材加工配送 | 托管 | |
| 56 | 武钢（广州）钢材加工有限公司 | 钢材加工配送 | 托管 | |
| 57 | 天津武钢钢材加工有限公司 | 钢材加工配送 | 托管 | |

（经　洁）

## 宝钢欧洲有限公司

【概况】 宝钢欧洲有限公司(简称宝欧公司)成立于1993年10月11日,注册资本400万马克(204.52万欧元),2020年10月由德国汉堡市搬迁至慕尼黑市威尔赫姆瓦根菲尔德路26号。宝欧公司致力于开展中国宝武钢铁产品销售业务,开展设备、备件、资材进出口业务,探索欧非中东区域钢铁投资、供应链建设及技术合作。下设财务管理部、钢铁部、设备备件部、新事业发展部、欧洲技术服务中心、南非代表处、俄罗斯代表处、土耳其代表处,并管理宝钢意大利钢材集散中心有限公司、宝钢西班牙有限公司和宝钢中东公司3家子公司。全年,销售钢铁产品71.60万吨,实现销售收入5.90亿欧元,其中设备备件销售收入2 749万欧元。年底,在岗员工66人。 (宝 欧)

【高端产品推广】 2020年,宝欧公司实现取向硅钢高等级牌号产品向知名跨国变压器客户西门子股份公司、ABB集团、施耐德电气有限公司、德国SGB强电设备制造有限公司、通用电气公司等供货,销量为7.88万吨;不锈钢产品向非洲、中东、俄罗斯等国家或地区扩展销售,销量为5.10万吨;大口径直缝焊管(UOE)通过意大利埃尼集团海管项目认证,是宝欧公司区域首次通过UOE海洋工程用管认证的项目。 (宝 欧)

【支持国内抗疫】 2020年,宝欧公司组织全员在欧洲、非洲和中东区域采购新冠肺炎疫情防疫物资。全年从德国、南非、英国、奥地利、西班牙、土耳其等国采购口罩5.40万个、防护服660套、额温枪100把,捐赠给集团公司总部,合计金额7.80万欧元。 (宝 欧)

【开拓发展中国家市场】 2020年,宝欧公司全面布局非洲、中东等区域的发展中国家市场,新进入12个国家,市场销量43.50万吨,占宝欧公司销售区域的62%。 (宝 欧)

【扩大设备备件业务】 2020年,宝欧公司立足中国宝武内用户需求,扩大设备资材服务范围,服务范围从宝钢股份四大基地拓展到宝钢德盛、宝钢工程苏州大方特种车股份有限公司、韶关钢铁、马钢集团、重庆钢铁、鄂城钢铁等集团公司内企业。 (宝 欧)

## 宝钢美洲有限公司

【概况】 宝钢美洲有限公司(简称宝美公司)的前身为1996年4月9日在美国成立的宝钢美洲贸易有限公司,2013年11月15日更名,注册资本98万美元,是宝钢股份的全资子公司,位于美国新泽西州蒙特威尔市切斯纳特里奇路85号。宝美公司主要从事钢铁相关产品营销、多元贸易等业务,主要市场覆盖南美洲和北美洲,下设财务部、钢铁部和多元部,在美国洛杉矶、加拿大多伦多、墨西哥墨西哥城和巴拿马设有代表处,有宝钢巴西贸易有限公司一家子公司。2020年,钢铁产品销售签约量28.06万吨,实现销售收入2.73亿美元。年底,在册员工33人。 (丁建成)

【新冠肺炎疫情防控】 3月初,新冠肺炎疫情在美洲区域暴发,宝美公司所处美国、加拿大、墨西哥、巴拿马和巴西等国均进入紧急状态。宝美公司鼓励和要求员工居家办公,控制人员差旅移动,办公室定期消毒并限制人员出入,筹集配置防疫防护用品。年内,全体外派人员零感染。 (丁建成)

【获评三星公司优秀供应商】 2020年初,宝美公司和三星公司签订电镀锌产品年度供购协议。协议突破了墨西哥政府对来自中国涂镀产品的反倾销限制,宝钢股份电镀锌产品不仅在干衣机部件供应上得到拓展,而且耐指纹电镀锌产品在三星液晶模组上实现批量供应。9月1日,三星公司授予宝钢股份“2020年优秀供应商”称号,这也是三星公司首次向海外供应商颁发此类奖项。 (陶海成)

## 宝和通商株式会社

【概况】 宝和通商株式会社(简称宝和通商)成立于1993年8月26日,注册资本8.76亿日元,是宝钢股份的全资子公司,位于东京都千代田区一番町15番地,主要从事钢材贸易,设备、备件、资材贸易,钢铁原料和钢铁深加工产品贸易,钢铁销售区域涵盖日本、韩国、新西兰、澳大利亚和中国台湾地区。宝和通商下设社长室、经理部、钢铁部(含物流室)、机材部、市场开发部、综合营业部，在韩国和中国台湾地区分别设立首尔事务所和高雄事务所，在澳大利亚设有宝钢澳大利亚贸易有限公司和墨尔本事务所，在韩国设有合资的钢材加工配送中心——BGM株式会社。2020年，实现营业收入859.95亿日元，销售钢材108.62万吨，销售收入718.42亿日元，资材备件（含球团矿、生铁、焦炭）贸易收入141.53亿日元。年底，有员工81人（含派遣员工），其中中方员工29人、外籍员工52人。（严伟良）

【经营业绩】 2020年，宝和通商开拓日本、韩国、澳大利亚和中国台湾地区市场，销售钢铁产品签约总量突破100万吨规模。其中，销售宝钢股份钢材66.08万吨；销售取向硅钢1.18万吨，同比增长60%；用户订购宝钢股份汽车板16.10万吨。加大与日韩资材备件供应商的价格交涉力度，降低采购成本，全年为宝钢股份资材备件采购降低成本1.15亿日元。

（严伟良）

【汽车板销售】 2020年，宝和通商扩大汽车零件切换供货，加大汽车零部件企业直接采购的开发力度，销售服务品种从冷轧、镀锌、酸洗扩大至无取向硅钢、精冲用钢等，开发10多家韩国下游汽车零部件用户，全年为宝钢股份销售汽车板16.10万吨。（张　攀）

【参与生态圈建设】 2020年，宝和通商为宝武铝业提供冷轧工作辊、支撑辊、铝卷打捆机、X射线光谱仪等备件、工具和检测设备，推进宝武铝业产品在宝和通商营销区域的销售，签约宝武铝业出口首单；马钢股份酸洗产品首单供应韩国，并通过客户测试；推进宁波宝新、宝钢德盛、宝武特冶产品在宝和通商营销区域的销售，分别签约9 983吨、1 865吨和6 909吨；参加上海钢铁交易中心有限公司产能预售，成功摘牌2.60万吨热轧产品。全年，通过欧冶云商平台销售日本备件1.75亿日元。（张　攀）

【确保资材备件供应】 2020年，宝和通商克服新冠肺炎疫情影响，寻找货船资源，确保宝钢股份资材备件及时运抵各生产基地；利用宝和通商在日本长期形成的品牌优势和渠道优势，为中国宝武各子公司提供有竞争优势的日本备件，全年实现集团公司内企业（含少量社会企业）销售额11.94亿日元。

（周　宁）

【提升整合效益】 2020年，宝和通商推进武钢有限无取向硅钢、热轧、热镀锌产品在宝和通商营销区域的销售，全年销售钢材5.83万吨；拓展武钢有限轧辊、轴承等资材备件的采购供应工作，全年资材备件采购金额5.30亿日元。推进与马钢集团、重庆钢铁、太钢集团在资材备件采购和钢铁销售上的合作，与马钢集团签订备件销售合同。（周　宁）

【信息收集】 2020年，宝和通商编译《宝和信息》388篇，其中涉及日本、韩国、中国台湾地区企业的科技成果32篇、节能环保18篇、经营管理及财务报表53篇、生产技术最新动态42篇、智慧制造25篇、钢铁市场信息24篇，涉及下游用户动态信息100篇，涉及钢铁冶金设备20篇。（李常刚）

## 宝钢新加坡有限公司

【概况】 宝钢新加坡有限公司（简称宝新公司）的前身为成立于1997年2月25日的宝钢新加坡贸易有限公司，2013年3月20日更名，注册资本金150万新加坡元，位于新加坡淡马锡林荫大道7号新达城第一大厦40楼。宝新公司主要从事钢铁相关产品贸易活动，主要市场包括越南、印度尼西亚、泰国、马来西亚、新加坡、菲律宾等东南亚国家和印度、巴基斯坦、孟加拉国等南亚国家。2020年，出口宝钢股份产品（签约量）143万吨，实现销售收入8.90亿美元，排名新加坡1 000强企业第308位；成为中国宝武第一家参与欧冶云商产能预售业务的境外企业，成交20.20万吨热轧产品；采购20.55万只防疫口罩运往国内，支援宝钢股份抗击新冠肺炎疫情。年底，在岗员工183人，其中宝钢股份外派员工19人。

（陈　强）

【销售宝钢股份产品】 2020年，宝新公司推进宝钢股份产品销售，分别为宝钢股份直属厂部、梅钢公司、湛江钢铁、武钢有限出口钢材58.70万吨、23.30万吨、22万吨和39万吨。（胡佩珠）

【提升冷轧板材销售比例】 2020年，宝新公司销售宝钢股份冷轧系列板材产品（冷板部、硅钢部、汽车板部）66.80万吨，占销售宝钢股份碳钢板材量的48.4%，同比提升4.4

个百分点。硅钢产品销售业绩提升，全年接单量12.70万吨，是上年的1.3倍。（胡佩珠）

【践行"一带一路"倡议】 3月，宝新公司协助宝钢股份中标柬埔寨漫威制衣项目所用彩涂钢板。9月，协助宝钢股份完成泰国东北部成品油管道项目所用焊管供应。该项目于2019年7月中标，由中国石油管道局承建，宝钢股份供应2.80万吨X65中口径直缝焊管。（胡佩珠）

## 宝金企业有限公司

【概况】 宝金企业有限公司（简称宝金公司）由原上海宝山钢铁总厂和香港董氏集团旗下的金山轮船代理有限公司合资组建，1992年11月3日在香港注册成立。2020年底，宝钢股份占股50%，金山轮船代理有限公司占股50%。宝金公司拥有6艘18万吨级海岬型船舶——"宝勇"轮、"宝泰"轮、"宝欣"轮、"宝仪"轮、"散装墨西哥"轮和"散装西班牙"轮，并长期期租1艘20万吨级海岬型船舶——"宝诚"轮。全年，完成铁矿石运输量967.30万吨，实现营业收入8 667.20万美元。（王中泽）

【"宝泰"轮和"宝仪"轮坞修】 11月，"宝泰"轮和"宝仪"轮在浙江友联修造船有限公司完成坞修。（王中泽）

【"宝力"轮还船】 12月，18万吨级海岬船舶——"宝力"轮10年租用期限到期，交还给船东日本惠进海运株式会社。（王中泽）

## 宝运企业有限公司

【概况】 宝运企业有限公司（简称宝运公司）由原上海宝山钢铁总厂和中国对外贸易运输（集团）总公司（简称中国外运集团公司）共同出资，于1992年1月9日在香港注册成立。1997年，宝山钢铁（集团）公司收购中国外运集团公司占有的50%股份。2005年10月，宝运公司进入宝钢股份，成为宝钢股份以航运为主业的境外全资子公司；2017年9月1日，合并武钢香港贸易有限公司和武钢（香港）航运有限公司业务。2020年，业务包括国际航运，进口原燃料及国际航运结算，境外融资、投资和资金运作等。下设财务部、航运部、市场部、运营部。年底，在册员工18人。（杨　勇）

【推进远洋物流生态圈建设】 2020年，宝运公司发挥国际航运运营优势，开拓集团公司内客户。助力韶关钢铁完成32万吨进口煤的远洋运输，改变以往发货人租船的模式，节约成本近260万元；联合马钢（香港）有限公司，建立"共享共建"物流团队，合作完成1船18万吨铁矿远洋运输，节约成本95万元。（于浩崛）

【推进智慧结算】 2020年，宝运公司协同宝信软件，开发完成航运业务网上操作及管控系统，并将该系统与中国宝武标准财务系统联网，实现航运运营信息化、智慧化，银企直连，打造一条多币种的"跨境高速公路"。推进与矿山企业境外人民币采购结算常态化，全年采购代理铁矿石324万吨，结算金额人民币22.23亿元。4月，中银宝运公司账户外币银企直连项目上线。7月，中国宝武首个全流程外汇在线支付项目在宝运公司上线，实现中国香港地区同城至境外全流程、点对点、无纸化支付操作。全年通过直联支付系统支付650笔，合计12.80亿美元，占整个电汇支付比例的85%。（桂哲斌）

【完成首单国际航运人民币跨境结算】 2020年，宝运公司组织推进国际航运人民币跨境结算业务。6月24日，美国福茂集团依托宝运新上线的智慧结算系统，完成期租船的部分尾款跨境人民币支付。这是宝运公司完成的首单国际航运人民币跨境结算业务，实现了国际航运人民币支付零的突破。（桂哲斌）

【提升融资功能水平】 2020年，宝运公司以宝钢股份财务成本最低为目标，开展境内外汇率、利率联动策划和日常资金安排，提升境外融资平台效率。年初，由于美元流动性紧缩，伦敦同业拆借利率加点数报价相应增加。为确保境外融资成本优势，宝运公司与合作银行协商，将加点报价维持在稳定且相对具有竞争力的水平。至11月底，宝运公司获得12家合作银行的42.50亿美元的授信额度。至年底，汇集宝美公司、宝新公司和宝钢中东公司的闲置资金10 971万美元，减少财务费用220万美元。跟踪澳元利率与汇率走势，适时提出武钢澳洲资源投资公司澳元资金汇集至境外资金池的提议，至年底，汇集10 200万澳元，减少财务费用150万美元。（桂哲斌）

【提高精准计划运营能力】 2020年，宝运公司完成进口原料代理采购结算量8 101万吨，国际航运结算量3 873万吨，结算金额82.47亿美元。签署进口原料代理采购合同123份，铁矿石销售结算量866.91万吨，销售金额80 093.35万美元。（钟思捷）

【拓展铁矿石贸易咨询业务】 2020年，宝运公司与建龙香港国际贸易有限公司、中信金属香港有限公司等企业探索建立业务合作关系，协同香港宝峰国际有限公司铁矿石贸易平台，开拓铁矿石资源贸易咨询业务，完成澳大利亚铁矿石贸易咨询服务合同所涉金额2 420万美元。（钟思捷）

## 宝钢激光拼焊国际有限公司

【概况】 宝钢激光拼焊国际有限公司（简称宝钢激光拼焊）前身为武钢集团国际激光拼焊有限公司，2019年4月17日更名。2020年1月7日，注册地址变更为德国杜伊斯堡曼内斯曼大街101号。宝钢激光拼焊主要从事激光拼焊板产品的研发、制造和销售，业务涵盖激光拼焊板制造、激光设备与技术两大板块，主要产品包括激光拼焊板、激光拼焊卷、铝合金拼焊板、激光拼焊管等，拥有宝钢激光拼焊（德国）有限公司、宝钢激光拼焊（瑞典）有限公司、宝钢激光拼焊（意大利）有限公司、宝钢激光拼焊（土耳其）有限公司、宝钢激光拼焊（武汉）有限公司、宝钢激光技术有限公司6家全资子公司，共8家工厂；与美国华新顿工业有限公司合资经营的TWB公司，拥有美国、加拿大和墨西哥的9家工厂（美国华新顿工业有限公司占股55%，宝钢激光拼焊占股45%）。全年，欧洲板块实现销售收入2.23亿欧元、利润240万欧元。年底，有员工425人［不含托管给宝钢国际的宝钢激光拼焊（武汉）有限公司121人，不含与美国华新顿工业有限公司合资经营的TWB公司569人］。（桂萱）

【人事变动】 1月22日，邹继新不再兼任宝钢激光拼焊国际公司执行董事职务。10月，姚万强任宝钢激光拼焊（武汉）有限公司总经理。11月，刘吉斌任宝钢激光技术有限公司总经理，执行董事（兼）；沃文芸任宝钢激光拼焊（意大利）公司副总经理（兼）；李铁军任宝钢激光拼焊（武汉）有限公司监事。（桂萱）

【热成型激光拼焊技术通过奥迪认证】 10月，宝钢激光拼焊（德国）有限公司的第二代热成型激光拼焊技术GII通过奥迪汽车公司（简称奥迪）首款PPE平台车型零件技术认证。（桂萱）

【完成管理制度重建】 12月，宝钢激光拼焊按照宝钢股份制度体系框架，组织各子公司开展制度修订，形成管理文件203个、管理标准126个，初步形成各子公司的核心制度文件。（桂萱）

【欧洲汽车企业使用宝钢股份汽车板】 2020年，宝钢激光拼焊在供欧洲各汽车制造公司的激光拼焊件中推广应用宝钢汽车板。全年，欧洲汽车企业使用宝钢股份汽车板4.10万吨，奔驰、大众、福特和菲亚特四大汽车品牌在使用宝钢汽车板上均有突破。（桂萱）

## 宝钢日铁汽车板有限公司

【概况】 宝钢日铁汽车板有限公司（简称宝日汽车板）下设生产部、技术质量管理部、销售部和管理部。其中，生产部下设轧钢分厂、镀锌分厂、设备管理室、能介车间；技术质量管理部下设生产技术室、品质管理室；销售部下设生产物流室、销售业务室、销售业务一室、销售业务二室、技术服务室；管理部下设综合管理室、财务管理室、人力资源室。2020年，生产汽车板201.20万吨，其中镀锌产品129.40万吨，普冷产品71.80万吨；销售商品材226.06万吨；实现销售收入124.67亿元、利润1.095亿元。年底，有中方员工637人，日本制铁株式会社派遣人员17人。（刘蓉）

【提升用户使用满意度】 2020年，宝日汽车板通过实施预防控制、全程跟踪、快速响应、持续改进等举措，使汽车板表面夹杂、异物压入、辊印、冲压开裂等缺陷减少；重大异议赔偿从2019年的26件、746.74万元降至2020年的5件、160万元，下半年工序批量性重大异议

为零。（刘　蓉）

【提升成本竞争力】 2020年，宝日汽车板对成本削减计划进行细化分解，明确成本削减计划各项目责任主体，通过部门绩效评价与劳动竞赛相结合的方式，引导各部门推动成本改善措施落地，促进全员参与成本削减工作。全年成本削减1 876万元。（刘　蓉）

【培养多能工】 2020年，宝日汽车板制订、形成多能工培养方案，按照“师徒带教培养、岗位技能确认、在岗操作实践”等流程开展培养工作。全年确定20名多能工培养对象，年底均具备独立操作能力。强化对已有多能工的关联岗位实操训练，提升实战能力，全年安排21人进行顶岗作业。（刘　蓉）

【提升技术人员专业能力】 2020年，宝日汽车板为技术人员指定项目、量化任务、明确目标，通过“以战代训”的方式，促进技术人员专业水平和技术能力提升。全年培训技术人员22人次。技术人员承担科研项目32项、技术攻关项目13项、技术改造项目4项，申报技术秘密14项，发表论文5篇，取得专利6件，撰写技术报告50篇。（刘　蓉）

【新建冷轧废水回用项目】 5月18日，宝日汽车板新建冷轧废水回用项目开工建设。该项目应用多项环保水处理领域尖端技术，如高压反渗透技术、纳滤分盐技术、双极膜制酸碱技术、浓盐水蒸发结晶技术等，设计处理废水能力9 600立方米/天，计划于2021年6月30日之前热负荷试车。项目建成后，

2020年5月18日，宝日汽车板新建冷轧废水回用项目开工建设（张　勇　摄）

宝日汽车板可实现废水零排放，每年可回收再生水220万吨，同时实现废水回用站内酸碱自产自销，回收工业盐5 300吨/年。预算总投资1.90亿元。由宝钢工程、宝武水务负责整体设计、设备供货，中国五冶集团有限公司负责工程建设，上海宝钢建设有限公司监理负责工程监理。（刘　蓉）

【获得荣誉】 2020年，在第24届全国发明展览会上，强晓彬的“镀锌汽车外板锌灰质量智能监测控制技术”获金奖；顾希成的“汽车板自动化生产线入口段设备综合技术开发应用”获银奖；李宏的“运用于废水处理中的絮凝剂高效连续混合技术”和王鲁“连续退火炉气氛净化技术”获铜奖。倪建民获首届上海市工业机器人技术应用技能大赛暨第四届全国工业机器人技术应用技能大赛二等奖。（刘　蓉）

## 广州JFE钢板有限公司

【概况】 广州JFE钢板有限公司（简称广州JFE钢板）下设经营企划部、营业部、制造部、品质管理部、综合管理部。2020年，销售钢材100.35万吨，其中汽车板89.06万吨，实现利润4.64亿元。年底，有中方员工686人，日本JFE钢铁株式会社派遣人员19人。（刘　洋）

【降本增效】 2020年，广州JFE钢板降成本8 378万元。其中，通过加强对备件的管控，推进备件国产化，严格把控委外项目等，减少维修成本1 600万元；通过减少原板剪切、降低锌单耗等，降低成本400万元；通过严控“两金”，精细运作，降低资金使用成本，将融资

直接成本控制在3%以内，销售、管理和财务费用减少3 090万元；人工及折旧等政策性费用减少3 288万元。（陈晓霞）

【工程建设】 2020年，广州JFE钢板启动连续退火、酸轧机组改造等一批项目的建设。连续退火改造项目，是将原有连续退火产线改造为连续退火和镀锌两用产线，改造后年产镀锌板37万吨，连续退火钢板12万吨，项目总投资5.59亿元，由宝钢工程EPC（设计、采购、施工一揽子总承包合同）总承包，主体设备由日本PTJ株式会社供应。酸轧机组改造项目，是增加0号机组、激光焊机，项目总投资2.48亿元，由宝钢工程EPC总承包，主体设备由日本PTJ公司和TEMIC公司供应。新建检测实验室项目，总投资6 530万元，设计、施工、设备由宝钢工程EPC总承包。废水站提标扩容改造项目，总投资2 860万元，主要设备沿用一号废水站的进口设备，设计、施工由上海东振环保工程技术有限公司总承包。（范彦军）

【获得荣誉】 2020年，广州JFE钢板被认定为国家级高新技术企业，获“广州市十大节能优秀企业”“广东省制造业百强企业”“广东省最具竞争力企业”“东风日产优秀供应商”“广汽丰田品质优秀优良奖”“广汽三菱优秀供应商”等称号。（刘　洋）

## 宝武铝业科技有限公司

【概况】 宝武铝业科技有限公司（简称宝武铝业）的前身为河南同人铝业有限公司，2019年2月由中国宝武、河南能源化工集团、三门峡市投资集团有限公司三方股东合资设立，注册资本金35亿元，主要从事铝材料研发、铝板产品生产，为中国宝武的控股子公司，委托宝钢股份管理，下设工程管理部、制造管理部、技术中心、工厂部、营销管理部、经营财务部、综合管理部和党群工作部。2019年9月4日，宝武铝业（即中国宝武铝合金精深加工项目）一期项目设备安装工程开工建设，概算总投资59.89亿元，建设年产30万吨铝合金精深加工生产线，包括熔铸车间、中厚板车间、冷轧车间、精整车间及辅助设施，主要产品有汽车板、罐盖料、建筑装饰、电子行业、铝合金罐车料、船用板、航空航天用中厚板等。2020年12月20日，一期项目举行投产仪式。全年，实现营业收入0.92亿元。年底，在岗员工544人（含宝钢股份支撑员工339人），在册员工205人。（李　聪）

【企业负责人简介】 智西巍，1960年2月生，陕西大荔人，中共党员，正高级工程师，宝武铝业党委书记、董事长。

杨春平，1964年3月生，江苏金坛人，中共党员，高级工程师，宝武铝业党委副书记、总经理。（赵裴娜）

【宝武铝业一期项目投产】 4月

宝武铝业厂区一角 （边华骏 摄于2020年12月）

2020年9月25日，宝武铝业第一块铝合金扁锭发往用户 （张怀苍 摄）

24日，1+3热轧机组粗轧机牌坊完成吊装。4月29日，2 500毫米冷轧机牌坊完成吊装。7月30日，熔铸产线首炉铝扁锭下线。9月28日，2 500毫米冷轧机组热负荷试车。12月20日，热轧粗轧机热负荷试车；同日，举行一期项目投产仪式。（李　聪）

**【三门峡铝基新材料研发中心成立】** 12月20日，中国宝武与河南省三门峡市共同投资设立的中国宝武三门峡铝基新材料研发中心揭牌成立。研发中心将面向铝基新材料制造前沿、面向国民经济发展重大需求，致力于“铝合金为重点的材料开发及应用研究，以掌握关键技术推动企业高质量发展，形成平台能力服务区域产业链”，瞄准建成省级重点实验室（省级工程技术研究中心），乃至国家级研发创新基地为目标，打造产品创新、产业链应用技术、产业孵化三大平台，探索政企合作技术创新模式。（杨　兵）

**【宝武铝业大事纪要】**

3月31日，宝武铝业与中冶宝钢技术服务有限公司签约。根据协议，双方拟在生产操作、设备检修等协力业务，工艺车辆BOO项目，铝渣处理BOO项目，冷、热轧铝产品包装材料制作与供应等方面开展服务合作。

4月24日，宝武铝业1+3热轧机组粗轧机牌坊吊装完成。

4月28日，宝武铝业召开首届一次职工代表大会、工会会员代表大会暨2020年工作会议。

4月29日，宝武铝业2 500毫米冷轧机牌坊吊运安装到位。

2020年12月20日，中国宝武三门峡铝基新材料研发中心揭牌成立　（滕根泉 摄）

5月12日，宝武铝业召开第三届董事会第三次会议，审议通过董事会议事规则、公司2020年度融资计划、财务预算、建设计划等6项议案，聘任胡静为宝武铝业董事会秘书。

5月15日，宝武铝业与宝地资产/宝钢发展举行合作协议签约仪式。根据协议，宝地资产/宝钢发展为宝武铝业消防、暖通制冷设备，以及非生产性建构筑物设备设施配套服务等业务提供专业化、集成化的一揽子综合配套服务。

5月19日，宝武铝业冷轧车间自动化立体仓库（高架库）第一片钢结构吊运安装到位。

5月25日，宝武铝业110千伏禹王变电站受电。

6月3日，宝武铝业与上海江南轧辊有限公司举行合作签约仪式。

6月30日，宝武铝业信息化系统上线运行。

6月30日—7月10日，宝武铝业首批22种原料入厂。

7月19日，宝武铝业水处理系统纯水制备系统投入运行。

7月30日，宝武铝业30吨熔铸产线生产出第一炉3块铝扁锭。这是宝武铝业第一条投入试运行的产线。

7月31日，宝武铝业获三门峡城乡一体化示范区“高层次创新创业团队项目”奖励280万元。

9月29日，宝武铝业2 500毫米冷轧机热负荷试车。

12月20日，宝武铝业一期项目全面投产。

同日，中国宝武三门峡铝基新材料研发中心揭牌。（李　聪）

## 宝钢股份大事纪要

1月3日，在华菱星马汽车（集团）股份有限公司2020年度供应商大会上，宝钢股份获2019年度“优秀供应商”奖。

1月9日，宝钢股份获“奇瑞汽车年度优秀供应商”称号。

同日，在长安马自达汽车有限公司2019年供应商大会上，宝钢股份获“优秀供应商”称号。

1月10日，宝钢股份召开以“全面对标找差、打造极致效率、追求价值创造、保持行业引领”为主题的2020年度管理研讨会。

同日，在2019年度国家科学技术奖励大会上，宝钢股份参研项目“废弃物焚烧与钢铁冶炼二噁英污染控制技术与对策”“冶金炉窑强化供热关键技术及应用”获国家科学技术进步奖二等奖。

同日，在广汽本田汽车有限公司2020年供应商年会上，宝日汽车板获2019年度环境优胜供应商奖，是唯一获奖的钢铁企业。

同日，世界经济论坛（WEF）公布入选“全球灯塔工厂”的18名新成员，宝钢股份入选，成为唯一入选的中国钢铁企业。至此，全球共有44家灯塔工厂。

1月17日，在江西五十铃汽车有限公司2020年采购工作年会上，宝钢股份连续5年获“优秀供应商”称号。

1月18日，在上海通用汽车有限公司第22届供应商大会暨2019年度优秀供应商颁奖大会上，宝钢股份获2019年度“优秀供应商”奖。

1月19日，宝钢股份召开五届三次职工代表大会暨干部大会。

1月20日，宝钢股份召开2020年党风廉政建设和反腐败工作会议。

1月23日，宝钢股份5万只N95口罩、3万瓶消毒水、3 910台测温仪等防疫应急物资全部运抵武钢有限。

1月27日，宝钢股份召开防控新冠肺炎疫情紧急会议，对新冠肺炎疫情防控工作进行再研究、再部署、再动员。

1月28日，宝钢股份成立新冠肺炎疫情防控工作领导小组，下发《宝钢股份关于新型冠状病毒感染肺炎疫情防控工作方案》。

1月，宝钢股份与全球最大铁矿石供应商淡水河谷完成首单人民币跨境结算，总金额为3.30亿元。

同月，宝钢股份硅钢部获“2019年全国安全文化建设示范企业”称号。

2月1日，宝钢股份党委下发《关于加强党的领导为打赢疫情防控阻击战提供坚强政治保证的通知》，号召各级党组织、广大党员在防疫攻坚战中发挥战斗堡垒作用和先锋模范作用。

2月12日，新华社以《黑灯工厂、不碰面生产、智慧物流：疫情下的宝钢股份“智能制造”》为题，报道宝钢股份在新冠肺炎疫情期间打好稳产、高产守卫战。

2月，宝钢股份申报的《中频低铁损无取向硅钢产品（B35AV1900、B35AV2100、B35AVED-2、B20AT1500、B35AV1800、B30AHVS-1、B35AV2000、B30AV1500）》成果通过上海市高新技术成果专家评审，被上海市高新技术成果转化中心认定为“上海市高新技术产品”。

同月，宝钢股份中标国家“十三五”重大工程——深中通道大桥主桥钢箱梁钢材16.60万吨，成为深中通道最大钢材供应商。

3月1日，武钢有限检修中心马保华获“火神山医院荣誉员工”称号，工牌编号001。

3月12日，湛江钢铁三号高炉系统建设项目全面复工，返岗施工人员超2 600人。

3月29日，武钢有限实现100%复工复产。

3月，宝钢股份自主研制的耐微生物腐蚀管材实现全球首发，产品经中国石化涪陵页岩气区块项目应用，突破国内外管线标准的限制，填补该技术领域空白。

4月12日，湖北省委书记应勇到武钢有限调研。中国宝武党委书记、董事长陈德荣在宝钢股份运控中心，通过远程视频系统汇报中国宝武抗击疫情和生产经营、智慧制造情况。

4月17日，宝钢股份举行党委书记研修班暨党委书记研修会成立仪式。

4月20日，宝钢股份启动“对标找差创一流、全员携手立新功”劳动竞赛。

4月26日，宝钢股份成立硅钢事业部，明确硅钢事业部主要职责及其下设机构，调整营销中心（宝钢国际）下设机构。

4月30日，宝钢股份举行“最美逆行钢铁侠”欢迎仪式，欢迎刘安、吴小弟等9位外派湖北地区人员归来。

4月，由宝钢股份牵头、中铁大桥勘测设计院有限公司等23家单位参与的“十三五”（2016—2020年）国家重点研发计划——“高性能桥梁用钢”项目通过权威机构专家技术评审，首批690兆帕级高性能桥梁钢Q690qENH发往用户，用于主跨达408米的武汉江汉七桥建设。

同月，宝钢股份与必和必拓完成首单进口铁矿石人民币跨境结算，总金额近1亿元。

5月19日，在2019年上海市科学技术奖励大会上，中国宝武工人

2020年4月30日，宝钢股份举行“最美逆行钢铁侠”欢迎仪式　（张　勇　摄）

发明家、宝钢股份钢管条钢事业部电炉厂技能大师金国平的“方坯连铸轻压下质量优化控制技术”，获上海市科技进步奖（工人组）二等奖。

同日，宝钢股份、中国石油天然气集团有限公司（简称中国石油）与欧冶云商签署三方合作协议，中国石油昆仑润滑油正式入驻欧冶商城。

5月26日，中国宝武高铝锌铝镁镀层钢板工业化第一卷在湛江钢铁下线。

5月27日，湛江钢铁创新探索“转炉超低磷控制技术”和“转炉精炼联合超低锰控制技术”，冶炼出6炉电磁纯铁钢水。

5月30日，宝钢股份新工程项目管理系统（BPMS）上线。

5月，第四次“外滩·中国品牌创新价值榜”发布，宝钢股份作为榜单唯一钢铁企业跃升至榜单第21位，在“外滩·长三角品牌创新价值榜”排名第四位，在“外滩·上海品牌创新价值榜”排名第二位。

6月2日，由宝钢股份主持修订的《GB/T 24180—2020冷轧电镀铬钢板及钢带》国家标准发布。

6月12日，湖北省科学技术奖励大会在武汉召开。武钢有限13个项目获科技进步奖。

6月16日，黄石公司新港项目二期工程开工仪式在黄石市新港（物流）工业园举行。

6月17日，宝钢股份抗击新冠肺炎疫情主题活动在武钢有限举行。

6月19日，湛江钢铁与中国联通广东省分公司联合举办“5G工业专网签约暨启用仪式”。

6月，宝钢股份设备资材采购中心“花园式钢材仓储基地”建成。该仓储基地占地面积8万平方米，于2019年3月开工建设。

同月，宝钢股份研发的新型抗微生物腐蚀的管线管签订首批450吨供货合同。这是抗微生物管线管新品在国内首次实现批量生产及市场商业化应用。

同月，武钢有限完成合安（合肥—安庆）高铁所需百米钢轨324千米、3.90万余吨全部供货。

7月3日，宝钢股份召开庆祝中国共产党成立99周年大会，表彰宝钢股份优秀共产党员、优秀党务工作者、先进基层党组织。

7月17日，《人民日报》要闻刊登《两大成品油管道项目助力泰国能源供应及区域联通——“为中国企业的技术实力和敬业精神点赞”》，报道中国石油管道局泰国东北部成品油管道项目的事迹。该项目所用管线管全部由宝钢股份供应。

7月30日，宝武铝业30吨熔铸产线生产出第一炉3块铝扁锭。

7月，宝钢股份申报的“一种用于钢铝复合板的热轧基板及生产方法”发明专利获中国专利优秀奖。该产品先后申请发明专利、实用新型专利12件，形成专利群，对产品核心技术进行保护。

同月，宝钢股份申报的“汽车用高强韧性及950℃高温渗碳齿轮钢（FUWA8822H1、FUWA8822H2、SCr420H-1）”“高强度射孔枪管（BG115P、BG130P、BG140P、Grade 130、BG125P、BG155P）”成果通过上海市高新技术成果专家评审，被上海市高新技术成果转化中心认定为“上海市高新技术产品”。

同月，中国千万千瓦级世界级巨型水电工程——乌东德水电站投产发电。该工程所有机组的蜗壳用钢板均由宝钢股份供货。

同月，宝钢股份《特殊船体结构用高强钢板（L921A、907A）》获2019年度上海市高新技术“百佳”科技转化成果。

同月，宝钢股份高铁用耐腐蚀钢轨U68CuCr实现全球首发，产品应用于世界首座设计时速350千米高铁海底隧道。

同月，在第二届新财富最佳上市公司评选中，宝钢股份党委书记、董事长邹继新入选“上市公司最佳领航人”。

同月，宝钢股份为深中通道大桥试制首批2 060兆帕级桥梁缆索用盘条，标志着宝钢股份研制出全球最高强度缆索钢丝。

8月4日，宝钢股份2020年党员政治轮训在中国宝武党校开班，2万多名党员参加培训。

8月6—7日，宝钢股份召开2020年年中管理研修会，对上半年经营情况进行总结，对下半年经营任务作部署。

8月11日，宝钢股份、欧冶云商与国内最大的滚动轴承制造商瓦轴集团股份有限公司及世界著名轴承制造公司斯凯孚集团（SKF）举行资源共享三方协议签字仪式。

8月12日，中国钢铁工业协会、中国金属学会公布2020年冶金科学技术奖，宝钢股份负责或参与研究的12个项目获冶金科学技术奖。其中，“大型转炉洁净钢高效绿色冶炼关键技术”项目获特等奖，“热连轧超高强钢产业化关键技术研究与应用”等6个项目获一等奖，另有3个项目获二等奖、2个项目获三等奖。

8月14日，在2020—2021年度江苏华朋集团有限公司全国供应商会议上，宝钢股份获“优秀供应商”称号。

8月17日，生态环境部党组书记孙金龙到宝钢股份调研。

8月25日，由全国钢标准化技术委员会钢板钢带分技术委员会（SAC/TC183/SC6）组织、宝钢股份承办的《塑料薄膜热覆合钢板及钢带》国家标准及产业链技术研讨会在上海召开，16家生产厂家、科研院所、企事业单位的专家参加会议。

8月28日，宝钢股份召开2020年中期业绩网上发布会，公司发布中期业绩。

8月，宝钢股份“建筑用自清洁型彩色涂层钢板”通过上海市高新技术成果专家评审，被上海市高新技术成果转化中心认定为“上海市高新技术产品”。

同月，625+X65MS高端耐蚀合金管线复合板在宝钢股份厚板部5米产线轧制成功。该产品通过沙特阿拉伯国家石油公司认证后，打破欧洲和日本企业的垄断，填补国内冶金复合材料的空白。

同月，由宝钢股份设计开发的外径339.72毫米、壁厚12.19毫米BG140V钢级超深复杂井用气密封套管在新疆油田GHW001井下入深度为5 505.40米，创造中国石油陆上该规格套管下入最深纪录。

9月1日，宝钢股份二号高炉开始大修，改造工期90天。该高炉2006年12月7日投产，设备国产化率为99%，炉容4 706立方米。

同日，“宝钢湛江钢铁5G智慧钢厂”项目获第三届“绽放杯”5G应用征集大赛广东分赛决赛一等奖和最佳功能设计奖。

9月4日，宝钢股份党委制订、下发《宝钢股份学习贯彻习近平总书记考察调研中国宝武重要讲话精神行动方案》，形成11个大类、26项任务，明确责任领导、责任单位，并纳入班子成员“一人一表”。

9月8日，全国抗击新冠肺炎疫情表彰大会在北京人民大会堂举行。宝钢股份刘安获评“全国抗击新冠肺炎疫情先进个人”；宝钢股份武钢有限气体公司获评“全国抗击新冠肺炎疫情先进集体”。

9月10日，中央企业党的建设与生产经营深度融合南京片区座谈会在梅钢公司召开。

9月13日，中国宝武“重走钢铁长征路”系列活动武汉片区活动在武钢有限举行。

9月15日，宝钢股份厚板部完成霞浦示范快堆工程核电用钢的生产制造。

9月18日，宝钢股份主起草的GB/T 20564.1 ～ 7、GB/T20887.1 ～ 5汽车用高强度冷、热连轧钢板及钢带系列国家标准被授予“2019年度技术标准优秀奖”一等奖；宝钢股份主起草的GB/T 10322.1—2014《铁矿石取样和制样方法》国家标准被授予“2019年度技术标准优秀奖”二等奖。

9月25日，中国宝武“重走钢铁长征路”系列活动湛江钢铁专场在湛江市金沙湾沙滩广场举行。

9月28日，宝武铝业2 500毫米冷轧机热负荷试车。

9月，宝钢股份申报的《新能源汽车、空调压缩机电机用高性能无取向硅钢钢板（B27AHV1400、B27AYSX-1、B27APV1400、B30AHV1500、B30AYSX-2、B30AY-1、B35AVJJ-2、B35AHV1700）》成果通过上海市高新技术成果专家评审，被上海市高新技术成果转化中心认定为“上海市高新技术产品”。

同月，宝钢股份获评上海市第一批绿色制造体系示范单位。

同月，宝钢股份直属厂部改变以往焦炭水运的进厂方式，首次尝试使用铁路运输集装箱的方式运送焦炭进厂，并取得试运行成功。

10月8日，宝钢股份炼铁厂四烧结开始年修。本次年修为期45天，计划实施项目1 666项，其中包括四烧结烟气净化系统超低排放适应性改造、四烧结环冷除尘器超低排放优化改造等重点环保项目。

10月9日，宝钢股份设立炼铁部、炼钢部、热轧部、冷轧部，并调整设立新的厚板部。

10月15日，宝钢股份无取向硅钢产品结构优化项目开始桩基施工。

同日，黄石公司举行新港项目二期工程启动仪式。

10月19日，宝武铝业三号熔铸产线投产。

10月23日，宝钢股份炼钢厂二号连铸机热负荷试车。该项目采用自主集成技术，从停机到热试仅用59天，创造连铸机同级别改造项目最短停机纪录。

10月26日，中国宝武“重走钢铁长征路”系列活动宁马片区梅钢专场活动在梅钢公司厂前区举行。

10月29日，第十届中国花卉博览会宝钢花园开工仪式在上海市崇明区举行。宝钢花园用地面积500平方米，是第一批签约和第一个开工建设的企业冠名花园。

10月，宝钢股份炼铁厂一号高炉富氢冶金示范线投入运行。

同月，在工业和信息化部主办的第三届“绽放杯”5G应用征集大赛中，由湛江钢铁与中国联合网络通讯有限公司广东省分公司联合申报的“宝钢湛江钢铁5G智慧钢厂”项目获一等奖。

同月，宝钢股份通过东芝株式会社滨川崎工厂的民用变压器认证，并首次批量供应100吨取向硅钢，这是东芝株式会社总部第一次采购中国取向硅钢产品。

同月，宝钢股份中标中俄东线天然气管道工程（安平—泰安段），获10.92万吨直缝埋弧焊管供货合同。

同月，宝钢股份申报的“汽车底盘系统用高强韧钢管（34MnB5、26MnB5、45B2M、20CrMnTiH）”成果通过上海市高新技术成果专家评审，被上海市高新技术成果转化中心认定为“上海市高新技术产品”。

同月，宝钢股份获卡塔尔2022年世界杯主体育场——卢塞尔体育场马道项目首批1 800吨钢板供货权。

同月，宝钢股份主持起草的《IEC 60404-13-2018磁性材料　第13部分：电工钢片（带）的密度、电阻率和叠装系数的测量方法等19项标准》，获2020年中国标准创新贡献奖二等奖。

同月，湖北省总工会2020年第四届“荆楚工匠”颁奖大会在武汉举行，宝钢股份武钢有限热轧厂2250产线乙班作业区精轧班班长蔡斌获第四届“荆楚工匠”称号。

同月，宝钢股份厚板中标龙滩特大桥工程项目，独家保供项目需求桥梁板5 000吨。

11月6日，全球首台3 600吨/小时智能化连续卸船机在大连重工制造完成。该设备由湛江钢铁、大连重工、宝信软件合作制造，是湛江钢铁三号高炉系统项目码头工程的重要装备。

11月13日，“宝钢股份——长虹华意联合实验室”揭牌。

11月18日，宝钢股份发布新版《信赖30年——宝钢彩涂板30年回顾与展望》手册和宝钢高铝锌铝镁BaoAM®产品品牌。

11月20日，宝钢股份营销中心获“第六届全国文明单位”称号。

11月22日，宝钢股份二号高炉大修结束并投产，创造特大型高炉大修效率最高、投资最省的新纪录，开始第三代炉役生产。

11月28日，第20届中国上市公司百强高峰论坛暨第六届中国百强城市全面发展论坛在北京举行。宝钢股份获“中国百强二十年特别贡献企业奖”和“2020年中国百强企业奖”。

11月29日，1310DP（双相钢，抗拉强度为1 310兆帕级别）普通冷轧产品在宝钢股份制造成功。1310DP是宝钢股份吉帕钢®X-GPa®明星产品家族的重要一员，可为车身安全件进一步减重提供空间，同时更好地提升车身安全性能，助推汽车车身轻量化发展。

11月，宝钢股份主持起草的《IEC 60404-13-2018磁性材料　第13部分：电工钢片（带）的密度、电阻率和叠装系数的测量方法等19项标准》，获2020年中国标准创新贡献奖二等奖。

同月，在第24届全国发明展览会上，宝钢股份选送的104个项目获金奖16项、银奖34项、铜奖32项，获奖率79%。

同月，宝钢股份与日本大神株式会社签订首批彩涂订单，这是宝钢股份彩涂产品首次进入日本市场。

2020年12月8日，中国宝武“重走钢铁长征路”上海片区活动在吴淞炮台湾湿地森林公园举行　　（施　琮 摄）

2020年12月8日，宝钢股份无取向硅钢产品结构优化项目开工建设　　（张　勇 摄）

同月，宝钢股份申报的“高轴向承载力两片食品罐用镀锡钢带（D T−3.5CA DWI、D T−3 CA DI）”成果通过上海市高新技术成果专家评审，被上海市高新技术成果转化中心认定为“上海市高新技术产品”。

同月，宝钢股份钢管条钢事业部中标澳大利亚最大的天然气公司APA集团北部连接线管线项目。该管线全长584千米，采购外径323毫米、X60钢级的中口径直缝焊管3.50万吨，是宝钢股份承接的距离最长、吨位最大的中口径直缝焊管项目。

12月3日，中俄东线中段（长岭—永清）建成通气。宝钢股份向中俄东线北段和中段提供热轧卷和厚板40万吨。

12月8日，以“百川归海再启航”为主题的中国宝武“重走钢铁长征路”上海片区活动在上海市吴淞炮台湾湿地森林公园举行。

同日，全球唯一完全面向新能源汽车行业的高等级无取向硅钢专业生产线——宝钢股份无取向硅钢产品结构优化项目开工建设。

同日，宝钢股份大数据中心投入运行，这是中国钢铁行业首家大数据中心。

12月11日，以“与改革同行 谱钢铁华章”为主题的“中国宝武130年”系列展览之宝钢股份主题展在宝武大厦揭幕。

同日，宝钢股份获长安福特汽车有限公司“2020年卓越供应商”称号。

12月14日，宝钢股份获东风柳州汽车有限公司“2020年度优秀供应商”称号。

12月15日，宝钢股份新型耐热刻痕取向硅钢机组投产，实现耐热刻痕产业化技术全球首发，填补国内取向硅钢耐热刻痕系列产品的空白。

同日，宝钢股份获长沙梅花汽车制造有限公司“2020年度优秀供应商”称号。

12月17日，宝钢股份获东风本田汽车有限公司“2020年度优秀供应商”称号。

12月20日，中国宝武年产60万吨的铝合金精深加工项目——宝武铝业一期项目投产。

同日，中国宝武三门峡铝基新材料研发中心成立。

12月22日，上海市召开智能制造推进工作大会，宝钢股份冷轧厂C008热镀锌智能车间入选首批

2020年12月20日,宝武铝业一期项目投产　　　　（边华骏 摄）

20家上海市智能工厂。

12月23日,宝钢股份、宝日汽车板获东风日产乘用车公司“2020年度最佳技术贡献奖”和“最佳营销合作奖”。

12月27日,宝钢股份“BG系列高性能油气开采用管开发及应用”项目获第六届中国工业大奖表彰奖。

12月,广州宝钢南方贸易有限公司的创新项目“厚板同质化产品快速精准交付营销新模式”,获中国钢铁工业协会评选的2020年冶金企业管理现代化创新成果奖一等奖。（孙荣祥）

# 宝武集团中南钢铁有限公司

## 概　述

宝武集团中南钢铁有限公

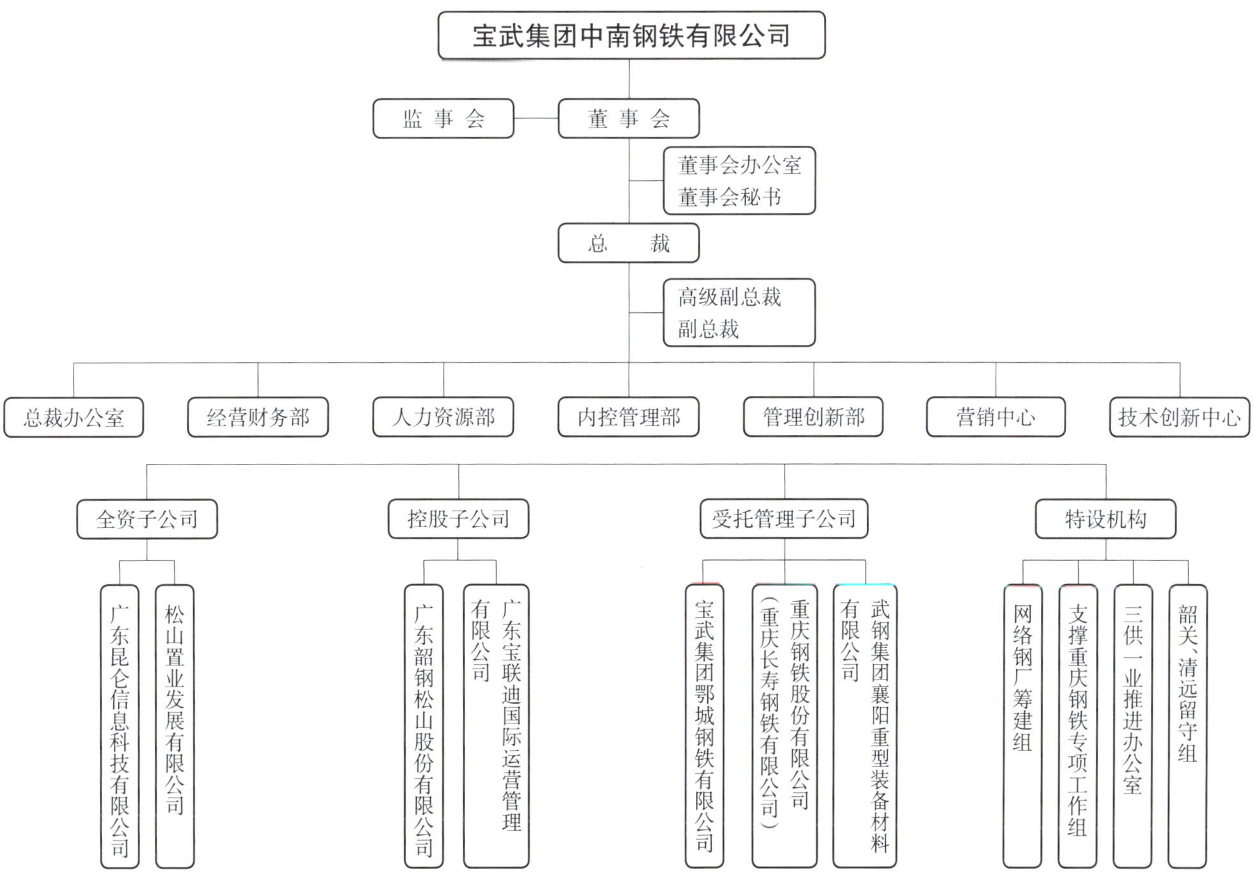


宝武集团中南钢铁有限公司组织机构图（2020年12月）

司（简称中南钢铁）的前身为宝武集团广东韶关钢铁有限公司，于2020年12月5日揭牌成立。中国宝武持股51%，广东省广物控股集团有限公司持股49%。中南钢铁控股上市公司广东韶钢松山股份有限公司（简称韶钢松山），并受中国宝武委托管理宝武集团鄂城钢铁有限公司（简称鄂城钢铁）、重庆长寿钢铁有限公司、重庆钢铁股份有限公司（简称重庆钢铁）。中南钢铁的定位是：作为中国宝武在中南地区的区域化平台公司，按照专业化整合、产业化发展、平台化运营、生态化协同、多元化混合所有制改革的总体思路，提升钢铁产业基础能力和产业链水平，搭建“一总部多基地”管控模式，实现极致高效率、极致低成本，努力成为备受认同的钢铁生态圈构建者。年底，在册员工17 017人，在岗员工11 799人（含鄂城钢铁）。（徐英彪）

【企业负责人简介】 张锦刚，1970年4月生，山东威海人，中共党员，教授级高级工程师，中南钢铁党委书记、董事长。

李世平，1964年9月生，上海人，中共党员，高级工程师，中南钢铁总裁、党委副书记。（徐英彪）

## 中国宝武韶关总部/广东韶钢松山股份有限公司

【概况】 广东韶钢松山股份有限公司（简称韶钢松山）是由原广东省韶关钢铁集团有限公司独家发起，采用募集方式设立的股份公司，1997年4月29日成立，5月8日在深圳证券交易所上市交易（股票代码：000717）。2020年底，韶钢松山总股本为24.195亿股，其中中南钢铁持有12.835亿股，占总股本的53.05%。韶钢松山下设办公室（党委办公室、董事会秘书室），财务部，运营改善部，人力资源部（党委组织部、团委），安全保卫部，投资管理部，内控管理部（纪委、审计部、纪检监督部），企业文化部（党委宣传部），工会9个职能部门；营销中心、制造管理部（技术研究中心）、设备管理部、能源环保部、物流部、检测中心6个业务部门；炼铁厂、炼钢厂、特轧厂3个生产厂；以及曲江分公司、宝武杰富意特殊钢有限公司。年底，在册员工6 593人，在岗员工6 410人（均含宝特韶关）。2020年，烧结矿产量879万吨，自产焦炭272万吨；铁、钢、钢材产量分别为652万吨、802万吨、768万吨，分别同比增长2%、8.30%、9.10%；销售钢材804万吨，同比增长12.50%；实现营业收入315亿元，同比增长8.20%；实现利税29.10亿元，同比增加13.70%。（赖万立　杨　禹）

【企业负责人简介】 李世平，1964年9月生，上海人，中共党员，高级工程师，韶钢松山党委书记、董事长（至2020年12月）。

解旗，1971年11月生，江苏常州人，中共党员，高级工程师，韶钢松山副董事长、党委副书记（至2020年12月），韶钢松山党委书记、董事长（2020年12月起）。

谢志雄，1972年4月生，湖南衡阳人，中共党员，高级工程师，韶钢松山总裁、党委副书记（2020年12月起）。（赖万立）

【股东大会重要事项】 3月16日，韶钢松山召开2020年第一次临时股东大会，审议通过《关于修订〈公司章程〉的议案》《关于公司向15家金融机构申请172亿元人民币及9 500万美元综合授信额度的议案》《2020年度基建技改项目投资框架计划的议案》《2020年金融衍生品投资计划的议案》《关于补选公司董事的议案》。4月21日，召开2019年度股东大会，审议通过《2019年度董事会工作报告》《2019年度监事会工作报告》《2019年度财务决算报告》《2019年年度报告全文及摘要》《2019年度利润分配预案的议案》《关于与宝钢集团财务有限责任公司签订〈金融服务协议〉暨关联交易的议案》《2020年度预算的议案》《2020年度日常关联交易计划的议案》等。8月10日，召开2020年第二次临时股东大会，审议通过《关于公司符合非公开发行股票条件的议案》《关于公司引入广东省广物控股集团有限公司作为战略投资者并签署战略合作协议的议案》《关于公司未来三年股东回报规划（2020—2022年）的议案》等，《关于公司2020年度非公开发行股票方案的议案》《关于公司2020年度非公开发行股票预案的议案》《关于韶关钢铁认购公司本次非公开发行股票涉及关联交易的议案》等未获通过。（赖万立）

【董事会重要事项】 2月28日，韶钢松山召开第八届董事会2020年第一次临时会议，审议通过《关于修订〈公司章程〉的议案》《关于公司向15家金融机构申请172亿元人民币及9 500万美元综合授信额度的议案》《2020年度基建技改项

### 韶钢松山主要装备（生产线）一览表

| 装备 | 规格 | 数量 |
|---|---|---|
| 焦炉 | 4.30米,55孔 | 2座 |
| 焦炉 | 6米,55孔 | 4座 |
| 烧结机 | 烧结机面积：60平方米 | 2台 |
| 高炉 | 有效容积：1 050立方米 | 1座 |
| 高炉 | 有效容积：2 200立方米 | 1座 |
| 高炉 | 有效容积：3 200立方米 | 1座 |
| 转炉 | 公称容量：120吨 | 3座 |
| 转炉 | 公称容量：130吨 | 2座 |
| 精炼炉（LF炉） | 公称容量：120吨 | 3座 |
| 精炼炉（LF炉） | 公称容量：130吨 | 3座 |
| 精炼炉（RH炉） | 公称容量：120吨 | 1座 |
| 精炼炉（RH炉） | 公称容量：130吨 | 1座 |
| 精炼炉（VD炉） | 公称容量：130吨 | 1座 |
| 连铸机 | 6机6流方坯连铸机 | 2台 |
| 连铸机 | 5机5流方坯连铸机 | 2台 |
| 连铸机 | 2 300毫米板坯连铸机 | 1台 |
| 连铸机 | 8机8流方坯连铸机 | 1台 |
| 连铸机 | 7机7流方坯连铸机 | 1台 |
| 中厚板轧机（热轧） | 轧辊宽度:3 450毫米 | 1套 |
| 线材轧机（热轧） | 轧辊直径:550～191毫米 | 1套 |
| 线材轧机（热轧） | 轧辊直径:550～170毫米 | 1套 |
| 线材轧机（热轧） | 轧辊直径:780～380毫米 | 1套 |
| 棒材轧机（热轧） | 轧辊直径:750～380毫米 | 1套 |
| 棒材轧机（热轧） | 轧辊直径:580～360毫米 | 1套 |
| 棒材轧机（热轧） | 轧辊直径:550～350毫米 | 1套 |
| 特钢中棒线轧机（热轧） | 轧辊直径:900～370毫米 | 1套 |
| 特钢大棒线轧机（热轧） | 轧辊直径:1 100～600毫米 | 1套 |

（方　彪）

目投资框架计划的议案》《2020年金融衍生品投资计划的议案》《关于补选公司董事的议案》等。3月23日，召开第八届董事会2020年第二次临时会议，审议通过《关于选举解旗先生为公司副董事长的议案》《关于聘任李国权先生为公司副总裁的议案》。3月30日，召开第八届董事会第二次会议，审议通过《2019年度董事会工作报告》《2019年度监事会工作报告》《2019年度财务决算报告》《2019年年度报告全文及摘要》《2019年度利润分配预案的议案》《关于与宝钢集团财务有限责任公司签订〈金融服务协议〉暨关联交易的议案》《2020年度预算的议案》《2020年度日常关联交易计划的议案》等。4月29日，第八届董事会2020年第三次临时会议，审议通过《2020年第一季度报告全文及正文》。7月22日，召开第八届董事会2020年第四次临时会议，审议通过《关于公司符合非公开发行股票条件的议案》《关于公司引入广东省广物控股集团有限公司作为战略投资者并签署战略合作协议的议案》《关于公司未来三年股东回报规划（2020—2022年）的议案》《关于公司2020年度非公开发行股票方案的议案》《关于公司2020年度非公开发行股票预案的议案》《关于韶关钢铁认购公司本次非公开发行股票涉及关联交易的议案》等。8月27日，召开第八届董事会2020年第五次临时会议，审议通过《2020年半年度报告全文及摘要》《关于在宝钢集团财务有限公司办理存贷款业务的关联交易情况暨风险持续评估报告的议案》。9月21日，召开第八届董事会2020年第六次临时会议，审议通过《关于参股设立欧冶工业品股份有限公司的议案》《关于调整战略委员会委员的议案》《关于公司终止非公开发行A股股票事项的议案》《关于拟续聘会计师事务所的议案》。10月29日，召开第八届董事会2020年第七次临时会议，审议通过《2020年第三季度报告全文及正文》。12月16日，召开第八届董事会2020年第八次临时会议，审议通过《关于调整2020年度日常关联交易计划的议案》《关于对外投资参股韶关市矿投矿业投资开发有限公司的议案》《关于聘任谢志雄先生为公司总裁的议案》《关于聘任陆隆文先生为公司高级副总裁的议案》。12月21日，召开第八届董事会2020年第九次临时会议，审议通过《关于补选谢志雄先生为公司董事的议案》。（赖万立）

【安全管理】 2020年，韶钢松山细化岗位安全禁令361项，发放口袋书9 235本。针对冶金煤气、熔融金属、危化品、检修及协力等安全风险较大或薄弱环节，开展穿透式“一月一重点、一月一专项”专项整治。实现岗位操作规程和安全警示教育等安全知识培训3个“100%”（在岗员工100%参加培训，培训人员100%参加考试，考试合格率100%），安全管理从管结果向管过程转变。

（陈立新）

【节能减排】 2020年，韶钢松山完成“煤气高效综合循环利用之一电站、二电站改建工程项目（一期）”“宽板加热炉烟气余热回收项目”等节能项目和技术攻关，吨钢综合能耗“破五见四”，为498千克标准煤。推进“废气超低排、废水零排放、固体废物不出厂”技术改造，污染物排放总量明显下降，厂区大气降尘量同比下降14.20%，废水全部达标排放，固体废物综合利用率99.94%。

（陈立新）

【智慧生产】 2020年，韶钢松山推进16个主要智慧制造项目，实现轧钢生产操控管一体化，完成3条高速线材、3条棒线、1条宽板机组的远程智慧集控，整合优化操作室28个；实施设备智能运维（一期）改造项目，实现3条高速线材设备的远程智能运维。建设韶钢松山“5G（第五代移动通信技术）+边缘云”专网。（陈立新）

【科技创新】 2020年，韶钢松山建立博士/博士后工作站，加强钢铁生产技术基础研究，“连铸大包自动浇钢技术开发与应用”项目获2020年中国钢铁工业协会、中国金属学会冶金科学技术奖三等奖，14项成果获广东省冶金科技成果奖。全年申请专利578件，同比增加119%，其中发明专利395件，同比增加204%；新产品销售率5.30%，同比增加0.20%。（陈立新）

【基层基础管理】 2020年，韶钢松山岗位找茬34 571条，改善问题点4 280个。通过现场机旁备件减半、能介改善等，创造效益8 000万元；五星级作业区创建达标率81.40%，同比提升11.40%。梳理22个业务流程，建立122个有关“工作准点”方面的指标，93%的指标比2019年有进步。（陈立新）

【钢铁生态圈建设】 2020年，韶钢松山深入广东省清远、河源、揭阳等地市考察调研，提出区域钢铁业高质量发展路径及解决方案，建立“基地管理、品牌运营”商业模式，先后揭牌建立和平县粤深钢实业有限公司（简称粤深钢）、广东粤韶钢铁有限公司（简称粤韶钢铁）2个生产制造基地。6月22日，韶钢松山与粤深钢合作框架协议签约。通过“基地管理，品牌运营”的合作模式，具备年产钢140万吨能力的粤深钢成为韶钢松山新的棒线材生产基地，实行统一制造标准、统一品牌管理、统一协同采购管理、统一价格管理、统一销售管理。9月9日，韶钢松山与粤韶钢铁签订“基地管理，品牌运营”合作框架协议；11月26日，粤韶钢铁通过韶钢松山质量体系审核评估，具备生产“韶钢牌”产品的能力；12月18日，粤韶钢铁“宝武韶钢松山生产制造基地”举行揭牌仪式。年内，韶钢松山与河源市10家钢铁企业签署合作发展框架协议，探索网络钢厂发展的新路径。成立支撑重庆钢铁专项工作组，21人常驻重庆钢铁；派出6批次人员赴昆明钢铁控股有限公司协同支撑。

（陈立新）

【高三线项目热负荷试车】 7月20日，韶钢松山中板产线转型工业线材技术改造工程（简称高三线）热负荷试车。该工程于2019年2月22日正式开工建设，是在原中板厂址基础上新建一条工业线材复合产线，产线设计能力60万吨/年，其中直径5.50～25毫米线材盘卷44.30万吨/年，直径15～50毫米大盘卷15.70万吨/年；主体工程总投资预算7.60亿元。生产线由1座170吨/小时步进梁式加热炉、6架粗轧机、6架一中轧机、6架二中轧机、2架预精轧机组成主线，线材支线及大盘卷支线设备分别由意大利和德国引进，工厂设计是宝钢工程技术集团有限公司，施工总承包单位为中国二十冶集团有限公司。高三线项目是韶钢松山产品结构转型升级的标志性项目，采用国内外成熟、先进的技术。项目的投产，标志着韶钢松山工业线材产品具备了包括冷镦钢、弹簧钢、易切削钢、结构钢、帘线钢、轴承钢、齿轮钢等10余个系列100余个牌号，规格组距覆盖5.50～50毫米的生产制造能力，实现全品种、全牌号、全规格的市场竞争力，产品能满足个性化需求。10月24日，第一车大盘卷工业线材交付用户。

（陈立新）

【韶钢松山大事纪要】

4月30日，韶钢松山高效发电项目投产运行。项目建成后，煤气利用效率可提升20%，韶钢松山自发电能力可达23亿千瓦时。

5月30日，韶钢松山炼钢厂六号连铸机工程项目热负荷试车。该项目新建一条年产量110万吨的方坯生产线。

6月1日，韶钢松山炼钢厂炼钢生产智能管控系统试运行，实现炼钢厂全流程节奏紧凑、动态有序、高效低成本运行。

6月22日，韶钢松山与和平县粤深钢实业有限公司举行合作框架协议签约仪式。

7月20日，韶钢松山中板产线转型工业线材技术改造工程热负荷试车。

9月5日，广东省品牌研究院组织专家对韶钢松山品牌星级认证进行审查，最终韶钢松山品牌指标分值达到五星级水平，被授予“五星级品牌”荣誉。

9月7日，全国重点大型耗能钢铁生产设备节能降耗对标竞赛2019年度评审结果公布，韶钢松山七号高炉获评“创先炉”，八号高炉获评“优胜炉”。

9月9日，韶钢松山与广东粤韶钢铁有限公司签订“基地管理，品牌运营”合作框架协议。

10月19日，中国工程院院士、国家制造强国建设战略咨询委员会主任周济一行到韶钢松山调研。

11月11日，韶钢松山特轧厂棒一线试轧首批不锈钢覆层螺纹钢筋获得成功。该产品具有耐腐蚀性强、强度高、塑性好、性价比高等特性。

11月19—21日，第24届全国发明展览会在广东佛山举行，韶钢松山选送的9个项目，获金奖3项、银奖1项、铜奖3项。

11月20日，韶钢松山召开2020年客户座谈会，来自国内外销售、采购、物流、财务等板块的343家客户出席会议。

11月21日，韶钢松山举办韶钢第六届穿越工农渠活动，公司员工及社会有关人士共2 000人参加活动。

11月24日，韶钢松山能源环保部维检作业区调试班班长钟韶获“全国劳动模范”称号。

11月27日，韶钢松山新建35 000标准立方米/小时制氧机工程开工建设。

11月30日，韶钢松山第四出口至曲江区黑石G106（国道106）线通车，有效改善厂北区域交通状况，提升汽车物流能力。

同日，中国宝武“重走钢铁长征路”华南片区活动在韶钢松山举行。

12月10日，韶钢松山与韶关市矿业投资开发有限公司（简称矿投公司）签订增资协议。韶钢松山参与矿投公司增资，完成增资后，韶钢松山占矿投公司15%股份。

12月18日，广东粤韶钢铁有限公司“宝武韶钢松山生产制造基地”举行揭牌仪式。

12月23日，韶钢松山轧钢站铁路运输智能化改造项目竣工，通过验收。（陈立新）

2020年11月30日，中国宝武“重走钢铁长征路”华南片区活动在韶钢松山举行（张　勇　摄）

**韶钢松山下属子公司（含托管单位）一览表**

| 公司名称 | 地　址 | 注册资金（万元） | 主要经营范围 | 持股比例 | 在岗员工（人） |
|---|---|---|---|---|---|
| 宝武杰富意特殊钢有限公司 | 广东省韶关市曲江区马坝镇 | 137 200.00 | 特钢生产、销售 | 50% | 541 |
| 广东昆仑信息科技有限公司 | 广东省韶关市曲江区马坝镇 | 1 000.00 | 计算机、自动化、网络通信系统及软件的研究、设计、开发、集成、销售 | 中南钢铁授权托管 | 74 |

（陈立新）

## 宝武集团鄂城钢铁有限公司

【概况】　宝武集团鄂城钢铁有限公司（简称鄂城钢铁）始建于1958年，前身为湖北省地方钢铁骨干企业——鄂城钢铁厂；1997年5月，整体改制为鄂城钢铁集团有限责任公司；2004年11月，与武钢（集团）公司联合重组，2014年成为其全资子公司。2018年1月，纳入中国宝武一级子公司管理；2020年5月更名为“宝武集团鄂城钢铁有限公司”。鄂城钢铁拥有连轧棒材、合金型材、高速线材、宽厚板等生产线，具备年产钢能力600万吨，是中国宝武在华中地区精品建材、优质工业材、高端板材的重要制造基地。条材生产线主要生产碳素结构钢、优质碳素结构钢、合金结构钢、弹簧钢、轴承钢、热轧带肋钢筋及连铸圆管坯等200多个品种规格；4 300毫米宽厚板生产线主要生产碳素结构板、高强度结构板、桥梁板、锅炉及压力容器板、高层建筑板、船板、石油管线板等。2020年，下设公司办公室（党委办公室），经营财务部，运营改善部（网络钢厂推进组），人力资源部（党委组织部、党校），安全保卫部（武装部），能源环保部，审计法务部，纪检监督部（党委巡察办公室），企业文化部（党委宣传部），工会（信访办公室）10个职能部门；信息化部，设备管理部，制造管理部（技术中心、质检中心、科协机关），物流中心，销售中心，采购中心（招投标中心），财务共享中心，服务共享中心，离退休中心，培训中心，安保中心11个业务部门；炼铁厂、炼钢厂、轧材厂、宽厚板厂、能源动力厂5个生产厂，以及联合焦化公司、商贸公司、港务公司、清能鄂州公司4家公司。全年产铁437.40万吨、钢531.50万吨、材519.70万吨，实现营业收入214亿元。获湖北省五一劳动奖状，以及工业和信息化部“绿色工厂”、全国钢铁行业“清洁生产环境友好型企业”、湖北省“高新技术企业”、鄂州市“园林单位”称号。年底，在册员工7 376人，在岗员工4 027人。（王　奇）

【企业负责人简介】 王素琳，1963年5月生，湖北大冶人，中共党员，正高职高级工程师，鄂城钢铁党委书记、董事长。

赖晓敏，1972年10月生，广东南雄人，中共党员，高级会计师，鄂城钢铁总裁、党委副书记。

（江竹君）

**鄂城钢铁主要设备（生产线）一览表**

| 装　　备 | 规　　格 | 数 量 |
|---|---|---|
| 一号高炉 | 2 600立方米 | 1座 |
| 二号高炉 | 1 800立方米 | 1座 |
| 一号高炉除尘装置 | 干法除尘，50万立方米/小时 | 1座 |
| 二号高炉除尘装置 | 干法除尘，38万立方米/小时 | 1座 |
| 一号高炉煤气余压回收透平发电机组 | 二级透平机1.5万千瓦时 | 1座 |
| 二号高炉煤气余压回收透平发电机组 | 二级透平机1.2万千瓦时 | 1座 |
| 一号炉渣处理装置 | 2 800吨渣/天 | 1座 |
| 二号炉渣处理装置 | 2 600吨渣/天 | 1座 |
| 烧结机 | 260平方米 | 2台 |
| 一号烧结机头烟气脱硫脱硝装置 | 150万立方米/小时 | 1套 |
| 二号烧结机头烟气脱硫脱硝装置 | 156万立方米/小时 | 1套 |
| 焦炉 | 6米55孔 | 4座 |
| 干熄焦设备 | 140吨/小时 | 2套 |
| 东区焦炉烟气脱硫脱硝装置 | 36万立方米/小时 | 1套 |
| 西区焦炉烟气脱硫脱硝装置 | 30万立方米/小时 | 1套 |
| 酚氰废水处理装置 | 120立方米/小时 | 2套 |
| 转炉 | 130吨 | 2座 |
| 转炉 | 100吨 | 1座 |
| 板坯连铸机 | 单流，200/250/300×1 500～2 300毫米 | 1台 |
| 方坯连铸机 | 7机7流，155×155毫米 | 3台 |
| 精炼炉 | 130吨 | 2座 |
| 真空炉 | 130吨 | 1座 |

（续 表）

| 装 备 | 规 格 | 数量 |
|---|---|---|
| 脱硫站 | 130吨 | 1座 |
| 热焖、热泼渣处理装置 | 22.5万吨 | 1套 |
| 热轧长材机组 | 粗轧直径550毫米×3台、直径450毫米×4台、中轧直径400毫米×6台、精轧直径350毫米×6台，直径12～25毫米螺纹、直径14～25毫米圆钢（棒一） | 1套 |
| 热轧型材机组 | 粗轧直径750毫米×2台、直径650毫米×3台、直径550毫米×3台、中轧直径550毫米×1台、直径450毫米×3台、精轧直径450毫米×2台、直径350毫米×4台，直径22～130毫米圆钢、直径20～46毫米螺纹、直径60～150毫米方钢（棒二） | 1套 |
| 热轧长材机组 | 粗轧直径420毫米×1+直径560毫米×4+直径520毫米×2，中轧直径520毫米×2+直径420毫米×4，精轧直径350×6，直径12～40毫米螺纹钢（棒三） | 1套 |
| 热轧成材机组 | 粗轧直径550毫米×4台、直径450毫米×3台、中轧直径400毫米×6台、预精轧直径285毫米×4台、精轧直径216毫米×10台，直径6.0～12毫米盘螺、直径5.5～16毫米盘圆 | 1套 |
| 宽厚板轧机 | 4 300毫米单机架轧机；规格：厚度6～120毫米，宽度900～4 100毫米 | 1套 |

（王 奇）

**【企业改革】** 2020年，鄂城钢铁组织制订《2020年法人压减、参股瘦身工作实施方案》，完成武钢集团鄂钢贸易有限公司吸收合并湖北盛事达服务有限责任公司相关工作，将武钢集团鄂钢贸易有限公司更名为“湖北鄂钢商贸服务有限公司”，设立董事会和监事会；完成湖北鄂钢钢星汽车运输有限责任公司股权交割和工商变更手续，以及湖北鄂钢驰久钢板弹簧有限公司股权转让竞价，并与受让方签订《产权交易合同》。推进厂办大集体改革工作，完成湖北鄂钢附属企业总公司及下属企业相关破产资料准备，7月30日，鄂州市中级人民法院裁决受理湖北鄂钢附属企业总公司及下属企业整体破产。协调武钢中冶工业技术服务有限公司和湖北盛事达服务有限责任公司给予能上岗的残疾员工安排力所能及的岗位，实现员工安置率100%。（汪晓燕）

**【多元产业整合融合】** 2020年，鄂城钢铁与宝武水务签订战略合作协议，将水系统、大气治理系统委托宝武水务进行管理；以制氧厂相关资产为基础，组建设立宝武清洁能源鄂州有限公司，并将其51%股权增资注入到宝武清洁能源有限公司，完成工业气体专业化整合工作。（汪晓燕）

**【制度建设】** 2020年，鄂城钢铁下发《关于构建鄂城钢铁制度树的工作通知》，将公司制度按层级分为根本制度、基本制度、重要制度、管理规范，按类别分为4个大类、33个中类、90个小类，组织相关部门从党委文件、行政文件、管理文件三个方面进行全面梳理，形成拟新增制度清单、拟压减制度清单、拟修订制度清单等。12月15日，发布《宝武集团鄂城钢铁有限公司“制度树”（2020年版）》。（姜 杰）

**【生产组织管理】** 2020年，鄂城钢铁完成“智能铁牛”上线、合金烘烤装置建设、三号转炉出钢口改造、铁水罐加废钢平台等技术改造项目。炼钢日产稳定达到105炉，最高纪录达到114炉；螺纹钢冶炼周期由36.60分钟缩短至34.10分钟；铁水运输趟次稳定达到42趟次/日。全年，铁水一罐到底累计比例98.70%，铁水入炉平均温度为1 370℃，铁水罐周转率3.62次/日，铁耗指标823千克/吨。

（宋晓亮）

【市场拓展】 2020年，鄂城钢铁优化产品结构，开拓直供渠道。建材产品方面，开拓工程市场，承接重点工程项目78个，工程直供比由年初12.70%提升至51.50%，获全国冶金行业“重大工程建设榜样”；HRB500以上高强螺纹钢销量7.10万吨，同比实现翻番；建材网络客户工程直发量突破5.60万吨/月。螺纹钢产品方面，品牌协同销量165万吨，同比增长74%。宽板产品方面，承接重点工程项目53个，与中建科工集团有限公司、中铁大桥局集团物资有限公司、中船重工物资贸易集团武汉有限公司等9个终端客户签订合作协议，四大品种销量同比增长12%，移动罐车用容器钢省内占比达92%。

（徐小文）

【质量管理】 2020年，鄂城钢铁通过CE（欧盟安全认证）换版认证，其中PED材料CE扩项认证，在原有认证牌号基础上增加八大系列、16个牌号；通过英国船级社工厂、挪威船级社工厂、意大利船级社认可换版认证；完成法国船级社年度监督审核。热轧带肋钢筋、桥梁钢两个品种通过（中冶检测认证有限公司）自愿性产品认证；GB/T19001质量管理体系、IATF16949汽车质量管理体系、GJB9001C武器装备质量管理体系继续保持注册资格。

（舒国兵）

【科技创新管理】 2020年，鄂城钢铁设立科技进步项目59项。通过制定《技术创新管理办法》《首席师工作业绩评价管理办法》等管理制度，组织设计技术创新评价目标和绩效评价方案，完善技术创新管理体系。科技立项实行项目管理制，由项目负责人组建课题组，编制项目任务书、细化攻关目标以及攻关措施，落实科研项目费用预算，全年完成攻关目标并通过结题验收48项，9项成果通过鉴定。

（余爱华）

【知识产权管理】 2020年，鄂城钢铁35件专利报经国家知识产权局，被正式受理，其中发明专利18件、实用新型专利17件；经公告并获得授权专利25件，其中发明专利11件、实用新型专利14件。参加第24届全国发明展览会，获全国“发明创业奖”铜奖1项。完成第3015848、3015850号“鄂钢牌”注册商标注销手续，以及17件“鄂钢牌”注册商标的企业名称信息变更手续，宝武环科鄂州分公司和湖北鄂钢驰久钢板弹簧有限公司按要求重新签订“鄂钢牌”商标许可使用协议。

（余爱华）

【技术创新】 2020年，鄂城钢铁开发高强钢筋HTRB630E、高强结构钢GT785、水电钢B610CF等新品种14个。其中，GT785高强结构钢供货国内首台大跨度高铁架桥机，Q235FRD、Q345FRD耐火结构钢进入国家重点研发计划项目。12月，鄂城钢铁通过国家级高新技术企业资质认定，证书编号为GR202042001511。 （余爱华）

【智慧制造】 2020年，鄂城钢铁完成信息化项目5项，智慧制造项目6项；完成各信息系统改善优化事项351项；信息系统运行率99.96%；未发生网络安全事件。分层分类进行智慧制造系统培训，编制智慧制造专项规划及三年行动计划，形成三年项目计划清单72项；培育智慧创新成果4项，其中获国家级奖1项、省级奖2项。

（邵中桥）

【绿色钢厂创建】 鄂城钢铁启动超低排放验收评估工作，完成二次料场封闭、转炉三次除尘、综合废水提质改造、富余发电烟气脱硫脱硝等重点环保提升项目，主要排放口环保在线监测指标达标率100%，水循环利用率98.05%，一般固体废物综合利用率99.98%，危险废物合规处置率100%，厂区绿化率40%。优化能源结构和平衡调度，加大节能技术改造，完成棒三辊道热送、炼钢饱和蒸汽发电、合金烘烤装置等节能改造项目8个；自发电量11.98亿千瓦时，同比增加0.79亿千瓦时；钢坯热装热送297.70万吨，同比提高21.60%；吨钢综合能耗、吨钢耗新水同比分别降低14.90千克标准煤、0.44立方米。 （高　达）

【降本增效】 2020年，鄂城钢铁降低工序成本6.10亿元，吨材降成本118元。通过建立五级对标体系，建成高炉车皮对位牵引车、方坯连铸机、宽板预矫直机等配套技术改造项目。其中，铁前系统优化配煤配矿结构，炼焦煤耗同比降低5千克/吨，铁成本较行业平均低14元/吨；钢系统推进“750工程”（铁水消耗降至750千克/吨），铁钢比最低为756.50千克/吨，增加钢产量41.50万吨，增效2.40亿元。

（朱鸿铭）

【财务管控】 年底，鄂城钢铁有息负债较年初减少0.66亿元，财务费用降低3 815万元，资产负债率控制在警戒线内；存货周转天数19.68天，集团公司外应收账款周转天数0.38天；推进低效无效及闲置资产清理，盘活资金逾9 200万元。

（肖　琦）

【队伍建设】 2020年，鄂城钢铁建立100名优秀年轻干部“人才库”。启动全员素质提升工程，组织举办培训353项，培训2.90万余人次。513人晋升技能等级，304人取得“一专多能”技能等级证，184人被全国成人高校录取，135人职称晋升。鄂城钢铁获评“冶金行业职业技能鉴定工作先进单位”，获“全国设备点检管理职业技能大赛团体三等奖”。（江竹君）

【和谐企业建设】 2020年，鄂城钢铁下拨110万元专项资金，支持新冠肺炎疫情防控工作，开展新冠肺炎筛查及健康体检7 100余人次，为近80名员工提供心理咨询服务辅导。第二员工服务中心、第三员工服务中心建成投用。购买扶贫农副产品370万余元，发放员工生日蛋糕8 000余份、春节物资5 000余份、退休职工纪念品300多份。举办“鄂钢人的笑声”职工联欢会；开展劳动模范“荣誉林”植树活动；组织“六·五”世界环境日暨生态鄂州市民看鄂钢健步走活动，600余名市民及员工参与。

（潘小明）

【获得荣誉】 2020年，鄂城钢铁获2020年度湖北省五一劳动奖及鄂州市“无偿献血先进单位”“抗击新冠肺炎疫情先进集体”称号。李永生获评“全国劳动模范”，罗生刚获评“中央企业疫情防控先进个人”。邓开明创新工作室被命名为“湖北省职工（劳动模范、工匠）创新工作室”。1项专利获第24届全国发明展览会铜奖。（潘小明）

【鄂城钢铁大事纪要】

1月2日，“‘绿’动宝武、‘智’享未来”中国宝武绿色发展与智慧制造现场会在鄂城钢铁匠心园培训中心报告厅举行。

1月21日，鄂城钢铁召开党委（扩大）会，安排部署人员防控、定期消毒、普及教育、专项检查等新冠肺炎疫情防控工作。

2月17日，鄂城钢铁召开疫情防控领导小组会议，研究部署疫情防控和安全生产经营保障工作，并决定全体中层以上管理人员自2月21日起恢复正常上班。

3月7日，鄂州市市长刘海军到鄂城钢铁督导检查疫情防控工作。

3月20日，中央新冠肺炎疫情防控指导组物资保障组负责人、工业和信息化部副部长王江平一行到鄂城钢铁检查企业复工复产及疫情防控工作。

同日，鄂城钢铁专题研究企业复工有关工作，决定自3月23日起全员恢复正常上班。

3月30日，鄂城钢铁与宝武水务通过“云签约”方式，举行水系统和大气污染物处理设施委托管理协议签约仪式。

4月27日，湖北省委常委、组织部部长王瑞连一行到鄂城钢铁调研企业复工复产情况。

4月30日，鄂城钢铁新建超高温亚临界煤气发电项目开工建设。

6月7日，鄂城钢铁举办“美丽鄂州　绿动鄂钢”纪念世界环境日市民健步走活动。

6月22日，鄂城钢铁GT785专用钢应用于国内首个40米大跨度高铁运架一体机。

8月25日，炼钢厂首次单日铁耗指标达到759千克/吨，实现鄂城钢铁炼钢史上的重大突破。

9月29日，中国宝武130年系列展鄂城钢铁主题展在宝武大厦揭幕。

10月12日，鄂城钢铁与武汉工程职业技术学院举行产教融合实习项目开班仪式。

10月13日，湖北省人大常委会党组书记、常委副主任王玲一行到鄂城钢铁开展“十四五”规划编制工作调研。

11月5日，鄂城钢铁获湖北省第15届（2018—2019年度）“守合同重信用”企业称号。

12月15日，鄂城钢铁入选湖北省2020年第一批高新技术企业名单。（汤　亮）

## 重庆钢铁股份有限公司

【概况】 重庆钢铁股份有限公司（简称重庆钢铁）的前身为1890年12月23日张之洞创办的汉阳铁厂，1938年西迁至重庆市大渡口区。1997年8月11日，重庆钢铁股份有限公司成立。1997年10月17日、2007年2月28日分别在香港联合交易所、上海证券交易所发行上市。2007年1月，重庆钢铁搬迁至重庆市长寿区江南镇（今江南街道），2017年7月3日，重庆钢铁进入司法重整程序，同年12月29日司法重整完成，大股东由重钢集团变更为四源合股权投资管理有限公司控制的重庆长寿钢铁有限公司（简称长寿钢铁），重庆钢铁由国有控股变更为混合所有制企业。2020年12月2日，长寿钢铁完成工商登记变更，中国宝武正式成为重庆钢铁实际控制人。重庆钢铁主要生产和销售热轧薄板、中厚板、螺纹钢、线材、钢坯、钢铁副产品及焦炭煤化工制品，产品主要应用于机械、建筑、工程、汽车、摩托车、造船、海洋石油、气瓶、锅炉、输油及输气管道等行业。全年，产铁637.80万吨、钢711.60万吨、商品坯材677.70万吨，实现营业收入244.90亿元，利润6.38亿元。年底，在册员工7 667人，在岗员工6 701人(含重庆新港长龙物流有限责任公司)。（余连权）

【企业负责人简介】 张锦刚，1970年4月生，山东威海人，中共党员，教授级高级工程师，重庆钢铁董事长(至2020年12月)。

刘建荣，1974年9月生，上海人，中共党员，高级工程师，重庆钢铁总经理、党委副书记(至2020年12月)，重庆钢铁党委书记、董事长(2020年12月任职)。

张文学，1963年5月生，福建仙游人，中共党员，高级工程师，重庆钢铁党委书记(至2020年12月)，重庆钢铁总经理、党委副书记(2020年12月任职)。（余连权）

【安全生产】 2020年，重庆钢铁分级编制厂部、作业区安全标准化实施方案及岗位作业指南，开展各类安全培训9 883人次，辨识确定危险源6 610个，事故隐患整改率98%，投入安全费用2 376万元，开展反“习惯性违章”百日安全行动，查处违章1 300人次。构建实施“1+2+N”应急预案体系，演练383次，4 895人次参加。发生轻伤事故2起，2人轻伤；重伤及以上事故为零。（余连权）

【节能环保】 2020年，重庆钢铁实现二号、三号烧结烟气脱硫超低排放，完成焦化废水系统、中央废水处理系统等升级改造，废水水质达标。开展无组织散排专项治理，厂区降尘量下降23%。完成固体废物处置及堆场建设，开展污染状况调查，土壤质量满足标准要求，地方行政部门完成现场验收。实施富余煤气高效利用发电、铁区空压系统扩能改造、炼钢除尘风机变频改造等11项节能项目。吨钢综合能耗527.68千克标准煤，同比下降7.73千克标准煤。（余连权）

【采购管理】 2020年，重庆钢铁优化矿石、煤炭品种结构，减少矿石品种6个、煤品种19个；优化资源布局、拓展采购渠道，引入性价

**重庆钢铁主要装备（生产线）一览表**

| 装　备 | 规　格 | 数　量 |
|---|---|---|
| 焦炉 | 6米60孔 | 6座 |
| 干熄焦设备 | 150吨/小时 | 3套 |
| 烧结机 | 360平方米 | 3台 |
| 高炉 | 1 750立方米 | 1座 |
| 高炉 | 2 500立方米 | 3座 |
| 转炉 | 80吨 | 3座 |
| 转炉 | 210吨 | 3座 |
| 连铸机 | 5机5流方坯连铸机 | 2台 |
| 连铸机 | 6机6流方坯连铸机 | 1台 |
| 连铸机 | 2机2流板坯连铸机 | 2台 |
| 连铸机 | 单机单流板坯连铸机 | 1台 |
| 板坯轧机 | 1 780毫米机组、2 700毫米机组、4 100毫米机组 | 各1套 |
| 方坯轧机 | 线材机组、棒材机组 | 各1套 |

（余连权）

比较优的扬州泰富特种材料有限公司球团、平顶山天安煤业股份有限公司焦煤、神华集团有限责任公司华中公司焦煤等国内优质资源和俄罗斯气煤、美国布坎南煤矿焦煤等进口焦煤资源；分别建立煤炭、熔剂"性价比模型"，指导资源分配和资源开拓；实施废钢日挂牌价，采取淘汰、竞价、点价等采购模式。配煤成本从6月起低于对标单位70～124元/吨，废钢低于周边钢厂采购价16元/吨，硅铁、锰硅合金、高碳锰铁三大合金低于对标单位68～147元/吨，全年降低采购成本2.29亿元。（余连权）

【营销管理】 2020年，重庆钢铁坚持"以客户为中心"的营销理念，成立"川藏铁路线"专项工作组，加大区域重大项目跟踪力度。建立客户走访制度，拓展终端用户，终端销售市场比例为42.50%。提高品种钢市场开发力度，销售汽车用钢1.20万吨、桥梁钢3 537吨、耐候钢板6 903吨。（余连权）

【智慧制造】 2020年，重庆钢铁组织编制智慧制造五年规划，推动从"传统制造"向"数字智造"的转型；推进智慧制造类项目25个，投资4.49亿元。启动双高棒（棒材和高速线材生产线）生产信息化管理系统（MES）、成品库无人化等智慧制造项目，推进四号、五号、六号连铸机自动浇注和远程运维等升级改造。"重庆钢铁运营管控智慧平台升级改造""重庆钢铁棒线材智能辊环修磨间""重庆钢铁5G（第五代移动通信技术）+工业互联网综合应用示范"3个工业互联网创新项目获重庆市智慧制造专项补贴资金2 000万元。（余连权）

【体系化精准支撑】 4月，韶关钢铁对重庆钢铁启动体系化精准支撑。按照"一厂包一厂、一部包一部"的原则，韶关钢铁常驻重庆钢铁支撑人员21人，推进3批共30个体系化攻关项目。通过支撑，重庆钢铁主要技术经济指标得到优化，7月实现铁钢比"破八进七"（795.70千克/吨），成为中国宝武第一家将铁钢比控制在800千克/吨内的子公司；12月，高炉利用系数2.921吨/立方米·日，同比提高0.497吨/立方米·日，提升20.50%。（余连权）

【机构优化】 2020年，重庆钢铁按照"大部制大厂制"管理要求，推进集中一贯制管理。12月底，厂部级单位由年初的20个调整至15个（不含全资收购子公司），减少25%；三级机构（室、分厂、车间）由93个精简至82个，减少12%。（余连权）

【设备管理】 2020年，重庆钢铁主作业线月均设备故障时间同比降低38小时；采取管理降成本、技术降成本、预算审核降成本等措施，综合吨钢维修费同比降低30元；严控采购资金，清理备件，鼓励跨厂利库，推行存货周期管理，库存资金下降48%。投入3 100万元，消除皮带通廊、介质管道、厂房通风器等钢结构重大隐患。（余连权）

【投融资管理】 2020年，经过联合资信评估有限公司评估，重庆钢铁主体长期信用等级为AA+，评级展望为稳定。新增授信57亿元，发行中期票据10亿元，取得第二期20亿元中期票据的批复。完成4项股权投资项目，其中：4月，完成对重庆宝丞炭材有限公司10%股权收购；7月，完成对重庆千信能源环保有限公司100%股权收购；8月，完成对宝武原料供应有限公司8%股权投资；12月，完成对重庆新港长龙物流有限责任公司72%股权收购，实现全资控股。（余连权）

【项目建设】 2020年，重庆钢铁成立发展项目建设指挥部，各生产工序成立项目组。完成3座高炉、2台烧结机、2座转炉、2台连铸机、码头、原料场、废水处理等升级改造，新开工建设四号连铸机、双高棒（棒材和高速线材生产线）、5万立方米制氧机组、富余煤气发电等项目，开展中板产线复产改造。（余连权）

【人才培养】 2020年，重庆钢铁重新定位"品德、知识、能力、激情、业绩"的人才标准，15名厂（部）长退出岗位，12名室主任获提拔，轮岗交流调整16人次，厂（部）长平均年龄比上年降低3.20岁。完成两批73名厂（部）长后备人员甄选及任职资格培训；明确技术业务人才3年193人，技能人才3年138人培养目标。优化技术业务岗位层级结构，构建"橄榄型"管控模型，推行工分制、工时制、计量工资制等绩效管理方法。（余连权）

【关爱员工】 2020年，重庆钢铁福利性支出483万元，其中新增节日慰问品发放149万元，投入80万元开展"员工百日健康"活动。启动与员工"吃、住、行"相关的"民生工程"，投资1 600万元，打造作业区休息室等19个样板点；投资720万元，对管控食堂就餐环境进行改善；投入289万元，增建1 107个停车位；投资110万元，修建足

球场，增建电动停车位，增设充电桩，更新文体健身器材。（余连权）

【重庆钢铁大事纪要】

1月1日，重庆钢铁标准财务系统及销售、采购、设备、成本、人力资源等配套系统上线。

4月3日，重庆钢铁七号连铸机改造项目开工建设。

4月21日，重庆钢铁新建双高棒（棒材和高速线材生产线）项目开工建设。

4月22日，重庆钢铁召开韶关钢铁体系化精准支撑启动会。

4月23日，重庆钢铁、宝武炭材料科技有限公司、重庆路洋投资有限公司在重庆钢铁会议中心举行重庆路洋化工有限公司（简称路洋化工）股权转让签约仪式，三方签署《路洋化工股权转让协议》及合资合同。

5月8日，重庆钢铁新建12万立方米转炉煤气柜项目开工建设。

6月30日，中国宝武与重庆钢铁召开管理对接启动会。

7月10日，重庆市委副书记、市长唐良智到重庆钢铁调研。

7月30日，重庆千信能源环保有限公司完成工商变更，成为重庆钢铁的子公司。

8月3日，重庆钢铁重庆、昆明、贵阳区域钢材现货资源开始在欧冶云商平台销售。

8月28日，重庆钢铁七号连铸机热负荷试车。

9月，重庆钢铁一号高炉利用系数3.005吨/立方米·日，首次突破3.0吨/立方米·日。

10月10日，重庆钢铁5万立方米/小时制氧机组项目开工建设。

10月30日，重庆钢铁举行富余煤气高效利用发电项目开工仪式。

11月17日，重庆钢铁与中铁物贸集团有限公司签署战略合作协议。

11月20日，重庆钢铁举行企业品牌形象发布仪式。

同日，重庆钢铁举行七号转炉投产和四号连铸机新建项目开工仪式。

11月26日，重庆钢铁与力拓商贸有限公司签订战略合作备忘录。

12月2日，重庆钢铁控股股东长寿钢铁完成工商登记变更。中国宝武通过与重庆战略性新兴产业股权投资基金达成一致行动协议，取得长寿钢铁的控制权，正式成为重庆钢铁的实际控制人。

12月18日，重庆钢铁获“国家级企业技术研发中心企业”称号。

12月31日，重庆钢铁成功竞拍重庆新港长龙物流有限责任公司72%股权，取得该公司100%股权。

同日，重庆钢铁原料采购物流管控系统（PLMS）铁矿石采购系统上线运行。（余连权）

## 中南钢铁大事纪要

11月18日，经广东省市场监督管理局核准，宝武集团广东韶关钢铁有限公司变更为“宝武集团中南钢铁有限公司”，办公地址变更为广东省广州市海珠区琶洲大道83号302室。

11月19日，中国宝武发文，宝武集团广东韶关钢铁有限公司更名为“宝武集团中南钢铁有限公司”。

12月5日，宝武集团中南钢铁有限公司在广州市揭牌成立。

同日，广州市人民政府与中国宝武在广州举行《宝武集团中南钢铁有限公司合作框架协议》签约仪式。（徐英彪）

**中南钢铁下属子公司（含托管单位）一览表**

| 公司名称 | 地　址 | 注册资金（万元） | 主要经营范围 | 持股比例 | 在岗员工（人） |
|---|---|---|---|---|---|
| 广东韶钢松山股份有限公司 | 广东省韶关市曲江区马坝镇 | 241 952.44 | 黑色金属冶炼及压延加工，钢铁等产成品销售 | 53.05% | 6 361 |
| 宝武集团鄂城钢铁有限公司 | 湖北省鄂州市鄂城区武昌大道215号 | 599 800.00 | 黑色金属冶炼及压延加工，钢铁等产成品销售 | 中国宝武25.16%，武钢集团74.84% | 4 027 |
| 重庆长寿钢铁有限公司 | 重庆市长寿区晏家街道齐心大道20号 | 400 000.00 |  | 中国宝武40% | 0 |

（续 表）

| 公司名称 | 地 址 | 注册资金（万元） | 主要经营范围 | 持股比例 | 在岗员工（人） |
|---|---|---|---|---|---|
| 重庆钢铁股份有限公司 | 重庆市长寿区江南街道江南大道2号 | 891 860.23 | 黑色金属冶炼及压延加工，钢铁等产成品销售 | 重庆长寿钢铁有限公司23.51% | 6 599 |
| 广东昆仑信息科技有限公司 | 广东省韶关市曲江区马坝镇 | 1 000.00 | 计算机、自动化、网络通信系统及软件的研究、设计、开发、集成、销售 | 100% | 74 |
| 广东宝联迪国际运营管理有限公司 | 广东省广州市海珠区琶洲大道83号 | 1 000.00 | 国内外钢铁公司整体运营管理，以及相关专业、技术的管理、咨询等服务 | 51% | 2 |
| 武钢集团襄阳重型装备材料有限公司 | 湖北省襄阳市襄州区肖湾华强路18号 | 19 454.00 | 模具钢锻件锻材、大型铸钢件、汽车用弹簧扁钢及高品质轧材产品的设计与制造 | 武钢集团100% | 488 |

（徐英彪）

# 中国宝武马鞍山总部/马钢（集团）控股有限公司

## 概 述

马钢（集团）控股有限公司（简称马钢集团）的前身为成立于1953年的马鞍山铁厂。2019年9月19日，中国宝武与马钢集团实施联合重组，马钢集团成为中国宝武控股子公司。2020年，马钢集团具备2 000万吨钢配套生产规模，拥有马鞍山钢铁股份有限公司（本部）、安徽长江钢铁股份有限公司、马钢（合肥）钢铁有限责任公司三大钢铁生产基地，轨道交通材料及装备、金属资源回收加工综合利用、冶金装备（备件）制造、设备远程运维、特种冶金材料、装配式建筑、矿产资源、长三角数据中心等8个多元板块。全年，生产铁矿石746万吨、生铁1 855万吨、钢2 097万吨、钢材1 983万吨，实现营业收入1 202.65亿元、利润总额54.62亿元，上缴税金62亿元。年底，在册员工26 308人，在岗员工25 384人。

（崔海涛）

【企业负责人简介】 丁毅，1964年12月生，安徽马鞍山人，中共党员，教授级高级工程师，马钢集团党委书记、董事长，马钢股份党委书记、董事长。

刘国旺，1972年2月生，河北邯郸人，中共党员，高级政工师，马钢集团总经理、党委副书记。

（康 伟 方 超）

## 生产经营管理

【提出“十四五”发展规划】 12月，马钢集团发布《马钢集团“十四五”发展规划》，提出总体目标、方向路径、目标任务、路径举措和资源配置建议，打造“中国宝武优特钢精品基地和优特长材专业化平台公司”，至2025年底，形成4 000万吨钢配套生产规模，销售收入突破2 000亿元；培育百亿元级营业收入的轨道交通材料和装备制造产业、千亿元级营业收入的金属资源回收加工综合利用产业，建设设备远程运维基地、特种冶金材料基地和装配式建筑产业基地，发展壮大矿山资源、节能环保、智慧服务等相关多元产业；推进以钢铁产业为基础，轨道交通、金属资源回收加工综合利用、冶金装备制造、设备远程运维、特种冶金材料、装配式建筑、矿产资源、信息技术协同发展的“1+8”产业布局。

（胡善林）

【大集体改革】 2020年，马钢集团形成《马钢集团厂办大集体企业改革实施方案》《厂办大集体企业员工安置办法》《马钢集团厂办

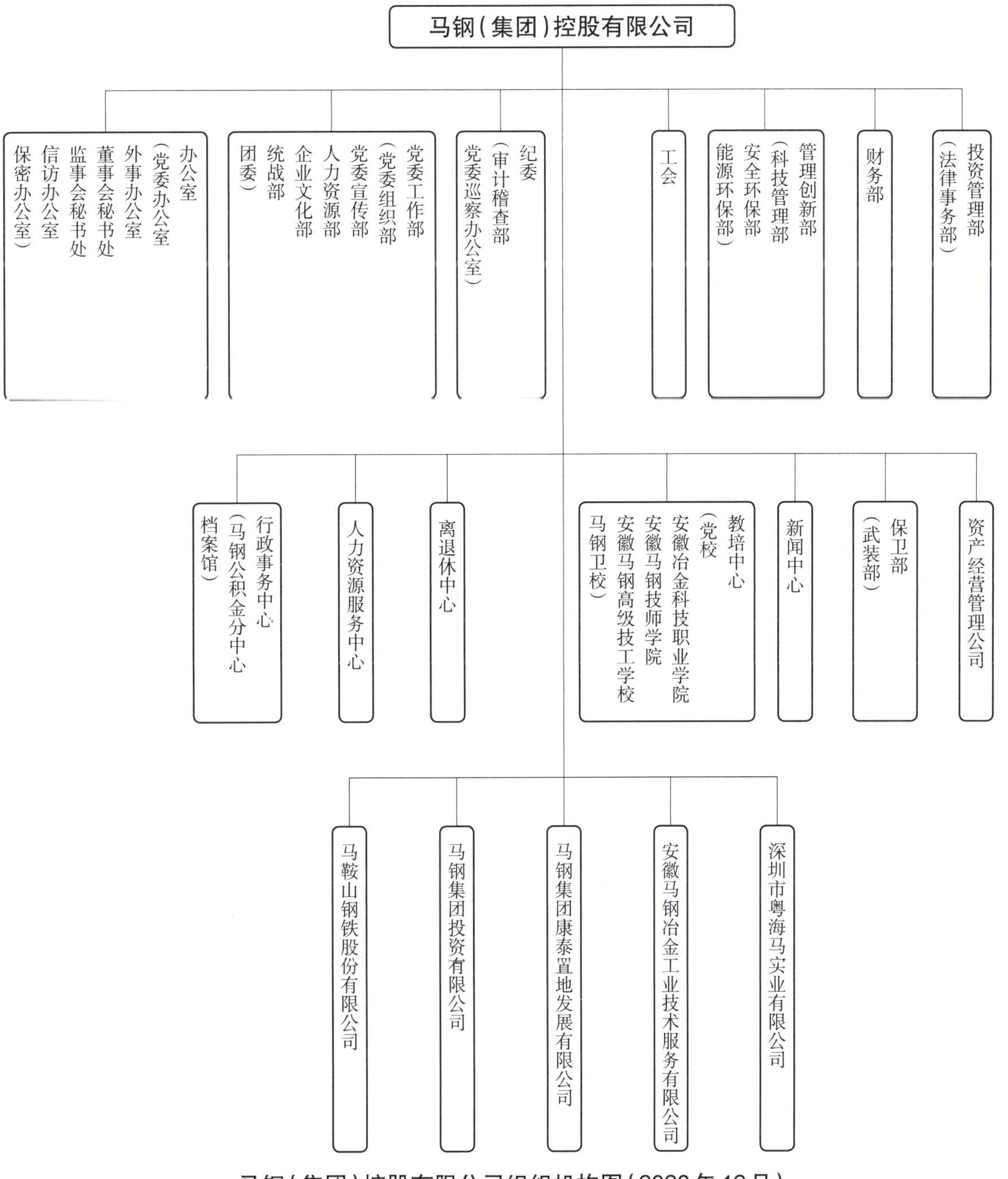


**马钢（集团）控股有限公司组织机构图（2020年12月）**

大集体改革事项社会稳定风险评估报告》《马钢大集体改革维稳应急工作预案》等系列改制文件。8月，启动清理集体企业资产，开展审计评估，注销马钢利民企业公司，新成立安徽马钢冶金工业技术服务有限责任公司，安置人员，承接大集体企业相关业务。年底，改革工作完成。（胡善林）

【绿色发展与智慧制造】 2020年，按照中国宝武“一基五元”的产业布局总体要求，马钢集团实施“五个一批”项目，即：一批创建美化靓化生态厂区的项目，一批整治固定污染源环境治理的项目，一批打造智慧制造的重点项目，一批突破智慧制造的关键技术项目，一批提高劳动生产率的改善项目。14个“绿色发展、智慧制造”项目立项，总投资17.08亿元，其中年内投入13.90亿元，主要包括：马钢环境品质提升项目、马钢智园、马钢展示馆、运营管控中心、炼铁智控中心、炼钢智控中心、热轧智控中心、冷轧智控中心等。建立“绿色发展、智慧制造”周例会机制，确认项目推进工期节点，协调解决难点问题。（胡善林）

【厂区整治】 9月，马钢集团制订《马钢南区厂容整治规划初步方案》。10月，实施马钢全版图厂区整治，完成马钢南厂区3号门区域、新4号门（原5号门）区域及天门大道整治工作。（胡善林）

【信息共享系统覆盖】 1月，中国宝武智慧工作平台覆盖马钢集团总部；6月，在马钢集团全面上线；同月，完成中国宝武党建云标准功能全覆盖；9月底，中国宝武“三重一大”、外事事务、内部审计、纪委监察、安全监督、能环管理、投资计划、信息化项目管理等系统覆盖马钢集团；12月31日，中国宝武标准财务系统在马钢集团上线。（胡善林）

【专业化整合融合】 2020年，马钢集团进行第一批12个项目及第二批4个项目的专业化整合。1月1日，飞马智科信息技术股份有限公司委托宝信软件管理；欣创节能环保科技股份有限公司委托宝武水务管理；安徽马钢嘉华新型建材有限公司委托宝武环科管理；安徽马钢设备检修有限公司委托宝武智维管理；武汉耐材对瑞泰马钢新材料科技有限公司持股40%；马钢集团设计研究院有限责任公司委托宝钢工程管理；安徽马钢粉末冶金有限公司委托宝武环科管理。2月20日，安徽马钢工程技术集团有限公司更名为“宝武重工有限公司”，经营总部设在上海，马鞍山基地有宝武重工有限公司钢结构工程分公司、安徽马钢重型机械制造有限公司、安徽马钢输送设备制造有限公司、安徽马钢表面技术股份有限公司、安徽马钢东力传动设备有限公司、马钢共昌联合轧辊有限公司6家单位。4月1日，马钢集团物流有限公司委托宝武物流资产有限公司管理；马钢集团物流有限公司的控股子公司安徽中联海运有限公司委托宝钢资源管理。4月23日，注册成立上海宝华国际招标有限公司安徽分公司；9月1日，马钢集团招标咨询有限公司的业务切换至上海宝华国际招标有限公司安徽分公司，由上海宝华国际招标有限公司安徽分公司统一经营。9月，宝武集团财务有限责任公司受托管理马钢集团财务有限公司。11月16日，欧冶云商对宝武物流资产有限公司实施委托管理，马钢集团物流有限公司纳入欧冶云商管理体系。（胡善林）

【安全管理】 2020年，马钢集团制订发布《领导人员安全管理履职清单实施方案》《落实“违章就是犯罪”理念强化现场安全管控的实施细则》。开展违反安全规定行为的专项整治，清退严重违章相关方人员91人。以危险化学品、冶金生产、建设和检修施工、能源介质、交通运输、消防以及相关方安全为重点，开展安全生产整治行动。全年，发生属地工亡事故3起，工亡3人；轻伤事故4起，轻伤4人；火灾事故2起。与2019年相比，工亡减少2人，轻伤、重伤减少14人。（胡善林）

【节能环保】 2020年，马钢集团制定《马钢集团2020年能源环保重点工作安排》，确定6个大项、25条重点措施；完成“2019年长江经济带生态环境警示片披露问题”整改，并通过验收；开展资源固体废物攻关、节能项目，固体废物、危险废物100%安全处置不出厂；项目化推进超低排放改造，未发生重大投诉、环保舆情及环境污染事故。长江钢铁股份有限公司获“国家级绿色工厂”称号；马钢（合肥）钢铁有限公司下属马钢（合肥）板材有限公司获“安徽省绿色工厂”称号。2020年，马钢股份本部颗粒物、二氧化硫、氮氧化物、化学需氧量、氨氮各项因子排放总量均完成目标值，同比降幅在5%～10%。（胡善林）

【科技管理】 2020年，马钢集团“轨道交通关键零部件安徽省技术创新中心”获安徽省委批准建设并授牌，安徽省科技重大专项“煤基气制环氧丙烷产业化及系统集成关键技术研究”通过结题验收；“3万吨级及以上重载列车用轮对产品研发及产业化”通过安徽省科技厅评审并立项；马钢集团参与的“面向多品规高精度轧制的CSP（薄板坯连铸连轧）过程控制系统关键技术”获冶金科学技术奖一等奖，另有3个项目获二、三等奖（其中安徽马钢矿业资源集团有限公司获1项二等奖、马钢股份和飞马智科信息技术股份有限公司各获1项三等奖）。马钢集团与中国标准化研究院合作的国家标准《企业能耗在线监测标准化研究》发布实施。安徽马钢汽车运输服务有限公司第四分公司装载机班质量管理小组“研制一种装载机驾驶员上下车电动扶梯”课题，获安徽省质量管理小组质量技术成果一等奖。（胡善林）

## 马鞍山钢铁股份有限公司

【概况】 马鞍山钢铁股份有限公司(简称马钢股份)的前身为成立于1953年的马鞍山铁厂。1993年,实施股份制改制,分立为马钢总公司和马钢股份。1993年11月3日,马钢股份在香港联合证券交易所挂牌上市。1994年1月6日、4月4日、9月6日,分3批在上海证券交易所挂牌上市。2020年,生产铁1 855.01万吨、钢2 097万吨、钢材1 983.24万吨;实现销售收入816.14亿元、利润30.81亿元。年底,在册员工23 591人,在岗员工22 842人。 (崔海涛)

马钢股份主要设备(生产线)一览表

| 区　　域 | 装　　备 | 规　　格 | 数　量 |
|---|---|---|---|
| 马钢股份(本部) | 烧结机 | 300平方米 | 2台 |
| 马钢股份(本部) | 烧结机 | 360平方米 | 3台 |
| 马钢股份(本部) | 焦炉 | 65孔 | 4座 |
| 马钢股份(本部) | 焦炉 | 50孔 | 2座 |
| 马钢股份(本部) | 焦炉 | 70孔 | 2座 |
| 马钢股份(本部) | 高炉 | 1 000立方米 | 1座 |
| 马钢股份(本部) | 高炉 | 2 500立方米 | 2座 |
| 马钢股份(本部) | 高炉 | 3 200立方米 | 1座 |
| 马钢股份(本部) | 高炉 | 400立方米 | 2座 |
| 马钢股份(本部) | 转炉 | 50吨 | 3座 |
| 马钢股份(本部) | 转炉 | 60吨 | 1座 |
| 马钢股份(本部) | 转炉 | 120吨 | 3座 |
| 马钢股份(本部) | 转炉 | 300吨 | 3座 |
| 马钢股份(本部) | 转炉 | 110吨 | 1座 |
| 马钢股份(本部) | 方坯连铸机 | 150毫米 | 2套 |
| 马钢股份(本部) | 方坯连铸机 | 160毫米 | 1套 |
| 马钢股份(本部) | 方坯连铸机 | 380毫米 | 1套 |
| 马钢股份(本部) | 板坯连铸机 | 2套2 150毫米,1套1 600毫米 | 3套 |
| 马钢股份(本部) | 圆坯连铸机 | 直径700毫米 | 1套 |
| 马钢股份(本部) | 异型坯连铸机 | 2流、3流、4流各1套 | 3套 |
| 马钢股份(本部) | 薄板连铸连轧 | 1 600毫米 | 2套 |
| 马钢股份(本部) | H型钢轧机 | 950～1 200毫米,980～1 400毫米,550～980毫米各1套 | 3套 |
| 马钢股份(本部) | 中型型钢轧机 | 750～900毫米 | 1套 |
| 马钢股份(本部) | 棒材轧机 | 500毫米、600毫米,600毫米、420毫米,850毫米、750毫米各1套 | 3套 |

（续　表）

| 区　　域 | 装　　备 | 规　　格 | 数　量 |
|---|---|---|---|
| 马钢股份（本部） | 线材轧机 | 1套650、550、450毫米，1套600、560、420毫米 | 2套 |
| 马钢股份（本部） | 薄板坯连铸连轧机组轧机 | 2 000毫米 | 1套 |
| 马钢股份（本部） | 热轧机组 | 2 250毫米 | 1套 |
| 马钢股份（本部） | 热轧机组 | 1 580毫米 | 1套 |
| 马钢股份（本部） | 冷轧机组 | 1 720毫米 | 1套 |
| 马钢股份（本部） | 硅钢机组 | 1 420毫米 | 3套 |
| 马钢股份（本部） | 冷轧机组 | 2 130毫米 | 1套 |
| 马钢股份（本部） | 开坯机组 | 1 150毫米 | 1套 |
| 马钢股份（本部） | 钢坯连轧机组 | 770毫米、850毫米 | 1套 |
| 马钢股份（本部） | 镀锌机组 | 1 575毫米2套，1 650毫米、2 000毫米各1套 | 4套 |
| 马钢股份（本部） | 涂层加工机组 | 1 250毫米、1 575毫米各1套 | 2套 |
| 马钢股份（本部） | 制氧机组 | 20 000立方米 | 1套 |
| 马钢股份（本部） | 制氧机组 | 40 000立方米 | 1套 |
| 马钢股份（本部） | 制氧机组 | 35 000立方米 | 1套 |
| 马钢股份（本部） | 制氧机组 | 30 000立方米 | 1套 |
| 马钢股份（本部） | 汽轮发电机组 | 1台50 000千瓦/小时，4台60 000千瓦/小时，2台153 000千瓦/小时 | 7台 |
| 长江钢铁 | 烧结机 | 192平方米 | 3台 |
| 长江钢铁 | 高炉 | 1 080立方米 | 2座 |
| 长江钢铁 | 高炉 | 1 250立方米 | 1座 |
| 长江钢铁 | 转炉 | 40吨 | 2座 |
| 长江钢铁 | 转炉 | 120吨 | 2座 |
| 长江钢铁 | 方坯连铸机 | 165毫米 | 4套 |
| 长江钢铁 | 棒材轧机 | 570毫米 | 1套 |
| 长江钢铁 | 双棒材轧机 | 650毫米、550毫米各1套 | 2套 |
| 长江钢铁 | 线材轧机 | 570毫米、450毫米各1套 | 2套 |
| 合肥公司 | 冷轧机组 | 1 550毫米 | 1套 |
| 合肥公司 | 镀锌机组 | 1 430毫米 | 1套 |

（夏其祥）

【股东大会重要事项】 3月5日，马钢股份召开2020年第一次临时股东大会，审议通过《增选王强民先生为公司第九届董事会董事》。6月29日，召开2019年度股东大会，审议批准《董事会2019年度工作报告》《监事会2019年度工作报告》《2019年度经审计财务报告》《聘任安永华明会计师事务所（特殊普通合伙）为公司2020年度审计师并授权董事会在2019年基础上决定其酬金的方案》《2019年度利润分配方案》《公司董事、监事及高级管理人员2019年度薪酬》《公司与中国宝武钢铁集团有限公司〈日常关联交易补充协议〉》《公司与马钢（集团）控股有限公司〈持续关联交易补充协议〉》《公司与欧冶链金再生资源有限公司〈持续关联交易补充协议〉》。（徐亚彦）

【董事会重要事项】 2020年，马钢股份召开13次董事会议，听取《2019年度战略执行情况评估报告》《智慧制造发展纲要汇报》《绿色城市钢厂指标提升及"三治"行动方案汇报》等管理层工作报告，学习新修订的《证券法》及相关通知、通报，审议批准《关于马钢（合肥）钢材加工有限公司合资合同和章程修改的议案》《公司2019年度战略执行情况评估报告》《炼铁总厂南区一号、二号烧结机机尾及成品电除尘器改造工程项目立项及投资概算》《关于2019年末期利润分配方案的建议》《2019年运营改善情况及2020年工作方案》等议案。（徐亚彦）

【监事会重要事项】 2020年，马钢股份监事会召开11次会议，列席2次股东大会、13次董事会议，参与定期报告、财务报告、内部控制、资产处置、关联交易、对外投资等23项重大议案审议与监督。（沐韵琴）

【开展对标找差】 2020年，马钢股份构建公司层、专业管理层、制造单元层分层分类对标体系，覆盖规模能力、盈利能力、周转效率等财务经营指标和生产、设备、能源环保等技术经济指标332项。9月，铁水成本指标跻身行业第一梯队，铁钢比"破9见8"（马钢股份综合铁钢比首次实现0.85）。全年，通过系统开展对标找差，降成本7.20亿元。（崔海涛）

【推进整合融合】 2020年，马钢股份完成14个专业领域59项对接任务，制定、修订350余项管理制度。完成12个产业、8项业务资源专业化整合项目。1月，安徽马钢化工能源科技有限公司委托宝武炭材管理；3月，宝武集团马钢轨交材料科技有限公司成立，为中国宝武一级子公司。（崔海涛）

【提升运行效率】 2020年，马钢股份采用精益采购策略有效应对市场变化，推行经营性库存，强化聚量采购、协同采购、智慧采购。7月1日，组建营销中心（销售公司）。推行主导产品"售前、售中、售后"全环节、全流程、全周期客户服务，依托欧冶链金电子商务平台，开展产能预售和远期订单业务。优化配煤、配矿结构，完善高炉体检和风险预警机制，优化产线分工，降低铁钢比，加强产销研衔接，释放装备产能，推行设备定（年）修模型，检修负荷明显降低；深化系统能源经济运行，强化技术节能、结构节能、管理节能，吨钢综合能耗554.40千克标准煤，煤炭消耗总量同比下降19万吨，吨钢二氧化碳下降15千克。（崔海涛）

【实施创新驱动】 2020年，马钢股份研发投入率同比增加0.72%，开发生产新产品77万吨，自主研发的635兆帕级高强抗震钢筋填补国内空白，参与研究的"大型转炉洁净钢高效绿色冶炼关键技术"项目获冶金科学技术奖特等奖，"铁道车辆用耐大气腐蚀热轧H型钢产品和铁路快速客车辗钢整体车轮产品"获中国钢铁工业协会2020年度冶金产品实物质量"金杯特优产品"。实施"1+2+4"（1名高级技术主管带领2名成熟人才和4名后备人才组成团队）科技领军人才培养工程深入推进，培养型钢、工业线材、棒材专业人才团队。4月28日，国内首条重型H型钢生产线建成并实现月达产。（崔海涛）

【打造生态都市钢厂和智慧制造示范基地】 2020年，马钢股份确立"打造花园式滨江生态都市钢厂和智慧制造示范基地"目标，完成长江大保护111项环境问题整改任务，投入30亿元，实施61项"三治"（固体废物不出厂、废水零排放、废气超低排）项目，建立环保动态管控智慧平台，推进拆旧利旧、土地整治等"四化"（洁化、绿化、美化、文化）工程。12月16日，运营管控中心和炼铁、炼钢、热轧、冷轧智控中心等智慧制造一期项目全面建成投用，集中化指数较上年提升28.30%，无人化指数较上年提升10.30%，远程化指数较上年提升12%，服务上线指数较上年提升98.30%。（崔海涛）

## 采购中心

【概况】 采购中心主要承担马钢股份原燃辅料、设备、备件、资材及工程配套件的采购供应。2020年6月，马钢股份将市场部采购综合管理、采购规划与计划、采购价格管理、供应商管理、原燃辅料招标管理和技术改造部工程备件采购管理调整至采购中心；撤销一体化管理部、体系管理部和远洋物流部，设立采购管理部、采购物流部和工程项目部。采购中心下设经营管理部、采购管理部、综合管理部、矿石资源部、燃料资源部、合金资源部、耐辅资源部、金属机电部、石油化工部、通用备件部、非标备件部、工程项目部、采购物流部13个部门。全年，采购到货总量4 200万吨。其中，进口矿1 758万吨，自产矿465万吨，国产矿145万吨，煤焦1 185万吨，合金29万吨，废钢235万吨，各类辅料354万吨。采购结算总金额486亿元；通过采购协同，降低成本6.27亿元。年底，在册、在岗员工139人。 （唐 军）

【资源保供】 2020年，采购中心克服因环保管控、安全督查、特大洪水等影响，制订应急保供方案，编发《采购保供情况简报》，跟踪库存消耗和矿石、煤焦、合金、辅料等资源生产、发运情况，提升场内进口矿库存，启动炼焦煤紧缺品种水运采购，熔剂资源提前备库，实行"以船代库"抢抓资源到达等措施，确保生产、防疫所需各类资源稳定有序供应。全年供应原燃料4 200万吨。 （唐 军）

【整合融合】 2020年，采购中心推进与宝武原料采购中心、欧冶工业品股份有限公司采购业务集中整合，在保证业务运行和人员队伍稳定前提下，实现长协（长期价格协议）矿统一采购、统一签约和工业品业务共管协议签订，资材备件、大宗原燃料和工程设备板块分别引入采购供应链共享平台系统、原料采购物流管控系统和工程项目管理共享平台系统，完成系统可行性研究评审、物料代码编制、需求评审等工作。 （唐 军）

【供应链合作】 2020年，采购中心召开供应商准入小组会81次，引进合格供应商40家，引进备用供应商146家，引进临时供应商12家，取消资格供应商26家，拒绝供应商16家。完成2019年度及2020年年中A类供应商评价，产生62家战略供应商。年内，战略供应商采购资金比例为73%。 （唐 军）

## 营销中心（销售公司）

【概况】 2020年7月1日，马鞍山钢铁股份有限公司营销中心（销售公司）成立，下设营销管理室、市场营销室、合同物流部、热轧部、冷轧部、涂镀部、汽车板部、线棒部、型材部、综合管理部（审计部）、分（子）公司管理部、客服管理室、技术经理室、客户代表室14个科室。其中，营销管理室和市场营销室共同组成营销管理部，客服管理室、技术经理室和客户代表室共同组成客户服务中心。拥有16家分（子）公司和6家境外公司、办事处。全年，销售钢材1 564.70万吨（不含车轮），其中销售板带材933.50万吨（不含供合肥热轧基料）、型材241.10万吨、线棒276.60万吨、出口57.70万吨（不含车轮），实现税前销售收入579.40亿元。通过欧冶云商股份有限公司电商平台销售钢材97.60万吨，实现销售收入40亿元。营销中心分（子）公司销售钢材611.37万吨，实现销售收入245.35亿元；通过剪切加工配送服务，实现净利润1.18亿元。年底，有员工307名。 （荀 著）

【基础管理】 2020年，营销中心（销售公司）牵头制订新冠肺炎疫情期间销售物流保产方案，采取提高水运运力、临时增加周边仓库、变更物流方式等措施，保证生产顺行。加快资金回笼，利用网上销售等模式，合力降库存。集中营销管理和业务管控，推动营销单元从产品销售向产品经营转变。修订22个公司级管理文件，发布25个二级管理文件，保证营销体系平稳过渡。优化销售渠道，加快汽车主机厂认证，着力产品和客户结构调整，注重汽车主机厂定点材料向实际订单转换。全年，向汽车主机厂销售钢材79.80万吨，占比31.30%，比上年提升3%。完成联合汽车电子有限公司电子认证，实现马钢股份硅钢在乘用车驱动电机领域零的突破。型钢产品借助马钢股份"供应商先期介入（EVI）"服务模式和平台，布局新能源行业，重型H型钢推向市场，填补国内空白。H型钢造车材产品实现销售总量7.80万吨，保持国内市场占有率第一。推动营销中心信息化建设，开展宝钢股份—马钢股份供应链协同、销售协同工作，年底，客户服务管理平台一期和覆盖16家分（子）公司的工贸一体化系统上线。全年实现协同效益4.70亿元。开展产能预售销售新模式，依托欧冶云商股份有限公司电商平台，实行全流程线上订货，马钢股份H型钢旗舰店在欧冶平台成功上线。完成马钢股份企业管理解决方案、超级物流系统、百望开票系统与欧冶云商股份有限公司智慧物流平台的对接。（荀 著）

## 检测中心

【概况】 2020年，检测中心下设综合管理室（党群工作部）、生产检验技术室（安全管理室）、设备管理室3个管理机构，检测项目组1个临时机构，运维点检作业区、铁前原料作业区、钢后原料作业区、制样中心（管控）作业区、水运作业区、原料化学作业区、原料物性作业区、快分一作业区、快分二作业区、快分三作业区、成品检验一作业区、成品检验二作业区、成品检验三作业区、成品检验四作业区、钢轧综判作业区、物量作业区、校准作业区17个作业区。全年，检验外购原燃辅料15 442批1 742.99万吨（不含进口铁矿）。年底，在册员工839人，在岗员工783人。

（杨 彬）

【智慧检测建设】 2020年，检测中心原料“取制检”全自动检测线实现炼铁北区烧结矿从取制样到分析的一体化自动化检测。智能化制样中心进入设备安装阶段。完成检化验信息系统的开发，升级原辅料智能信息化系统，实现原辅料条形码管理、在线异常信息管控。升级改造物理检验全流程，新建汽车板粗糙度自动化检测项目，完成低倍酸洗新系统、硅钢自动线硬度检测的升级改造。6月29日，全自动冲击加工中心建成；11月30日，特钢试样热处理项目建成并投入运行；10月27日，炼钢炉台快速分析自动线建成并投入运行，实现炉台钢样无人化分析，实验室各项参数远程控制。（杨 彬）

【生产检测】 2020年，检测中心加强异常数据预警，发出预警46批；强化检验时限和检验加急管理，承接加急检验任务53批。开展汛期进口矿检验，进口矿加急检验耗时由7月前的48小时缩减至7月后的12小时。因原辅料质量不达标，实施商务扣减款2 892.75万元，同比增加1 019万元。质量异议数同比下降30%；长材和特钢钢坯检验合格量499.15万吨，长材和特钢钢材检验合格量576.65万吨；授权马钢集团以外企业使用“马钢牌”商标生产钢材28.20万吨，创收846万元。物资计量过磅率、物资计量数据准确率100%。计量净重12 616万吨（含水运5 331万吨）。

（杨 彬）

## 炼焦总厂

【概况】 2020年，炼焦总厂下设综合管理室（党群工作部）、生产技术室（安全管理室）、设备管理室（能源环保室）3个管理机构，炼焦一分厂、炼焦二分厂、能源分厂、消防大队4个分厂，炼焦项目组1个临时机构。全年，生产焦炭430.47万吨，发电5.28亿千瓦时；降成本3.28亿元。年底，炼焦总厂在册员工761人，在岗员工742人。

（张增贵）

【生产组织】 2020年，炼焦总厂以保供高炉稳定顺行为中心，做好筒仓建设、焦炉系统工程建设期间的来煤卸车、南北区焦炭调运组织和生产保供，以及新冠肺炎疫情防控期间和汛期的煤炭保供和生产组织；开展煤焦质量全流程管控，加强配煤精准管理、焦炉热工优化、干熄焦高效组产，炼焦一分厂一系统、二系统和炼焦二分厂三系统的焦炭质量合格率分别为99.89%、99.85%、93.10%。

（张增贵）

【节能环保】 2020年，炼焦总厂排污申报率、工业固体废物综合利

马钢股份炼焦总厂筒仓储配煤中控作业 （陶国庆 摄于2020年5月）

用率、危险废物安全处置率和基建技术改造项目环评执行率均为100%，未发生环境污染事故。干熄焦放散气脱硫、焦炉机车封闭、厂区雨污分流等项目按照节点完成。炼焦总厂国控平台（与政府环保部门联网平台）有平台在线检测点位14个，13个点位日均达标率100%；有内控在线检测点位14个，10个点位日均达标率100%。环保项目新立项11个，实施18项。（张增贵）

【技术创新】 2020年，炼焦总厂通过审查专利21件，获授权专利21件，通过评审国家软件知识产权4项；申报的“煤炭粒度优化对装炉煤质量和焦炭性质影响的研究”等4个公司级科研项目获得立项；参与研究的“炼焦工序安全高效除尘及其自动操作关键技术开发与集成”项目获安徽省科学技术进步奖三等奖；“提高焦炉机车无人化率”获2020年中国创新方法大赛总决赛二等奖。（张增贵）

## 炼铁总厂

【概况】 2020年，炼铁总厂实施管理变革和流程再造，由原8个部室、11个分厂，整合为3个部室、1个项目组、1个中心、6个分厂，即综合管理室（党群工作部）、生产技术室（安全管理室）、设备管理室（能源环保室）、炼铁项目组、集控中心、高炉一分厂、高炉二分厂、烧结一分厂、烧结二分厂、球团分厂、运行分厂。全年，生产生铁1 458.64万吨、烧结矿1 857.35万吨、球团矿491.60万吨，降低成本18.08亿元、自发电7.37亿千瓦时。年底，在册员工2 062人，在岗员工1 935人。（石天顺）

【设备保障】 2020年，炼铁总厂开展设备管理信息系统改造，修订完善设备管理制度，梳理制定设备管理流程，强化设备四大规程及点巡检落地，严格非计划检修与设备事故考核，6座高炉、5台烧结机、球团系统综合作业率（扣除大修和中修）分别为99.53%、98.04%、96.66%。（石天顺）

【项目建设】 2020年，炼铁总厂快速启动智慧制造、北区2座4 000立方米高炉大修、烧结C机、带焙、物流筒仓和超净排放6个工程项目。10月9日，球团带式焙烧机开工建设；12月15日，炼铁智控中心一期工程建成并投入运行。截至12月底，A号、B号高炉大修启动长周期大型设备订货，C号烧结机可行性研究报告完成评审，一号高炉热风炉改造完成EPC（设计、采购、施工一揽子总承包合同）招标，物流筒仓系统北区小料场工程开工建设，一号、三号、A号和B号烧结机脱硫脱硝系统建成并投入运行。（石天顺）

## 第一钢轧总厂

【概况】 2020年，第一钢轧总厂下设综合管理室（党群工作部）、生产技术室（安全管理室、质量检验站）、设备管理室（能源环保室）3个管理机构，第一钢轧项目组1个临时机构，炼钢分厂、连铸分厂、热轧分厂、物流分厂、能介分厂5个分厂。全年，生产钢263.50万吨、钢材113.20万吨。吨钢钢铁料消耗1 074.67千克，钢坯合格率100%，热轧薄板合格率99.95%，热轧薄板成材率98.15%。年底，在册员工1 076人，在岗员工1 032人。（张　荣）

【品种质量】 2020年，第一钢轧总厂以细化过程管理、提升产品质量为工作重点，开展26项技术攻关工作和29个质量控制小组课题。冷轧表面质量追溯比上年下降1 237吨，其中线状夹杂、短条夹杂、孔洞分别比上年月均下降55吨、27吨、21吨。平均吨材损失3.88元，比上年下降0.14元。全面对标找差，制定总厂级17项、分厂级38项对标指标。17项总厂级对标指标中，有8项达到年度目标值。下半年，铁钢比持续降低，12月降至0.85以下。全年铁钢比0.904，同比下降0.02。薄板坯连铸连轧生产线开发新产品MG420，方坯产线开发CH35A-M等新钢种8个，重型H型钢异型坯连铸生产线开发耐候钢Q420NQR1等新钢种26个。（张　荣）

【降本增效】 2020年，第一钢轧总厂吨钢钢铁料消耗1 074.60千克，同比增加0.23千克。制定、实施阶段性生产和待料热备用情况下的设备开停机及运行管理办法，降低能源成本6 200万元。推进降低备件库存资金措施，备件库存降低8.74%，机旁备件库存降低44.06%。加大回收备件自修和修旧利废工作力度，备件自修节省费用1 010.24万元，外委修复备件价值1 897.20万元。全年降低成本2.99亿元，吨钢降低成本113.63元。（张　荣）

## 第四轧钢总厂

【概况】 2020年，第四钢轧总厂下设综合管理室（党群工作部）、生产技术室（安全管理室、质量检验站）、设备管理室（能源环保室）3个部室，四钢项目组，以及炼钢、连铸、物流、热轧、精整、能介6个分厂。生产钢873万吨、热轧材853万吨，同比均增加3.70%；降低成本8.709亿元，吨钢降低成本99.29元。年底，在册员工1 404人，在岗员工1 363人。（郭元友）

【生产经营】 2020年，第四钢轧总厂设立对标指标33项，达标17项，指标进步率88%，指标刷新率52%。通过技术改造、强化管理等多重手段深化节能降耗，比上年多降成本2.30亿元。轧区通过提高轧线日历作业率、提高热装率、优化加热工艺等措施，2250产线创下日产20 018吨、月产50.16万吨、年产501万吨纪录。1580产线创下日产725卷、15 199吨纪录。高牌号硅钢和取向硅钢成分合格率均为93%以上，总质量损失5.69元/吨。（郭元友）

【变革创新】 2020年，第四钢轧总厂完成基层管理变革，部门、分厂优化41.20%，作业区压缩52%，在岗总人数减少15.90%，脏、累、险岗位削减25人。与宝武智维联合在热轧线试点推行设备远程运维，利用智能平台对设备运行状态实时监控。设备运维人员划转到宝武智维马钢检修公司，实施专业化整合。连铸火焰清理质量控制小组“提升点火坑合格率”课题，获2020年安徽省质量管理小组二等质量技术成果。（郭元友）

【智慧制造】 2020年，第四轧钢总厂以“少人化、集控化、一键化”为目标，构建集智能装备、智能工厂、智能运营于一体的智慧制造体系。11月18日，炼钢智控中心、热轧智控中心投入使用。炼钢智控中心首创从铁水进厂到钢坯出库，炼钢全工序远程操控，实现关键绩效实时评价。热轧智控中心，推进双线双智控模式，将两条主线原有的15个岗位整合为“1+2+1”的新岗位模式。（郭元友）

## 冷轧总厂

【概况】 2020年，冷轧总厂下设生产技术室（安全管理室、质量检验站）、设备管理室（能源环保室）、综合管理室（党群工作部）3个管理机构，冷轧项目组1个临时机构，冷轧一分厂、冷轧二分厂、冷轧三分厂、物流分厂4个分厂。全年，生产成品板带421.25万吨，MGW300及以上高牌号硅钢7.74万吨；降低成本24 166万元。年底，在册员工1 535人，在岗员工1 461人。（孙 琦）

【设备管理】 2020年，冷轧总厂依托设备管理信息化平台建设，开展设备精益管理，提升设备稳定运行水平，设备故障停机率2.40‰。在设备运行、质量损失、自动化率、费用成本、能源环保等方面对标中国宝武标杆产线，根据实际情况制定68个对标项目，其中50项超出年平均水平，24项达目标值。（孙 琦）

【技术改造】 2020年，冷轧总厂实施技术改造项目95个，其中马钢股份重点项目4项。完成三号镀锌线退火炉二级模型系统改造、智能机器人的研发与应用、北区轧后库无人行车智能库区改造、南区1720酸轧原料库智能库区改造、智能绿色照明节能改造等项目。2130连退余热回收项目、北区成品库光伏发电项目投入运行。（孙 琦）

【智慧制造】 2020年，冷轧总厂选取一期1720酸轧线、2130酸轧线、1680酸洗线、镀锌一号线、镀锌二号线、镀锌三号线、镀锌四号线、脱脂罩退线、2130连退线，二期硅钢常化酸洗线、硅钢常化线、硅钢一号连退线、硅钢二号连退线、硅钢三号连退线、彩涂一号线、彩涂二号线等17条典型产线进驻冷轧

马钢股份正在发运冷轧产品（罗继胜 摄于2020年6月）

智控中心，形成冷轧、涂镀、硅钢三大制造单元集中操控，年冷轧成品制造能力500万吨。冷轧智控中心一期建设总投资16 784万元，10月20日，首条机组——1680酸洗机组由10千米外的现场操作转为智控中心远程操控；10月21日，冷轧总厂智控中心建成投用暨首条机组1680酸洗机组进驻智控中心，实现两区五地（两区：总厂南区、北区；五地：1720酸轧区域、硅钢一期区域、硅钢二期区域、彩涂板区域、2130酸轧区域）超10千米远程集控，17条机组同处一室管理、现场51处操作室合为一层，按工序、流程进行整合，实现多线一室。

（孙　琦）

【品牌体系管理】 2020年，冷轧总厂先后通过PED（欧盟承压设备指令认证）检查审核、重庆长安汽车有限公司飞行检查、联合电子汽车有限公司供应商审核，以及杭州汉德质量认证服务有限公司对汽车用钢产品IATF16949：2016质量管理体系换证审核，通过北京国金衡信管理体系认证有限公司对冷轧总厂五标一体化的监督审核。

（孙　琦）

【节能环保】 2020年，冷轧总厂完善环保排口长制体系，将总厂75个环保排口长名单进行更新。投入1 400万元，完成对2130盐酸再生机组的环保升级改造。

（孙　琦）

## 长材事业部

【概况】 长材事业部主要承担马钢股份长材产品的生产及销售。2020年，下设综合管理室（党群工作部）、生产技术室（安全管理室）、设备管理室（能源环保室）3个管理机构，长材项目组1个临时机构，炼钢分厂、连铸分厂、中型材分厂、H型钢分厂、重型H型钢分厂、线棒材分厂、成品分厂、物流分厂、能介分厂、炼钢点检分厂、轧钢点检一分厂、轧钢点检二分厂12个分厂（车间）。全年，生产钢402.47万吨、材496.86万吨，其中重型H型钢32.40万吨、大H型钢101.11万吨、小H型钢63.58万吨、中型材46.84万吨，大棒124.65万吨、线材63.60万吨、小棒64.71万吨。钢铁料消耗1 047.21千克/吨，吨钢降成本120.50元，实现销售收入169.40亿元、毛利润9.98亿元。年底，在册员工2 883人，在岗员工2 760人。

（薛　敏）

马钢股份长材事业部重型H型钢生产线员工正在检验国内最大宽度500毫米H型钢新产品

（张　磊　摄于2020年9月）

【技术攻关】 2020年，长材事业部开发新品种新规格46个、完成技术攻关52个。重型H型钢开发了最大翼缘厚度（翼缘达77毫米）、最大宽度（宽度达475毫米）、最大高度（高度达1 008毫米）的热轧H型钢。围绕降低铁钢比技术经济指标，开展一系列对标赶超工作，铁钢比从年初的0.89降至年底的0.767，实现“破八”。

（薛　敏）

【项目建设】 1月18日，总投资16.50亿元的重型H型钢生产线首次热负荷试车，轧制出第一支重型H型钢；4月28日，全线贯通，正式投产；10月，完成6.80万吨产量，实现月达产目标。该生产线于2019年10月18日开工建设。2020年，先后完成小棒粗中轧及精整区域部分传动设备升级改造、大棒14架轧机改造及其配套传动改造、大棒辅传动和直流传动改造、现场远程柜改造、大H加热炉智能燃烧项目上线等一系列设备更新改造。

（薛　敏）

## 特钢公司

【概况】 特钢公司拥有110吨超高功率电弧炉等精炼设施、大圆坯连铸、大规格棒材、小规格棒材和高速线材等生产线。2020年，下设综合管理部（党群工作部）、生产管理部(安全管理部)、设备管理部(能源环保部)、技术与产品服务部、特钢销售部5个部室;电炉分厂、棒材分厂、物流分厂、高线分厂4个分厂。全年,生产钢97.40万吨,同比增长11.30%,炼钢月产最高为8.89万吨,电炉炉龄创下726炉新高;圆坯连铸机实现连续稳定浇铸91炉。全年实现销售收入54.71亿元;外销产品134.96万吨。年底,在册员工976人,在岗员工958人。 (罗继胜)

【生产经营】 2020年,特钢公司实施"一炉两机"(一座电炉对应两台连铸机)生产组织模式,作业率和小时产能提升。高速线材区域推行"操(操作)检(检修)合一"作业方式,日计划兑现率98.50%。特钢、线材销量和营业收入实现双增长。风电轴承圈、齿轮及法兰用钢突破20万吨,进入远景能源有限公司、西门子中国有限公司风力发电集团等高端客户;开发新客户75家,与南京高速齿轮制造有限公司签订战略合作协议。实施12个工艺降成本项目,实现吨钢降低成本31.90元。 (罗继胜)

【新品开发】 2020年,特钢公司开发163个新钢种。350千米高铁车轮车轴坯获得国内高铁批量市场化供货准入资格;地铁车轴钢通过德国波鸿交通技术集团和法国铁路公司认证;风电齿轮钢通过美国通用电气公司体系和南京高速齿轮制造有限公司认证,实现批量供货;风电轴承钢通过远景能源有限公司认证,实现批量供货;开发高性能深海采油树锻件用钢F22;曲轴、连杆用非调质钢通过蒂森克虏伯、丹东五一八集团公司、西仪集团有限责任公司连杆材料评价,部分产品进入小批量验证;供陕西法士特汽车传动集团有限公司商用车变速箱用齿轮钢实现外围厂批量供货;供高周波热炼(中国)轴承有限公司回转支承用钢完成样件试制,并实现装机考核;制管芯棒用H13热轧圆钢通过江苏常宝钢管股份有限公司试用。

(罗继胜)

【技术攻关】 2020年,特钢公司通过优化真空精炼炉系统,真空过程铝损合格率提升15.85%;车轴和风电轴承单颗粒球状夹杂物控制技术取得突破;弹簧钢线材表面缺陷点数减少26.15%;棒材表面因轧线所致划伤问题降低80%以上。申报专利16件,其中发明专利11件。获"安徽省科学技术进步奖"等公司级以上奖励8项,2个产品获得"冶金产品实物质量金杯奖"。 (罗继胜)

马钢股份特钢公司连铸生产现场 (罗继胜 摄于2020年1月)

【安全环保】 2020年,特钢公司规范大方坯及余热锅炉新建项目运行作业管理;对电弧炉烟气余热回收利用系统进行改造,实现全量回收;对厂房屋面光伏发电进行改造,年发电500万千瓦时。 (罗继胜)

## 港务原料总厂

【概况】 港务原料总厂主要承担马钢股份2 500立方米高炉和300平方米烧结机生产所需原料的受入、储存、加工、输送。2020年,下设综合管理室(党群工作部)、生产技术室(安全管理室)、设备管理室(能源环保室)3个管理机构和港口分厂、原料分厂、供料一分厂、供料二分厂4个分厂以及港料项目组1个临时机构。全年,自备码头卸船量1 068万吨,同比提升43万吨;陆运卸车量105万吨;生产混匀矿1 549万吨,同比提升33万吨;外供总量5 285万吨,同比提升213万吨。烘干筛分块矿外供286万吨,同比增加30万吨。除尘灰回收量21.60万吨,同比增加2.20万吨。混匀矿一级品率100%。设备可开动率99.35%,设备事故故障停机率0.13‰。年底,在册员工867人,在岗人数814人。 (胡静波)

【工程建设】 2020年,港务原料总厂料场新增"北区填平补齐"、二号E型焦煤筒仓、混匀系统与外供系统改造、码头能力提升及环保智能化改造项目，同步实施A号、B号烧结机大修。至年底，马钢原料场环保升级及智能化项目完成计划的50%。（胡静波）

【技术进步】 2020年，港务原料总厂混匀一系统外供混匀矿46堆，混匀二系统外供混匀矿40堆，合格率为100%。“胶带机火灾预防技术攻关”“冶金尘泥生产工艺改进技术攻关”项目结题；开展专利收集和申报工作，获授权专利5件，新申报专利5件，其中发明专利2件。（胡静波）

## 资源分公司

【概况】 资源分公司主要承担马钢股份钢渣加工、固体废物和危险废物处置及利用、高炉水渣销售、冶金石灰生产、自产废钢回收加工配送、承揽劳务等业务。2020年5月1日，炼铁总厂转底炉业务划入资源分公司；6月1日，马钢股份和宝武环科对资源分公司共同管理；9月11日，宝武环科马鞍山资源利用有限公司注册成立；12月1日，资源分公司石灰业务划转至宝钢资源马钢矿业。资源分公司下设综合管理室、生产安全技术室、设备管理室、经营销售室和回收一分厂、回收二分厂，原石灰一分厂、石灰二分厂及其人员随石灰业务一并划转至宝钢资源马钢矿业。全年，生产冶金石灰110万吨，回收处理固体废物220万吨，销售冶金固体废物产品765万吨（含高炉水渣），实现销售收入14.20亿元。年底，在册员工201人，在岗员工197人。（周功烈）

【生产保供】 2020年，资源分公司共处理南区各钢厂钢渣3.30万罐、71.30万吨，最高日处理量为130罐、3 200多吨。北区钢渣工程，边改造边生产，处理钢渣112万吨，其中脱硫渣12.30万吨、大中包铸余切割31.20万吨，返第四钢轧总厂各类废钢16.50万吨。自循环废钢一期加工基地加工各类废钢7.28万吨。转底炉处理瓦斯灰3.20万吨、除尘灰9.20万吨、电炉灰2 545吨，生产金属化球团4.90万吨、粗锌粉990吨。回收各类物料70万吨。（周功烈）

【危险废物处置】 2020年，资源分公司完成电炉灰、酸碱污泥、废脱硫剂、含铬污泥、滤饼、乳化液、废油桶等22个品种、5.40万吨危险废物的协调处置工作。配合能源环保部等部门，开展酸碱污泥、电炉灰等使用试验，内部处置2.20万吨；与8家具备合法资质的企业签订危险废物处置合同，涉及16个危险废物品种，委托外部处置3.20万吨。（周功烈）

【技术创新】 2020年，资源分公司围绕固体废物和危险废物协同处置、技术工艺改进、智慧制造、技术改造新建项目设计优化等，立项实施11个科技创新项目。与技术中心等单位联合申报5项科研与技术攻关项目，其中1项通过马钢股份科技管理部验收。向国家知识产权局申请发明专利2件、实用新型专利1件。参与相关行业标准编制，1项标准由工业和信息化部发布备案，1项标准通过全国钢标准化技术委员会评审。（周功烈）

## 仓储配送公司

【概况】 仓储配送公司主要承担马钢股份原辅材料与备品备件等物资的收货、仓储、发货、配送，废旧物资回收销售，闲置库房出租等业务。2020年，下设综合管理部、党群工作部、生产配送部、设备保障部、安全保卫部5个管理部室，焦炭供应站、原料供应站、合金辅料站、备件中心、配送中心、铁前供应站、长材供应站、板材供应站、轮轴供应站、综合回收站10个生产作业机构。全年，完成各类炉料出入库总量2 237.33万吨，物资出入库总金额71.97亿元，废旧物资回收销售总金额1.09亿元，外部经营收入42.25万元。年底，在册员工505人，在岗人员476人。（许书萍）

【生产保供】 2020年，仓储配送公司完成焦炉限产后的焦炭增卸任务、高炉放产后的进口块矿供应。7月20日，从欧冶商城集中采购70台电脑，开启备件采购进入欧冶云商第一单，全面对接中国宝武采购、仓储流程。8月10日，合金库新库启用。根据市场需求变化，协助马钢集团能源环保部处置废皮带条、废橡胶垫247.26吨，销售收入4.24万元。（许书萍）

【科技创新】 2020年，仓储配送公司申报专利3件，完成科技创新效益592.80万元。策划“备件中心6号库智能仓储项目”“配送中心智能仓储项目”“智能扫码系统项目”3个智慧制造三年规划项目。围绕质量管理目标，针对生产保供现场存在的问题，开展质量管理小组活动，通过“降低锌锭用户投诉意见次数”“铁运货物到达启票零差错”“提高全员劳动生产率”等16项课题，提升仓储、配送质量管理水平。（许书萍）

### 安徽长江钢铁股份有限公司

【概况】 安徽长江钢铁股份有限公司(简称长江钢铁)是安徽省重要的建筑用钢生产基地。2011年4月27日,与马钢股份联合重组,纳入马钢集团总体发展规划。2020年,下设办公室、党群工作部、监察部、企管部、计财部、采购中心、销售部、生产部、机动部、安管部、能环中心、品质部、运输部、物管部、武保部,烧结厂、炼铁厂、炼钢厂、轧钢厂、机修厂。全年,生产铁396万吨、钢461万吨、材465万吨,实现销售收入158.32亿元、利润总额10.29亿元,上缴税金6.90亿元。年底,在册、在岗员工4 236人。（韩　远）

【生产经营】 2020年,长江钢铁推进“高炉稳产,转炉放产”模式,钢产量首次突破460万吨。全年销售钢材465万吨,产销率100%。绿色采购金额占比为3%。推进供应商准入及后评价管理和采购质量监督。高炉工序能耗降低9.88千克标准煤/吨、高炉利用系数同比提升4.37%、炼钢铁钢比由2019年的0.88下降至2020年的0.84、转炉平均冶炼周期同比缩短10%、综合成材率同比提升0.45%,全年降低成本3.07亿元。（韩　远）

【节能环保】 2020年,长江钢铁制订实施《绿色发展行动计划》,推进烧结机脱硫脱硝、综合料场环保改造等超低排放改造。全年,吨钢综合能耗515.49千克标准煤,同比下降24.66千克标准煤;吨钢新水消耗1.45立方米,创历史新低。公司被评为“国家绿色工厂”“安徽省环保诚信企业”。（韩　远）

【科技研发】 2020年,长江钢铁投入研发费用2.55亿元,被国家知识产权局受理专利70件。完成“炼钢渣料模型”“长钢新区炼钢区域生产过程智能管控模型开发研究”等课题。与安徽工业大学开展的校企合作项目“转炉能量高效利用与低碳排放技术集成与创新”获安徽省科学技术进步奖二等奖。（韩　远）

### 马钢(合肥)钢铁有限公司

【概况】 马钢(合肥)钢铁有限公司(简称合肥公司)是在原合肥钢铁集团公司基础上,由马钢股份与合肥市工业投资控股公司共同出资组建,2006年5月12日挂牌成立,注册资本25亿元,其中马钢股份占71%,合肥市工业投资控股公司占29%。下设马钢(合肥)板材有限公司、安徽省江北钢铁材料质量监督检验有限公司两个全资子公司。2020年,成品材产量119.77万吨,其中冷轧产量92.73万吨、镀锌产品27.04万吨。合并营业收入52.30亿元,利润总额76 061.30万元。年底,在册员工736人,在岗员工702人。（王本静）

【企业管理】 2020年,合肥公司组织开展9个管理体系的制度修订工作,修订IATF16949质量管理手册1套、程序文件31个、管理标准76个、综合管理体系管理标准169个。组织召开环境、职业健康安全体系和“两化”(信息化和工业化)融合管理体系评审会2次,进行6次内部审核。对江阴润源机械有限公司等4家供应商开展二方审核工作。接待沃尔沃汽车(亚太)研发中心到公司产线考察,并与其开展材料认证技术交流。组织2次年修及改造;开展安全消防隐患排查治理和专项检查。举办各类培训班50期,培训员工1 736人次,合计20 684课时,全员培训率97.80%。争取各级政府奖励补贴资金项目14项,获政策资金支持343万元。争取直供电优惠1 466.17万元。（王本静）

【科技进步】 2020年,合肥公司完成包括智能轧后库在内的10个智慧制造项目建设,钢卷拆捆带机器人、锌锅清渣机器人、取样机器人、钢卷全自动打捆机器人、自动贴标签机器人、智能库区和智能司磅等一系列作业机器人陆续投入各产线使用。确定20个公司级攻关项目。推进群众性岗位创新创效工作,开发出炉辊清理工具、减速机油污清理工具、高空管道清理工具201件,受理各二级单位申报的微创新项目216项。（王本静）

## 马钢集团其他分(子)公司

### 马钢集团投资有限公司

【概况】 马钢集团投资有限公司(简称马钢投资公司)成立于2015年4月,是马钢集团的全资子公司,拥有马钢(上海)融资租赁有限公司、马钢(上海)商业保理有限公司和马钢(杭州)投资管理有限公司3家控股子公司。2020年1月1日,华宝信托有限公司托管马钢(上海)融资租赁有限公司,上海欧冶金融信息服务股份有限公司托管马钢（上海）商业保理有限公司。年内，按照“一企一业、一业一企”推进资产整合，完成华宝都鼎（上海）融资租赁有限公司吸收合并马钢（上海）融资租赁有限公司，欧冶商业保理有限责任公司吸收合并马钢（上海）商业保理有限公司。2020年，马钢投资公司下设综合管理部、计划财务部、资本市场部、股权管理部、风险管理部5个部门，实现利润总额10 533.67万元、净利润8 289.01万元（快报数）。年底，在册员工5人。（周立人）

【股权投资】 2020年，马钢投资公司开展股权管理工作。5月，马钢（杭州）投资管理有限公司注销。11月，马鞍山市中心医院在上海联合产权交易所公开挂牌转让。年内，将所持有的江苏共昌轧辊股份有限公司股权无偿划转至宝武重工。马钢集团指定马钢投资公司通过自有证券账户，在二级市场以竞价方式买入马钢股份A股股票158 282 159股，占总股本2.055 4%。（周立人）

## 马钢集团康泰置地发展有限公司

【概况】 马钢集团康泰置地发展有限公司（简称马钢康泰公司）的前身为马钢房地产公司，2010年进行产权多元化改制，注册资本为1.50亿元，股权结构变更为马钢集团控股50.80%，马钢康泰公司员工持股49.20%。2020年，下设综合管理部（含董秘室、党务、纪检、工会），财务管理部，资产及信息管理部，安全和企业管理部，开发项目管理部（事业部制），马钢集团康泰置地发展有限公司房产分公司，以及裕泰物业公司、康诚建安公司2家全资子公司。全年，实现主营业务收入3.52亿元、利润总额2 136.38万元，上缴各项税费3 284.86万元。年底，在册员工218人，在岗员工217人，另有马钢集团委派员工1人。（郑 燕）

【安全管理】 2020年，马钢康泰公司完成10个物业小区消防划线施工，整改各类安全消防隐患122处；开展全员安全教育专项培训112人次。重大安全、伤亡、火灾事故为零。（郑 燕）

【现场管理】 2020年新冠肺炎疫情期间，马钢康泰公司实施辖区内物业小区共22个区域、99条开放通道的封闭式管理，完成异地返回马钢集团的209名员工的隔离观察工作。年内，完成应急抢险483项，维修改造电梯61部，分批落实资产维修项目506.50万元。投入250余万元资金，对金海岸名邸和盛泰名邸进行小区环境整体改造提升。（郑 燕）

【业务拓展】 2020年，马钢康泰公司承接马钢集团棚改项目，包括4个地块8万平方米的棚改房拆除、800余户棚改户搬迁及安置房建设任务，10月28日开始投入建设。物业服务业务：在原有项目上延拓服务内容，并新增外部优质服务项目，全年增加合同金额374万元。建安业务：签订各类工程合同428份、合计金额逾1.80亿元，同比增长84%。物资贸易业务：适时调整产品结构、规范业务流程，实现销售收入9 337.48万元。房（资）产经营租赁业务：开展空置房招租，完成新冠肺炎疫情期间租金减免与租赁价格调整，全年签订合同547份。把握商品房销售趋势，回笼资金4 861万元。新拓展多层住宅增设电梯业务，增加收入86万元。（郑 燕）

## 安徽马钢冶金工业技术服务有限责任公司

【概况】 安徽马钢冶金工业技术服务有限责任公司（简称马钢冶金服务公司）的前身为成立于1984年2月的马钢厂办大集体利民公司。2020年3月，马钢集团启动厂办大集体改革工作；10月16日注册成立安徽马钢冶金工业技术服务有限责任公司。马钢冶金服务公司是马钢集团全资设立的子公司，为钢铁冶金和相关企业提供生产协力等配套服务，致力于成为区域内具有综合竞争优势的生产协力服务商。公司不设董事会，设执行董事1人，下设综合管理部，经营财务部，生产安环部，人力资源部（党委组织部），党群工作部（工会、团委、纪检、监察、审计）5个部门。托管马鞍山利民星火冶金渣环保技术开发有限公司、马鞍山利民冶金固体废物综合利用科技有限公司、安徽马钢利民建筑安装有限公司。全年实现主营业务收入26.24亿元。年底，在册、在岗员工702人。（汤 莉）

【厂办大集体改革】 3月，马钢集团启动厂办大集体改革工作。10月16日，注册成立安徽马钢冶金工业技术服务有限责任公司。11月2日，根据业务需要设立6家分厂，截至年底，完成第一分厂（原马鞍山市马钢利民钢渣开发有限公司）、第二分厂（原安徽马钢利民建筑安装有限公司协力分公司）、第三分厂（原马鞍山马钢利民劳动服务公

司)、第四分厂(原马鞍山市马钢利民回收有限公司)成立前的筹备工作。（汤　莉）

【生产经营】 2020年，安徽马钢利民建筑安装有限公司中标马钢股份炼焦总厂北区新增干熄焦环境除尘土建工程、马钢股份第四钢轧总厂2250热轧精轧超高压除鳞系统改造及泗县御河景苑(二期)棚户改造设计施工一体化等工程项目。马鞍山利民星火冶金渣环保技术开发有限公司钢渣微粉生产线超额完成全年预定生产目标，利润突破1 000万元。（汤　莉）

## 深圳市粤海马钢实业有限公司

【概况】 深圳市粤海马钢实业有限公司(简称粤海马公司)成立于1992年11月25日。2020年，处于停业存续状态，主要业务为自有28套房产的租赁。年底，在册员工2人。（高　亮）

【清算注销】 3月，中国宝武要求马钢集团于2021年完成深圳粤海马钢实业有限公司的清算注销工作。马钢集团资产经营公司和马钢集团法务部反复论证粤海马公司的清算方案，并共同赴深圳，与粤海马公司参股股权的实际控制人深圳市深汇通投资有限公司磋商。双方就粤海马公司清算注销及双方争议解决方式等问题达成共识，同意启动粤海马公司清算注销工作。9月底，马钢集团法律事务部委托建纬(深圳)律师事务所办理粤海马公司28套房产权益诉讼。年底，粤海马公司处于停业存续状态。（高　亮）

## 马钢集团大事纪要

1月1日，马钢集团将安徽马钢矿业资源集团有限公司委托宝钢资源管理。

同日，马钢集团将飞马智科信息技术股份有限公司委托宝信软件管理。

同日，马钢集团将欣创节能环保科技股份有限公司委托宝武水务管理。

同日，马钢集团将安徽马钢嘉华新型建材有限公司委托宝武环科管理。

同日，马钢集团将安徽马钢设备检修有限公司委托宝武智维管理。

同日，马钢集团将安徽马钢粉末冶金有限公司委托宝武环科管理。

同日，马钢集团将马钢国际经济贸易有限公司委托宝钢资源管理。

同日，武汉耐材对瑞泰马钢新材料科技有限公司持股40%。

同日，马钢集团将马钢集团设计研究院有限责任公司委托宝钢工程管理。

同日，马钢集团将马鞍山博力建设监理有限责任公司委托宝钢工程管理。

1月22日，马鞍山市与马钢集团召开融合发展工作对接会。

1月　马钢集团将安徽马钢化工能源科技有限公司委托宝武炭材管理。

2月15日，安徽省副省长何树山率省第12督导检查组到马钢集团，督导新冠肺炎疫情防控工作。

2月19日，马鞍山马钢废钢有限责任公司更名为“欧冶链金再生资源有限公司”。欧冶链金再生资源有限公司注册成立。

2月20日，中国宝武发文，决定将安徽马钢工程技术集团有限公司更名为“宝武重工有限公司”，由中国宝武直接管理，业务对口智慧服务产业发展中心。

2月26日，宝钢股份对马钢股份管理、技术支撑工作启动会通过视频会的形式召开。宝钢股份对马钢股份管理、技术支撑工作全面启动。

3月1日，宝武集团马钢轨交材料科技有限公司、欧冶链金再生资源有限公司按中国宝武直接管理方式运作。

3月6日，马钢股份通过安徽省市场监督局“AAAAA(简称5A)”级标准化良好行为确认，成为全省第一批、马鞍山市首家通过标准化良好行为5A级确认的企业。

4月1日，马钢集团物流有限公司委托宝武物流资产有限公司管理。

同日，马钢集团将马钢集团物流有限公司的控股子公司安徽中联海运有限公司委托宝钢资源管理。

4月7日，马钢轨道交通装备有限公司通过工商登记，正式更名为“宝武集团马钢轨交材料科技有限公司”。

4月23日，上海宝华国际招标有限公司安徽分公司注册成立。9月1日，原马钢集团招标咨询有限公司业务切换至上海宝华国际招标有限公司安徽分公司。

4月28日，马钢集团建设的国内首条重型热轧H型钢生产线开始试生产。

5月3日，马钢股份重点环保项目能控中心六汾河中水深度处理系统开工建设。

5与8日，安徽省副省长何树山率省第12督导检查组，到马鞍山督导“抓项目、稳投资、增动能”和脱贫攻坚工作。

2020年9月18日，“中国宝武大家庭”专题展揭幕仪式在马钢集团举行　（刘正发　摄）

2020年10月26日，中国宝武“重走钢铁长征路”宁马片区活动在马钢集团举行　（张明伟　摄）

6月4日，马钢股份与中国二十冶集团有限公司签署战略合作协议。

6月7日，中国宝武运营共享服务中心马鞍山区域分中心成立。

6月30日，中国宝武中央研究院马钢技术中心揭牌成立，标志着马钢技术中心正式加入中国宝武研发体系。

7月13日，马钢股份与上海宝冶集团有限公司签署战略合作协议。

7月16日，马钢集团承担的安徽省科技重大专项“减振降噪车轮研究开发及产业化”通过验收。

8月19日，中共中央总书记习近平到马钢集团视察调研，并同劳动模范、工人代表亲切交流。

9月1日，宝武集团财务有限责任公司受托管理马钢集团财务有限公司。

9月8日，安徽省推进5G（第五代移动通信技术）示范应用现场会在马鞍山市召开。与会人员实地参观调研马钢股份港务原料总厂5G智慧料场示范项目、南山矿、尚桥铁矿5G无人驾驶矿车示范项目和薛家洼长江东岸整治工程。

9月14—16日，马钢股份与中国钢结构协会在马鞍山市联合举办重型热轧H型钢工程建设应用研讨会，旨在搭建国内钢结构产业链合作平台，共同推动中国H型钢系列产品在钢结构领域的应用发展。

9月18日，马钢集团举行“中国宝武大家庭”专题展揭幕仪式。

同日，长三角（合肥）数字科技中心项目奠基暨开工仪式在安徽省合肥市举行。

10月9日，马钢股份炼铁总厂（南区）带式焙烧机球团工程总承包项目奠基开工。

10月26日，中国宝武“重走钢铁长征路”宁马片区活动在马钢集团举行。

12月15日，马钢股份炼铁智控中心、运营管控中心投入运行。

12月25日，马钢展示馆举行开馆仪式。

12月27日，马钢集团获“中国工业大奖提名奖”。

（张　轩　李一丹）

# 太原钢铁（集团）有限公司

## 概　述

太原钢铁（集团）有限公司（简称太钢集团）前身为1934年山西督军阎锡山始建的西北炼钢厂，1996年改制为国有独资公司——太原钢铁（集团）有限公司，2020年12月23日加入中国宝武，成为中国宝武不锈钢产业一体化运营的旗舰平台公司。太钢集团具有年产1 300万

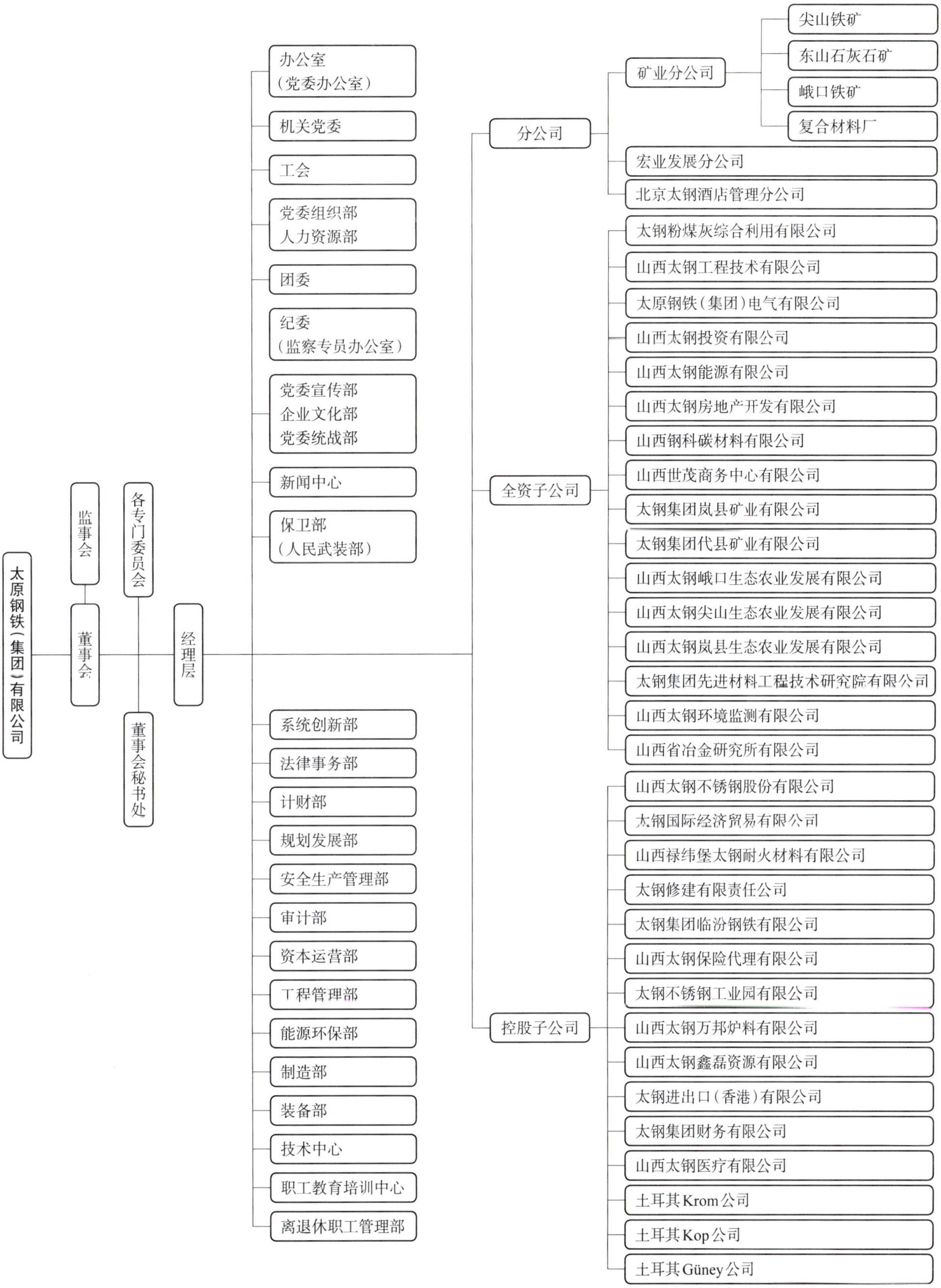


太原钢铁（集团）有限公司组织机构图（2020年12月）

**太钢集团主要装备（生产线）一览表**

| 装　备 | 规　格 | 数　量 | 备　注 |
|---|---|---|---|
| 矿山 | | 6座 | |
| 焦炉 | 7.63米×70孔 | 3座 | |
| 烧结机 | 450平方米 | 2台 | |
| 高炉 | 1 800立方米 | 1座 | |
| 高炉 | 4 350立方米 | 2座 | |
| 转炉 | 80吨 | 2座 | |
| 转炉 | 90吨 | 1座 | |
| 转炉 | 180吨 | 3座 | |
| 电炉 | 80吨 | 1座 | |
| 电炉 | 90吨 | 1座 | |
| 电炉 | 160吨 | 2座 | |
| 连铸机 | | 11座 | |
| 初轧机 | 1 000毫米 | 1座 | |
| 高速线材轧机 | | 1座 | |
| 中厚板轧机 | 2 300毫米 | 1座 | |
| 冷轧硅钢酸连轧机 | | 1条 | |
| 不锈钢冷连轧机 | | 2条 | |
| 热连轧机 | 1 549毫米/2 250毫米 | 2条 | |
| 二十辊冷轧机 | | 19台 | 太钢不锈冷轧硅钢厂3台、冷轧厂10台、山西太钢不锈钢精密带钢有限公司2台、天津天管太钢焊管有限公司4台 |
| 六辊冷轧机 | | 1台 | |
| 钢管冷轧机 | | 37台 | |

（侯全红）

吨铁精矿粉、1 200万吨钢的综合生产能力。全年，生产精矿粉1 292万吨，球团444万吨，焦炭307万吨，烧结矿925万吨，铁水770万吨，粗钢1 069万吨（其中不锈钢419万吨），钢材988万吨（其中不锈材378万吨）；实现营业收入786.23亿元、利润总额39.34亿元，上缴税金29亿元。年底，在册员工38 941人，在岗员工31 474人（不含宝钢德盛、宁波宝新）。（李志强　解利伟）

【企业负责人介绍】 高祥明，1962年9月生，山西朔州人，中共党员，正高级工程师，太钢集团党委书记、董事长。

高建兵，1976年10月生，山西运城人，中共党员，正高级工程师，太钢集团董事、总经理、党委副书记。（温志钢）

## 生产经营管理

【深化改革】 2020年，太钢集团试点推行3年任期目标责任制和契约化管理。成立董监事管理办公室，规范派出董监事选派履职管理。厂办大集体改革全部完成；退休人员社会化管理有序推进，本部退休职工完成协议移交。山西太钢不锈钢精密带钢有限公司入选全国“科改示范企业”名单。12月，太钢集团收回太钢集团岚县矿业有限公司全部股权，太钢集团岚县矿业有限公司由控股子公司变更为全资子公司。（杨雅芹）

【智慧制造】 2020年，太钢集团完成操作室智慧化集控现状调研、对标找差、岗位梳理、选址、方案策划工作。以智能装备应用为切入点，实施14台（套）工业机器人代人项目，打造生产现场的少人化、无人化；完成供应链物流系统智能化升级改造、设备在线监测与预防性维护平台、电子采购、智慧物流平台等重点项目，推动新一代信息通信技术与钢铁工艺流程、操作技术及运营管理的深度融合。（刘彦男）

【绿色发展】 2020年，太钢集团环保项目投资7.50亿元，其中包括：推进以无组织排放管理控制治理一体化为首的无组织排放治理项目，实现无组织排放有组织管控；推进以再生水回供汾河公园湿地项目为首的水系统优化提升项目，实现再生水向汾河公园景观供水；强化固体废物、土壤、噪声、辐射及碳排放管理，有效防范各类环境风险。（尚瑞平）

【节能减排】 2月21日，太钢集团实施完成高炉煤气管道喷碱项目，降低了煤气硫含量，减少了氯根离子对管道的腐蚀，同步实现节水180吨/小时；4月8日，实施高炉均压煤气回收，消除装料过程高炉煤气放散对环境的污染并回收煤气；9月，烧结环冷机在环冷轴流风机改离心风机的基础上，将环冷机密封由橡胶密封改为水密封，环冷余热回收水平由改造前的57千克/吨提高至95千克/吨；10月5日，完成热干煤气项目，热风炉高炉煤气消耗较改造前节约3%。

（谢海运　段新虎）

【节能减碳】 6月，太钢集团首次在炼钢二厂转炉实现二氧化碳替代氩气炼钢，全年节约氩气496.70万立方米。（谢海运）

【循环经济】 6月，太钢集团再生水回供汾河公园湿地项目开工建设。全线采用压力管线，长度2 895米，12月30日建成并投入运行。项目实施后，每天可向太原汾河公园湿地补水5.80万吨，实现由工业排水向供城市生态补水转变。

（谢海运）

【冬季供热】 2020年北方采暖季期间，太钢集团制定经济合理的供热运行方式，调整供热参数，确保供热质量；建立供热联络保障联系机制，完成新冠肺炎疫情期间学校延长供热的区域供热任务。整个供暖期间，外供热量708万吉焦，保供供热面积为2 150万平方米、27万户（按80平方米/户计）。（马晋杰）

【科技创新】 2020年，太钢集团连续第九年被评为“国家技术创新示范企业”，通过“全国知识产权优势企业”复核；获得立项批复10个政府科技项目，负责“不锈钢冶炼渣、尘泥无害化处理及资源化利用关键技术及装备”“钢铁行业废水和城市污水协同深度净化与回用关键技术及示范”2项国家重点研发计划课题；6个项目获冶金科学技术奖，其中太钢集团主持的“特殊高合金钢品种冶炼及连铸关键技术开发与应用”、参与的“高端装备用双相不锈钢无缝钢管系列关键工艺技术开发及工程应用”和“基于深度学习的热轧带钢表面在线监测与质量评级”3个项目获一等奖；受理专利220件，其中发明专利136件，发明专利比例为61.80%，“一种回转窑焙烧超低碳石灰的方法及其生产的石灰产品”获山西省第二届专利奖二等奖。

（张春亮　王　静）

【质量管理】 2020年，太钢集团加强构建覆盖全员、全过程的质量责任体系。“400系质量攻关”“碳钢表面条纹改善”“双相钢卷板钢质废品率”“不锈钢模铸管坯质量提升”“降低镍钢方坯黑带缺陷比率”“无取向硅钢孔洞”“模铸车轴钢生产系统稳定”7项质量问题攻关取得成效。代县矿业有限公司焙烧作业区运行丙班获全国质量信得过班组称号；“宽幅超薄精密不锈带钢工艺技术及系列产品开发”获国际质量创新大赛二等奖和中国质量技术奖综合类二等奖；“降低精密箔材精整工序一次不合格率”“不忘初心，量身定制，开创重大项目用钢服务新模式”2项质量改进项目获中国质量技术与创新成果发表赛“示范级”成果；“优化高炉用煤配煤结构”质量改进项目获中国质量协会质量技术奖全国优秀六西格玛项目。

（王　冰　王　静）

【工程建设】 2020年，太钢集团完成投资32.73亿元。4月，炼铁厂三号、六号高炉均压煤气回收项目投入运行，炼钢二厂北区20万吨取向硅钢改造项目投入运行；5月，型材厂电站锅炉用镍基耐热合金高技术产业化项目二期工程投入运行；6月，不锈线材厂棒线材生产线智能化升级改造项目投入运行；10月，尖山铁矿胶带排岩升段工程投入运行。（贺晓君）

【转岗创业工作】 2020年，太钢集团建立创业站21个，140名员工转岗进入创业站。其中，22名创业人员拓展4个外部创业项目，全年对外创收150万元；116名创业人员转岗进入保洁、绿化、值守看管等服务性岗位。380名员工进入太原市怡安居物业管理有限公司工作，全年对外创收980万元。47名员工进入山西钢新实业有限公司的服务性岗位工作。（常晋爱）

【人才队伍建设】 2020年，太钢集团制定《关于对院校引进大学生实施补贴的有关规定》，设立引进人才专项基金，全年柔性引进2名院士、社会成熟人才10名，引进院校毕业生171名。推进职业技能测评，完善标准2 014项，测评13 189名员工，整体胜任率同比提高0.1个百分点。打通太钢科学家、高级首席师发展路径，聘任太钢科学家1名，高级首席师2名。制定《太钢杰出科技贡献奖评选管理办法》制度，组织员工申领地方人才补助176人次，向国家、省（市）重大人才工程选拔推荐优秀人才39人次。太钢集团入选中华国际科学交流基金会工程科技人才贡献奖，3人入选享受国务院政府特殊津贴专家（高级技师），2人入选山西省“十四五”院士后备人选。创建山西省省级技能大师工作室1个。（毛晓潭）

【员工培训】 2020年，太钢集团举办管理技能提升培训、专业技术研修、操作人员职业技能认定前培训以及特种作业人员、特种设备作业人员取证、各层级安全取证等培训班464个，培训6 665学时，培训员工34 191人次；完成38个工种的企业认定规范编制工作，开发与修订57个工种职业技能认定题库，具备了对太钢集团所有职业（工种）开展职业技能认定的条件；申报并取得9个职业14个工种的社会化技能等级认定资质；全年职业技能等级认定69个工种，合格1 027人，其中初级工219人、中级工535人、高级工142人、技师99人、高级技师32人。（马玉花）

【市场营销】 2020年，太钢集团销售钢材986.90万吨，其中不锈钢378.40万吨；超纯铁素体、高碳马氏体、304系、清洁球用钢、冷藏箱行业用钢、镍基合金、汽车用钢、工程机械用钢、高牌号硅钢、纯铁、耐候钢等重点品种销量较上年增长。推进引领消费和500强及高端客户开发项目，优化改善销售结构；通过日产汽车认证并实现批量供货；实现比亚迪新能源汽车驱动电机用薄规格高牌号硅钢升级换代；山西省内中厚板市场占有率增长17%；核级不锈钢板中标“华龙一号”两台机组堆内构件订单，市场占有率100%。（杨　莉）

【国际化业务】 2020年，太钢集团化解新冠肺炎疫情带来的不利影响，通过产业链延伸，提升钢铁深加工、终端产品制造及相关服务能力，拓展出口市场空间，全年钢材出口69.60万吨，其中不锈钢48.30万吨；韩国、土耳其、中东、日本等国家或地区的出口量保持稳定。（杨　莉）

【获得荣誉】 2020年，太钢集团不锈钢“手撕钢”创新研发团队获“中国青年五四奖章集体”称号。太钢集团入选“中国卓越钢铁企业国际影响力品牌”，获中国企业文化研究会评选的“‘十三五’中国企业文化建设典范组织”称号，获山西省首届“企业技术创新奖”，获评“山西省模范驻村单位”“山西省民族团结进步模范集体”。太钢集团矿业分公司尖山铁矿获“山西省优秀企业”称号，太钢集团岚县矿业有限公司、太钢集团矿业分公司尖山铁矿入选国家级绿色矿山，太钢不锈“宽幅超薄精密不锈带钢工艺技术及系列产品项目”获中国工业大奖，太钢不锈成为全国首批全流程超低排放A级钢铁企业，山西太钢不锈钢精密带钢有限公司入选“科改示范企业”全国名单，太钢不锈炼钢二厂“关爱小屋”获评山西省心理健康咨询示范基地，太钢不锈冷轧厂连轧作业区获评“山西省工人先锋号”，太钢不锈参编的《GB/T33959钢筋混凝土用不锈钢钢筋》国家标准获2020年“国家标准创新贡献奖”。（岳耸屹）

## 山西太钢不锈钢股份有限公司

【概况】 山西太钢不锈钢股份有限公司（简称太钢不锈）是太原钢铁（集团）有限公司1998年重组不锈钢经营性资产后募集设立的上

市公司。2006年，太钢不锈完成对太原钢铁（集团）有限公司钢铁主业资产的收购，拥有完整的钢铁生产技术装备及配套设施。2020年，产铁770万吨、钢1 068.86万吨、钢材987.46万吨（其中不锈材377.72万吨），降低成本9.18亿元。年底，在册员工21 387人，在岗员工18 786人。（田　英）

【董事会重要事项】 3月20日，太钢不锈召开第八届董事会第二次会议，聘用张志君为董事会秘书，周金晓为证券事务代表。4月25日，召开第八届董事会第三次会议，审议并通过《与太钢集团签署〈主要原辅料供应协议〉〈综合服务协议〉〈土地使用权租赁协议〉》《与太原钢铁（集团）国际贸易有限公司签署〈进口业务委托代理协议〉》《2019年度利润分配预案》《续聘2020年度财务报告审计机构》《续聘2020年度内部控制审计机构》《2020年度商品期货套期保值方案》《注册发行不超过人民币50亿元公司债券》《分期注册发行50亿元中期票据》《子公司吸收合并》等议案。5月15日，召开第八届董事会第四次会议，审议并通过《调整部分子公司董事、监事人员的议案》。6月20日，召开第八届董事会第五次会议，审议并通过《终止筹划收购临沂鑫海新型材料有限公司51%股权的重大资产重组事项》《调整部分子公司董事、监事人员》等议案。8月20日，召开第八届董事会第六次会议，审议并通过《修订〈关联交易管理制度〉〈对外担保管理办法〉和〈董事、监事及高级管理人员持有本公司股份及其变动管理制度〉》《与合作银行开展20亿元商业汇票质押业务》《以自有资金向全资子公司沈阳沈水太钢不锈钢销售有限公司增资2 500万元增加注册资本》等议案。10月13日，召开第八届董事会第七次会议，审议并通过补选独立董事和召开2020年第一次临时股东大会2项议案。10月29日，召开第八届董事会第八次会议，审议并通过调整董事会各专门委员会人员等议案。（杨润权）

【差异化管理】 2020年，太钢不锈提出差异化品种的概念，按钢材产品对公司生产与经营的重要性，将差异化产品分为战略产品、特色产品、培育产品。制定不锈钢、碳钢及分工序的差异化品种目标，每月对完成情况进行评价，引入责任制关键性指标进行考评，加强差异化品种引导作用。（田　英）

【降低资金成本】 2020年，太钢不锈通过多渠道融资优化带息负债结构，降低资金成本，资产负债率51.03%，财务费用比上年降低2.10亿元。（田　英）

【项目投资管理】 2020年，太钢不锈项目管理实现从投资概算审查、下达投资计划、分解投资目标到合同预付款、进度款、工程结算、决算、审计的全过程闭环管理。实施一系列环保投资项目，环保达到超低排放目标，通过A级企业认证；硅钢、400系列不锈钢产品结构得到优化。年内，太钢不锈工程投资支出20.36亿元，项目投产总额19.70亿元。（田　英）

【压减法人户数】 2020年，太钢不锈开展长期亏损投资项目的清理，对同质业务子公司进行整合。转让太钢不锈持有的天津天管太钢焊管有限公司50%股权，并收购天津钢管集团股份有限公司持有的山西太钢不锈钢钢管有限公司25%股权。（田　英）

【军工核电产品开发】 2020年，太钢不锈开发国内钠冷示范快堆用超高纯净不锈钢钢板、棒材、电渣锭、连铸坯等产品，成为国内首台示范快堆项目主体装备用不锈钢材料的主力供货商；承担海南昌江核电二期项目三号、四号机组和浙江三澳核电一期工程一号、二号机组堆内构件核一级不锈钢板，保持市场占有率100%；承担国内重点国防工程用低温特种不锈钢板材的开发，开发的不锈钢材料应用于长征五号遥五运载火箭。（白日普）

【原料采购】 2020年，太钢不锈铁矿石采购以内部自产矿为主，进口矿为辅，进口矿占比不到10%。焦煤采购大矿煤比例68.80%，同比提高3.70%；炼焦煤保持100%火车进厂。纯镍采购比例较2019年下调0.62%；进口镍铁使用比例较2019年提高3.96%，引导进口镍铁供方降低产品镍含量，以满足当前生产需求；加大国产铬铁提升硅含量力度，提高国产铬铁中硅含量，以弥补高硅工艺所需的硅缺口，减少使用硅铁数量；开辟进口钼铁及氧化钼采购渠道，实现降成本的同时，增强了钼铁资源获取渠道。（白利新）

【资材备件采购】 2020年，太钢不锈长单（采购周期半年以上）采购比例占总采购比例63%，同比提升4%；推动17项资材备件的国产化替代；减少贸易数量，贸易商采购金额同比降低0.70%。推进电商采购渠道的搭建，先后引入苏州工品汇信息科技有限公司、苏宁易购电子商务有限公司等电商；耐材采用非涂层浇钢砖，达到与涂层浇钢砖同样的效果，轧材、锻材探伤平均合格率均稳定在97%以上。

（白利新）

## 焦化厂

【概况】 焦化厂下设5个科室、7个作业区。2020年，生产焦炭306.80万吨、焦炉煤气1 912.40万吉焦、焦油8.90万吨、硫铵3.80万吨、硫酸2.30万吨、轻苯2.60万吨，干熄焦发电3.28亿千瓦时，冶金焦率91.48%，降本增效8 499万元。全员劳动生产率4 101.03吨/人·年，比上年提高2.59%。年底，在册员工742人。（刘诚林）

【生产组织】 2020年，焦化厂在五号高炉大修期间努力提高焦炉出炉数，组织火车外销焦炭61列、11.69万吨，创造利润5 964万元，完成焦炭外发和保三号高炉、六号高炉稳定生产的任务。

（刘诚林）

## 炼铁厂

【概况】 炼铁厂下设5个科室和13个作业区，主要产品有制钢生铁和烧结矿，副产品有水渣和高炉煤气。主体生产设备包括3座高炉：三号高炉（1 800立方米）、五号高炉（4 350立方米）、六号高炉（4 350立方米），2台烧结机：660平方米烧结机、450平方米烧结机。2020年，生产铁水770万吨、烧结矿925万吨。年底，在册员工2 033人。（安瑞珍）

【五号高炉大修及配套项目改造】 6月16日，五号高炉休风，开始停炉大修，工期112天，投资6.80亿元，总计570个项目。主要包括：高炉本体炉壳和耐材更换，增设炉顶均压煤气回收系统，炉前增设换钎机和装泥机设备，槽下增加2套除尘系统、更换环保筛，“三电”（电气、仪表、计算机）主控制系统升级换代为西门子系统。大修采取不放残铁模块化大修模式，实现了太钢历史上首次大高炉100%全煤气回收环保停炉。10月5日，五号高炉送风点火。开炉48小时开始喷煤，52小时加富氧，76小时各运行参数达到计划目标，第四天高炉利用系数为2.19，第五天产量为10 017吨。太钢不锈利用五号高炉停炉大修时机，进行配套工程升级改造。三烧结于6月21日停机大修，完成机头除尘、球团型环冷机、热风烧结、气力输灰改造等项目，8月2日开机投产，比计划提前2天完工。四烧结于8月20日停机大修，主要完成了机头除尘、球团型环冷机、热风烧结改造项目，9月29日开机投产，比计划提前4天完工。（安瑞珍）

【超低排放整治】 2020年，炼铁厂开展烧结烟气超低排放整治。2月9日、2月21日，三号、四号烧结烟气超低排放改造工程分别完成调试，全面达到超低排放标准；年内，通过增加单点除尘器、增设水雾抑尘器，更换环保筛、增加除尘管道、除尘滤料升级改造措施，完成800处重点环保问题整治，全流程达到超低排放标准。

（安瑞珍）

## 炼钢一厂

【概况】 2011年2月，第一炼钢厂和第三炼钢厂合并，成立炼钢一厂。下设6个科室、10个作业区。有不锈钢和碳钢两条生产线。不锈钢线主要生产304系列、321系列、316L系列、双相钢、耐热钢、镍基合金等系列不锈钢连铸、模铸产品；碳钢线主要生产车轮钢、车轴钢、法兰钢、高压气瓶钢、高等级齿轮钢、合金结构钢、冷墩钢、碳素工具钢、模具钢、无磁钢等品种。2020年，钢产量1 083 991.30吨，其中不锈钢464 641.57吨、碳钢619 349.77吨。年底，在册员工809人。

（郝　晶）

【碳钢产品开发】 2020年，炼钢一厂开发了直径690毫米大规格高压管坯用15NiCuMoNb5-6-4连铸圆坯、高铁齿轮用18CrNiMo7-6圆钢、大圆坯AISI4330V、管坯钢SA-335P92、广州地铁车轮CG09-L1；开发了高碳铬轴承钢GCr15连铸圆坯工艺，钢中氧含量、铸坯低倍及表面质量满足用户技术要求。（郝　晶）

【不锈钢产品开发】 2020年，炼钢一厂开发了抗菌不锈钢TKJA-2、TKJA304L和TKJA316L-ZK、核电含氮不锈钢316LN-HD；加大了镍基合金、石油无磁钻铤用钢的开发生产力度。全年高锰高氮不锈钢系列开发量3 343.39吨，比上年增加72.30%。（郝　晶）

【效率提升】 2020年，炼钢一厂推进模铸转连铸生产，提升连铸机连续生产能力，增加连铸机有效作业时间，连铸比由上年的85.61%提高至87.66%，圆坯连铸日历作业率由上年的80.415%提升至84.893%。不锈钢生产效率提升，月产量在4万吨以上水平稳定运行，12月钢产量为4.40万吨。（郝　晶）

【工匠队伍建设】　2020年，炼钢一厂组织73名员工参加太钢不锈第41届技术比武，取得电炉炼钢工第一名及天车工第一名、第三名、第四名、第五名的成绩。组织24名员工参加太原市职业技能竞赛，刘欢获连铸操作工第二名，并获“太原市记功表彰先进个人”和太原市“晋阳工匠”称号。（郝　晶）

## 炼钢二厂

【概况】　炼钢二厂承担着太钢不锈90%以上的炼钢任务和主要品种钢冶炼任务。生产现场分为南、北两区，分别于1970年4月26日、2006年8月10日投产，共有4条生产线，具备年产380万吨不锈钢、750万吨碳钢的生产能力。2020年，产钢960.12万吨，其中不锈钢372.01万吨。年底，在册员工2 064人。（朱惠君）

【提高工艺技术水平】　2020年，炼钢二厂铁铬铝工艺质量控制稳定，优化了合金化工艺，收得率为50%。笔头钢成分控制水平提高，碳≤0.015%命中率为100%，开发控制笔头钢碳含量技术、含铅和碲的不锈钢连铸技术。常规品种304、430铸坯无修磨比例保持在85%以上；含钛铁素体不锈钢无修磨比例提升至57%。不锈钢模铸实现自动浇铸。新增辊式搅拌，碳钢锻造法兰用钢、超高碳钢的内部缺陷率降低80%以上，不锈钢铸坯等轴晶比例提升60%以上。（朱惠君）

【降本增效】　2020年，炼钢二厂降成本4.23亿元。其中，通过工艺改进、合金和辅料替代，降低合金成本1.90亿元，降低辅料成本2 876万元；高硅工艺比例为75%，同比提高15.30%，降低成本2 652万元。（朱惠君）

【设备管理】　2020年，炼钢二厂推进设备“精细点检、精心维护、精益检修”的“三精”管理模式，设备故障率0.984‰，同比降低5%。完成北区20万吨高磁感取向硅钢改造及南区二号连铸机升级改造项目，南区三号连铸机、北区一号连铸机和四号连铸机辊式电磁搅拌建成投用。（朱惠君）

【绿色发展】　2020年，炼钢二厂有组织排放监测全部达标，无组织排放整改249项，并实现超低排放。南区转炉屋顶罩、原料汽车库火车库、南北区钢包除尘、连铸大包（切割）除尘等一系列除尘改善项目投入运行。（朱惠君）

【队伍建设】　2020年，炼钢二厂组织编制三年人力资源规划，实施南北区连铸主控室集中控制改造、北区连铸切割智能化改造项目。转炉炼钢工王伟被评为山西省“三晋工匠”，连铸浇钢工贺义利、王尹贵被评为太原市“晋阳工匠”，冶炼三作业区氩氧炉班组获评全国“安康杯”优胜班组。（朱惠君）

## 型材厂

【概况】　型材厂于2005年6月成立，拥有1 000毫米可逆式初轧机生产线、1 000吨快锻机生产线、1 800吨径锻生产线、特殊钢气氛保护电渣冶炼生产线、6吨真空感应炉、自耗炉等生产设备。2020年，产钢81.67万吨，降成本1 633万元。年底，在册员工622人。（冯文丽）

【新产品开发】　2020年，型材厂全工艺流程开发国家第四代核电项目用钢；开发TWZ-3/4无磁钢属高端无磁钻铤系列，产品质量达国内领先水平，替代进口，国内市场占有率50%以上。（郭　波）

【设备管理】　2020年，型材厂运用自创锤杆镶套技术，对1 800吨径锻机在线修复。完成精整厂房13根吊车梁、40片屋面板更换等年度隐患治理任务。（关明亮）

【项目建设】　6月27日，太钢电站锅炉用镍基耐热合金高技术产业化项目二期工程热负荷试车。该项目于2019年10月开工，投资预算2 280万元，由山西太钢工程技术有限公司设计，主要建设内容为1台6吨真空自耗炉、1台电极对焊机、1台车床及公辅等配套设施。7月，采用“双真空”冶炼方式冶炼出GH4698、GH4169等8炉高温合金。（王少军）

## 热轧厂

【概况】　热轧厂前身为太钢第五轧钢厂，1998年太钢不锈成立后更名为热轧厂，下设6个科室、7个作业区。拥有2 300毫米中厚板线，1 700毫米炉卷线，中厚板精整线，不锈钢热处理、酸洗、研磨线，碳钢热处理线等生产设备。2020年，完成产量37.62万吨，其中不锈钢11.94万吨，利润2.31亿元。年底，在册员工650人。（戴海燕）

【产品开发】 2020年，热轧厂304系不锈钢中板中高强度、高耐蚀性、有铁素体含量要求等高附加值产品生产量大幅增加，其中有铁素体含量要求产品实现批量投放市场，完成合同交付705吨。应用于注塑机械领域的20毫米厚高强高塑性1.452 1超纯铁素体不锈钢热轧中厚板，出口欧洲，填补国内空白。双相不锈钢S32304应用于国内最大海水淡化项目——浙江石油化工有限公司4 000万吨炼化一体项目配套海水淡化工程，交付2 200吨。（戴海燕）

【智能化升级改造项目】 2020年，热轧厂4 300毫米中厚板生产线智能化升级改造项目完成工厂设计的初步设计，完成德国西马克集团轧机设计工作，中国第一重型机械股份有限公司开始制造轧机，太原重型机械集团有限公司开始制造矫直机、剪机等主体设备。设备采购完成投资3.20亿元。完成项目建设评审。（戴海燕）

## 冷轧硅钢厂

【概况】 冷轧硅钢厂前身为始建于1966年的太钢第六轧钢厂，2005年更名。主要产品有全牌号、全系列的无取向硅钢、半成品取向硅钢和部分军工产品。2020年，冷轧硅钢产量100.01万吨，降低成本2 212万元。年底，在册员工983人。（张亚荣）

【生产组织】 2020年，冷轧硅钢厂生产高牌号硅钢产品23.08万吨，同比增长15.40%；生产高磁感取向硅钢2.22万吨，同比增长67.50%；生产0.30毫米系列产品2.03万吨，同比增长1 131.20%；生产厚涂层产品1.99万吨，同比增长189.30%；生产自黏结产品1.91万吨，同比增长114.10%；冷轧板产品中，超宽IF冷轧板成功应用于美国卡特彼勒公司大型挖掘机配重外壳，冷轧板比上年增加0.13万吨，增长58%。合同兑现率93.90%，隔月欠合同为零。（张亚荣）

【产品开发】 2020年，冷轧硅钢厂新增高效高强系列硅钢、500兆帕级定转子两用硅钢，向美的集团有限公司、珠海格力电气股份有限公司、LG电子天津电器有限公司批量供应超高效压缩机用薄规格无取向硅钢产品，生产无人机、医疗器械用超薄0.20毫米厚度品种1 558吨，向法雷奥西门子新能源汽车有限公司供应薄规格新能源汽车用钢4 647吨，向比亚迪股份有限公司供应薄规格汽车用钢615吨。新能源汽车用钢通过多家用户认证，小批量供货157吨。三峡百万千瓦巨型水电项目用超高牌号产品实现首次供货，超高牌号厚涂层产品首次突破超宽规格1 200毫米。（张亚荣）

【高端取向硅钢项目】 3月10日，冷轧硅钢厂三号轧机基础开始施工；7月27日，基础施工结束；11月9日，主电机安装完成；12月10日，轧机高压柜受电。4月10日，四号轧机基础开始施工；5月13日，环形炉基础开始施工。（张亚荣）

## 不锈线材厂

【概况】 不锈线材厂原名第三轧钢厂，前身系始建于1959年的太原钢铁厂650板坯车间，1960年投产，2006年6月更名。下设6个科室、5个作业区。2020年，产钢12.45万吨，销售商品材10.50万吨，实现营业收入9亿元。年底，在册员工360人，在岗员工358人。（蒋效君）

【技术改造项目投入运行】 6月，不锈线材厂完成智能化升级改造项目调试，大棒、小棒、高速线材3条工艺路线小时产量达标，具备批量生产条件。直径5.50～22毫米规格线材、直径18～95毫米规格小棒、直径85～120毫米棒材均轧制顺畅，尺寸精度达标。在线辊底炉完成热装、热退功能调试，完全匹配轧线产能，产品性能达到预期效果。1Cr13、2Cr13、3Cr13等品种实现在线热处理生产，部分产品替代离线热处理工艺。新装备投产后，实物质量明显提升，棒材椭圆度≤0.50毫米，车削量减少2%，成材率为93%，产品质量异议损失总额比上年下降78%。（师国宏）

【新产品开发】 2020年，不锈线材厂开发出直径5.50毫米、直径6.50毫米、N06625线材产品，打通镍基合金线材生产路线。TBPS-E环保型笔尖钢实现批量生产，质量稳定，形成批量订单，市场占有率16%；2205管坯用双相钢质量提升，全年生产1 500吨；开发直径6毫米不锈螺纹钢，应用于2022年北京冬奥会冰球馆工程；开发直径50毫米不锈螺纹钢，应用于中国香港地区重点工程；开发地铁用不锈钢线棒材，应用于青岛地铁6号线工程，实现行业首发供货；汽车高压油轨用钢形成规格系列化，开发直径65、30、24、21、18毫米线棒材，并通过认证；生产手机用不锈钢线棒材243吨；开发手机支架等配套用途

线棒材,进入样品测试阶段。（师国宏）

【项目建设】 6月,不锈线材厂棒线材智能化升级改造项目全面投产;9月,高端不锈钢棒线材表面质量提升绿色化智能化技术改造项目投产;12月,员工生活楼、办公楼改造项目竣工,投入使用。（师国宏）

## 热连轧厂

【概况】 热连轧厂成立于1991年7月,下设6个职能科室、13个作业区。拥有1 549毫米和2 250毫米两条热轧生产线,及2条平整线、1条横切线、1条EPS线、125座罩式炉。主要生产不锈钢、硅钢、优碳钢、低合金钢、汽车用钢、管线钢、高强度钢、超细晶粒钢九大系列产品。2020年,实现利润4.50亿元;产出量728.30万吨,其中不锈钢353.50万吨;430系不锈钢初判不合格率从2019年的11.03%降至7%以下;双相钢首创行业热轧卷最宽最薄极限,具备批量生产能力。年底,在册员工1 067人。（姚　雷）

【两条热轧线中修】 2020年,热连轧厂1 549毫米热轧生产线中修12天19小时38分,比计划工期提前4.37小时,完成检修项目610项,涉及施工单位22家;2250热轧生产线中修21天10小时10分钟,比计划工期提前13小时50分钟,完成检修项目1 034项,涉及施工单位15家。（姚　雷）

## 冷轧厂

【概况】 冷轧厂前身为太钢第七轧钢厂,始建于1967年,是不锈钢冷轧薄板的主要生产厂,下设6个科室、16个作业区。在用生产线45条,其中窄幅区24条、宽幅区14条、连轧区7条,主要生产宽窄幅300系和400系冷轧不锈钢。2020年,产品总产量271.43万吨。其中,生产不锈钢冷轧钢带(板)147.61万吨,铬不锈钢占不锈钢总量的56.99%,超纯不锈钢29万吨,高碳马氏体不锈钢7.05万吨。年底,在册员工2 161人。（任春平）

【工艺创新】 2020年,冷轧厂打通原料轧制快速酸洗工艺,释放原料退火酸洗工序产能1.70万吨,成品退火酸洗工序产能1.90万吨。创新平整辊型设计,二号平整板型一次合格率由2019年的95%提升至99.35%。实施二号热线酸洗高压水冲洗工艺,解决酸洗花印等色差类缺陷。开发盐酸基酸洗工艺专有技术,在酸洗效率、现场操作、环保效益方面取得成效,突破行业传统工艺技术。精整机组增加静电吸附装置,实现安全高效的垫纸功能。（任春平）

【降本增效】 2020年,冷轧厂综合成材率比2019年提高0.70%,其中冷轧板成材率提高1.24%,降成本5 218万元;通过管理提升,降低刮油辊、砂带、轴承消耗,降成本4 322万元;优化工艺参数,一号连续冷轧退火酸洗线吨钢电耗降低15.23%,通过设备改造提高热线炉子煤气利用率,降成本1 535万元。全年降成本1.35亿元。（任春平）

【技术改造项目】 7月16日,冷轧厂现代铁素体不锈钢冷轧薄板质量升级技术改造项目开工建设,新建1台两辊平整机。12月31日,完成土建施工与设备安装。（任春平）

## 物流中心

【概况】 物流中心于2009年2月9日成立,前身为建于1950年6月12日的太钢运输部。主要承担太钢集团全部铁路运输任务,负责公司生产所需大宗原燃料(矿石、矿粉、精煤、合金、废钢、耐火材料等)及设备进厂,各生产工序衔接,以及产、成品发运全过程的物流管控。2020年,发运钢材产品806.97万吨,公路配送钢材17.43万吨,实现降低成本4 917万元。年底,在册员工1 119人,在岗员工1 115人。（郝晓东）

【扩能提效】 2020年,物流中心新建铁路停放线项目及编组站分类线北延扩容改造项目建成并投入运行,增加铁路线7 556米,扩容货位330个,实现编组分类线整列停放,提高编组站场车列接发、倒调效率,解决了铁路增量货位利用率饱和问题;在原料道口南新增渡线,形成编组交、接车列平行进路,减少排队等待时间,提高编组咽喉车列接发效率;完成编组2号轨道衡升级改造,配套超偏载仪、高清货检等设备,提高大宗原燃料进厂分流计量及轨道衡故障停用后的应急检测能力。（郝晓东）

【智能物流】 2020年,物流中心完成车地联控硬件设备安装调试及桌面客户端开发,实现信号上机车、远程接收调车作业计划、微机连锁实时状态显示、机车定位显示、车辆信息显示及机车工况数据采集等功能。（郝晓东）

## 能源动力总厂

【概况】 能源动力总厂成立于2010年1月7日,是由原发电厂、煤气厂、供水厂、电力厂整合成立,负责为太钢不锈提供电、风、水、蒸气、燃气等能源动力产品，以及保障尖草坪地区居民的冬季采暖，并处理尖草坪地区的城市污水。2020年，能源动力总厂机构精简，裁撤1个职能部门。年底，设有7个职能部门、7个业务部、25个作业区。全年发电55.29亿千瓦时，供电74.40亿千瓦时。年底，在册员工1 787人。（王　丽）

【技术改造项目】 3月，能源动力总厂供炼钢二厂二氧化碳气化输送项目开工，6月建成投用。该项目总投资494万元，投产后每年可节约氩气1 500万～2 000万立方米。8月，再生水回供汾河公园湿地项目开工，12月25日建成投用。该项目总投资1 957万元，将太钢的再生水回供至汾河公园湿地作为景观用水，为汾河公园提供所需的稳定补水水源，补水量为5万～6万吨/日。（王　丽）

## 加工厂

【概况】 加工厂组建于1960年，兼有二级厂和废钢铁管理部的双重职能，有钢渣处理、废钢加工、矿渣深加工和炼钢辅料4类主要生产线。下设6个机关科室和10个作业区。2020年，处理碳素钢渣117.49万吨，不锈钢渣134.99万吨；生产超细粉163.88万吨，矿棉0.33万吨；回收废钢76.93万吨，采购废钢56.63万吨，供应废钢147.26万吨，销售废钢6.85万吨，供应炼钢辅料2.18万吨。年底，在册员工746人。（刘国莉）

【环保工作】 2020年，加工厂以渣场作业区、废钢料场作业区为环保重点，完成渣场除尘设备设施修复、焖渣池改造和汽水道清理、厂房和皮带通廊封闭、焖渣现场铺设钢板、铁路道口铺设钢渣砖、新建6个洗车台，以及料场新建碳钢区封闭厂房、料场库区铺设钢板、31个料格改造、破碎机隔音降噪"十大环保项目"。渣场实现"一步一景"和散料全部封闭存放，碳素钢渣作业区实现渣坨不出厂房破碎，废钢料场作业区清理积压多年坑底物料2万吨。建成无组织排放一体化管控系统，安装29套总悬浮微粒和6套空气质量微型观测站、12套环保监控视频，渣场区域降尘量比上年降低70.55%，料场区域降尘量比上年降低75.21%。（刘国莉）

## 山西太钢不锈钢精密带钢有限公司

【概况】 山西太钢不锈钢精密带钢有限公司成立于2008年8月，依托太钢全流程不锈钢先进生产工艺技术，年产300、400系列，厚度0.015～0.50毫米，宽度3～650毫米高强度不锈钢精密带钢2万吨。2016年起，成立宽幅超薄精密不锈带钢创新研发项目团队，2018年生产出厚度0.02毫米、宽度600毫米的不锈钢精密带材。2020年，完成产量23 637吨，销售23 342吨，实现销售收入5.46亿元、利润861万元。年底，在册员工210人。（孟蕾蕾）

【市场开发】 2020年，山西太钢不锈钢精密带钢有限公司销售去应力产品2 339吨，同比增加363吨；箔材1 125吨，同比增加104吨；汽车钢2 286吨，同比增加86吨；焊带2 123吨；铁铬铝966吨。开发精密带钢5G（第五代移动通信技术）无磁系列产品，供应客户试样。（孟蕾蕾）

## 山西太钢不锈钢钢管有限公司

【概况】 山西太钢不锈钢钢管有限公司成立于2007年8月，下设6个职能科室、5个作业区，可生产不同规格无缝管、焊管、锅炉管、化工用超级奥氏体管、镍基合金管、海水淡化、油气输送双相管、核电管，以及军工用大口径厚壁管。2020年，完成产量25 508吨，无缝管工序成本降低7 084万元，营业收入7.04亿元。年底，在册员工430人。（郭红亮）

山西太钢不锈钢精密带钢有限公司生产现场　（王旭宏　摄于2020年9月）

【产品供应】 2020年，山西太钢不锈钢钢管有限公司生产的石油化工用管，中标全球最大煤制乙二醇项目3 068吨；生产的128吨镍基合金无缝管，应用于山西阳煤化工机械（集团）有限公司第三代“晋华炉”项目；生产的430吨无缝管，应用于2022年北京冬奥会国家速滑馆建设。 （郭红亮）

【工艺技术创新】 2020年，山西太钢不锈钢钢管有限公司开发的太钢超（超）临界电站锅炉用高品质耐热无缝钢管获中国钢铁工业协会颁发的“2020年度中国钢铁工业产品开发市场开拓奖”；开发高镍合金大口径无缝钢管冷加工制造方法获国家授权发明专利技术；开发大口径镍基合金无缝管冷拔变形新工艺；研发航空高强度钛合金Y型异型材，用于国家重大航空项目。 （郭红亮）

## 太钢集团全资子公司

### 太原钢铁（集团）粉煤灰综合利用有限公司

【概况】 太原钢铁（集团）粉煤灰综合利用有限公司成立于2001年8月，注册资本3 589.50万元，拥有年产30万立方米蒸压粉煤灰加气混凝土板/砌块、年产20万立方米蒸压粉煤灰加气混凝土板/砌块、年产2亿块蒸压粉煤灰砖、建筑石膏粉4条生产线。下设4个职能部门、1个业务部门和4个生产事业部。2020年，实现营业收入1.40亿元、利润总额1 475万元；生产、销售蒸压粉煤灰加气混凝土砌块36.99万立方米，蒸压粉煤灰砖7 478.50万块，蒸压粉煤灰加气混凝土板4.68万立方米，建筑石膏粉7.01万吨。年底，在册员工368人。 （罗清华）

【科技攻关】 2020年，粉煤灰综合利用有限公司承担的山西省重大专项“煤基固体废物制备蓄透水材料技术开发与工程示范”通过验收；蒸压粉煤灰加气混凝土砌块A3.5/B06、A5.0/B06，蒸压粉煤灰加气混凝土板A5.0/B06，蒸压粉煤灰砖MU10，取得工业和信息化部“绿色设计产品”认定；水电一体化蒸压粉煤灰加气混凝土板、干混砂浆系列产品（蒸压粉煤灰加气混凝土板专用黏接抗裂复合砂浆、缺损平面修复砂浆）实现工业化生产。 （罗清华）

【新品推广】 2020年，粉煤灰综合利用有限公司根据蒸压粉煤灰加气混凝土板客户需求，建立差异化定价和服务体系，提升蒸压粉煤灰加气混凝土板产品附加值，先后开发强度等级为A5.0级、A7.5级的新产品，增加吊挂力增强板、非标异形板、水电管线板等多种功能性新产品。 （罗清华）

【环保升级】 8月，粉煤灰综合利用有限公司取得新的国家统一编码《排污许可证》；编制《2020—2021年重污染天气砖瓦窑行业（非烧结砖）企业绩效分级申报材料》；10月，公司被列入山西省第一批重污染天气重点行业引领性企业。投资111.37万元升级改造建筑石膏粉生产线除尘器，实施车辆清洁化管理、库区保洁、洒水抑尘、水回收、原料库封闭、除尘改造升级等污染治理项目。 （罗清华）

### 山西太钢工程技术有限公司

【概况】 山西太钢工程技术有限公司前身为成立于1977年的太钢设计院，2001年更名为“太原钢铁（集团）设计院（有限公司）”，2010年5月31日更名为“山西太钢工程技术有限公司”。下设9个专业部门、3个管理部门。2020年，实现营业收入5.52亿元、利润3 104万元，获得订单超12亿元。年底，在册、在岗员工224人。 （苏　勇）

【生产经营】 2020年，山西太钢工程技术有限公司承接设计任务265项，其中各类总包项目59项；环境影响评价、节能评价、水环境影响评价25项，安全设施设计、职业病防护设施设计等9项；设计类和维检修类172项。 （苏　勇）

【技术创新】 2020年，山西太钢工程技术有限公司获2020年度全国冶金行业工程勘察设计成果6项，其中“太原钢铁（集团）有限公司纳米晶超薄带技术改造项目”“唐山港陆钢铁有限公司低品位工业余热回收供暖项目”“山西太钢不锈钢股份有限公司焦化厂焦炉烟道气脱硫脱硝EPC项目”获一等奖。6项取得太钢集团专有技术；“防打滑张力辊”“用于湿式破鳞机的支撑辊”2项获国家发明专利；新取得环境工程（固体废物）专项乙级资质。 （苏　勇）

### 太原钢铁（集团）电气有限公司

【概况】 太原钢铁（集团）电气有限公司前身为太钢电气设备修造

公司，是由原冶金电机厂和电力厂电修部分在2003年合并重组设立；2008年4月改制为太原钢铁（集团）电气有限公司，以独立法人身份进行市场运作。2020年，实现营业收入6 583万元、利润220万元。年底，在岗员工151人。

（王晓红）

【经营绩效】 2020年，太原钢铁（集团）电气有限公司完成以五高炉为中心的设备系统检修和不锈热轧厂二辊电机抢修重大项目；拓展社会市场，变压器制造和维修、电机维修等创收910万元；推进在线监测项目建设，监测动旋转设备182套、关键设备410台、测点1 744个。 （王晓红）

## 山西太钢投资有限公司

【概况】 山西太钢投资有限公司前身系1998年7月16日成立的太原钢铁（集团）原料贸易有限公司，2008年9月对原料贸易有限公司名称、法定代表人、经营范围、股东等事项进行变更，由山西太钢不锈钢股份有限公司的全资子公司变更为太原钢铁（集团）有限公司的全资子公司。注册资本20亿元。2020年，实现投资收益9 320万元、利润总额7 430万元。年底，在册员工17人。 （张国华）

【私募股权投资】 2020年，山西太钢投资有限公司有寻源项目180个，重点跟踪项目30个。完成项目立项5个；完成项目投资2个，投资金额1.20亿元。 （张国华）

【证券投资】 2020年，山西太钢投资有限公司通过证券市场实现投资收益9 088万元，年化投资收益率13.90%，跑赢上证指数。

（张国华）

【风险管控】 2020年，山西太钢投资有限公司下发制度5项，开展制度执行检查4次，全年未发生重大风险事件。 （张国华）

## 山西太钢能源有限公司

【概况】 山西太钢能源有限公司于2008年8月注册成立，注册资本3亿元。主要从事能源产业投资、能源项目开发利用、能源贸易、能源技术输出等。2020年底，在册员工8人。 （王　栋）

【晋煤太钢临县项目】 2020年，山西太钢能源有限公司完成晋煤太钢临县项目矿建工程投资21 455万元，土建工程投资6 008万元，安装工程投资1 081万元。其中，矿建工程：全年井巷进尺7 905米。土建工程：主工业场地西线进场道路完工。机电安装工程：二号回风立井梯子间、灌浆管路、注氮管路、瓦斯抽放管路安装完工；一号风井场地10千瓦变电所安装投入运行。 （王　栋）

## 山西太钢房地产开发有限公司

【概况】 山西太钢房地产开发有限公司的前身为始建于1973年的太钢房产管理处；2009年1月，整合房产公司、物业公司，设立山西太钢房地产开发有限公司。公司集住宅开发、物业服务、房产管理三位一体，是专业性、综合性的管理服务企业。2020年，实现收入14 486万元，利润−1 642万元。年底，在册员工505人，在岗员工493人。

（李　磊）

【子公司独立运营】 2020年，山西太钢房地产开发有限公司建立完善子公司独立运营体系，明确子公司主要业务、职能职责、核算主体，实施差异化分类经营授权；太原钢铁（集团）物业管理有限公司启动项目独立核算，逐步实现人、岗、业务相匹配。3月3日，山西太钢房地产开发有限公司按照业务归属分别与山西钢泰房地产开发有限公司、太原钢铁（集团）物业管理有限公司分别签署《企业业务经营管理委托协议》。5月20日，向山西钢泰房地产开发有限公司首次注资350万元。 （李　磊）

【不动产证办理】 4月1日，太钢集团处理不动产登记遗留问题转移登记工作正式开始。6月30日，太钢集团居民首批《不动产证书》颁证仪式在太原市规划和自然资源局举行。12月30日，太钢集团处理不动产登记遗留问题转移登记太钢专线正式开通。2020年，山西太钢房地产开发有限公司完成2 008户《不动产证书》发放任务，下发办证决定书6 000户，申报转移登记5 000户。 （李　磊）

【商业地块项目】 6月15日，山西太钢房地产开发有限公司领取太钢17单身宿舍国有建设用地使用权证。6月24日，收回太原万科小镇项目第一笔分红。推进金桥街40 963.71平方米地块收储工作，协调完成太原供水集团有限公司同意收储自来水管线占用土地，并取得农转批复文件；协调宗地社保缴纳完成，太原市规划与自然资源局储备中心拨付征地补偿款，并与尖草坪区政府签订收储协议。

（李　磊）

【棚户区改造】 6月29日，山西太钢房地产开发有限公司迎新街红楼单身棚户区改造项目8号、10号楼主体结构通过验收。7月23日，9号楼主体结构通过验收。9月10日，公司组织对迎新街红楼单身宿舍拆迁户住房资格审定工作。11月16日，该项目地下车库主体结构通过验收。年底，8号楼、9号楼、10号楼主体装饰装修安装工程完成总工程量80%。 （李 磊）

【"三供一业"维修改造】 2020年，山西太钢房地产开发有限公司完成赵庄新区、新北区等15个宿舍共计3 488户土建工程及3 042户安装工程，完成295户改造移交，完成总进度的19%；完成三桥、东泰等16个宿舍共8 170户庭院改造及7 562户户表改造，完成总进度78.50%；完成线材东西北区、兴华街北西区等17个宿舍8 164户供热改造，完成总进度的90%；完成赵庄新区等26个小区10 465户庭院管网改造、户内改造施工图设计，完成总进度的9%。物业项目改造总进度80%。 （李 磊）

## 山西钢科碳材料有限公司

【概况】 山西钢科碳材料有限公司成立于2012年9月，建有2条全流程聚丙烯腈碳纤维生产线，是国内宇航级碳纤维主力供应商。2020年，碳纤维A类产品产量71.62吨，同比增加24%；实现营业收入10 203万元。年底，在岗员工281人。 （郝俊杰）

【技术研发】 2020年，山西钢科碳材料有限公司开发出TG800G–6K/12K碳纤维功能结构一体化产品；TG700H碳纤维（宇航级）产品实现批量生产；开发出TG40MJ、TG46MJ、TG50MJ、TG55MJ 4种牌号规格高强高模碳纤维产品。 （郝俊杰）

【开拓市场】 2020年，山西钢科碳材料有限公司完成9个品种规格产品试用销售；在巩固和开发航天市场的同时，TG800H碳纤维首次在航空领域批量应用。 （郝俊杰）

## 太钢集团代县矿业有限公司

【概况】 太钢集团代县矿业有限公司（原峨口铁矿）始建于1958年9月，1961年停建，1969年复建，1977年4月29日投产。2020年，完成矿石产量548万吨，精矿产量146.86万吨，球团产量196.20万吨。年底，在册员工1 967人。 （王振华）

【重点工程】 5月，太钢集团代县矿业有限公司化咀沟尾矿库项目中的尾矿输送平峒工程开工建设。至年底，露天转地下开采项目工程五、六、七、八、九标段完成井巷掘进方量67.64万立方米，完成产值36 147万元。 （王振华）

【安全生产】 2020年，太钢集团代县矿业有限公司5个作业区通过两级公司安全标准化作业区考评验收；三星级以上班组87个，星级班组达标率100%。露天矿山、尾矿库、选矿厂通过山西省应急管理厅二级安全标准化企业复评。11月13日，《峨口铁矿露转地开采工程安全设施设计》通过应急管理部审查。 （王振华）

【绿色矿山建设】 2020年，太钢集团代县矿业有限公司建成球团烟气超低排放工程和选矿破碎系统超低排放工程，完成投资1.045亿元。选矿破碎系统粉尘排放浓度小于每立方米10毫克，球团烟气二氧化硫、氮氧化物和粉尘达到超低排放标准。 （王振华）

## 宝钢德盛不锈钢有限公司

【概况】 宝钢德盛不锈钢有限公司（简称宝钢德盛）的前身为成立于2005年11月的福建德盛镍业有限公司。2011年初，宝钢集团收购福建德盛镍业70%的股权，成立混合所有制企业宝钢德盛，委托宝钢不锈钢有限公司管理。2017年10月，宝钢德盛由中国宝武直接管理。2020年12月，由中国宝武委托太钢集团管理。宝钢德盛坐落在福建省罗源湾开发区金港工业区，占地218万平方米，主要从事镍合金及不锈钢材料生产，具备烧结、粗炼、精炼、热轧、固溶、冷轧等完整的不锈钢生产工艺，具备年产530万吨热轧、40万吨冷轧不锈钢生产能力。全年，生产钢182.82万吨，实现营业收入111.35亿元、产值132.60亿元。年底，在册、在岗员工2 111人。 （杨 希）

【企业负责人简介】 江庆元，1961年9月生，江苏海门人，中共党员，教授级高级工程师，宝钢德盛党委书记、董事长。

钱海平，1969年3月生，辽宁营口人，中共党员，工程师，宝钢德盛总经理、党委副书记。（杨 希）

【对标找差】 2020年，宝钢德盛成立对标找差领导小组，选择太钢

**宝钢德盛主要设备（生产线）一览表**

| 装　　备 | 规　　格 | 数　量 |
|---|---|---|
| 烧结机 | 126平方米 | 3台 |
| 高炉 | 600立方米 | 3座 |
| 转炉 | 80吨 | 4座 |
| 脱硅站 | 80吨 | 1座 |
| 不锈钢连铸机 | 180×1 250毫米一机二流板坯连铸机、200×1 600毫米一机一流板坯连铸机 | 各1台 |
| 热连轧机 | 1 150毫米轧机 | 1套 |
| 热连轧机 | 1 780毫米轧机 | 1套 |
| 固溶线 | 1 150毫米 | 4套 |
| 冷轧DRAP机组（轧制、退火、酸洗不锈钢全连续生产线） | 1 250毫米4台18辊连轧机 | 1套 |
| 冷轧HRAPL机组（黑卷轧制退火酸洗不锈钢全连续生产线） | 1 250毫米2台18辊连轧机 | 1套 |
| 冷轧HAPL机组（不锈钢热带连续退火酸洗机组） | 2.00～10.00毫米×750～1 600毫米 | 1套 |
| 罩式炉机组 | 2.00～8.00毫米×730～1 600毫米 | 30座 |

（杨　希）

集团、青拓集团有限公司、宏旺不锈钢有限公司等为标杆企业，确定公司级指标项目23项、厂部级122项。通过全方位、多层次对标找差，在下半年实现盈利。开展“我为企业‘对标找差创一流’献一计”活动，印发《活动手册》3 000份，献计1 975条，采纳1 236条，实施182条。（杨　希）

2020年12月14日，宝钢德盛举行1780热轧热负荷试车仪式　　（李金花 摄）

【工程建设】 2020年，宝钢德盛推进绿色精品不锈钢产业基地建设。9月28日，1 780毫米热轧产线热负荷试车；12月14日，举行1780热轧热负荷试车仪式。12月22日，1 600毫米酸洗机组热负荷试车。年底，铁前工程原料场完成开山及基础施工，烧结桩基完成98%，厂房土建完成50%；高炉桩基完成97%，高炉土建完成60%，高炉炉壳安装至第13带，热风炉

封顶；炼钢连铸工程完成厂房钢结构、行车等设备安装。（杨　希）

【技术创新】 2020年，宝钢德盛研发投入率3.94%，新产品销售率6.78%，科研直接新增效益1 203.94万元；开发新品种33个，累计产量超81万吨，实现相对效益3 733万元。完成410S/430/20Cr13/30Cr13等新产品的试制；推广BFS400/500/600系列产品应用于轻型卡车油箱、新能源电池组、新能源车架、新农业大棚、工程和化学品车辆等领域；发挥含氮钢高强耐蚀优点，开发BN2R、BN3P等新产品，并应用于建筑屋面、门槛、铰链合页等；推进304抗菌不锈钢的研发工作，对标同行业竞争对手，调整钢种成分，成为国内首家试制含银不锈钢的企业。（杨　希）

【智慧制造】 2020年，宝钢德盛策划智慧制造项目17项，投资0.53亿元，合并操作室15个，消除风险大、环境脏、重复劳动岗位14个。通过操作室集中控制和自动化、信息化提升等工作，实现操作室集中化指数提升至68.90%，现场操作一律机器人指数提升至46.10%，设备远程运维指数提升至7.04%，服务上线指数提升至95.34%。（杨　希）

【产品营销】 2020年，宝钢德盛产销联动，保证合同完成率，并加快质量异议处理速度；开发广东佛山、揭阳以外的区域市场用户，提供个性化定制服务，直供用户比例为61.50%。拓展印度尼西亚、马来西亚等东南亚市场200系不锈钢销售；强化资源配置，提升境外市场销量，出口钢材1.257万吨。（杨　希）

【协同共建钢铁生态圈】 2020年，宝钢德盛利用中国宝武体系资源，与宝武智维签订战略合作协议，合作内容包括：智能运维体系建设、探索设备智能运维新模式等；与宝武水务签订战略合作协议，就水务专业化整合达成一致。推进财务公司商业汇票和“通宝”业务模式，开立财票、商票、“通宝”8.45亿元，同比增加2.58亿元。在欧冶工业品综合平台完成期货、现货交易量100.80万吨。佛山、揭阳、无锡、宁波四地委外仓储，与欧冶物流平台合作率100%。（杨　希）

【安全环保】 2020年，宝钢德盛查处典型违章50人次、一般违章8人次，清退协力人员30人次，未发生安全生产事故。开展交通检查200次，查处违章844起。6月1日，宝钢德盛环保管理信息系统上线，实现管理信息化。制订、下发《废气超低排放方案》《固体废物不出厂方案》，吨钢耗新水4.18立方米，固体废物不出厂率98.32%。（杨　希）

【员工队伍建设】 2020年，宝钢德盛规范选人用人工作，重用至部门助理级岗位5人，调整21人次，解除聘用1人，开展谈心谈话98人次，推进干部人事档案专项审核、干部兼职等管理工作。结合新建项目人员需求，多渠道推进人才引进工作，招聘正式员工246人。其中，硕士及以上高学历人才4人，大专及本科学历203人，引进社会人才39人；招聘大专实习生325人。完成年度培训计划328项，培训28 537人次，人均受教育年限13.63年，同比提升0.36年；操作人员中具有职业技能等级的占70%，同比提升20%；具有职称的员工占31%，同比提升8%。（杨　希）

【宝钢德盛大事纪要】

1月1日，中国宝武标准财务系统覆盖及宝钢德盛经营管控系统项目上线。

1月19日，带钢厂成功试制200毫米厚板坯。

3月21日，宝钢德盛精品不锈钢绿色产业基地1 600毫米酸洗线钢结构厂房开始吊装。

4月15日，宝钢德盛与宝武智维签订战略合作协议，合作内容包括智能运维体系建设、探索设备智能运维新模式等。

8月17日，精炼厂钢坯日产量6 564.47吨，当天冶炼66炉钢，创日产新高。

9月28日，宝钢德盛1780热轧产线热负荷试车。

10月31日，宝钢德盛1780热轧一号保温炉点火。

12月14日，宝钢德盛举行献礼“中国宝武130年”宣传教育系列活动暨福建省重点项目1780热轧热负荷试车庆典仪式。

12月22日，宝钢德盛1 600毫米酸洗机组热负荷试车。

12月24日，宝钢德盛举行AAA级智慧工业体验式生态旅游项目开工仪式。（杨　希）

## 宁波宝新不锈钢有限公司

【概况】 宁波宝新不锈钢有限公司（简称宁波宝新）始建于1996年3月，由中国宝武、浙甬钢铁投资（宁波）有限公司、日铁不锈钢株式会社、三井物产株式会社、阪和兴业株式会社联合投资，投资总额为71.40亿元，注册资本为31.88亿元，出资比例分别为54%、12%、20%、7%和7%。宁波宝新地处浙江省宁波经济技术开发区，是专业生产冷轧不锈钢板、卷的企业，不锈钢板、卷年设计产能69万吨，主要产品为300、400系列钢种，广泛用于电梯、城轨、集装箱、精密电子、太阳能、汽车配件、家电制品、化工设备、建筑装潢等行业。2020年12月30日，中国宝武将宁波宝新委托太钢集团管理。全年，生产冷轧不锈钢板卷67.10万吨，销售67.39万吨；受委托加工产量1.02万吨、销量1.01万吨；营业收入79.77亿元，主营业务收入79.37亿元；利润总额1.63亿元。年底，在册员工1 208人，在岗员工1 206人。（许徐敏　杨　武）

【企业负责人简介】　潘世华，1962年4月生，上海人，中共党员，高级工程师，宁波宝新党委书记、董事长。

饶志雄，1974年9月生，上海人，中共党员，工程师，宁波宝新副总经理（主持工作）。（许徐敏）

【安全生产】　2020年，宁波宝新构建完善安全风险分级管控和隐患排查治理双重预防机制，利用无人机巡航、高清摄像头远程监管等信息化科技手段提升本质化安全水平；通过入厂安全教育可视化提高安全教育实效性，加大对工程建设的安全管控。全年，生产与建设安全双受控，无安全事故。（许徐敏）

宁波宝新主要设备（生产线）一览表

| 装　　备 | 规　　格 | 数　　量 |
|---|---|---|
| 不锈钢热带退火酸洗机组 | 宽度650～1 350毫米，厚度2.00～6.00毫米 | 1套 |
| 不锈钢冷带退火酸洗机组 | 宽度650～1 350毫米，厚度0.20～3.00毫米 | 3套 |
| 光亮退火机组 | 宽度650～1 350毫米，厚度0.30～2.00毫米 | 2套 |
| 罩式炉 | | 18套 |
| 修磨抛光机组 | 宽度650～1 350毫米，厚度0.30～3.00毫米 | 3套 |
| 单机架冷轧轧机 | 宽度650～1 350毫米，厚度0.20～3.00毫米 | 7台 |
| 不锈钢平整机组 | 宽度650～1 350毫米，厚度0.20～3.00毫米 | 3套 |
| 拉矫机组 | 宽度650～1 350毫米，厚度0.20～3.00毫米 | 2套 |
| 重卷机组 | 宽度650～1 350毫米，厚度0.20～3.00毫米 | 2套 |
| 横切机组 | 宽度650～1 350毫米，厚度0.20～3.00毫米 | 2套 |
| 纵切机组 | 宽度650～1 350毫米，厚度0.20～3.00毫米 | 1套 |
| 焊管机组 | 激光焊管及高频焊管 | 各1套 |
| 精密轧机机组 | 宽度610～1 060毫米，厚度0.03～1.50毫米 | 1套 |
| 精密清洗机组 | 宽度610～1 060毫米，厚度0.03～0.60毫米 | 1套 |
| 精密光亮机组 | 宽度610～1 060毫米，厚度0.04～0.60毫米 | 1套 |
| 精密拉矫机组 | 宽度610～1 060毫米，厚度0.03～0.60毫米 | 1套 |
| 精密纵切机组 | 宽度300～1 060毫米，厚度0.03～0.60毫米 | 1套 |

（许徐敏）

【疫情防控】 2020年新冠肺炎疫情暴发期间，宁波宝新统筹做好员工情况排摸和复工上岗协调、生产物流协调、防疫后勤保障、防疫服务督导工作等，保障生产有序平稳运行。年产3万吨汽车用钢项目成为宁波市北仑区疫情期间首个复工建设项目。连续5个月产量创历史新高。（许徐敏）

【钢铁生态圈建设】 2020年，宁波宝新协同欧冶云商、宝钢股份、宝钢德盛实施“协同宝钢德盛建设热轧不锈钢原料卷供应物流体系”“生态圈供应链的技术市场协同”“探索冷轧不锈钢产能预售模式创新”等10个钢铁生态圈建设重点项目；深化和欧冶云商协同共建钢铁生态圈，明确“面向终端用户提升销售力度”等13个深化合作、重点突破的协同项目。（许徐敏）

【市场营销】 2020年，宁波宝新践行“精品+服务”产品战略和“结构+规模”运行基调，致力“薄、特、精、优”的差异化产品战略，提升400系产品销量占比，10月份400系期货接单比例48.90%，首次超越300系钢种。以“打造狼性营销团队”为抓手，实施“用户倍增计划”，开发新用户149家，同比增长71%，新用户销量4.60万吨。推行滚动接单模式，按月推进“早开盘、早下发、早交货”，使原料采购、合同接单、生产组织进入良性循环。全年境外市场接单同比增长30%。（许徐敏）

【技术创新】 2020年，宁波宝新推进数字钢卷等17个智慧制造项目的实施；推进22个产销研项目，实现新一代经济型汽车排气用钢的首轮产品试制，推进430KJ抗菌钢的开发，开发出日系洗衣机滚筒专用产品430LNT-H、2205双相钢产品、B304SQ产品等300系新钢种。开展创新工作室建设，开展“我为企业‘对标找差创一流’献一计”活动等，劳动竞赛创造经济效益5 837万元，合理化建议产生效益1 550万元，自主管理成果30个，岗位创新产生专利10件（其中发明专利6件），技术秘密33项，获第24届全国发明展览会银奖1项。（许徐敏）

【重点项目建设】 12月17日，宁波宝新年产3万吨汽车用钢项目建成投产。该项目于2019年7月4日立项，2019年8月19日开工建设。项目新增1条轧机机组、1条光亮机组、1条纵切机组、1条拉矫机组、1条清洗机组，投资总额4.40亿元，由宝钢工程技术集团有限公司EPC（设计、采购、施工一揽子总承包合同）总承包，中国二十冶集团有限公司施工总承包。设备主要供应商有法国法孚公司、法孚斯坦因冶金技术（上海）有限公司、ABB（中国）有限公司、日本中外炉工业株式会社、中外炉设备技术（上海）有限公司、德国恩格尔公司、瑞德克斯（上海）机械维修服务有限公司、美国乔格公司。2020年，克服新冠肺炎疫情带来的设备延期交货、外方专家延期入厂、项目施工技术难度大、建设工期紧等困难，按期投产。10月29日，清洗机组热负荷试车；11月23日，二十辊轧机热负荷试车；12月17日，举行投产仪式。（许徐敏）

【员工队伍建设】 2020年，宁波宝新在岗人数全口径精简98人。年内，系统梳理公司发展、业务提升的人才需求，通过宝武管理学院培训平台、外部交流学习、内部“以会代训、以会促训”、网络学习等途径，分层分类实施员工教育培训工作，累计培训13 477人次，72 135学时；加大高技能人才培养力度，新晋升中级工14名，高级工33名，技师20名，高级技师10名。（许徐敏）

【关爱员工】 2020年，宁波宝新举办“钢铁荣耀、铸梦百年”系列教育活动；实施办公楼修缮、厂区道路修缮、13个最美办公室建设、5个最美休息室建设、职工宿舍修缮项目等实事工程；组织113名职工开展检测、点检等7项技能比武，并参加集团公司技能比武；组织召开宁波宝新第四届职工代表大会第五次会议，审议通过《总经理工作报告》等6个议案，组织召开宁波宝新厂务公开报告会，审议《宁波宝新工程项目推进情况报告》等6个议案；开展“元旦春节、中秋国庆、金秋助学、大病救助”等帮困送温暖工作，慰问21次；成立曲艺、书法、棋类、摄影、足球、篮球、跑步、钓鱼8个协会，丰富职工精神文化生活。（许徐敏）

【获得荣誉】 7月，宁波宝新获浙江省宁波市企业联合会、宁波市企业家协会、宁波市工业经济联合会评选的“2020年宁波市制造业百强企业（第29位）”“2020年宁波市综合百强企业（第47位）”“2020宁波·竞争力百强企业（第32位）”。11月，余斌的“一种罩式炉加热罩助燃空气迷宫式管道技术”发明专利获第24届全国发明展览会银奖。（许徐敏）

【宁波宝新大事纪要】

8月，宁波宝新单月产量为6.35万吨，达到设计月产能的127%，创历史最好水平。

10月29日，宁波宝新年产3万吨汽车用钢项目清洗机组热负荷试车。

11月23日，宁波宝新年产3万吨汽车用钢项目二十辊轧机热负荷试车。

12月17日，宁波宝新举行年产3万吨汽车用钢项目投产仪式。

（许徐敏）

## 太钢集团大事纪要

1月15日，太钢集团团委在渣山公园李双良铜像前举行“双良传人”命名仪式，100名优秀团员青年被命名为“双良传人”。

1月17—18日，中共太钢集团第十一次、中共太钢不锈第三次代表大会在太钢工人俱乐部召开。

1月18—19日，太钢集团第十八届、太钢不锈第三届职工代表大会第五次会议第一次全体大会在太钢工人俱乐部召开。

1月26日，太钢集团总医院第一批派出2名医务人员支援湖北省仙桃市第一人民医院疫情防控工作。太钢集团在抗击新冠肺炎疫情期间派出医疗人员13批次、41人。

3月20日，太钢集团召开2020年科技质量工作会议，表彰奖励2019年度优秀科技质量成果和杰出科技贡献者（团队）。

4月20日，2019年度“感动太钢人物”颁奖仪式举行。颁奖仪式首次采用网络直播方式进行。8人获评2019年度“感动太钢人物”。

4月27日，山西太钢不锈钢精密带钢有限公司入选全国“科改示范企业”名单。

4月28日，太钢集团不锈钢“手撕钢”创新研发团队获“中国青年五四奖章集体”称号。

4月30日，太钢不锈炼钢二厂员工王伟当选山西省“三晋工匠”年度人物。

5月10日，中国冶金报社发布2020年中国钢铁行业品牌榜。太钢集团入选“中国卓越钢铁企业国际影响力品牌”。

5月12日，中共中央总书记习近平到山西太钢不锈钢精密带钢有限公司生产车间考察。

5月18—22日，北京国金衡信认证有限公司审核专家组对太钢集团一体化管理体系（含质量、环境、能源、职业健康安全）暨工业化和信息化融合管理体系进行为期一周的年度外部审核。太钢集团一体化暨工业化和信息化融合管理体系通过年度外审。

5月22日，太钢不锈与中车永济电机有限公司签订战略合作协议。

6月13日，太钢集团与太原市尖草坪11个街道办事处（乡镇）、党工委、区档案馆签订退休人员社会化管理人员移交、党员党组织关系移交、人事档案移交3个协议，将太钢集团1.50万余名退休人员移交到尖草坪区所属街道（乡镇）社区实行社会化管理。

6月18日，太钢不锈热轧厂中厚板生产线智能化升级改造项目4 300毫米轧机合同签字仪式举行。太钢集团与西马克技术（北京）有限公司双方代表在合同上签字。该生产线设计由中冶赛迪工程技术股份有限公司总包。

6月28日，太钢集团首台真空自耗炉热负荷试车。

8月31日，太钢集团召开2020年“质量月”启动会议，全面部署“质量月”各项活动安排。

9月4日，山西钢铁工业智能制造创新中心揭牌成立。

9月8日，太钢集团聘任张文康博士为硅钢首席科学家。

10月5日，太钢集团举行五号

2020年4月20日，太钢集团举行2019年度“感动太钢人物”颁奖仪式（王旭宏 摄）

高炉大修工程竣工开炉仪式。

10月9日，由山西太钢工程技术公司与新疆中泰矿冶公司合作成立的“石灰双膛竖窑研发示范基地”揭牌。

11月14日，太钢集团获中国企业文化研究会评选的“‘十三五’中国企业文化建设典范组织”称号。

11月27日，位于太钢渣山公园的李双良纪念馆经过修缮后重新开放。

同日，山西省五一劳动奖表彰大会在太原举行。太钢集团王慧峰、李贤和赵雪斌获山西省五一劳动奖章，太钢不锈冷轧厂连轧作业区获评“山西省工人先锋号”。

12月23日，太钢集团完成51%股权工商变更登记，控股股东变更为中国宝武集团有限公司。

2020年12月23日，太原地铁2号线一期开通运营　（王旭宏　摄）

12月26日，太原地铁2号线一期开通运营。太原地铁2号线是国内首条A型不锈钢车辆全自动无人驾驶线路，车辆车体、车轮、车轴全部使用太钢集团材料。

12月27日，在第六届中国工业大奖发布会上，太钢不锈“宽幅超薄精密不锈带钢工艺技术及系列产品项目”获中国工业大奖。

12月30日，太钢集团托管宝钢德盛和宁波宝新协议签约仪式在宝武大厦举行。　（岳笋屹）

### 太钢集团下属子公司（含托管单位）一览表

| 公司名称 | 地　址 | 注册资金 | 主要经营范围 | 持股比例 | 在岗员工（人） |
|---|---|---|---|---|---|
| 太钢集团岚县矿业有限公司 | 山西省岚县梁家庄索家坡村 | 750 870万元 | 矿山经营、开采、运输 | 100% | 1 428 |
| 太钢集团代县矿业有限公司 | 山西省忻州市代县峨口镇峨口铁矿办公楼 | 30 000万元 | 铁矿采选 | 100% | 1 961 |
| 山西太钢工程技术有限公司 | 山西省太原市胜利街327号 | 20 000万元 | 钢铁冶炼、工业与民用建筑设计等 | 100% | 224 |
| 太原钢铁（集团）粉煤灰综合利用有限公司 | 山西省太原市尖草坪2号 | 3 589.50万元 | 粉煤灰制品生产、销售 | 100% | 163 |
| 山西世茂商务中心有限公司 | 山西省太原市解放北路83号 | 71 600万元 | 宾馆经营、出租汽车等业务 | 100% | 26 |
| 太原钢铁（集团）电气有限公司 | 山西省太原市兴华街23号 | 2 460万元 | 电机、变压器、环保设备输配电线路及备件的制造 | 100% | 142 |
| 山西太钢房地产开发有限公司 | 山西省太原市大同路289号 | 10 000万元 | 房屋修缮、设施维护、水电暖供应、房产交易管理 | 100% | 492 |

（续　表）

| 公司名称 | 地　址 | 注册资金 | 主要经营范围 | 持股比例 | 在岗员工（人） |
|---|---|---|---|---|---|
| 山西太钢投资有限公司 | 山西省太原市桃园北路72号铭鼎国际17层 | 200 000万元 | 实业投资及咨询管理 | 100% | 17 |
| 山西太钢能源有限公司 | 山西省太原市桃园北路72号铭鼎国际17层 | 30 000万元 | 能源产业投资及能源项目开发利用、能源技术输出 | 100% | 4 |
| 山西钢科碳材料有限公司 | 山西省太原市阳曲县黄寨镇城晋驿村 | 41 755万元 | 碳纤维研发、生产与销售 | 100% | 249 |
| 山西太钢尖山生态农业发展有限公司 | 山西省娄烦县马家庄乡 | 2 000万元 | 蔬菜种植、销售、现代化养殖 | 100% | 3 |
| 山西太钢岚县生态农业发展有限公司 | 山西省岚县梁家庄乡索家坡村（岚县矿业有限公司办公楼313号） | 2 000万元 | 蔬菜种植、销售、现代化养殖 | 100% | 4 |
| 山西太钢峨口生态农业发展有限公司 | 山西省忻州市代县峨口镇 | 2 000万元 | 蔬菜种植、销售、现代化养殖 | 100% | 4 |
| 山西太钢集团先进材料工程技术研究院有限公司 | 山西省太原市胜利街327号 | 6 000万元 | 工程设计、工程地质勘察 | 100% | 0 |
| 山西太钢环境监测有限公司 | 山西省太原市尖草坪区尖草坪街2号 | 1 000万元 | 环境监测服务 | 100% | 35 |
| 山西省冶金研究所有限公司 | 山西省太原市迎泽区迎泽大街338号 | 512.07万元 | 冶金技术咨询、工程技术服务 | 100% | 8 |
| 太钢进出口（香港）有限公司 | 中国香港特别行政区金钟道89号力宝中心一座2601室 | 24 784万美元 | 进出口业务 | 太钢集团88.01%，太原钢铁（集团）国际经济贸易有限公司11.99% | 11 |
| 太原钢铁（集团）不锈钢工业园有限公司 | 山西省太原市尖草坪区钢园路73号 | 15 000万元 | 不锈钢制品的生产与销售、工业设备租赁等 | 太钢集团98%，太原钢铁（集团）国际经济贸易有限公司2% | 79 |
| 太原钢铁（集团）国际经济贸易有限公司 | 山西省太原市尖草坪2号 | 150 000万元 | 进出口设备、原料及技术、出口冶金产品及技术转化 | 太钢集团51%，太钢进出口（香港）有限公司49% | 59 |
| 山西太钢保险代理有限公司 | 山西省太原市尖草坪区解放北路83号 | 500万元 | 代理销售保险产品、代理收取保险费 | 太钢集团80%，太原钢铁（集团）国际经济贸易有限公司20% | 3 |

（田丽斌）

# 中国宝武乌鲁木齐总部/宝钢集团新疆八一钢铁有限公司

## 概　述

宝钢集团新疆八一钢铁有限公司（简称八一钢铁）的前身为始建于1951年的新疆军区后勤部钢铁厂，2001年底更名为“新疆八一钢铁集团有限责任公司”，2007年4月28日加入宝钢集团，定名为“宝钢集团新疆八一钢铁有限公司”。2020年，八一钢铁生产钢645.19万吨（其中本部624.93万吨、巴州钢铁10.89万吨、伊犁钢铁9.37万吨），钢材617.37万吨（其中本部596.70万吨、巴州钢铁11.14万吨、伊犁钢铁9.53万吨），生铁608.84万吨（其中本部590.72万吨、巴州钢铁9.94万吨、伊犁钢铁8.18万吨），焦炭249.98万吨（其中本部166.68万吨、南疆钢铁76.99万吨、伊犁钢铁6.31万吨），铁矿石原矿量542.99万吨，铁精矿285.94万吨，球团矿73.54万吨（其中蒙库铁矿60.46万吨、巴州钢铁6.93万吨、伊犁钢铁6.15万吨），烧结矿806.15万吨（其中本部780.85万吨、巴州钢铁12.23万吨、伊犁钢铁13.07万吨），板簧2.33万吨。完成工业总产值（现价）292.63亿元（其中本部284.71亿元、巴州钢铁3.53亿元、伊犁钢铁4.39亿元），资产总额521.78亿元；销售钢材618.51万吨（其中本部601.05万吨、巴州钢铁11.49万吨、伊犁钢铁5.97万吨），营业收入243.24亿元，主营业务收入232.60亿元，利润总额13.20亿元。年底，在册员工13 583人，在岗员工11 173人。

（卢晓亮　陈　洁）

【企业负责人简介】　肖国栋，1965年6月生，山东莱州人，中共党员，

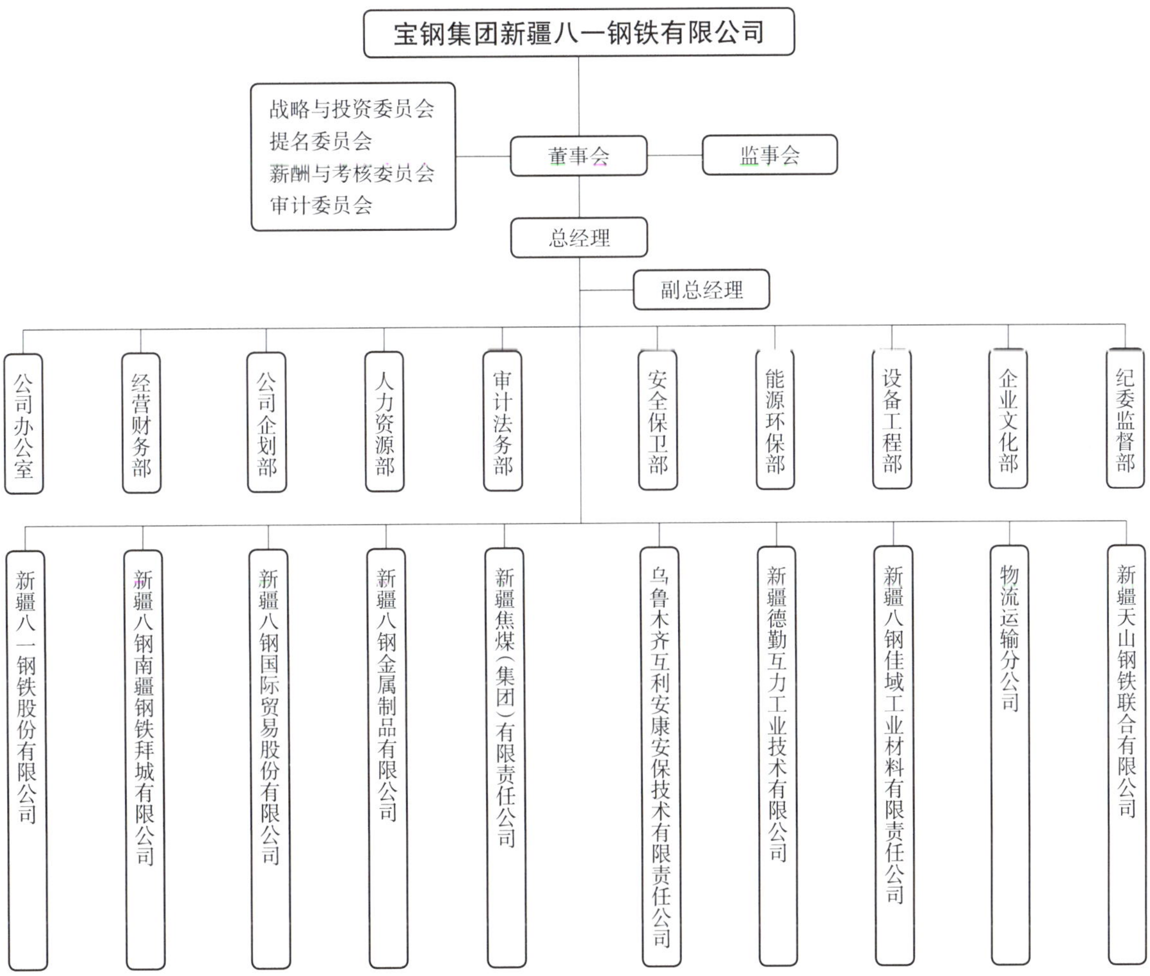


宝钢集团新疆八一钢铁有限公司组织机构图（2020年12月）

**八一钢铁主要装备（生产线）一览表**

| 装　备 | 规　格 | 数　量 |
|---|---|---|
| 铁矿 | | 4座（其中伊犁钢铁1座） |
| 煤矿 | | 2座（其中伊犁钢铁1座） |
| 烧结机 | 97.50平方米 | 2台（伊犁钢铁） |
| 烧结机 | 430平方米 | 2台（其中南疆钢铁1台） |
| 烧结机 | 265平方米 | 2台 |
| 烧结机 | 180平方米 | 1台（巴州钢铁） |
| 焦炉 | 4.30米42孔 | 4座 |
| 焦炉 | 4.30米49孔（捣固） | 1座 |
| 焦炉 | 5.50米60孔复热式（捣固） | 2座（南疆钢铁） |
| 焦炉 | 6米55孔 | 4座 |
| 焦炉 | 72孔 | 2座 |
| 熔融还原炼铁炉 | C3000 | 1座 |
| 高炉 | 2 500立方米 | 3座 |
| 高炉 | 1 800立方米 | 2座（南疆钢铁） |
| 高炉 | 1 260立方米 | 1座（巴州钢铁） |
| 高炉 | 588立方米 | 1座（巴州钢铁） |
| 高炉 | 530立方米 | 2座（伊犁钢铁） |
| 氧气高炉 | 430立方米 | 1座 |
| 转炉 | 150吨 | 1座 |
| 转炉 | 120吨 | 6座（其中南疆钢铁2座、巴州钢铁1座） |
| 转炉 | 80吨 | 1座（伊犁钢铁） |
| 电炉 | 70吨 | 1座 |
| 线材生产线 | | 1套（巴州钢铁） |
| 高速线材机组 | | 4套（其中南疆钢铁1套、伊犁钢铁1套） |
| 棒材机组 | | 5套（其中南疆钢铁1套、巴州钢铁1套、伊犁钢铁1套） |
| 冷轧机组 | 1 420毫米轧机 | 1套 |
| 热轧机组 | 1 750毫米轧机 | 1套 |
| 中厚板机组 | 3 500毫米 | 1套 |

（李贞萍）

教授级高级工程师，八一钢铁党委书记、董事长。

吴彬，1970年10月生，江苏江阴人，中共党员，高级工程师，八一钢铁总经理、党委副书记。（张广平）

## 生产经营管理

【深化改革】 2020年，八一钢铁完成中国宝武乌鲁木齐总部机构设置，明确总部部门职责，建立日常工作对接机制；完成结算中心、欧冶工业品采购、水务、非煤矿山资源专业化整合及新疆金业城市矿产开发有限公司混合所有制改革；设立新疆天山钢铁联合有限公司（简称天山钢铁），完成对新兴铸管新疆有限公司、新疆伊犁钢铁有限责任公司（简称伊犁钢铁）的股权收购。12月，新疆天山钢铁巴州有限公司（简称巴州钢铁）揭牌成立。全年压缩3家分公司，压减3户法人，"参股瘦身"2户。年底，亏损子公司户数1户，亏损面为2.56%。（卢晓亮）

【降本增效】 2020年，八一钢铁降本增效6.37亿元。7月、9月，铁水成本在国内钢铁行业排名第一，全年排名第二；主要制造成本有8项进入全国前三位，其中非合金钢连铸方坯、低合金钢连铸方坯等6项成本位列全国第一。（卢晓亮）

【销售市场】 2020年，八一钢铁加大重点工程保供营销，莫莫克水库、阜康抽水蓄能项目、奎屯河水利工程等重点工程指定使用八一钢铁的钢材。签约中国交通建设集团新疆乌尉公路项目护栏板和隔离栅等产品10万吨订单。新增出口百货发运、钢管及异型材发运、国内国际全流程运输等业务，开拓直供业务，加强与中亚钢材加工企业合作，稳固中亚、俄罗斯市场。"宝武班列"国际业务开行173列，国内业务到发61列。（卢晓亮）

【技术创新】 3月，八一钢铁氧气高炉工程破土动工。7月15日，国内首座氧气高炉点火开炉，标志着八一钢铁建成全球首个低碳冶金创新工业试验平台。与传统高炉相比，氧气高炉效率提升1.3～1.5倍。10月9日，完成第一阶段高富氧冶炼试验，突破传统高炉富氧极限，实现35%高富氧冶炼目标。全年，八一钢铁申报专利569件，其中发明专利89件；专利技术现场应用304件。科研项目"八钢欧冶炉还原煤气综合利用生产试验研究"投入生产后，铁水温度及硅素稳定性得到巩固，燃料比由865千克/吨降低至830千克/吨。（卢晓亮）

【智慧制造】 2020年，八一钢铁3座高炉操作室集中、热轧智能化钢卷库等一批智慧制造项目建成并投入运行，1890、1930煤矿智能化工作面实现地面一键式采煤。投资7.70亿元的48个智慧制造项目建设完工，投入使用工业机器人64个，减少操作室40个。全年集中化指数为81.80%，无人化指数为54.90%，远程运维指数为14.90%，服务上线指数为93.60%。（卢晓亮）

【绿色发展】 2020年，八一钢铁厂区绿化面积275.59万平方米，绿化覆盖率为47%；绿色发展指数74分，比2019年提高13分。加强过程管控，废气治理设施全面达标排放。实施八一钢铁生活污水处理厂中水回送厂区工程，减少新水消耗，保持废水零排放；拓展固体废物利用新技术、新途径，创新焦化硫膏、废脱硫剂协同处置工作，实现固体废物返产处置、销售全过程信息化管控。（卢晓亮）

八一钢铁厂区一角　（姚海山 摄于2020年12月）

## 新疆八一钢铁股份有限公司

【概况】 新疆八一钢铁股份有限公司（简称八钢股份）是2000年7月27日由新疆八一钢铁集团有限责任公司联合邯郸钢铁集团有限责任公司、南京联强冶金集团有限公司、新疆华顺工贸有限公司、新疆维吾尔自治区技术改造投资公司发起设立，2002年8月16日在上海证券交易所挂牌交易。2017年底，八钢股份立足原有的炼钢及轧钢生产系统，实施重大资产重组，将控股股东的炼铁、能源和厂内物流等资产置入公司，成为拥有包括炼铁、炼钢、轧钢等核心生产工序在内的钢铁生产工艺流程及与之配套的能源辅助系统的上市公司。具备年产660万吨铁、730万吨钢、770万吨材的生产能力。作为新疆最大的钢铁上市企业和西北地区重要的大型钢铁企业，八钢股份的产线和设备具备国内先进水平，主要产品覆盖棒材、线材、型材、中厚板、热轧薄板、冷轧板、镀锌板、彩色涂层板等，产品质量达到国际公认的高精度产品DIN标准，通过ISO9002国际标准质量认证注册，广泛应用于西北地区的工业及民用建筑、铁道、桥梁、公路、水电等行业。其中，“互力”牌螺纹钢获全国“冶金产品实物质量金杯奖”并通过国家首批质量免检认定，在西北地区拥有较高的品牌知名度和市场认可度。2020年，产铁591万吨、钢625万吨、材597万吨，实现营业收入217亿元。年底，八钢股份总股本15.32亿股，总资产224.45亿元，净资产45.05亿元。在册、在岗员工5 366人。 （刘江华）

### 炼铁厂

【概况】 炼铁厂主要产品有生铁、烧结矿、焦炭及其副产品，下设第一炼铁分厂、第二炼铁分厂、焦化分厂、烧结分厂、原料分厂、炼铁厂机关。主要设备有2 500立方米高炉3座，3 000立方米欧冶炉（熔融还原炼铁装置）1座，430立方米氧气高炉1座，265平方米烧结机2台，430平方米烧结机1台，6米55孔焦炉4座。2020年，生产铁水591万吨、烧结矿637万吨、焦炭168万吨。铁水成本2 009元/吨，高炉铁水成本在全国排名第二。年底，在册员工1 650人，在岗员工1 868人。 （连励烨）

【提高自产矿消耗】 2020年，炼铁厂通过优化配矿，合理使用敦德精粉和雅矿精粉、阿巴宫精粉，调控自产矿有害元素对生产的影响。全年自产矿使用比例为30%，烧结成本622元/吨，工序能耗名列全国第二。 （连励烨）

【欧冶炉技术创新】 2020年，炼铁厂欧冶炉突破熔融还原炼铁装置上部竖炉还原、下部气化炉熔分的原有两段式技术理念，重新定义了竖炉预还原、气化炉拱顶造气和下部熔分的功能。开发出竖炉CGD（中心煤气导入装置）煤气导流和反窜抑制工艺，解决了竖炉因炉型扩大煤气分布不均和下降管煤气易反窜的结构缺陷；开发出气化炉拱顶喷煤造气工艺，改善了煤气成分和流量，减轻了下部料柱的冶炼负担；气化炉下部风口煤气重整技术，攻克了铁水硅素过高的难题。 （连励烨）

【低碳冶炼技术】 2020年，炼铁厂利用原有430立方米高炉，建立中国首个面向全球、开放性的大型工业级别低碳炼铁创新试验平台，供全球钢铁行业进行绿色低碳冶炼技术探索研究。3月18日，氧气高炉工程破土动工；7月15日，氧气高炉点火开炉，开展第一阶段顶煤气循环低碳高炉冶炼技术开发试验；10月9日，完成第一阶段高富氧冶炼试验，突破传统高炉富氧极限，实现35%高富氧冶炼目标。 （连励烨）

【智慧制造】 7月，炼铁厂铁区管控系统一期项目投入运行，结束了操作工手抄报表的历史。铁区智能制造经营管控信息系统支撑了铁前全流程计划、配料、质量、生产、存货、统计、铁水管理等业务，实现生产要素系统化管控，实现成本有效管控。年内，完成欧冶炉风口巡检机器人、塔架巡检机器人、铁水取样测温机器人、装炮泥机器人、气化炉拱顶测温系统机器人5个智慧机器人项目，减少操作员工24人。操作室集中度指数为92%，运维一律远程指数为15.50%。年底，现场作业无人化指数从2019年的15%提高至41.20%。 （连励烨）

### 炼钢厂

【概况】 炼钢厂于2008年6月成立，下设第一炼钢厂、第二炼钢厂两个分厂。主要设备有150吨转炉1座，配套LF精炼炉1座，10机10流小方坯连铸机1台；120吨转炉3座，配套LF精炼炉2座，RH精炼炉1座，1机1流板坯连铸机4台；40吨转炉2座，配套4机4流小方坯连铸机2台；70吨直流电弧炉各1座，配套LF精炼炉1座，RH精炼炉1座，4机4流板坯连铸机1台。2020年，70吨产线停产；全年产钢

624.78万吨。年底，在册员工766人，在岗员工755人。（吴　军）

【产能指标提升】 2020年，炼钢厂第一炼钢分厂150吨产线产钢144.17万吨，最高日产连铸坯10 900吨，最高日产炉数40炉。第二炼钢分厂产钢361.29万吨，最高日产铸坯13 180吨，最高日产炉数112炉。150吨转炉普钢平均冶炼周期36.4分钟，较2019年缩短1.3分钟。150吨转炉品种钢冶炼周期平均45.9分钟，较2019年缩短2.3分钟。120吨转炉平均冶炼周期稳定控制在35分钟以内。（吴　军）

【固体废物消化】 2020年，炼钢厂40吨转炉消耗尾渣23.10千克/吨，150吨转炉消耗尾渣4.60千克/吨，120吨转炉消耗尾渣12.1千克/吨。第一炼钢厂含锌尘泥冷固球团用量1.40万吨，代替石灰4.20千克/吨，代替白云石0.80千克/吨，代替萤石1.20千克/吨；第二炼钢厂冷固球团用量1.656万吨，代替白云石1.80千克/吨。

（吴　军）

【降低铁耗】 2020年，炼钢厂150吨产线综合铁耗941.80千克/吨；40吨产线综合铁耗933.60千克/吨，其中最优月份为6月，铁耗898千克/吨；120吨产线综合铁耗937.10千克/吨，6月铁耗894.20千克/吨，为全年最低值。（吴　军）

【钢铁料消耗】 2020年，炼钢厂40吨产线消耗钢铁料1 059.55千克/吨，同比降低0.12千克/吨，最好水平为1 058.14千克/吨；150吨产线消耗钢铁料1 050.04千克/吨，同比降低0.71千克/吨，最好水平为1 047.48千克/吨；120吨产线消耗钢铁料1 072.52千克/吨，最好水平为1 068千克/吨。（吴　军）

## 轧钢厂

【概况】 轧钢厂于2008年6月成立，下设棒线、热轧、冷轧、中厚板4个分厂和巨峰机组；机关设综合办公室、生产技术室、设备室3个部门。2020年，实现轧材量602.30万吨，同比增产11%，实现降本增效4 571万元。年底，在册员工1 236人，在岗员工1 210人。

（曹耀哲）

【拓展新品种】 2020年，轧钢厂开发出700L、650L高强度汽车用钢和高强度Q450NH火车车厢箱体用钢等热轧新产品；试轧出厚度11～14毫米薄宽规格风电板，低温冲击、抗层状撕裂性能等关键指标达到标准要求，并实现批量生产；试轧出46毫米极限单件重钢板，交货500吨。完成低合金结构钢(HC260–LA，HC300–LA，HC340–LA)、制管用酸洗商品卷(Q195)、制管结构件(Q215W，Q235W)、镀锌用轧硬卷(CDCM–SPCC)、彩涂出口产品(TDC51D+Z)的试轧，开发出汽车用低合金结构钢，并具备批量生产能力。（曹耀哲）

## 制造管理部（八一钢铁公司技术中心、新疆钢铁研究所）

【概况】 制造管理部于2008年2月28日成立，对外称“八一钢铁公司技术开发中心”或“新疆钢铁研究所”，下设综合管理室、工艺技术研究室、生产计划室、生产管制中心(总调)、原料管理室、理化检验中心。2020年申报发明专利79件，专利技术现场应用304件。年底，在册员工353人，在岗员工349人。（牟楠楠）

【工艺技术质量管理】 2020年，制造管理部推进全流程降成本工作。其中，合金降本增效1 851.60万元；通过优化工艺流程，降成本513.10万元；通过拓展规格，增效583.90万元；通过热轧钢筋负差控制，增效325.10万元。（牟楠楠）

【技术创新】 7月4日，制造管理部的“八钢欧冶炉还原煤气综合利用生产试验研究”项目投入生产。该项目2019年5月开工，2020年7月竣工，总投资9 300万元。该项目的投产，降低了铁水中硅的含量，节约炼钢成本；降低了氮气、燃料消耗，同时减少碳排放。（李贞萍）

## 能源中心

【概况】 能源中心负责八一钢铁水、电、汽、暖、风、氧、氮、氩、煤气的生产、供应和能源、计量管理工作，下设计控分厂、制氧分厂、热力分厂3个分厂，综合业务室、能源管理工艺室、设备室、安全室、调度室5个业务室和12个作业区。2020年，发电9.26亿千瓦时，产氧气118 707万立方米，转炉煤气回收110立方米/吨。10月，水系统整体移交宝武水务。年底，在册员工657人，在岗员工655人。（李大为）

【医用氧保供】 针对年初暴发的新冠肺炎疫情，能源中心确保医用氧的供应。7月26日—8月31日，生产液态医用氧1 012立方米，瓶装医用氧2 494瓶，占新疆维吾尔自治区医用氧使用量的85%。

（李大为）

【技术创新】 2020年，能源中心申报专利87件，获得专利授权9件，通过八钢股份审核的技术秘密31项。实施锅炉自动燃烧项目，在鼓风、炉机电区域实现全自动控制；将15个小型操作室合并成一个操控中心，运行由三班制恢复到四班制。顾巍的专利“一种冷却塔挡冰板”，获第24届全国发明展览会铜奖。（李大为）

## 采购中心

【概况】 采购中心由设备工程部物资采购室与原料采购管理事业部资源采购部合并而成，主要负责八钢股份国内大宗原燃料、资材备件类等物资的集中采购，下设铁料采购室、煤焦采购室、合金熔剂采购室、资材备件采购室、运营管理室。2020年，完成采购量1 603.383万吨，采购额度163.06亿元。年底，在册、在岗员工40人。（彭洪玉）

【降低采购成本】 2020年，采购中心与铁原料主要供应商签订长期协议，锁定优质资源，稳定供货渠道。与新疆金宝矿业有限责任公司、新疆兴宏泰股份有限公司、新疆宝地矿业股份有限公司等签署中长期或年度供货协议。全年，新疆金宝矿业有限责任公司供应铁精粉163.80万吨，占外购量的66.34%。鄯善宝地矿业有限责任公司供应入炉块矿18.80万吨，占同期外购块矿83.14%。（彭洪玉）

【煤焦采购】 2020年，采购中心推行“阳光”采购，各煤焦品种在中国宝武采购专区公开询比价采购，采购价格稳定在1 350元/吨左右。全年采购焦煤485.60万吨。（彭洪玉）

## 销售部

【概况】 销售部主要负责产品销售和服务工作，下设5个职能部室、4个产品室、5个经销办事处。2020年，销售钢材602.21万吨（不含内销钢坯），实现销售收入208.10亿元，产销率100%。年底，在册、在岗员工149人。（李　勇）

【调整营销策略】 2020年，销售部根据市场波动及时调整产品策略。上半年，新疆维吾尔自治区内重点工程集中开工，建材市场需求出现集中爆发式增长，八钢股份及时调整生产，开足马力生产建材。4—6月，销售建材80.10万吨，比2019年同期增长32.10万吨，增幅67%。9月，建材市场价格下跌，八钢股份及时压缩建材产量，销售部扩大板型优产品产销。（李　勇）

# 八一钢铁其他分（子）公司

## 新疆焦煤（集团）有限责任公司

【概况】 新疆焦煤（集团）有限责任公司（简称焦煤集团）是2000年7月3日由新疆维吾尔自治区经贸委批准组建的国有独资公司，前身为原煤炭部直属统配煤矿新疆艾维尔沟煤矿，2004年7月21日整体并入八一钢铁。2020年，生产原煤179万吨、精煤115万吨，实现工业总产值7.36亿元，营业收入7.45亿元。年底，在册、在岗员工1 951人。（杜永刚）

【瓦斯综合治理】 2020年，焦煤集团编审《艾维尔沟矿区三矿井瓦斯治理及利用规划》，总投资30.20亿元，按照统筹计划、分步实施的原则逐年推进，从根本上治理和消除威胁煤矿安全生产的瓦斯灾害。推动国家科技重大专项“新疆大倾角多煤组矿区煤层气开发利用先导工程”的实施，通过1930煤矿采动区地面井抽采试验，探索适用于焦煤集团井上、井下联合抽采的技术体系。全年投入1 821万元，在2130煤矿24223运输巷开展“定向长钻孔瓦斯抽采技术的研究与应用”，提高瓦斯抽采效果。（杜永刚）

【智慧矿山建设】 2020年，焦煤集团完成1890煤矿智慧化信息平台建设、15311智能工作面、主运输系统巡检机器人、喷浆机器人、搬运机器人、接管机器人、煤巷快速掘进系统、辅助运输单轨吊等项目，减少岗位作业人员60人；完成1930煤矿12801智能工作面和11501智能工作面的调试并投入使用，实现地面“一键式采煤”；完成动力分厂洗煤作业区智慧化改造，精煤产率提高0.05%，能源介质消耗降低10%，吨煤电耗降低0.50千瓦时，尾煤泥灰分提高5%，作业人员由181人减少至82人。（杜永刚）

【对标找差】 2020年，焦煤集团确定公司级对标项目3个，厂矿级对标项目41个，绿色矿山及智慧化矿山建设对标项目23个，形成定期推进机制。（杜永刚）

【降本增效】 2020年，焦煤集团实现降本增效1 173万元。其中，通过加强油料控制，建立完善车辆“一车一档”管理体系，实现降成本283万元；通过合理安排物资计划，摸清家底，统筹安排“三金”（采购资金、消耗资金、库存资金）指标，实施物资共享等措施，增效985万元。全年，综合能源消耗量同比下降30.37%，汽油消耗量同比下降31.35%，万元工业增加值能耗减少0.44吨标准煤。（杜永刚）

## 新疆八钢南疆钢铁拜城有限公司

【概况】 新疆八钢南疆钢铁拜城有限公司（简称南疆钢铁）成立于2010年10月25日，是集钢铁冶炼、轧制、焦化、动力于一体的大型国有钢铁联合企业，2016年10月被八一钢铁收购，下设烧结厂、炼铁厂、炼钢厂、轧钢厂、动力厂、焦化厂6个分厂。主体设施包括430平方米烧结机1座，5.5米60孔复热式（捣固）焦炉2座，1 800立方米高炉2座，120吨顶底复吹转炉2座，棒材轧钢机组1条，高速线材轧钢机组1条，2.20万立方米/小时制氧机组2座，综合料场1座，及其他相关配套设施。2020年，钢铁生产线处于封存状态，焦化正常运行。全年生产焦炭76.98万吨，销售收入13.19亿元，利润2.88亿元。年底，在册员工161人，在岗员工158人。（钟　洁）

【降低成本】 2020年，南疆钢铁通过提高产能，降低焦炭生产成本，吨焦成本1 181元，同比降低170元。与八钢股份制造管理部共同寻源，同相关煤矿签订战略合作协议，合理采购原料20万吨，配煤成本降低10元/吨。（钟　洁）

【能源综合利用】 2020年，南疆钢铁生产蒸气439 252吨，其中发电用蒸气383 179.20吨，占87.23%；外供蒸气56 072.80吨，占12.77%。外售煤气18 181 005立方米，创收363.60万元。（钟　洁）

## 物流运输分公司

【概况】 物流运输分公司承担着八一钢铁本部的大宗原燃料、资材备件、生活物资及产成品等物资的收、发、转、存的仓储工作，担负八一钢铁公路运输管理、物流优化、承运商准入、合同、价格等管理职责及本部铁路运输组织及管理。物流运输分公司下设的物流社会化业务部主要从事社会化业务的物资运输（公路、铁路）、公铁联运、多式联运、存储、配送、物流业务咨询、国内货运代理、货物信息服务等综合物流服务。2020年底，在册员工840人。（孙艳欣）

【保障原料供应】 2020年，物流运输分公司优化列车时刻表，提升卸车能力；优化翻车机原料对位方式，二号翻车机采取每批次半列对位的方式，实现铁精粉单日卸车216节；完成富蕴物流园现场管理交接工作，全年收料280万吨，完成发运量311万吨；推进敞顶箱铁路运输业务，实现焦炭、焦煤、石灰石、焦丁等多品种原料运输进厂。全年进厂37 360箱，货重120万吨。（孙艳欣）

【提升装车效率】 2020年，物流运输分公司发运能力得到提升，实现日均装车210节，较上年日均装车180节提升16.70%。12月，创下最高装车数为253节的纪录。提升机旁库直发率，中厚板、冷轧、热轧实现全口径直发率36.38%。（孙艳欣）

【推进物流管控信息系统建设】 2020年，物流运输分公司通过东方钢铁平台和物流App（手机应用程序），从源头获得原料在途信息，进厂后通过门禁、自动计量委托等，实现原料运输由事后到事前、事中的主动管理。通过设计厂内地图和全球定位系统功能，对厂内运输车辆的运输轨迹、超速等行为进行跟踪，为外部车辆提供厂内地图导航服务；司机通过App接受运输任务，实现自动结算、自动抛成本的功能；自提用户的物流服务商通过App预约提货，取消纸质单据；提货车辆自动通过门禁电子验证（大屏）；发货库房通过司机App上的提单信息完成发货，并与欧冶物流平台共享物流数据，将物流管控的物流业务与欧冶物流平台互联互通。（孙艳欣）

## 新疆八钢金属制品有限公司

【概况】 新疆八钢金属制品有限公司（简称金属制品公司）成立于2003年7月，注册资本5.58亿元，是八一钢铁下属专门从事金属制品加工的企业，以金属制品、机电产品、五金交电为主营业务，以设计研究、产品开发为龙头，集生产、销售、服务为一体的多元化公司。其全资子公司有陕西八钢板簧有限公司、新疆八钢喀什金属有限公司，分厂有制品分厂、乌鲁木齐市金圆螺旋焊管分厂，分公司有板簧分公司、乌鲁木齐分公司、乌鲁木齐金运分公司，控股公司有新疆八钢钢管有限责任公司，参股公司有天津大桥集团新疆焊接材料有限公司、新疆宝新恒源物流有限公司。2020年，实现产品销量81.60万吨、销售收入28.46亿元、利润4 958万元。年底，在册员工393

人，在岗员工372人。（李　擎）

【提高市场占有率】 2020年，金属制品公司推进攻关项目10项，其中新品开发2项、大规模定制5项、加工配送业务2项、高效益产品增量1项。与八钢股份销售部协同一体化销售12.50万吨。新疆八钢钢管有限责任公司在交通和钢结构住宅项目上，加大方矩管、波形梁护栏板的供应；制品分厂为乌鲁木齐经济技术开发区北站路建设工程提供全方位钢筋加工配送服务。全年，金属制品公司为新疆维吾尔自治区重点工程项目供货4.60万吨。（李　擎）

## 新疆德勤互力工业技术有限公司

【概况】 新疆德勤互力工业技术有限公司（简称德勤互力公司）原为2007年11月16日成立的检修中心，2016年4月25日更名。下设市场营销部、安全生产技术部、综合管理部、检修工程部、机械制造部、电气工程部、工业运营中心。2020年，完成产值3.01亿元，实现利润3 655.61万元。年底，在册、在岗员工547人。（姜开明）

【降本增效】 2020年，德勤互力公司对承揽周期较长的项目从资材备件管理及采购等方面入手，实现降本增效142万元。其中，工业运营中心承接增量业务，增值收入70余万元；检修工程部炼钢厂板坯检维修项目的成本较结算价降低0.20元/吨钢，全年增收72万元。（姜开明）

【提高市场占有率】 2020年，德勤互力公司介入八一钢铁本部、南疆钢铁高压电力试验项目，全年完成产值300万元。在八一钢铁范围内扩大检测业务，重点开展大型旋转设备检测，完成产值210万元。（姜开明）

## 新疆八钢国际贸易股份有限公司

【概况】 新疆八钢国际贸易股份有限公司（简称八钢国贸公司）的前身为成立于1996年12月的新疆中钢冶金进出口阿拉山口公司，2009年12月14日更名。2020年，实现贸易量547.94万吨，同比增长17%。其中，进口量530.80万吨，同比增长18%；出口量17.14万吨，同比减少2%。实现贸易总额74 835.44万美元，同比增长8%。其中，进口额64 718.54万美元，同比增长10%；出口额10 116.90万美元，同比减少2%。实现营业收入56.38亿元、利润1.29亿元。年底，在册、在岗员工101人。（妥　鑫）

【确保原料供应】 2月，八钢国贸公司针对国内新冠肺炎疫情，增加哈萨克斯坦、俄罗斯原材料采购，向八一钢铁供应原材料47.64万吨，同比增长91.25%。年内，为填补因蒙古国焦煤无法进口造成的损失，改从哈萨克斯坦进口焦煤，保证了八一钢铁生产所需。全年进口哈萨克斯坦焦煤16.85万吨，同比增长7.9倍。（妥　鑫）

【人民币贸易结算】 2020年，八钢国贸公司与各原料供应商洽谈，建议使用人民币进行结算。6月，与蒙古能源有限公司签订蒙古原煤进口合同，双方使用人民币进行贸易结算。（妥　鑫）

## 新疆八钢佳域工业材料有限责任公司

【概况】 新疆八钢佳域工业材料有限责任公司（简称佳域公司）的前身为1976年由八钢无工作家属及其子女自发组织起来成立的劳动服务经济实体（集体所有制），1982年5月13日成立劳动服务公司，2000年更名为“新疆八钢佳域工贸总公司”，2018年12月17日更名为“新疆八钢佳域工业材料有限责任公司”。下属分公司1个，法人单位1个，参股公司4个。2020年，实现营业收入87 670万元、利润3 766万元。年底，在册、在岗员工275人。（芦秀云）

【效率效益提升】 2020年，佳域公司铝铁合金、金属锰、锌铝合金等贵重合金产能为2.70万吨，增长74%；人均产值369万元，增长30.60%，人均创造利润18万元，存货周转率26天，EVA（经济增加值）贡献1 130万元。（芦秀云）

【安全生产】 2020年，佳域公司修订完善安全生产管理办法3个，建立健全作业指导书4个，安全管理体系3个。开展“百日安全无事故”专项行动，辨识危险源921条，检查隐患211条，其中整改落实168条，B类违章6条、C类违章37条、红线2条。组织消防安全、职业健康、隐患排查等培训87次，895人次参加培训；安全环保工程师培训44次。轻伤及以上事故为零，隐患整改率100%。（芦秀云）

【绿色制造】 2020年，佳域公司投入505万元，对新疆宝新昌佳石灰制品有限公司（简称宝新昌佳公司）料场进行封闭，彻底解决原料及成品露天存放的环境污染问题；投入350万元，建设宝新昌佳公司窑尾废气余热利用项目，完全替代燃煤热风炉；投入190万元，对转子秤进行改造，精确煤粉燃烧，严控氮氧化物、二氧化硫排放指标。宝新昌佳公司烟气在线自动监测系统实现与新疆生产建设兵团生态环境局监测中心、八一钢铁在线监测系统的联网，通过优化工艺操作，确保颗粒污染物、氮氧化物、二氧化硫达标排放。（芦秀云）

## 乌鲁木齐互利安康安保技术有限责任公司

【概况】 乌鲁木齐互利安康安保技术有限责任公司（简称安保技术公司）于2019年7月29日在原乌鲁木齐互利安康保安服务有限责任公司的基础上，吸收合并乌鲁木齐互力众安咨询有限责任公司成立，注册资金400万元。2020年4月，安保技术公司完成机构整合工作。公司经营范围包括安全咨询服务、安全风险评估、安全评价、安全标准化服务、职业卫生和环境检测服务、保安服务等。下设党群工作室、运营改善室、市场项目室、安全保卫室，以及安全技术部、保安大队2个经营单元。全年，实现营业收入2.25亿元、利润12.59万元。年底，在册员工1 568人。（潘卫东）

【生产经营】 2020年，安保技术公司新签续签合同568个，外部业务延伸至乌鲁木齐市八区一县；安全咨询主要业务涵盖乌鲁木齐市米东区50余家工贸企业，新市区应急管理局和乌鲁木齐经济技术开发区；安保值守业务涵盖乌鲁木齐市新市区、乌鲁木齐经济技术开发区、富蕴蒙库矿业公司、敦德矿业公司等。（潘卫东）

【安置转岗人员】 2020年，安保技术公司接收八一钢铁各单位转岗、转型员工80人，内部调动员工1 192人次。（潘卫东）

## 新疆天山钢铁联合有限公司

【概况】 2020年3月31日，中国宝武与八一钢铁出资设立新疆天山联合钢铁有限公司（简称天山钢铁），注册资本10亿元。八一钢铁出资5亿元，占出资额的50%；中国宝武出资2.50亿元，占出资额的25%；华宝投资出资2.50亿元，占出资额的25%。公司经营范围：对钢铁行业资产的投资、经营管理；钢铁产品的加工、生产、销售。12月5日，天山钢铁完成对新兴铸管新疆有限公司的股权收购，新疆天山钢铁巴州有限公司（简称巴州钢铁）揭牌成立。12月17日，天山钢铁完成对新疆伊犁钢铁有限责任公司（简称伊犁钢铁）的重组。（李贞萍）

【成立新疆天山钢铁巴州有限公司】 12月5日，天山钢铁重组收购新兴铸管新疆有限公司100%股权，成为其唯一股东；同日，由新兴铸管新疆有限公司更名的“新疆天山钢铁巴州有限公司”揭牌成立。巴州钢铁的前身为2010年批准建设的“新兴铸管新疆有限公司和静工业园年产300万吨特钢项目”，2011年2月开工建设，12月投产，设计年产能200万吨，主要装备有2座高炉及配套设施，1座120吨转炉，1座120吨LF炉，1台八机八流小方坯连铸机及配套设施，1条年产120万吨棒材生产线，1条年产80万吨线材生产线，1台180平方米烧结机及配套设施，1条80万吨回转窑球团生产线，1台1.8万立方米制氧机组，2套（60/40兆瓦）煤气发电机组及配套设施。主要产品有高强度螺纹钢、盘螺、盘圆、锚杆钢、碳素结构钢、圆钢、优特钢、焊条、拉丝材等，延伸产品有铁丝、铁钉、电焊网片、刺绳、勾花网、石笼网等系列。2020年，钢产量135万吨，实现营业收入45亿元，上缴利税2亿元。年底，在册、在岗员工1 661人。（高　斌）

【重组新疆伊犁钢铁有限责任公司】 12月17日，天山钢铁完成对新疆伊犁钢铁有限责任公司的重组。伊犁钢铁的股权比例为：天山钢铁占77.125%，八一钢铁占20%、伊犁州国有资产投资经营有限责任公司占2.875%。伊犁钢铁的前身为新疆伊犁州钢铁厂，是1958年4月建立的国有独资企业，1998年6月改制为全员持股的混合所有制企业，具有矿山开采、烧结、焦炭生产、炼铁、炼钢到轧钢完整的生产工艺流程，具备年产100万吨钢铁综合产能。主要装备包括：2座72孔捣固式侧装机械化焦炉，2台97.50平方米烧结机，2座530立方米高炉，1座80吨转炉，1套5机5流连铸机，1条60万吨高线生产线，1条100万吨棒材生产线。2020年，资产总额29.39亿元，生产生铁90.57万吨、钢96.68万吨、钢材97.42万吨，销售钢材97.98万吨，实现销售收入33.54亿元，利润总额2 950万元，上缴税金2.20亿元。年底，在册人员工4 103人，在岗员工1 647人。（杜　鹃）

## 八一钢铁大事纪要

1月10日，八一钢铁与宝武集团财务有限责任公司举行战略合作签约仪式。

3月31日，中国宝武与八一钢铁出资设立新疆天山联合钢铁有限公司。

4月23日，宝地新疆首发项目“新宝港湾”开工奠基，项目总投资2亿元。

4月30日，八一钢铁与新疆有色金属工业（集团）有限责任公司签订战略合作协议。

5月15日，八一钢铁与新疆投资发展（集团）有限责任公司、新疆凯领投资有限公司签订《优势互补、互惠共赢战略合作协议》。

7月15日，八一钢铁氧气高炉点火开炉。

10月9日，以“屯垦戍边再出发”为主题的中国宝武130年“重走钢铁长征路”新疆片区活动在八一钢铁举行。

同日，八一钢铁氧气高炉完成第一阶段富氧率为35%的首期目标，突破世界传统高炉的富氧极限。

11月24日，八一钢铁制造管理部理化检验中心作业长吴琨作为优秀职工代表进京参加全国劳动模范和先进工作者表彰大会。

11月30日，八一钢铁以云端签约的形式参加八钢矿业、马迹山港区、梅山矿业委托宝钢资源管理协议签约仪式。

12月5日，天山钢铁完成对新兴铸管新疆有限公司的股权收购，新疆天山钢铁巴州有限公司揭牌成立。

12月17日，天山钢铁完成对新疆伊犁州钢铁厂的重组，新疆伊犁钢铁有限责任公司成立。

（李贞萍）

2020年10月9日，中国宝武130年“重走钢铁长征路”新疆片区活动主会场（张　勇　摄）

# 宝武集团马钢轨交材料科技有限公司

## 概　述

宝武集团马钢轨交材料科技有限公司的前身为马钢轨道交通装备有限公司，于2012年3月注册成立。2019年12月30日，中国宝武发文，决定将马钢轨道交通装备有限公司更名为“宝武集团马钢轨交材料科技有限公司”（简称马钢交材），由中国宝武直接管理。2020年3月1日，马钢交材按中国宝武直接管理方式运作。4月7日，马钢轨道交通装备有限公司通过工商登记，正式更名为“宝武集团马钢轨交材料科技有限公司”。

2020年，马钢交材有车轮（北区）、轨道装备（南区）和马钢瓦顿股份有限公司（简称瓦顿公司）3个制造基地，产品包括车轮、车轴、轮箍环件、轮对，具有年产车轮80万件、车轴5.80万根、箍环25万件、轮对压装6万套和轮对维修及转向架组装的能力。公司先后通过国际铁路行业IRIS认证、美国铁路协会AAR认证、中铁检验认证中心（CRCC）认证、德国铁路DB认证、欧盟TSI认证等多项体系及产品认证，具有国际先进技术制造水平和全球车轮标准全覆盖的品牌优势，是国内唯一车轮产品谱系全覆盖的企业，产品出口到全球70多个国家或地区。

2020年，马钢交材本部实现销售额22.21亿元，利润1.61亿元。销售轮环18.78万吨，车轴9 646根，轮对6 061套。瓦顿公司营业收入7 508万欧元，利润总额−1 843万欧元。按照商业计划书管理口径（马钢交材+瓦顿公司），马钢交材实现销售收入26.96亿元，利润总额0.17亿元，净利润0.03亿元。年底，在册员工1 683人，在岗员工1 642人。

（黄　海）

【企业负责人简介】　任天宝，1964年7月生，安徽马鞍山人，中共党

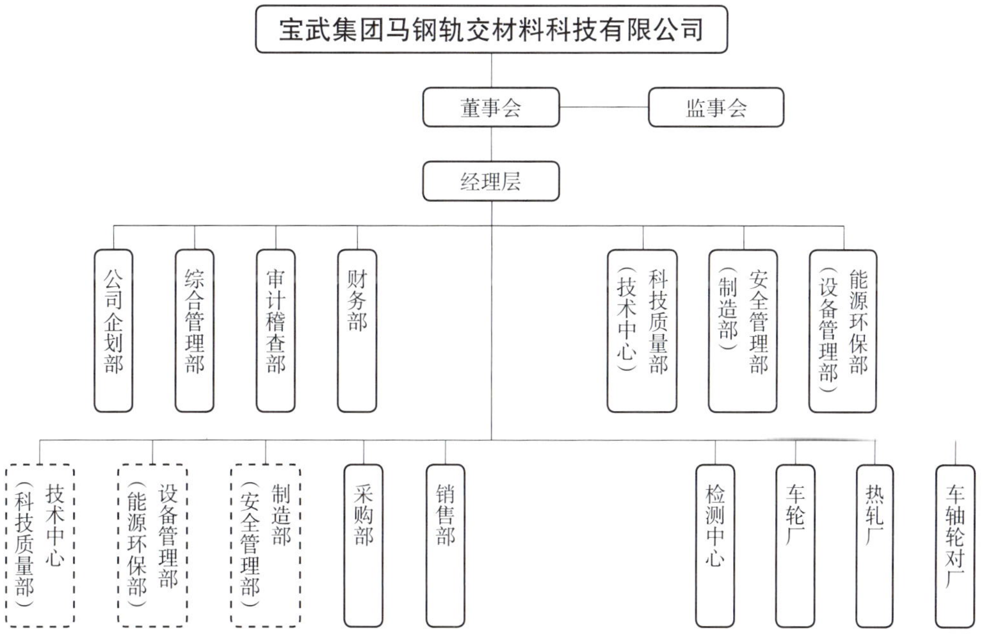


宝武集团马钢轨交材料科技有限公司组织机构图（2020年12月）

马钢交材主要装备（生产线）一览表

| 主要生产线 | 装　　备 | 单　　位 | 数　　量 |
|---|---|---|---|
| 钢锭锯切线 | 圆盘冷锯 | 台 | 9 |
| 车轮轧制线 | 环形加热炉 | 台 | 3 |
| | 90兆牛顿油压机 | 台 | 1 |
| | 1 250立式车轮轧机 | 台 | 1 |
| | 50兆牛顿油压机 | 台 | 1 |
| | 机械手 | 台 | 11 |
| | 63兆牛顿油压机 | 台 | 1 |
| | 31.50兆牛顿油压机 | 台 | 2 |
| | 915立式车轮轧机 | 台 | 1 |
| 箍环轧制线 | 环形加热炉 | 台 | 1 |
| | 30兆牛顿水压机 | 台 | 1 |
| | 轮箍粗轧机 | 台 | 1 |
| | 轮箍精轧机 | 台 | 1 |
| | 大环件轧机 | 台 | 1 |
| 车轮热处理线 | 环形加热炉 | 台 | 4 |
| | 缓冷炉群 | 台 | 102 |
| | 车轮淬火台 | 台 | 11 |
| | 自动装载机 | 台 | 4 |

（续　表）

| 主要生产线 | 装　　备 | 单　　位 | 数　　量 |
|---|---|---|---|
| 箍环热处理线 | 井式炉 | 台 | 19 |
| 车轮精加工线 | 数控加工机床 | 台 | 20 |
| | 22522—22533数控德国立车 | 台 | 12 |
| 车轮喷漆线 | 喷漆烘烤线 | 套 | 3 |
| 车轮检测线 | 自动导航运输车 | 台 | 5 |
| | 静平衡试验机 | 台 | 4 |
| | 硬度机 | 台 | 6 |
| | 超声波探伤机 | 台 | 6 |
| | 打字机 | 台 | 6 |
| | 压字机 | 台 | 3 |
| | 磁粉探伤机 | 台 | 6 |
| | 抛丸机 | 台 | 6 |
| | 激光尺寸测量机 | 台 | 1 |
| 车轴钢锭锯切线 | 一号双立柱单头带锯 | 台 | 3 |
| 车轴锻造线 | 环形加热炉 | 台 | 1 |
| | 12.50兆牛顿快锻机 | 台 | 1 |
| 车轴热处理线 | 正火炉 | 台 | 2 |
| | 回火炉 | 台 | 1 |
| 车轴粗加工和半精加工线 | 粗车机床 | 台 | 3 |
| | 粗铣机床 | 台 | 3 |
| | 精铣机床 | 台 | 1 |
| | 半精车机床 | 台 | 4 |
| | 三孔机床 | 台 | 2 |
| 轮对加工压装线 | 数控车轴车床 | 台 | 6 |
| | 数控外圆磨床 | 台 | 4 |
| | 数控成型磨床 | 台 | 4 |
| | 数控车轴深孔钻镗床 | 台 | 1 |
| | 卧式双主轴车削中心 | 台 | 1 |
| | 卧式深孔珩磨机床 | 台 | 1 |
| | 轮对压装机 | 台 | 3 |
| | 轮对退卸机 | 台 | 1 |
| | 轮对轴承磨合机 | 台 | 1 |

（续　表）

| 主要生产线 | 装　　备 | 单　　位 | 数　　量 |
| --- | --- | --- | --- |
| 轮轴检测线 | 车轴荧光磁粉探伤机 | 台 | 2 |
| | 车轴径向超声波探伤机 | 台 | 1 |
| | 空心轴超声波探伤 | 台 | 1 |
| 轮对喷漆烘烤线 | 喷漆烘烤线 | 套 | 1 |

（黄　海）

员，正高级工程师，马钢交材党委书记、董事长。

安涛，1966年6月生，河北保定人，中共党员，正高级工程师，马钢交材总裁、党委副书记、董事。（黄　海）

## 生产经营管理

【整合融合】　2020年，马钢交材按照专业化、产业链、高效化的原则，整合融合轮轴产业各基地的内部资源，推进制造、销售、研发、采购、信息化和产业链全方位协同。成立北方分公司，拓展北方轮轴新造及维修服务市场，对生产单元进行专业化整合，将原先的9个分厂重新优化整合为4个生产厂，作业区由56个整合为20个。（黄　海）

【市场拓展】　2020年，马钢交材在确保传统客户市场份额的基础上，抓住国内新基建、城轨发展机遇，优化产品结构，拓展新兴轮轴维修业务，中标南京等地的多条地铁项目；开拓国际市场，研发的世界最大轴重45吨重载车轮实现全球首发，并批量生产；获韩国准高速车轴订单；与瓦顿公司协同开发沙特阿拉伯等新兴市场。（黄　海）

【技术创新】　2020年，马钢交材推进高铁轮轴、大功率机车轮、弹性车轮、城轨轮轴等战略性产品全球商业化进程。10月30日，获得安徽省高新技术企业证书；12月14日，获国家级高新技术企业证书。安徽省重大专项“减振降噪车轮研究开发及产业化”通过验收，完成广州地铁MTC730弹性车轮全流程设计制造，实现弹性车轮在国内地铁首次装车；开展安徽省重大专项“和谐电力机车车轮剥离损伤行为及优化研究”。（黄　海）

【智慧制造】　11月16日，马钢交材“绿色发展、智慧制造”一期项目投入运行，实现运维操作远程、产销一体、管控一体。12月10日，马钢交材车轮三线获批“安徽省智能工厂”。（黄　海）

【质量体系建设】　2020年，马钢交材以国际铁路行业标准——IRIS标准为核心，对车轮（北区）、轨道装备（南区）质量管理进行整合融合，重新构建马钢交材质量管理体系。通过ISO/TS22163，得分69分；通过ISO9001质量管理体系审核。换取体系及产品认证证书14张，获质量管理体系及产品认证证书保持率100%，新开拓市场和新产品开发认证通过率100%。（黄　海）

【获得荣誉】　6月9日，马钢交材获“第12届安徽省文明单位”称号。9月18日，选送的3项质量管理课题在2020年全国质量管理小组成果发表赛上获“专业级”奖项。12月3日，马钢交材蓝色梦想创新团队在2020年中国创新方法大赛总决赛上获三等奖。“马钢高性能车轴开发与应用”项目获得2020年中国宝武技术创新重大成果奖二等奖。（黄　海）

## 马钢交材大事纪要

3月1日，马钢交材按中国宝武直接管理方式运作。

4月7日，马钢轨道交通装备有限公司通过工商登记，正式更名为“宝武集团马钢轨交材料科技有限公司”。

6月9日，马钢交材被安徽省精神文明建设指导委员会授予“第12届安徽省文明单位”称号。

6月30日，马钢交材与马鞍山经济技术开发区管理委员会签署战略合作协议。根据协议，马鞍山经济技术开发区将从政策上支持马钢交材发展轨道交通轮轴产业，打造轨道交通轮轴产业发展基地。

同日，马钢交材召开“绿色发展、智慧制造”项目合同签订暨现场施工启动会。

7月8日，马钢交材召开第一届职工代表大会第一次会议。

7月16日，马钢交材承担的安徽省科技重大专项“减振降噪车轮研究开发及产业化”通过安徽省科技厅验收。

7月24日，马钢交材生产的首批世界最大轴重的45吨重载车轮发往澳大利亚。

2020年11月16日，马钢交材“绿色发展、智慧制造”一期项目投入运行　（张　庆　摄）

7月，马钢交材首次向德国铁路公司批量供货精轴。

9月21日，《马钢交材2020—2022年发展规划》获中国宝武批准。

9月23日，马钢交材党委组织开展“沿着总书记足迹——参观马钢特钢公司展厅”主题党日活动。

9月24日，瓦顿公司CRH5动车组车轮取得CRCC证书，具备批量供应中国铁路的准入资格。

10月13—17日，马钢交材承办“铸匠心、提技能”中国宝武第二届职工技能大赛数控机床加工决赛。

10月30日，马钢交材获安徽省高新技术企业证书。

11月16日，马钢交材“绿色发展、智慧制造”一期项目投入运行。

12月3日，马钢交材蓝色梦想创新团队获2020年中国创新方法大赛全国总决赛三等奖。

12月10日，马钢交材车轮三线获批“安徽省智能工厂”。

12月14日，马钢交材获国家级高新技术企业证书。（黄　海）

编辑：盛继军

# 11 新材料产业

# 新材料产业

## 新材料产业发展中心

【概况】　新材料产业发展中心（简称新材业中心）承担中国宝武新材料产业板块的资本投资运营功能，对资产总量、结构和效率负责，推进资本投资项目的“投、融、管、退”工作，下设规划投资和运营评价两个业务模块，采用项目化、矩阵式、扁平化的运作方式，以实现中心的常态化、专业化管理职责，对口管理宝武炭材、宝钢金属、宝钢包装、宝武特冶、武汉耐材等子公司。2020年底，在册员工8人。（许钰晖）

【编制产业发展规划】　2020年，新材业中心启动《中国宝武“十四五”规划编制（新材料部分）》及板块内各子公司规划修编工作。支撑推进宝武特冶完成发展规划修编，明确宝武特冶“一总部多基地”发展定位，参与宝武特冶新基地策划；支撑推进宝武炭材、宝钢包装规划修编及宝武铝业二期项目预研；支撑推进武汉耐材战略规划编制工作，完成新一版《武汉耐材战略规划（2020—2025年）》。（许钰晖）

【优化产业布局】　年初，新材业中心组织板块内公司，对各家的生产现状、发展规划及支撑项目等进行详细分析，并结合集团公司的总体战略定位，提出优化、完善、新增产业的发展和布局设想，完成《中国宝武新材料产业战略布局报告》。（许钰晖）

【推进新业务领域项目寻源】　2020年，新材业中心开展新业务项目寻源和策划，会同新材料创新中心、华宝证券、战略规划部和新材料板块各子公司组成产业策划团队，围绕铝挤压、锂电池正极材料、金属粉末与3D打印、钛及钛合金、铜铝复合材料等，从产业链、技术链和价值链开展调研分析，编制形成5份产业策划报告，提出产业发展路径和外部合作机会。（许钰晖）

【构建“三高两化”对标体系】　2020年，新材业中心遵循分级分类原则，结合板块内各子公司业务特征和行业特点，构建形成以"三高两化"为框架的对标体系；围绕大盘类、管控类、"三高两化"类共98项对标指标，以季度管理报告发布为抓手，推进对标找差，补短板、强弱项。提升精品化指数、运营效率、资本效率等，增强企业运营能力；践行"超越自我、跑赢大盘、追求卓越"要求；坚持规模引领，瞄准20%市场占有率，协助子公司按市场占有率情况分解指标，制订内部挖潜、外部并购、结构调整等实施方案。（许钰晖）

【推进重点项目实施】 2020年，新材业中心推进一批标志性重点项目建设，包括宝钢金属青阳项目、宝武炭材兰州项目、宝钢包装马来西亚制罐项目、宝武铝业一期项目等。其中，宝武铝业一期项目是中国宝武从钢铁到材料转型的标志性项目。（许钰晖）

【推进"双百行动"和混合所有制改革试点】 2020年，新材业中心以"双百企业"和"混合所有制改革第四批试点企业"为契机，深化三项制度改革，分层、分类推进混合所有制改革。坚持前期设计方案时积极介入、探索路径；实施过程中严格审查、把控风险。参与宝武特冶混合所有制改革和员工持股计划框架方案设计，重点推进特冶钛金项目，年底前完成宝武特冶钛金科技有限公司设立；支撑宝武炭材开展上海欧冶化工宝电子商务有限公司混合所有制改革及员工持股工作；推动宝钢金属下属宝武轻材（武汉）有限公司精密带钢厂、江北集团冷弯型钢有限公司等子公司进行混合所有制改革。（许钰晖）

【加强董事会和股东会管理】 2020年，新材业中心深化对宝武炭材、宝钢金属、宝钢包装、宝武铝业等子公司以及中国商用飞机有限责任公司、上海纳米技术及应用国家工程研究中心有限公司等参股公司相关董事会、股东会议案的综合管理。会同集团公司相关职能部门对重大议案进行背景分析和专业建议，完成子公司董事会表决事项处理，以及对参股公司行使股东权益管理，为董事会、监事会决策提供依据。（许钰晖）

【组建中国宝武特种特冶材料专家智库】 6月，新材业中心会同人力资源部、宝武特冶、中央研究院，完成中国宝武特种特冶材料专家智库组建，聘请中国工程院院士干勇等为智库专家。（许钰晖）

【助力子公司产业扶贫】 4月、6月，新材业中心两次召开新材业板块扶贫工作推进会，对新材业板块"为定点扶贫县引进帮困资金100万元""帮助引进企业数3家""帮助引进企业实际投资额450万元""扶持定点扶贫县龙头企业和农村合作社3家"4项产业扶贫任务进行分解，结合"一中心包一村"专项任务，从产业孵化、培育等角度，引入食品罐装、生物科技等相关产业投资，全面完成集团公司年初下达的扶贫工作任务。（许钰晖）

【策划新材料产业发展基金方案】 2020年，新材业中心按照市场化原则，筹划组建宝武新材料产业发展基金，策划整体框架、基本要素、决策体系、基金运作、投后管理、人员配置、跟投机制等事项，初步形成基金整体方案。同时，开展基金募资前期工作，与中国诚通控股集团有限公司、中国商用飞机有限责任公司、中国工商银行股份有限公司、上海中金资本投资有限公司等潜在投资者对接。（许钰晖）

## 宝武炭材料科技有限公司

【概况】 宝武炭材料科技有限公司（简称宝武炭材）的前身为上海宝钢化工有限公司，2018年9月更名。宝武炭材为宝钢股份全资子公司，由中国宝武直接管理，注册资本金21.10亿元。拥有宝山直属厂部及梅山分公司、苏州宝化炭黑有限公司、宝钢化工（张家港保税区）国际贸易有限公司、四川达兴宝化化工有限公司（参股）、宝化炭黑（达州）有限公司、上海欧冶化工宝电子商务有限公司、乌海宝化万辰煤化工有限责任公司、宝钢化工湛江有限公司、武汉聚焦精化工有限公司、宝方炭材料科技有限公司、乌海宝杰新能源材料有限公司、安徽马钢化工能源科技有限公司、山西福马炭材料科技有限公司、重庆宝丞炭材有限公司、新疆宝鑫炭材料有限公司、湖北宝乾新能源材料有限公司、浙江宝旌炭材料有限公司、绍兴宝旌复合材料有限公司等生产基地和子公司，以及东南亚代表处等机构。具有年处理248万吨焦油、33万吨粗苯、34万吨炭黑、40万吨改质沥青、19万吨（9万吨在建）针状焦，2.30万吨（2万吨在建）负极材料，10万吨超高功率石墨电极生产能力，焦油加工能力全球第一。2020年，实现销售收入106.71亿元，利润2.92亿元。全年完成焦油处理量146.53万吨、粗苯30.84万吨,针状焦产量1.61万吨,改质沥青产量39.24万吨,炭黑23.80万吨。年底,在册员工2 044人,在岗员工1 983人。(陆　路)

【企业负责人简介】 林秀贞,1964年12月生,福建福州人,中共党员,高级工程师,宝武炭材党委书记、董事长。

徐同建,1965年9月生,江苏淮安人,中共党员,高级政工师,宝武炭材总裁、党委副书记。(陆　路)

2020年9月3日,宝武炭材炭材料研究院(工程中心)研发大楼启用　(刘继鸣　摄)

【整合融合】 2020年,宝武炭材围绕构建"一总部多基地"管控模式,开展安徽马钢化工能源科技有限公司、山西福马炭材料科技有限公司、重庆宝丞炭材有限公司专业化整合融合工作,推进新疆宝鑫炭材料有限公司、浙江宝旌炭材料有限公司碳纤维整合融合工作,公司总部派出团队到新进公司,开展专业化整合工作,加大技术输出和管理输出力度,实现整合融合项目效益超4 000万元。公司制度标准体系逐步统一,经营管理实现全覆盖。公司总部加强管理诊断和技术支撑,各单位对标找差,体系能力得到提升。(陆　路)

【科技研发】 2020年,宝武炭材研发投入率3.17%(合并);受理发明专利36件、实用新型专利13件,授权"一种高性能人造石墨类负极材料前驱体的制备方法""一种低异味古马隆树脂的生产方法"等专利19件;牵头制定相关行业标准4项;宝武炭材总部获国家级高新技术企业认证。古马隆树脂系列部分产品实现工业化。宝方炭材料科技有限公司电极产品和乌海宝杰新能源材料有限公司实验室产品交付客户试用。9月3日,宝武炭材炭材料研究院(工程中心)研发大楼启用。(陆　路)

【智慧制造】 4月20日,宝武炭材宝山苯加氢全流程自适应生产系统装置启用,工艺参数值实现系统自动设定。6月30日,宝武炭材设备远程运维平台上线运行,实现各基地40%重点设备在线监控。12月24日,安徽马钢化工能源科技有限公司控制中心与智慧仓库建成投用,新建项目同步落实智慧制造设计要求。(陆　路)

【混合所有制改革】 2020年,宝武炭材推行营销人员激励机制,实施高新技术企业超额利润分享,项目跟投利益分享等;编制形成混合所有制改革方案,并获集团公司批准;筹划上海欧冶化工宝电子商务有限公司等子公司的战略投资者引进和员工持股计划方案;宝武炭材被纳入宝钢股份"双百行动"实施方案,被国家发展和改革委员会列入第四批混合所有制改革试点企业。年内,重庆宝丞炭材有限公司、新疆宝鑫炭材料有限公司、浙江宝旌炭材料有限公司等新并购企业全部实施混合所有制。(陆　路)

【环境经营】 2020年,宝武炭材制定长江大保护环保治理规划,完成雨污分流改造、生化废水深度处理、蒸气冷凝水回收利用等26项节能减排项目,对照各地达标排放和合规处置新标准,加强督导检查,制定整改计划,完成在线监测系统、危险废物现场管理等98项整改项目。(陆　路)

【人才培养】 2020年,宝武炭材通过市场化机制引进高技能人才、招聘高校毕业生98人;利用取证培训、各基地午间课堂和周末课堂学习培训、总部晚间课堂学习培训等方式提升员工技能;提拔任用中青年干部20人,撤职干部1人。(陆　路)

【宝武炭材大事纪要】

4月23日，宝武炭材、重庆钢铁、重庆路洋投资有限公司举行路洋化工股权重组协议及重庆钢铁与路洋化工长期合作协议签约仪式。

6月17日，宝武炭材与中国宝武对口扶贫的云南省广南县对接，到广南县民族职业高级中学进行现场招聘，开展就业扶贫。

9月3日，宝武炭材炭材料研究院（工程中心）研发大楼启用。

9月22日，湖北宝乾新能源材料有限公司5万吨负极材料项目开工建设。

9月25日，宝武炭材与新疆鑫联煤化工有限公司进行股权转让与联合重组签约，宝武炭材实际控股新疆鑫联煤化工有限公司。

9月29日，宝武炭材将上海宝汇环境科技有限公司、上海宝汇环境科技有限公司湛江分公司股权转让至宝武水务。

11月17日，宝武炭材在湛江钢铁投资的炭黑项目二期工程开工建设。

12月21日，宝武炭材在兰州举行兰州市人民政府、中国宝武战略合作框架协议签约暨宝方炭材10万吨超高功率石墨电极项目投产仪式。

12月28日，宝武炭材收购由浙江省绍兴市柯桥区天堂硅谷碳纤维产业投资合作企业持有的浙江宝旌炭材料有限公司等精功碳纤维板块6家公司全部股权。

（陆　路）

**宝武炭材下属子公司（含托管单位）一览表**

| 企业名称 | 注册资本（万元） | 主要经营范围 | 持股比例 | 在岗员工（人） |
|---|---|---|---|---|
| 苏州宝化炭黑有限公司 | 39 500.00 | 炭黑制造 | 宝武炭材占60% | 252 |
| 宝钢化工（张家港保税区）国际贸易有限公司 | 3 000.00 | 化产品贸易 | 宝武炭材占100% | 7 |
| 上海欧冶化工宝电子商务有限公司 | 1 487.12 | 硫酸铵自营、平台信息服务 | 宝武炭材占65.03% | 14 |
| 四川达兴宝化化工有限公司 | 5 000.00 | 炭黑制造 | 宝武炭材占45% | 65 |
| 乌海宝化万辰煤化工有限责任公司 | 20 000.00 | 焦油加工 | 宝武炭材占51% | 125 |
| 宝钢化工湛江有限公司 | 29 000.00 | 焦油加工 | 宝武炭材占100% | 103 |
| 宝方炭材料科技有限公司 | 130 000.00 | 石墨电极 | 宝武炭材占51% | 142 |
| 宝化炭黑（达州）有限公司 | 4 000.00 | 炭黑制造 | 苏州宝化占55% | 32 |
| 乌海宝杰新能源材料有限公司 | 26 000.00 | 负极材料 | 宝武炭材占51% | 96 |
| 武汉聚焦精化工有限责任公司（由宝武炭材托管） | 5 000.00 | 焦油加工 | 武汉平煤武钢联合焦化有限责任公司占100% | 139 |
| 安徽马钢化工能源科技有限公司（由宝武炭材托管） | 133 300.00 | 焦油、粗苯加工 | 马钢集团占55%，马钢股份占45% | 334 |
| 山西福马炭材料科技有限公司（由宝武炭材托管） | 50 000.00 | 焦油加工 | 安徽马钢化工能源科技有限公司占51% | 118 |
| 重庆宝丞炭材有限公司 | 3 333.30 | 焦油加工 | 宝武炭材占51% | 77 |
| 新疆宝鑫炭材料有限公司 | 3 352.00 | 焦油加工 | 宝武炭材占51% | 122 |
| 湖北宝乾新能源材料有限公司 | 9 982.54 | 负极材料 | 宝武炭材占60% | 39 |

（续　表）

| 企业名称 | 注册资本（万元） | 主要经营范围 | 持股比例 | 在岗员工（人） |
|---|---|---|---|---|
| 浙江宝旌炭材料有限公司 | 44 000.00 | 碳纤维 | 宝武炭材占49.74% | 102 |
| 绍兴宝旌复合材料有限公司 | 23 320.00 | 高性能纤维及复合材料制造 | 宝武炭材占45.81% | 244 |
| 浙江精业新兴材料有限公司 | 34 280.00 | 碳纤维及制品、纺织品 | 宝武炭材占51.69% | 64 |

（陆　路）

## 宝钢金属有限公司

【概况】　宝钢金属有限公司（简称宝钢金属）成立于2007年12月，注册资本40.55亿元，宝钢金属以“轻量化解决方案领军者”为愿景，以“协同共建钢铁生态圈，成为中国宝武新材料的主力军”为使命，聚焦发展轻量化材料与制品，面向大交通（汽车、轨道交通、航空）行业、物流行业、光伏行业、家具行业和智能产品等行业，发展轻量化业务，并致力镁产业，重点布局镁基材料、推进全镁产业链建设，打造具有全球竞争力的一流企业。宝钢金属总部下设经营财务（财务部）、投资发展、运营体系、团队建设4个职能族群，以及营销中心、技术中心、制造管理中心3个业务中心。境内，有南京宝日钢丝制品有限公司、宝钢集团南通线材制品有限公司、江苏宝钢精密钢丝有限公司、上海宝敏科汽车工程技术有限公司、上海宝钢金属贸易有限公司、上海宝成钢结构建筑有限公司、上海宝钢型钢有限公司、武汉钢铁江北集团冷弯型钢有限公司、武汉钢铁江北集团金属制品有限公司、宝武轻材（武汉）有限公司、宝钢金属制品工业（香港）有限公司、宝玛克（合肥）科技有限公司等18家全资、控股子公司；有海门、合肥宝玛克、沈阳宝玛克和上海秉玟型材4家分公司。境外，在意大利、法国、罗马尼亚、墨西哥、巴西分别设有宝玛克汽车零部件解决方案股份有限公司。2020年，实现营业收入105.44亿元、利润5.24亿元。年底，境内在册员工1 561人，在岗员工1 380人。　（张　津）

【企业负责人简介】　王强民，1970年1月生，江苏淮安人，中共党员，高级经济师，宝钢金属党委书记、董事长。

祁卫东，1970年10月生，河南淮阳人，中共党员，高级工程师，宝钢金属总裁、党委副书记。　（张　津）

【经营业绩】　2020年，南京宝日钢丝制品有限公司与宝钢特钢长材有限公司配合，拓展轴承钢丝业务，销量为1.10万吨。合肥宝玛克分公司现场改善、成本优化，实现营业收入1.20亿元、利润总额703万元；开发蔚来汽车科技有限责任公司、浙江吉利汽车零部件采购有限公司路特斯产品项目；成立汽车装备设计制造中心。沈阳宝玛克分公司完成华晨雷诺金杯汽车有限公司MASTER项目全工装样件第一阶段的交付，具备量产交付能力。武汉钢铁江北集团冷弯型钢有限公司型钢建机材销量10万吨，占总销量的55%；客车用高强钢市场占有率恢复至70%；F180柔性化冷弯生产线项目12月投产，并在湖南娄底市为三一集团有限公司建厂，完成主体设备制造。武汉钢铁江北集团金属制品有限公司实现营业收入5.20亿元、利润总额1 008万元；镀锌钢绞线边际贡献为651元/吨；开发完成2 300兆帕钢绞线产品。宝武轻材（武汉）有限公司精密带钢厂边抗疫边保产，实现营业收入1.50亿元、利润总额619万元；捆带产品销量同比增长21%；开发极薄无取向硅钢产品，实现高端产品销量7 750吨，占比60.10%。宝钢集团南通线材制品有限公司实现营业收入5.10亿元，弹簧钢丝销量同比增长34%；开发锌铝镁多元镀层，保持镀锌钢丝产品的行业领先优势并中标国家重大工程深中通道项目。江苏宝钢精密钢丝有限公司拓展母线黄丝销售新客户，全年销售700吨；完成0.50毫米及以下极细特强母线黄丝开发并批量供货，金刚砂线系列产品市场占有率逾50%。上海秉玟型材分公司产能得以释放，定制型材销量3 755吨，实现营业收入3 339万元；RF4001定制型材生产线投产；按照汽车零部件企业IATF16949体系要求，提升体系能力。境外宝玛克公司抗击新冠肺炎疫情，意大利宝玛克公司及其旗下子公司未发生大规模聚集性疫情，6月起各子公司陆续恢复生产经营。成立宝玛克境外工作组，协同境外宝玛克公司经营管理工作。（张　津）

【构建综合管理体系】 2020年，宝钢金属推进“一总部多基地”管理模式。构建综合管理体系，统一管理语言和管理方法。梳理改善宝钢金属总部和分（子）公司组织架构和职能设置，实施一贯制管理。把党的领导融入公司治理各环节，全面梳理公司制度流程，完善和改进制度文件，实现与中国宝武制度树平台的对接，完成宝钢金属总部与分（子）公司文件制度流程的一体化的整合。申报的“通过‘资产经营+产销经营’模式实现企业价值成长”管理创新课题获中国钢铁工业协会第20届冶金企业管理现代化创新成果奖一等奖。（张　津）

【深化混合所有制改革】 2020年，宝钢金属按照国企改革三年行动方案的要求，抓重点、补短板、强弱项，推进各项改革进程，编制《宝钢金属有限公司“双百企业”综合改革方案及工作台账》《宝钢金属有限公司混合所有制改革整体方案》《宝钢金属有限公司混合所有制改革商业计划书》，明确子公司混合所有制改革的总体思路、工作范围和要求，并结合资产属性，分层分类、统筹策划，形成子公司混合所有制改革三年工作计划。在宝武轻材（武汉）有限公司精密带钢厂、武汉钢铁江北集团冷弯型钢有限公司、武汉钢铁江北集团金属制品有限公司、上海宝钢金属贸易有限公司进行改革调研、协助子公司制订改革路径和方案。（张　津）

【科技研发】 2020年，宝钢金属研发投入率2.56%，新产品销售率21.78%，申请专利34件（其中发明专利17件），科技政策利用收益736万元，科研直接新增效益3 100万元。D.Metal数字化研发平台上线运行；完成镁合金“金苹果”项目立项；与上海交通大学、重庆大学、东南大学签署战略合作框架协议，并开展重大合作项目策划。（张　津）

【节能环保】 2020年，宝钢金属首次启动ISO50001能源体系认证工作，以南京宝日钢丝制品有限公司为试点，完成认证工作。采取系统自动抄表替代人工抄表、开发系统能耗分析功能等节能措施，推进三级计量可视化工作，截至11月，有3家公司完成三级计量可视化工作。各分（子）公司投入420万元，实施环保技术改造、改善及科研项目25个。（张　津）

【安全管理】 2020年，宝钢金属1 480名员工参与岗位风险描述活动，发现风险10 221条，员工参与率、整改率为100%；辨识危险源3 629个，无重大危险源，一级危险源1个，二级危险源29个、三级危险源246个、四级危险源1 867个、五级危险源1 486个，皆在受控范围。（张　津）

【提升劳动效率】 2020年，宝钢金属优化人员结构，合理调配宝钢金属总部人员到业务单元，促进内部人才交流。精简总部职能人员14人，优化率21%。通过宝钢金属内部挖潜、集团公司内部统筹42人，社会招聘人才12人。优化协力用工管理，协力用工占比37%，比年初下降40%。提升全口径劳动效率，在岗员工人均利润18.80万元，同比增长129%。（张　津）

【宝钢金属大事纪要】

1月21日，合肥宝玛克分公司获蔚来汽车科技有限责任公司颁发的2019年度质量管理优秀奖。

5月8日，沈阳宝玛克分公司制作的首批131件供华晨雷诺金杯汽车有限公司MASTER车型的钢制车身样件交付用户。

5月20日，宝钢集团南通线材制品有限公司获“南通市安全生产专项整治示范企业”与“职工创新创业示范基地”称号。

6月4日，南京宝日钢丝制品有限公司参与编制的技术标准《汽车高温连接紧固件技术条件》发布。

7月24日，意大利罗马议员代表团考察参观意大利宝玛克汽车零部件解决方案股份有限公司（简称意大利宝玛克公司）基瓦索工厂。

8月11日，宝钢金属完成对南京云海特种金属股份有限公司股权增持，持股比例由8%上升至

14%。

8月28日，宝钢金属D.Metal平台上线。

9月26日，宝钢集团南通线材制品有限公司联合宝钢金属技术中心、中央研究院、宝钢股份钢管条钢事业部共同完成的直径7毫米/2 100兆帕和直径5.40毫米/2 160兆帕桥梁缆索用（锌铝/锌铝镁）多元合金镀层钢丝通过新产品鉴定。

10月10日，宝钢金属与上海交通大学轻合金精密成型国家工程研究中心举行合作协议签约仪式。

11月18日，宝钢集团南通线材制品有限公司季海峰的“一种钢丝热处理后油渍反吹机构”专利、南京宝日钢丝制品有限公司季志平的“一种钢丝酸洗振动装置”专利、宝钢金属技术中心唐伟能的“高性能新型压铸镁合金及其在大交通工具轻量化等方面的应用”专利获第24届全国发明展览会铜奖。

12月2日，宝钢金属巢湖轻量化项目开工建设。

12月11日，宝钢金属与重庆大学国家镁合金工程中心举行战略合作框架协议签约仪式。

12月28日，宝钢金属获中国钢铁工业协会评选的冶金企业管理现代化创新成果奖一等奖。

（张　津）

**宝钢金属下属子公司（含参股公司）一览表**

| 公司名称 | 地　　址 | 注册资金 | 主要经营范围 | 持股比例 | 在岗员工（人） |
|---|---|---|---|---|---|
| 上海宝敏科汽车工程技术有限公司 | 中国（上海）自由贸易试验区德堡路38号 | 400万元 | 汽车技术领域内的技术开发、技术咨询、技术服务等 | 宝钢金属50% | 5 |
| 宝钢集团南通线材制品有限公司 | 江苏省南通市港闸区陈桥街道宝钢路8号 | 68 064.09万元 | 金属材料、电线、电缆的生产、加工、销售 | 宝钢金属100% | 86 |
| 南京宝日钢丝制品有限公司 | 江苏省南京经济技术开发区兴文路9号 | 20 459.60万元 | 生产冷镦钢丝、弹簧钢丝等二次和三次加工制品 | 宝钢金属51.40% | 180 |
| 上海宝钢金属贸易有限公司 | 上海市宝山区同济路333号 | 2 450万元 | 冶金炉料、旧设备收购拆解、分选、加工、销售、储存，金属材料、五金销售，货物及技术的进出口业务，生产性废旧金属收购 | 宝钢金属100% | 50 |
| 江苏宝钢精密钢丝有限公司 | 江苏省海门市海门经济开发区香港路2566号 | 67 800万元 | 金属丝绳及其制品、太阳能光伏关键材料切割钢丝的生产、加工、销售 | 宝钢集团南通线材制品有限公司100% | 104 |
| 上海宝成钢结构建筑有限公司 | 上海市宝山区蕴川路3962号 | 5 348.67万元 | 生产、销售各种钢结构产品 | 宝钢金属100% | 0 |
| 上海宝钢型钢有限公司 | 上海市宝山区宝杨路2056号 | 15 003.30万元 | 冷弯型钢、冷轧带肋钢筋及延伸产品的生产、销售，生产焊接成型的型钢、延伸产品等 | 上海宝成钢结构建筑有限公司100% | 24 |

（续　表）

| 公司名称 | 地　址 | 注册资金 | 主要经营范围 | 持股比例 | 在岗员工（人） |
|---|---|---|---|---|---|
| 武汉钢铁江北集团冷弯型钢有限公司 | 湖北省武汉阳逻经济开发区滨江大道特1号 | 51 027.14万元 | 生产和销售薄板、焊接钢管、冷薄板、焊接钢管、冷弯型钢、带钢、无缝钢管等 | 宝钢金属100% | 441 |
| 武汉钢铁江北集团金属制品有限公司 | 湖北省武汉阳逻经济开发区滨江大道特1号 | 12 000万元 | 金属丝绳及制品的制造，机械、金属制品加工，电机电器修理 | 宝钢金属100% | 225 |
| 宝武轻材（武汉）有限公司 | 湖北省武汉市阳逻经济开发区西港区滨江大道特1号 | 50 000万元 | 金属制品、金属材料、汽车配件、机械设备制造、批发兼零售，货物或技术进出口 | 宝钢金属100% | 0 |
| 宝钢金属（国际）有限公司 | 美国得克萨斯州休斯敦市奥尔巴尼2802号 | 849万美元 | 氦气采购，精炼提取、氦集装箱罐的采购和生产，及氦气进出口贸易等 | 宝钢金属100% | 0 |
| 宝钢金属制品工业（香港）有限公司 | 中国香港特别行政区九龙尖沙咀广东道28号力宝太阳广场803室 | 3 815万欧元 | 融资、投资、咨询、贸易 | 宝钢金属100% | 0 |
| 意大利宝玛克汽车零部件解决方案股份有限公司 | 意大利都灵省提瓦索市卡鲁索大街50号 | 3 233.27万欧元 | 生产汽车零部件，设计和生产与其相关的制造工具等 | 宝钢金属制品工业（香港）有限公司75% | 335 |
| 法国宝玛克汽车零部件解决方案有限公司 | 法国阿冈西路易斯·布雷奥街2号 | 500万欧元 | 生产汽车零部件，设计和生产与其相关的制造工具等 | 意大利宝玛克公司100% | 210 |
| 罗马尼亚宝玛克汽车零部件解决方案有限公司 | 罗马尼亚德拉加萨尼圣都铎弗拉基米雷斯库大街778号 | 9万列伊 | 汽车零部件的批发 | 意大利宝玛克公司51% | 1 |
| 墨西哥宝玛克汽车零部件解决方案有限公司 | 墨西哥克雷塔罗工业园区卡拉达·爱思塔卡达大街550–B号 | 3 005万墨西哥比索 | 生产汽车零部件，设计和生产与其相关的制造工具等 | 意大利宝玛克公司75%，法国宝玛克公司25% | 111 |
| 巴西宝玛克汽车零部件解决方案有限公司 | 巴西库里蒂巴市圣何塞·多斯平海区塔瓦雷斯大街4737号 | 130万巴西雷亚尔 | 生产汽车零部件，设计和生产与其相关的制造工具等 | 意大利宝玛克公司100% | 28 |
| 宝玛克（合肥）科技有限公司 | 安徽省合肥市巢湖市安徽居巢经济开发区 | 19 575.93万元 | 新材料、汽车部件、精密型材、机械设备、模具、检具、夹具、工具的开发设计、生产制造和销售 | 宝钢金属100% | 3 |

（续　表）

| 公司名称 | 地　　址 | 注册资金 | 主要经营范围 | 持股比例 | 在岗员工（人） |
|---|---|---|---|---|---|
| 苏州启明融信股权投资合伙企业（有限合伙） | 江苏省苏州工业园区苏虹东路183号东沙湖股权投资中心 | 124 700万元 | 非证券股权投资活动及相关咨询业务 | 宝钢金属2.41% | 0 |
| 朗泽新西兰有限公司 | 新西兰奥克兰市1010肖特兰街55号 | 出资额300万美元 | 清洁能源技术研发及应用 | 宝钢金属0.66% | 200 |
| 宝瑞费拉有限公司 | 美国加利福尼亚州圣莱安德罗阿尔瓦拉多街1575号 | 出资额750万美元 | 正渗透膜研发、生产和销售 | 宝钢金属（国际）有限公司17.65% | 27 |
| 深圳市大西洋焊接材料有限公司 | 广东省深圳市龙岗区平湖辅城坳工业区工业大道99号 | 2 100万元 | 电焊条、焊接材料的生产、购销 | 宝钢金属38.1% | 158 |
| 上海宝武杰富意清洁铁粉有限公司 | 上海市宝山区蕰川路3962号 | 8 540万元 | 无偏析预混合铁粉生产、销售，金属材料科技领域内的技术开发、技术服务、技术咨询，货物及技术的进出口业务 | 宝钢金属50% | 31 |
| 广州万宝井汽车部件有限公司 | 广东省广州市花都区汽车城东风大道28号 | 18 989.50万元 | 汽车零部件及配件制造，模具制造，汽车零配件设计服务 | 宝钢金属25% | 376 |
| 武汉万宝井汽车部件有限公司 | 湖北省武汉经济技术开发区全力二路9号 | 27 600万元 | 汽车零部件及配件制造，模具制造，汽车零配件设计服务 | 宝钢金属25% | 513 |
| 南京云海特种金属股份有限公司 | 江苏省南京市溧水经济开发区秀山东路9号 | 64 642.25万元 | 金属镁及镁合金产品、金属锶和其他碱土金属及合金、铝合金的生产和销售，镁、铝制品的生产和销售，铝、镁废料回收 | 宝钢金属14% | 3 636 |
| 上海宝钢气体有限公司 | 上海市宝山区锦宏路518号 | 164 473.47万元 | 压缩气体和液化气体的批发 | 宝钢金属35.18% | 197 |
| 安徽宝镁轻合金有限公司 | 安徽省池州市青阳县童埠新区 | 240 000万元 | 镁合金产品及金属镁锭、白云石等非金属矿物制品及副产品的生产和销售 | 宝钢金属45% | 0 |

（张　津）

## 上海宝钢包装股份有限公司

【概况】 上海宝钢包装股份有限公司（简称宝钢包装）成立于2010年，主营业务包括金属饮料罐及配套易拉盖和包装彩印铁产品的生产制造，主要服务于碳酸饮料、啤酒、茶饮料及食品生产企业。2015年6月11日，在上海证券交易所上市，股票代码601968。至2020年底，总股本833 333 300股。宝钢包装下设制罐事业部、印铁事业部、制盖、个性化定制等业务单元。2020年，制罐业务实现销量110.98亿罐，同比增长0.62%，国内市场保持领先，产销量连续5年为同业第一；印铁业务实现销量14.43万吨；销售收入57.86亿元，同比增长0.27%；利润总额25 673.36万元，同比增长33.46%；净利润20 987.24万元，同比增长36.95%。归属于上市公司股东净利润15 866.09万元。年底，在册、在岗员工1 297人。（冯成勇）

【企业负责人简介】 曹清，1965年8月生，安徽巢湖人，中国民主促进会会员，教授级高级工程师，宝钢包装董事长、总裁。

刘长威，1965年10月生，辽宁台安人，中共党员，高级政工师，宝钢包装党委书记。（冯成勇）

【股东大会重要事项】 8月14日，宝钢包装召开2020年第一次临时股东大会，审议通过《关于与财务公司签订〈金融服务协议〉暨关联交易的议案》《关于上海宝钢包装股份有限公司发行股份购买资产暨关联交易方案的议案》《关于〈上海宝钢包装股份有限公司发行股份购买资产暨关联交易报告书（草案）〉及其摘要的议案》《关于公司签署〈发行股份购买资产协议补充协议〉及附生效条件的〈发行股份购买资产协议〉的议案》《关于公司本次交易构成重大资产重组及构成关联交易的议案》《关于本次交易前12个月内购买、出售资产情况的议案》《关于公司发行股份购买资产暨关联交易符合相关法律法规的议案》《关于本次发行股份购买资产暨关联交易履行法定程序完备性、合规性及提交法律文件有效性的议案》《关于本次交易符合〈关于规范上市公司重大资产重组若干问题的规定〉第四条规定的议案》《关于批准本次交易相关审计报告、评估报告、备考审阅报告的议案》《关于评估机构的独立性、评估假设前提的合理性、评估方法与评估目的的相关性以及评估定价的公允性的议案》《关于本次交易定价的依据及公平合理性说明的议案》《关于本次交易符合〈上市公司重大资产重组管理办法〉第十一条规定的议案》《关于本次交易符合〈上市公司重大资产重组管理办法〉第四十三条规定的议案》《关于本次交易摊薄即期回报及填补措施的议案》《关于本次交易方案调整不构成重组方案重大调整的议案》《关于本次交易不构成〈上市公司重大资产重组管理办法〉第十三条规定的重组上市情形的议案》《关于公司股票价格波动是否达到〈关于规范上市公司信息披露及相关各方行为的通知〉第五条相关标准的议案》《关于提请股东大会授权董事会办理本次发行股份购买资产暨关联交易相关事宜的议案》。10月27日，召开2020年第二次临时股东大会，审议通过《关于增补董事的议案》《关于增补独立董事的议案》《关于增补监事的议案》。12月30日，召开2020年第三次临时股东大会，审议通过《关于续聘2020年度会计师事务所的议案》。（冯成勇）

【董事会重要事项】 2月18日，宝钢包装召开第五届董事会第二十九次会议，审议通过《关于新建兰州智能化铝制易拉罐生产线项目的议案》《关于宝钢包装设立子公司的议案》。3月16日，召开第五届董事会第三十次会议，审议通过《关于宝钢包装调整组织机构的议案》。4月29日，召开第五届董事会第三十一次会议，审议通过《关于2019年度总经理工作报告的议案》《关于2019年度董事会工作报告的议案》《关于2019年度报告的议案》《关于2020年一季度报告的议案》《关于宝钢包装2019年度高级管理人员绩效考评及董事、监事、高级管理人员薪酬执行情况报告的议案》《关于宝钢包装2019年度财务决算报告的议案》《关于宝钢包装2019年度利润分配方案的议案》《关于宝钢包装2019年度财务预算的议案》《关于宝钢包装2019年度内部控制评价报告的议案》《关于审计委员会2019年度履职情况报告的议案》《关于2019年度独立董事述职报告的议案》《关于宝钢包装2019年度关联交易公允性和2020年度预计日常关联交易的议案》《关于宝钢包装计提资产减值准备的议案》《关于宝钢包装执行新会计准则的议案》《关于召开宝钢包装2019年度股东大会的议案》。5月22日，召开第五届董事会第三十二次会议，审议通过《关于新建马来西亚铝制易拉罐生产线项目的议案》《关于向全资子公司增资的议案》《关于设立全资孙公司的议案》《关于宝钢包装定向扶贫的议案》。7月3日，召开第五届董事会第三十三次会议，审议通过《关于修订宝钢包装〈总经理工作细则〉的议案》《关于开展远期结售汇的议案》《关于与财务公司签订〈金融服务协议〉暨关联交易的议案》《关于召开股东大会的议案》。7月22日，召开第五届董事会第三十四次会议，审议通过《关于上海宝钢包装股份有限公司发行股份购买资产暨关联交易方案的议案》《关于〈上海宝钢包装股份有限公司发行股份购买资产暨关联交易报告书(草案)〉及其摘要的议案》《关于公司签署〈发行股份购买资产协议补充协议〉及附生效条件的〈发行股份购买资产协议〉的议案》《关于公司本次交易构成重大资产重组及构成关联交易的议案》《关于本次交易前12个月内购买、出售资产情况的议案》《关于公司发行股份购买资产暨关联交易符合相关法律法规的议案》《关于本次发行股份购买资产暨关联交易履行法定程序完备性、合规性及提交法律文件有效性的议案》《关于本次交易符合〈关于规范上市公司重大资产重组若干问题的规定〉第四条规定的议案》《关于批准本次交易相关审计报告、评估报告、备考审阅报告的议案》《关于评估机构的独立性、评估假设前提的合理性、评估方法与评估目的的相关性以及评估定价的公允性的议案》《关于本次交易定价的依据及公平合理性说明的议案》《关于本次交易符合〈上市公司重大资产重组管理办法〉第十一条规定的议案》《关于本次交易符合〈上市公司重大资产重组管理办法〉第四十三条规定的议案》《关于本次交易摊薄即期回报及填补措施的议案》《关于本次交易方案调整不构成重组方案重大调整的议案》《关于聘请本次交易相关中介机构的议案》《关于召开2020年第一次临时股东大会的议案》。8月28日，召开第五届董事会第三十五次会议，审议通过《关于2020年半年度报告的议案》《关于宝钢包装董事会换届提名董事候选人的议案》《关于召开股东大会的议案》。9月21日，召开第五届董事会第三十六次会议，审议通过《关于公司签署附生效条件的〈业绩补偿协议〉的议案》《关于新建安徽铝制易拉罐生产线项目的议案》《关于设立子公司的议案》。10月29日，召开第六届董事会第一次会议，审议通过《关于选举公司第六届董事会董事长的议案》《关于选举公司第六届董事会专业委员会委员的议案》《关于聘任公司总裁、高级副总裁的议案》《关于聘任公司董事会秘书、证券事务代表的议案》《关于2020年三季度报告的议案》。11月9日，召开第六届董事会第二次会议，审议通过《关于继续推进公司发行股份购买资产暨关联交易事项的议案》《关于调整上海宝钢包装股份有限公司发行股份购买资产暨关联交易方案的议案》《关于上海宝钢包装股份有限公司发行股份购买资产暨关联交易方案(调整后)的议案》《关于本次交易方案调整不构成重组方案重大调整的议案》《关于〈上海宝钢包装股份有限公司发行股份购买资产暨关联交易报告书(草案)〉及其摘要的议案》《关于发行股份购买资产暨关联交易之并购重组委审核意见回复的议案》《关于公司签署〈发行股份购买资产协议补充协议〉及附生效条件的〈发行股份购买资产协议〉的议案》《关于公司签署附生效条件的〈业绩补偿协议之补充协议〉的议案》《关于本次发行股份购买资产暨关联交易履行法定程序完备性、合规性及提交法律文件有效性的议案》。12月14日，召开第六届董事会第三次会议，审议通过《关于注销部分已授予的股票期权的议案》《关于调整2018年股票期权激励计划对标企业的议案》《关于调整2018年股票期权激励计划首次授予和预留授予的股票期权行权价格的议案》《关于续聘2020年度会计师事务所的议案》《关于召开股东大会的议案》。（冯成勇）

**【监事会重要事项】** 4月29日，宝钢包装召开第四届监事会第二十一次会议，审议通过《关于2019年度监事会工作报告的议案》《关于2019年度报告的议案》《关于2020年一季度报告的议案》《关于宝钢包装2019年度财务决算报告的议案》《关于宝钢包装2019年度利润分配方案的议案》《关于宝钢包装2020年度财务预算的议案》《关于宝钢包装2019年度内部控制评价报告的议案》《关于宝钢包装2019年度关联交易公允性和2020年度预计日常关联交易的议案》《关于宝钢包装计提资产减值准备的议案》《关于宝钢包装执行新会计准则的议案》。7月22日，召开第四届监事会第二十二次会议，审议通过《关于上海宝钢包装股份有限公司发行股份购买资产暨关联交易方案的议案》《关于〈上海宝钢包装股份有限公司发行股份购买资产暨关联交易报告书（草案）〉及其摘要的议案》《关于公司签署〈发行股份购买资产协议补充协议〉及附生效条件的〈发行股份购买资产协议〉的议案》《关于公司本次交易构成重大资产重组及构成关联交易的议案》《关于本次交易前12个月内购买、出售资产情况的议案》《关于公司发行股份购买资产暨关联交易符合相关法律法规的议案》《关于本次10发行股份购买资产暨关联交易履行法定程序完备性、合规性及提交法律文件有效性的议案》《关于本次交易符合〈关于规范上市公司重大资产重组若干问题的规定〉第四条规定的议案》《关于批准本次交易相关审计报告、评估报告、备考审阅报告的议案》《关于评估机构的独立性、评估假设前提的合理性、评估方法与评估目的的相关性以及评估定价的公允性的议案》《关于本次交易定价的依据及公平合理性说明的议案》《关于本次交易符合〈上市公司重大资产重组管理办法〉第十一条规定的议案》《关于本次交易符合〈上市公司重大资产重组管理办法〉第四十三条规定的议案》《关于本次交易摊薄即期回报及填补措施的议案》《关于本次交易方案调整不构成重组方案重大调整的议案》《关于聘请本次交易相关中介机构的议案》。8月28日，召开第四届监事会第二十三次会议，审议通过《关于2020年半年度报告的议案》《关于宝钢包装监事会换届提名监事候选人的议案》。9月21日，召开第四届监事会第二十四次会议，审议通过《关于公司签署附生效条件的〈业绩补偿协议〉的议案》。10月29日，召开第五届监事会第一次会议，审议通过《关于选举公司第五届监事会主席的议案》。11月9日，召开第五届监事会第二次会议，审议通过《关于继续推进公司发行股份购买资产暨关联交易事项的议案》《关于调整上海宝钢包装股份有限公司发行股份购买资产暨关联交易方案的议案》《关于上海宝钢包装股份有限公司发行股份购买资产暨关联交易方案（调整后）的议案》《关于本次交易方案调整不构成重组方案重大调整的议案》《关于〈上海宝钢包装股份有限公司发行股份购买资产暨关联交易报告书（草案）〉及其摘要的议案》《关于发行股份购买资产暨关联交易之并购重组委审核意见回复的议案》《关于公司签署〈发行股份购买资产协议补充协议〉及附生效条件的〈发行股份购买资产协议〉的议案》《关于公司签署附生效条件的〈业绩补偿协议之补充协议〉的议案》《关于本次发行股份购买资产暨关联交易履行法定程序完备性、合规性及提交法律文件有效性的议案》。12月14日，召开第五届监事会第三次会议，审议通过《关于注销部分已授予的股票期权的议案》《关于调整2018年股票期权激励计划对标企业的议案》《关于调整2018年股票期权激励计划首次授予和预留授予的股票期权行权价格的议案》。

（冯成勇）

【深化改革】 2020年，宝钢包装成立运营改善部，推进运营管理提效和体制机制优化。以“总部智慧运营、基地高效率、低成本生产”为目标，推进“一总部多基地”建设，在国内两片罐单元销售端设立销售分公司，启动智慧排产等信息管理系统的建设，完善国内客户价值管理系统；优化“定岗、定编、定责、定薪”工作；推进财务一体化共享方案设计。在深化混合所有制改革方面，公司发行股份购买子公司股权项目获中国证券监督管理委员会审核通过，为国内首例组合融资模式；在优化公司治理结构方面，优化董事会结构，持续加强公司行权能力建设；作为上市公司，信息披露工作连续两年获上海证券交易所A级评价；在健全激励约束方面，制订2020年度《宝钢包装直接管理领导人员与管理者绩效评价工作方案》，修订完善《宝钢包装总部员工绩效评价管理办法》，编制完成《宝钢包装工资总额预算备案制试点方案》。

（冯成勇）

【技术创新】 2020年，宝钢包装承担的上海金属包装材料及制品工程技术研究中心能力提升科研项目，通过上海市科学技术委员会的结题验收。全年开展科研项目45项，其中公司直管科研项目1项，主要涉及覆膜铁成型及应用、智能制造、罐型开发、印铁工艺等领域。申请专利10件，其中发明专利3件；拥有专利142件，其中发明专利11件。（冯成勇）

【智慧制造】 2020年，宝钢包装细化智慧制造规划，有序推进智慧制造项目。哈尔滨宝钢制罐有限公司智能工厂项目上线调试，整合应用物联网、机器人应用等技术，有效提高效率、减少“3D”（风险大、环境脏、重复劳动岗位）劳动和重复操作。（冯成勇）

【绿色发展】 2020年，宝钢包装以成都宝钢制罐有限公司为试点，对生产废水进行深度处理，实现废水零排放目标；引进蓄热式热力焚化炉对排放废气进行蓄热式焚烧，减少挥发性有机物排放总量。公司下属单位中，2家获国家级、1家获省部级“绿色工厂”称号。（冯成勇）

【工程建设】 2020年，宝钢包装克服新冠肺炎疫情影响，推动国内产能布局优化。6月24日，武汉宝钢包装有限公司沌口制罐分公司转换500毫升罐型及提速项目开工建设；10月10日，哈尔滨宝钢制罐有限公司复线项目投产；11月5日，在冻土期来临之前，实现新建兰州制罐项目厂房封闭；11月10日，河北宝钢制罐北方有限公司扩容项目开工建设，北方印铁基地项目开工建设；12月21日，马来西亚宝钢制罐有限公司新建易拉罐生产线项目举行开工典礼。（冯成勇）

【安全管理】 2020年，宝钢包装健全安全环保工作体系，强化责任落实，完善协力安全管理模式促进改善，全年未发生较大及以上生产安全事故，重大安全生产事故隐患整改率100%，区域内所有事故管理改善措施100%落实，实现年度安全生产目标。（冯成勇）

【覆膜铁罐业务】 2020年，宝钢包装联合宝钢股份中央研究院对覆膜铁罐产品进行测试评估。经过持续的实践、探索与优化，年底，宝钢包装可向客户稳定提供4种覆膜铁罐型。（冯成勇）

【国际化业务】 5月17日，马来西亚宝钢制罐有限公司新建易拉罐生产线项目立项；6月2日和17日，分别完成国家发展和改革委员会、商务部的境外投资备案；12月21日，举行开工典礼；12月23日，完成属地报审报建手续，正式开工建设。（冯成勇）

2020年12月21日，宝钢包装举行马来西亚宝钢制罐有限公司新建易拉罐生产线项目建安工程开工典礼（鲍　庄　摄）

【获得荣誉】 2020年，宝钢包装获中国包装联合会授予的“2019年度包装行业优秀奖”，并被评为“2019年度中国包装行业百强”；被上海市包装技术协会授予上海包装行业第六届“星级企业”评定“五星级企业”；被上海宝山工业园区管理委员会授予“扶贫先锋奖”“十佳企业”“宝山工业园区2019年度垃圾分类示范企业”称号。宝钢包装个性化定制平台被IDC（国际数据公司）中国授予“2019IDC中国数字化转型全方位体验创新领军者”称号。上海宝翼制罐有限公司被工业和信息化部授予“国家级绿色工厂”称号，被上海市人力资源和社会保障局授予“上海市和谐劳动关系达标企业”称号，被上海市经济和信息化委员会授予“上海市绿色工厂”称号，被上海百事可乐有限公司授予“上海百事2020年度优秀供应商”称号，被江苏太古可口可乐饮料有限公司授予“2020年度最佳供应商”称号，被上海申美饮料食品有限公司授予“最佳拍档”称号，被上海宝山罗店工业园区管理委员会授予“罗店工业园区2019年度优秀企业奖”。上海宝钢制盖有限公司被上海市人力资源和社会保障局授予“上海市和谐劳动关系达标企业”称号。河北宝钢制罐北方有限公司被河北省税务局授予“河北省节水示范性企业”称号。成都宝钢制罐有限公司被四川省经济和信息化厅授予“2020年四川省级绿色制造示范单位——绿色工厂”称号，被成都市协调劳动关系三方委员会授予“AAAAA级成都市模范劳动关系和谐单位”称号，获“2019年度成都市新都区纳税大户奖”，被成都市新都区现代交通产业功能区管理委员会授予“2019年度安全生产先进单位”称号，被成都市新都区委、区政府授予“2019年度成都市新都区建设成北新中心城区全面深化改革创新先进集体”称号。武汉宝钢包装有限公司沌口制罐分公司被湖北省应急管理厅授予“安全生产标准化二级企业”称号，被武汉市发展和改革委员会、武汉市生态环境局授予“清洁生产企业”称号。哈尔滨宝钢制罐有限公司被黑龙江省工业和信息化厅授予“黑龙江省数字化（智能）示范车间”称号，并受“突出贡献表彰”。河南宝钢制罐有限公司被郑州漯河太古可口可乐饮料有限公司授予2020年“突出贡献供应商”称号，被百威英博（河南）啤酒有限公司授予“优秀供应商”称号。（冯成勇）

2020年7月10日，宝钢包装兰州新建智能化铝制易拉罐生产线项目举行开工仪式
（包 煊 摄）

【宝钢包装大事纪要】

3月4日，上海宝钢包装股份有限公司宝山分公司成立。

3月5日，兰州宝钢制罐有限公司成立。

5月，宝钢包装为百事可乐与《人民日报》新媒体联合推出的“热爱守护者”限量罐提供定制服务。

6月9日，马来西亚宝钢制罐有限公司成立。

6月29日，宝钢包装与拉萨经济技术开发区、西藏青稞啤酒有限公司共同签订西藏覆膜铁罐合作框架协议。

7月10日，宝钢包装兰州新建智能化铝制易拉罐生产线项目在兰州高新区定连园区举行开工仪式。中国宝武总经理、党委副书记胡望明，甘肃省副省长李沛兴，兰州市市长张伟文，中国宝武党委常委、总会计师朱永红等领导出席仪式。

10月29日，安徽宝钢制罐有限公司成立。

11月30日，宝钢包装北方智能印铁项目开工仪式在河北省遵化市建设园区举行。

12月21日，宝钢包装马来西亚宝钢制罐有限公司新建易拉罐生产线项目建安工程开工典礼在马来西亚雪兰莪州EBPV工业园区举行。（冯成勇）

**宝钢包装下属分（子）公司（含参股公司）一览表**

| 公司名称 | 地 址 | 注册资金 | 主要经营范围 | 持股比例 |
| --- | --- | --- | --- | --- |
| 上海宝翼制罐有限公司 | 上海市宝山区月罗路1888号 | 16 659.14万元 | 设计、生产、销售钢制、铝制两片式易拉罐及其他相关产品，包装印刷等 | 95.5% |
| 河北宝钢制罐北方有限公司 | 河北省遵化市通华西街 | 28 000万元 | 制造和销售钢制、铝制两片式易拉罐、盖及相关产品，包装装潢印刷，货物进出口等 | 50% |
| 成都宝钢制罐有限公司 | 四川省成都市新都区工业东区龙虎大道399号 | 19 842.66万元 | 钢制和铝制两片式易拉罐、盖及相关产品的制造、销售和科技研发，货物进出口，包装装潢印刷品印刷等 | 100% |
| 佛山宝钢制罐有限公司 | 广东省佛山市顺德高新区（容桂）建业中路18号 | 63 984.48万元 | 设计、制造、销售钢制两片式易拉罐、铝制两片罐、金属盖及相关产品，包装装潢印刷品印刷 | 50% |

（续　表）

| 公司名称 | 地　　址 | 注册资金 | 主要经营范围 | 持股比例 |
|---|---|---|---|---|
| 武汉宝钢包装有限公司 | 湖北省武汉市黄陂区罗汉寺龙兴街118号 | 41 187万元 | 各类材质包装制品设计、加工、销售，包装装潢印刷等 | 50% |
| 河南宝钢制罐有限公司 | 河南省卫辉市唐庄镇百威大道2号 | 19 582万元 | 设计、生产、销售铝制两片式易拉罐及相关产品，包装印刷等 | 100% |
| 哈尔滨宝钢制罐有限公司 | 黑龙江省哈尔滨经开区哈平路集中区春晖路28号 | 33 966万元 | 包装装潢印刷品和其他印刷品印刷；设计、生产、销售铝制两片式易拉罐及相关产品等 | 50% |
| 兰州宝钢制罐有限公司 | 甘肃省兰州市东部科技城金州路8号 | 16 755万元 | 铝制两片式易拉罐及相关产品的设计、生产、销售，包装装潢及其他印刷等 | 100% |
| 安徽宝钢制罐有限公司 | 安徽省蚌埠市怀远县榴城镇 | 17 800万元 | 铝制两片式易拉罐设计、生产、销售，包装印刷等 | 100% |
| 上海宝钢制盖有限公司 | 上海市宝山区罗东路1818号 | 9 500万元 | 设计、制造、加工、销售各种材质包装的盖子等 | 75% |
| 完美包装工业有限公司 | 中国香港特别行政区九龙尖沙咀广东道7−11海港城世界商业中心1401室 | 6 318.41万欧元 | 从事包装材料贸易 | 100% |
| 西藏宝钢包装有限责任公司 | 西藏自治区拉萨经济技术开发区管委会办公楼 | 1 500万元 | 易拉罐的生产及销售，包装材料销售等 | 100% |
| 上海宝颍食品饮料有限公司 | 上海市宝山区罗新路419号 | 1 000万元 | 饮料生产、销售，包装制品设计、销售，包装装潢印刷等 | 30% |
| 越南宝钢制罐有限公司 | 越南平阳省新渊市永新社新加坡IIA工业区15号路2号IIA区 | 3 560万美元 | 生产、销售两片式易拉罐 | 70% |
| 越南宝钢制罐（顺化）有限公司 | 越南承天顺化省香水市富牌坊富牌工业区B−13号 | 3 372万美元 | 生产、销售两片式易拉罐 | 100% |
| 宝钢包装（意大利）有限公司 | 意大利亚历山大利亚省波佐罗佛罗米伽罗市托尔托纳路3号 | 2 129万欧元 | 钢铁行业一般钢铁产品及相关产品的切割和印刷 | 70% |
| 上海宝钢包装股份有限公司上海印铁分公司 | 上海市宝山区罗东路1818号 | | 金属涂彩产品设计、加工、销售，货物及技术的进出口业务 | |
| 上海宝钢包装股份有限公司北京印铁分公司 | 北京市怀柔区雁栖经济开发区雁栖大街11号 | | 包装制品及材料、金属彩涂产品设计、制造、加工、销售，包装装潢印刷品印刷等 | |
| 上海宝钢包装股份有限公司佛山印铁分公司 | 广东省佛山市顺德高新区（容桂）建业中路18号 | | 包装装潢印刷品印刷，包装制品设计、销售等 | |

（续　表）

| 公司名称 | 地　址 | 注册资金 | 主要经营范围 | 持股比例 |
|---|---|---|---|---|
| 上海宝钢包装股份有限公司迁安印铁分公司 | 河北省迁安市西部工业园区园区大街368号 | | 包装装潢设计服务，包装材料等产品销售，包装装潢印刷等 | |
| 上海宝钢包装股份有限公司宝山分公司 | 上海市宝山区罗东路1818号 | | 包装制品设计、销售，包装材料的销售，货物或技术进出口等 | |

（冯成勇）

## 宝武特种冶金有限公司

【概　况】　2018年8月9日，按照中国宝武“一地两业”战略规划，以特种冶金核心资产为主体，成立宝武特种冶金有限公司（简称宝武特冶），注册资本52 475万元，10月1日正式独立运营。作为中国宝武直接管理的一级子公司，是中国宝武旗下唯一特种冶金材料研发和制造单元，代表中国宝武践行特种冶金核心关键材料保供的使命，拥有宝山直属厂部、上海宝钢特殊金属材料有限公司、东莞宝钢特殊钢加工配送有限公司、宝武特冶钛金科技有限公司、上海实达精密不锈钢有限公司4家子公司。2020年，宝武特冶钢产量10.55万吨、商品坯材产量10.58万吨，营业收入30.35亿元，其中使命类产品收入7.48亿元，利润总额1 160万元。年底，在册、在岗员工998人。

（徐静艳）

【企业负责人简介】　章青云，1969年8月生，安徽太湖人，中共党员，经济师，宝武特冶党委书记、执行董事。

陈步权，1967年12月生，福建莆田人，中共党员，高级工程师，宝武特冶总经理、党委副书记。

（徐静艳）

【企业管理】　2020年，宝武特冶优化“收、支、责”组织绩效评价方法，完善“三横、三纵”的对标找差体系，设置并落实4个核心指标、2

**宝武特冶主要设备（生产线）一览表**

| 装　备 | 规　格 | 数量 |
|---|---|---|
| 炼钢产线电炉 | 40吨 | 2台 |
| 特种冶炼产线感应炉和真空感应炉 | 0.15～12吨 | 6台 |
| 特种冶炼产线电渣炉 | 0.50～20吨 | 19台 |
| 特种冶炼产线真空自耗炉 | 5～15吨 | 8台 |
| 特种冶炼产线油压机 | 6 000吨 | 2台 |
| 锻造产线径锻机组 | 1 300吨径锻机 | 1套 |
| 锻造产线快锻机组 | 2 000吨快锻机、4 000吨快锻机、6 000吨快锻机 | 各1套 |
| 锻造产线热处理淬、回火（固溶）热处理炉 | 20～100吨 | 8台 |
| 锻造产线热处理退火（正火）炉 | 20～100吨 | 12台 |

（续 表）

| 装　　备 | 规　　格 | 数量 |
|---|---|---|
| 锻造产线热处理淬火介质槽 | 4×8×3.5米 | 4套 |
| 等温锻产线油压机 | 500吨、新500吨、800吨、2 000吨、3 000吨、新3 000吨、6 300吨、8 000吨 | 各1台 |
| 精密钢管产线轧机 | 直径0.05～3.50毫米 | 4台 |
| 精密钢管产线热挤压机 | 直径51～325毫米 | 1台 |
| 精密钢管产线辊底式固溶热处理炉 | 1.80吨 | 1台 |
| 精密钢管产线冷轧机 | 直径3～220毫米 | 19台 |

（徐静艳）

个专项任务、17个“三高两化”指标，增强企业组织绩效的保障能力；依托“三重一大”平台，召开党委会47次，审议事项155项，健全决策必备文件登记和管控，提升经营决策的保驾能力；收集、辨识、并更新整理法律法规及其他要求1 461项，建立并形成30类、225项专业管理矩阵，339项“正、负面”清单，强化体系运行的风控能力；通过生产组织、工艺技术、效率提升、协同、管理等降成本工作，全年降成本8 324万元，夯实成本增效的管控能力；组织开展HW2020网络攻防演习活动，推进钢管信息化迁移项目，探索云边端技术的实际应用，淬炼信息化的服务能力。

（徐静艳）

【“双百行动”改革】 2020年，宝武特冶完成12项“双百行动”改革任务。其中，宝武特冶钛金科技有限公司按期成立，为混合所有制改革公司，引入非公有资本，实施员工持股。通过宝钢特钢划转上海宝钢特殊金属材料有限公司股权，以及从宝钢国际收购东莞宝钢特殊钢加工配送有限公司股权，完成对两家公司的股权整合。以上海宝钢特殊金属材料有限公司为试点，推进职业经理人机制。

（徐静艳）

【节能环保】 2020年，宝武特冶二氧化硫排放量、氮氧化物排放量、烟（粉）尘排放量、厂区大气降尘量分别比集团公司下达的指标下降16.67%、16%、54%和18.95%。年内，对107个排放口实施全面监测，实现排放状态的数据化管理；实施烟气超低排放项目，完成25台工业炉窑的超低排放改造；打造绿色物流体系，更新运输车辆；提升电炉废物消纳能力，消纳固体废物2 800吨；通过生产组织优化、精细化操作，宝武特冶8条产线中6条产线完成工序能耗下降，下降率75%；节能项目立项17项，节能降成本1 101.53万元；优化固体废物管理，钢渣产量同比下降4.73%，氧化铁皮下降4.22%；在电炉厂开展氧化铁皮、研磨屑灰回炉冶炼工作，全年返生产利用率提升0.67%。

（徐静艳）

【安全管理】 2020年，宝武特冶安全生产重大隐患为零，重大险肇为零；较大以上火灾事故为零；厂区道路主责及以上交通死亡事故为零；区域内较大社会影响的治安案（事）件为零。11月，通过必维认证集团认证控股有限公司英国分公司颁发的ISO 45001:2018职业健康安全管理认证，并取得证书。12月，通过安全生产标准化二级企业达标评审。

（徐静艳）

【科技研发】 2020年，宝武特冶承担国家、地方科技重大专项30项。其中，科学技术部重大科技专项和重点研发计划专项8项，国家国防科技工业局军品配套项目15项，工业和信息化部二机专项2项，工业转型升级（中国制造2025）专项1项，上海市经济和信息化委员会产业转型升级发展专项资金项目3项。12月22日，取得上海高新技术企业认定证书。

（徐静艳）

【智慧制造】 2020年，宝武特冶实施智慧制造项目7项，其中“一律机器人”1项、“一律集中”1项、“一律远程”5项。“一律集中”，以操作室为目标，结合单体分散设备的数字化改造，分步实施集中控制，完成电渣退火炉集中监控改造，实现退火炉运行实时监控。“一律机器人”，针对自耗工序结晶器内壁清洁直接影响产品质量问题，对自耗分厂3台抛轮机实施自动化改造。“一律远程”，开展天然气自动检测、报警项目，用水排水综合管理智慧系统项目，及设备状态集控智能运维系统项目改造等。

（徐静艳）

【知识产权】 2020年，宝武特冶获得专利受理46件，其中发明专利37件。技术秘密认定37项。完成从宝钢特钢到宝武特冶的专利权变更241项。 （徐静艳）

【党群工作】 宝武特冶党委以习近平新时代中国特色社会主义思想为指导，深入学习贯彻习近平总书记考察调研中国宝武重要讲话精神，以建强基层组织体系为重点，全面深化“三基建设”，突出主题教育成果“四个旗帜鲜明”的巩固深化和运用。全年，召开党委会42次，审议事项173项。规范党组织设置，在宝武特冶直属党组织中新成立上海宝钢特殊金属材料有限公司党支部，调入中央研究院特钢技术中心、东莞宝钢特殊钢加工配送有限公司等党组织。发展1名青年党员，转入党员88人，转出党员12人。 （徐静艳）

【宝武特冶大事纪要】

1月20日，国家国防科技工业局、国家航天局向宝武特冶发来两封感谢信，感谢中国宝武、宝武特冶为长征五号运载火箭工程研制和复飞任务圆满完成及军品配套保供作出的重要贡献。

1月21日，宝钢特钢钢管产线转入宝武特冶，与宝武特冶精密合金分厂合并成立精密钢管事业部。

3月23日，上海实达精密不锈钢有限公司股权转入宝武特冶。

5月9日，宝钢股份中央研究院特钢技术中心业务、人员划转至宝武特冶。

5月28日，成立宝武特冶新基地项目筹备组，全面启动宝武特冶特种冶金材料新基地建设项目筹备工作。

6月9日，宝武特冶收到长征五号运载火箭型号办公室发来的感谢信。

7月10日，召开共青团宝武特种冶金有限公司第一次团员大会。

7月29日，召开宝武特种冶金有限公司一届三次职工代表大会。

9月19日，宝武特冶、安徽省马鞍山市人民政府、马钢集团签订《宝武特冶新基地合作框架协议》，以保障宝武特冶特种冶金材料新基地项目的推进。

11月24日，长征五号运载火箭成功发射“嫦娥五号”月球探测器。宝武特冶独家供应了运载火箭所用高温合金系列材料。

12月4日，宝武特冶研发的新牌号G115钢通过国家市场监督管理总

**宝武特冶下属子公司一览表**

| 公司名称 | 注册资本 | 主要经营范围 | 持股比例 | 在册员工（人） |
|---|---|---|---|---|
| 上海宝钢特殊金属材料有限公司 | 5 000万元 | 以工模具钢、特殊钢材为主的国际贸易，从事货物及技术的进出口业务、转口贸易、保税区内企业间的贸易及代理等 | 100% | 10 |
| 东莞宝钢特殊钢加工配送有限公司 | 3 000万元 | 金属材料及制品、钢材的销售，模具钢、不锈钢加工，金属材料热处理等 | 100% | 33 |
| 宝武特冶钛金科技有限公司 | 18 000万元 | 新材料、金属材料及相关生产装备专业科技领域内的技术咨询、技术服务、技术转让、技术开发，金属材料、钢材的销售等 | 69.64% | 90 |
| 上海实达精密不锈钢有限公司 | 13 156万美元 | 精密不锈钢带，黑色、有色金属带材和制品，以及金属带材的销售；冷轧精密不锈钢卷的裁料、包装；货物及技术进出口 | 40% | 478 |

（徐静艳）

局的新材料使用可行性技术评审。

12月11日，宝武特冶与北京钢研高纳科技股份有限公司、中国航空工业供销有限公司分别签订战略合作协议。

12月22日，宝武特冶取得上海市高新技术企业认定证书。

12月30日，宝武特冶收到长征五号运载火箭型号办公室、上海空间推进研究所发来感谢信，感谢宝武特冶为“嫦娥五号”月球探测器研制的钛棒、不锈钢棒材在探月工程项目上作出的贡献。（徐静艳）

## 武汉钢铁集团耐火材料有限责任公司

【概况】 武汉钢铁集团耐火材料有限责任公司（简称武汉耐材）的前身为1957年伴随武钢兴建应运而生的武钢耐火材料厂，位于武汉市东郊，占地面积32.60万平方米。1993年5月28日更名为“武钢耐火材料公司”，1998年7月31日更名为“武汉钢铁集团耐火材料有限责任公司”。2018年4月1日，武汉耐材管理关系调整，由武钢集团委托中国宝武直接管理。2020年，实现营业收入10.60亿元、利润2 369万元。年底，在册员工1 018人，在岗员工669人。（陈永飞）

【企业负责人简介】 李军，1969年3月生，湖北武汉人，中共党员，高级经济师，武汉耐材党委副书记、执行董事、总裁。（陈永飞）

【抗疫保产】 2020年，武汉耐材针对突然暴发的新冠肺炎疫情，及时成立疫情防控领导小组，科学部署疫情管控、保产组织、市场服务、应急保障、舆情防控、职工心理关怀等方面工作。从疫情暴发至武汉解封，共为武汉钢铁有限公司、宁波钢铁有限公司等用户发运42 439吨耐材产品。后疫情时期，捕捉市场需求，稳住老客户、开发新客户，通过攻克环保树脂炮泥应用技术壁垒，加大产品试用范围。全年，炮泥产品销售收入由2019年的2 810万元增长至4 442万元，增长幅度为58%。（陈永飞）

【对标管理】 2020年，武汉耐材选取多家不同类型的企业作为标杆企业，分层分类建立对标找差体系，按季度定期召开推进、检查及协调会议，编制推进工作简报。同时，按照效率性、效益性指标分类，建立企业产业发展规划、市场开拓、效率提升、体制机制创新、党建党群工作支持五个方面的78项对标指标，制定实质性改善措施并推进落实。全年，降低管理成本4 055万元，同比降低12.50%；存货资金占用同比降低8.80%，定型制品制造成本同比降低10%以上。（陈永飞）

【安全环保】 2020年，武汉耐材拟定《武汉耐材安全生产专项整治三年行动实施方案》和工作计划。组织开展对变压器清扫停送电作业、汽车吊大于100吨的吊装作业、防火重点部位动火作业等公司级危险作业清单确认；围绕“人的不安全行为”“物的不安全状态”“安全管理缺陷”等组织排查安全隐患2 220项；组织开展“违章就是犯罪”学习宣传、“安全生产月”、全员安全教育等各类培训15场，669名在岗员工全部参加理论与实操培训考试。6月5日，北湖工业园雨污分流系统项目获评武汉市“散乱污”企业治理现场典型案例和集团公司2019年度环境经营优秀案例。8月12日，武汉市环保局组织各区环保专家现场观摩武汉耐材北湖工业园雨污分流系统，《长江日报》进行专题报道。8月28日，武汉耐材通过武汉市青山区首轮清洁生产审核验收。（陈永飞）

【规划发展】 2020年，武汉耐材制定《武汉耐材战略规划（2020—2025年）》。1月1日，接手瑞泰马钢新材料科技有限公司40%股权，并对其进行托管。年内，形成《耐材项目组专业化整合框架方案》，双方互派员工到对方企业交流20人次，资源共享、业务协同产生效益1 275万元。（陈永飞）

【科技创新】 2020年，武汉耐材将研发中心绩效指标与市场端、制造端利润挂钩，与公司整体经营指标挂钩，与集团公司下达的重点科技指标挂钩，引导研发人员从“关起门”自己做实验向“打开门”为客户做研发。以市场为导向，成立8个技术研发专业小组，将技术研发人员按细分专业、市场区域下沉到市场服务一线。“连铸中间包浸入式水口烘烤用功能陶瓷恒温炉”“基于大数据钢包内衬材料的预计寿命的测试方法”“钢包大数据展示方法及模型”等12项科研成果获发明专利。（陈永飞）

【人才培养】 2020年，武汉耐材通过扩大选拔平台、完善选拔渠道等方式，提拔3名“80后”公司直管人员。推进机关与基层双向交流任职，交流直管人员18人，交流覆盖率为50%。通过制定、下发《武汉耐材主任师及以上人员积分制管理细则》，每周跟踪干部队伍人员积分情况，并与年度绩效评价挂钩，着力解决管理人员“不愿为”“不会为”“不敢为”“不作为”等问题。（陈永飞）

【扶贫工作】 2020年，武汉耐材选派驻村干部，参与武汉市汉南区窑头村的防疫、抗洪等工作，先后4次向窑头村赠送防疫、防汛物资。对湖北省罗田县开展系列项目扶贫、消费扶贫、安置贫困县大学毕业生等工作，全年投入消费扶贫资金51.18万元。（陈永飞）

【工会工作】 2020年，武汉耐材围绕“全面对标找差，创建世界一流”管理目标，组织开展“深化平台协同提高上网采购率”“成本节约赛”等15项劳动竞赛，降本增效1 974万元。针对不同时期特点，组织开展“消除事故隐患 筑牢安全防线”职工安全承诺签名等活动。组织开展全员自主创新活动，全年立项16项，其中1项自主管理成果获“湖北省优秀质量管理小组标杆”称号，1项发明成果获第24届全国发明展览会发明创业银奖。出资131 604元，帮助全体在册员工参加“武汉城市圈职工重大疾病医疗互助”和“武汉市职工综合医疗互助”。完成2 419名退休人员的社会化工作。（陈永飞）

【武汉耐材大事纪要】

1月1日，瑞泰马钢新材料科技有限公司40%股权划转武汉耐材。武汉耐材托管瑞泰马钢新材料科技有限公司。

9月7日，武汉耐材制造公司散状料作业区质量管理小组的自主管理成果获“湖北省优秀质量管理实践标杆”称号。

11月25日，武汉耐材报送的“洁净钢冶炼用连铸中间包耐火材料实践与应用”项目获第24届全国发明展览会发明创业银奖。（陈永飞）

**武汉耐材下属子公司（含托管单位）一览表**

| 公司名称 | 地　　址 | 注册资金（万元） | 主要经营范围 | 持股比例 | 在岗员工（人） |
|---|---|---|---|---|---|
| 武汉武钢维苏威高级陶瓷有限公司 | 湖北省武汉市青山区工农村 | 9 284.00 | 生产和销售炼钢行业的滑动水口系列产品 | 50% | 195 |
| 武汉武钢维苏威高级连铸耐火材料有限公司 | 湖北省武汉市青山区工农村 | 5 500.00 | 生产和销售炼钢行业连铸三大件（整体塞棒、长水口和浸入式水口）产品 | 50% | 43 |
| 武钢鄂州耐火材料有限公司 | 湖北省武汉市青山区工农村 | 625.00 | 生产和销售钢铁企业用耐火材料及化工用防腐炭砖 | 100% | 44 |
| 瑞泰马钢新材料科技有限公司 | 安徽省马鞍山市雨山区丁周桥路8号 | 2 000.00 | 研发、生产和销售耐火材料、新材料；工业窑炉施工与项目总承包 | 40% | 717 |

（陈永飞）

编辑：李　冰

# 12 智慧服务业

# 智慧服务业

## 智慧服务产业发展中心/智慧化与大数据建设办公室

【概况】 2020年1月14日，中国宝武调整业务部门名称，智慧服务业发展中心更名为“智慧服务产业发展中心”（简称服务业中心）；8月4日，智慧服务产业发展中心简称调整为“智慧业中心”。智慧业中心承担智慧产业板块的资本投资运营功能，推进资本投资项目的“投、融、管、退”。下设智慧业规划投资和运营评价两个业务模块，对口子公司为宝钢工程技术集团有限公司、欧冶云商股份有限公司、上海宝信软件股份有限公司、宝武装备智能科技有限公司、宝武重工有限公司和欧冶工业品股份有限公司。年底，在岗员工9人（含柔性配置2人）。中国宝武智慧化与大数据建设领导小组办公室（简称智慧化与大数据建设办公室）是中国宝武智慧化与大数据建设工作的责任单位，承担中国宝武智慧化与大数据建设领导小组日常工作，同时负责中国宝武信息化管理职责。智慧化与大数据建设办公室与智慧业中心实行合署运作。年底，在岗员工6人（含柔性配置2人）。（于　亮）

【开展产业布局优化和结构调整】 2020年，智慧业中心聚焦重点规划目标指标完成情况、战略任务落实情况、重大投资项目推进情况，开展智慧业板块2020—2022年规划评估工作，编制完成《智慧服务业2020年度规划评估》，明确智慧服务业的定位是：以大数据、云计算、人工智能等技术为基础，聚焦钢铁工程技术与系统集成服务、工业装备智能运维服务、工业互联网及新一代信息技术服务、大宗商品互联网交易平台服务（含物流基础设施服务）、冶金装备（备件）制造服务、工业品供应链生态平台服务等核心业务，赋能钢铁生态圈高质量发展，助力钢铁智慧制造升级、推动钢铁商业生态平台建设、促进企业数智化转型、成就智慧产业化发展。（于　亮）

【推进第三方产业互联网平台建设】 2020年，智慧业中心牵头开展中国宝武工业品采购模式变革、平台化拓展策划工作。通过与国内外同行交流，调研中国宝武范围内9个基地的工业品采购管理现状，形成《工业品供应链管理与服务模式调研与审视》《工业品网购平台模式调研与再审视》《宝武资材备件采购调研分析》《欧冶工业品电商平台商业模式重构方案》《关于组建欧冶工业品股份有限公司（暂定名）的议案》5个专题报告。最终，由中国宝武、宝钢股份、马钢股份、韶钢松山、八钢股份、鄂城钢铁、欧冶云商和宝信软件等单位发起设立欧冶工业品股份有限公司。欧冶工业品股份有限公司的成立是中国宝武聚焦网络化、数字化、智能化变革的实际行动和共建高质量钢铁生态圈的重要组成部分，推动中国宝武构建产业链集群，促进形成共建、共享、共治的生态格局。（于　亮）

【合规有序开展投资项目审查】 2020年，智慧业中心对智慧业板块的投资活动强化战略引领作用。为改善投资计划的精度和质量，智慧业板块所有投资项目均需提交项目建议书，由智慧业中心提前评估通过后才可纳入年度投资计划。年内，完成审查并实施7个项目：欧冶云商新设欧冶新加坡有限责任公司、欧冶云商参股“上海钢之家信息科技有限公司”股权购买项目、欧冶新加坡有限责任公司参股越南钢铁电商项目（I STEEL VN JOINT STOCK COMPANY）、宝信软件投资设立南京宝之云科技有限公司、“宝之云”互联网数据中心（IDC）五期项目——增资上海宝景信息技术发展有限公司、宝武物流资产有限公司增资湖北鄂钢长航港务有限公司、马钢集团物流有限公司参股中铁物总华东资源科技有限公司。（于　亮）

【推进马钢专业化整合和应整未整业务】 2020年，智慧业中心组织6个马钢专业化聚焦融合项目，涵盖信息技术、工程技术、智能运维、冶金装备制造和大宗商品交易等业务领域，涉及一级子公司5家、交易标的公司14家。年内，下达经济行为批复9份，主体交易前的资产准备工作基本结束，并按原方案、原计划加快推进资产交易。根据中国宝武应整未整专业化整合的安排，智慧业中心按计划完成涉及宝武物流资产有限公司、宝武装备智能科技有限公司、宝武重工有限公司6个管理关系调整项目和2个股权转让项目。（于　亮）

【推进对标找差工作】 2020年，智慧业中心借鉴外部先进经验，编制《智慧业对标找差工作指引》，指导各子公司开展对标找差工作。智慧业板块各子公司均建立“三高两化”对标指标体系，明确标杆企业，通过定期跟踪分析，发现短板与差距，并制订赶超方案与实施计划。智慧业中心协同各子公司精心策划，分别到华为技术有限公司、联想控股股份有限公司、三一集团有限公司、中冶赛迪集团有限公司等标杆企业实地走访，面对面开展学习交流，形成8份标杆学习报告，并在智慧业中心内部组织交流发布。（于　亮）

【协同开展产业扶贫】 2020年，智慧业中心以9月5日为扶贫工作推进的里程碑节点，对扶贫任务目标进行细化分解，并邀请智慧业板块子公司主要领导挂帅推进扶贫工作。智慧业中心全程跟踪扶贫工作，通过季度工作报告、信息简报等信息渠道，及时掌握各子公司扶贫工作推进情况，并沟通解决扶贫工作遇到的各类问题。全年完成帮助引进企业实际投资额1 160万元，扶持定点扶贫县龙头企业和农村合作社22家，定点扶贫县引进帮扶资金142.30万元，帮助引进企业7家。（于　亮）

【推进法人压减和“参股瘦身”】 2020年，智慧业中心系统梳理对口各级子公司，对拟压减目标企业采取“一企一策”，协同相关职能部门加快审批效率，全面完成法人压减、“参股瘦身”和“处僵治困”等工作目标，完成法人压减8家，参股公司“瘦身”8家，管理层级压缩15家。（于　亮）

【加强对口子公司董事会管理】 2020年，智慧业中心会同相关职能部门对重大议案进行背景分析和专业建议，完成子公司董事会表决事项处理，以及对参股公司行使股东权益管理，为董事、监事决策提供依据。全年处理股东会、董事会30批次，涉及议案225项。（于　亮）

【强化数智化顶层设计】 2020年，智慧化与大数据建设办公室推动新一代信息技术和钢铁产业深度融合，围绕钢铁生态圈建设、公司治理体系和能力现代化，设计构建数字钢铁生态圈建设的“四新”（新生态、新基建、新技术、新保障）规划框架，制定三年工作目标、工作举措和重点任务，为集团公司打破数据、应用孤岛，实现互联互通，明晰行动方向和路径。（顾慧达）

【重构数智化建设制度体系】2020年，智慧化与大数据建设办公室结合中国宝武数智化转型新要求，梳理并重构数智化制度文件体系，归并确定顶层策划类、项目管理类、大数据治理类、网络安全类、运维管理类五大类管理文件，形成一套治理规范。（顾慧达）

【构筑基础设施能力】2020年，智慧化与大数据建设办公室推动IaaS（基础设施即服务）层信息基础设施——“宝之云”全国布局；组织设计全国承载网建设模式，打造云边协同立体网络体系；推动云边协同、流程管控及数据智能一体的中国宝武大数据中心算力基础设施建设；基于新一代信息技术，打造互联共享的PaaS（平台即服务）层平台基础设施——工业互联网平台体系和工业互联平台，营造“双中台”能力建设环境。（顾慧达）

【设计数智化建设评价指标体系】2020年，智慧化与大数据建设办公室落实《中国宝武智慧化与大数据专项规划（2020—2022年）》工作任务，围绕行动路径设计数智化建设绩效指标体系，引导各子公司应用中国宝武统一新基建设施，打破数据、应用孤岛，实现互联互通，开展子公司数据治理体系设计，形成数据共享服务创新能力，设计“上云指数”“上ePlat平台指数”“数据入湖治理指数”“上网络安全平台指数”，在子公司编制“十四五”规划、滚动年度计划、商业计划书等工作过程中细化落实。（顾慧达）

【推进运营共享系统覆盖】2020年，智慧化与大数据建设办公室按“横向到边、纵向到底”的穿透式管理要求，推进运营共享系统覆盖马钢集团、马钢股份、欧冶链金、马钢交材、宝武重工及其下属51家法人单位，及宝武物流资产、宝武清能、宝武水务及下属16家法人单位；推进标准财务系统覆盖华宝信托、华宝证券及华宝基金等子公司11家法人单位。组织编制《人力资源系统智慧化升级改造方案设想》，组织开展智慧工作平台升级改造方案研究工作。（顾慧达）

【推进钢铁生态数据应用融通建设】2020年，智慧化与大数据建设办公室围绕商业新模式、制造新模式、运营新模式转型和创新，以智慧制造、智慧服务、智慧治理作为业务引擎，推动穿透式监督应用、“三重一大”、“制度树”建设、组织绩效考核、大数据审计、投资计划管理、纪检管理、不动产管理、能源环保等一系列国资监管信息化工作建设和优化完善工作，协同各相关单位推进“宝武智维云”、宝钢工程数字设计与交付云平台、中国宝武炼铁互联智控平台、欧冶云商综合交易平台、中国宝武运营共享生态圈应用等钢铁生态圈各功能体系“平台+”数智生态业务云标杆建设，推动各子公司“上云上平台”，逐步实现传统信息化、自动化架构向新一代信息架构的迁移、转型升级。（顾慧达）

【推动新一代信息技术深度融合应用】2020年，智慧化与大数据建设办公室在实现基础设施统一互联互通基础上，向上构建具备足够开放性、兼容性的无边界技术生态体系。规划构建中国宝武关键研发技术图谱，以技术创新驱动业务创新，构建生态运营能力；对外，全面对标找差，调研、走访华为技术有限公司、阿里巴巴（中国）网络技术有限公司、联想（北京）有限公司等优秀的互联网、制造业公司，汲取优秀企业的技术研发、技术创新实践与技术管理经验，寻找创新合作点，共建共创新商业模式；对内，推动集团公司内部区块链技术标准建设、AI（人工智能技术）、5G（第五代移动通信技术）、大数据等新一代信息技术与子公司具体应用场景的实践创新。（顾慧达）

【提升网络安全保障能力】2020年，智慧化与大数据建设办公室建立网络信息安全监管平台全覆盖工作推进工作组，制订全覆盖三年行动计划，完成集团公司总部覆盖工作；推进落实国务院国资委能源工业互联网平台全覆盖工作，中国宝武下属5家电厂与能源工业互联网平台对接，纳入行业监管；成立工业软件自主可控推进工作组，组织制订《中国宝武自主可控工作方案和推进计划》。（顾慧达）

【开展网络攻防实战演习】2020年，智慧化与大数据建设办公室参加有关部门组织的网络攻防演习，选择两个重要系统作为防守靶标，成立HW2020指挥部，制定网络攻防指南，指导子公司做好安全防护；制订演习方案，建立联防联控机制，部署落实演习各项工作。通过演习，发现并整改网络安全问题，减少风险隐患，增长实战经验和对抗能力。

（顾慧达）

【夯实网络安全保障机制】 2020年，智慧化与大数据建设办公室健全网络与信息安全信息通报机制，建立中国宝武直接管理子公司与钢铁单元的信息通报工作机制，落实各项网络安全应急保障工作，指导子公司加强网络安全防范。新冠肺炎疫情期间，落实远程办公应急保障工作，确保24小时远程保障需求。组织集团公司总部、子公司开展网络安全大检查，对子公司网络安全防护情况实施技术检查，对子公司互联网系统中的疫情防控重要敏感信息数据进行检查、清理，避免信息泄露。全年，中国宝武没有发生重大网络安全事件。

（顾慧达）

【打造网络安全新基座】 2020年，智慧化与大数据建设办公室推进建设网络安全监管平台，完成可行性研究报告和初步设计方案，开展系统建设，实现穿透式网络安全监督；建设安全态势感知平台，完成集团公司、宝信软件、欧冶云商3个互联网出口流量监测探针的部署，实施常态化网络安全监测，提升网络安全威胁检测和发现能力；推进主机安全防护系统建设，集团公司总部、欧冶云商、华宝基金等单位基本完成主机防护系统部署；推进终端安全防护系统升级，完成集团公司总部、部分子公司规模测试等工作。

（顾慧达）

## 上海宝信软件股份有限公司

【概况】 上海宝信软件股份有限公司（简称宝信软件）是中国宝武实际控制、宝钢股份控股的信息技术（IT）企业，2001年4月在上海证券交易所上市。至2020年底，宝信软件总股本为1 155 438 821股，其中：境内上市人民币普通股（A股）857 998 821股（其中有限售条件股份为18 364 498股），境内上市外资股（B股）297 440 000股。2020年，宝信软件实现销售收入95.18亿元，归属于上市公司股东的净利润13.01亿元。年底，在册员工5 245人，在岗员工5 151人。

（原秀芳）

【企业负责人简介】 夏雪松，1970年12月生，江苏金湖人，中共党员，宝信软件党委书记、董事长。

朱湘凯，1968年12月生，河北沧州人，中共党员，高级工程师，宝信软件总经理、党委副书记。

（原秀芳）

【董事会重要事项】 1月14日，宝信软件召开第九届董事会第六次会议，审议通过《首期A股限制性股票计划第一个解除限售期解除限售的议案》。2月17日，召开第九届董事会第七次会议，审议通过《增加2019年度日常关联交易的议案》。4月13日，召开第九届董事会第八次会议，审议通过《第二期限制性股票计划（草案）及其摘要的议案》《第二期限制性股票计划实施考核管理办法的议案》等。4月20日，召开第九届董事会第九次会议，审议通过《2019年度董事会工作报告的议案》《2019年度报告和摘要的议案》《2019年度利润分配的预案》《修改公司章程部分条款的议案》等。4月29日，召开第九届董事会第十次会议，审议通过《向激励对象授予限制性股票的议案》等。8月18日，召开第九届董事会第十一次会议，审议通过《2020年半年度报告的议案》《调整限制性股票计划激励对象的议案》等。9月21日，召开第九届董事会第十二次会议，审议通过《增资上海宝景信息技术发展有限公司的议案》《设立宝信软件（南京）有限公司的议案》《合资设立欧冶工业品股份有限公司暨关联交易的议案》《修改公司章程部分条款的议案》《董事变更的议案》等。10月26日，召开第九届董事会第十三次会议，审议通过《2020年第三季度报告的议案》《退股挚极信息的议案》。10月29日，召开第九届董事会第十四次会议，审议通过《关于公司发行股份及支付现金购买资产暨关联交易方案的议案》等。12月22日，召开第九届董事会第十五次会议，审议通过《关于公司发行股份及支付现金购买资产暨关联交易方案的议案》等。

（邵向东）

【行业地位和品牌形象提升】 2020年，宝信软件被中国电子信息行业联合会评为“2020年度电子信息行业卓越企业”，获评中国软件行业协会“2020十强创新软件企业”，宝信软件工业互联网平台入选工业和信息化部双跨平台（15家），成为国内首家通过“研发运营一体化（DevOps）能力成熟度模型”持续交付标准3级评估的工业软件企业，获数据管理成熟度模型（DCMM）四级证书，两款工业App

（手机应用程序）获评工业和信息化部“2019工业互联网优秀解决方案”，通过首批“信息系统建设和服务能力评估（优秀级CS4）”。 （原秀芳）

【推进数智化转型】 2020年，宝信软件开展工业互联网研究，发布《中国宝武工业互联网白皮书1.0》，完善中国宝武云-边-端的系统架构；研究5G（第五代移动通信技术）在钢铁行业应用方案，编制《中国宝武5G+钢铁应用研究报告》，指导中国宝武5G应用建设。开展工业互联网安全研究，编制《中国宝武工业互联网安全架构白皮书V1.0》《中国宝武工业互联网数据安全白皮书V1.0》《中国宝武Web应用安全指南V1.0》等系列安全研究报告，推进安全态势感知平台和安全监管平台的建设。按计划推进产业生态平台（ePlat）和工业互联平台（iPlat）组件开发，完成中国宝武、宝钢股份、欧冶云商、欧冶工业品及大园区等8个节点的产业生态平台部署，形成面向机组级、厂部级、基地级的工业互联平台ABCD组件及部署架构，并在马钢智能工厂示范项目、阳江宏旺实业有限公司冷轧项目中得到应用。支撑中国宝武智慧化与大数据建设办公室，策划编制《中国宝武智慧化与大数据专项规划（2020—2022年）》；编制《中国宝武工业大数据白皮书V1.0》《中国宝武大数据建设与数据治理办法》等系列管理文件，建立中国宝武大数据建设运营治理工作规范；研究云边数据一体化治理，确定中国宝武全级次全域大数据中心的整体架构设计；完成炼铁互联智控平台（高炉）示范性建设。 （原秀芳）

【支撑智慧制造工作】 2020年，宝信软件以“四个一律”为目标，推进八一钢铁、马钢智慧制造示范项目建设；支撑集团公司科技创新部，策划编制《中国宝武智慧制造三年行动方案（2021—2023年）》；面向钢铁制造开展人工智能（AI）需求调研，聚焦图像识别、运筹优化、机器学习三大方向，推进视觉中台、排程中台建设，并在宝钢包装多基地排程、宝钢股份硅钢智能工厂等场景实现应用；推进马钢操控中心、八一钢铁整体信息化改造、湛江钢铁三号高炉、宝钢德盛经营管控等一系列智慧制造重点项目建设；推进马钢集团信息化覆盖工作，完成中国宝武运营共享系统对马钢集团的全覆盖。 （原秀芳）

【推进新一代信息基础设施全国布局】 2020年，宝信软件明确“宝之云”新一代信息基础设施（IDC）“布重镇、环重镇、夯实上海基地”的业务策略，分层次推进核心区域资源储备、重点区域规划引领、发展区域市场培育工作。推动“宝之云”互联网数据中心（IDC）罗泾基地、梅山基地、马鞍山基地、合肥基地等项目的开工建设。探索外部合作、合资或兼并收购等产业发展创新路径，在上海、南京、河北、北京、深圳、太原与合作伙伴探讨互联网数据中心（IDC）业务合作。 （原秀芳）

【加大技术创新力度】 2020年，宝信软件明确聚焦集控、智能装备、大数据、人工智能、移动物联、工业网络安全、虚拟仿真七大核心技术专题，明确研究责任部门和推进团队，结合示范项目推进研究成果落地。推进新一代技术平台研发，按计划完成平台2.0版本的发布，并入选工业和信息化部发布的15家“双跨”（跨行业、跨领域）平台。连续3年获上海市科学技术委员会创新行动计划等国家级、省部级项目支持，政府项目新签额再创新高，3年累计获政府资助20 812万元。年内，12个项目得到国家、上海市政府和集团公司专项资助，获得资助9 380万元。申请专利124件、软件著作权151项。 （原秀芳）

【专业化整合】 1月1日起，宝信软件托管飞马智科信息技术股份有限公司。双方在管理协同对接机制下，完成管理对接和体系覆盖；通过管理制度修订改版、信息系统覆盖、市场协同、文化融合等一系列专项工作的策划、推进和实施，实现管理要求统一和运作方式协同。 （原秀芳）

【宝信软件大事纪要】

1月9日，宝信软件获中国信息技术（IT）服务全媒体平台评选的“2019中国卓越智能运维服务商”和“2019中国卓越智能运维100强”称号。“宝之云”获中国信息技术（IT）服务全媒体平台评选的“2019中国卓越云服务提供商”和“2019中国云计算技术应用创新20强”称号。

1月12日，上海宝康电子控制工程有限公司获中国联通有限公司上海分公司“2019行业应用优秀合作伙伴奖”。

1月，宝信软件“散料抓斗行车无人化控制系统”和“宝信大数据一体机服务管理软件”入选《2019上海市创新产品推荐目录》。

同月，宝信软件获武汉地铁集团有限公司“立功单位”奖、成都轨道交通集团有限公司“优秀设备供应商”称号。

同月，宝信软件的“基于网络融合技术的操控集中改造”项目入选工业和信息化部2019年工业互联网网络化改造试点示范项目。

3月，宝信软件上海轨道交通14号线综合监控项目团队获上海轨道交通建设立功竞赛机电专项竞赛“优胜集体”奖。

4月，由宝信软件、温州市铁路与轨道交通投资集团运营分公司共同完成的“基于融合云的轨道交通生产信息系统架构设计与实践”项目，获评2019年度中国城市轨道交通协会科技进步奖二等奖。

5月26日，宝信软件完成第二期限制性股票计划首次授予登记工作，645名骨干员工成为激励对象。

5月，宝信软件承建的钢铁行业信息化建设标志性项目——首钢集团有限公司产销一体化项目交工验收。

6月6日，宝信软件（武汉）有限公司承接的武钢华工激光股份有限公司“高效高精度多功能激光增材制造系列熔覆喷头研发”项目课题通过科技部验收。

7月7日，宝信软件与中铝智能科技发展有限公司签署战略合作协议。

7月，宝信软件iPlat4J、云审通、冷轧处理线自动化控制三项产品获中国软件行业协会“2020年度优秀软件产品”称号。

8月25日，宝信软件与浙江新和成股份有限公司签署战略合作协议。

同日，宝信软件（武汉）有限公司通过2020年湖北省软件企业评估，自主研发的“自动排程管理软件”“数据采集系统”等获软件产品证书。

8月28日，宝信软件“基于5G无人机技术钢铁能源动力巡检智能系统”项目获第三届“绽放杯”5G应用征集大赛（上海赛区）决赛一等奖。

8月，上海宝康电子控制工程有限公司获评上海市住房和城乡建设管理委员会建筑业企业电子与智能化工程承包一级资质。

9月，宝信软件（武汉）有限公司入选2020年武汉服务业企业100强企业。

同月，宝信软件智慧城市事业本部设计并承建的“基于云计算的交通基础设施静态数据汇聚及挖掘技术研究与应用”示范项目，获2020年度上海公路学会科学技术奖二等奖。

10月26日，上海宝康电子控制工程有限公司联合同济大学在预见性交通协同管控实践论坛上发布“预见者”——基于路径和轨迹的自主协同交通管控平台。

10月30日，宝信软件首次授予王奕等8人“宝信技术专家”称号。

11月12日，宝信软件开发建设的中国宝武大数据中心，获中国首个在数据管理领域的国家标准DCMM（《GB/T 36073—2018数据管理能力成熟度评估模型》）数据管理能力成熟度4级证书。

11月26日，宝信软件中标中国钢铁工业协会钢铁行业经济运行监测系统项目。

12月2日，宝信软件智慧城市事业本部智慧城市软件事业部获“上海市模范集体”称号。

12月8日，宝信软件获评2019年度上海市“浦东新区科技创新突出贡献20强”。

12月20日，宝信软件宝武铝业服务中心挂牌成立，运维范围覆盖宝武铝业全厂基础自动化、过程控制系统及经营决策、管控系统。

12月22日，由宝信软件自主研发的中国宝武工业互联网平台$xIn^3Plat$发布。

同日，宝信软件工业互联网平台入选工业和信息化部“2020年跨行业跨领域工业互联网平台”。

（原秀芳）

**宝信软件下属分公司及控股（含托管单位）子公司一览表**

| 公司名称 | 地　　址 |
|---|---|
| 南京分公司 | 江苏省南京市雨花台区雨花经济技术开发区3号 |
| 宁波分公司 | 浙江省宁波市北仑区明州西路477号 |
| 海盐分公司 | 浙江省海盐县武原镇海丰西路218号 |
| 北京分公司 | 北京市朝阳区建国门外大街丙12号 |

（续　表）

| 公司名称 | 地　　址 |
|---|---|
| 西安分公司 | 陕西省西安市高新区科技二路77号 |
| 深圳分公司 | 广东省深圳市南山区科技南十二路18号 |
| 广州分公司 | 广东省广州市南沙区创汇谷横街1号 |
| 湛江分公司 | 广东省湛江经济技术开发区宝钢湛江钢铁有限公司厂东区11号楼 |
| 厦门分公司 | 福建省厦门市软件园观日路44号 |
| 成都分公司 | 四川省成都市高新区世纪城南路599号天府软件园D区 |
| 重庆分公司 | 重庆市九龙坡区石桥铺科园一路200号 |
| 宝信软件（武汉）有限公司 | 湖北省武汉市青山区和平大道1278号深国投中心 |
| 上海宝景信息技术发展有限公司 | 上海市宝山区逸仙路2816号 |
| 上海宝康电子控制工程有限公司 | 上海市宝山区杨行工业园区锦富路298号 |
| 日本宝信株式会社 | 日本东京中央区新川1–24–12 |
| 上海梅山工业民用工程设计研究院有限公司 | 上海市杨浦区控江路1029弄1号 |
| 宝信云计算（重庆）有限公司 | 重庆市渝北区金开大道西段106号 |
| 宝信软件（成都）有限公司 | 四川省成都市金牛区西南交通大学创新大厦25楼 |
| 大连宝信起重技术有限公司 | 辽宁省大连市甘井子区凌水镇七贤岭汇贤街19号 |
| 上海宝立自动化工程有限公司 | 中国（上海）自由贸易试验区郭守敬路515号 |
| 上海宝信数据中心有限公司 | 上海市宝山区罗泾镇川纪路500号 |
| 新疆宝信智能技术有限公司 | 新疆维吾尔自治区乌鲁木齐市头屯河区八一路372号 |
| 河北雄安宝信工业互联网平台研发中心有限责任公司 | 中国（河北）自由贸易试验区雄安片区容城县雄安市民服务中心企业办公区E栋 |
| 宝信软件（南京）有限公司 | 江苏省南京市雨花台区梅山街道雄风路499号 |
| 飞马智科信息技术股份有限公司（托管） | 安徽省马鞍山市湖南路西段1390号 |

（张　萌）

## 欧冶云商股份有限公司

【概况】　欧冶云商股份有限公司（简称欧冶云商）成立于2015年2月，拥有上海钢铁交易中心有限公司、上海欧冶物流股份有限公司、上海欧冶金融信息服务股份有限公司、东方钢铁电子商务有限公司、上海欧冶采购信息科技有限责任公司、欧冶国际电商有限公司、上海欧冶材料技术有限责任公司等子公司。2020年，欧冶云商综合平台实现GMV（成交总额）交易量3.60亿吨，同比增长55%。其中，变现交易量1.80亿吨，同比增长57%；营业收入749.56亿元，同比增长35%；利润总额3.40亿元（收入及利润均含宝武物流资产有限公司）。年底，在册员工2 731人，在岗员工2 414人。（郭如川）

【企业负责人简介】 赵昌旭，1965年5月生，湖北通城人，中共党员，教授级高级工程师，欧冶云商党委书记、董事长。

金文海，1965年9月生，上海人，中共党员，高级经济师，欧冶云商总裁、党委副书记。（郭如川）

【优化交易模式】 2020年，欧冶云商优化交易模式，提升用户体验，拓展交易品类，克服新冠肺炎疫情对业务造成的不利影响，实现现货交易量1 373万吨，同比增长37%；统购分销交易量1 859万吨（含品牌经营），同比增长38%；产能预售服务规模1 530万吨，同比增长38%；"产能预售+N" 服务规模1 328万吨。新增合作钢厂24家，欧冶综合平台活跃用户新增2 534家。（郭如川）

【大宗商品智慧物流服务体系建设】 2020年，欧冶云商深化大宗商品智慧物流服务平台建设，提高运营服务水平，"运帮" 业务交易量1.32亿吨，同比增长102%，其中变现业务量4 277万吨，同比增长53%。通过推进沿江、沿海航运专线及多式联运运力建设，落实5条水运专线落地，对流运输（即相向运输）专线总运量310万吨。建设完成15家中心库，推进 "云仓" 统一结算，打造智慧仓库示范库，并结合监管模式创新和新技术应用，提升监管效率，实现 "云仓" 服务量7 048万吨，同比增长72%。通过推进新技术应用创新，大宗商品智慧物流平台数智化能力有效增强，完成4个装点码头数字化，117个卸点码头数字化，实现码头数字化的全覆盖；钢厂对接工作稳步推进，实现与宝钢股份、八一钢铁、鄂城钢铁、马钢集团、宝钢德盛、重庆钢铁6家制造基地的系统对接。（郭如川）

【提升产业链服务深度和广度】 2020年，欧冶云商推进银行直接融资（简称直融）业务，拓展直融服务场景，实现订单直融、供方直融等模式落地，并实现全流程在线直融。全年，银行直融资金端授信额度56.50亿元，用户端授信额度9.14亿元，直融发生额10亿元。推进加工服务与交易、仓储多场景业务融合，并开展工厂智慧运营应用功能开发，提升加工平台专业化、智慧化服务能力。3家不锈钢加工中心抓住新冠肺炎疫情后市场需求复苏的契机，开拓新用户、新市场，下半年单月订货量连续突破历史新高，月度利润连续超千万元，超额实现全年预算目标；全年，不锈钢加工平台完成加工交易量1 134万吨，同比增长24%，其中变现量187万吨，同比增长83%。（郭如川）

【推进新技术场景化运用】 2020年，欧冶云商加快推进智能中台建设，初步搭建人工智能（AI）基础平台，提供在线交互式建模开发能力，整合集成钢材标签识别、螺纹钢计数、钢材切割优化、单据识别等智能服务。同时，推进互联互通建设，完成互联单位30家，产品对接60项。（郭如川）

【加强数据治理】 2020年，欧冶云商建立数据集中与共享工作机制，集中53套数据库业务系统数据、42种用户行为数据，数据总量5 600 GB；完成525个数据主题应用需求，102个数据应用程序接口（API）服务，经过分析中心迭代开发，访问用户量提升75%，日均访问用户数700家，并同步推进数据产品建设，完成实时直播、交易仪表盘、价格助手、用户分析模块上线使用。（郭如川）

【提升资本运作能力】 2020年，欧冶云商完成与马钢国际经济贸易有限公司（简称马钢国贸）聚焦融合工作，承接马钢国贸的人员及业务。11月16日，托管宝武物流资产有限公司。年内，完成第一个市场化投资项目——参股上海钢之家信息科技有限公司项目，助力资讯服务能力提升。同时，加强项目投后管理，推动完成2019年立项实施的5个投资项目的后评估，完成自贸大宗（上海）信息服务有限公司、上海交运宝欧物流有限公司清算关闭，上海欧珏供应链管理有限公司、上海欧冶资源电子商务有限公司股权转让项目。（郭如川）

【欧冶云商大事纪要】

1月18日，欧冶云商召开第一届第七次职工代表大会，并举办员工 "嘉年华及欧冶之夜" 活动。

2月1日，宝武物流资产有限公司与中外运敦豪国际快递公司（DHL）签订战略合作协议。

2月20日，马钢股份产能预售功能在欧冶电商平台上线。

4月15日，欧冶采购获中国煤炭工业科学技术奖二等奖。

4月20日，商务部发布全国供应链创新与应用试点企业中期评估结果，欧冶云商获评 "优"。

4月29日，欧冶云商境外区域

总部、首家境外子公司——欧冶新加坡有限责任公司注册成立。同日揭牌。

5月20日，欧冶云商与上海钢之家信息科技有限公司签订战略投资意向书。

5月21日，欧冶综合平台第一个品类频道“钢筋频道”上线。

5月28日，上海钢铁交易中心有限公司“产能预售+N”模式上线发售。

6月12日，“浦发&欧冶供应链直融”上线发布，并实现首单放款。

6月28日，“不锈钢专区”在欧冶电商平台上线。

6月30日，欧冶直接融资项目放款额突破2亿元。

7月10日，欧冶云商参与承办2020年世界人工智能大会“区块链主题论坛”。

7月17日，欧冶云商与安阳钢铁集团有限责任公司签署战略合作协议。

7月24日，欧冶云商与中信证券股份有限公司签订《首次公开发行股票之辅导协议》。

8月1日，“湛江钢铁厚板快速精准交货”系统在欧冶电商平台上线。

8月4日，在中国证监会上海监管局网站上公示备案，标志着欧冶云商首次公开发行上市工作全面启动。

8月17日，欧冶云商举办“创客”大赛决赛。

8月20日，欧冶云商区块链服务平台“欧冶链”第一阶段功能上线。

8月26日，欧冶云商与陕西钢铁集团有限公司签署战略合作协议。

9月16日，欧冶云商与中央企业电商平台协同发展战略合作签约。

9月22日，“欧冶报价专区”在上海期货交易所标准仓单交易平台上线。

9月27日，欧冶智慧物流平台全面服务鄂城钢铁，使鄂城钢铁产成品出厂物流实现“平台化运营”和“生态化协同”。

10月13日，欧冶南鲲港中心库项目举行合作启动仪式。

10月16日，国务院国资委党委委员、秘书长彭华岗到欧冶云商调研，肯定欧冶云商混合所有制改革取得的成效。

10月22日，“循环宝”单日成交过亿元，平台再上新台阶。

10月29日，欧冶云商“在线穿透式风控与监督平台”上线。

10月30日，欧冶云商为第一批入职满5年员工代表颁发纪念章。

10—11月，欧冶云商与厦门建发股份有限公司、厦门国贸集团股份有限公司签署战略合作协议。

11月13日，上海钢铁交易中心有限公司的“产能预售+N”交易规模突破1 000万吨。

11月16日，欧冶云商托管宝武物流资产有限公司。

11月19日，马钢集团物流有限公司申报的“以多式联运助推钢铁物流生态圈建设的创新实践”获中国钢铁工业协会评选的冶金企业管理现代化创新成果一等奖。

11月27日，中国宝武博士后科研工作站欧冶云商分站挂牌成立。

11月29日，欧冶采购平台年交易额突破1 500亿元。

12月3日，上海市副市长汤志平到欧冶云商调研。

12月4日，欧冶云商第二家境外合资公司——I STEEL VN在越南注册成立，属地电商平台isteelvn.com同步上线。

12月25日，欧冶云商直接融资项目年度放款额突破10亿元。

（郭如川）

## 欧冶云商下属子公司（含托管单位）一览表

| 公司名称 | 地　址 | 注册资金（亿元） | 主要经营范围 | 持股比例 | 在岗员工（人） |
|---|---|---|---|---|---|
| 上海钢铁交易中心有限公司 | 上海市宝山区双城路803弄9号楼3001室 | 1.00 | 第二类增值电信业务、电子商务、经济信息咨询服务、国内贸易、货物运输代理、货物存储等 | 51% | 30 |
| 上海欧冶物流股份有限公司 | 上海市宝山区宝杨路2035号25幢 | 6.228 | 道路货物运输、国内水路运输、国际海运辅助业、第二类增值电信业、仓储服务、货物运输代理等 | 57.40% | 104 |

（续　表）

| 公司名称 | 地　址 | 注册资金（亿元） | 主要经营范围 | 持股比例 | 在岗员工（人） |
|---|---|---|---|---|---|
| 东方钢铁电子商务有限公司 | 上海市宝山区漠河路600弄1号5层B505、B506室 | 1.60 | 第二类增值电信业务，商品拍卖，经济信息服务，计算机软硬件的开发、设计、销售，通信设备及产品的开发、销售、系统集成等 | 100% | 32 |
| 上海欧冶采购信息科技有限责任公司 | 上海市杨浦区铁岭路32号1604室 | 0.80 | 第二类增值电信业务，食品经营，信息科技、通信科技、计算机软硬件技术领域内的技术开发、技术咨询、技术服务、技术转让，企业管理及咨询等 | 100% | 52 |
| 欧冶国际电商有限公司 | 中国（上海）自由贸易试验区荷丹路88号3幢3层302-08室 | 1.98 | 第二类增值电信业务，从事电子科技领域内的技术咨询、技术开发、技术服务、技术转让，实业投资、投资咨询、商务咨询等 | 100% | 22 |
| 上海欧冶材料技术有限责任公司 | 上海市宝山区漠河路600号A座6楼 | 1.00 | 技术咨询、技术服务、技术转让、销售等电子商务业务 | 90% | 36 |
| 宝武物流资产有限公司 | 上海市宝山区漠河路600号A座5楼 | 30.00 | 物流基础设施，园区（城区）的投资、开发与运营，资产管理，实业投资，投资咨询，投资管理等 | 托管 | 33 |
| 马钢集团物流有限公司 | 安徽省马鞍山市郑蒲港新区中飞大道277号孵化园9栋 | 3.00 | 货物运输、大件运输、冷链运输、货物专用运输（集装箱），货运代理、船舶代理、工程与设备招标代理等 | 托管 | 528 |

（郭如川）

## 宝钢工程技术集团有限公司（中国宝武设计院）

【概况】　宝钢工程技术集团有限公司（简称宝钢工程）的前身为成立于1999年8月的上海宝钢工程技术有限公司，2009年12月更名，与中国宝武设计院实行“两块牌子、一套班子”方式运作，拥有工程技术事业本部、马钢集团设计研究院有限责任公司、上海宝钢节能环保技术有限公司、宝钢钢构有限公司、上海宝钢建筑工程设计有限公司、上海宝申建筑工程技术咨询有限公司、上海宝华国际招标有限公司（委托管理）、马鞍山博力建设监理有限责任公司、苏州大方特种车股份有限公司、新疆钢铁设计院有限责任公司、上海马钢机电科技有限责任公司、宝钢工程印度有限公司、宝钢工程（越南）有限责任公司等子公司，具有国家颁发的20多项公司资质，业务范围涵盖规划咨询、测绘勘察、设计施工、项目管理、招标监理等工程技术服务和节能环保、绿色建筑、高端钢结构、特种车辆等专业化产品服务领域，主要涉及全流程钢铁工程技术、城市建设、节能环保、智慧制造等方面。2020年，实现营业收入92.75亿元、利润7.91亿元（含上海宝华国际招标有限公司）。年底，在册员工1 934人，在岗员工1 885人。　（赵　莹）

【企业负责人简介】　王建跃，1961年6月生，上海人，中共党员，教授级高级工程师，宝钢工程党委书记、董事长，中国宝武设计院院长。（赵　莹）

【履行中国宝武设计院职责】　2020年，宝钢工程配合中国宝武开展产能布局与产品结构优化规划，对各钢铁产品品种的生产销售现状及主要竞争力、平台公司布局总要求、各专业化平台公司与区域化平台公司发展和产品定位等进行调研分析；开展中国宝武并购有关钢铁企业尽职调查，中国宝武“一带一路”产能布局研究，宝钢股份直属厂部和马钢股份新区“一罐到底”研究；支撑中国宝武现代产业园推进和各基地的总图优化工作，开展跨单元前期规划、可行性研究项目的总图设计工作；从内外装备的系列化、规范化、标准化入手，以“面向现场、面向市场、面向行业”为分析研究维度，制定有关中国宝武冶金工艺装备系列化的技术规定；编制完成宝钢股份直属厂部和安徽马钢工程技术集团有限公司设计统一技术规定、马钢股份铁前填平补齐规划、鄂城钢铁“十四五”规划、宝武铝业二期规划，编制中南钢铁筹建项目、马钢股份长材项目、宝钢德盛镍合金超低排放改造升级项目等可行性研究报告。（赵　莹）

**【发挥工程技术服务平台作用】** 2020年，宝钢工程依托“前店后厂”优势，发挥工程技术服务平台作用，承接和投产一批符合战略要求、高技术、高附加值的重点项目。工程技术事业本部实施宝钢股份二号连铸机综合改造等项目；马钢集团设计研究院有限责任公司承揽安徽马钢重型机械制造有限公司H型钢轧钢生产线工程等；上海宝钢节能环保技术有限公司实施的武钢有限炼钢四分厂钢渣处理环保改造项目，实现渣不落地、成品渣金属分离；上海宝钢建筑工程设计有限公司中标吴淞口国际科创城首发（一期）项目；上海宝华国际招标有限公司研发的“智慧招标共享平台”得到行业权威机构认可，获得三星检测认证证书；苏州大方特种车股份有限公司中标俄罗斯远东红星造船厂16台共96轴线自行式模块车项目；宝钢钢构有限公司完成陕西煤业化工集团有限责任公司榆林化学钢结构项目；工程技术事业本部与新疆钢铁设计院有限责任公司通过设计协同，实施八一钢铁氧气高炉项目；上海宝申建筑技术咨询有限公司承接特斯拉超级工厂项目；马鞍山博力建设监理有限责任公司承揽的安徽马钢重型机械制造有限公司H型钢轧钢生产线工程监理，获马鞍山市监理示范工程评选第一名；上海马钢机电科技有限责任公司承接台钢资源股份有限公司资源炉渣安定化新建机电设备工程一期项目；宝钢工程印度有限公司采用具有宝钢专利的钢渣处理技术，首次拓展印度塔塔钢铁公司市场；宝钢工程（越南）有限责任公司实施越南和发集团榕橘钢铁有限公司全厂铁路运输项目。（赵　莹）

**【启动“宝数云”建设】** 2020年，宝钢工程与宝钢股份等单位联合申报中国宝武技术创新重点支持项目，开展工程数字化云平台环境、工程软件中心、工程数据中心、工程数据标准、数字化交付等7个方面技术研究，建设中国宝武工程数字化设计交付云平台（BE-Digital Cloud，简称“宝数云”），打造冶金行业数字化工厂解决方案和工程大数据全生命周期服务能力。在信息化建设方面，形成流程融通、智慧可视、价值驱动的信息系统架构和功能应用，围绕工程项目管理流程、制度和信息化系统存在的问题，对管理系统和生产系统进行顶层架构设计，实现供产销财税融贯通，提高了管理效率和管控能力。年内，工程造价管理系统上线。（赵　莹）

**【推进智慧制造与数字总图平台建设】** 2020年，宝钢工程与中国宝武公司治理部完成《关于推进总图空间数字化管理的指导意见（试行）》的编制、评审及下发，编制总图管理办法；践行中国宝武“专业化、数字化、平台化”总图管理要求，启动“宝武智慧总图空间信息服务平台”建设工作；依托数字孪生理念，设计“CAE仿真实验室”建设方案，加快工程虚拟映射的步伐；利用人工智能技术，开发现场安全行为智能监测系统，探索深度学习技术在工程领域的应用；利用5G（第五代移动通信技术），建设“智能机器人与解决方案应用研究中心”，解决智能装备共性问题，形成专业资源合力；从“自身优化项目”“高端智慧制造产品”2个维度出发，梳理推进26项对内符合业务发展和流程优化需要、对外提供高端智慧产品的智慧制造项目，形成连铸、热轧、冷轧等优势领域智能化整体解决方案与全生命周期智慧服务。（赵　莹）

**【“处僵治困”】** 2020年，宝钢工程推进法人压减、“参股瘦身”工作，以清算注销、股权转让等多种方式，对不符合公司战略方向，低效、无效资产进行清理，进一步优化公司资产结构，提高资产运营效率，完成江苏宝鹏建筑工业化材料有限公司、上海氯碱化工股份有限公司的股权退出，完成宝钢苏冶重工有限公司的清算注销。

（赵　莹）

**【宝钢工程大事纪要】**

1月1日，马钢集团设计研究院有限责任公司、马鞍山马钢矿山岩土工程勘察联合公司、马钢集团测绘有限责任公司、上海马钢机电科技有限责任公司、马鞍山博力建设监理有限责任公司、马钢集团招标咨询有限公司6家单位由宝钢工程实施管理。

1月13日，中国宝武与普锐特冶金技术有限公司在中国宝武大厦签署战略合作备忘录，宝钢工程相关负责人参加签约仪式。

3月12日，上海宝钢节能环保技术有限公司中标中信泰富特钢集团股份有限公司下属青岛特殊钢铁公司二期续建工程中的2套滚筒渣处理系统项目。

4月15日，苏州大方特种车股份有限公司举行中信重工机械股份有限公司漳州基地首批模块车交付仪式，交付六轴线模块车4台、四轴线模块车2台。

4月28日，由马钢集团设计研究院有限责任公司EPC（设计、采购、施工一揽子总承包合同）总承包的安徽马钢重型机械制造有限公司H型钢轧钢生产线项目投入试生产。

5月6日，宝钢工程组建工程大数据中心，与宝钢工程企划部合署办公。

5月19日，上海宝钢建筑工程设计有限公司中标吴淞口国际科创城首发（一期）项目初步设计和施工图设计合同。

5月22日，宝钢工程“智能机器人与解决方案应用研究中心”投用。

6月16日，马钢集团设计研究院有限责任公司中标马钢股份南区雨污分流及排口优化工程EPC总承包项目。

7月15日，由宝钢工程承担工厂设计，工程技术事业本部与新疆钢铁设计院有限责任公司首次通过设计协同的八一钢铁氧气高炉点火开炉，并启动第一阶段工业试验。

9月27日，宝钢工程增设规划咨询部，牵头中国宝武设计院规划咨询职责。

10月23日，由宝钢工程承接的宝钢股份二号连铸机综合改造项目热负荷试车。

11月11—13日，在上海鑫椤网络科技有限公司主办的第11届国际针状焦及应用市场高峰论坛上，宝钢工程获“2020年中国针状焦优质设计院”称号。

11月18—21日，在第24届全国发明展览会上，宝钢工程获金奖1项、铜奖1项。

12月11日，“中国宝武工程数字化设计交付云平台关键技术研究与应用”项目启动。

12月17日，由宝钢工程EPC总承包的宁波宝新3万吨汽车用钢项目投产。

12月25日，宝钢工程完成宝钢苏冶重工有限公司的清算注销。

（赵　莹）

**宝钢工程下属子公司（含托管单位）一览表**

| 公司名称 | 地　　址 | 注册资金 | 主要经营范围 | 持股比例 | 在岗员工（人） |
|---|---|---|---|---|---|
| 马钢集团设计研究院有限责任公司 | 安徽省马鞍山经济技术开发区太白大道3号、太白大道1889号 | 1 651.50万元 | 工程项目前期咨询，资质证书范围内的（冶金矿山和金属材料等）工程设计、工程总承包、项目管理服务等 | 托管 | 271 |
| 上海宝钢节能环保技术有限公司 | 上海市宝山区克山路550弄7号楼 | 5亿元 | 钢铁、有色、化工等传统产业的绿色升级，提供高技术含量、高可靠性要求、高附加值特性的绿色制造关键工艺技术装备研发设计与改造优化的系统解决方案等 | 100% | 90 |
| 宝钢钢构有限公司 | 上海市宝山区宝杨路2001号 | 3.20亿元 | 设计、制造、安装各种钢结构，销售自产产品；承包境外钢结构工程和境内国际招标工程等 | 100% | 73 |
| 上海宝钢建筑工程设计有限公司 | 上海市宝山区同济路999号13号楼 | 3亿元 | 建筑工程设计、咨询和总承包，房地产开发等 | 100% | 79 |
| 上海宝申建筑工程技术咨询有限公司 | 上海市长宁区定西路1118号 | 300万元 | 公建、住宅及工业项目施工图设计文件审查 | 100% | 24 |
| 上海宝华国际招标有限公司 | 上海市宝山区克山路550弄8号楼 | 1 000万元 | 招标代理、招标采购管理咨询和网上招投标公共平台建设 | 中国宝武全资子公司，宝钢工程托管 | 123 |

（续　表）

| 公司名称 | 地　　址 | 注册资金 | 主要经营范围 | 持股比例 | 在岗员工(人) |
|---|---|---|---|---|---|
| 马鞍山博力建设监理有限责任公司 | 安徽省马鞍山经济技术开发区阳湖路499号 | 300万元 | 开展专业范围内工程监理服务和技术咨询 | 托管 | 33 |
| 苏州大方特种车股份有限公司 | 江苏省苏州市高新区浒关工业园浒杨路71号 | 1.11亿元 | 设计、制造液压动力平板运输车、模块式液压全挂车、半挂车、轮胎式提梁机以及其他重型特种运输设备 | 51% | 149 |
| 新疆钢铁设计院有限责任公司 | 新疆维吾尔自治区乌鲁木齐市头屯河区八一路578号 | 500万元 | 工程咨询、城乡规划编制、工程设计、对外承包工程，特种设备设计等 | 51% | 54 |
| 马鞍山马钢矿山岩土工程勘察联合公司 | 安徽省马鞍山经济技术开发区太白大道3号 | 260万元 | 矿山、水文、边坡、尾矿坝基础、工业与民用建筑基础勘察设计与处理等 | 托管 | 5 |
| 上海马钢机电科技有限责任公司 | 上海市杨浦区大连路990号 | 665万元 | 机电科技技术领域内的技术开发、技术咨询、技术转让、技术服务；货物及技术的进出口业务等 | 托管 | 13 |
| 宝钢工程印度有限公司 | 印度马哈拉施特拉邦 | 94.5万美元 | 冶金工程，成套设备、备件贸易、技术服务贸易 | 66.70% | 1 |
| 宝钢工程(越南)有限责任公司 | 越南胡志明市 | 100万美元 | 冶金工程，成套设备、备件贸易、技术服务贸易 | 100% | 1 |

（赵　莹）

## 宝武装备智能科技有限公司

【概况】　宝武装备智能科技有限公司（简称宝武智维）的前身为上海宝钢工业技术服务有限公司，2019年11月15日更名，注册资本5亿元，业务对口智慧业中心，主要从事状态把握与设备管理、环境监测、炉窑与节能技术、设备备件制造、设备维修工程、起重运输服务、轧辊技术、连铸技术等业务，下设炼钢事业部、连铸事业部、热轧事业部、长材事业部、工业智能事业部、炉窑建筑事业部、检修事业部7个事业部，有上海金艺检测技术有限公司1家子公司，安徽马钢设备检修有限公司、广东韶钢工程技术有限公司2家受托管理公司，宝钢机械厂、南京分公司、宁波分公司、马鞍山分公司、武汉分公司、湛江分公司、韶关分公司7家分公司。2020年，实现营业收入34.73亿元、利润0.60亿元，被中国设备管理协会评为“设备智能维护标杆企业”，获全国设备管理与技术创新成果一等奖，获“上海市设备维修安装行业50强企业”称号。年底，在册员工6 645人，在岗员工6 566人。（翁　蔚）

【企业负责人简介】　李麒，1963年2月生，上海人，中共党员，教授级高级工程师，宝武智维党委书记、董事长。

王剑虎，1970年9月生，安徽安庆人，中共党员，高级工程师，宝武智维总经理、党委副书记。（翁　蔚）

【整合融合】　2020年，宝武智维协同各钢铁基地有序开展多基地检修检测资源专业化整合，完成马钢股份特检站（马鞍山基地），南京宝地设备分公司（梅山基地），武钢有限检修中心、特检站和环境监测站（青山基地），广东韶钢工程技术有限公司、韶钢松山环境监测站（松山基地）四大基地的检修检测专业化整合，整合业务规模8.60亿元，涉及2 300人。1月1日，受托管理安徽马钢设备检修有限公司；7月1日，受托管理广东韶钢工程技术有限公司。整合过程平稳有序，“一总部多基地”的业务布局基本形成。（翁　蔚）

【智能运维】　2020年，宝武智维打造新的运营模式，系统推进智能运维平台迭代升级，提升智能运维核心能力。按照“云、边、端”的智能运维系统架构，以中国宝武重大科研项目为载体，实施平台整体功能架构优化。智能运维平台2.0在马钢股份投入使用，具备百万级设备接入能力和毫秒级数据处理能力。年底，“智维云”各基地平台设备总接入量5万台套，数据30万条，涉及产线30条，工业大数据存储100 TB。全年研发监测、报警、诊断等11个功能模块，部署算法工具集6个大类28种，植入预警规则超100种、诊断模型20种，提炼各种数字化检修维护标准100个。（翁　蔚）

**【优化组织架构】** 2020年，宝武智维优化“一总部多基地”智能运维服务组织架构，设立炼铁事业部、热轧事业部、冷轧事业部和长材事业部等产线智能运维部门，适配钢铁生产全流程智能运维发展需要；组建韶关分公司、武汉分公司等区域化服务机构，满足“一总部多基地”运营管理的需要。年内，“多军种”联合作业的“专业化+区域化”管理架构展现雏形，支撑智能运维业务产业化发展。（翁　蔚）

**【追求高质量发展】** 2020年，宝武智维践行“三高两化”发展路径，加速智能运维解决方案和“三新”（新技术、新工艺、新产品）技术产品研发，参与行业标准制定；推广专业化生产线及设备智能运维建设，炼铁、连铸、热轧、冷轧、长材等生产线智能运维总包在宝钢股份、韶关钢铁、马钢股份、重庆钢铁、宁波宝新成功实施；与涟源钢铁集团有限公司签订热轧2250智能运维框架协议，成为首个中国宝武外的智能运维项目。开拓智能运维平台建设和服务，在宝钢股份直属厂部、湛江钢铁、韶关钢铁等7个钢铁生产基地部署并运行。与外部产业链战略合作，与西马克工程（中国）有限公司、上海涵道科技有限公司等6家企业签订战略合作协议；与施耐德电气有限公司、舍弗勒（中国）有限公司、艾默生电气公司等40家国内外厂商、服务商、院校达成战略合作意向，延伸智能运维系统供应链、服务链，共建智能运维“生态圈”。健全境外业务服务体系，完成镁砂出口许可证等资质申请，成为首家在上海办理镁砂出口许可证并完成报关出口企业。通过强化多专业协同，中标安赛乐米塔尔集团意大利公司、日本钢铁工程控股公司试验连铸机项目、马来西亚安裕钢铁有限公司的耐材总包等境外合同，与印度热工公司、中冶赛迪工程技术股份有限公司等签署合作协议。（翁　蔚）

**【助力脱贫攻坚】** 2020年，宝武智维员工完成消费扶贫421.75万元，投资扶贫200万元。发起为贫困县捐赠智能教学设备活动，为湖北省罗田县骆驼坳镇中心小学、时阳小学捐赠16套教学设施和20套智能化75寸教学一体设备。（翁　蔚）

**【宝武智维大事纪要】**

1月1日，宝武智维受马钢集团委托，管理安徽马钢设备检修有限公司。

同日，宝武智维总包韶关钢铁3条高速线材生产线的智能运维业务。

1月13日，宝武智维与德国兹韦克罗睿公司签订战略合作协议，成为其品牌在中国宝武的独家授权经销商。

1月18日，安徽马钢设备检修有限公司承建的中国首条重型H型钢生产线——马钢重型H型钢生产线热负荷试车。

3月16日，宝武智维热轧事业部成立。

4月15日，宝武智维与宝钢德盛签订战略合作协议。

5月8日，宝武智维总部与安徽马钢设备检修有限公司管理者“融合共享”挂职锻炼计划启动。

5月19日，宝武智维宝钢机械厂与北京博尔特机械设备有限公司签订战略合作协议。

5月20日，宝武智维宝钢机械厂与中国一重集团有限公司大连工程设计院签订战略合作协议。

6月10日，以“铸匠心　提技能”为主题的宝武智维首届职工技能竞赛开赛。

7月1日，宝武智维受韶关钢铁委托，管理广东韶钢工程技术有限公司。

7月17日，上海金艺检测技术有限公司的“熔融金属起重装备及其厂房结构力学行为远程智慧安全监测与预警”项目获第一届中国安全科技进步奖二等奖。

7月22日，宝武智维中标工业和信息化部2020年智能制造系统解决方案供应商项目。

8月11日，宝武智维获上海市设备维修安装行业“50强企业”称号。

8月20日，宝武智维“智维工程师实训基地”揭牌。

同日，宝武智维“智维工程师项目”启动，举办首期研修班。

8月31日，宝武智维与马钢股份签订第四钢轧总厂热轧设备智能运维合作框架协议。

9月23日，宝武智维与梅钢公司签订自有检修力量整合协议。

9月24日，宝武智维牵头制定的5项激光再制造行业团体标准填补行业空白。

10月29日，宝武智维与武钢有限签订自有检修、检测资源整合共同管理协议。

10月30日，宝武智维第一届“十大杰出青年”评选揭晓。

11月18日，宝武智维承办的2020年上海市设备智能维护经验交流研讨会举行。

同日，宝武智维承接的湛江钢铁厚板实验室厚板检验制样生产线投入运行。这是国内首条厚板试样加工自动线。

11月21日，宝武智维在第24届全国发明展览会上获金奖2项、银奖2项、铜奖4项。

12月15日，宝武智维获中国设备管理协会颁发的年度“设备智能维护标杆企业”称号。

同日，宝武智维巢平源申报的“钢厂继电保护检修质量提升综合技术及应用”项目获全国钢铁行业职工优秀技术创新成果一等奖。

12月28日，安徽马钢设备检修有限公司通过“安徽省企业技术中心”认定。

同日，宝武智维与宁波宝新签订冷轧智能运维战略合作协议。

12月，宝武智维被中华全国总工会授予“全国模范职工之家”称号。 （翁　蔚）

**宝武智维下属子公司（含托管单位）一览表**

| 公司名称 | 地　址 | 注册资金（万元） | 主要经营范围 | 持股比例 | 在岗员工（人） |
|---|---|---|---|---|---|
| 上海金艺检测技术有限公司 | 上海市宝山区同济路3521号 | 2 545.05 | 材料及设备的检测诊断技术服务，不间断电源设备的检测、销售及维护等 | 100% | 395 |
| 安徽马钢设备检修有限公司 | 安徽省马鞍山市（雨山区）天门大道中段300号 | 6 962.00 | 维保检修、工程施工、设备再制造 | 托管 | 2 220 |
| 广东韶钢工程技术有限公司 | 广东省韶关市曲江区 | 6 006.02 | 工程设计、工程建安、设备检修、设备制造 | 托管 | 733 |

（翁　蔚）

## 宝武重工有限公司

**【概 况】** 2020年2月25日，宝武重工有限公司（简称宝武重工）揭牌成立，3月31日完成工商注册变更，注册资本169 688万元。宝武重工以原安徽马钢工程技术集团有限公司为基础组建，为中国宝武一级子公司，业务对口智慧服务产业发展中心。下属有安徽马钢重型机械制造有限公司、安徽马钢输送设备制造有限公司2家全资子公司，安徽马钢表面技术股份有限公司、安徽马钢东力传动设备有限公司2家控股子公司，马钢共昌联合轧辊有限公司、常州宝菱重工机械有限公司2家参股子公司，宝钢轧辊科技有限责任公司、上海江南轧辊有限公司、上海宝钢铸造有限公司、上海科德轧辊表面处理有限公司4家托管子公司，上海分公司、钢结构工程分公司2家分公司，分布于上海、常州、马鞍山等地。主营业务有两大板块：设计研发制造板块，拥有一大批机械加工、铸造、热处理全流程设备，主要致力于打造输送设备、连铸机、烧结机、轧机设备、开卷卷取机等冶金设备，以及辊轴类、传动件、结晶器、扇形段、冷轧硅钢等冶金消耗备件等备件产品，同时拥有世界先进水平的冷轧锻钢辊、冷却壁、水冷炉口等产品，致力于发展智能重载机械手等智能产品；智慧生态服务板块，包括磨辊间技术服务，有热喷涂、重熔设备、超音速喷涂生产线、冷轧辊镀铬和结晶器电镀生产线等。全年，实现营业收入29亿元。年底，在册员工1 793人，在岗员工1 712人。 （严　珏）

**【企业负责人简介】** 朱庆明，1962年11月生，江苏兴化人，中共党员，高级工程师，宝武重工党委书记、董事长。 （严　珏）

**【节能环保】** 1月，安徽马钢重型机械制造有限公司完成大锻造四号加热炉技术改造，加热炉能耗同

宝武重工钢结构分公司H型钢加工生产现场　　（徐　臻 摄于2020年9月）

比减少150千克标准煤/吨。3月，宝钢轧辊科技有限责任公司热处理油烟雾环保治理项目投入运行，颗粒物排放浓度为1.30毫克/立方米，远低于≤20毫克/立方米的国家排放标准。3月18日、6月15日，上海江南轧辊有限公司、宝武重工分别完成排污许可登记；8月1日、8月5日、8月21日、9月1日，安徽马钢输送设备制造有限公司、安徽马钢重型机械制造有限公司、钢结构工程分公司、上海宝钢铸造有限公司分别获得排污许可证。12月29日，安徽省生态环境厅公告2019年度安徽省重点污染源单位环境信用评价结果，安徽马钢表面技术股份有限公司蝉联安徽省“环保诚信企业”称号。（严　珏）

【安全生产】 6月28日，宝武重工成立安全生产委员会、防火安全委员会、交通安全领导小组和能源环保委员会。7月20日，发布《宝武重工有限公司总部及二级单位领导人员安全履职清单（2020版）》。9月15日，完成所有18个安全管理制度制定、签发、实施。11月5日，完成宝武重工安全生产许可证变更。（严　珏）

【市场营销】 6月3日，上海江南轧辊有限公司中标宝武铝业磨辊运营服务项目；10月23日，与宝武铝业签订向其提供粗轧机钢辊的合同，12月25日交付宝武铝业。11月14日，宝武重工取得中冶南方工程技术有限公司总包的武钢集团昆明钢铁股份有限公司高炉主皮带及相关皮带机设备订单。年内，开发重庆钢铁和奥科宁克（昆山）铝业有限公司2家用户。2月12日，马钢共昌联合轧辊有限公司与重庆钢铁签订支承辊业务合同；7月20日，马钢共昌联合轧辊有限公司与奥科宁克（昆山）铝业有限公司签订支承辊业务合同。（严　珏）

【国际化业务】 2020年，宝武重工国际化业务实现营业收入2.75亿元。其中，宝钢轧辊科技有限责任公司在境外市场拥有活跃客户70家，实现境外销售收入2.16亿元，在印度锻钢冷轧辊市场占有率为40%。2月，安徽马钢输送设备制造有限公司的滚筒、起重机卷筒销往德国市场。（严　珏）

【企业管理】 2020年，宝武重工按照“职责清晰、精简高效、运行专业”的要求，构建“分业经营、分级管理”的管控架构，重点配置资源调配、创新研发、品牌建设、统筹协同等职能，打造高效规范制度流程体系，形成高效协同专业化与属地化相结合的“一总部多制造基地”管理模式。全面梳理制度文件，至9月30日，形成并发布包含275项制度文件的《宝武重工制度树（2020版）》，细化和完善内控标准、自查项目梳理，并进行定期督查，强化风险管控。7月，开展全面对标找差工作，以“跑赢大盘、超越自我、追求卓越、全球引领”为理念，建立宝武重工对标管理体系。每季度对各单位对标管理情况进行分析总结评价。9月，考察三一重工股份有限公司，发布对标找差管理报告。10月，编制完成《宝武重工2020—2025年战略规划》，系统谋划冶金装备、轧辊及技术服务、输送设备、表面技术业务发展定位，制定实施路径、重要举措、商业模式、投资计划。（严　珏）

【整合融合】 2020年，宝武重工完成第一批专业化整合工作，涉及5家下属一级子公司，18个交易标的，涵盖股权调整和土地、房产、设备、项目合同等非股权性资产调整等内容。整合后的宝武重工有10家分（子）公司，2家参股公司。其中，上海4家，马鞍山6家（含1家参股），常州2家（含1家参股）。完成武钢集团襄阳重型装备材料有限公司武汉分公司、武汉钢铁集团轧辊有限责任公司、武钢中冶工业技术服务有限公司装备事业部、湖北鄂钢扬子重型机械制造有限公司的现场调研，拟定整合初步方案。（严　珏）

【智慧制造】 2020年，宝武重工对标先进智能化工厂，编制数智化行动方案，组织策划数智化具体项目。12月，完成经营管控系统一期建设，并开展经营管控系统二期研究。年内，在上海江南轧辊有限公司、安徽马钢输送设备制造有限公司开展数智化车间项目的探索与研究，通过内外协同，形成数智化团队，谋划宝武重工传统产业数字化转型，在智慧产品、制造、服务、管理方面形成智慧经营管控平台。12月29日，宝钢轧辊科技有限责任公司轧辊热处理集中控制车间被评为2020年度“江苏省示范智能车间”。（严　珏）

【科技工作】 2020年，宝武重工申请专利101件，其中发明专利35件；宝武重工及下属安徽马钢输送设备制造有限公司、安徽马钢表面技术股份有限公司、安徽马钢重型机械制造有限公司、宝钢轧辊科技有限责任公司、上海宝钢铸造有限公司、上海江南轧辊有限公司、上海科德轧辊表面处理有限公司通过高新技术企业认定；完成行业标准《金属板材矫正机工作辊技术条件》《钢结构焊接从业人员资格认证标准》制定，参与国家标准《冶金轧辊术语》的修订。安徽马钢输送设备制造有限公司完成《移动破碎站后智能皮带桥》Q/MGSS003—2020企业标准备案。宝钢轧辊科技有限责任公司的“冷轧高强汽车板专用高速钢轧辊及其制造方法”在第24届全国发明展览会上获“发明创业奖·项目奖”铜奖。宝武重工与中央研究院建立联合研发中心。10月9日，上海科德轧辊表面处理有限公司获上海市宝山区“2019年度企业技术中心”称号。11月6日，安徽马钢输送设备制造有限公司入选2020年度马鞍山市“专精特新”企业库名单。12月2日，宝钢轧辊科技有限责任公司获江苏省高新技术企业认定。12月22日，安徽马钢输送设备制造有限公司通过马鞍山市科技“小巨人”企业认定。12月28日，上海科德轧辊表面处理有限公司获上海市“2020年度‘专精特新’中小企业”称号。（严　珏）

【人才队伍建设】 2020年，宝武重工聚焦“经营决策、资源配置、干部管理、风险监控和党的建设”五大核心职能建设，着力打造更加协同、高效的“小总部、大产业”的管理格局，明确宝武重工总部职能部门配置定员34人。以班子建设为抓手，分步实施总部管理人员选聘工作，完成11名领导干部选拔任用工作。调整优化下属6家子公司董事、监事人选，完成3名直管干部岗位调整。组织开展人才盘点推荐，建立126名后备人才数据库，择优选送14人次参加中国宝武重点培训项目。（严　珏）

【建设湛江钢铁智能化磨辊间】 1月8日，宝武重工与湛江钢铁签署三号高炉系统1780热轧磨辊间项目技术服务合同；2月18日，签署1780热轧磨辊间国内设备设计采购合同；2月29日，签署智能磨辊间乳化液集中过滤装置采购合同；3月18日，签署1750冷轧磨辊间EP（设计与采购）合同。9月，1750冷轧磨辊间厂房封顶；12月，1780热轧磨辊间厂房封顶。（严　珏）

【托辊生产线设备更新】 2020年，安徽马钢输送设备制造有限公司托辊自动组装线、卷板机等设备进行更新升级改造。10月16日，宝武重工成功竞拍沈阳皆爱喜输送设备制造有限公司因注销清算产生的待处置设备。11月7—18日，完成购置的托辊压装焊接机、切管机、卷板机液压站、托辊动平衡等设备拆除。11月20日，设备到达安徽马钢输送设备制造有限公司现场；12月2日，分别开始卷板机、埋弧焊机地基土建施工。（严　珏）

【宝钢轧辊热处理集控二期项目完成】 宝钢轧辊科技有限责任公司（简称宝钢轧辊）热处理集控二期项目包括：对7台表面淬火机床进行运行参数数字化改造，对3台表面淬火机床进行在线测温系统改造，建立加热设备的能耗数据管理系统。该项目于2019年12月立项、开工改造；2020年3月，能耗数据管理系统完成测试上线；4月，第一台表面淬火机床数字化改造完成；9月，第七台表面淬火机床数字化改造完成；12月2日，整体项目完成验收。（严　珏）

【承接宝日汽车板磨辊业务】 10月27日，宝日汽车板与上海江南轧辊有限公司签订磨辊业务专业化整合协议。按照双方协议，上海江南轧辊有限公司承接宝日汽车板磨辊业务，专业化整合按照“业务一次转移、人员按照市场化流动、资产分步推进”的方式予以实施，分两个阶段进行。第一阶段，采取BPO（商务流程总包）模式，建立“利益共享、风险共担”商业合作模式。第二阶段，采取BOO（建设、拥有、运营）模式，实现“产权合作、互惠共赢”。11月1日，上海江南轧辊有限公司试运行承接宝日汽车板磨辊间业务，管理权限仍属宝日汽车板。（严　珏）

【宝武重工大事纪要】

2月20日，中国宝武发文，决定将安徽马钢工程技术集团有限公司更名为“宝武重工有限公司”，由中国宝武直接管理，业务对口智慧服务产业发展中心。

2月25日，宝武重工有限公司揭牌成立。

3月31日，宝武重工有限公司完成工商注册变更。安徽马钢工程技术集团有限公司正式更名为“宝武重工有限公司”。

4月1日，宝武重工按中国宝武直接管理方式运作。

5月15日，宝武重工召开第一届董事会第一次会议，审议通过公司章程、组织机构设置、基本管理制度框架等议案及相关管理制度，并就公司经营目标和愿景等达成共识。

6月3日，上海江南轧辊有限公司中标宝武铝业磨辊运营服务项目。

7月8日，宝钢轧辊科技有限责任公司研发的新一代高速钢工作辊在宝日汽车板1800产线、1730产线上机试用，综合使用性能较常规Cr5工作辊提升一倍，较半高速钢工作辊提升50%。

同日，宝武重工与马鞍山经济技术开发区举行合作协议签约仪式，双方就推进宝武重工高端冶金装备制造基地项目开展战略合作。

7月17—18日，宝武重工钢结构工程分公司通过美标资质认证（CWF）审核，并获得CWF认证资格。

8月26日，宝武重工钢结构工程分公司完成加拿大焊接局焊接标准资质（CWB）的审核工作。

9月2日，宝钢轧辊科技有限责任公司研发的新一代BDM7森辊一中间辊在宝钢股份硅钢部硅钢产线实现换辊周期同比提升50%的目标。

9月23日，安徽马钢表面技术股份有限公司的“高速车轮检测线用伺服重载双梁机械手”项目和安徽马钢输送设备制造有限公司的“履带式储带移置输送机”项目被评定为“安徽省首台（套）重大技术装备”。

10月15日，宝钢轧辊科技有限责任公司和安徽马钢重型机械制造有限公司签订《关于协同共建“宝武重工大型锻钢辊轴基地”合作备忘》，明确双方将共同组建工作团队，按产业链互补、协同共建的模式，打造年产能1万吨的大型高端锻钢辊轴生产基地。

12月30日，宝钢轧辊科技有限责任公司被评为江苏省“四星级上云企业”和常州市2020年度“三星级明星企业”。（严　珏）

**宝武重工下属分（子）公司（含托管单位）一览表**

| 公司名称 | 地　址 | 注册资金 | 主要经营范围 | 持股比例 | 在岗员工（人） |
|---|---|---|---|---|---|
| 上海分公司 | 上海市宝山区漠河路600号东鼎国际A座 | | 工程管理服务，建筑工程机械与设备租赁，信息咨询服务，货物或技术进出口，冶金设备及备品备件研发、设计、制造、安装、维修、销售等 | | 32 |
| 安徽马钢重型机械制造有限公司 | 安徽省马鞍山市雨山经济开发区智能装备产业园 | 10.67亿元 | 机械设备、金属制品的设计、制造、组装和修复等 | 100% | 446 |
| 安徽马钢表面技术股份有限公司 | 安徽省马鞍山市慈湖高新区牡丹江路924号 | 2.75亿元 | 冶金装备备件制造 | 94.847% | 182 |
| 安徽马钢输送设备制造有限公司 | 安徽省马鞍山市经济技术开发区阳湖路499号 | 1亿元 | 输送机及配件的设计、制造、安装与维护，机电设备及备件制造、安装等 | 100% | 121 |

（续　表）

| 公司名称 | 地　址 | 注册资金 | 主要经营范围 | 持股比例 | 在岗员工(人) |
|---|---|---|---|---|---|
| 钢结构工程分公司 | 安徽省马鞍山市马鞍山经济技术开发区红旗南路39号 | | 普通货物、大型物件运输，压力容器制造，压力管道安装，冶炼机电设备维修、安装等 | | 421 |
| 安徽马钢东力传动设备有限公司 | 安徽省马鞍山市雨山区马钢厂区内 | 1 000万元 | 传动设备的研发、生产、销售等 | 51% | 11 |
| 上海宝钢铸造有限公司 | 上海市宝山区宝钢九村37号 | 4 498.60万元 | 钢锭模、冷却壁、炉口水箱、管件加工 | 托管 | 60 |
| 宝钢轧辊科技有限责任公司 | 江苏省常州市钟楼区新冶路888号 | 6.44亿元 | 冶金专用设备制造，机械零件、零部件加工，技术服务、技术开发、技术咨询、技术交流、技术转让、技术推广等 | 托管 | 382 |
| 上海江南轧辊有限公司 | 上海市宝山区富锦路1288号 | 5 355.01万元 | 金属切削、镀铬、毛化熔覆等表面处理，辊类件制造、修复及表面再加工 | 托管 | 50 |
| 上海科德轧辊表面处理有限公司 | 上海市宝山区富锦路1288号 | 110万美元 | 轧辊和其他金属制品的磨削、毛化、镀铬等表面处理等 | 托管 | 150 |
| 常州宝菱重工机械有限公司 | 江苏省常州市新冶路41号 | 5 995.875万美元 | 冶金设备、普通机械设备及其备品备件 | 托管 | 1 036 |
| 马钢共昌联合轧辊有限公司 | 安徽省马鞍山市雨山区马钢厂区内 | 3 000万美元 | 开发、加工、生产、销售轧辊及机械产品等 | 34% | 92 |

（严　珏）

## 欧冶工业品股份有限公司

【概况】 2020年9月29日，欧冶工业品股份有限公司(简称欧冶工业品)由中国宝武及下属宝钢股份、马钢股份、韶钢松山、八一钢铁、鄂城钢铁、欧冶云商、宝信软件7家成员企业联合发起成立，注册资金40亿元。欧冶工业品起步于对工业品专业化采购的积累和沉淀，集中整合中国宝武采购资源和能力组建而成，致力于创建工业品供应链数字化平台新生态。全年，实现营业收入10.39亿元；年底，在册、在岗员工819人。（尹珺露）

【企业负责人简介】 王静(女)，1963年10月生，湖北武汉人，中国民主促进会会员，高级经济师，欧冶工业品董事长、总裁。

田国兵，1974年8月生，安徽寿县人，中共党员，工程师，欧冶工业品党委书记、高级副总裁。

（尹珺露）

【筹建揭牌】 2月，由智慧服务产业发展中心牵头，以宝钢股份设备资材采购中心、欧冶云商下属上海欧冶采购信息科技有限责任公司为主，组成欧冶工业品项目课题组，调研中国宝武各钢铁单元工业品采购现状，开展工业品市场及电商平台对标研究，完成欧冶工业品电商平台公司立项方案编制；9月12日，中国宝武正式批复出资成立欧冶工业品股份有限公司；9月29日，欧冶工业品股份有限公司在上海市注册成立。11月8日，欧冶工业品股份有限公司揭牌启航仪式在第三届进博会上举行，欧冶工业品首次面向公众系统阐述公司的商业理念、发展模式，推出全新工业品供应链生态平台——欧贝平台，《人民日报》《解放日报》等40家媒体对欧冶工业品揭牌启航进行商业解析和深度报道。（尹珺露）

【提出公司愿景使命】 欧冶工业品成立后，提出以“创建工业品供应链新生态，共建‘专业、共享、阳光、信赖’的生态平台，赋能生态圈参与者；提供稳定、高效的规模化集中采购服务，助力钢铁生态圈高质量发展”为使命，以“成为工业品供应链服务引领者、成为智慧制造极致效率驱动者”为愿景，致力于创建工业品供应链数字化平台新生态。（尹珺露）

【启动百日行动计划】 9月29日，欧冶工业品注册之日即启动“运营启航百日行动计划”，通过整体策划、目标分解、协同推进、定期检查等手段，按项目化、节点化推进公司筹建、采购集中整合、平台模式及产品设计等工作，签署各基地及各子公司的采购委托管理协议及各项费用协议，实现宝钢股份采购业务在线切换，推进欧冶工业品模拟经营并编制首份商业计划书，完成“十四五”战略规划编制、制度树编制、平台模式设计、公司六大职能与六大中心及各大区组建等。年内，完成“运营启航百日行动计划”十大工作项目目标，实现从筹备阶段转换到公司化运营阶段。（尹珺露）

【生态平台建设】 2020年，欧冶工业品明确创建工业品供应链新生态基本理念，构建“全场景、全品类、全流程、全链路、全数据、全透明”的“六全”欧贝平台模型，形成IT（信息技术）基础设施、技术中台、数据中台、平台产品建设路线图，完成以交易“四流合一”（商流、物流、资金流、信息流）为主线的欧贝易购、欧贝商城、欧贝云备等产品设计及公司经营管理系统设计，全面启动欧贝平台一期项目开发。（尹珺露）

【采购业务整合】 2020年，欧冶工业品以“四个统一”（统一管理体系、统一物料代码、统一供应商、统一信息系统）为基本原则，按“一企一案”的原则，形成中国宝武工业品集中采购整合方案。制订委托采购管理方案，明确以“价格平移、账期平移、费用平移+激励分享”即“三平移、一分享”机制，细化资产交割、系统切换、管理切换、人员切换4个关键时间节点，为集中采购切换工作平稳推进创造条件。11月26日，与宝钢股份签订采购业务委托框架协议；12月3日，完成采购信息系统切换，年内完成宝钢股份直属厂部、武钢有限、湛江钢铁、梅钢公司、鄂城钢铁、宝钢德盛6个钢铁基地的采购与供应整合，实现“业务有序、队伍稳定、管控有力、服务到位”的工作目标。（尹珺露）

【防疫物资采购】 2020年，欧冶工业品面对新冠肺炎疫情，通过千方百计寻源、获取政府支持、基地相互协同、实施挂牌督办等措施，突破资源和物流壁垒，先后采购口罩700万只、测温枪3 742把、消毒水4万件，确保宝钢股份各大基地防疫物资和生产物料的有序供应，并支撑中国宝武相关子公司疫情防控。（尹珺露）

【降低采购成本】 2020年，欧冶工业品坚持“对标协同、降本增效、跑赢大盘”的理念，通过供应商体系优化、提高集中采购比例、实施挖潜增效、创新采购方式、推进技术降成本、开展策略采购等方式，开展降成本工作，全年降成本7.50亿元。其中，武钢有限资材备件采购降成本2.70亿元，实现吨钢资材备件成本264.80元，同比下降10.62%。（尹珺露）

【支持重大项目建设】 2020年，欧冶工业品通过提前预判风险、制订备用方案、强化过程跟踪，支撑宝钢股份二号高炉大修提前8天于11月22日点火投产。通过连续视频会议联络、加强与品类中心协同、强化中间检查，确保武钢有限一炼钢连铸机改造项目的设备按期到货。梳理湛江钢铁三号高炉项目18个重点跟踪合同，完成签约额84.10亿元、签约比例为98%，主要节点设备——冷轧牌坊、热轧牌坊分别于8月完成安装调试。采取紧急采购、提前备货、中间检查、滚动跟踪等方式，确保宝武铝业一期项目于12月20日投产。（尹珺露）

【欧冶工业品大事纪要】

8月19日，国家市场监督管理总局核准“欧冶工业品股份有限公司”企业名称。

9月12日，中国宝武批复出资成立欧冶工业品股份有限公司。

9月29日，欧冶工业品股份有限公司在上海市注册成立。

10月20日，欧冶工业品发文，明确组织机构，成立“六部、六中心、六大区”。

11月8日，欧冶工业品在第三届进博会上揭牌。

12月，欧冶工业品完成鄂城钢铁、宝钢德盛采购与供应业务集中整合。（尹珺露）

编辑：张　鑫

# 13

# 资源环境业

# 资源环境业

## 资源环境产业发展中心

【概况】　中国宝武资源环境产业发展中心（简称资环业中心）以推进资源、环境产业发展为主线，围绕钢铁主业资源保障，聚焦矿产资源开发，发展金属再生资源产业，打造全供应链的世界一流矿产和废钢资源综合服务商，依托城市钢厂的装备、技术和资源优势，形成专业化废气治理、废水治理、固体废物协同处理和综合利用产业。承担资源、环境产业板块"投、融、管、退"功能，代表集团公司行使对口子公司股东权利，承担对口子公司派出董事的人选推荐、议案处理、履职支撑和评价建议，承担所辖业务领域内的国有资产保值增值责任。主要采用项目化运作方式开展业务，项目类型主要包括所辖业务领域内的投资并购、资产重组、资产证券化、股权运作、资产处置、协同支撑、资源整合等。2020年，资环业中心支撑钢铁主业资源保障与绿色低碳发展，助力城市钢厂与生态文明建设，推动资源与环境产业专业化、平台化、规模化和市场化发展。年底，在册员工7人，在岗员工5人。（顾　青）

【完善"大原料"体系建设】　2020年，资环业中心加快推进采购业务专业化整合，提升中国宝武在大宗原料市场的地位、影响力及话语权，实现大宗原料的资源平衡、谈判签约、金融服务、物流配送、混配矿及现货交易的"六统一"，建立开放、共享、智慧、高效的钢铁生态圈交易体。2月20日，中国宝武组建宝武原料供应有限公司；7月7日，宝武原料供应有限公司在中国（上海）自由贸易试验区临港新片区注册成立。（方庆舟）

【打造资源环境专业化产业平台】2020年，资环业中心牵头实施完成增资重组西藏矿业发展总公司工作，实质性控制其下属的上市公司西藏矿业发展股份有限公司，成为中国宝武新能源材料和铬矿开发的产业发展新平台。

（汤　希）

【推进资源环境产业专业化整合】2020年，资环业中心组织相关单位围绕原燃料、废钢、资源综合利用、污染物治理和清洁能源等方面深入推进专业化整合工作，签订宝钢资源受托管理宝钢股份嵊泗马迹山港区协议等15项托管协议，完成宝武水务对集团公司范围内部分钢铁基地的水气治理业务以委托管理或托管运营方式承接的工作。（顾　青）

【策划推进混合所有制改革】2020年，资环业中心推进对口子公司混合所有制改革工作，促进经营机制转换，激发子公司活力和创新能力，提高国有资本配置和运行效率，实现国有资产保值增值形成长久竞争力。组织梳理宝武环科在混合所有制改革实施中面临的主要问题，牵头协调、规范宝武环科内部关联交易，建立合理的市场化关联交易模式，督促推进关于瑕疵不动产和股权的处理方案。（顾　青）

【规划编制与投资管理】2020年，资环业中心完成《中国宝武资源环境产业板块2020年度战略规划评估报告》，组织编制《中国宝武“十四五”规划》“资源环境产业”篇章及下属7家子公司产业发展战略规划；围绕新产业发展，重点协同宝武清能编制《宝武气体产业发展规划》，构建形成宝武清能“氢·新·空·气”（氢能、新能源、空分、天然气）产业布局和发展规划。跟踪、统计、评估2020年中国宝武资源环境产业板块内投资计划执行情况：长期股权投资项目计划出资25.10亿元，实际出资19.30亿元，计划执行率76.80%；年度固定资产投资项目计划出资35.20亿元，实际出资24亿元，计划执行率68.20%。组织子公司固定资产投资等项目预审和集团公司决策相关工作，涉及投资金额23亿元（不含宝武清能专业化整合26.40亿元和宝武水务整合5.20亿元）。（吴青贤）

【开展子公司商业计划书管理】2020年，资环业中心完成宝钢资源、宝武环科、宝武水务、宝武清能、欧冶链金5家子公司的商业计划书编制，并以商业计划书为抓手，按季度向集团公司汇报各子公司的经营业绩完成情况。（张胜娥）

【压减法人与管理层级】2020年，资环业中心完成对口子公司、参股公司的法人压减和管理层级压缩工作。其中，完成法人压减3户，参股公司“瘦身”退出3户，“处僵治困”7户。（张胜娥）

## 宝钢资源有限公司/宝钢资源（国际）有限公司

【概况】宝钢资源有限公司（简称宝钢资源）的前身为2006年7月成立的宝钢贸易有限公司，2008年4月8日更名为“宝钢资源有限公司”。2010年12月21日，宝钢资源在中国香港揭牌成立宝钢资源（国际）有限公司［简称宝钢资源（国际）］，实行境内外双总部运作。2015年3月6日，宝钢资源与宝钢资源（国际）实行“一套班子、两块牌子”运作。2020年，宝钢资源实行“一总部、四板块、区域化、多基地”管理模式，拥有矿山运营、资源开发、平台与贸易、物流四大业务板块。其中，矿山运营业务主要开展铁精矿、球团矿、冶金熔剂矿及建材产品的生产、加工和销售，致力于打造跨区域、多基地、多品种的国内矿山基地；资源开发业务主要从事境内外优质矿产资源的投资和开发业务，通过项目投资、风险勘探、矿权运作、产融结合等多种运作手段创造价值，项目综合竞争力处于行业前列。平台与贸易业务主要从事矿石、煤炭、合金和有色金属等钢铁冶金主要原燃料、辅料的贸易业务及平台交易业务；物流业务主要从事远洋运输、沿海运输、沿江运输、港口运营、船代和货代等全程物流配送服务，拥有船舶26艘，其中远洋船舶8艘，总运力199万载重吨。全年，宝钢资源实现营业总收入286.19亿元、利润总额1.32亿元，宝钢资源（国际）实现营业总收入357.52亿元、利润总额3.43亿元。年底，在册员工16 291人，在岗员工11 030人。（温　萌）

【企业负责人简介】张典波，1962年4月生，山东掖县人，中共党员，高级工程师，宝钢资源（国际）有限公司党委书记，宝钢资源（国际）有限公司、宝钢资源有限公司董事长。

陆克从，1964年7月生，安徽肥东人，中共党员，高级工程师，宝钢资源（国际）有限公司、宝钢资源有限公司总裁，宝钢资源（国际）有限公司党委副书记。（温　萌）

【矿山运营】5月20日，宝钢资源调整运营管理架构，境内矿山板块构建总部—区域公司—矿山基地三层管理关系，主要进行专业化聚焦管理，在总部成立矿山运营中心，设立生产技术、科技质量、销售管理、工程规划及国内参股矿山管理5个板块，构建铁矿、球团、冶金熔剂和资源综合利用四大产品体系，打造矿产资源产业体系。8—12月，牵头主办的2020年中国宝武“凝心聚力促增产 铁矿产量创佳绩”铁矿增产专项劳动竞赛，武钢资源集团有限公司（简称武钢资源）、安徽马钢矿业资源集团有限公司（简称马钢矿业）、南京宝地梅山产城发展有限公司矿业分公司（简称梅山矿业）和新疆八钢矿业资源有限公司（简称八钢矿业）4家单位合计生产659万吨铁精粉，超预算目标11.70%。11月30日，宝钢资源托管梅山矿业、八钢矿业，矿山运营中心业务随之覆盖至两矿山企业。完成托管后，宝钢资源铁矿石年产量位列国内第二。全年，境内矿山板块实现产量4 686万吨、营业收入133.50亿元、利润21.70亿元。参股的山西保利裕丰煤业有限公司等4家煤矿合计实现净利润1.95亿元。（温　萌）

【资源开发】　2020年，宝钢资源持续加快境外资源开发，启动宝瑞吉项目合资延期商务谈判；推动与澳大利亚矿产资源有限公司就澳大利亚优质铁矿项目合作主要商务条款达成一致；完成利比里亚邦矿项目选矿实验并启动项目可行性研究工作；境外资产处置、法人压减和“参股瘦身”等工作取得新进展，完成对武钢巴西冶金投资有限公司管理口径压减，完成对武钢加拿大（艾德里安娜）资源开发公司下属3家参股公司的压减工作，武钢（澳洲）资源投资公司的清算注销前准备工作，奥角湖采矿公司（LOM）处于清算注销阶段。境内方面，推动国内资源整合，推进安徽省霍邱地区铁矿资源整合，制订并完善资源综合利用专项规划、冶金熔剂基地建设专项规划。（温　萌）

【平台服务与贸易】　2020年，宝钢资源平台服务与贸易板块实现销售量6 131万吨、营业收入554.70亿元、利润总额4.69亿元。5月20日，调整运营管理架构，成立平台服务与贸易中心，聚焦板块运营支撑和管理。应对市场变化，在市场恐慌期进行策略性运作，扩大贸易规模，矿石贸易营业收入同比提升32.70%，销售量同比提升25.80%。铁矿石进口量4 674万吨，市场占有率3.90%，同比提升14%；煤炭贸易在有效保障稳定供应重点客户的同时，紧抓境内、境外煤炭价差大的时机，提升非澳大利亚煤炭进口业务量，取得收益；合金贸易锰矿进口量市场占有率为6%，同比提升11%；金属贸易进口氧化铝社会贸易量市场占有率为25%，同比提升23%。完善“期现”业务模式。获大连商品交易所青岛港和马迹山港铁矿石交割厂库资质，争取大连商品交易所铁矿石期货套期保值资质。平台公司不断拓展业务模式，矿石交易中心实现交易总量3 071.80万吨，同比提升14%。获得铁矿石掉期经纪资质，人民币铁矿石掉期经纪业务实现“零”的突破。（温　萌）

【物流业务】　2020年，宝钢资源物流板块实现承运量4 809万吨、营业收入12.90亿元、利润总额2.10亿元。5月20日，调整运营管理架构，构建物流服务平台——物流运营中心；7月，物流运营中心会同金属贸易部完成首单氧化铝租船业务，实现贸易部门物流服务的全覆盖。全年完成矿石、煤炭、合金、金属合计130个航次1 655万吨的远洋操作和商务结算，完成矿石进口报关量700万吨，船代委托及结算121个港口航次。浙江舟山武港码头有限公司实现扭亏增盈目标，完成吞吐量3 610万吨，超设计能力20%，实现经营利润107万元，提前一年完成国务院国资委下达的3年扭亏为盈任务。推进马迹山港托管工作：7月，宝钢资源与嵊泗宝钢马迹山港船务有限公司签订商务托管协议；11月30日，签订生产托管协议，逐步推进“两港区三泊位”管理模式，为推动“港航货”一体化运作打下基础。推进自有船队发展项目：11月，上海宝钢航运有限公司完成新造2艘5.90万吨级沿海浅吃水节能型散货船的造船签约仪式。宝钢资源托管的安徽中联海运有限公司新造4艘2.25万吨环保型江海直达散货船开工建造。（温　萌）

【重点项目推进】　2020年，宝钢资源加快境外资源开发，推动与澳大利亚矿产资源有限公司就澳大利亚优质铁矿项目合作核心条款达成一致，完成利比里亚邦矿1 000万吨项目选矿实验并启动项目可行性研究工作。加快重点项目建设，武钢资源程潮矿选厂迁建工程完成交工验收；金山店矿−500米阶段开采工程西区投入试生产，东区完成采掘工程量的85%；乌龙泉矿矿石加工环保改造及资源综合利用工程开工建设。马钢矿业国家级智慧制造示范矿山建设项目——姑山矿钟九铁矿200万吨/年采选工程项目、罗河矿一期500万吨/年扩能项目开工建设；桃冲矿老虎垅石灰石矿400万吨/年技术改造实体工程完成，马钢矿业年产60万立方米加气混凝土板材（砌块）项目竣工投产。（温　萌）

【境外资产处置】　2020年，宝钢资源压减境外法人4户，“参股瘦身”3户。其中，武钢巴西冶金投资有限公司进入税务注销阶段；阿奎拉（毛里求斯）能源股权公司、阿奎拉钢铁塔巴辛比（毛里求斯）公司税务注销；武钢加拿大世纪铁矿公司下属世纪阳光湖矿公司和勒贝克铁矿公司各40%股权、矿权资产及相关债权债务在上海联合产权交易所挂牌转让。年内，将阿奎拉资源投资有限公司（简称阿奎拉）下属全资子公司持有的阿奎拉（南非）能源公司、阿奎拉钢铁塔巴辛比（南非）公司100%股权内部转为阿奎拉直接持有。（温　萌）

【境内资产处置】　2020年，宝钢资源压减境内法人2户，“参股瘦身”2户。其中，武钢恩施铁矿开发有限公司由法院指定破产清算管理人；遵宝钛业有限责任公司股权上翻至遵义钛业股份有限公司；江西永盛矿冶股份有限公司进入破产清算程序；上海全仕宝信息技术有限公司破产清算。宝钢资源完成安徽皖宝矿业股份有限公司地磅房等资产协议转让，安徽省池州市贵池区刘街熔剂用白云岩矿挂牌转让。武钢资源完成广西壮族自治区扶绥县渠旧熔剂用石灰岩矿勘探探矿权处置工作。（温　萌）

2020年8月7日，马钢矿业南山矿和尚桥铁矿无人驾驶矿车试运行　（何小璇 摄）

【企业管理】　5月20日，宝钢资源调整运营管理架构，实行“一总部、四板块、区域化、多基地”管理模式。构建总部职能模块，矿山运营板块、资源开发板块、平台服务与贸易板块、物流板块4个板块协同运作。构建境内矿山板块总部—区域公司—矿山基地三层管控关系，强化总部协同管理功能，做实区域公司运营管理功能，做优矿山基地产线现场管理，实现高效、精益、智慧和协同运营。（温　萌）

【整合融合】　1月1日，宝钢资源托管安徽马钢矿业资源集团有限公司、马钢国际经济贸易有限公司协议生效。4月1日，托管安徽中联海运有限公司协议生效。11月30日，马钢矿业桃冲矿与马钢股份签订协议，对马钢股份石灰窑业务外包。12月1日，托管南京宝地梅山产城发展有限公司矿业分公司、新疆八钢矿业资源有限公司、嵊泗宝钢马迹山港船务有限公司协议生效。12月30日，与安徽马钢嘉华新型建材有限公司签订股权无偿划转协议，对马钢嘉华新型建材有限公司混凝土业务托管。（温　萌）

【智慧制造】　2020年，宝钢资源申报专利10件，其中发明专利5件。武钢资源程潮矿邓承仁的发明成果获第24届全国发明展览会金奖，乌龙泉矿入选国家级高新技术企业名单。马钢矿业获评2020年安徽省研发经费支出“双百强”规模以上企业；马钢矿业技术中心获批“安徽省生态智慧工程研究中心”，罗河矿技术中心获批“安徽省企业技术中心”。1项科技创新成果入选工业和信息化部国家工业节能技术装备推荐目录。开展智慧矿山建设，马钢矿业罗河矿、张庄矿两个智慧矿山示范基地建成，南山矿和尚桥采场成为安徽省首个应用5G（第五代移动通信技术）无人驾驶技术的露天矿山，马钢矿业智慧决策中心建成投用。（温　萌）

【绿色发展】　4月，宝钢资源开展矿山绿色发展现状调研，构建引领性的矿山企业绿色发展评价体系，形成矿山绿色发展指数，制订矿山企业绿色发展行动方案。年内，马钢矿业桃冲矿老虎垅矿山、安徽皖宝矿业股份有限公司完成国家级绿色矿山申报，通过专家评审，并在自然资源部网站公示。武钢资源程潮矿、乌龙泉矿完成湖北省级绿色矿山申报工作，并通过专家评审。推进固体废物综合治理，采矿废石不出坑，用于井下采空区充填；选矿干抛废石供综合利用；选矿尾矿优先井下充填，剩余进入尾矿库堆存。加强与科研院所的交流合作，开展尾矿制作抹灰石膏项目研究。（温　萌）

【节能环保】　2020年，宝钢资源加强能源基础管理，健全能源管理体系。武钢资源推进废气超低排放、雨污分流、水平衡测试、固体废物产品化认证等重点项目建设。马钢矿业罗河矿通过系统强化水资源管理，获安徽省"节水型企业"称号。上海宝钢航运有限公司通过中国船级社能源管理体系转段审核，并获认证证书。宝钢资源参与长江大保护计划，推进环境治理，制订《宝钢资源长江流域环境保护总体规划》和《宝钢资源"长江大保护"行动方案》，细化形成95个项目清单。全年，长江大保护涉及的9项绩效指标中，4项约束性指标全部完成，5项预期性指标持续推进。未发生环境保护事件，获评中国宝武能源环保优秀单位。（温　萌）

【安全生产】　2020年，宝钢资源完善管理体系，全面建立安全履职清单。编制下发《宝钢资源安全环保管控方案》，把"双反"（反违章指挥和反违章作业）作为安全管控的重点之一，修订安全生产考核、约谈、问责等一系列安全生产责任追究制度，强化安全责任监督检查和安全过程管控。推进安全生产整治行动计划，开展隐患排查；制订《安全生产专项整治三年行动实施方案》，各生产单元排查隐患7 512项，形成攻坚项目清单。强化协力安全管理，开展协力安全专项整治，将协力安全管理全面纳入公司的安全管理体系之中。完善协力供应商的评价管理体系，建立协力供应商职责清单和准入标准，对相关协力单位开展资质评审、能力评估。全年未发生较大以上安全生产事故，宝钢资源获评中国宝武年度安全生产良好单位。马钢矿业连续5次被中国安全生产协会评选为"安全管理标准化示范班组创建活动优秀组织单位"。（温　萌）

【财务管理】　2020年，宝钢资源在资金方面，利用人民币阶段性升值行情和境内外联动机制优势，外汇风险管理综合成本同比降低1.30亿元。完成矿石跨境人民币结算1.56亿元。预算方面，推行商业计划书"全覆盖"，将托管单位纳入商业计划书体系；初步构建生产经营计划管理体系和"快报、专题、综合"三位一体经营分析体系，加强生产经营动态监控。会计方面，针对资金管理和"两金"占用，实施定期动态监控；制订模拟资本金草案，探索管控新思路。成本方面，调研各矿山，了解矿山成本管理现状，修订完善成本管理制度；形成矿山板块月度成本管理报表1.0版，建立季度成本分析体系。完成托管子公司19家账套的标准财务系统覆盖，武钢资源6家账套进行标准财务功能完善及业务系统对接。税务方面，梳理应对新冠肺炎疫情和恢复生产的相关财税政策和优惠，全年共享相关政策优惠1.52亿元，获财政补贴、特困企业补助等资金3 075万元。（温　萌）

【法律事务】　2020年，宝钢资源初步确立法务集中管理与授权管理相结合、板块管理与区域管理相结合的法律事务管理体系；法律事务部撰写并下发《新冠肺炎疫情对合同履行的影响及建议》，为各板块复工复产面临的相关法律风险保驾护航；为托管梅山矿业和八钢矿业、境内外各类投资项目、子公司压减工作等提供及时有效的法务支撑；处理各类纠纷案件，全年挽回（降低）损失3.50亿元；编写完成中国宝武首本《合同制作、履行法律要点指南和案例汇编》；对总部各部门、子公司及其下属单位42家实施合同管理大检查及"回头看"工作；对贸易板块、矿山运营板块、物流板块人员开展3场专题法律知识培训。（温　萌）

【获得荣誉】　6月18日，铁合金产业高峰论坛评选出第二届"贺兰杯"锰矿综合实力十五强，宝钢资源名列第一。11月6日，马钢矿业获"2020年度全国诚信经营示范单位"称号。11月21日，第24届全国发明展览会创新成果评奖揭晓，武钢资源程潮矿邓承仁团队的"一种破碎机分料头"创新项目获"发明创业奖·项目奖"金奖，马钢矿业南山矿马守斌团队的"一种可快速拆装旋转自动喷淋抑尘装置"创新项目、姑山矿李明军团队的"绞笼式分级筛"创新项目获"发明创业奖·项目奖”铜奖。

（温　萌）

【宝钢资源大事纪要】

3月18日，马钢集团与马钢矿业签订协议，马钢矿业托管马钢嘉华商品混凝土有限公司。

4月3日，马钢矿业、中国水利水电第八工程局有限公司、合肥浦发建设集团有限公司、江东控股有限责任公司签订组建生态修复公司战略合作意向书。

4月15日，上海矿石国际交易中心有限公司获银行间市场清算所批准，取得开展黑色行业大宗商品衍生品经纪业务的资质。

4月28日，宝钢资源与安徽省马鞍山市人民政府就共同推进马鞍山市向山地区综合环境治理项目签订战略合作协议。

4月29日，宝钢资源与安徽省池州市人民政府签订战略合作框架协议，打造池州千万吨级熔剂辅料基地。

5月13日，上海矿石国际交易中心有限公司成交首单人民币铁矿石掉期经纪业务，标志着中国宝武大宗商品场外人民币掉期交易实现“零”的突破。

5月20日，宝钢资源调整运营管理架构，实行“一总部、四板块、区域化、多基地”管理模式。

6月5日，武钢资源与中国冶金地质总局中南局签订战略合作协议书。

7月2日，安徽中联海运有限公司举行新型22500DWT散货船上船台仪式。

9月5日，浙江舟山武港码头有限公司自投入试运行后累计铁矿石接卸量突破1亿吨。

9月9日，马钢矿业国家级智慧制造示范矿山建设项目——姑山矿钟九铁矿200万吨/年采选建设工程开工建设。

9月19日，宝瑞吉合资项目完成2亿吨铁矿石发运目标。

10月28日，武钢资源、马钢矿业签订原料采购及球团销售合同。

11月13日，上海宝钢航运有限公司与江苏扬子江船厂有限公司签订2艘5.90万吨级散货船造船合同。

11月30日，南京宝地梅山产城发展有限公司矿业分公司、安徽马钢矿业资源集团有限公司、嵊泗宝钢马迹山港船务有限公司委托宝钢资源管理的相关协议签订。

12月10日，宝钢资源与安徽省地矿局签订资源开发和勘查队伍合作意向书。

12月11日，马钢矿业罗河矿一期500万吨/年扩能工程建设项目开工建设。

12月12日，马钢矿业材料科技有限公司60万立方米尾砂加气混凝土板材（砌块）项目竣工投产。

12月31日，浙江舟山武港码头有限公司全年完成吞吐量3 610万吨，实现经营利润107万元，实现扭亏为盈。

（温　萌）

### 宝钢资源下属子公司（含托管单位）一览表

| 公司名称 | 地　　址 | 注册资金 | 主要经营范围 | 持股比例 | 在岗员工（人） |
|---|---|---|---|---|---|
| 宝钢资源控股（上海）有限公司 | 上海市虹口区东大名路568号 | 200 000万元 | 货物及技术的进出口业务，道路货物运输代理，船舶代理，煤炭经营，实业投资，第三方物流业务，电子商务 | 100% | 260 |
| 安徽皖宝矿业股份有限公司 | 安徽省池州市贵池区秋浦中路11号 | 11 885.10万元 | 非金属矿采选业 | 60% | 159 |
| 上海宝易贸易有限公司 | 上海市虹口区东大名路568号 | 10 000万元 | 货物及技术的进出口业务，国内贸易，道路货物运输代理，实业投资，第三方物流服务，自有房屋租赁 | 100% | 0 |
| 上海宝晟能源有限公司 | 上海市嘉定区封周路655号 | 1 000万元 | 煤炭、焦炭、钢铁原料、矿山设备及材料的销售等 | 51% | 6 |

（续　表）

| 公司名称 | 地　　址 | 注册资金 | 主要经营范围 | 持股比例 | 在岗员工（人） |
|---|---|---|---|---|---|
| 上海宝顶能源有限公司 | 上海市浦东新区江东路1376号 | 1 000万元 | 煤炭、焦炭、钢材、化工产品、建筑材料、矿产品、机械设备的进出口 | 51% | 5 |
| 青岛宝邯运输贸易有限公司 | 山东省青岛市经济技术开发区长江东路371号 | 800万元 | 公路、铁路货运代理，货物运输信息咨询服务，货物物资代储、批发零售，煤炭批发、船舶代理、货物运输代理 | 60% | 8 |
| 上海宝钢航运有限公司 | 上海市虹口区东大名路568号 | 39 700万元 | 国际船舶运输，国际海运辅助业务，国内船舶管理业务，国内水路运输，国内货物运输代理，物流信息咨询，仓储服务 | 100% | 43 |
| 浙江嵊泗宝捷国际船舶代理有限公司 | 浙江省舟山市嵊泗县菜园镇海滨东路98号 | 500万元 | 国际船舶代理业务等 | 51% | 21 |
| 浙江舟山武港码头有限公司 | 浙江省舟山市普陀区六横镇台门凉潭岛 | 89 600万元 | 为船舶提供码头设施和货物装卸、仓储等 | 51% | 87 |
| 苏尼特右旗宝德利矿业有限公司 | 内蒙古自治区锡林郭勒盟苏尼特右旗赛汉塔拉镇 | 28 500万元 | 萤石开采，矿产品加工、销售 | 70% | 4 |
| 上海矿石国际交易中心有限公司 | 中国（上海）自由贸易试验区荷丹路88号 | 10 000万元 | 为铁矿石现货交易提供场所及配套服务 | 30% | 6 |
| 上海欧冶资源电子商务有限公司 | 上海市虹口区东大名路568号 | 10 000万元 | 电子商务，计算机技术领域内的技术开发、技术转让、技术咨询、技术服务等 | 51% | 9 |
| 上海宝钢钢铁资源有限公司 | 上海市宝山区铁山路6号 | 3 600万元 | 生产性废旧金属收购、储运、加工、销售 | 100% | 0 |
| 浙江宝嘉炉料加工有限公司 | 浙江省嘉兴市嘉善县陶庄镇工业园区 | 4 700万元 | 炉料加工、钢板卷板开平、剪割、冷却 | 100% | 0 |
| 香港宝豫有限公司 | 中国香港特别行政区湾仔港湾道1号会议展览广场办公大楼29层 | 300万美元 | 铁矿石等矿产资源贸易业务 | 50.1% | 0 |
| 宝钢资源澳大利亚有限公司 | 澳大利亚西澳州珀斯市圣乔治大街77号 | 93 799.985万美元 | 矿产资源开发 | 100% | 12 |
| 阿奎拉资源投资有限公司 | 澳大利亚西澳州珀斯市圣乔治大街225号 | 38 621.829 1万澳元 | 矿产资源项目开发与开采 | 85% | 22 |
| 宝钢资源（印尼）有限公司 | 印度尼西亚雅加达苏迪曼大道28号 | 500万美元 | 矿产品、采矿设备及钢材产品的进出口、经销等 | 100% | 4 |

（续　表）

| 公司名称 | 地　　址 | 注册资金 | 主要经营范围 | 持股比例 | 在岗员工（人） |
|---|---|---|---|---|---|
| 宝钢资源新加坡有限公司 | 新加坡淡马锡林荫大道7号新达城第一大厦27楼 | 3 000万美元 | 铁矿、煤炭等矿产资源贸易业务 | 100% | 5 |
| Baosteel BS Company Pte Ltd | 新加坡淡马锡林荫大道7号新达城第一大厦27楼 | 100美元 | 投资中铝铁矿项目 | 100% | 0 |
| 宝船航运有限公司 | 新加坡淡马锡林荫大道7号新达城第一大厦28楼 | 600万美元 | 远洋运输 | 51% | 7 |
| 宝钢资源南非有限公司 | 南非约翰内斯堡桑顿格雷斯通路95号 | 1 000万美元 | 锰、铬等矿产资源投资、勘探、开发、生产及相关产品贸易、物流业务等 | 100% | 3 |
| 宝钢南非矿业有限公司 | 南非约翰内斯堡桑顿格雷斯通路95号 | 1 000万南非兰特 | 锰、铬、铁等矿产资源投资、勘探及相关矿产品贸易业务 | 70% | 0 |
| 宝钢澳大利亚矿业有限公司 | 澳大利亚西澳洲珀斯市圣乔治大街77号 | 1 996万澳元 | 矿产资源开发 | 托管 | 0 |
| 武钢资源集团有限公司 | 湖北省武汉市友谊大道999号武钢办公大楼A座 | 272 180万元 | 金属及金属矿产品、非金属矿产品生产、销售等 | 托管 | 4 756 |
| 安徽马钢矿业资源集团有限公司 | 安徽省马鞍山经济技术开发区太白大道1899号 | 350 000万元 | 矿产资源勘查、选矿、矿物洗选加工，金属矿石、非金属矿及制品销售等 | 托管 | 5 434 |
| 新疆八钢矿业资源有限公司 | 新疆维吾尔自治区乌鲁木齐经济技术开发区（头屯河区）八一路366号 | 500万元 | 选矿、矿物洗选加工、非金属矿及制品销售、矿山机械销售等 | 托管 | 843 |
| 马钢国际经济贸易有限公司 | 安徽省马鞍山市雨山区九华西路8号 | 50 000万元 | 批发零售焦炭、铁矿产品、铁合金、有色金属材料及制品、废钢、生铁、金属制品、机械设备及配件、电气设备、耐火材料等 | 托管 | 24 |
| 安徽中联海运有限公司 | 安徽省马鞍山市郑蒲港新区现代产业园孵化园 | 25 333万元 | 国内沿海、长江中下游及珠江三角洲普通货船运输，船舶代理、货物代理，国际船舶代理、国际货物代理 | 托管 | 22 |
| 武钢国际资源开发投资有限公司 | 中国香港特别行政区湾仔港湾道1号会议展览广场办公大楼 | 391 599.200 3万港元 | 境外铁矿资源投资开发等 | 托管 | 99 |
| 嵊泗宝钢马迹山港船务有限公司 | 中国（浙江）自由贸易试验区舟山市嵊泗县马迹山港区港航大楼 | 3 000万元 | 为船舶进出港、靠离码头、移泊提供顶推、拖带服务，国内沿海及长江中下游普通货物运输等 | 托管 | 163 |

（温　萌）

## 宝武原料供应有限公司

【概况】 2020年7月7日，中国宝武、宝钢股份、马钢集团、鄂城钢铁、韶钢松山、重庆钢铁6家单位（股东）出资5亿元组建成立宝武原料供应有限公司（简称宝武原料）。宝武原料主要从事以大宗原燃料为主的货物及技术的进出口业务，货运代理，船舶代理，煤炭买卖，煤炭批发零售，第三方物流服务，远洋、沿海和沿江的租船业务，电子商务等，全年实现营业收入12.90亿元、利润总额0.06亿元。年底，在册、在岗员工15人。（童婷婷）

【企业负责人简介】 张典波，1962年4月生，山东掖县人，中共党员，高级工程师，宝武原料董事长。

纪超，1972年11月生，湖北大冶人，中共党员，宝武原料董事、总经理、党支部书记。（童婷婷）

【确定商业模式】 2020年，宝武原料作为轻资产的功能型公司，以承担中国宝武相关战略使命为己任，以为各钢铁基地子公司创造价值、实现大宗原料集中、协同采购效益最优为目标，不追求高盈利和自身发展。以收取合理费用覆盖管理、运营成本，保持公司微利、可持续经营为原则和主要商业模式。（童婷婷）

【打通集中采购通道】 2020年，宝武原料开展信用证、外汇交易、融资等业务，与力拓集团、必和必拓、福蒂斯丘金属集团和淡水河谷四大矿山企业开启人民币结算模式，实现人民币跨境结算量312万吨，金额21亿元。年内，实施进口铁矿石统一谈判8 950万吨，取得差异化效益3 349万美元。完成海关的网上注册、资质申请，以及与舟山、嵊泗、洋山、上海海关等关税处的初步沟通工作，在上海海关关税处申请到汇总征税的资质。推进国内港口、物流运输统一商谈，全年降低物流成本3 766万元。（童婷婷）

【推进原料采购物流管控系统覆盖建设】 2020年，宝武原料推进原料采购物流管控系统（PLMS）对各钢铁单元矿石采购业务覆盖的相关工作。该系统是大原料共享平台体系构建过程中，实现大宗原料的“资源平衡、谈判签约、金融服务、物流配送、混配矿、现货交易”六统一的重要载体。6月30日，宝武原料账套上线，第三季度开展常规业务，第四季度同步完善相关功能。6月底，马钢股份、鄂城钢铁和韶钢松山的原料采购物流管控系统上线；年底，重庆钢铁完成原料采购物流管控系统开发测试。（童婷婷）

【建立党组织】 8月，宝武原料党支部成立，隶属中国宝武机关党委。8月28日，召开党员大会，选举产生宝武原料党支部第一届委员会委员。（童婷婷）

【宝武原料大事纪要】

2月17日，中国宝武召开常务会，确定矿石集中采购平台方案等事宜。

2月20日，中国宝武发文，成立中国宝武原料供应管理委员会，明确相关工作内容及下设组织的关系。

2月25日，中国宝武举行宝武原料资源共享平台成立暨宝武原料采购中心、宝武原料供应有限公司揭牌仪式及干部宣布会，实行宝武原料（初期阶段为铁矿石）集中采购。

5月26日，“宝武原料供应有限公司”名称经国家市场监督管理总局和上海市市场监督管理局核准，进入公司注册操作阶段。

7月6日，宝武原料召开第一届董事会第一次会议，选举张典波为公司董事长；聘任纪超为总经理。

7月7日，宝武原料供应有限公司取得中国（上海）自由贸易试验区临港新片区市场监督管理局颁发的营业执照。

7月27日，宝武原料供应有限公司基本账户开立。

8月20日，中国宝武、宝钢股份等6家股东注册资金到位。

同日，宝武原料采购物流管控系统（PLMS）上线运行。

9月18日，宝武原料召开第一届董事会第二次会议，审议通过《关于董事会议事规则的议案》《关于聘任副总经理的议案》《关于组织机构设置及职责分工的议案》《关于确定基本管理制度框架的议案》《关于开展外汇远期交易的议案》。

同日，宝武原料召开第一届监事会第一次会议，审议通过《关于选举宝武原料第一届监事会主席的议案》《关于监事会议事规则的议案》。（童婷婷）

## 宝武集团环境资源科技有限公司

【概况】 宝武集团环境资源科技有限公司（简称宝武环科）于2016

年12月30日注册，2017年3月7日揭牌成立，主要从事冶金炉渣建材化业务、冶金尘泥金属化业务、氧化铁皮产品化业务、固体废物处置全量化业务、土壤修复生态化业务和城市固体废物资源化业务等。2020年，实现营业总收入76.41亿元、利润总额8.84亿元。年底，在册员工4 077人，在岗员工3 559人。（郑　芳）

【企业负责人简介】 陈在根，1966年3月生，浙江平湖人，中共党员，高级工程师，宝武环科党委书记、董事长。

朱建春，1971年7月生，河北张家口人，中共党员，高级政工师，宝武环科总经理、党委副书记。（郑　芳）

【整合融合】 9月，宝武环科注册成立宝武环科马鞍山资源利用有限公司，并对马钢股份资源分公司、安徽马钢嘉华新型建材有限公司和安徽马钢粉末冶金有限公司实施一体化管理。10月，注册成立宝武环科重庆分公司，协同重庆钢铁制订"固体废物不出厂"三年行动方案，推进高炉矿渣资源综合利用一期项目。至年底，宝武环科形成跨华东、华中、华南、西北十大基地的产业布局，初步形成"一总部多基地"管控架构，拥有6 000万吨的固体废物资源综合利用规模。（郑　芳）

【业务拓展】 2020年，宝武环科围绕"固体废物不出厂""固体废物产品化"两大项目，协同宝钢股份、马钢股份、重庆钢铁制订固体废物不出厂行动方案，完成《重庆钢铁循环经济产业园规划设想》，与产业园区业板块共同开展宝武特色品牌园区（循环经济产业园）建设模式研究工作。4月，通过增资获温州市环境发展有限公司51%股权，温州市环境发展有限公司正式纳入宝武环科管理体系；6月，完成江苏永钢集团有限公司转底炉项目建设并投入运行，迈出集团公司外转底炉业务的第一步；年内完成通沟污泥资源化利用项目，业务承接范围从上海市宝山区扩展至其他中心城区；分别与中化环境控股有限公司、中国建材总院、东江环保股份有限公司签署战略合作协议，建立战略合作伙伴关系的外部企业9家。（郑　芳）

【科技创新】 2020年，宝武环科参与科技部国家重点研发计划，承接"钢渣稳定化处理工艺与胶凝性协调提升技术""电炉尘泥与含能固废（固体废物）协同处理技术""压裂低渗地层表面活性剂增溶多相抽提修复技术"3项专项课题。首次参与编写国家军用标准1项，首次申请国际专利1件。组建产城融合示范中心实验室。全年研发投入率1.92%，申请专利96件。（郑　芳）

【智慧制造】 2020年，宝武环科有序推进智慧中心建设。4月，宝武环科产城融合示范中心通沟污泥资源化利用项目投产。6月，矿粉"一键制粉"系统试点上线，同时启动矿粉智慧中心建设，通过覆盖"一键制粉"专家控制系统，最终实现矿粉业务从供料、生产、发货、营销的全流程智慧制造整合贯通。8月，宝武环科经营管理系统（一期）上线，年底启动经营管理系统（二期）的建设，构建产供销一体化、财务业务一体化、集约化采购和资产全生命周期管理的经营管控与资源共享平台。12月，转底炉智慧中心系统上线，通过整合各基地数据资源，实现生产运营数字化集控，为冶金尘泥专业化治理平台提供数据支持。（郑　芳）

【人力资源】 2020年，宝武环科推进"融合互助"系列活动，开展3批次、16人次业务对接交流。实施"天王星"计划，以"导师带教制"组织13名高潜质人才在实战中拓宽视野，提升专业水平。实施穿透式发掘，举荐高潜质、高素质的"80后"（1980—1989年出生的人员）、"90后"（1990—1999年出生的人员）青年人才25人，为"育才用才"打好基础。引进外部人才，招聘23名优秀应届大学毕业生、3名成熟人才，使人才梯队保持活力。（郑　芳）

【宝武环科大事纪要】

3月31日，宝武环科召开第一届第四次职工代表大会。

4月23日，温州市环境发展有限公司股东会及新一届董事会召开，标志着该公司正式纳入宝武环科管理体系。

4月27日，宝武环科召开第一届董事会第五次会议。

6月4日，宝武环科与马钢股份共同管理马钢股份资源分公司。

6月10日，宝武环科与中化环境控股有限公司签订战略合作框架协议。

7月2日，宝武环科下属上海宝钢新型建材科技有限公司湛江生产部矿渣微粉二期项目热负荷试车。

8月18日，宝武环科负责核心工艺设计及核心设备集成供货的江苏永钢集团有限公司转底炉项目投入运行。

8月28日，宝武环科经营管理系统（一期）项目上线。

9月23日，宝武环科重庆分公司成立。

10月22日，宝武环科马鞍山资源利用有限公司举行揭牌仪式。

10月26日，宝武环境控股的温州市环境发展有限公司综合材料生态处置中心年产1万吨医疗废物改扩建项目开工建设。

11月6日，宝武环科与东江环保股份有限公司签署战略合作框架协议。

11月10日，宝武环科鄂州资源有限责任公司钢渣资源综合利用中心进入试生产阶段。

12月10日，宝武环科与中国建材总院签署合作备忘录。

12月28日，宝武环科武汉金属资源有限责任公司四炼钢钢渣处理环保改造工程项目投产。

同日，宝武环科转底炉智慧中心系统上线。 （郑　芳）

**宝武环科下属子公司（含托管单位）一览表**

| 公司名称 | 地　址 | 注册资本（万元） | 主要经营范围 | 持股比例 | 在岗员工（人） |
|---|---|---|---|---|---|
| 宝武环科武汉金属资源有限责任公司 | 湖北省武汉市青山区工人村路特1号 | 11 825.00 | 货物进出口，技术进出口，进出口代理，道路货物运输，金属材料制造与销售，再生资源回收与加工等 | 宝武环科51%，武钢有限49% | 1 052 |
| 宝武环科南京资源利用有限公司 | 江苏省南京市中华门外新建 | 10 919.00 | 再生资源销售、加工、回收，建筑材料销售，电子专用材料制造等 | 宝武环科51%，宝地南京49% | 261 |
| 宝武环科鄂州资源有限责任公司 | 湖北省鄂州市鄂城区 | 12 073.00 | 再生资源的回收、销售，工业固体废物加工利用等 | 宝武环科51%，鄂城钢铁49% | 140 |
| 广东华欣环保科技有限公司 | 广东省韶关市曲江区韶关钢铁东区 | 6 000.00 | 制造、加工、销售冶金炉料、建筑材料、耐火材料及辅助材料、金属材料等 | 宝武环科51%，韶关钢铁49% | 303 |
| 新疆互力佳源环保科技有限公司 | 新疆维吾尔自治区乌鲁木齐市头屯河区八一路372号 | 4 512.00 | 普通货物运输，工业废物加工处理，生产、销售耐火材料、耐火土等 | 宝武环科51%，八一钢铁49% | 269 |
| 宝武环科马鞍山资源利用有限公司 | 安徽省马鞍山市雨山区湖南路51号 | 100.00 | 再生资源回收、加工和销售，金属材料、冶金炉料、冶金辅材销售等 | 100% | 324 |
| 温州市环境发展有限公司 | 浙江省温州市洞头区大门镇石子巷77号 | 21 428.00 | 道路货物运输，城市生活垃圾经营性服务等 | 宝武环科51%，温州市公用事业投资集团有限公司49% | 160 |
| 上海宝钢新型建材科技有限公司 | 上海市宝山区蕴川路5075号 | 13 749.00 | 新型建材科技专业领域内从事技术开发、技术咨询、技术转让、技术服务，再生资源回收、加工、销售等 | 100% | 465 |
| 上海宝钢磁业有限公司 | 上海市宝山区宝杨路2029号 | 5 300.00 | 磁性材料、电子元器件制造加工，金属材料、化工原料、建材批发零售等 | 100% | 180 |

（续　表）

| 公司名称 | 地　址 | 注册资本（万元） | 主要经营范围 | 持股比例 | 在岗员工(人) |
|---|---|---|---|---|---|
| 宝武集团环境资源科技有限公司工业环境保障（分支） | 上海市宝山区湄浦路330号 | | 环境保护、治理评价及相关领域内的技术开发、技术服务、技术咨询、技术转让等 | | 393 |
| 宝武集团环境资源科技有限公司转底炉事业部（分支） | 上海市宝山区漠河路600号东鼎国际A座 | | 冶金含铁含锌尘泥及其他工业领域尘泥资源化再利用 | | 146 |
| 上海宝发环科技术有限公司 | 上海市宝山区漠河路600号东鼎国际A座 | 2 000.00 | 场地环境调查与人体健康风险评估、场地修复项目施工总包 | 宝武环科60%，上海环境科学研究院40% | 23 |
| 宝武集团环境资源科技有限公司重庆分公司 | 重庆市长寿区晏家街道齐心大道20号 | | 再生资源销售、加工 | | 6 |

（郑　芳）

## 宝武水务科技有限公司

【概况】　宝武水务科技有限公司（简称宝武水务）为中国宝武全资子公司，成立于2019年8月30日。宝武水务以推进钢铁工业废水零排放和废气超低排放的实施，促进城市与钢厂和谐共生为使命，以成为世界一流的水、气治理整体解决方案提供者为愿景。拥有焦化废水回用处理系统、含铬废水资源回收处理工艺、钢铁废水膜浓缩分盐零排放技术、烧结烟气超低排放控制技术等100项知识产权，业务分布于中国宝武各大钢铁基地。2020年，拥有分公司11家、子公司4家，实现营业收入13.66亿元、利润0.67亿元。年底，在册员工1 721人，在岗员工1 715人。（袁思琦）

【企业负责人简介】　汪平刚，1962年10月生，湖北黄冈人，中共党员，教授级高级工程师，宝武水务党委书记、董事长。

严华，1966年3月生，安徽马鞍山人，中共党员，高级工程师，宝武水务总经理、党委副书记。

（袁思琦）

【专业化整合】　2020年，宝武水务先后完成宝武炭材、宝钢工程、武钢集团、马钢集团等相关资源和资产的整合，初步构建起中国宝武水、气治理平台。与宝钢股份、马钢股份等各钢铁单元深入对接，共同梳理业务、人员、资产，厘清整合界面，形成专业化整合分步实施方案，有序推进整合工作。完成武汉华德环保工程技术有限公司、安徽欣创节能环保科技股份有限公司股权收购，成立宝山分公司、南京分公司、武汉分公司、湛江分公司、马鞍山分公司、鄂州分公司、宁波分公司、韶关分公司、新疆分公司、福州分公司。与各钢铁基地签订运营服务合同，实现集团公司内废水处理业务应整尽整，初步构建“一总部多基地”的战略布局。（袁思琦）

【平台化运营体系能力建设】　2020年，宝武水务按照“一总部多基地”管理模式，明确公司总部和各分公司的组织机构和管理界面，打通管理流程关键节点。各分公司承接和推进各钢铁基地水、气运营业务，确保钢铁主业生产稳定顺行。推进质量、环境、职业健康安全综合管理体系建设与认证，制度体系直接覆盖至各分公司，支撑宝武水务高效运营。加大信息化建设力度，完成与中国宝武共享运营系统覆盖，保障业务平稳顺行。通过各分公司同工序对标找差，建立

技术、质量、成本对标体系，推进管理降成本和技术降成本。（袁思琦）

【开拓外部市场】 2020年，宝武水务探索“从钢铁走向工业，从工业走向城市”的业务拓展方向，形成“立体营销网络、区域市场布局、集团生态圈协同、合作共赢、战略重组”的市场开拓路径；拓展外部市场，进入泛工业领域以及工业园区、市政业务，包括淮北矿业临涣焦化股份有限公司160立方米/小时浓盐水零排放总承包工程、山西东义煤电铝集团煤化工有限公司230吨/小时干熄焦及余热发电项目、武汉东西湖东北部片区雨污分流改造及排水系统完善二期项目。与长江生态环保集团有限公司、山西孝义市人民政府签订战略合作协议。全年，宝武水务及子公司新签手持订单36亿元，其中外部市场订单占25%。（袁思琦）

【搭建科技创新平台】 2020年，宝武水务按照“开放协同、效率优先、优势互补”的原则，打造多层次、开放式、内外联动的高效科技创新体系，立项直管科研项目15项，新申请专利28件，其中发明专利12件，发表科技论文7篇。成立宝钢股份直属厂部四期酚氰废水零排放专项攻关团队，优化提升焦化废水零排放技术；承接“西藏扎布耶盐湖膜法提锂工艺研究”；与中央研究院在上海、武汉、马鞍山分别成立联合研发中心；与中国科学院地理科学与资源研究所、武汉大学，通过联合研发及技术成果产业化，探索“研发—设计—应用—改进”的高效产研合作模式，构建专业化公司与属地化研发力量创新协同模式。（袁思琦）

【宝武水务大事纪要】

3月30日，宝武水务整合鄂城钢铁水气业务。

4月5日，宝武水务承接的首个BOO（建设—拥有—经营）项目——湛江钢铁三号高炉系统项目焦化废水处理工程开工建设。

4月24日，宝武水务整合马钢股份、宝钢德盛、宁波宝新、韶关钢铁水气业务。

5月29日，宝武水务以BOO模式承接马钢股份六汾河废水处理站深度处理项目。

6月3日，宝武水务与淮北矿业临涣焦化股份有限公司签约，承接160立方米/小时浓盐水零排放总承包工程建设。

6月7日，宝武水务与长江生态环保集团有限公司签订战略合作框架协议。

6月22日，宝武水务—中央研究院联合研发中心（上海）揭牌成立。

6月30日，宝武水务整合宝钢股份直属厂部、武汉有限、湛江钢铁、梅钢公司等水气业务。

8月30日，宝武水务整合宝钢工程宝钢节能环保事业部。

9月10日，宝武水务—中央研究院联合研发中心（武汉）揭牌成立。

9月19日，宝武水务第一批托管的水处理资产通过增资方式纳入宝武水务资产体系，宝武水务注册资本金增加至9.19亿元。

9月29日，宝武水务—中央研究院联合研发中心（马鞍山）揭牌成立。

10月16日，宝武水务收购上海马钢工程技术有限公司100%股权，获得环境工程设计甲级资质。

10月20日，宝武水务与山西省孝义市人民政府签订《山西省孝义市经济开发区水、气治理一体化运营技术咨询服务合同》。

11月9日，宝武水务托管安徽马钢化工能源科技有限公司、宝武集团马钢轨道交通材料科技有限公司废水处理业务。

12月9日，宝武水务与中国科学院地理科学与资源研究所、武汉大学签署合作协议。

12月10日，宝武水务启动专业化整合第二轮增资入股工作。

12月17日，宝武水务承担的中国宝武技术创新重点支持项目——“西藏扎布耶盐湖膜法提锂工艺研究”项目结题。（袁思琦）

宝武水务下属子公司（含托管单位）一览表

| 公司名称 | 地　址 | 注册资金（亿元） | 主要经营范围 | 持股比例 | 在岗员工（人） |
|---|---|---|---|---|---|
| 安徽欣创节能环保科技股份有限公司 | 安徽省马鞍山市经济技术开发区西塘路665号 | 1.22 | 批发盐酸、液碱、硝酸、亚硫酸氢钠、次氯酸钠溶液，建筑机电安装工程，节能工程与服务，烟气治理，防水防腐保温工程与服务，工业污水处理等 | 36.77% | 353 |

（续　表）

| 公司名称 | 地　　址 | 注册资金（亿元） | 主要经营范围 | 持股比例 | 在岗员工（人） |
|---|---|---|---|---|---|
| 武汉华德环保工程技术有限公司 | 湖北省武汉市青山区和平大道1278号深国投中心29层 | 1.00 | 水与废水处理工程、大气污染控制工程、固体废物处置工程等 | 50% | 96 |
| 上海宝汇环境科技有限公司 | 上海市宝山区克山路550弄7号楼 | 1.10 | 水污染治理项目的投资、咨询、工程、设施运营、关键设备与化学品供货等 | 51% | 6 |
| 大连长兴环境服务有限公司 | 辽宁省大连长兴岛经济区石窑街101号办公楼 | 0.50 | 污水处理、中水处理、淤泥处理，自来水生产与销售，水质监测 | 托管 | 2 |

（袁思琦）

## 宝武清洁能源有限公司

【概况】　宝武清洁能源公司（简称宝武清能）于2019年11月28日注册成立，注册资本30亿元，是中国宝武一级子公司。宝武清能利用中国宝武内部资源、规模、专业技术优势和空间布局优势，聚焦“氢新空气”（氢能、新能源、空分工业气体和天然气）四大清洁能源产业，以“践行绿色发展理念，引领清洁能源革命，助推低碳社会构建”作为公司使命，致力于成为清洁能源行业的引领者。2020年，宝武清能随着中国宝武进一步整合内部清洁能源专业资源和产业化发展项目的落地而发展壮大。年内，整合集团公司范围内相关资产逾100亿元，实现营业收入0.02亿元，利润−0.23亿元。年底，在册员工1 002人，在岗员工808人。

（陈成增）

【企业负责人简介】　周建峰，1963年9月生，江苏太仓人，中共党员，宝武清能党委书记、董事长。

魏炜，1970年8月生，新疆乌鲁木齐人，中共党员，宝武清能总裁、党委副书记。　（陈成增）

【专业化整合】　2020年，宝武清能以“一企一业、一业一企”的专业化整合发展方式，制订发展规划及工业气体产业发展专项规划，策划并牵头推进整合工作。发挥整合牵头作用，以推进会、专题会、简报等为抓手，促进整合工作落地，按计划完成武汉钢铁集团气体有限责任公司、上海宝氢气体工业有限公司、宝武清能（广东）气体有限公司、宝武清洁能源鄂州有限公司等专业化整合。　（陈成增）

【公司治理】　2020年，宝武清能编制《宝武清洁能源有限公司治理完善指导意见》，对子公司架构、出资原则、法人层级、组织机构、人力资源等明确了总体原则，为规范公司运作、提升治理水平奠定重要基础。规范公司基本治理体制，调整完善组织机构设置，明确领导班子分工、部门职责和授权体系；制定“三重一大”清单和决策程序；明确公司愿景、使命和发展战略；基本完成制度树建设。推进一总部多基地管控，制订、下发管控方案，以“总部管总、充分授权、合理依托、明确要求、强化监管”为原则，形成重点工作项目17项。

（陈成增）

【科技创新】　2020年，宝武清能研发投入率2.40%，专利申请12件；承担上海市科学技术委员会项目2项；形成制储加氢关键技术路线图，明确核心技术24项；配合集团公司筹建全球低碳冶金创新联盟，开展氢冶金工作。年内，“钢铁多流耦合分布式能源研究与应用”项目获2020年冶金科学技术奖一等奖，“降低超大型制氧机系统故障率，提升氧气质量保生产助战役”项目获2020年度湖北省科技进步奖三等奖。践行产学研联动合作，5月，与中国航天科技集团有限公司第811研究所、上海毅信环保科技有限公司成立“氢能应用及氢储能联合研究实验室”。12月，宝武清能技

2020年5月28日，氢能应用及氢储能联合研究实验室揭牌（冯　达 摄）

术中心成立。（陈成增）

【投资项目】 2020年，宝武清能长期投资年度计划项目20个，投资计划46.93亿元，实际完成项目7个，投资额25.18亿元。其中，完成第一批4家（宝钢金属、湛江钢铁、武钢有限、鄂城钢铁）公司增资入股宝武清能；完成武汉钢铁集团江南燃气热力有限责任公司新平台公司新设项目；基本完成上海宝氢气体工业有限公司股权收购项目和受让朗泽新西兰有限公司（LANZATECH NEW ZEALAND LIMITED）股权项目。固定资产年度计划项目51个，投资计划4.54亿元，实际启动项目21个，完成投资8 640万元。其中，宝武清能科研性示范加氢站（宝钢股份）作为宝武清能首发项目于7月建成并投入运行，宝武环科通沟污泥资源化调压站项目12月建成并投入运行，宝钢股份煤场全门架料场厂房光伏发电项目、宝武铝业光伏综合能源、无取向硅钢配套制氢站、武钢有限焦炉煤气制氢站、武汉青山区示范加氢站等项目进入实施阶段。（陈成增）

【宝武清能大事纪要】

5月20日，宝武清能托管宝钢股份上海宝钢清能气体分公司、武汉钢铁集团气体有限责任公司、湛江钢铁制氧制氢单元，并视频签约。

同日，中国宝武第一个氢能产业示范项目——宝武清能科研性示范加氢站（宝钢股份）开工建设。

5月28日，宝武清能与中国航天科技集团有限公司第811研究所、上海毅信环保科技有限公司成立“氢能应用及氢储能联合研究实验室”。

6月28日，宝武清能托管宝钢节能光伏发电项目资产。

6月30日，宝武清能托管普莱克斯梅山实用气体有限公司、广东韶钢普莱克斯实用气体有限公司、新疆八钢佳域气体有限责任公司。

7月15日，宝武清能科研性示范加氢站（宝钢股份）建成并投入运行。

7月29日，宝武清能主办长江经济带氢能产业生态圈峰会暨第二届宝山氢论坛，上汽捷氢科技有限公司、中国航天科技集团有限公司第811研究所等10家生态圈合作伙伴签约入园。

7月31日，宝武清能托管上海环境能源交易所股份有限公司8.33%股权、湖北碳排放权交易中

2020年7月15日，宝武清能科研性示范加氢站（宝钢股份）建成并投入运行（施　琮 摄）

心有限公司6.06%股权。

8月20日，宝武清能与上海燃气设计研究有限公司签订战略合作协议。

8月25日，宝武清能与中国石油昆仑燃气有限公司成立合资公司——上海宝能昆仑能源有限公司。

9月8日，在全国抗击新冠肺炎疫情表彰大会上，宝武清能托管子公司——武汉钢铁集团气体有限责任公司获“全国抗击新冠肺炎疫情先进集体”称号。

9月10日，宝武清能与山西省孝义市人民政府签订战略合作框架协议。

9月27日，宝武清能与冶金计控信息网联合主办的“2020冶金行业空分装备技术及设备安全技术研讨会”在上海召开。

9月30日，宝武清能托管安徽马钢气体科技有限公司，与马钢股份签订马钢股份气体业务管理框架协议。

12月9日，宝武清洁能源鄂州有限公司成立。

同日，宝武清能投资的“宝钢股份煤场全门架料场光伏发电项目”主合同签订。

12月29日，宝武清能技术中心揭牌。

同日，宝武清能60辆42吨半挂氢能重型卡车在宝钢股份直属厂部批量交付并投入运行。该科研项目被纳入上海市重点产业化科研项目。（陈成增）

**宝武清能下属子公司（含托管单位）一览表**

| 公司名称 | 地　址 | 注册资金（万元） | 主要经营范围 | 持股比例 | 在岗员工（人） |
|---|---|---|---|---|---|
| 宝钢股份上海宝钢清能气体分公司 | 上海市宝山区富锦路885号 | | 生产与销售医用氧（液态、气态）、压缩气体、液化气体、稀有气体、混合气体，及移动式压力容器充装等 | 托管 | 64 |
| 武汉钢铁集团气体有限责任公司 | 湖北省武汉市青山区白玉山（武钢20号门） | 66 194.00 | 生产与销售压缩、液化气体，生产医用氧（液态、气态），永久气体、液化气体、混合气体的气瓶充装，移动式压力容器充装，空分及稀有气体的技术咨询 | 51% | 405 |
| 武汉钢铁集团江南燃气热力有限责任公司 | 湖北省武汉市武昌区白沙洲八坦路263号 | 4 100.00 | 燃气管道设计、施工，化工产品销售等 | 托管 | 359 |
| 上海宝氢气体工业有限公司 | 上海市宝山区水产路1269号 | 600.00 | 生产与销售高纯氢产品 | 70% | 53 |
| 马鞍山晨马氢能源科技有限公司 | 安徽省马鞍山市雨山区人头矶南侧 | 10 000.00 | 氢能源科技的技术服务、技术开发、技术推广、技术咨询，化工产品销售 | 托管 | 8 |
| 安徽马钢气体科技有限公司 | 安徽省马鞍山市雨山区湖南西路8号 | 27 000.00 | 生产医用氧、氢气、氩气、氮气、稀有气体、食品添加剂 | 托管 | 209 |
| 宝武清能（广东）气体有限公司 | 广东省湛江市东海岛岛东大道9号宝钢湛江钢铁有限公司内 | 103 286.00 | 生产管道氧气、氮气、氩气 | 51% | 7 |
| 宝武清洁能源鄂州有限公司 | 湖北省鄂州市鄂城区武昌大道 | 25 000.00 | 生产与销售氧、氮、氩、氦、氖、氪、氙等气体 | 51% | 110 |

（陈成增）

## 欧冶链金再生资源有限公司

【概况】 2019年12月30日,中国宝武发文,决定将马鞍山马钢废钢有限责任公司更名为“欧冶链金再生资源有限公司”(简称欧冶链金),由中国宝武直接管理。2020年2月19日,马鞍山马钢废钢有限责任公司通过工商登记,正式更名为“欧冶链金再生资源有限公司”,欧冶链金再生资源有限公司注册成立。3月1日,欧冶链金按中国宝武直接管理方式运作。4月23日,欧冶链金再生资源有限公司揭牌。欧冶链金下设综合管理部、人力资源部等8个部门和数字智慧中心、科技研发中心2个中心,有北方分公司、西部分公司等5家分公司,马钢诚兴金属资源有限公司、上海欧冶链金国际贸易有限公司等11家子公司。年内,作为中国宝武产业营运平台,欧冶链金全面整合中国宝武钢铁生产基地废旧金属资源、汽车拆解、轮船拆解、废旧钢铁回收、加工、仓储、配送基地以及废钢国际贸易业务,经营规模为1 443.39万吨,市场占有率6.14%,营业收入354.62亿元,利润总额3.90亿元。年底,在册员工800人,在岗员工797人(含合资子公司)。(张明伟)

【企业负责人简介】 陈昭启,1973年12月生,贵州盘州人,中共党员,注册会计师,欧冶链金党委书记、董事长。(张明伟)

【并购重组】 2020年,欧冶链金建立北方、西部、华中、华东、南方五大区域分公司,面向全国金属再生资源市场,加快新投资项目落地。完成增资上海马钢国际贸易有限公司、马钢富圆金属资源有限公司,合资设立辽宁吉和源再生资源有限公司、上海槎南再生资源有限公司、欧冶链金(靖江)再生资源有限公司、欧冶链金(萍乡)再生资源有限公司、欧冶链金(阜阳)再生资源有限公司和欧冶链金(韶关)再生资源有限公司等,完成全年投资任务。(张明伟)

【整合融合】 2020年,欧冶链金开展管理协同和对接,全面融入中国宝武管理体系。根据“一业一企、一企一业”业务布局,整合中国宝武钢铁生产基地废旧金属资源、汽车拆解、轮船拆解、废旧钢铁回收、加工、仓储、配送基地以及废钢国际贸易业务,完成江苏宝锡炉料加工有限公司资产盘活,浙江宝嘉炉料加工有限公司、欧绿保(上海)拆车有限公司股权转让,江苏宝梁再生资源有限公司参股退出,安徽马钢机动车循环利用科技有限公司注销,盘活存量资产,提高国有资本配置和运行效率。11月,江苏宝锡炉料加工有限公司实现盈利,年底扭亏。(张明伟)

【企业管理】 2020年,欧冶链金构建综合管理体系,通过质量、环境、职业健康安全管理体系第三方认证。各类管理体系内外部审核、内部控制审计、自评发现问题或缺陷的整改率为100%,重大事项、重大合同的法律审核完成率100%。开展流程和制度的梳理,完成重点管理流程22项,主要管理过程92项,过程绩效指标83项。聘请专业机构协助建立自上而下的重大风险、重大项目和重大决策风险监控体系,厘清规范操作标准、证据链和风险点,确保经营模式符合国家法律法规和行业规范。(张明伟)

【智慧平台建设】 2020年,欧冶链金依托区块链、物联网、大数据等先进技术,建立并协同智能分拣、智能生产、智能物流、智能管理等模块,实现商流、物流、资金流、票据流、信息流“五流合一”,解决废钢行业痛点,防范税务风险,重塑行业生态。4月3日,欧冶链金智慧平台建设项目启动。该项目通过推进中国宝武总部专业管理系统覆盖,重构欧冶链金总部经营管理及分(子)公司业务支撑信息系统,推进各基地绿色智慧工厂升级,最终打造面向金属再生资源行业生态圈的公共服务平台,形成欧冶链金核心竞争力。项目由欧冶云商、宝信软件等单位承接,按照“总体设计、齐头并进、分步实施”的原则,确保欧冶链金信息系统、智慧交易服务平台和智慧工厂一期内容在年底前完成并上线运行。9月23日,欧冶链金智慧平台1.0版本发布。至12月底,欧冶链金本部及各分(子)公司14家单位业务信息系统上线运行。年内,开发“链金送App(手机应用程序)”,通过送货App,发挥司机、驻厂员作用,完成业务前端的数据采集工作,为实现“五流合一”打下基础。(张明伟)

【智慧制造】 2020年,欧冶链金重构经营管理和业务支撑信息系统,推进中心基地和卫星基地绿色智慧工厂升级。以成为废钢行业智慧制造高地为目标,实施马钢诚兴金属资源有限公司江边基地、马钢智信资源科技有限公司

位于长江边的欧冶链金首个中心基地——马鞍山慈湖江边中心基地

（张明伟　摄于2020年6月）

皖北产业园基地智慧化改造，推进智能生产平台、智能仓储、智能盘库、设备健康保障、智能汽运等模块上线运行。12月30日，欧冶链金智慧集控中心建成投入使用。（张明伟）

【混合所有制改革】　2020年，欧冶链金成立混合所有制改革领导小组，与华宝证券有限责任公司、国泰君安证券股份有限公司、安永会计师事务所等专业机构进行专项研讨，制订混合所有制改革框架方案，通过中国宝武初审。向潜在投资者进行15场路演。邀请江苏沙钢集团有限公司、欧冶云商股份有限公司等14家意向投资者到公司进行集中尽职调查。

（张明伟）

【科技工作】　2020年，欧冶链金开展熔炼用废钢脱锌技术研发及应用研究，解决影响高炉稳定顺行的问题。开发圆冲子、低硫废钢等新品种，满足钢厂个性化需求。与国内知名公司合作，开展废钢智能检判系统的开发。年内，使用废钢检判系统次料识别的结果预测重量、模型误差，接近质检员平均误差。（张明伟）

【国际业务】　2020年，欧冶链金依托生态圈资源优势和实体需求，于10月完成1.50万吨进口生铁业务，全年实现国际业务经营量15.50万吨。筹划首单200吨进口再生铜业务，全年境外营业收入实现4.05亿元。与大连商品交易所合作，开展废钢期货上市前期准备工作，构建较为完整的钢铁生产避险链条。

（张明伟）

【标准制定】　2020年，欧冶链金作为标准主要起草单位，完成《进口再生钢铁料》团体标准和国家标准的研制。（张明伟）

【安全生产】　2020年，欧冶链金制订《安全生产专项整治三年行动实施方案》，组织实施危险源辨识与评价，开展应急疏散、消防灭火等应急演练，全年安全事故为零。深入践行“长江大保护”战略，组织公司本部各部门、中心以及各分（子）公司开展危险源辨识与评价，辨识危险源899条，开展分厂、子公司安全管理及现场隐患检查8次，发现隐患124项，并全部完成整改。开展环境因素识别、评价和控制管理工作，识别各类环境因素344项，重要环境因素15项，指导各子公司制订重要环境因素控制管理方案。（张明伟）

【马钢富圆郑蒲港废钢加工基地开工】　8月10日，欧冶链金马钢富圆金属资源有限公司（简称马钢富圆）郑蒲港百万吨废钢加工基地开工典礼在郑蒲港新区举行。该项目是马钢富圆承接欧冶链金“一总部多基地、网络化、辐射状”战略布局的重要组成部分，占地4.50万平方米，分两期建设。一期工程以工业重废、中废、轻薄料加工为主，年产合格废钢25万吨，仓储配送25万吨；二期工程年加工规模为50万吨，仓储配送50万吨。项目建设过程中，按照中国宝武智慧工厂统一标准建设，实现生产全流程智能管控和绿色智慧制造。

（张明伟）

【员工发展】　2020年，欧冶链金着力解决员工群众关心的热点难点痛点问题，实施“三最”（最关心、最直接、最现实）实事项目17项。开展“献一计”活动，征集各类点子1 800余个。开展中国宝武“钢铁荣耀　铸梦百年”系列活动，承办宁马片区摄影展，举行职工健步走活动，增强员工价值认同。（张明伟）

【欧冶链金大事纪要】

2月19日，马鞍山马钢废钢有限责任公司通过工商登记，正式更名为“欧冶链金再生资源有限公司”，欧冶链金再生资源有限公司注册成立。

2月24日，欧冶链金与江西省上栗县人民政府签署合资项目框架协议。

3月1日，欧冶链金按中国宝武直接管理方式运作。

4月3日，欧冶链金智慧平台建设项目启动。

4月23日，中国宝武党委书记、董事长陈德荣，中国宝武副总经理郭斌，马钢集团党委书记、董事长魏尧，马钢集团总经理、马钢股份董事长丁毅为欧冶链金再生资源有限公司揭牌。

6月12日，欧冶链金智慧平台一期覆盖马钢富圆上线运行。

6月29日，欧冶链金辽宁吉和源再生资源有限公司揭牌成立。

7月6日，欧冶链金(靖江)再生资源有限公司揭牌成立。

7月9日，欧冶链金(萍乡)再生资源有限公司揭牌成立。

8月10日，欧冶链金马钢富圆郑蒲港基地开工。

11月15日，欧冶链金承办的“钢铁荣耀　铸梦百年”宁马片区摄影展开展。

12月4日，欧冶链金上海槎南再生资源有限公司揭牌成立。

12月30日，欧冶链金智慧集控中心投入运行。　（张明伟）

**欧冶链金下属子公司（含托管单位）一览表**

| 公司名称 | 地　址 | 注册资金（万元） | 主要经营范围 | 持股比例 | 在岗员工(人) |
|---|---|---|---|---|---|
| 马钢诚兴金属资源有限公司 | 安徽省马鞍山慈湖高新区水厂路四联路口 | 20 000.00 | 废钢铁采购、加工、仓储、销售、贸易等 | 51% | 127 |
| 马钢富圆金属资源有限公司 | 安徽省马鞍山市郑蒲港新区中飞大道277号产业孵化园7号楼 | 10 000.00 | 废旧金属回收、加工、仓储、销售，生铁、钢材仓储、销售等 | 51% | 36 |
| 马钢智信资源科技有限公司 | 安徽省宿州市宿州马鞍山现代产业园区马钢机械产业园研发楼 | 10 000.00 | 废钢铁采购、加工、仓储、销售、贸易等 | 51% | 41 |
| 马钢利华金属资源有限公司 | 安徽省宣城经济技术开发区管委会宝城路299号 | 20 000.00 | 废旧金属采购、回收、加工、仓储、销售，生铁采购、仓储、销售，物流服务，国内贸易代理服务等 | 49% | 8 |
| 上海欧冶链金国际贸易有限公司 | 中国(上海)自由贸易试验区富特北路8号 | 15 331.94 | 经营金属再生资源、钢铁材料、有色金属材料等业务 | 67.39% | 18 |
| 辽宁吉和源再生资源有限公司 | 辽宁省本溪市溪湖区东风街道办事处新兴村 | 12 703.47 | 废旧金属收购、加工、销售等 | 51% | 47 |
| 欧冶链金(靖江)再生资源有限公司 | 江苏省靖江市经济技术开发区康桥路2号 | 19 500.00 | 船舶拆除，再生资源回收、加工、销售，金属材料销售等 | 51% | 32 |
| 欧冶链金(萍乡)再生资源有限公司 | 江西省萍乡市上栗县彭高镇 | 10 000.00 | 再生资源销售、加工、仓储，金属材料销售等 | 51% | 25 |
| 欧冶链金(阜阳)再生资源有限公司 | 安徽省阜阳市阜南县经济开发区运河东路名邦栖街 | 6 000.00 | 再生资源、废旧金属的回收、加工和销售，报废机动车拆解与综合利用，金属材料销售，有色金属及制品等冶金炉料购销等 | 51% | 11 |

（续 表）

| 公司名称 | 地 址 | 注册资金（万元） | 主要经营范围 | 持股比例 | 在岗员工（人） |
|---|---|---|---|---|---|
| 欧冶链金（韶关）再生资源有限公司 | 广东省韶关市曲江区东韶大道22号 | 10 000.00 | 再生资源销售、加工、仓储，金属材料销售等 | 51% | 0 |
| 上海槎南再生资源有限公司 | 上海市嘉定区曹丰路319号 | 10 612.24 | 废旧金属回收、加工、销售为一体的综合再生资源回收利用 | 51% | 32 |

（张明伟）

## 西藏矿业资产经营有限公司

【概况】 1993年，西藏罗布莎铬铁矿与西藏自治区矿产品经销公司合并成立西藏自治区矿业发展总公司。1997年6月30日，西藏自治区矿业发展总公司以募集资金方式成立西藏矿业发展股份有限公司，同年7月在深圳证券交易所上市。2020年11月29日，西藏自治区矿业发展总公司成为中国宝武一级子公司；12月30日，更名为“西藏矿业资产经营有限公司”（简称西藏矿业），取得工商注册。12月31日，西藏矿业资产经营有限公司正式成立。西藏矿业拥有西藏矿业发展股份有限公司、西藏藏华工贸有限公司、西藏永兴工程建设有限公司、尼木县铜业开发有限责任公司、西藏新鼎矿业大酒店有限公司5家控股子公司，主要经营铬矿、锂矿的开采，矿产品、建辅建材的销售等。全年，实现营业收入3.98亿元。年底，在册员工930人，在岗员工887人。（罗 锋）

【企业负责人简介】 曾泰，1968年10月生，四川中江人，中共党员，西藏矿业党委书记、董事长。

张金涛，1973年8月生，湖北荆州人，中共党员，高级工程师，西藏矿业党委副书记，西藏矿业发展股份有限公司总经理、党委副书记。（罗 锋）

【成为中国宝武一级子公司】 6月29日，中国宝武资源环境产业发展中心与西藏自治区国资委、日喀则珠峰城市投资发展集团有限公司、仲巴县马泉河投资有限公司签订《关于西藏自治区矿业发展总公司之改制重组协议》。根据协议，签约四方共同对西藏自治区矿业发展总公司进行改制重组，变更其为由中国宝武主导、四方共同合资经营的公司，更名为“西藏矿业资产经营有限公司”（暂定名，以工商登记为准，简称西藏矿业），并继续作为经营主体，推动西藏产业经济的发展。11月23日，国务院国资委下达批复，同意中国宝武与西藏矿业的联合重组。11月29日，中国宝武发文，将西藏矿业作为中国宝武一级子公司进行管理，纳入中国宝武管理体系，业务对口资环业中心。12月30日，西藏矿业资产经营有限公司取得工商注册。（罗 锋）

【召开第一届董事会第一次会议】 12月15日，西藏矿业召开第一届董事会第一次会议，听取关于《西藏矿业资产经营有限公司章程》的报告，审议《关于豁免〈公司章程〉规定的董事会会议通知期限的议案》《关于选举第一届董事会董事长、副董事长的议案》《关于聘任总经理的议案》《关于董事会议事规则的议案》《关于组织机构及职责分工的议案》《关于公司基本管理制度清单的议案》。（扎西加措）

【召开第一届监事会第一次会议】 12月15日，西藏矿业召开第一届监事会第一次会议，审议《关于豁免〈公司章程〉规定的监事会会议通知期限的议案》《关于选举第一届监事会主席的议案》《关于审议监事会议事规则的议案》。（次仁琼达）

【深化改革】 2020年，西藏矿业推进“瘦身健体”“处僵治困”等重点工作。法人户数压减13户，压减率72%，在管理层级上基本实现三级管控。完成1户“僵尸企业”处置。2月18日、11月27日分别召集西藏阿里聂耳错硼业开发有限公司各股东召开股东清算会议；12月底，完成西藏阿里聂耳错硼业开发

有限公司税务注销工作。（罗　锋）

【科技工作】　年初，西藏矿业制定年度科技攻关、成果转化和技术革新改造计划。8月，委托中钢集团马鞍山矿山研究总院股份有限公司开展西藏罗布莎铬铁矿中、低品位铬铁矿试验。年内，委托长沙矿山研究院有限责任公司金属矿山安全技术国家重点实验室开展实验研究，确保西藏罗布莎铬铁矿南部采矿工程充填工作的开展。与日喀则扎布耶公司、中国地质科学院矿产资源研究所合作，进行加碱提锂、扰动法、兑卤法、立体结晶诱导法等试验，提高锂精矿产品产量；与启迪清源（上海）新材料科技有限公司、江苏久吾高科技股份有限公司等，开展扎布耶二期工艺路线实验。（罗　锋）

【整合融合】　9月，中国宝武向西藏矿业派驻16人的支撑团队，开始对西藏矿业进行管理提升和经营支持。明确西藏矿业的愿景，即：聚焦铬、锂资源，成为资源综合利用的引领者；着手编制西藏矿业发展规划、商业计划书等；精简西藏矿业和西藏矿业发展股份有限公司机构，“两块牌子、一套班子”合署办公；完善规划投资、运营管理、纪检监督、采购销售业务职能，总部部门从17个压减至9个；完善干部管理，对直管干部进行干部档案核查，完善信息483个，对职能部门负责人进行重新任命；重新建立各级工会组织，用一个半月时间对4个基层单位的工会组织进行新组建或换届。（廖　凯）

【安全生产】　2020年，西藏矿业实现年初下达的安全生产目标控制指标。其中，轻伤及以上生产安全事故为零，厂区道路主责及以上交通死亡事故为零，火灾事故为零；重大生产安全事故隐患100%整改。（罗　锋）

【节能环保】　2020年，西藏矿业加强对新技术、新工艺、新设备的应用，加快能源设备的技术改造及更新，提高员工的技术水平及操作能力，全面提高全员的节能意识，从节约一滴水、一度电做起，让每个员工都参与到节能管理中去。全年，同比节约原煤150吨、油料3 850公升、水1 530吨、电3 690千瓦时、地下采矿用木料800立方米，减排污水2 800吨、废渣800吨。（罗　锋）

【人才队伍建设】　2020年，西藏矿业出台《员工培训管理办法》，从不同层面、不同专业对员工培训的责任、内容进行规范。2名高层管理人员参加中国宝武党校、管理学院举办的管理人员履职培训——领航A班；23名中层管理人员参加西藏自治区国资委组织的企业管理核心课程研修班学习；中层管理人员每月定期学习4次，各单位针对各自工作情况每月组织一次全体人员学习会。6月，选派21人到马钢矿业下属矿山企业跟班学习；12月，选派31人到西藏矿业发展股份有限公司山南分公司参加充填技术专项培训。（罗　锋）

【西藏矿业发展股份有限公司】　1997年6月30日，由西藏矿业发展总公司为主要发起人，联合西藏山南地区泽当供电局、西藏山南地区铬铁矿、西藏藏华工贸有限公司、四川都江堰海棠电冶厂4家股东，以募集资金方式成立，同年7月在深圳证券交易所上市，股票代码000762。至2020年底，总股本520 819 240股。全年，实现销售收入382 985 096.17元，利润总额−55 878 524.66元，净利润−55 901 611.77元，归属于上市公司股东净利润−48 516 677.64元。（罗　锋）

【西藏矿业发展股份有限公司股东大会重要事项】　5月27日，西藏矿业发展股份有限公司召开2019年度股东会年会，审议《公司董事会2019年度工作报告》《公司监事会2019年度工作报告》《公司2019年度财务决算报告》《公司2019年度利润分配预案的议案》《公司2019年度报告及摘要的议案》《关于聘任公司2020年度审计机构的议案》《关于修订〈公司章程〉部分条款的议案》《公司未来3年（2020—2022年）股东回报规划》。9月14日，召开2020年第一次临时股东大会，审议《公司关于使用闲置自有资金购买理财产品暨关联交易的议案》。（万小仲）

【西藏矿业发展股份有限公司董事会重要事项】　4月20日，西藏矿业发展股份有限公司召开第六届董事会第六十六次会议，审议《公司董事会2019年度工作报告》《公司总经理2019年度工作报告》《公司2019年度财务决算报告》《公司2019年度利润分配预案的议案》《公司2019年度报告及摘要的议案》《关于聘任公司2020年度审计机构的议案》《关于全资子公司续签〈铬铁矿委托加工协议〉的议案》《公司关于募集资金2019年度存放与使用情况的专项报告》《公司2019年度内部控制自我评价报告》《修改〈公司章程〉部分条款的议案》《公司未来3年（2020—2022年）股东回报规划》《关于董事会提议召开西藏矿业发展股份有限公司2019年年度股东大会的议案》。4月28日，召开第六届董事会第六十七次会议，审议《公司2020年第一季度报告的议案》。8月26日，召开第六届董事会第六十八次会议，审议《关于会计政策变更的议案》《公司2020年半年度报告及摘要》《2020年半年度募集资金存放与使用情况的专项报告》《公司关于使用闲置自有资金购买理财产品暨关联交易的议案》《关于董事会提议召开西藏矿业发展股份有限公司2020年第一次临时股东大会的议案》。10月26日，召开第六届董事会第六十九次会议，审议《公司2020年三季度报告及摘要》。（万小仲）

【西藏矿业发展股份有限公司监事会重要事项】 4月20日，西藏矿业发展股份有限公司召开第六届监事会第二十六次会议，审议《公司监事会2019年度工作报告》《公司2019年度财务决算报告》《公司2019年度利润分配方案》《公司2019年度报告及摘要》《公司关于内部控制自我评价报告》《关于修订公司章程部分条款的议案》。8月26日，召开第六届监事会第二十七次会议，审议《公司关于会计政策变更的议案》《公司2020年半年度报告及摘要的议案》《公司关于2020年半年度募集资金存放与使用的报告的议案》《公司关于使用闲置自有资金购买理财产品暨关联交易的议案》。4月20日，召开第六届监事会2019年度工作会议，审议《2019年度监事会工作总结暨部署2020年工作要点》。（次仁琼达）

【西藏矿业大事纪要】

6月29日，中国宝武资源环境产业发展中心与西藏自治区国资委、日喀则珠峰城市投资发展集团有限公司、仲巴县马泉河投资有限公司签订《关于西藏自治区矿业发展总公司之改制重组协议》。

11月29日，中国宝武发文，将西藏矿业作为中国宝武一级子公司进行管理，纳入中国宝武管理体系，业务对口资环业中心。

12月15日，西藏矿业召开第一届董事会第一次会议。

12月30日，西藏矿业资产经营有限公司取得工商注册。

12月31日，西藏矿业资产经营有限公司正式成立。（罗　锋）

**西藏矿业下属子公司（含托管单位）一览表**

| 公司名称 | 地　址 | 注册资金（万元） | 主要经营范围 | 持股比例 | 在岗员工（人） |
|---|---|---|---|---|---|
| 西藏矿业发展股份有限公司 | 西藏自治区拉萨市中和国际城金珠二路8号 | 52 000.00 | 铬铁矿、硼镁矿开采及销售等 | 19.93% | 69 |
| 尼木县铜业开发有限责任公司 | 西藏自治区拉萨市尼木县尚日路5号 | 70 000.00 | 阴极铜的开采及加工 | 100% | 130 |
| 西藏永兴工程建设有限公司 | 西藏自治区拉萨市城关区扎基路14号 | 3 000.00 | 房屋建筑、公路工程、市政公用工程施工总承包，装修装饰专业承包；矿产品加工销售等 | 50% | 15 |
| 西藏新鼎矿业大酒店有限公司 | 西藏自治区拉萨市中和国际城中央大道12号 | 6 718.00 | 住宿、客房、餐饮 | 95.82% | 85 |
| 西藏藏华工贸有限公司 | 西藏自治区拉萨市中和国际城中央大道12号 | 500.00 | 矿产品研发、加工、销售，钢材销售 | 60% | 0 |

（罗　锋）

编辑：张　鑫

# 14

# 产业园区业

# 产业园区业

## 产业园区业发展中心

【概况】 产业园区业发展中心（简称园区业中心）聚焦发展产业园区，催生配套的城市新产业，创新“厂区—园区—城区”协同发展新模式。下设规划管理与项目策划、项目计划与审查管理、资产管理与运营评价3个业务模块。2020年，中国宝武园区业子公司合计完成营业收入125.50亿元，其中不动产租金收入16.21亿元；实现利润总额51.55亿元。年末，园区业中心全口径资源资产转化率22.44%，较年初的20.20%提高2.24个百分点；持有运营规模为505.90万平方米，较2019年增加138.17万平方米。年底，在册员工11人。 （宋忠敏）

【完善对标工作体系】 7月，园区业中心构建具有宝武产业园区特色的“对标找差指标体系”指标和计算方法，形成相对完善的对标工作体系和工作机制，并把对标体系应用于管理指标牵引工作。9—10月，牵头组织对口子公司对华为东莞松山湖科技基地、招商局蛇口工业区控股有限公司深圳前海自贸区、深圳中国钢结构博物馆以及上海临港经济发展（集团）有限公司（简称临港集团）、北京联东集团联东U谷、上海北郊未来产业园等单位开展对标找差调研和学习考察活动，各子公司主要领导及其部门负责人参加调研，并形成对标报告11篇。 （宋忠敏）

【优化管理体系】 2020年，园区业中心完善和强化园区业专业化管理体系。3月，宝地资产、宝钢发展完成合署，管理体系持续优化；6月，中国宝武吴淞园建设管理办公室揭牌；6月，武钢集团按照管理扁平化、项目公司化及资产经营、项目运营两层架构，重构组织体系，实施《武钢集团组织架构调整方案》；8月，武钢集团和宝地资产明确定位于全国性的园区业发展平台公司；9月，宝地吴淞完成组织架构调整工作，上海宝地长江口创智产城发展有限公司股权划转到宝地吴淞，管理对接工作完成；12月，宝地新

2020年12月20日，中国宝武安徽（产业）总部首发项目启动仪式在合肥市瑶海区原合钢五厂地块举行 （张　泓　摄）

疆管理关系调整为由武钢集团托管；宝地广东、宝地南京管理关系调整为由宝地资产托管。（宋忠敏）

【启动现代产业园工作】　8月，园区业中心统筹协调各钢铁基地成立现代产业园专项工作组；9—10月，会同钢铁业中心、宝武设计院走访调研8家钢铁基地，并对现代产业园工作予以宣传贯彻；10月，各钢铁基地完成总图布局优化工作，韶关、上海、武汉等重点地区的产业规划工作按要求启动；10月底，集团公司领导听取“现代产业园”工作专题汇报。（宋忠敏）

【推进全国服务型区域总部建设】　8月，园区业中心牵头策划《关于布局服务型区域总部推动城市产业集群协同发展的议案》获集团公司审批同意，并起草下发具体实施意见。由武钢集团、宝地资产作为中国宝武全国性产业园区专业化平台公司，分区域开展中国宝武服务型区域总部组建工作。至年底，宝地资产中国宝武安徽（产业）总部开工，中国宝武南宁（产业）总部项目完成前期策划，中国宝武浙江总部项目（一期）在建；武钢集团中国宝武拉萨（产业）总部设立方案获中国宝武批准。（宋忠敏）

【减免经营性用房租金】　2020年，园区业中心开展经营性用房租金减免工作，减免中小微企业和个体工商户租金2 385户次，减免金额13 040.80万元。（宋忠敏）

【推进不动产管理】　1月，宝钢股份罗泾区域首批5.40万平方米房屋完成不动产登记；10月，“宝山区四元路19号”权证更名工作完成。年内，园区业中心优化不动产信息化系统。6月，不动产管理体系开始覆盖至马钢集团，并把马钢集团的不动产数据纳入中国宝武不动产管理系统；8月，《中国宝武不动产管理系统信息维护管理规范》（BWZ01148）正式颁布；11月，不动产信息系统移动版本的开发工作启动。（宋忠敏）

【提供专业支撑】　2020年，园区业中心组织完成四大品牌特色园区（氢能园区、大数据园区、物流园区以及循环经济园区）研究方案，并向集团公司上报；组织培训活动6次，培训新进大学毕业生及业务骨干700余人次，组织专业调研活动3次。以双周快报形式进行政策和风险提示，出版《双周快报》24期。（宋忠敏）

【钢铁会博中心启用】　4月27日，中国宝武钢铁会博中心开工暨“钢铁荣耀　铸梦百年”活动标识首发仪式在上海不锈2 500立方米高炉区域举行。12月23日，以“金色炉

2020年12月23日，中国宝武钢铁会博中心启用 （刘　杰　摄）

台”命名的中国宝武钢铁会博中心正式启用。（宋忠敏）

【推进不锈钢、特钢地块转型开发】2月28日，不锈钢、特钢地块两个首发项目控制性详细规划公示；6月28日，特钢地块L形厂房首发项目开工；8月28日，不锈钢、特钢地块2个1平方千米首发区域控制性详细规划获宝山区规划和自然资源局批复；12月23日，不锈钢、特钢地块十大项目开工，其中包括：吴淞口国际科创城首发项目一期（北楼）、吴淞口国际科创城首发项目二期（183米超高层）、吴淞口国际科创城首发项目二期（三幢研发楼）、特钢工业用地产业项目、“宝之云”大数据项目互联网数据中心（IDC）五期、中国钢铁博物园数字技术体验中心、不锈钢地块科创产业园综合项目、不锈特钢地块市政道路工程、同济路西侧绿化工程、高炉周边地块绿化工程。（宋忠敏）

【策划推进武钢集团十大项目】2020年，园区业中心会同武钢集团系统策划、形成2020年至2021年上半年开工的“十大项目”（包括开工类、拓展类和开园类项目），获宝武集团批复通过。6月，武钢光谷科技园项目（光谷三路项目）完成立项，7月完成项目公司注册，并开工建设；9月，右岸网谷项目实现竣工交付；12月，武钢大数据中心项目二期A2机房楼实现主体结构封顶。12月11日，完成氢能产业园的选址和空间规划研究，首座加氢站开工建设；12月15日，《北湖产业生态新城空间规划》开始公示，并启动首发项目规划研究。（宋忠敏）

【四个重点项目开工】5月，宝地资产中国宝武浙江总部项目开工建设；6月29日，宝地南京九四二四智慧产业园一期工程（“宝之云”梅山基地）开工建设，12月地下结构施工完毕；7月，宝地新疆新宝港湾项目开工建设，11月地下结构施工完毕；9月28日，宝地资产湄浦路智慧制造研发总部产业园项目开工。（宋忠敏）

## 中国宝武武汉总部/武钢集团有限公司

【概况】武钢集团有限公司（简称武钢集团）的前身为新中国成立后兴建的第一个特大型钢铁联合企业——武汉钢铁公司，于1955年建设，1958年9月13日建成投产。1992年11月21日，武汉钢铁公司更名为“武汉钢铁（集团）公司”，并组建以武汉钢铁（集团）公司为核心的企业集团。2016年9月14日，国务院国资委下发《关于宝钢集团有限公司与武汉钢铁（集团）公司重组的通知》，决定宝钢集团有限公司与武汉钢铁（集团）公司实施联合重组。宝钢集团有限公司更名为“中国宝武钢铁集团有限公司”，作为重组后的母公司。武汉钢铁（集团）公司整体无偿划入，成为其全资子公司。2017年11月15日，武汉钢铁（集团）公司完成公司制改制，更名为“武钢集团有限公司”。中国宝武设立武汉总部，与武钢集团实行合署办公，作为中国宝武总部部门职能职责的延伸，代表中国宝武总部行使湖北区域发展、区域监管、区域沟通、区域服务以及专项工作等。2020年，武钢集团实现营业收入382.97亿元、利润39.84亿元。在册员工11 056人，在岗员工9 467人。（吴莉莹）

【企业负责人简介】周忠明，1965年2月生，湖北浠水人，中共党员，高级经济师，中国宝武武汉总部总代表（2020年5月任职），武钢集团党委书记、董事长。

傅新宇，1970年8月生，上海人，中共党员，经济师，武钢集团董事、总经理、党委副书记。（杨　莹）

【机构改革】2020年，武钢集团制订、下发《武钢集团组织架构调整方案》，优化组织架构。撤销不动产中心，新设规划策划部、项目发展业务部、工程管理业务部，成立13个项目公司，项目公司实行一级管理。职能部门在通用管理职能上，对项目公司实施管理覆盖，为党团建设、薪酬福利、共享财务、科技信息、集中采购、社会保险、审计法务、纪检监督、档案管理等通用管理事项提供专业化服务。业务部门在项目开发运营上，对项目公司实施全程指导监管和服务，业务流程实行“集中一贯”式管理。项目公司负责项目具体推进实施，包括招商、营销、现场管理、报批报建和安全等现场工作。成立财务共享服务中心，加快构建适应资产经营公司功能定位的财务管理体制机制。（黄　河　肖　倩）

【下属子公司变动】7月17日，为推动光谷三路地块开发建设，武钢集团新设武汉武钢高科产业园有限公司；11月25日，武钢集团与八一钢铁签订协议，托管新疆宝地产城发展有限公司、新疆八钢物业有限责任公司、新疆钢城绿化工程有限责任公司、新疆八钢旅行社有限公司、新疆蝶王针织有限责任公司5家单位；10月，武钢绿色城市建设发展有限公司注销。

（肖　倩）

【制度建设】　2020年，武钢集团精简、优化党委文件、管理文件、行政文件，编制并发布《武钢集团制度树（2020版）》。通过构建“制度树”，将制度体系纵向按照重要性划分为根本制度、基本制度、重要制度、管理规范4个层次。在中国宝武整体制度树的框架下，通过“修剪、嫁接”，横向按照专业性划分为加强党的领导、综合运行体系、专业职能管理体系、保障服务体系4个大类。重点对不适应、不协调、不衔接、不一致的制度进行更新完善，形成制度“立改废转”更新计划。根据产业园区业务特点，结合流程梳理和组织变革，推进制度流程体系化设计。

（李凤技　程　骏）

【“阳光”采购】　2020年，武钢集团研究、制定“阳光”采购计划，并组织各子公司落实推进。设立职能板块对采购业务进行管理，修订完善《招标管理办法》《采购管理办法》等制度文件，规范物资采购、供应商管理、招标管理、合同管理等流程，并推进实现设备、生产原料、资材备件、原燃料、工程、能源介质、服务等品类的网上采购。全年，网上采购成交金额16.40亿元，网上采购率达到95.57%。

（唐　君）

【安全生产】　2020年，武钢集团发生有责工亡事故1起，工亡1人；轻伤事故3起，造成3人轻伤；安全生产工作被中国宝武评为年度优秀单位。

（占海涛）

【节能环保】　2020年，武钢集团开展环境风险排查，健全出租场所环保管理机制，全年未发生突发环境事件，完成中国宝武下达的节能减排任务，被评为中国宝武能源环保管理优秀单位。

（玉　晖）

【资产处置】　2020年，武钢集团组织集体企业资产对外转让，联系武汉光谷联合产权交易所对拟处置资产挂牌招商，并按照股权转让程序推进产股股权的挂牌转让。针对集体企业部分价值大、问题多的资产，实地调研，协调集体企业与政府部门和外部企业进行沟通协调，指导制订处置方案。全年集体企业资产处置变现2.50亿元。

（刘海珍）

【法人处置】　2020年，武钢集团就企业清算注销、债权债务处置及相关纪律要求等内容进行专项培训。制订《法人实体清算注销工作推进方案》，明确工作时间节点，并实行包保到户。编发《基层法人资产及债权债务清理模板》《清算方案模板》，制定《资产内部转让工作流程》《简易注销工作流程》《一般注销工作流程》《强制清算工作流程》《破产清算工作流程》《股权退出工作流程》等法人实体处置相关工作流程，理顺集体企业法人实体依法依规处置的方法、路径和程序。指导集体企业推进注销清算和破产，实现集体企业100%退出生产经营活动，通过清算注销、依法破产和股权转让等方式，清除集体企业157户，其中关闭注销128户、股权转让25户、依法破产4户。

（刘海珍）

【职工安置】　上半年，武钢集团面对突发新冠肺炎疫情影响，针对集体企业待安置的4类1 381人，制定人员安置计划，明确责任单位、责任部门及责任领导。梳理前期工作存在的遗留问题和少数未安置人员，摸清剩余待安置人员分类和基本信息，分步分类完成集体企业的机关人员、残疾福利企业人员、关闭注销和参股企业人员，及前期剩余的少量特殊人员等安置工作。截至6月30日，安置厂办大集体职工18 364名，安置率100%。其中，岗位安置5 716人，占比31.13%；退出渠道安置（内部退养、协议缴费等）12 648人，占比68.87%。

（刘海珍）

【领导力发展】　2020年，武钢集团承接或制订选任管理制度12项，下发《管理序列岗位与人员层级体系管理办法（试行）》，完成公司直管和本部重点管理岗位及人员的层级切换。开展12个岗位的比选择优工作，拓宽发现选拔人才渠道。选拔11名优秀青年骨干到更高层次的岗位锻炼；开展青年人才发现选拔工作，形成包含136人的公司优秀青年人才库，并将其中51名纳入中国宝武青年人才战略预备队，进行跟踪培养；选派6名青年骨干到武汉市及青山区政府相关部门挂职锻炼或学习。

（杨　莹）

【员工培训】　2020年，武钢集团加大产业园区业专业能力培训。组织开展“城新学堂”第一期培训班，遴选公司本部和子公司64名学员，以产业新城与产城融合运营管理操作实务为主题，开设14门培训课程。组织开展“城新夜校”系列培训5期，邀请武汉市、青山区相关部门领导和高校教授，讲授武汉市用地规划、住房租赁、土地问题、青山区招商、武汉市房地产市场运行情况及相关政策。组织开展产业园区业专题培训2期。（张　君）

【老干部工作】 2020年，武钢集团全部移交完成中国宝武武汉总部退休人员社会化管理工作。做好重大节日走访慰问工作。春节期间，武钢集团领导慰问15名老领导，老干部与退管中心人员走访慰问20名离休副厅级、局级干部，上门慰问直管离休干部72名。端午节，走访慰问离退休干部541名。国庆节、重阳节，走访慰问62名副厅级、局级以上离退休干部。为当年满80周岁及以上的180名离退休干部祝寿。走访慰问21名抗日战争时期及以前参加革命工作的离退休人员。全年帮扶发放慰问金21万元。（孙　飞）

【武钢集团大事纪要】

5月22日，武钢集团组建财务共享中心。

6月9日，武钢集团向湖北省博物馆捐赠5类、22套（27件）抗击新冠肺炎疫情物证和资料。

6月12日，武钢集团与工商银行湖北省分行签署全面战略合作协议。

6月24日，武钢集团与湖北省联合发展投资集团有限公司签署战略合作框架协议。

7月23日，武钢大数据一期数据中心通过国家最高等级的中国质量认证中心（CQC）A级机房等级认证，成为湖北省唯一通过CQC认证的第三方中立大数据中心。

8月11日，共青团武钢集团有限公司第一次代表大会召开，大会选举产生共青团武钢集团有限公司第一届委员会委员。

9月4日，“中国宝武130年”系列展之武钢主题展揭幕仪式在宝武大厦举行。

12月15日，中国宝武运营共享服务中心武汉区域分中心揭牌。

（吴莉莹）

**武钢集团下属子公司（含托管单位）一览表**

| 公司名称 | 地　址 | 注册资金（万元） | 主要经营范围 | 持股比例 | 在岗员工（人） |
|---|---|---|---|---|---|
| 武汉武钢大数据产业园有限公司 | 湖北省武汉市青山区厂前街武钢大数据中心 | 200 000.00 | 园区开发、互联网数据中心的建设及运营等 | 40% | 20 |
| 武汉钢铁江北集团有限公司 | 湖北省武汉市阳逻经济开发区滨江大道特1号 | 249 589.00 | 园区开发运营服务 | 100% | 648 |
| 武汉武钢绿色城市技术发展有限公司 | 湖北省武汉市青山区冶金大道156号 | 277 465.00 | 海绵城市建设、水系流域治理、绿色园区建设，基础及增值电信业务、计算机弱电集成等 | 99.94% | 1 147 |
| 武汉市雅苑房地产开发有限责任公司 | 湖北省武汉市青山区铁路山厂前街道冶金大道158号 | 5 000.00 | 商品房销售、物业管理等 | 100% | 49 |
| 武汉武钢好生活服务有限公司 | 湖北省武汉市青山区冶金大道285号 | 2 500.00 | 园区生活服务、饮料生产销售、大型团体供餐 | 100% | 294 |
| 武汉市青青教育管理有限公司 | 湖北省武汉市青山区冶金大道119号和121号武钢绿色智慧园区集中办公区2号楼 | 1 000.00 | 幼儿教育 | 100% | 102 |
| 武钢中冶工业技术服务有限公司 | 湖北省武汉市青山区厂前机修中二路6号 | 12 000.00 | 设备维保、装备制造及钢铁生产运营 | 60% | 4 586 |

（续 表）

| 公司名称 | 地 址 | 注册资金（万元） | 主要经营范围 | 持股比例 | 在岗员工（人） |
|---|---|---|---|---|---|
| 武汉扬光实业有限公司 | 湖北省武汉市青山区厂前街铁铺岭工业园内 | 20 000.00 | 钢铁包装、合金产品生产加工、环保滤袋等 | 100% | 730 |
| 新疆宝地产城发展有限公司 | 新疆乌鲁木齐市新市区迎宾路东三巷13号 | 9 271.50 | 房地产开发经营、租赁及商业综合体管理等业务 | 八一钢铁100%（武钢集团托管） | 914 |

（吴莉莹）

## 上海宝地不动产资产管理有限公司/宝钢发展有限公司

【概况】 上海宝地不动产资产管理有限公司（简称宝地资产）的前身为2005年成立的上海宝地置业有限公司，2018年7月更名。宝钢发展有限公司（简称宝钢发展）的前身为1986年9月成立的宝钢总厂企业开发总公司，2007年10月更名。2020年2月18日，宝地资产与宝钢发展合署运作。全年实现营业收入52.88亿元、利润总额20.90亿元。年末总资产和净资产分别为236亿元和111亿元。在建项目总投资133亿元，年内完成投资28.03亿元。年底，在册员工5 565人，在岗员工3 191人（含托管单位宝地广东、宝地南京）。

（马步云）

【企业负责人简介】 王继明，1972年8月生，湖北荆州人，中共党员，经济师，宝地资产党委书记、董事长。

王语，1977年5月生，吉林伊通人，中共党员，工程师，宝地资产董事、总裁、党委副书记。

（黄亚男）

【运营服务】 2020年，宝地资产/宝钢发展新建不动产面积54.81万平方米，续建不动产面积61.40万平方米。资源资产转化率77.69%。持有运营物业规模229万平方米，人均持有物业面积2 792平方米，增长率22%。开展对标找差、降本增效等149项劳动竞赛，以及会务礼仪、绿化服务等6项技能比武活动。采购扶贫产品，其中内销200.73万元，外销151.76万元。对受新冠肺炎疫情影响、经营困难的536家租户，落实租金减免政策，年度租金减免4 400万元；举办宝地广场“草坪音乐节”、互联宝地“啤酒节”等主题活动。

（马步云）

【深度整合】 2020年，宝地资产/宝钢发展对原有职能部门进行整合，成立9个职能部门；编制合署后的商业计划，开展不动产资产运营与配套服务业务优化；总部机关办公地点搬迁至宝钢大厦；成立园区服务事业部，与制造服务事业部合署运作；对汽车租赁业务进行整合，上海丰宝综合经营有限公司和上海宝钢住商汽车贸易有限公司合署办公；退出餐饮业务；水处理业务划转至宝武水务；宝康老年公寓无偿划转至上海市宝山区相关部门。

（马步云）

2020年5月11日，宝地资产举办宝地广场“草坪音乐节” （施 琮 摄）

【落实项目建设】 2020年，宝地资产/宝钢发展有8个新建项目开工，7个项目续建，总建筑面积116万平方米；宝山宾馆等4个项目竣工开业。推进吴淞区域的存量地块转型，12月23日，中国宝武钢铁会博中心启用，中国钢铁博物园数字技术体验中心奠基。与重庆渝富产城运营建设发展有限公司签订重庆工业博物馆置业有限公司股权无偿划转协议，重庆工业博物馆置业有限公司股权100%无偿划转至宝地资产；中国宝武西南总部产业园项目完成可行性研究立项。12月20日，中国宝武安徽(产业)总部首发项目启动建设。 (马步云)

【提升资产价值】 2020年，宝地资产/宝钢发展按规模体量、收入贡献等6个维度对公司资产进行分类管理，以低利率发行上海宝地广场商业房地产抵押贷款支持凭证。建立客户代表制，设立大客户经理；优化客户拜访机制，提升项目续租率；开展客户代表沟通能力提升培训，开设商业地产标准运营流程和招商规范专题培训班，培训165人次。全年，商务楼宇、产业园区、长租公寓等平均出租率为95%，出租面积同比净增15.21万平方米，租金单价上涨0.64%。 (马步云)

【优化人力资源】 2020年，宝地资产/宝钢发展加速人员流动，由非不动产业务向不动产业务转移88人；保安、加油工、停车场管理员等协力岗位回归正式工101人；精简(含协商解除劳动合同、离职、退休、离岗等)宝钢发展在岗员工473人，精简比例为14.70%。在不动产主业建立“一个岗位族群对于一个薪酬模式”，在非不动产业务板块鼓励“一企一策”；各单位实施招商提成、项目跟投、承包经营等试点分配激励多样化机制；组建工作团队，提前完成10万卷退休人员人事档案数字化及实体档案移交工作。 (朱　俊)

【完善制度建设体系】 2020年，宝地资产/宝钢发展明确职能与业务的授权原则，建立授权清单，修订成本采购类管理文件，调整合格供应商名录，梳理主要设备及材料品牌清单；发布标准成本管理系统2.0版，编制施工总包合同模板；搭建工程项目人员配置标准模型和建设工程标准化工期模型；建立设计变更和现场签证管理机制，明确审批流程；建立工程质量安全巡查评价机制，组建团队对在建项目开展现场巡查。 (马步云)

【安全管理】 2020年，宝地资产/宝钢发展开展安全生产专项整治三年行动，对加油站、危化品存放点开展3轮检查；重点关注人员密集场所消防安全，开展为期6个月的消防安全大起底、大排查工作；加强建筑施工安全和特种设备安全管理；开展电动自行车专项整治行动；修订事故问责管理办法，同步编制《违章记分管理办法》；对轻伤事故及有责工亡事故，分析原因、问责整改。将相关事故原因、责任人进行通报批评，并组织各单位开展事故学习，杜绝重复性事故的发生。 (任　勇)

【宝地资产/宝钢发展大事纪要】

2月18日，宝地资产与宝钢发展合署运作。

4月20日，宝地资产/宝钢发展召开不动产资产经营及配套服务业务优化方案宣布会。

4月27日，中国宝武钢铁会博中心开工建设。

5月15日，宝地资产/宝钢发展与宝武铝业签署设备设施服务战略合作协议。

同日，宝地资产/宝钢发展2020年度职工代表大会暨干部大会在互联宝地举行。

5月27日，上海十钢有限公司新华路街道HI-18地块项目主体结构封顶。

6月30日，宝地资产/宝钢发展与重庆市大渡口区人民政府、重庆渝富控股集团有限公司举行中国宝武西南总部、中国钢铁博物馆(筹)、宝武大学重庆校区以及中国宝武中央研究院西南新材料研发中心项目合作签约仪式。

7月3日，宝地资产/宝钢发展、一浦五联合党委召开纪念中国共产党成立99周年暨“优秀党员、优秀党务工作者、先进基层党组织”表彰大会。

8月20日，宝地东方花园二期项目开工。

9月16日，宝地资产第一届董事会第三十五次会议、宝钢发展第一届董事会第三次会议在互联宝地召开。

9月21日，上海市宝山区月浦租赁住房项目主体结构提前封顶。

9月28日，上海市宝山区杨行东社区05-08A地块湄浦路智慧制造研发总部产业园项目开工建设。

10月14日，上海市副市长宗明带队到互联宝地调研。

10月16日，重庆市市委副书记、市长唐良智调研中国宝武西南总部、中国钢铁博物馆(筹)、宝武

中国宝武钢铁会博中心　（刘继鸣　摄于2020年11月）

大学重庆校区以及中国宝武中央研究院西南新材料研发中心等项目。

10月20日，由宝地资产与中信建投证券股份有限公司共同开发的上海宝地广场商业房地产抵押贷款支持凭证产品“中信建投—宝地资产—上海宝地广场1期资产支持专项计划”成立。

11月10日，中国宝武党委发文，任命王语为宝地资产党委副书记；免去秦铁汉宝地资产党委副书记职务，工作另行安排。

同日，中国宝武发文，推荐王语为宝地资产总裁人选；秦铁汉不再担任宝地资产总裁，工作另行安排。

11月11日，广东宝地南华产城发展有限公司由韶关钢铁委托宝地资产管理，纳入宝地资产管理体系。

11月24日，中国宝武（福建）区域商务研发中心项目主楼主体结构封顶。

11月29日，南京宝地梅山产城发展有限公司由宝钢集团上海梅山有限公司委托宝地资产进行管理，纳入宝地资产管理体系。

12月12日，宝地资产总部机关搬迁至宝钢大厦。

12月20日，中国宝武安徽（产业）总部首发项目启动仪式在合肥市瑶海区原合钢五厂地块举行。

12月23日，中国宝武钢铁会博中心启用。

同日，中国钢铁博物园数字技术体验中心在吴淞创新城举行奠基仪式。

12月30日，上海市宝山区宝杨路汽贸大楼改造项目举行开工仪式。（马步云）

**宝地资产／宝钢发展下属子公司（含托管单位）一览表**

| 公 司 名 称 | 注册资金（万元） | 主要经营范围 | 持股比例 | 在岗员工（人） |
|---|---|---|---|---|
| 上海宝地物业管理有限公司 | 5 000.00 | 物业管理、资产管理、投资咨询、建筑专业设计、房地产租赁经营、房地产经纪等 | 宝地资产100% | 0 |
| 上海宝地杨浦房地产开发有限公司 | 49 500.00 | 上海宝地广场（商办）运营主体 | 宝地资产100% | 0 |
| 上海十钢有限公司 | 23 122.00 | 商业地块，大量存量房经营租赁主体 | 宝地资产100% | 67 |

（续　表）

| 公 司 名 称 | 注册资金（万元） | 主要经营范围 | 持股比例 | 在岗员工（人） |
|---|---|---|---|---|
| 宝钢集团上海二钢有限公司 | 90 828.00 | “互联网+”产业园、上海市杨浦区春江路8号土地持有方及部分租赁主体 | 宝地资产100% | 72 |
| 上海宝地仲量联行物业服务有限公司 | 50.00 | 高端物业配套管理服务输出 | 宝地资产51% | 54 |
| 上海宝地互联众创空间管理有限公司 | 5 000.00 | 上海市杨浦区“互联网+”产业园开发运营主体 | 宝地资产98% | 0 |
| 上海宝统物业管理有限公司 | 15 080.00 | 青年公寓（上海市静安区大统路项目）开发运营主体 | 宝地资产80% | 0 |
| 上海宝绿置业有限公司 | 13 000.00 | 房地产开发、经营，物业管理 | 宝地资产80% | 27 |
| 宝钢集团（上海）置业有限公司 | 128 000.00 | 中国宝武大厦运营主体 | 宝地资产100% | 0 |
| 广东宝钢置业有限公司 | 90 000.00 | 广东宝地广场（商办）运营主体 | 宝地资产100% | 14 |
| 福建宝钢置业有限公司 | 27 000.00 | 福建福州项目（宝地广场）开发运营主体 | 宝地资产100% | 2 |
| 中国宝武上海宝山宾馆有限公司 | 30 692.00 | 宝山宾馆、浙江嵊泗相关资产运营主体 | 宝地资产100% | 141 |
| 上海溯源实业有限公司 | 500.00 | 上海市金山区产业园运营主体 | 宝地资产100% | 0 |
| 上海十钢新华众创空间管理有限公司 | 42 077.00 | 上海市长宁区宝地新华地块项目开发运营主体 | 宝地资产100% | 0 |
| 上海梅山房地产开发经营有限公司 | 1 666.00 | 房地产开发经营 | 中国宝武100%（宝地资产托管） | 0 |
| 上海梅山联合经济发展有限公司 | 7 000.00 | 物业管理兼房屋经营租赁 | 中国宝武100%（宝地资产托管） | 19 |
| 北京汇利房地产开发有限公司 | 54 919.00 | 北京宝钢大厦运营主体 | 宝地资产100% | 12 |
| 上海宝地明珠众创空间管理有限公司 | 266 000.00 | 上海市杨浦区“互联网+”产业园二期开发运营主体 | 宝地资产100% | 0 |
| 上海宝钢住商汽车贸易有限公司 | 16 000.00 | 汽车销售 | 宝地资产51% | 51 |
| 宝钢集团上海五钢有限公司 | 78 153.00 | 平台公司 | 中国宝武100% | 44 |
| 上海宝地宝泉房屋经营有限公司 | 30 000.00 | 上海市宝山区月浦炮库租赁住宅项目开发主体 | 宝地资产100% | 0 |

（续　表）

| 公司名称 | 注册资金（万元） | 主要经营范围 | 持股比例 | 在岗员工（人） |
| --- | --- | --- | --- | --- |
| 宝钢发展有限公司 | 241 326.40 | 总部公司 | 中国宝武100% | 1 889 |
| 上海丰宝综合经营有限公司 | 11 400.00 | 机动车燃零售 | 宝钢发展100% | 68 |
| 上海宝钢新宝工贸实业有限公司 | 2 587.20 | 房地产开发经营 | 宝钢发展100% | 0 |
| 上海宝地宝郦汇企业发展有限公司 | 48 000.00 | 房地产开发经营 | 宝钢发展90% | 0 |
| 宝地锦溥（上海）企业发展有限公司 | 28 000.00 | 房地产开发经营 | 宝钢发展100% | 0 |
| 上海宝钢物流有限公司 | 27 103.96 | 道路货物运输 | 宝钢发展100% | 83 |
| 上海宝钢汽车检测修复有限公司 | 1 289.75 | 汽车修理与维护 | 宝钢发展100% | 0 |
| 上海宝钢工贸有限公司 | 2 315.78 | 仓储 | 宝钢发展91.64% | 0 |
| 上海开拓磁选金属有限公司 | 3 176.00 | 钢渣处理 | 宝钢发展51% | 5 |
| 上海宝舜联钢制品有限公司 | 2 000.00 | 金属结构制造 | 宝钢发展70% | 0 |
| 上海昌新钢渣有限公司 | 400.00 | 金属废料和碎屑加工处理 | 宝钢发展62.5% | 1 |
| 上海宝地不动产资产管理有限公司 | 71 767.48 | 房地产开发经营 | 中国宝武100% | 248 |
| 上海宝友汽车销售服务有限公司 | 1 800.00 | 汽车零售 | 宝地资产51% | 0 |
| 上海宝荣汽车销售服务有限公司 | 1 100.00 | 汽车零售 | 宝地资产51% | 0 |
| 上海宝乐汽车销售服务有限公司 | 1 200.00 | 汽车零售 | 宝地资产51% | 0 |
| 上海沪昌佘山度假村 | 500.00 | 佘山度假村 | 五钢公司工商股比：75%，国有产权登记股比：88.93% | 0 |
| 广东宝地南华产城发展有限公司 | 9 856.00 | 不动产开发运营 | 中南钢铁100% | 128 |
| 宝钢集团上海第一钢铁有限公司 | 159 318.75 | 存续公司 | 中国宝武100% | 34 |
| 宝钢集团上海浦东钢铁有限公司 | 10 000.00 | 存续公司 | 中国宝武100% | 38 |

（续 表）

| 公 司 名 称 | 注册资金（万元） | 主要经营范围 | 持股比例 | 在岗员工（人） |
|---|---|---|---|---|
| 南京梅山冷轧板有限公司 | 530.00 | 钢材加工 | 宝地南京94.34% | 24 |
| 宝地南京梅山产城发展有限公司 | 95 500.00 | 不动产开发运营 | 梅山公司100% | 138 |
| 南京格灵化工有限公司 | 1 800.00 | 硫酸铵生产、销售 | 宝地南京100% | 32 |

（马贝而）

## 上海宝钢不锈钢有限公司/宝钢特钢有限公司

【概况】 上海宝钢不锈钢有限公司（简称上海不锈）成立于2012年，是中国宝武一级全资子公司，前身为起源于1938年的日亚钢业厂吴淞工场，1955年更名为“上海第一钢铁厂”。2018年6月，上海不锈各条生产线全面关停，开始地块转型开发工作。2019年6月，与宝钢特钢有限公司合署运营。10月，上海宝地上实产城发展有限公司（简称宝地上实）管理关系调整为由上海不锈进行管理。2020年6月，中国宝武成立“吴淞园建设管理办公室”，统筹协调不锈钢、特钢、罗泾三大地块的土地转型工作。8月，中国宝武明确上海宝钢不锈钢有限公司和宝钢特钢有限公司简称为“宝地吴淞”。上海不锈全年实现营业收入0.61亿元；年底，在册员工834人，在岗员工346人。

宝钢特钢有限公司（简称宝钢特钢）成立于2012年，是中国宝武一级全资子公司，前身为创建于1958年的上海第五钢铁厂，含上海吴淞口创业园有限公司（简称吴淞口创业园）、上海宝地临港产城发展有限公司（简称宝地临港）。2019年6月，宝钢特钢与上海不锈合署运作。10月，宝地临港管理关系调整为由宝钢特钢进行管理。2020年6月，中国宝武成立“吴淞园建设管理办公室”，统筹协调不锈钢、特钢、罗泾三大地块的土地转型工作。8月，中国宝武明确上海宝钢不锈钢有限公司和宝钢特钢有限公司简称为“宝地吴淞”。宝钢特钢全年实现营业收入62.27亿元；年底，在册员工672人，在岗员工566人。

2020年，宝地吴淞（上海不锈/宝钢特钢）下设综合管理部（党群工作部）、人力资源部（党委组织部）、党委统战部、经营财务部、规划投资部、运营控制部（安全环保部）、项目管理中心、招商运营中心、园区服务中心、人力资源服务中心、资产处置工作组、管理对标工作组、党群专项工作组。

（严 革）

【企业负责人简介】 蔡伟飞，1963年1月生，上海人，中共党员，高级工程师，宝地吴淞党委书记、董事长，吴淞园建设管理办公室主任兼宝地上实董事长、宝地临港董事长。

秦铁汉，1973年12月生，江苏南通人，中共党员，工程师，宝地吴淞总经理、党委副书记，吴淞园建设管理办公室副主任。（严 革）

【推进产业转型】 第一季度，上海不锈/宝钢特钢完成宝钢特钢钢管产线固定资产、无形资产划转宝武特冶；7月，完成宝钢特钢检测中心固定资产、无形资产及冷床炉资产划转宝武特冶，由此完成中国宝武对宝地吴淞提出的“去钢化”任务。

（严 革）

【明确愿景使命】 2020年，宝地吴淞围绕打造创新型、服务型、开放型、总部型、流量型“五型经济”和新经济、新材料、新能源、新基建“四新产业”，以科创为核心，构建中国宝武“四新”产业集聚区，中国宝武钢铁生态圈伙伴集聚区，高校、科研院所、工程中心科创平台、产业化基地集聚区和科创产业空间。

（严 革）

【吴淞园开园】 6月7日，中国宝武成立吴淞园建设管理办公室（简称吴淞园）。吴淞园作为中国宝武特设机构，统筹协调不锈钢、特钢、罗泾三大地块的土地转型工作。6月28日，吴淞园建设管理办公室

揭牌。（严 革）

【吴淞创新城首发项目规划获批】2月28日，吴淞创新城中国宝武首发地块（特钢L形厂房区域）控制性详细规划获上海市人民政府批复同意。8月28日，不锈钢、特钢地块2个1平方千米控制性详细规划获上海市人民政府批复同意。（严 革）

【吴淞创新城首发项目开工】6月28日，吴淞创新城首发项目——吴淞口国际科创城开工建设。该项目区域的L形厂房为工业风貌保留建筑，改造后总建筑面积为5.20万平方米，形成具有工业风貌的共享活力中央广场。（严 革）

【“博绣荟”文创园开业】6月28日，“博绣荟”文创园开业。文创园占地面积12万平方米，是对上海不锈冷轧厂厂房进行改造升级的存量开发利用项目，配套建设景观广场、停车场、餐饮、公共卫生设施及绿化空间，植入各具特色的文创产业项目。（严 革）

【打响“百日攻坚战”】9月15日，宝地吴淞举行吴淞创新城先行启动区重大项目与公建配套项目“百日攻坚”动员大会。会上，中国宝武、上海市宝山区共同签署“主动服务、协同推进”项目开工建设承诺书。11月18日，中国宝武、宝山区再次召开重大项目推进会，双方签署《吴淞创新城中国宝武不锈地块一平方公里先行启动区3条道路建设协议书》《吴淞创新城中国宝武特钢地块一平方公里先行启动区3条道路建设协议书》。（严 革）

【优化组织机构】9月，宝地吴淞推进实施组织机构优化调整，撤销钢铁业务相关部门，建设“大部制”体制，实行总监负责制，设立综合管理部（党群工作部）、人力资源部（党委组织部）、经营财务部、规划投资部和运营控制部5个职能部门，项目管理中心、招商运营中心、园区服务中心、园区能源中心、人力资源服务中心5个业务中心，资产处置工作组、管理对标工作组、党建专项工作组3个专项工作组。（严 革）

【十个重大项目开工】12月23日，总投资135.60亿元的吴淞创新城中国宝武吴淞园十个重大项目集中开工。这批重大项目为：吴淞口国际科创城首发项目一期（北楼），项目总投资11.60亿元；吴淞口国际科创城首发项目二期183米超高层，项目总投资54.50亿元（含产业投资）；吴淞口国际科创城首发项目二期小高层研发楼，项目总投资11.54亿元；“宝之云”互联网数据中心（IDC）五期项目，总投资18.20亿元；中国钢铁博物园数字技术体验中心项目，项目总投资6亿元；不锈钢地块科创产业园综合项目，项目总投资15亿元；特钢工业用地产业项目，项目总投资10亿元，以及中央遗址公园工程、同济路西侧绿廊工程和不锈钢特钢地块市政道路工程。（严 革）

【推进员工转型发展】2020年，宝地吴淞294名员工划转至宝武特冶；炼钢厂、板带厂、制造管理部、质量保证部（军工办）、营销部的16名富余员工，相继转到公司内部其他岗位；推荐38人到集团公司内部相关岗位。（严 革）

【提升职业能力】2020年，宝地吴淞组织实施及参与集团公司相关部门组织的培训项目257项，3 991人次参加培训。其中，管理类培训1 177人次，技术业务类培训1 940人次，操作维护类培训874人次。（严 革）

【深化对标找差】2020年，宝地吴淞明确以临港集团为对标对象，建立标杆实绩、理论极值、管理要求等多维度的对标指标体系，开展指标分解，强化过程管理，分解指标纳入季度绩效对话会汇报，形成对标找差的氛围。8月，赴临港集团总部学习交流。9月，设立管理对标工作组特设机构，总体策划对标提升行动实施方案和工作清单，建立对标提升行动日常推进机制，优化制度体系、完善基础管理。至年底，先后赴东莞松山湖高新技术开发区、招商蛇口前海妈湾项目、中国钢结构博物馆、联东U谷宝山园、上海北郊未来产业园、上海临港漕河泾开发区、上海临港松江科技城、中集智谷城开展针对性调研。（严 革）

【安全管理】2020年，宝地吴淞强化基层基础管理、优化安全管理体系建设，年初逐级签订安全生产工作责任书、年中开展安全生产大检查、年末开展年度安保绩效评价；推进项目建设拆除作业规范，开展岗位风险再辨识、作业标准再审视活动。建立租赁单位安全风险管控体系，制定并下发《租赁业务安全保卫服务标准》《租赁场所安全管理办法》，对租赁单位责任体系、执行体系、现场管理、防火管理等要素进行分级管控，对50家租

赁用户实施现场安全服务。全面完成集团公司下达的安全指标，被评为中国宝武2020年度安全管理良好单位。（严　革）

【能源环保管理】 2020年，宝地吴淞层层分解落实能源环保责任，深入推进多业态“三治四化”和环保风险管理，通过两轮制度修编，进一步优化各单位的能源环保管理职能，强化能源环保专业管理，实现能源降成本3 541万元，能源现金收入2 807万元。不锈钢、特钢地块废水排放总量为301.30万吨，化学需氧量排放量36.064吨，氨氮排放量1.012吨，低于排污许可量。合规处置各类固体废物、危险废物8 193.78吨，未发生环境污染事故和外部有责投诉事件。宝钢特钢获评“上海市节水型企业”。（严　革）

【优化能介系统】 2020年，宝地吴淞开展“网格化”计量、“区域化”统计，夯实自用能管理基础；优化调整能源供应策略，开展节能专项行动；实施优化改造，实现能介系统经济运行，实现能源系统降成本3 541万元。同时，强化预算控制、动态平衡资金需求，采用规范月度预算流程和费用控制比例的方式，全年降低费用成本3 901万元。（严　革）

【处置闲废物资】 2020年，宝地吴淞推进各类闲废物资、库存备件及零星资产处置工作，主动对接、走访寻源推介，对外处置闲置物资97批次，累计完成设备类固定资产处置账面成本44亿元，交易值8.80亿元，实现营业收入5 006万元。（严　革）

【推进资产清理腾地】 2020年，宝地吴淞推进资产清理腾地，完成区域化腾地126万平方米。其中，不锈钢区域：20号组团（部分）及周边区域12万平方米、博绣荟文创园12万平方米、高炉会博中心及周边10万平方米、烧结区域25万平方米、原料区域56万平方米；特钢区域：料场6万平方米、100吨大电炉区域5万平方米。完成不动产交付140处，其中不锈钢区域70处、特钢区域70处；交付面积68万平方米，其中不锈钢区域50万平方米、特钢区域18万平方米。（严　革）

【存量盘活利用】 2020年，宝地吴淞存量盘活租金流入8 188万元，同比增长144%。7月、8月，上海宝地长江口创智产城发展有限公司两次召开项目集中签约仪式，完成与上海上实宝金刚环境资源科技有限公司、上海宝可机电设备安装有限公司、上海耀茂飞裕实业有限公司、上海禹臣实业有限公司、上海汀鹏科技工程有限公司签约存量盘活项目5个，签订租赁合同8份，实现租赁收入1 538万元。（严　革）

【拓展园区运营业务】 6月28日“博绣荟”文创园投入运营后，宝地吴淞导入的顽酷运动工厂、格利特体育公园等体育体验类项目，成为市民“网红打卡地”。该区域租赁合同金额520万元，租金提升逾70%；特钢区域老钢管厂房、行政办公楼等完成电视剧、汽车宣传片、广告等拍摄取景；不锈钢区域确定作为科幻电影《超新星纪元》的主拍摄场景地。年内，文化类短期利用业务增加现金收入100万元。（严　革）

【提升招商能力】 2020年，宝地吴淞推进建设先期介入预招商及客户入驻准备，将项目设计施工方案传递给客户，同时将客户的功能需求及利用方案提交项目方，与16家新意向客户进行接洽，其中5家客户导入“博绣荟”文创园；9月，启动“博绣荟”商标注册工作，注册申请被国家知识产权局受理。举办灯光秀、组织“博绣荟”文创园“开园秀”篮球友谊赛等活动。（严　革）

【完善园区服务体系】 2020年，宝地吴淞建立博绣荟物业运营中心，配置5人从事物业现场管理和服务工作；推动物业服务体系和管理制度的建立，初步制定服务标准10项、规章制度10项；形成入园企业入住和物业正式运营相关文件、标准18项；服务入园企业活动，包括上海翔旺企业管理有限公司举办的灯光秀活动、上海仲毅格力特健身管理有限公司现场销售活动、上海缘界体育文化集团有限公司开业仪式、上海缘界体育文化集团有限公司承办的上海市民运动会滑雪比赛等。提升园区形象、改善营商环境，梳理形成27项改善优化项目，年内实施并完成11项。（严　革）

【上海不锈/宝钢特钢大事纪要】

1月20日，上海不锈/宝钢特钢召开2020年党风廉政建设和反腐败工作会议。

1月22日，上海不锈/宝钢特钢启动新冠肺炎疫情防控工作。

2月10日，上海不锈/宝钢特钢复工复产。

2月12日，上海不锈/宝钢特钢实现在线远程办公、协同办公。

2月18日，中国宝武宣布，任命蔡伟飞为上海不锈/宝钢特钢党委书记；委派蔡伟飞为上海不锈/宝钢特钢董事长。

2月28日，吴淞创新城中国宝武首发地块控制性详细规划获上海市人民政府批复同意。

3月31日，上海不锈/宝钢特钢召开第三届职工代表大会第四次会议。

4月27日，中国宝武钢铁会博中心开工暨“钢铁荣耀　铸梦百年”活动标识首发仪式在不锈钢地块原2 500立方米高炉区域举行。

6月1日，上海市人民政府正式批复同意《吴淞创新城建设规划》。

6月28日，吴淞创新城宝武地块转型首发项目开工仪式举行。

8月18日，宝地吴淞召开中国宝武第一巡视组巡视宝钢特钢党委及所属党组织工作动员会。

同日，宝地吴淞举行宝地长江口创智产城发展有限公司和罗泾长江口创智产业园企业服务中心揭牌、与罗泾镇合作签约、长江口1号商办中心启用等系列仪式。

8月20日，中国共产党上海宝钢不锈钢有限公司第一次党员代表大会召开。

8月28日，宝地吴淞不锈钢地块、特钢地块2个1平方千米控制性详细规划获上海市人民政府批复同意。

8月，中国宝武明确上海宝钢不锈钢有限公司和宝钢特钢有限公司简称为“宝地吴淞”。

9月15日，宝地吴淞举行吴淞创新城先行启动区重大产业项目与公建配套项目“百日攻坚”动员大会。

11月18日，中国宝武和宝山区举行工作对接会，推进吴淞创新城十大产业项目和与此配套的市政配套项目建设。

12月6日，2020上海科创中心主阵地建设与发展论坛在上海市宝山区委党校举行。

12月23日，上海吴淞创新城宝武吴淞园重大项目开工仪式举行，十个重大项目集中开工，总投资135.60亿元。（严　革）

**上海不锈/宝钢特钢下属子公司（含托管单位）一览表**

| 公司名称 | 地　址 | 注册资金（万元） | 主要经营范围 | 持股比例 | 在岗员工（人） |
|---|---|---|---|---|---|
| 上海宝地临港产城发展有限公司 | 上海市宝山区水产路1269号 | 100 000.00 | 吴淞地区特钢区域的园区（城区）投资、开发建设、运营和管理，房地产开发经营等 | 51% | 5 |
| 上海宝地上实产城发展有限公司 | 上海市宝山区长江路735号 | 100 000.00 | 吴淞创新城不锈钢区域的投资、开发建设、运营和管理 | 51% | 21 |
| 上海宝地长江口创智产城发展有限公司 | 上海市宝山区北蕰川路777号 | 10 000.00 | 罗泾产业园的开发、建设、运营及管理，房地产开发经营等 | 100% | 25 |
| 上海吴淞口创业园有限公司 | 上海市宝山区水产路1269号 | 15 000.00 | 创业孵化器经营管理，知识产权代理服务，企业登记代理等 | 100% | 15 |

（严　革）

编辑：李　冰

# 15 产业金融业

# 产业金融业

## 产业金融业发展中心

【概况】 2020年1月14日，中国宝武调整业务部门名称，将成立于2016年5月的产业和金融业结合发展中心更名为“产业金融业发展中心”（简称产融业中心）。10月19日，产融业中心与华宝投资根据各自定位独立运作，不再实行“两块牌子、一套班子”运作方式。产融业中心作为中国宝武金融业务经营单元的对口业务部门，负责产业金融规划策划，通过资源配置和价值创造，承担所辖业务领域内的资产保值增值责任。产融业中心与投行服务办公室实行“一个机构、两块牌子”运作方式，负责统筹内外部金融资源及外部投行管理，为集团公司总部主导的及子公司的资本运作项目提供专业支撑和投行服务。产融业中心对口子公司有华宝投资有限公司（简称华宝投资）、华宝信托有限责任公司（简称华宝信托）、华宝基金管理有限公司（简称华宝基金）、华宝证券有限责任公司（简称华宝证券）和宝武集团财务有限责任公司（简称财务公司）。年内，产融业中心践行“专业化整合、平台化运营、生态化协同、市场化发展”，围绕产业需求，挖掘金融牌照协同优势，加快业务体系能力建设，完善产业金融结构布局，发挥投行服务专业职能。年底，在册员工17人。 （俞琪雯）

【修编新一轮战略规划】 4月，集团公司启动产业金融新一轮战略规划修编工作。产融业中心成立专项小组，研究产业金融发展趋势和国家对中央企业发展金融的要求，历时3个月编制完成《中国宝武产业金融战略发展规划》。新一轮战略规划提出依托钢铁生态圈优势，构建大金融业务体系，实现“万千百十”的战略目标；为保障目标实现，以“三高两化”为指引设计战略路径，提出架构调整、规模引领、混改（混合所有制改革）上市、牌照布局、产融、园融、融融、网融协同等13项战略举措，以项目化形式予以推进。7月，《中国宝武产业金融战略发展规划》经集团公司董事会审议通过，华宝信托、华宝基金、华宝证券、财务公司、上海欧冶金融信息服务股份有限公司（简称欧冶金服）5家金融子公司编制“1+N”子规划，聚焦钢铁生态圈开展业务。（俞琪雯）

【产业金融管理体系调整】 2020年，集团公司结合《中国宝武产业金融战略发展规划》与金融控股公司管理相关要求，设计产业金融板块平台化运营的方案，明确产融业中心和华宝投资根据各自定位独立运作，不再实行“两块牌子、一套班子”运作方式。华宝投资定位为中国宝武金融控股公司，主要开展金融股权投资管理，包括金融资产并表管理、全面金融风险管理和流动性管理等；落实中国宝武产业金融战略规划，实施金融牌照布局，策划产业基金和资产管理项目，组织推动生态圈金融业务等。欧冶金服由华宝投资直接管理，定位为中国宝武金融服务平台。华宝都鼎（上海）融资租赁有限公司、马钢（上海）融资租赁有限公司、华宝（上海）股权投资基金管理有限公司不再委托华宝信托管理，由华宝投资进行管理。（俞琪雯）

【金融板块完成专业化整合】 2020年，中国宝武金融板块完成宝钢财务公司和武钢财务公司、马钢集团财务有限公司的整合与托管，华宝都鼎（上海）融资租赁有限公司和马钢（上海）融资租赁有限公司整合、欧冶商业保理有限责任公司和马钢（上海）商业保理有限公司整合。6月，宝钢财务公司获中国银行保险监督管理委员会《关于宝钢集团财务有限责任公司吸收合并武汉钢铁集团财务有限责任公司等有关事项的批复》，并于11月经工商登记更名为“宝武集团财务有限责任公司”；9月1日，根据中国宝武《关于马钢集团财务有限公司委托管理方案相关事项的批复》，托管马钢集团财务有限公司。8月，欧冶金服收到中国宝武《关于马钢保理资产整合方案的批复》，并于11月完成吸收合并马钢（上海）商业保理有限公司的评估工作。12月，华宝都鼎（上海）融资租赁有限公司完成监管备案、工商变更及马钢（上海）融资租赁有限公司注销。（俞琪雯）

【推进全面对标找差】 9月，产融业中心本着“对标找差，精准学习，走出去、看一看、学一学”的宗旨，到招商金融服务（深圳）有限公司、华能资本服务有限公司、五矿资本股份有限公司、南方基金管理股份有限公司4家行业标杆企业，开展“对标行业头部企业，构建大金融体系，助力钢铁生态圈高质量发展”的大调研活动。通过总结提炼与专项研讨，产业金融板块调研组提出分业经营与平台化运作相结合、坚持市场化运作发展金融业务、落实规模引领提高资本实力和行业竞争力、加大金融科技投入以及加快业务转型、加强核心能力培育5项建议，为中国宝武“十四五”规划编制以及国有企业改革三年行动计划打下基础。（俞琪雯）

【推动金融科技应用】 2020年，产融业中心组织欧冶金服、金融板块各子公司对金融科技现状及发展方向进行讨论，协助欧冶金服完成金融科技发展规划。生态圈金融科技平台以建设大金融科技平台为基础，以区块链、大数据、边缘计算为核心，以建设业务平台及风控平台为手段。中国宝武联合鞍钢集团有限公司、山东钢铁集团有限公司、湖南华菱钢铁集团有限责任公司等产业龙头、金融机构、科技平台、科研院所、专业机构共26家单位，联名发布《产业金融区块链联盟白皮书》。欧冶金服与上海票据交易所有限公司合作，试点上线供应链票据平台；发布跨境贸易金融服务平台（effiTrade）；以“通宝”为代表的数字化资产，试点线上转让交易，推进数字资产交易平台与传统结算平台整合升级；建设产业链数字化风控平台，年底实现智能风控2.0系统上线。（俞琪雯）

【推动产融结合业务】 2020年，产融业中心指导各子公司根据集团公司产业需求，围绕钢铁生态圈拓展融资业务，截至年底，钢铁生态圈融资总规模745.83亿元，比2019年增长48.73%。通过分析金融板块各子公司金融服务完成情况，优化“小额宝”产品方案等生态圈金融产品与服务。组织华宝基金、华宝证券和各业务中心，对公募房地产投资信托基金（REITs）试点政策进行解读，与华宝基金、华宝证券成立房地产投资信托基金项目推进工作组，梳理基础资产和潜在项目，及时跟踪和解读相关配套政策和外部市场房地产投资信托基金试点情况，为推出公募房地产投资信托基金做好制度、项目储备。（俞琪雯）

【完善金融业务制度】 8月，产融业中心起草《关于加强中国宝武基金业务风险管理的实施意见》，进一步加强中国宝武基金业务管理和风险防范。年内，产融业中心严格落实防控金融风险要求，完善金融业务运行监测与汇报体系，开展对各金融子公司的风险管理调研、排查、现场检查工作，并对华宝基金、华宝都鼎（上海）融资租赁有限公司、欧冶商业保理有限责任公司开展风险管理调研，排查风险隐患，提出相关意见，前置管理各项风险。9月，发布《金融控股公司监督管理试行办法》，探索搭建全面风险管理体系。（俞琪雯）

【实施金融产业系列培训】 2020年，产融业中心与集团公司人力资源部、宝武管理学院策划并实施面向金融板块子公司的产业系列培训，先后邀请园区业中心、智慧业中心、新材业中心、资环业中心、钢铁业中心，以及宝地资产、欧冶云商、宝信软件、宝武物流资产、宝武炭材、宝钢包装、宝武清能、欧冶链金、宝钢股份9家有代表性的子公司，通过讲座加现场参观的培训形式，增加金融板块员工对产业公司的感性认识，了解现场先进的技术与管控模式。金融子公司管理层、产融业务有关部门负责人、业务骨干等400多人次参加培训。（俞琪雯）

## 华宝投资有限公司

【概况】 华宝投资有限公司（简称华宝投资）成立于2007年3月，注册资本93.69亿元。2020年10月19日，华宝投资与产融业中心根据各自定位独立运作，不再实行“两块牌子、一套班子”运作方式。华宝投资定位为中国宝武金融控股公司，作为中国宝武一级子公司进行管理，业务对口产融业中心。华宝投资致力于推动中国宝武产业金融战略规划落实落地，其发展愿景是构建领先的产业金融服务平台，驱动钢铁生态圈高质量发展。全年，华宝投资按照管理口径实现营业收入10.78亿元、利润总额5.95亿元。其中，华宝投资总部实现年度利润2.73亿元，主要得益于投资业务的盈利增长；上海欧冶金融信息服务股份有限公司实现营业收入1.91亿元、利润总额6 543万元；华宝都鼎（上海）融资租赁有限公司实现营业收入8.17亿元、利润总额2.51亿元，同比增长12.10%；华宝（上海）股权投资基金管理有限公司实现股权营业收入1 150万元、利润总额600万元；华宝冶金资产管理有限公司实现营业收入1.46亿元、利润总额1.36亿元。年底，在册、在岗员工230人。（柏　云）

【企业负责人简介】 胡爱民，1973年12月生，江西永丰人，中共党员，经济师、企业法律顾问，华宝投资党委书记、董事长。

黄洪永，1972年5月生，贵州怀柔人，中共党员，经济师，华宝投资党委副书记、纪委书记。

（柏　云）

【华宝投资独立运作】 10月19日，中国宝武发文，调整产业金融板块运作体系，华宝投资与产融业中心根据各自定位独立运作，不再实行“两块牌子、一套班子”运作方式。华宝投资定位为中国宝武金融控股公司，作为中国宝武一级子公司进行管理，业务对口产融业中心。上海欧冶金融信息服务股份有限公司由华宝投资直接管理，定位为中国宝武金融服务平台。华宝都鼎（上海）融资租赁有限公司、马钢（上海）融资租赁有限公司不再委托华宝信托管理，由华宝投资进行管理。华宝（上海）股权投资基金管理有限公司不再委托华宝信托管理，由华宝投资进行管理。华宝冶金资产管理有限公司调整为华宝投资进行管理。四源合股权投资管理有限公司调整为华宝投资对口管理。（柏　云）

【服务实体经济】 2020年，华宝投资战略性增持宝钢股份股票，在新冠肺炎疫情后股市下跌的行情中体现中央企业的责任担当，提升了投资者对宝钢股份的信心，取得投资收益7 800万元。（柏　云）

【获得荣誉】 11月26日，在冶金工业经济发展研究中心主办的第五届中国钢铁产融高管论坛上，华宝租赁被评为“2020年钢铁产融优秀企业”。12月4日，在北京举行的中国租赁年会上，华宝租赁获评2020年中国融资租赁成就奖、2020年最具成长性租赁公司、2020年最佳资产质量租赁公司。（张　璐）

【华宝投资大事纪要】

9月30日，华宝投资设立华宝（普洱）产业扶贫基金合伙企业（有限合伙），引入帮扶资金社会资本500万元。

10月19日，中国宝武发文，华宝投资与产融业中心根据各自定位独立运作，不再实行“两块牌子、一套班子”运作方式。

11月2日，上海欧冶金融信息服务股份有限公司发布《产业金融区块链白皮书》。

**华宝投资下属子公司（含托管单位）一览表**

| 公 司 名 称 | 注册资金（亿元） | 主要经营范围 | 持股比例 | 在岗员工（人） |
|---|---|---|---|---|
| 上海欧冶金融信息服务股份有限公司 | 14.00 | 金融数据处理、金融软件开发、产业投资与管理、资产管理、商务咨询、企业管理咨询、投资咨询、财务咨询 | 25% | 125 |
| 华宝都鼎（上海）融资租赁有限公司 | 16.00 | 融资租赁业务，租赁业务；与主营业务有关的商业保理业务等 | 45.33% | 68 |
| 华宝（上海）股权投资基金管理有限公司 | 1.00 | 股权投资管理、投资管理、资产管理 | 100% | 9 |
| 华宝冶金资产管理有限公司 | 10.00 | 冶金行业不良资产管理 | 100% | 12 |
| 四源合股权投资管理有限公司 | 10.00 | 发起设立股权投资企业，受托管理股权投资企业的投资业务并提供相关服务，股权投资咨询 | 25% | 17 |

（柏　云）

11月8日，上海欧冶金融信息服务股份有限公司自主开放跨境贸易金融服务平台。（柏　云）

## 华宝信托有限责任公司

【概况】 华宝信托有限责任公司（简称华宝信托）成立于1998年10月，注册资本金47.44亿元，中国宝武持股98%，舟山市国有资产投资经营有限公司持股2%。2020年底，华宝信托管理的信托资产规模4 307亿元。年底，在册员工399人，在岗员工397人。（张　璐）

【企业负责人简介】 李琦强，1971年11月生，江西樟树人，中共党员，高级会计师，华宝信托党委书记、董事长。

孔祥清，1967年9月生，安徽庐江人，中共党员，高级会计师，华宝信托董事、总经理、党委副书记。（张　璐）

【服务实体经济】 2020年，华宝信托立足钢铁生态圈专业化信托服务，为上下游机构和高端客户提供差异化财富管理和综合金融解决方案。新冠肺炎疫情期间，做到“不停贷、不断贷”，为有资金需求的中小微企业提供资金支持，对部分企业即将到期借款适当延期。1月25日—4月15日，华宝信托为7省2市的22家中小微企业提供资金支持，助力中小微企业正常复工复产。结合中国宝武“钢铁荣耀　铸梦百年”宣传教育系列活动，推出“荣耀130”系列信托产品，为钢铁生态圈供应链上的中小微企业提供金融服务，降低中小微企业融资成本，年内发行42期，产品规模超9.15亿元。（张　璐）

【回归信托本源】 2020年，华宝信托优化企业年金和薪酬福利受托管理与服务，至年底，受托管理的企业年金和薪酬福利计划资金规模超过200亿元。依托信托法律关系及公司家族信托管理系统，为客户搭建家族财富顶层架构，构建综合性财富管理平台，满足客户在财产保护、财富传承、资产配置、经营管理、税务筹划等方面的需求。在资产证券化领域，为客户提供多样化金融服务，实现资产证券化业务规模100%以上增长。（张　璐）

【获得荣誉】 2020年，华宝信托获“2019年度浦东新区经济特别贡献奖”“2019年度上海市中资法人金融机构统计工作一等奖”，上海证券报社第13届“诚信托”创新领先奖、最佳证券投资信托产品奖，证券时报社第13届中国优秀信托公司评选“2020年度优秀创新信托计划”“2020年度优秀证券投资信托计划”奖，《21世纪经济报道》第13届“金贝奖”2020年优秀信托公司奖。（张　璐）

【华宝信托大事纪要】

1月9日，华宝信托获“2019年度上海市中资法人金融机构统计工作一等奖”。

1月10日，华宝博识众彩系列信托计划获评2019年万得资讯（Wind）“最强私募榜组合策略基金”。

1月21日，华宝信托制订专项应急预案，成立新冠肺炎疫情防控应急领导小组，建立公司疫情防控机制。

1月28日，华宝信托捐助50万元，参与设立“中国信托业抗击新型肺炎慈善信托计划”。

2月19日，华宝信托发起设立“华宝善行·抗击新型冠状病毒肺炎疫情专项慈善信托”，资金规模272.80万元。

5月19日，华宝信托获中国信托业协会2019年度行业评级A。

7月15日，华宝信托结合中国宝武“钢铁荣耀 铸梦百年”宣传教育系列活动，推出“中国宝武130年”纪念款信托产品，打造钢铁生态圈供应链金融品牌。

7月20日，华宝信托获上海证券报社第13届“诚信托”创新领先奖、最佳证券投资信托产品奖。

8月7日，华宝信托获证券时报社第13届中国优秀信托公司评选“2020年度优秀创新信托计划”“2020年度优秀证券投资信托计划”奖。

8月9日，华宝信托获《21世纪经济报道》第13届“金贝奖”2020年优秀信托公司奖。

9月30日，华宝信托设立华宝（普洱）产业扶贫基金合伙企业（有限合伙），募集扶贫资金500万元。

10月26—28日，华宝信托作为财务顾问，服务武钢集团，在银行间市场发行第一期、第二期超短期融资券，发行规模30亿元。

11月30日，华宝信托获批新增合格境内机构投资者（QDII）额度1亿美元，累计QDII额度为20亿美元。

12月8日，华宝信托获“2019年度浦东新区经济特别贡献奖”。

（张　璐）

## 华宝基金管理有限公司

【概况】 华宝基金管理有限公司（简称华宝基金）前身为成立于2003年3月7日的华宝兴业基金管理有限公司，是国内首批中外合资基金管理公司之一，2017年10月更名。2020年，实现营业收入14.12亿元，其中公募基金管理费收入10.95亿元，合并利润总额6.17亿元。年底，华宝基金管理91支公募基金，管理资产规模为3 007亿元，在册、在岗员工262人。（赵　洋）

【企业负责人简介】 朱永红，1969年1月生，湖北仙桃人，中共党员，高级经济师、高级会计师，华宝基金董事长（2020年9月起任职）。

黄小薏，1968年10月生，加拿大籍，华宝基金总经理。

黄孔威，1966年10月生，浙江苍南人，中共党员，高级工程师，华宝基金党委书记（2020年6月起任职）。（赵　洋）

【推进钢铁生态圈业务发展】 2020年，华宝基金推进完成“人民币国际化的展望和路径”“海外龙头矿业研究和展望”“集团公司分拆子公司主体（上市或非上市）在科创板或H股上市的路径和案例分析”等研究项目，协助中国宝武推进公募房地产投资信托政策研究和前期项目可行性分析，参与中国宝武内相关子公司商业房地产抵押贷款支持证券项目全流程工作。

（赵　洋）

【布局ETF产品矩阵】 2020年，华宝基金作为A股主要ETF（交易型开放式指数基金）管理人，形成覆盖医疗、券商、银行、科技等多行业主题的产品矩阵。年底，华宝基金管理A股股票ETF规模456亿元，位居行业第七名；华宝基金蝉联上海证券交易所“十佳ETF管理人”大奖。（赵　洋）

【强化在绿色金融领域的领先优势】 2020年，华宝基金在公募基金行业内一直关注ESG（环境、社会责任与公司治理）投资这一全球趋势，参与国内ESG的理论研究与投资实践。年内，与深圳证券信息有限公司合作改造和优化国证治理指数；作为公募基金行业唯一代表，参与中国金融学会绿色金融专业委员会“碳中和愿景下的绿色金融路线图”课题，继续保持绿色金融先行者的优势地位。（赵　洋）

【发展互联网金融业务】 2020年，华宝基金推进互联网金融业务发展。至年底，华宝基金互联网金融平台保有规模476亿元，较上年底增长197%。年内，新增个人客户1 083万人，其中865万人来自互联网金融渠道，占比近80%。华宝基金在“蚂蚁财富”“天天基金”和“雪球”等主流互联网金融平台的运营能力排名均进入同行业前三名。（赵　洋）

【华宝基金大事纪要】

1月9日，华宝海外中国成长混合（241001）基金获中国香港中资基金业协会颁发的“三年期QDII混合型收益第二名”奖项。

10月9日，华宝基金成立指数研发投资部，主要负责指数产品的研发和投资管理的工作。

10月16日，在每日经济新闻、天相投资顾问有限公司举办的“2020中国公募基金金鼎奖”评选中，华宝基金获“ETF最具人气基金公司”奖、“ETF最佳十大爆款产品（科技ETF）”奖。华宝科技ETF（515000）获“ETF最佳十大爆款产品”奖。

10月28日，在中国基金报社举办的“中国公募基金英华奖”评选活动中，华宝科技ETF（515000）获“2019年度最佳创新基金产品”奖，华宝添益（511990）获“2019年度最佳货币ETF”奖。华宝基金获“2019年度新锐指数发展基金公司”奖、“2019年度最佳创新基金产品（华宝科技ETF）”奖、“2019年度最佳货币ETF（华宝添益）”奖。（赵　洋）

## 华宝证券有限责任公司

【概况】 华宝证券有限责任公司（简称华宝证券）前身为2007年6月成立的华宝证券经纪有限责任公司，2009年8月更名为“华宝证券有限责任公司”。2015年4月，注册资本变更为40亿元。2020年，华宝证券在中国证监会公布的证券公司分类结果中被评为A类券商（47家A类），保荐业务资格获中国证监会核准，启动公司改制上市工作。全年实现营业收入7.72亿元，同比增长11.74%；实现利润1.71亿元，同比增长11.86%。新增开户数超过24万户，较上年新增开户数增长360%；资金管理规模逆市增长，排名上升5位；完成产融结合项目8个。年底，在册、在岗员工576人。（陈一涓）

【企业负责人简介】 胡爱民，1973年12月生，江西永丰人，中共党员，华宝证券董事长。

刘加海，1972年1月生，山东日照人，中共党员，华宝证券总裁、党委副书记。

贾璐，1971年9月生，浙江金华人，中共党员，华宝证券党委书记。（陈一涓）

【公司改制】 2020年，华宝证券推进混合所有制改革，启动A股首发上市计划。12月，改制方案报中国宝武党委常委会、总经理常务会讨论通过。（陈一涓）

【保持经纪业务优势】 2020年，华宝证券量化业务保持行业优势，期权经纪业务成交排名行业第四位；借助金融科技创新成果，实现新增开户数突破24万户，较上年新增开户数5.20万户，增长360%；销售华宝金融系列产品16.35亿元。华宝证券被中国证监会评为A类券商。（陈一涓）

【资管规模逆势增长】 2020年，华宝证券除以量化私募为主的FOF（投资基金的基金业务）业务外，布局公募FOF等不同风险收益特征的产品线，资产管理业务总规模156.81亿元，行业排名第78位，较上年提升5位。（陈一涓）

【强化优势领域研究】 2020年，华宝证券发布《2020年华宝证券金融产品年度报告》；推出基金投资研究平台2.0版本，注册开户数748户，涉及机构157家；推出《2020年钢铁生态圈行业研究年度报告》《2021年钢铁生态圈行业研究年报中国宝武130年特刊》；为重点产融结合项目提供研究支持，研究成果逐步应用于股权性投融资、上市策划和战略规划。（陈一涓）

【金融科技助推业务新发展】 2020年，华宝证券强化科技对业务发展的推动作用，持续推进量化系统建设，使高净值客户能够更好地体验专业服务；互联网平台新增百亿量级分钟历史行情服务，逐步打造智能交易、智能投资顾问服务，账户业务客户实现自助办理，在“华宝智投”App（手机应用程序）上展示客户体验；基金投资研究平台初步建成金融工程大数据技术体系，提升基金研究和机构服务能力；完成托管机房搬迁改造，使交易效率提升3倍，结算效率提升1倍。（陈一涓）

【人力资源管理】 2020年，华宝证券通过优化激励考核方案，调整组织架构、人才统筹流动等方式，优化人力资源配。严格干部任用管理，开展内部选拔、公开竞聘、岗位交流等形式配置、优化干部队伍，全年直管领导人员和重点管理人员调整20人次。加强监督评价管理，开展选人用人专项检查的自查工作。设计并实施“最有价值员工（MVP：Most Valuable emPloyees）人才发展项目”，遴选后备培养对象，形成MVP人才库名单。（陈一涓）

【党组织换届选举】 6月23日，华宝证券召开第一次党员代表大会，完成新一届“两委”(党委和纪委)委员选举工作，规范推进党支部新一届支部委员会选举工作。年底，7个党支部全部按时完成换届工作。（陈一涓）

【履行社会责任】 2020年，华宝证券捐赠新冠肺炎疫情防控资金300万元。6月12日，举办扶贫带货爱心直播活动，5.70万人观看，获爱心认购73.64万元；向对口扶贫的云南省江城县、广南县、宁洱县、镇沅县和广西壮族自治区上林县捐赠270万元，用于支持当地扶贫项目；通过与第三方签署扶贫合作协议，为广南县引进帮扶资金100万元。（陈一涓）

【文化建设】 2020年，华宝证券将企业文化建设纳入公司治理，写入公司章程；参与“钢铁荣耀　铸梦百年”宣传教育系列活动，策划原创项目，举办华宝证券产融结合交流会暨2021年蓝宝书·中国宝武130年特刊发布会，将文化建设融入钢铁生态圈。（陈一涓）

【获得荣誉】 4月，华宝证券获上海市证券同业公会2020年新《证券法》知识竞赛“优秀组织奖”。5月，华宝证券团总支部获2019年度“上海市五四红旗团支部”称号。10月，华宝证券获评国际金融报社2020国际先锋金融机构高峰论坛“资产管理先锋券商奖”。12月，华宝证券获评中国证券报社2020中国证券业高质量发展论坛“证券公司金融科技奖”；华宝证券上海东大名路营业部获上海证券交易所颁发的“股票期权百强营业部”称号。（陈一涓）

2020年12月，华宝证券获“证券公司金融科技奖”奖杯（华　正　摄）

【华宝证券大事纪要】

3月2日，华宝证券组建混合所有制改革工作小组，开始启动落实混合所有制改革相关工作。

5月，华宝证券修编公司战略规划，明确公司发展的愿景(成为聚焦钢铁生态圈的特色券商)、使命(成为集团资本运作的参谋者、成为行业产融结合业务的引领者)、战略定位及战略目标，并制定战略举措。

6月5日，华宝证券启动开展“最有价值员工(MVP)人才发展项目”。

6月12日，华宝证券策划举办扶贫攻坚“爱心直播”活动，为扶贫县特色农产品带货，5.70万人观看，点赞数134.50万，认购农产品价值73.64万元。

6月23日，华宝证券召开第一次党员代表大会，选举产生第一届“两委”委员，通过党委工作报告决议和纪委工作报告决议。

8月26日，中国证监会公布证券公司分类结果，华宝证券被评为A类券商。

12月9日，华宝证券举办以“新时代、新产业、新动能”为主题的华宝证券产融结合交流会。

12月21日，中国证监会核准华宝证券的保荐业务资格。

12月24日，华宝证券收到中国证监会关于核准公司保荐业务资格的批复。（陈一涓）

**华宝证券各分公司(营业部)一览表**

| 分支机构名称 | 注册地 | 地　　址 |
|---|---|---|
| 北京分公司 | 北京市 | 北京市朝阳区建国门外大街丙12号楼 |
| 湖南分公司 | 湖南省长沙市 | 湖南省长沙市岳麓区观沙岭街道茶子山东102号浦发金融大厦第11层A区 |
| 上海大连路证券营业部 | 上海市 | 上海市杨浦区大连路688号501室 |
| 上海东大名路证券营业部 | 上海市 | 上海市虹口区东大名路558号16楼05A单元、05B单元、05C单元 |

（续　表）

| 分支机构名称 | 注册地 | 地　　址 |
|---|---|---|
| 上海浦东新区浦电路证券营业部 | 上海市 | 中国（上海）自由贸易试验区浦电路370号801室 |
| 上海徐汇区淮海中路证券营业部 | 上海市 | 上海市徐汇区淮海中路1325号1幢1004—1005室 |
| 上海世博大道证券营业部 | 上海市 | 中国（上海）自由贸易试验区世博大道1859号1号楼7楼715室、716室 |
| 北京建外大街证券营业部 | 北京市 | 北京市朝阳区建国门外大街丙12号楼1层102单元 |
| 重庆江北嘴证券营业部 | 重庆市 | 重庆市江北区庆云路2号6–2/6–3 |
| 杭州学院路证券营业部 | 浙江省杭州市 | 浙江省杭州市西湖区学院路77号黄龙万科中心1幢16层07室 |
| 宁波甬江大道证券营业部 | 浙江省宁波市 | 浙江省宁波市鄞州区甬江大道168号6幢48号005幢（3–1） |
| 舟山解放西路证券营业部 | 浙江省舟山市 | 浙江省舟山市定海区解放西路55—57号国际大厦7楼 |
| 舟山临城千岛路证券营业部 | 浙江省舟山市 | 浙江省舟山市定海区临城街道千岛路252—256号 |
| 舟山普陀麒麟街证券营业部 | 浙江省舟山市 | 浙江省舟山市普陀区东港街道麒麟街211号东港财富中心103室 |
| 舟山嵊泗云龙路证券营业部 | 浙江省舟山市 | 浙江省嵊泗县菜园镇云龙路1—8号 |
| 广州车陂路证券营业部 | 广东省广州市 | 广东省广州市天河区车陂路113号18层1806单元 |
| 深圳新闻路证券营业部 | 广东省深圳市 | 广东省深圳市福田区新闻路57号侨福大厦5楼 |
| 深圳南山大道证券营业部 | 广东省深圳市 | 广东省深圳市南山区南山街道南山大道1110号中油阳光大厦2201 |
| 南京集庆门大街证券营业部 | 江苏省南京市 | 江苏省南京市鼓楼区集庆门大街272号1幢1005室 |
| 合肥潜山路证券营业部 | 安徽省合肥市 | 安徽省合肥市蜀山区潜山路111号华润大厦A座9层904室 |
| 福州八一七北路证券营业部 | 福建省福州市 | 福建省福州市鼓楼区八一七北路88号百华大厦13层 |
| 厦门展鸿路证券营业部 | 福建省厦门市 | 福建省厦门市思明区展鸿路81号特房波特曼财富中心A座9层C单元 |
| 成都天府大道证券营业部 | 四川省成都市 | 中国（四川）自由贸易试验区成都高新区天府大道北段1199号3栋21楼2106号 |
| 长沙茶子山东路证券营业部 | 湖南省长沙市 | 湖南省长沙市岳麓区茶子山东路102号浦发金融大厦第11层A区 |
| 武汉建设大道证券营业部 | 湖北省武汉市 | 湖北省武汉市江汉区建设大道737号广发银行大厦1栋18层7—8号 |

（陈一涓）

## 宝武集团财务有限责任公司

【概况】 2020年6月，宝钢集团财务有限责任公司（简称宝钢财务公司）吸收合并武汉钢铁集团财务有限责任公司（简称武钢财务公司），11月更名为“宝武集团财务有限责任公司”（简称财务公司）。全年，财务公司实现营业收入9亿元、利润总额3.70亿元。年底，资产规模364亿元，净资产42亿元，在册员工101人，在岗员工100人。（谢　放）

【企业负责人简介】 王明东，1971年10月生，福建莆田人，中共党员，高级会计师，财务公司党委副书记、副董事长。

陈海涛，1972年4月生，河南许昌人，中共党员，高级会计师，财务公司总经理、党委副书记。（谢　放）

【金融支持抗疫】 2020年，财务公司在抗击新冠肺炎疫情期间，支持企业复工复产，先后推出延缓还本付息、延长宽限期、增加授信、下调利率等特殊信贷政策，单列专项信贷计划20亿元，发放抗疫贷款1.20亿元，支持医用氧气生产和武汉雷神山、火神山医院建设。（谢　放）

【资金结算和归集服务】 2020年，财务公司发挥专业优势，参与账户全生命周期管理；加快文字识别技术（OCR）等应用，提升开户效率；秉持“用户至上”理念，提供7×24小时结算服务。全年办理结算流量6.50万亿元，业务量202万笔，同比分别上升21%和20%。扩大现金平台覆盖范围，中国宝武、宝钢股份等现金平台覆盖成员企业293家，归集资金446亿元，融通资金292亿元，资金归集同比增加108亿元。（谢　放）

【账户可视化服务】 2020年，财务公司推进境内外账户可视化管理，年底归集账户和直连账户逾5 200个，实现账户资金“看得见”“管得住”。资金监控手段全面升级，新增电票管控平台及夜间支付监控、代办事项监控、异常处理优化等功能，全年资金监控业务198万笔，及时发现并处理异常指令9 181笔。（谢　放）

【票据服务与创新】 2020年，财务公司票据管理平台具备票据上收、下拨、借票、拆分、内部票据背书等功能，并与现金平台打通。宝钢股份票据平台完成票据集、借、转21.40万笔，金额2 614亿元，同比分别增长189%和268%，实现票据资源共享。作为开户机构和融资机构，财务公司与上海票据交易所、上海欧冶金融信息服务股份有限公司合作推出“供应链票据”，成为传统票据和“通宝”的有益补充。联合江苏银行发行“苏银宝钢财务2020年度第一期标准化票据”，成为上海地区和钢铁行业首单标准化票据业务；扩大票据转贴现、再贴现额度，增强资产盘活交易能力，全年转贴现发生54.14亿元，再贴现发生32.75亿元。（谢　放）

【国际化业务】 2020年，财务公司先后推出外汇线上支付和线上代开信用证服务，实现国际信用证开立、付款、赎单线上操作，新冠肺炎疫情期间为八一钢铁等企业开展境外采购业务发挥作用，全年开证36笔、金额折合人民币15.40亿元。拓展结售汇业务，扩大结售汇服务覆盖面，全年办理结售汇105笔，折合美元7.20亿元，同比分别增长48%和32%。（谢　放）

【产业链融资】 2020年，财务公司打造差异化竞争优势，全年生态圈融资规模665亿元，其中供应链融资发生额368亿元，同比增长16%；服务产业链客户1 300家，其中小微企业占比超80%。加大产品创新力度，率先实现“通宝”全流程线上融资，并打通“通宝”资产出表转让模式。以超短期、临时性信贷为成员单位解决外部融资周转难题，全年发放过桥贷款超150亿元。开展产业链条上财务公司间的深度合作，将财财合作企业拓展至13家。（谢　放）

【深化整合融合】 2020年，宝钢财务公司吸收合并武钢财务公司工作全面完成。6月，中国银行保险监督管理委员会批复宝钢财务公司吸收合并武钢财务公司；8月，武钢财务公司工商注销；11月，宝钢财务公司变更为“宝武集团财务有限责任公司”；12月，财务公司武汉分公司获中国银行保险监督管理委员会湖北监管局颁发的金融许可证。年内，财务公司探索“一总部多分支”管理模式，统筹优化资源配置。9月，正式托管马钢集团财务有限公司，按照托管方案切实履行托管职责。（谢　放）

【开展对标找差】 2020年，财务公司选择金融科技领先、市场化运作优秀的上海汽车集团财务有限责任公司（全国唯一1A监管评级）和宁波银行（上市银行竞争力榜首）作为对标对象，查找问题和薄弱环节，制订管理提升行动方案及工作清单，做到分管领导“一人一表”，部门“一部一表”，明确对标提升的目标。（谢 放）

【发展金融科技】 2020年，财务公司实施《金融科技和数据治理三年规划》，加大科技投入，提高研发效率，利用区块链、大数据、机器人流程自动化技术（RPA）、文字识别（OCR）、人工智能（AI）等先进技术，支持“四个智慧”（智慧中台、智慧营销、智慧决策、智慧风控）项目落地，推动金融服务向数字化、线上化、智慧化转型。加强数据治理和数据应用，挖掘数据资产价值，对内部进行经营分析、营销分析、风险管理，对外部提供财资服务报告和金融服务报告的数据价值支撑作用逐渐显现。（谢 放）

【风险合规管理】 2020年，财务公司结合“风控合规年”建设，加大合规风险培训力度，月月有培训，季季有考试，参加培训的员工超过1 000人次。落实监管检查整改项目，确保整改到位。针对新冠肺炎疫情和经济下行影响，对供应链业务的实质风险进行排摸，加强应急预案的实战性演练，提升应急能力。（谢 放）

【企业文化建设】 2020年，财务公司以中国宝武“钢铁荣耀 铸梦百年”系列宣传教育活动为契机，推出“以文化人”铸就“宝财之道”系列活动，利用微信公众号、朋友圈、宣传海报、专栏投稿等多种渠道，开展品牌宣传工作；加强战略规划和企业文化的宣传、贯彻、培训。（谢 放）

【宝钢财务公司、财务公司大事纪要】

1月10日，宝钢财务公司与新疆八一钢铁股份有限公司签订金融服务协议。

2月12日，宝钢财务公司对上游供应商发放首单在线保理融资业务。

6月12日，宝钢财务公司选举产生新一届党委和纪委。

6月18日，宝钢财务公司紧跟上海票据交易所创新步伐，办理首单供应链票据的贴现业务。

同日，宝钢财务公司与中国第一汽车集团有限公司下属一汽财务有限公司签署战略合作协议。

6月30日，宝钢财务公司吸收合并武汉钢铁集团财务有限责任。

7月9日，宝钢财务公司与上海欧冶金融信息服务股份有限公司签署战略合作协议。

8月30日，武汉钢铁集团财务有限责任公司办理工商注销手续。

8月，宝钢财务公司分别与中国铁建财务有限公司、徐工集团财务有限公司签署战略合作协议。

9月1日，宝钢财务公司正式托管马钢集团财务有限公司。

9月12日，宝钢财务公司票据风险管控平台上线，宝钢股份成为首批使用客户。

9月16日，宝钢财务公司与上海票据交易所、欧冶云商股份有限公司签署“票付通”合作框架协议。

11月3日，宝钢集团财务有限责任公司更名为“宝武集团财务有限责任公司”。

12月16日，财务公司武汉分公司获中国银行保险监督管理委员会湖北监管局颁发的金融许可证。（谢 放）

**财务公司下属子公司（含托管单位）一览表**

| 公司名称 | 地 址 | 注册资金 | 主要经营范围 | 持股比例 | 在岗员工（人） |
|---|---|---|---|---|---|
| 马钢集团财务有限公司 | 安徽省马鞍山市九华西路8号 | 20亿元 | 内部存款、贷款、结算业务，有价证券投资业务，同业往来业务，表外委托业务，一头在外延伸产业链金融业务等 | 托管 | 29 |

（谢 放）

编辑：张 鑫

# 16 托管企业

# 托管企业

## 中国中钢集团有限公司

【概况】 中国中钢集团有限公司(简称中钢集团)的前身为成立于1993年2月的中国钢铁工贸集团公司,由原隶属冶金工业部的中国冶金进出口总公司、中国钢铁炉料总公司、中国国际钢铁投资公司、中国冶金钢铁加工公司合并组建而成。1999年1月,与国家冶金工业局脱钩,并陆续接收了原隶属于国家冶金工业局的6家科研院所和其他企业。2004年,更名为“中国中钢集团公司”。2008年,成立中国中钢股份有限公司。2017年11月,由全民所有制企业改制为国有独资公司,更名为“中国中钢集团有限公司”,是一家为冶金工业提供资源、科技、装备集成服务,集矿产资源、科技新材、工程装备、贸易物流、投资服务于一体的大型跨国企业集团。2020年10月,由中国宝武实施托管。

中钢集团的历史可上溯至20世纪50年代。2005年起,中钢集团陆续并购重组了国家“一五”期间建设的冶金行业部分重要生产企业,其中包括始建于1953年的衡阳有色冶金机械总厂,始建于1958年的邢台机械轧辊集团有限公司、西安冶金机械有限公司、洛阳耐火材料集团有限公司等,开启了由传统商贸型企业向现代生产性服务企业的战略转型。中钢集团是中国最早“走出去”从事国际经济技术合作的国有大型企业之一,在澳大利亚、南非、津巴布韦等国建有铁矿、铬矿资源基地,掌控铁矿资源50多亿吨、铬矿资源10亿吨,铬铁资源量和产能位列全球第[illegible]。新材料和行业共性技术研发优势突出,拥有30个国家级研发平台,其中有3个国家重点实验室、4个国家级企业技术中心、1个国家新材料知识产权运营中心;在探矿、选矿、热工、环保、耐火材料、金属制品、工程设计等领域,积累了较强的科技研发实力;在高端耐磨材料、磁性材料、高温材料、核石墨材料研发及3D打印等方面处于行业领先地位，多年来为中国神舟系列飞船、蛟龙探海工程等国家重大项目提供所需的高端材料。具备工程总承包和综合配套能力，建设149个海外钢铁工程项目，其中“一带一路”沿线国家123个，自2008年起入选“全球最大250家国际承包商和最大250家全球承包商”行列。具备完整的冶金装备研发、制造体系，拥有世界知名轧辊企业，轧辊产销规模、品种规格、研发达到世界一流水平，铁前、卷取等冶金设备国内市场占有率第一。

2020年，中钢集团实现利润总额7.30亿元，同比增长18%；净利润3.50亿元，同比增长37%；实现营业收入602亿元。年底，在册员工16 168人，在岗员工13 842人。（刘贝贝）

中钢国际工程技术股份有限公司EPC（设计、采购、施工一揽子总承包合同）总承包建设的澳大利亚库戴科（CUDECO）铜矿选矿厂项目（宗　轩　摄于2020年12月）

【企业负责人简介】　徐思伟，1966年8月生，重庆人，中共党员，正高级经济师，中钢集团党委书记、董事长。

刘安栋，1964年2月生，湖南祁阳人，中共党员，正高级会计师，中钢集团董事、总经理、党委副书记。（刘贝贝）

【疫情防控】　2020年新冠肺炎疫情期间，中钢集团紧急组织所属境外企业采购1万件医用防护服、18万只医用口罩驰援武汉重灾区，向武汉地区捐款672万元。境外疫情蔓延日趋严重后，坚持分类施策、精准防疫，提供防疫物资，加强心理疏导，强化巡视巡检，境外企业和项目现场没有发生聚集性疫情。在国内全面复工复产、国外“带疫解封”后，协调各方、有序组织员工自愿接种疫苗。中钢集团武汉安全环保研究院、中钢澳大利亚有限公司员工孙晓轩分获“中央企业抗击新冠肺炎疫情先进集体”“中央企业抗击新冠肺炎疫情先进个人”称号。（刘贝贝）

【科技创新】　2020年，中钢集团研发投入比例1.10%，较上年同期增长67%；16家生产科技工程企业研发投入比例2.10%，创历年最高水平。12月24日，“国家新材料知识产权运营中心”挂牌，致力打造新材料领域专业化、国际化的知识产权运营中心。全年申请专利654件，其中发明专利298件，新增授权专利263件，其中发明专利105件；编制标准39项，其中新增国际标准3项；获中国钢铁工业协会、中国金属学会科技成果奖54项，新增成果转化30项。（刘贝贝）

【企业改革】　2020年，中钢集团推动“总部机关化”整治：优化完善总部功能，组建科技创新部；修订总部职责清单、管控界面清单，加大对子公司的授权放权力度；实施中钢科技发展有限公司、中钢国际贸易有限公司、中钢资产管理有限责任公司等子公司机构改革。组织实施“双百行动”“科改示范行动”专项改革工程：推进中钢洛耐新材料科技有限公司引入混合所有制改革，同步实行员工持股；中钢集团安徽天源科技股份有限公司非公开发行股票筹资获中国证券监督管理委员会核准；中钢集团马鞍山矿山研究总院股份有限公司《引“战投”转机制　探索科研院所创新转型发展》入选国务院国资委改革案例，在“双百企业”专项评估中获A级；开展中钢集团鞍山热能研究院有限公司资产整理，加快改制上市进程。推进董事会应建尽建，完成中钢洛耐新材料科技有限公司、中钢集团邢台机械轧辊有限公司、中钢矿业开发有限公司、中钢海外资源有限公司、中钢集团鞍山热能研究院有限公司等企业董事会组建。组织开展亏损企业治理专项行动，完成27户企业治理任务。完成“处僵治困”及“三

供一业”审计清算，“三供一业”分离移交收尾，厂办大集体和离退休人员社会化主体任务按计划目标完成。（刘贝贝）

【风险防范】 2020年，中钢集团有效应对新冠肺炎疫情造成的南非部分企业停工停产影响，及时制订应对预案，推动中钢萨曼可铬业有限公司“减产瘦身”，处置盘活尾矿资产，保持现金流安全；强化内部审计，组织编制全面风险管理报告、风险内控评价报告及合规管理报告；推进依法清收，全年回笼资金7.69亿元；推进股权、房产处置变现，收回资金2亿元。（刘贝贝）

【党建工作】 2020年，中钢集团落实国务院国资委党委巡视整改要求，整改完成率95%。加强红色资源课题的研究工作，在国务院国资委年度重点课题成果评选中获一等奖。加强优秀年轻干部培养工作，选拔104名优秀年轻干部。落实《双向挂职干部管理办法》，强化所属企业之间横向交流，完成28名领导人员交流任职。（刘贝贝）

【脱贫攻坚】 6月，中钢集团及所属企业定点扶贫的内蒙古自治区赤峰市翁牛特旗以及6个贫困村实现脱贫摘帽。年内，中钢集团投入资金528万元，支持翁牛特旗产业基地建设、就业培训、企业安全培训诊断等，培训基层干部和技术人员480人；联合国务院国资委新闻中心开展“百县百品央字号”扶贫直播行动，组织总部和所属企业开展消费扶贫，购买贫困地区农产品1 159.70万元。（刘贝贝）

【企业文化建设】 2020年，中钢集团在总部和中钢集团邢台机械轧辊有限公司、中钢集团安徽天源科技股份有限公司等地举办“印记中钢·抗疫篇”主题展；在总部举办“印记洛耐·信念永恒”“印记邢机·世界一流”系列主题展览，从文化的视角反映中钢人战疫情、保稳定的钢铁意志、坚定信念和同舟共济的拼搏姿态。（刘贝贝）

【获得荣誉】 2020年，中钢集团邢台机械轧辊有限公司参与的“高品质特殊钢绿色高效电渣重熔关键技术的开发和应用”获国家科学技术进步奖一等奖。中国工程院院士王运敏获中国钢铁工业协会、中国金属学会评选的“十三五”钢铁工业科技成就奖。中钢洛耐科技股份有限公司“特种钢绿色高效冶炼用优质环保无铬新材料开发与产业化应用”项目获第十届中国技术市场金桥奖一等奖。中国中钢股份有限公司总工程师、中钢集团洛阳耐火材料研究院有限公司名誉院长李红霞被授予“全国劳动模范”称号。（刘贝贝）

【中钢集团大事纪要】

1月7日，中钢集团党委成立巡视整改领导小组和工作机构。

1月19日，中钢集团实施国内贸易业务与海外贸易业务整合，重组新设中钢国际贸易有限公司，由其统筹管理集团所属贸易企业。同时撤销中钢国贸控股有限公司、中钢国际控股有限公司2个平台公司。

1月20日，中钢集团将东悦投资有限公司更名为“中钢海外资源有限公司”，进一步强化海外矿业专业化运营管理。

3月10日，中钢集团深入实施科技驱动发展战略，成立科技创新部。

3月13日，中钢集团启动编制《中钢集团“十四五”科技发展规划》。

3月18日，中钢集团以视频方式召开统筹推进新冠肺炎疫情防控和生产经营工作调度会议，研究部署精准推动疫情防控和生产经营工作。

3月27日，中钢集团党委召开2020年党风廉政建设和反腐败工作会议暨警示教育大会。

4月16日，中钢集团召开国有企业改革政策宣讲及任期制和契约化管理项目启动会。

4月28日，中钢集团“曝光台云平台”上线。

7月1日，中钢集团党委组织重温入党誓词“云宣誓”仪式和“印记中钢·抗疫篇”主题展览“云开幕”活动。

7月14日，国务院国资委党委委员、副主任任洪斌到中钢集团调研，了解新冠肺炎疫情对中央企业经营发展产生的影响，帮助企业解决面临的困难和问题。

7月30日，中钢集团聘任2020—2022年度科技骨干人才，其中专家16人、青年拔尖人才23人。

9月4日，中钢集团启动子集团“本部机关化”问题专项整改工作。

9月28日，“印记洛耐·信念永恒”主题展览在中钢洛耐科技股份有限公司启动。

10月15日，中国宝武党委书记、董事长陈德荣到中钢洛耐科技股份有限公司考察调研，并参加纪念习仲勋诞辰107周年敬献花篮

2020年10月15日，中国宝武党委书记、董事长陈德荣（中）在中钢洛耐科技股份有限公司参加纪念习仲勋诞辰107周年敬献花篮仪式，向习仲勋塑像敬献花篮　（陆　鼐　摄）

仪式。

10月19日，中钢集团召开中层以上干部大会，国务院国资委有关厅局负责人传达关于中国宝武对中钢集团实施托管的决定。

12月16日，装载恰那铁矿最后一船铁矿石的“大唐号”轮由澳大利亚西澳港驶往中国，运营33年的恰那铁矿合资项目到期。恰那铁矿由中钢集团与力拓集团合资，1990年投入运行，共开采铁矿石2.90亿吨，全部销往中国市场。　（刘贝贝）

**中钢集团下属子公司一览表**

| 企业名称 | 地　址 | 注册资本（万元） | 主要经营范围 | 持股比例 | 在岗员工（人） |
|---|---|---|---|---|---|
| 中钢科技发展有限公司 | 北京市海淀区海淀大街8号 | 5 000.00 | 探矿、选矿、热工、环保、耐火材料、磁性材料、核石墨材料、金属制品、工程设计等领域的科技研发、咨询服务 | 100% | 6 459 |
| 中钢国际工程技术股份有限公司 | 北京市海淀区海淀大街8号 | 125 666.29 | 国内外大型工业工程项目总承包 | 54.60% | 1 947 |
| 中钢装备技术有限公司 | 河北省邢台市信都区新兴西大街1号 | 20 000.00 | 轧辊、冶金设备、矿山机械等的设计和制造 | 100% | 4 480 |
| 中钢矿业开发有限公司 | 北京市海淀区海淀大街8号 | 61 067.00 | 矿产资源的开发、加工及产品销售，矿业技术服务及咨询，矿用设备及相关材料的销售 | 100% | 588 |
| 中钢海外资源有限公司 | 中国香港特别行政区 | 40 515.00 | 海外矿产资源开发与运营 | 100% | 59 |
| 中钢国际贸易有限公司 | 北京市海淀区海淀大街8号 | 10 000.00 | 铁矿石、合金矿、铁合金、废钢、煤焦、有色金属等冶金产品的国际贸易及相关国内贸易 | 100% | 202 |
| 中钢资产管理有限责任公司 | 北京市海淀区海淀大街8号A座 | 16 701.00 | 资产处置 | 100% | 64 |
| 中钢投资有限公司 | 北京市海淀区海淀大街8号A座 | 75 959.16 | 证券投资、期现贸易、类金融业务 | 100% | 85 |
| 中钢国际货运有限公司 | 北京市海淀区海淀大街8号 | 17 028.22 | 港口货物运输的无船承运，海运、空运进出口货物的国际运输代理业务，国内水路货物运输代理业务 | 100% | 222 |

（续 表）

| 企业名称 | 地 址 | 注册资本（万元） | 主要经营范围 | 持股比例 | 在岗员工（人） |
|---|---|---|---|---|---|
| 中钢（上海自贸试验区）发展有限公司 | 中国（上海）自由贸易试验区富特北路211号 | 5 000.00 | 货物的进出口业务、转口贸易、区内企业间的贸易，废旧金属的回收、存储及销售，金属材料、矿产品、建筑材料、化工产品、煤炭的销售 | 100% | 15 |
| 中钢期货有限公司 | 北京市海淀区海淀大街8号 | 28 000.00 | 商品期货经纪、金融期货经纪、期货投资咨询 | 98% | 108 |
| 中钢集团衡阳重机有限公司 | 湖南省衡阳市珠晖区东风路1号 | 49 854.00 | 盘活资产、解决历史遗留问题 | 100% | 187 |

（刘贝贝）

## 重庆钢铁（集团）有限责任公司

【概况】 重庆钢铁（集团）有限责任公司（简称重钢集团）的前身为张之洞于1890年创办的汉阳铁厂。1938年3月，国民政府组建钢铁厂迁建委员会，将汉阳铁厂、上海炼钢厂、大冶铁矿等厂矿的主要设备拆迁、抢运入川，在重庆大渡口选址建厂。1949年3月，钢铁厂迁建委员会更名为“兵工署第二十九兵工厂”。中华人民共和国成立后，先后更名为“西南工业部第一零一厂”“西南钢铁公司”“重庆钢铁公司”。1995年改制为重庆钢铁（集团）有限责任公司。2007年1月，启动节能减排环保搬迁改造工程；2011年9月16日，长寿新区建成投产；同年9月22日，重钢大渡口老区钢铁主业全面关停。2017年12月29日，重钢集团下属重庆钢铁股份有限公司（简称重庆钢铁）完成司法重整，从集团剥离。2020年12月21日，重庆市国资委与中国宝武签署重钢集团股权无偿划转协议。12月30日，重钢集团纳入中国宝武管理体系，参照一级子公司进行管理。重钢集团拥有矿产资源、钢结构及工程建设、高端特钢产品、特色地产、现代服务等主要产业。其中，矿产资源产业和钢结构产业为重点支柱产业，高端特钢产品广泛应用于航天、航空、军工和新能源等高端领域。2020年，重钢集团实现营业收入（汇总）95.31亿元，同比增长13.20%；实现利润5.89亿元，同比增长26.67%。年底，在册员工6 604人，在岗员工6 225人。

（罗丽霞）

【企业负责人简介】 刘大卫，1963年9月生，重庆人，中共党员，研究员，正高级工程师，重钢集团党委书记、董事长（2020年10月，兼主持经营层全面工作）。

段彩均，1965年1月生，重庆人，中共党员，高级工程师，重钢集团总经理（至2020年10月）。

（刘 虎）

【改革重组】 2020年，重钢集团启动深化改革转型发展方案的谋划制订。1月，形成《重庆钢铁（集团）有限责任公司深化改革转型发展方案》，并上报重庆市国资委。3月，该方案获重庆市人民政府批准。3月23日，重钢集团100%股权在重庆产权交易网重庆联合产权交易所集团网站正式挂牌，最终未能成交。7月，重庆市委、市政府决定重钢集团原改革重组方案终止实施，并对重钢集团改革重组思路作出新的调整，要求重钢集团立足老钢铁企业集团历史和现状，以及国家钢铁产业宏观战略，结合重庆市人民政府与中国宝武战略合作框架协议内容，统筹谋划深化改革转型发展路径。8月，重钢集团启动新一轮改革重组工作，配合意向重组方中国宝武开展业务、财务、法务尽职调查工作，双方商议以重钢集团现有产业资源为基础，在中国宝武总体战略下，按照“战略对接、总体规划、分步实施”原则，发挥中国宝武在技术、品牌和管理方面的优势，结合重庆和西南地区区位优势和市场需求，加大中国宝武在渝投资，把重钢集团打造成为中国宝武在重庆、西南地区的产业投资平台，助力中国宝武“弯弓搭箭”战略布局和高质量钢铁生态圈建设。12月21日，重庆市国资委和中国宝武签订《关于重庆钢铁（集团）有限责任公司股权无偿划转之协议》《重庆市国有资产监督管理委员会和中国宝武钢铁集团有限公司、重庆钢铁（集团）有限责任公司委托管理协议》。12月30日，中国宝武发文，明确在受托管理期间将重钢集团纳入中国宝武管理体系，参照一级子公司进行管理。（罗佳琳）

【智能制造】 2020年，重钢集团成立大数据智能制造推进工作小组，编制完成《重钢集团数字化发展实施方案（2020—2022年）》，在新材料、节能环保、高端制造、新一代基础设施等战略性产业开展智能化规划调研。建立重钢集团大数据智能化项目库，推进实施重庆钢结构产业有限公司大渡口区生物医药园建设项目、重庆朝阳气体有限公司3.50万立方米空分机组智能变负荷项目等6个重点智能化项目。（胡 婷）

【科技创新】 2020年，重钢集团继续落实创新驱动发展战略，投入研发经费1.54亿元，占营业收入的1.62%。开发新产品10个，其中市级重大新产品3个，新产品销售收入2.17亿元。新增（授权）专利42件，其中发明专利9件。参与国家军用标准修订4个。组织开展技术攻关项目24项，受表彰优秀科技成果18项、优秀合理化技术改进成果40项。利用重钢集团国家级博士后工作站引进专业人才，开展高温合金制备关键技术研究及新产品研发与复杂载荷作用下复杂钢结构双向流固耦合及抗火计算方法研究。（唐 瑛）

【处理历史遗留问题】 2020年，重钢集团以与中国宝武重组为契机，对公司资产、负债进行全面清理，摸清家底，通过改制专项审计，妥善处理历史遗留债权债务问题，核销应收重庆渝富控股集团有限公司债权17.39亿元，计提非统筹及离退休人员费用14.80亿元，确认应付重庆市地产集团有限公司债务10.44亿元，预提西南水泥有限公司负债2.19亿元等，调减重钢集团净资产49亿元。（张春颖）

【“三防”工程建成投用】 6月17日，重钢集团“三防”（防尘、防渗漏、防流失）工程竣工投用。该项目是按中央环保督查组要求，整治重庆钢铁集团产业有限公司临时堆场A区域环境的整改工程项目，新建建筑面积5 562.16平方米的尾渣堆场封闭车间及1 105平方米的场外道路等，场内堆渣量设计2.20万吨，计划总投资1 143.70万元，实际总投资915.44万元。设计方为重庆钢铁集团设计院有限公司，施工方为重庆新一兴建设工程有限公司。项目于2019年11月启动，2020年4月30日开工建设，6月17日竣工并投入使用。（杨 俊）

【压氮系统技术改造项目热负荷试车】 12月28日，重钢集团下属重庆朝阳气体有限公司压氮系统技术改造项目热负荷试车。该项目主要建设一套3.50万立方米/小时中抽氮压机主机及配套设施，计划总投资1 350万元，实际投资1 140万元。设计方为重庆钢铁集团设计院有限公司，主体设备供应商为杭州杭氧透平机械有限公司，施工方为中地寅岗建设集团有限公司。2019年7月取得项目备案，2020年9月18日开工建设，11月29日主体设备安装完毕，12月8日单机试车，12月28日完成热负荷试车。（杨 俊）

【钒钛磁铁矿采选扩建工程建设】 2020年，重庆钢铁集团矿业有限公司下属重钢西昌矿业有限公司1 000万吨/年钒钛磁铁矿采选扩建工程建设进展顺利。其中，小麻柳尾矿库（一期）工程于2017年12月开工，2020年9月18日建成并完成竣工验收，10月4日投入试运行，接替库容已满的西漂扩容尾矿库；露天采场排水工程完成施工图设计；尾矿输送系统完成EPC（设计、采购、施工一揽子总承包合同）招标及合同签订，5月10日土建施工开工，12月完成合同金额的42%；签订小麻柳排土场项目用地流转协议，完成拆迁工作；基建剥离工程于2019年3月开工，2020年完成剥离量300万立方米，自开工日起累计完成剥离量540万立方米，累计完成合同投资的57%。8月，重钢西昌矿业有限公司与四川省自然资源厅签订采矿权出让合同；11月26日，四川省自然资源厅组织对矿产资源开发利用方案进行评审

重钢西昌矿业有限公司采矿现场　（青　颖摄于2020年11月）

并原则通过；编制完成地质环境影响评价与土地复垦方案。（杨　俊）

【气体输配系统综合技术改造项目】 2020年，重庆朝阳气体有限公司气体输配系统综合技术改造项目按计划推进。该项目为重庆钢铁扩大产能配套工程，总投资2 999万元，主要建设内容包含2个氧气球罐、3个液氩储槽、2套氧氮气化系统、1台空压机。7月，通过公开招标方式，确定由重庆钢铁集团设计院有限公司EPC总承包；9月，开工建设。（杨　俊）

【人力资源管理】 2020年，重钢集团市场化招聘专业技术人员34人，完成员工劳动合同到期评价374人。从严管控用人规模，年底在册员工6 604人，比2019年减少131人；在岗员工6 225人，比2019年减少68人；劳动用工总人数7 540人，比2019年减少199人。实施企业年金，26家单位缴纳年金3 418万元。新冠肺炎疫情期间，办理养老保险、失业保险、工伤保险减免及稳岗返还7 007万元。受理退役士兵补缴申请61例，缴纳补缴91.59万元。（陈里林）

【人才队伍建设】 2020年，重钢集团开展企业经营管理人员、管理技术人员继续教育、技能技术、职业资格、操作人员特种作业、安全等各层次、各类型培训15 828人次。举办“劳动美·创新强”青年职业技能大赛，4个竞赛项目有136人参赛。重庆钢铁集团电子有限责任公司员工张桥川入选重庆市创业领军人才。（谭小锋）

【企业管理】 2020年，重钢集团修订完善《重庆钢铁集团“三重一大”决策实施办法》《重庆钢铁集团党委会议事规则》《重庆钢铁集团董事会议事规则》，重钢集团党委前置研究“三重一大”集体决策事项109个，重要制度、重要合同、重大生产经营决策议题法律审核率100%。重钢集团及下属32家具备修订条件的二级和三级企业，全覆盖完成章程修订并备案。逐步建立完善风险防控体系，形成风险监测、预警、识别、评估、报告机制，制订《防范化解重大风险行动方案》，全年未发生重大风险事件。压缩管理层级，完成157户厂办集体性质企业及其分支机构工商注销，完成重庆冶金技术咨询公司工商注销，处置“僵尸企业”6家。完成重庆市国资委下达的社会职能移交任务。（陈琳琳　涂江涛　周　明）

【安全环保】 2020年，重钢集团制订安全生产专项整治“三年行动”工作方案及工作任务清单，建立“日、周、月”安全隐患排查标准化管理模式；完成环境问题全面再排查、綦江铁矿满山红尾矿库闭库工作，实施关停矿山整治；完成重庆钢铁集团产业有限公司临时堆场A区域环境整治，达到中央环保督查组的整改要求。全年无较大及以上生产安全事故，重伤及工亡事故为零，火灾或爆炸事故为零，环境污染事故为零，急性职业病危害事故为零。（李金甫）

【党群工作】 2020年，重钢集团党委全面加强党的建设，建立全

重庆钢铁研究所有限公司航空发动机用精密管材生产现场　（龙在全　摄于2020年3月）

面从严治党任务清单、问题清单、责任清单。针对重庆市委对重钢集团开展巡视工作中提出的4个方面、11项问题，制订95条整改措施，完成整改93条，持续落实整改2条。开展“落实条例、提升质量”专项行动，推进基层党建深度融入生产经营。成立重钢集团党委反腐败协调小组，建立纪委与监事会联合沟通机制，开展专题约谈、检查考核、责任追究。对违反中央八项规定精神问题从严问责，对26名责任人员进行追责问责。开展形式主义、官僚主义集中整治，文件、会议分别同比减少24.09%、13.10%。加强案件查处力度，全年立案4件，给予6人党纪政务处分。开展建厂130周年主题系列活动、第12届思想政治工作创新奖评比活动。（潘利梅　宋国旺）

**【获得荣誉】** 2020年，重庆钢铁司法重整改革经验被国务院国有企业改革领导小组办公室确定为全国首批推广的企业典型改革经验。重钢集团下属重庆钢铁研究所有限公司获2020年度重庆市五一劳动奖，重钢集团电视台获中国电视艺术家协会企业分会授予的年度“全国先进企业电视台”称号，重钢集团首席技术专家、重庆钢结构产业有限公司总工程师肖勇获第八届“中国侨界贡献奖”一等奖。重钢集团下属重庆钢构设计院公司设计的南宁平里静脉产业园垃圾焚烧发电项目获2020年度重庆市勘察设计协会优秀工程勘察设计奖一等奖。（罗丽霞）

**【重钢集团大事纪要】**

3月16日，重庆市第五届人民政府第89次常务会议审批通过《重庆钢铁（集团）有限责任公司改革重组方案》。

7月1日，中国宝武在重庆工业博物馆举行“重走钢铁长征路”系列活动启动仪式及中国宝武西南总部、中国钢铁博物馆（筹）、宝武大学重庆校区以及中国宝武中央研究院西南新材料研发中心合作项目揭牌仪式。

8月4日，重庆市国资委与中国宝武就重钢集团改革重组对接会暨尽职调查启动会召开。

11月20日，重庆市委常委、常务副市长吴存荣在雾都宾馆会见中国宝武党委书记、董事长陈德荣一行，双方就中国宝武重组重钢集团相关事项达成一致意见。

11月24日，重钢集团下属重庆钢铁研究所有限公司为中国长征五号遥五运载火箭研制的多种高性能材料，助力将嫦娥五号探测器送入预定轨道。

12月8日，重钢集团召开第十四届第三次职工代表大会，听取和审议重钢集团党委书记、董事长刘大卫所作的关于《〈重庆市人民政府与中国宝武集团联合重组重庆钢铁（集团）有限责任公司方案〉报告》，表决通过《重庆市人民政府与中国宝武集团联合重组重庆钢铁（集团）有限责任公司职工安置方案》。

12月21日，重庆市第五届人民政府第123次常务会审议通过《重庆市国资委持有重钢集团90%股权无偿划转中国宝武方案》。

同日，重庆市国资委与中国宝武关于重钢集团股权无偿划转协议签约仪式在重庆市国资委举行。重庆市国资委党委书记、主任胡际权和中国宝武党委常委、副总经理张锦刚分别在无偿划转协议上签字。会上，中国宝武、重庆市国资委和重钢集团负责人共同签署委托管理协议。

12月27日，重庆钢铁司法重整案例被国务院国有企业改革领导小组办公室确定为第一批推广的企业典型改革经验。

12月30日，中国宝武发文，明确将重钢集团纳入中国宝武管理体系，参照一级子公司进行管理。

12月，重钢集团下属重庆钢铁研究所有限公司收到中国航天科技集团有限公司第一研究院长征五号运载火箭型号办公室发来的感谢信，对其在长征五号遥五火箭发射嫦娥五号探测器任务过程中给予的支持表示感谢。

（罗丽霞）

## 重钢集团下属子公司（含托管单位）一览表

| 公司名称 | 地　址 | 注册资本 | 主要经营范围 | 持股比例 | 在岗员工（人） |
|---|---|---|---|---|---|
| 重庆钢铁研究所有限公司 | 重庆市大渡口区建桥工业园A区镁桥路2号 | 1 831.75万元 | 研究试制及生产销售黑色、特殊钢材及制品，粉末冶金及制品，及相关技术服务、技术咨询 | 100% | 119 |
| 重庆钢铁（集团）钢管有限责任公司 | 重庆市巴南区土桥王家坝 | 5 621.47万元 | 生产及销售无缝钢管 | 100% | 227 |
| 重庆钢铁集团运输有限责任公司 | 重庆市大渡口重钢钢城大厦 | 5 100万元 | 汽车运输，汽车维修，天然气和汽柴油零售，普通工程机械修理 | 100% | 268 |
| 重庆新港装卸运输有限公司 | 重庆市大渡口区江边综合原料厂（新港港区） | 2 000万元 | 集装箱、杂货装卸业务 | 55% | 1 |
| 重庆东华特殊钢有限责任公司 | 重庆市沙坪坝区双碑东华特钢技质中心 | 5 984.25万元 | 生产特殊钢材 | 100% | 0 |
| 重庆四钢钢业有限责任公司 | 重庆市綦江区三江镇 | 30 740万元 | 生产镀铅板（已停业） | 89.98% | 32 |
| 重庆钢铁集团朵力房地产股份有限公司 | 重庆市大渡口区重钢钢城大厦 | 33 218.02万元 | 房地产开发及销售，自有房屋出租 | 71.57% | 445 |
| 重庆市大渡口区千业教育培训有限责任公司 | 重庆市大渡口区跃进村30号 | 1 000万元 | 职业技能培训 | 100% | 64 |
| 重庆朝阳气体有限公司 | 重庆市大渡口区重庆建桥工业园C区石林大道8号 | 12 553.49万元 | 生产及销售管道气、医用氧、工业气体，瓶装气体等 | 100% | 306 |
| 重庆重钢矿产开发投资有限公司 | 重庆市大渡口区重钢大堰二村 | 250 000万元 | 矿产投资及开发 | 72.60% | 5 |
| 重庆钢铁（香港）有限公司 | 中国香港特别行政区湾仔轩尼诗道139号 | 100万港元 | 进口铁矿石代理业务 | 100% | 9 |
| 重庆三环建设监理咨询有限公司 | 重庆市大渡口区重钢大堰二村 | 2 000万元 | 工程监理、设备监造、造价咨询、招标代理、工程项目管理代理服务 | 100% | 114 |
| 重庆钢铁集团电子有限责任公司 | 重庆市大渡口区钢花路5号 | 5 217.20万元 | 计算机软件、电子智能产品、自动化软件及设备的产品开发、生产及销售和技术服务 | 100% | 525 |
| 重庆钢铁集团产业有限公司 | 重庆市大渡口区大堰三村 | 8 053.81万元 | 钢渣的处理加工回收含铁资源、废钢铁加工、型煤加工及钢材贸易 | 100% | 178 |
| 重庆钢结构产业有限公司 | 重庆市江北嘴金融城3号楼 | 200 000万元 | 各类工程设计、施工、总承包业务 | 35% | 1 331 |

（续　表）

| 公司名称 | 地　址 | 注册资本 | 主要经营范围 | 持股比例 | 在岗员工（人） |
|---|---|---|---|---|---|
| 重庆巫峡矿业股份有限公司 | 重庆市巫山县巫峡镇广东中路267号 | 10 000万元 | 黑色金属采选 | 83% | 25 |
| 重庆钢铁集团矿业有限公司 | 重庆市大渡口区大堰一村 | 117 383.84万元 | 铁矿石、钛精矿的开采及销售，石灰石、白云石的开采及加工 | 49.19% | 2 013 |
| 重庆钢铁（集团）中兴实业有限责任公司 | 重庆市江北区三钢二路 | 2 000万元 | 房地产开发及车库、门面的租赁业务 | 100% | 102 |
| 重庆三钢钢业有限责任公司 | 重庆市大渡口区茄子溪刘家坝 | 8 325.21万元 | 生产及销售无缝钢管 | 66.84% | 245 |
| 重钢集团耐火材料有限责任公司 | 重庆市沙坪坝区歌乐山街道龙洞湾22号附1号 | 6 254.25万元 | 耐火材料生产 | 100% | 10 |
| 重庆钢铁集团铁业有限责任公司 | 重庆市江津区夏坝镇江钢街 | 39 919.57万元 | 生铁生产（已停业） | 100% | 52 |
| 靖江三峰钢材加工配送有限公司 | 江苏省靖江经济开发区新港园区康桥路1号 | 7 000万元 | 钢材加工配送（已停业） | 72.86% | 2 |

（胡　洁　陈重津　周　智）

编辑：张　鑫

# 17 党群工作

# 党群工作

## 党委工作

2020年，中国宝武有党组织2 733个（不含中钢集团、太钢集团、重钢集团），其中党委243个、党总支201个、党支部2 289个，党员67 761名。（贾欢雨）

### 组织党建工作

【概况】 中国宝武钢铁集团有限公司组织工作由党委组织部推进落实。其主要职责是：组织落实全党重大活动，落实党委民主生活会制度，落实上级和集团公司党代表的选举、任期制和联络服务工作，推进二级单位党委建立、撤销、合并、调整、更名，指导二级单位"两委"班子换届、调整和增补，负责集团公司总部党群部门设置和职能分工，指导二级单位党委加强基层党组织建设，推动基层党组织带头人、党务工作者队伍建设，指导属地化党组织、境外党组织开展党建工作，推进党建信息化建设，指导党建研究会、党支部书记研修会有关工作，发展党员、党员教育管理，组织关系管理、党费收缴使用和管理，党内统计年报，党内关怀、激励帮扶等工作。（贾欢雨）

【落实新冠肺炎疫情防控工作】 2020年，面对新冠肺炎疫情，中国宝武各级党组织和广大党员勇挑重担、冲锋在前。疫情严重时期，1 941个基层党组织、585个党员突击队参与一线疫情防控，1 233名党员奋战在抗疫一线；"火线"发展党员1人；党员自愿捐款339.40万元；落实650.90万元专项党费，慰问一线党员2 630人，补助因患新冠肺炎生活困难的员工230人，用于支持基层党组织开展抗疫工作，实现疫情防控和生产经营两不误。（贾欢雨）

【深化"不忘初心、牢记使命"主题教育成果】 2020年，集团公司党委抓好"不忘初心、牢记使命"主题教育整改落实各项任务。围绕贯彻落实党中央《关于巩固深化"不忘初心、牢记使命"主题教育成果的意见》，结合在主题教育中的

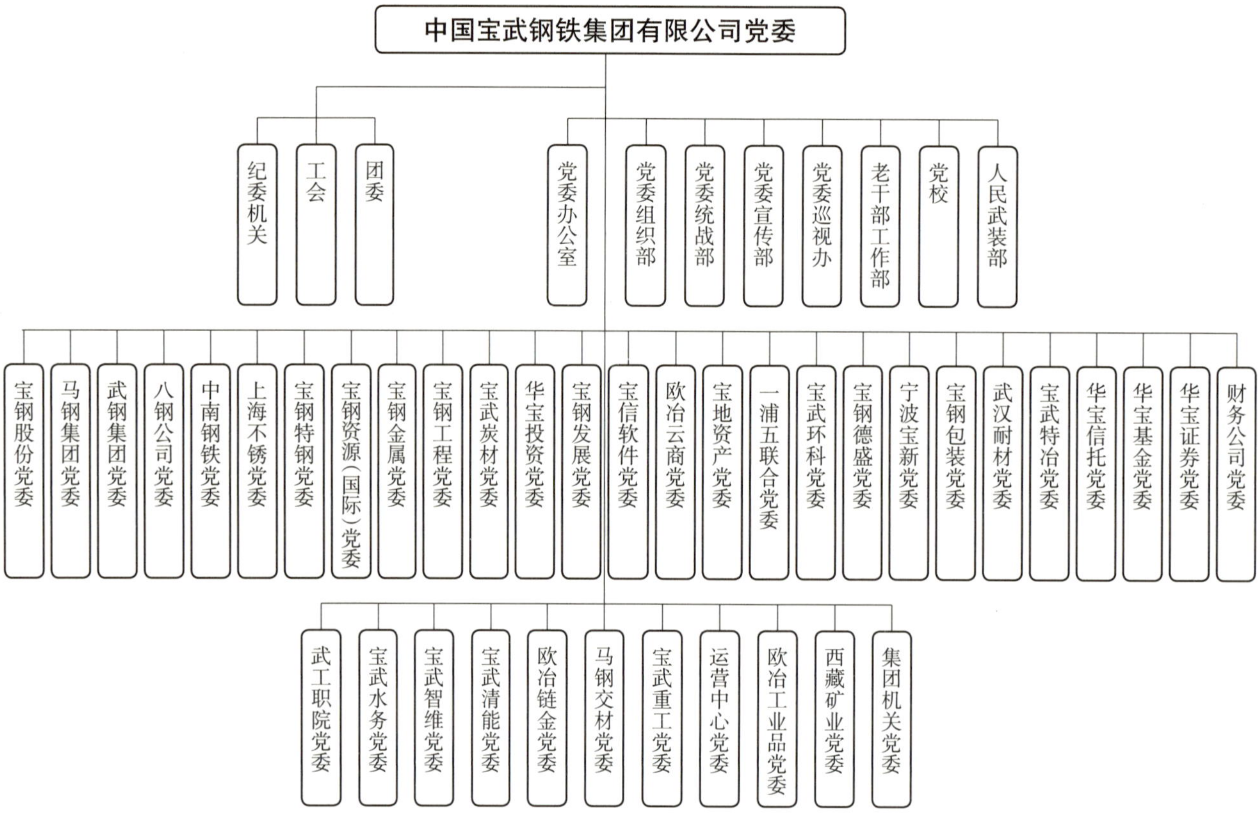


中国宝武钢铁集团有限公司党群组织机构图（2020年12月）

好做法、好经验，制订实施《巩固深化中国宝武"不忘初心、牢记使命"主题教育成果的方案》，建立长效机制。（贾欢雨）

【深化"三基建设"】2020年，集团公司党委成立"三基建设"工作专班，采取突出问题自查自纠、分层分类开展系列培训、穿透式督导验证、问题通报讲评、系统梳理优化党建制度等举措。结合巡视工作，成立"三基建设"专项检查小组，针对薄弱环节重点督促指导，完成两轮专项检查，覆盖19家二级党委及36个基层党组织，形成专题报告，提出整改建议，推动提升基层党建工作质量。（贾欢雨）

【调整14家直属党组织】2020年，集团公司党委新成立欧冶链金、马钢交材、宝武重工、运营共享中心、欧冶工业品、华宝投资、西藏矿业7家直属党委，撤销产业金融党工委，调整宝武物流资产、宝地新疆、宝地广东、鄂城钢铁、宝地南京5家党委隶属关系，更名韶关钢铁党委为"中南钢铁党委"。（贾欢雨）

【推动基层党组织按期换届】2020年，集团公司党委制订二级单位党委换届工作计划，督促指导8家二级单位党委完成换届，推动864家基层党组织按期换届，做到"应换必换"。（贾欢雨）

【推进党员空白班组专项整治】2020年，集团公司党委针对国务院国资委2019年度党建工作责任制考评反馈的党员空白班组问题，成立整改工作专项小组，制订整改方案，通过机构变革和业务调整双向驱动、加强党员流动、发展党员向空白班组倾斜等措施，落实整改。至2020年底，党员空白班组占班组总数4.29%。（贾欢雨）

【健全完善党建工作标准】2020年，集团公司党委以党组织标准化规范化建设为目标，建立中国宝武"制度树"，实现党建领域规范性文件"一贯到底"。组织编写基层党委和党支部两套工作标准；按"1+N"模式，编纂5本《党支部建设标准化规范化手册》，以结构化、要素化的方式，对党支部各项工作的频度周期、步骤环节等提出规范性要求。（贾欢雨）

【开展基层党组织书记述职评议考核】12月31日，集团公司党委以常委

（扩大）会的形式，听取二级单位党委书记述职。武汉耐材、欧冶链金、宝钢包装、宝钢德盛、宝钢工程、华宝证券、宝武智维7家二级单位党委领导以“述、问、评”的方式完成现场述职，其他任职一年以上的19位党委书记进行书面述职。（贾欢雨）

【成立党支部书记研修会】 2020年，集团公司党委成立中国宝武党支部书记研修会，设立上海、湖北、安徽、新疆、广东等研修分会，搭建完整研修体系，通过学习研修、服务实践、品牌培育、推广应用，着力打造一支“党性强、素质高、业务精”的党支部书记队伍。（贾欢雨）

【培训党组织书记、党务工作者】 2020年，集团公司党委组织41名学员参加新任党委书记、专职副书记培训班；对来自上海、湖北、安徽、新疆、广东等地的43名基层党支部书记开展示范培训；举办集团公司组织统战干部培训班，86名组织统战干部接受理论知识和实务技能等相关培训。（贾欢雨）

【发展党员】 2020年，集团公司党委发展党员806人。其中，发展一线党员683人，占比84.70%；发展工人党员482人；发展本科生学历党员357人；发展研究生学历党员38人，占比4.70%；发展高级专业技术职务党员11人；发展女党员146人；发展35岁及以下党员452人。（贾欢雨）

【推进抓党建促扶贫工作】 2020年，集团公司党委推进20个党支部、贫困村结对共建；动员党员干部捐款捐物，折合资金102.19万元。（贾欢雨）

## 思想政治工作

【概况】 中国宝武思想政治工作由集团公司党委宣传部管理，主要负责习近平新时代中国特色社会主义思想和党的路线方针政策的宣传教育、组织开展党委理论学习中心组学习、落实意识形态工作责任制、形势任务教育的策划指导等。（张 婧）

【党委理论学习中心组学习】 2020年，集团公司党委把学习贯彻习近平新时代中国特色社会主义思想作为党委理论学习中心组学习的首要政治任务，全年组织开展12次集中学习。坚持学原文、悟原理，学习内容有《习近平谈治国理政》第三卷、习近平总书记考察调研中国宝武马钢集团重要讲话精神、习近平总书记重要文章《坚持历史唯物主义不断开辟当代马克思主义发展新境界》等；组织学习党的十九届五中全会精神；组织学习习近平总书记关于疫情防控和经济社会发展的系列重要讲话精神，确保疫情防控和生产经营两不误；邀请3名全国人大代表传达“两会”（全国人民代表大会和中国人民政治协商会议）精神；结合“四史”学习，组织学习中国宝武130年简史，强化钢铁报国的初心使命；坚持理论联系实际，把自学与邀请专家辅导相结合，把交流研讨与智慧制造、绿色发展现场调研学习相结合，推进学以致用、以学促用。（张 婧）

【意识形态工作责任制】 2020年，集团公司党委修订形成《党委意识形态工作责任制管理办法》，细化落实责任，加强对意识形态阵地尤其是网络阵地的管理。针对意识形态工作要点，对集团公司各二级单位进行专项督查，重点辅导新成立的二级单位党委建立健全工作机制，查隐患、促整改，整体保持向上向好态势。在开展督查的基础上，起草意识形态工作情况报告，提交集团公司党委常委会进行专题研究，并向党中央和国务院国资委党委报告。（张 婧）

【形势任务教育】 2020年，党委宣传部围绕深入学习贯彻习近平新时代中国特色社会主义思想，聚焦公司使命愿景、中国宝武130年、智慧制造、绿色发展等主题，加强形势任务的宣传教育，进一步凝聚共识、汇集力量。开发“牢记嘱托 抓住新机 勇开新局——深入学习贯彻习近平总书记考察调研中国宝武马钢集团重要讲话精神”等十余门特色课程，把习近平新时代中国特色社会主义思想的学习覆盖到各类培训中。在《中国宝武报》、“友爱的宝武”官方微信等平台开设“学习贯彻习近平总书记考察中国宝武重要讲话精神 打造后劲十足的中流砥柱”“学习贯彻党的十九届四中全会精神 打造新时代的‘宝武之治’”“博成论坛”“决战决胜脱贫攻坚”等专栏，鲜明、快速、准确地传递党的声音和集团公司的管理思想。（张 婧）

## 纪检监察工作

【政治监督】 2020年，集团公司纪委协助党委落实主体责任，统筹做好新冠肺炎疫情防控和复工复产工作。协助做好学习贯彻落实习近平总书记考察调研马钢集团重要讲话精神各项具体举措落实落细。先后开展责任落实、政策落实、消费扶贫进展等决战决胜脱贫攻坚专项督导5次，推动扶贫重点工作落实落地。履行中央企业社会责任，推进“六稳”“六保”（稳就业、稳金融、稳外贸、稳外资、稳投资、稳预期；保居民就业、保基本民生、保市场主体、保粮食能源安全、保产业链供应链稳定、保基层运转）工作。监督落实科技创新引领决策部署，围绕11项重点科技创新攻关项目，开展调研8次。制止餐饮浪费，监督推进厉行节约、反对浪费各项举措工作落到实处，开展专项检查310次，发现并整改问题28项。（丁敏玮）

【责任制落实】 2020年，集团公司纪委严把廉政意见回复关，从政治生态源头上做好净化工作，回复廉政意见872人次，否定性意见5人次。紧盯领导干部这一“关键少数”，强化提醒教育，约谈二级单位党政负责人110人次，对20家二级单位、6家三级及以下单位开展现场调研和穿透式监督检查。（丁敏玮）

【巡视整改】 2020年，集团公司纪委针对中央巡视反馈问题的150条整改举措的具体落实情况，协助党委开展全面梳理自查验证。监督推动长江沿线生产基地生态环境保护，督导相关部门开展2019年环保督察“回头看”，督导《中国宝武环境保护事件问责管理办法》的贯彻落实。监督验证漠视侵害群众利益问题整改，采用对照标准、逐项验证、综合评判等方式，先后抽查验证搬迁改造项目57个、“三最”（最关心、最直接、最现实）实事项目74个，并对部分单位的绩效管理办法、绩效考核兑现，以及个别员工薪酬发放出现异常等事项进行检查。（丁敏玮）

【作风建设】 2020年，集团公司纪委持续深化形式主义、官僚主义突出问题的专项整治。开展管理者问卷调查，查找干部队伍、总部机关存在的形式主义、官僚主义问题表现，督促纳入各级领导班子民主生活会对照检查内容并制定整改措施。落实中央八项规定精神，查处公车私用、超标准业务接待、违规接受供应商宴请等各类问题37件，处理58人，其中党纪政纪处分26人。（丁敏玮）

【监督制约】 2020年，集团公司纪委组织开展“化公为私”专项整治，发现25人涉及相关问题。其中，与11人所涉及的企业终止业务往来，14人的亲属退出相关企业，岗位调整2人。严格追责问责，组织处理18人次，纪律处分7人次。加大境外企业廉洁风险防控力度，督促党委制订《加强境外腐败治理工作实施方案》，成立专项工作领导小组，开展境外经营投资违规问题自查、关键岗位人员有关事项梳理，以及“三重一大”决策等情况的监督检查。（丁敏玮）

【纪律审查】 2020年，中国宝武各级纪检组织受理案件862件，经集体研判确定为问题线索437件，立案100件，结案90件，组织处理529人次，党纪处分83人次，政纪处分64人次，党纪、政纪双重处分29人。（丁敏玮）

【制度建设】 2020年，集团公司纪委修订《实行党风廉政建设责任制的规定》《落实党风廉政建设责任制考核评价办法》，进一步细化流程、明确考核评价内容和实施细则；协助党委制订《落实全面从严治党主体责任清单》《持续解决形式主义问题改进工作作风的实施方案》，修订《常态化贯彻落实习近平总书记重要讲话和指示批示工作实施办法》《基层党组织选举工作制度》等制度规定；监督推动职能部门制定修订《招标管理办法》《费用报支管理规范》《环境保护事件问责管理办法》等。（丁敏玮）

【警示教育】 2020年，集团公司纪委开展案件警示教育5 570场次；开展典型案件警示教育，点名通报曝光案件145件次；组织开展廉政公益广告征集活动，创作动漫、微视频等作品131件，参加上海市纪律检查委员会、上海市监察委员会优秀廉政公益广告评选，获优秀组织奖。（丁敏玮）

【禁入管理】 2020年，集团公司纪委发布第五批禁入名单，19家单位被永久禁入，6家单位因涉嫌围标等被禁入3年，8家单位因供应产品掺假等被禁入1年；8名因违纪违规违法行为被解除劳动合同人员被实施永久禁入。（丁敏玮）

## 巡视巡察工作

【概况】 中国宝武巡视巡察工作由中国宝武党委统一领导，巡视工作领导小组负责组织实施，巡视工作领导小组办公室（简称巡视办）负责推进落实，巡视组负责监督检查。2020年，中国宝武党委对8家二级党组织和61家三级独立法人单位党组织开展常规巡视和专项巡视。（林奕逸）

【强化主体责任】 2020年，中国宝武党委强化巡视主体责任，完善巡视工作领导体制和工作机制，由集团公司党委书记担任巡视工作领导小组组长，根据集团公司领导人员调整及时调整巡视工作领导小组成员。巡视办作为党委工作部门，成立巡视办党支部。明确各级党委对巡察工作的主体责任，党委书记是第一责任人，对巡察工作亲自抓、抓落实。按照"有机构、可合署、有任命、可兼职"原则，建立健全二级单位巡察机构。 （林奕逸）

【完善制度体系】 2020年，中国宝武修订《中共中国宝武钢铁集团有限公司委员会巡视工作实施办法》，制定《中国宝武钢铁集团有限公司党委巡视组工作规则》《巡视报告问题底稿管理办法》，明确巡视组人员具体责任、任务分工，规范集团公司巡视工作和程序。汇编《中国宝武党委"四个落实"巡视监督重点》，细化政治巡视的要求和重点，将党中央提出的"三去一降一补"、疫情防控等重大风险防控、长江大保护、脱贫攻坚等方面要求纳入2020年巡视监督范围，形成十六个方面、54个"看"、111个"是否"检查项目，作为巡视巡察的重点内容。 （林奕逸）

【组织实施巡视巡察】 2020年，集团公司党委把开展巡视巡察作为中国宝武做到"两个维护"的根本要求，推进巡视巡察的全覆盖工作。在确保二级党组织巡视全覆盖基础上，对所有三级独立法人单位党组织开展穿透式提级巡视，年内组织开展3轮巡视，覆盖8家二级党组织和61家三级独立法人单位党组织，发现在"四个落实"等方面的问题463个。集团公司党委下属36家二级单位党组织开展巡察工作，巡察下级党组织165家，巡察覆盖率达到78%。 （林奕逸）

【创新方式方法】 2020年，集团公司党委探索和创新巡视方式方法，实行"提级巡视""延伸巡视"，直接对二、四级党组织进行穿透式监督。建立相关协作配合机制，巡视办加强与纪委、党委办公室、组织人事、审计等部门沟通。完善巡视和专项检查协同，成立选人用人、"三基建设"等专项检查组，同步对被巡视单位开展专项检查，对巡视期间发现的问题和线索，及时移交相关纪检机构，形成监督合力。加强巡视巡察队伍建设，开展3轮巡视培训，采用网络视频、邀请中央巡视工作领导小组办公室专家授课等方式提高培训覆盖面和效果；完善巡视人才库管理，把巡视岗位作为发现、培养、锻炼干部的重要平台，年内抽调6名集团公司直管干部担任巡视组组长、副组长等职务。 （林奕逸）

【跟踪整改情况】 2020年，集团公司党委巡视办对被巡视单位巡视整改情况进行跟踪督促，对巡视移送问题和线索处置情况、巡视反馈问题整改情况及违规违纪问题责任追究情况进行汇总统计，巡视发现在"四个落实"等方面的问题463个，移送问题和线索72条，给予党纪、政纪处分51人次，调离岗位、免职等组织处理21人次，通报、诫勉谈话108人次，提醒谈话234人次。 （林奕逸）

## 统一战线工作

【概况】 中国宝武统一战线工作由集团公司党委统战部主管。有中国国民党革命委员会（简称民革）、中国民主同盟（简称民盟）、中国民主建国会（简称民建）、中国民主促进会（简称民进）、中国农工民主党（简称农工党）、中国致公党（简称致公党）、九三学社7个民主党派建立的33个基层组织，有上海市欧美同学会宝钢分会、宝钢党外中青年知识分子联谊会（简称宝钢知联会）、宝钢少数民族联合会、宝钢台胞台属联谊会、武钢台胞台属联谊会、宝钢归国华侨联谊会、武钢归国华侨联谊会7个统战群众团体组织。 （李天韵）

【构建"大统战"工作格局】 2020年，中国宝武党委推进统战工作"五个纳入"，即在年度集团公司重点任务中、在总部部门组织绩效中、在二级单位党委绩效评价中、在党委重要议事日程中、在宣传教育培训中纳入统战工作内容。3月，100%调整完善了集团公司党委、二级单位党委统战工作领导小组。明确细化工作责任，要求各领导小组及时落实并研究重大方针政策，并在过程中加强对二级单位落实统战各项工作的指导和督促。 （李天韵）

【做好党外人士工作】 2020年，中国宝武党委修订《贯彻中国共产党统一战线工作条例（试行）实施意见》，将《党外代表人士联谊交友制度》《党外代表人士安排使用及输出会商制度》《党员领导人员与党外代表人士联谊交友实施办法》合并修订为《党外代表人士队伍建设管理办法》，厘清制度内在逻辑，便于各单位遵照执行。集团公司生产经营、重大决策、重要会议、形成重要报告等事项，均事先征求党外人士意见与建议。年初，结合集团公司第一届第三次全委会和职工代表大会等工作报告，召开党外代表人士座谈会，征求报告修改意见。第三季度，围绕“深入学习贯彻习近平总书记考察调研中国宝武马钢集团重要讲话精神、实施创新驱动发展战略”“加快关键核心技术攻关”“加大国际化人才队伍建设”等主题召开座谈会，听取党外人士意见与建议八个方面、32条，并逐一进行整改、落实和反馈。邀请党外人士参加集团公司年度工作会议，作为特邀嘉宾列席中国宝武重大活动。（李天韵）

【加强思想引领】 2020年，党委统战部利用统战代表人士培训研修、专题讲座、座谈研讨等形式，深入学习贯彻习近平新时代中国特色社会主义思想，特别是习近平总书记关于加强和改进统一战线工作的重要思想、重要论述等。第四季度，举办中国宝武统战代表人士专题研修班，34家二级单位的46名统战代表人士参加。在各民主党派、无党派人士中开展“学四史、践初心、担使命”主题教育活动。11月，组织各民主党派基层组织负责人和无党派人士代表50人听取《以史为鉴，展望未来——深入学习“四史”，牢记初心使命》专题报告。（李天韵）

【推进队伍建设】 第一季度，党委统战部完善更新党外代表人士数据库，掌握集团公司党外代表人士基本情况。第二季度，以“深化思想政治引领，加强党外代表人士队伍建设”为主题，分上海、湖北、安徽、新疆、广东5个区域开展为期2个月的调查研究工作，摸清中国宝武党外代表人士队伍现状。通过组织问卷调研、开展访谈座谈等方式，了解党外代表人士的思想动态，特别是面对新冠肺炎疫情的所思所想，征求对进一步加强党外代表人士队伍建设的意见和建议，形成《中国宝武党外代表人士队伍建设调研情况报告》，报集团公司党委。第三季度，对中国宝武无党派代表人士进行重新认定和调整充实。年内，调整充实无党派人士151人（新增54人）。其中，在沪企业101人，沪外企业50人。另有9名无党派人士因退休离岗等原因调整出无党派人士队伍。做好党外领导人员培养选拔工作，年底，有9名党外领导人员在集团公司总部重点管理岗位任职。（李天韵）

【加强组织建设】 2020年，7个民主党派20个基层组织完成换届。党委统战部严把人选关、严把程序关、严把纪律关，指导各民主党派基层组织换届会议。支持宝钢知联会开展共建共享联谊活动，组织会员参与上海市党外中青年知识分子联谊会、宝山区党外中青年知识分子联谊会和上海大学、宝钢知联会联合举办的“知音论坛”，围绕“推动产城融合，助力宝山高质量发展”作主题发言。（李天韵）

【深化联谊交友】 2020年，集团公司副总经理以上党员领导人员及二级单位党员领导人员168人，与党外代表人士结对253人，人均结对1.5人，结对率100%。党委统战部与党外代表人士开展联谊交流1 113次，其中电话联系369次，面谈交流478次，微信沟通230次，邮件36封。各二级单位与党外代表人士开展集体谈心活动，746名党外人士参加。（李天韵）

【开展“爱献作”主题活动】 2020年，党委统战部组织统战人士开展“爱企业、献良策、作贡献”（简称“爱献作”）主题活动，引导广大统战人士立足岗位，建言献策。全年参与主题活动党外人士15 715人，参与率96.50%，建言献策1.50万条，被各二级公司采纳1.30万条。组织推进党外人士参与“我为企业‘对标找差创一流’献一计”活动。党外人士获中国宝武“金点子”奖1个、“银点子”奖11个，2人被授予中国宝武“智多星”称号。（李天韵）

【上海市欧美同学会宝钢分会】 2020年，党委统战部配合上海市欧美同学会宝钢分会开展分会专题研修，组织会员系统学习党的统一战线基本理论、新时代党的统战工作的方针政策，推动开展“四史”学习教育。围绕整合融合、绿色工厂、智慧制造、降本增效等课题，发动会员结合岗位对标找差，人均建言献策2.70条，人均采纳1.80条。（李天韵）

【宝钢知联会】 2020年，宝钢知联会组织会员围绕联合重组、整合融合及创新驱动、转型发展等课题，调查研究，扩大会员建言献策的参与度。年内，宝钢知联会会员人均建言献策3.40条，会员参与科研项目技术攻关22项、自主管理5项，申请并被授权专利37件，申请技术秘密13项，实现经济效益7 648万元，获国家级奖项一等奖1项、二等奖3项、三等奖1项，发表论文16篇。引导会员参政议政，有上海市级政协委员2人，区级人大代表5人、政协委员2人；占会员总数的33%。在上海市、区级“两会”期间，代表、委员结合转型实际，出谋划策，提出议案和提案10件，社情民意信息2条。（李天韵）

## 老干部工作

【概况】 中国宝武老干部工作由集团公司党委老干部工作部主管。下设宝钢股份老干部服务管理中心、马钢离退休职工服务中心、太钢集团离退休管理部、武钢集团老干部与退居休人员管理服务中心、八一钢铁老干部办公室、韶关钢铁老干部服务室、一浦五联合党委老干部二处、鄂城钢铁离退休人员管理中心、武汉耐材退休人员管理办公室等管理服务部门（简称老干部管理服务部门）。2020年底，有离退休老干部7 863人，其中离休干部850人，退休干部7 013人。（肖　磊）

【注重思想政治建设】 2020年，老干部工作部完善和落实老干部阅读文件、听取报告、参加重要会议等制度，组织各单位传达党的路线方针政策和各类文件精神，听取集团公司的重大决策部署情况，邀请部分离退休老干部参加纪念中国宝武130年大会，向627名老干部颁发“中国人民志愿军抗美援朝出国作战70周年”纪念章。组织广大离退休老干部深入学习贯彻习近平新时代中国特色社会主义思想和党的十九届四中、五中全会精神，以及习近平总书记考察调研中国宝武马钢集团时的重要讲话精神，组织各类学习和4场全国离退休干部网上专题报告会。（肖　磊）

【强化服务排忧解难】 2020年，老干部管理服务部门组织老干部开展10个大类17项活动，丰富老干部生活，营造老有所乐氛围；分层分类完善服务管理措施，尤其对“空巢”、独居、有特殊困难的离休干部，做到“一人一策”，为老干部排忧解难。坚持走访慰问老干部工作制度，针对“双高期”（高龄、高发病）特点，推进“一对一”联系帮扶机制，探望、掌握离退休干部热点难点问题，帮助解决合理诉求。（肖　磊）

【做好疫情防控服务】 2020年，老干部工作部组织各单位及时向离退休干部转发中央关于新冠肺炎疫情防控工作的指示要求，转达各级组织和领导对离退休干部的关怀，宣传普及新冠肺炎疫情防控常识和注意事项，发放防疫药品物资，组织老干部自愿捐款抗疫情，教育引导身边人共同做好防控工作。宝钢股份制定并实施“五个一”（一封慰问信、一本防疫知识书刊、一袋口罩、一个学习网站，每周一次联络问候）服务举措；武钢集团实施“强信心、暖民心、聚人心”工程，开展特殊时期离休干部“电话敲门”活动。（肖　磊）

【推进社会化工作】 2020年，老干部服务管理部门推进安徽、新疆等地区的退休党员组织关系转接工作，转出退休党员19 157人。年内，所有地区单位基本完成退休党员组织关系社会化工作。（肖　磊）

# 民主党派工作

## 中国国民党革命委员会组织

【民革武钢总支部】 隶属民革武汉市委员会，下辖3个支部，有党员40人。第五届主任委员：刘进，副主任委员：文瑾、余芳。有政协武汉市青山区第十届委员1人。2020年，发展新党员1名。12月20日，民革武钢总支部换届选举大会召开，选举刘进为第六届主任委员，余芳、周森林为副主任委员，刘黎明、汪辉、王磊、邓霏为委员。民革武钢总支部向武汉市委员会提交的《集贸市场环境卫生提档升级刻不容缓》《关于引进青山区物业竞争机制的提案》，均被采用。在岗党员申请专利1件，发表专业论文2篇，获计算机软件著作权1项。新冠肺炎疫情期间，党员刘黎明、王磊、毛小兵3名医护人员参加抗疫工作，被民革武汉市委会授予“市民革疫情防控优秀工作者”称号；余芳获2019年度武汉市民革优秀党员称号；刘进当选为“武汉市大城工匠”。（刘　进）

【民革宝钢一、二支部】 隶属民革宝山区委员会，有党员47人。一支部第八届主任委员：周佃民，副主任委员：李亚、马素珍；二支部第八届主任委员：王泽济，副主任委员：吴兆春、秋枫。有宝山区人大代表1人，宝山区政协委员1人，民革宝山区委员会委员2人，民革宝山区委祖国和平统一促进委员会主任1人。2020年，一、二支部各发展党员1人。9月，民革宝钢一、二支部召开换届选举大会，产生新一届支委会。10月，组织开展迎中秋茶话会，并听取支部老干部对新一届支委会工作意见建议。12月，组织参观淞沪抗战纪念馆。年内，向民革上海市委汇报《关于上海牵头建立航运业碳减排联盟的建议》。由党员周佃民作为主要成员参与研究的“钢铁多流耦合分布式能源技术研究与应用”项目，获2020年冶金科学技术奖一等奖；马鄂云获第一届“上海民革榜样人物”称号。（周佃民　王泽济）

【民革梅山支部】　隶属民革宝山区委员会，有党员9人。第四届主任委员：饶刚。2020年，结合新冠肺炎疫情管控要求合理组织支部工作，购买各类书籍供党员自主学习；11月，组织赴无锡革命烈士纪念馆参观学习。年内，支部党员负责并开展“梅钢高炉使用废钢冶炼技术研究”等3项科研项目，“炼钢除尘综合整治项目”等10项技术改造项目。其中，申报4件国家发明专利。（饶　刚）

【民革马钢支部】　隶属民革马鞍山市委员会，有党员35人。第八届主任委员：李小兵，副主任委员：郑竟。2020年，发展新党员1名。参与疫情防控工作，向马鞍山市第四人民医院捐赠医护人员急缺物品；李小兵撰写社情民意信息《新型冠状病毒感染的肺炎疫情防控工作应做到科学决策》被马鞍山市政协采纳。10月，组织骨干党员和老党员赴无锡参观民革前辈王昆仑故居。年内，向民革马鞍山市委员会提交调研报告1篇，提交市、区“两会”建议6篇，撰写调研论文1篇、社情民意信息6条。《关于有序推进东部矿区循环经济发展的建议》获2020年度马鞍山市政协十佳提案。支部党员刘芳获“民革安徽省委新冠肺炎疫情防控工作先进个人”“马鞍山市三八红旗手”“最美抗疫天使”称号；周雪亭获2020年“马鞍山市市级优秀专家和安全生产先进工作者”称号，并当选第一届安徽省应急管理专家组成员。（郑　竟）

【民革太钢支部】　隶属民革太原市委员会，有党员40人。第五届主任委员：王素云。2020年，发展新党员1人。支部为新冠肺炎疫情防控捐款3 200元。5月，集中学习中共中央总书记习近平视察山西重要讲话精神；6月，集中学习民革党章，听取建言献策专题辅导；8月，组织学习民革太原市委员会工作报告；9月，与民革大同市委员会第四支部（大同同煤支部）开展学习交流；12月，参加民革太原市委员会组织的中共十九届五中全会精神学习活动。年内，参加太原市台湾事务办公室组织的“叙骨肉亲情、促心灵契合”主题征文活动，上报2篇，其中1篇获三等奖。（张　龙）

## 中国民主同盟组织

【民盟宝钢总支部】　隶属民盟上海市委员会，下辖4个支部，有盟员70人。第十届主任委员：张社英，副主任委员：拓西梅（常务）、陈卓人、张仁彪。2020年，总支部组织赴侵华日军罗泾大烧杀遇难同胞纪念地、新淞沪抗战纪念馆等地参观学习。组织建设方面，下辖4个支部于11月完成换届。参政议政方面，提交社情民意提案12件，被民盟上海市委员会采纳6件，其中盟员杨欢《关于警惕进口铁矿石“卡脖子”的若干建议》被上海市政协采纳，并报送全国政协。岗位建功方面，盟员获市级荣誉2项，形成技术秘密12项，提交专利申请9件，在专业英文期刊发表论文2篇；通过技术秘密转化，实现直接经济效益122.37万元。社会服务方面，组织盟员开展新冠肺炎抗疫募捐活动，向民盟市委同舟共济基金会捐款5 850元。（沈佳谊）

【民盟武钢总支部】　隶属民盟武汉市委员会，下辖4个支部，有盟员93人。第八届主任委员：朱芬，副主任委员：郭明玄。有武汉市第十四届人大代表1人，政协武汉市第十三届委员1人，政协青山区第十届委员2人。2020年，发展新盟员1人。武汉新冠肺炎疫情期间，总支部向武汉市青山区慈善会捐款1万元；盟员主动缴纳特殊盟费5 700元，捐赠武汉市青山区慈善会；2名盟员主动参与社区志愿者服务。年内，开展“不忘合作初心，继续携手前进”主题教育活动。参与武汉市、青山区两级政府听取民主党派意见会3次，参与青山区政协民主协商会3次，参加青山区委调研课题座谈会2次，5人参加武钢集团组织的统战骨干成员培训班。向武汉市、青山区“两会”提交提案8件。在岗盟员申请专利3件；1人获“湖北省女性科技创新人才”称号；1人获湖北省科学技术协会“工友杯”创新创业大赛三等奖。（朱　芬）

【民盟科技支部】　隶属民盟宝山区委员会，有盟员17人。第一届主任委员：田玉新。7月，完成支部换届选举，由来自原民盟宝山五钢特钢支部和经济支部部分盟员组成新的科技支部。年内，发展新盟员1人。6月5日，开展支部生活学习活动，学习全国“两会”精神。10月4日，开展“参观上海四行仓库抗战纪念馆”主题教育活动。支部盟员参与参政议政，围绕民生问题提交社情民意提案，《关于加快推进我国航空航天卡脖子关键材料国产化替代的几点建议》《关于农民工工资专项账户政策实施现状和建议》《临港新片区的几个交通设施改进的建议》《关于加快国家卡脖子特殊钢产品研发进度的建议》被上海市政协采用。支部被民盟宝山区委员会评为“2020年度参政议政先进支部”。田玉新和张洪奎被民盟宝山区委员会评为“2020年度反映社情民意信息工作先进个人”。在岗盟员申请专利4件，技术秘密2项。（田玉新）

【民盟马钢支部】 隶属民盟马鞍山市委员会，有盟员29人。第七届主任委员：徐立群，副主任委员：李献忠。有民盟马鞍山市委员会委员1人，马鞍山市人大代表1人，政协雨山区第八届委员会委员1人。10月18日，支部组织盟员参观薛家凹生态湿地公园，围绕践行“绿水青山就是金山银山”开展研讨活动。（李献忠）

【民盟太钢支部】 隶属民盟太原市委员会，有盟员30人。第八届主任委员：姜晓波，副主任委员：李俊国。2020年，发展新盟员1人。9月24日，组织盟员参加由太钢集团统战部组织的参观高君宇纪念馆和尖山铁矿活动。11月18日，召开民盟太钢支部第八次全体会议暨第七届换届选举大会，选举产生民盟太钢支部第八届委员会。支部获民盟太原市委“不忘合作初心，继续携手前进”主题教育活动优秀组织奖；盟员傅庆红获个人特别贡献奖。盟员董闻平工作室获选“太原市名医工作室”，郝国胜获评太原市“阳光助学爱心使者”，胡冰入选2020年度太钢集团“双良传人”。（姜晓波）

## 中国民主建国会组织

【民建宝钢委员会】 隶属民建上海市委员会，下辖4个支部，有会员95人。第二届主任委员：高珊，副主任委员：胡传斌。有民建上海市政协委员1人，宝山区政协委员1人，宝山区人代会代表1人，南京雨花区政协委员1人。2020年，发展新会员2人。年内，下辖4个支部完成支部改选，形成新一届班子。开展学习中共十九届五中全会精神、纪念民建建会75周年、纪念中国人民志愿军抗美援朝出国作战70周年等组织生活，到红色基地参观学习。在抗击新冠肺炎疫情过程中，会员为武汉捐款8 500元，会员卜玉岚奋战在抗疫第一线，被民建上海市委员会评为“抗击疫情优秀会员”；1人获评“民建上海市优秀会员”。在上海市、区“两会”期间，提交提案、议案6件。（高　珊）

【民建武钢总支部】 隶属民建武汉市委员会，下辖3个支部，有会员51人。第三届主任委员：王自力，副主任委员：柯美水、马金光。有政协青山区第十届委员1人。2020年，发展新会员1人。组织骨干会员学习《中国共产党统一战线工作条例》，参观武汉市“人民至上，生命至上——抗击新冠肺炎疫情专题展览”。在新冠肺炎疫情暴发初期，向区政协提交《关于疫情期间设立社区食品蔬菜投放点的建议》提案。会员邢太银受聘中国质量万里行专家组成员，赴东南沿海及西部地区企业调研；李家全利用世界语协会平台，向国外宣传、介绍中国抗击新冠肺炎疫情情况。（王自力）

【民建马钢支部】 隶属民建马鞍山市委员会，有会员18人。第四届主任委员：王秀莹。2020年，发展新会员1人。新冠肺炎疫情期间，组织会员捐款5 900元。7月，邀请法律专家就新颁布的《中华人民共和国民法典》进行解读。向民建马鞍山市委员会提交社情民意信息5条，《依托宝武集团轨交板块发展平台，布局我市轨交辅助产业》提案获市长批示督办。在岗会员申请专利3件。（王秀莹）

【民建太钢支部】 隶属民建太原市委员会，有会员25人。第五届主任委员：单祥林，副主任委员：邓洪斌、李新贺、张运彩、沈大荣。年内，组织开展“不忘合作初心，继续携手前进”主题教育活动。开展抗击新冠肺炎疫情活动，组织会员参加抗疫心理干预工作、疫期心理危机干预志愿者活动；为山西医科大学第六医院援鄂医务人员举办“安心行动关照自我”主题讲座。组织会员参加民建市委主办的“民法典”“社情民意”等专题培训。向民建太原市委员会提交社情民意信息5条；向草坪区政协提交社情民意信息2条。会员沈大获亚洲组织与员工促进协会杰出贡献奖，张运彩获中国临床心电学会突出贡献奖；2名会员获“民建太原市委先进会员”称号；单祥林撰写的《以需求为导向、研发为核心企业创新体系的构建与实施》获冶金企业管理现代化创新成果一等奖，《贯彻产品全生命周期的绿色生态钢铁企业建设》获全国企业管理现代化创新成果二等奖。

（单祥林）

## 中国民主促进会组织

【民进宝钢委员会】 隶属民进上海市委员会，下辖4个支部，有会员117人。12月，进行第四届主任委员会届中选举。第四届主任委员：曹清，副主任委员：赵强、庄丽。2020年，发展新会员3人。2月，87名会员参加"民进宝钢人文关怀抗击疫情"专项募捐活动，向上海市慈善基金会捐款2.68万元。7—8月，委员会下辖支部(除退休支部)完成换届选举工作，实现各支部委员老、中、青结构调整；8月，组织4名新会员参加宝山区委员会组织的2020年暑期民进骨干培训班。提交社情民意信息13条，其中5条被宝山区委员会采用并报民进上海市委员会。委员会获民进上海市委员会授予的"2019年度组织发展工作先进集体"称号；委员庄丽获"民进上海市委员会助力脱贫攻坚先进个人"称号；会员刘艳获"2019—2020南京市雨花区教学先进个人""南京市梅山街道优秀教师"称号。年内，民进上海市第十六届委员会对各专委会委员进行调整和增补，陈文明任经济委员会委员，杨正波任社会法治委员会委员，刘蓉加入中青年联谊会。

（王海强）

【民进武钢直属支部】 隶属武汉市委员会，有会员25人。第七届主任委员：王金平，副主任委员：薛志华。有民进武汉市委员会委员1人，政协武汉市青山区第十届委员会委员1人。2月，向政协青山区委员会和民进武汉市委员会提交《关于建立社区团购微信群集中购买生活必需品的建议》《关于加快建设武钢大数据产业园的建议》等社情民意信息。12月，组织骨干会员参加武钢集团统战干部培训班，学习《中国共产党统一战线工作条例》，并参观武汉市"人民至上，生命至上——抗击新冠肺炎疫情专题展览"。会员石锐参与抗击新冠肺炎疫情，获民进湖北省委员会表扬。

（王金平）

【民进马钢支部】 隶属民进马鞍山市委员会，有会员30人。第五届主任委员：施浩，副主任委员：叶远龙。有政协马鞍山市雨山区政协第八届委员会副主席1人，政协马鞍山市第十届委员会委员1人，政协马鞍山市花山区第二届委员会委员1人，政协马鞍山市雨山区第八届委员会委员1人。5月，支部组织开展学习调研活动，邀请市政协副主席、民进市委员会主任委员卓龙华指导工作。10月17日，组织会员参加民进市委员会举办的"书香民进"读书交流会。3人获评2020年度民进马鞍山市委员会"优秀会员"。

（施　浩）

## 中国农工民主党组织

【农工党武钢总支部】 隶属农工党武汉市委员会，下辖3个支部，有党员104人。第九届主任委员：曹佳懿，副主任委员：万恩同、姜文清。有农工武汉市委员会第十一届常委1人，政协武汉市第十三届委员1人，政协青山区第十届委员1人。2020年，发展新党员2人。武汉抗击新冠肺炎疫情期间，总支部22名党员参加医疗救治工作，1人参加隔离点建设、防护工作，2人到社区参与疫情防控、社区志愿者工作，1人无偿献血，党员捐款购买或募捐抗疫物资价值60万元。10月，下辖3个支部召开换届选举大会。11月，组织部分党员参观抗击新冠肺炎疫情专题展览。年内，组织党员参加"十四五"规划网络议政，提交建言材料1篇；向政协武汉市委员会提交提案2件；向政协青山区委员会提交提案1件；向农工武汉市委会提交社情民意信息3条，被采纳2条；向政协武汉市委员会提交社情民意信息1条。2人获评农工党市委员会"2020年抗疫奋战一线先进个人"称号，1人获农工党湖北省委员会"湖北农工抗疫先锋"称号，1人获农工党中央"抗疫先进个人"称号。

（曹佳懿）

【农工党宝钢支部】 隶属农工党宝山区委员会，有党员43人。第九届主任委员：吴存有，副主任委员：王君婷。2020年，发展新党员1人，转入党员2人，转出党员1人。2月5日，为支援武汉人民抗击新冠肺炎疫情，支部党员捐款4 000元。9月15日，完成支部换届工作，经换届大会选举产生新一届支部委员。9月17日，王君婷在宝山区政协举办的"助力宝山经济高质量发展"主题论坛上，作题为《以宝武氢能产业园引领长三角氢能源产业发展》的交流发言。吴存有递交社情民意信息《关于科技创新引领宝山经济高质量发展的建议》。张秀云获"2018—2019年度反映社情民意信息工作积极分子"称号。吴存有、王君婷参与撰写的《传承与发展——吴淞创新城科创发展彰显文化底蕴》作为宝山区委集体提案提交。报送社情民意信息14条，其中张秀云《新冠疫情对新能源产业（锂电负极材料）的影响》被上海市政协采用；王君婷《关于长三角地区氢能产业发展的若干建议》被上海市政协采用，并被市领导批示。在岗党员申请专利16件，申请国际发明专利1件，发表论文2篇。（吴存有）

【农工党马钢支部】 隶属农工党马鞍山市委员会，有党员26人。第七届主任委员：毕翔，副主任委员：刘红、高波。2020年，发展新党员1人。参加农工党马鞍山市委员会组织的抗击新冠肺炎疫情活动，捐赠特别党费2 400元；参加疫情地区滞留农产品销售活动，消费3 800元。组织党员参加马鞍山区县党外人士培训班、全市党外人士增进政治共识研修班等学习。参加第十期“同心论坛”，上交调研报告1篇，向雨山区人大提交议案2件，向雨山区政协提交提案4件，向农工党马鞍山市委员会提交社情民意信息3条。在岗党员获安徽省科技成果奖1项；发表论文3篇，申请专利1件。（毕　翔）

【农工党太钢支部】 隶属农工太原市委员会，有党员27人。第六届主任委员：高卫萍。2020年，发展新党员2人。向农工党太原市委员会提交社情民意信息《关于垃圾分类后加快分类运输及处置的建议》，被采用。9月，参与太原市农工党消费扶贫活动，购买中阳县农产品。组织党员参加由太钢集团统战部组织的参观高君宇纪念馆和尖山铁矿活动，参加农工党太原市委员会举办的骨干党员培训。12月，召开支部换届大会，选举产生农工党太钢支部第六届支部委员。支部获农工党山西省委会“2020年度三星级基层组织”称号，高卫萍获“2020年度太钢集团先进工作者”称号。（高卫萍）

## 中国致公党组织

【致公党武钢支部】 隶属致公党武汉市委员会青山区工委，有党员28人。第七届主任委员：牛琳霞，副主任委员：刘勇、孙俊梅。有湖北省人大第十三届代表及其常委会委员1人、湖北省政府参事1人、政协武汉市第十三届委员1人、政协青山区第十届委员1人，有致公党武汉市委员会委员1人、青山区工作委员会委员6人。2020年，组织党员参加武汉市社会主义学院和青山区委党校举办的民主党派中青年骨干成员培训班、中国宝武统战代表人士专题研讨班等。提交湖北省人大建议、武汉市政协提案、青山区政协提案、社情民意信息等6条。其中，《关于治理青山区北湖水环境污染助推北湖产业生态新城建设的建议》在武汉市政协联组大会上作为发言材料，《关于支持武钢大数据产业园快速发展成为国家级产业示范园的建议》被列为青山区政协2号重点提案。承接致公党武汉市委员会2项重点课题，其中《关于提高我市疫情防控应急管理能力的建议》被推荐为致公党武汉市委员会集体提案。（牛琳霞）

【致公党马钢支部】 隶属致公党马鞍山市委员会，有党员19人。第三届主任委员：金华，副主任委员：沈立嵩。4月，响应致公党中央发起的“关爱海外侨胞抗击新冠疫情专项行动”，支部捐款1 000元及防疫口罩等物品，并向致公党安徽省委提交《疫情防控形势下地方政府债券发行关注的问题》提案。8月，组织党员参加致公党马鞍山市委和其他党派联合组织的履职能力建设培训班，并考察慈湖高新开发区环保工作和智慧小镇建设工作；9月，组织党员前往江宁区民主党派学习基地及致公之家参观学习；10月，组织老党员开展重阳节活动，参观薛家凹生态建设和赴当涂县调研。年内，向致公党马鞍山市委员会提交社情民意信息7条，在岗党员获得专利2件，1名党员被致公党安徽省委员会评为“脱贫攻坚工作先进个人”。（金　华）

## 九三学社组织

【九三学社武钢委员会】 隶属九三学社武汉市委员会，下辖3个支社，有社员63人。第二届主任委员：丁钢，副主任委员：谌赟、蒋旭冬、徐国栋。有九三学社武汉市委员会委员1人，政协武汉市第十三届委员1人，政协青山区第十届委员1人。2020年，发展新社员3人。3月，组织为抗击新冠肺炎疫情捐款2 306元。8月，开展社员信息梳理完善工作。12月，组织支社换届民主推荐会和民主测评会，以及支社换届选举会议，完成3个支社换届工作。年内，提交市、区政协提案5件，建言献策15条。其中，《关于加快武汉大数据产业发展的建议》《关于优化地铁新港线布局，助推北湖区域发展的建议》提案得到相关部门受理。承接九三学社武汉市委员会“关于加快传统产业改造提升，引导企业实施技术革新、产品更新、设备改造”的立项课题任务，组成课题组，对武钢有限制造部进行调研；参与九三学社武汉市委员会组织的调研交流活动，形成《关于加快传统产业改造提升的建议》，提交九三学社武汉市委员会，成为九三学社武汉市委员会集体提案。（丁　钢）

【九三学社韶钢基层委员会】　隶属九三学社韶关市委员会，下辖3个支社，有社员24人。第二届社主任委员：杨志敏，副主任委员：黄雯、杨丽辉、李智文。3月，组织社员为抗击新冠肺炎疫情募捐2 000元；7月24日，完成第二届九三学社韶钢基层委员会换届工作。11月，赴华南教育历史研学基地（乐昌坪石）参观学习。年内，在岗社员申请发明专利1件，1人获韶关市医疗技能竞赛活动三等奖。（杨志敏）

【九三学社马钢基层委员会】　隶属九三学社马鞍山市委员会，下辖3个支社，有社员43人。第四届主任委员：范满仓，副主任委员：王永林、陈文峰。有九三学社马鞍山市委员会委员2人，政协马鞍山市第十届委员1人，区政协委员4人，区政协常委1人。2020年，结合九三学社创建75周年纪念活动，组织社员参加九三学社安徽省委员会、马鞍山市政协、中共马鞍山市委统战部举办的征文、演讲、报告会等活动，参加赴和县功桥镇和历阳镇开展脱贫攻坚民主监督工作。在马鞍山市政协十届三次会议上提交委员提案2件，完成"加快推进轨道交通战新基地建设的研究"重点调研课题，社情民意信息《建议实施认证审核备案制 促进企业管理体系和管理能力提高》被九三学社中央委员会采用，在区政协大会上提交提案5件。3名社员被评为马鞍山市优秀社员，2名社员被评为马鞍山市参政议政先进个人，获马鞍山市优秀参政议政成果2篇。马钢一支社被马鞍山市九三学社市委评为"马鞍山市先进基层组织"。（范满仓）

【九三学社宝钢支社】　隶属九三学社宝山区委员会，有社员83人。第十届主任委员：贾旭，副主任委员：翁小平、黄宁海。2020年，发展新社员4人。新冠肺炎疫情期间，开展参政议政工作，提交的社情民意信息，被九三学社上海市委员会采纳21条，市政协采纳6条，全国政协采纳1条；《关于上海市通过电子消费等手段提振内需》等5篇建议被上海市政协采用，《关于全国范围内利用好"健康码"推进社会治理科学防疫的建议》被全国政协采用。8月，组织社员观看纪录片《大师》，进行爱国爱社理论学习，并开展研讨活动；9月，支社完成换届选举，7人当选新一届支社委员。（王会芳）

【九三学社宝山区委第三支社】　隶属九三学社宝山区委员会，有社员34人。第八届主任委员：陈志洪，副主任委员：丁莉娟、茅新东。有九三学社宝山区委员会委员1人，政协宝山区第八届委员会委员1人。2020年，支社进行换届选举，产生新一届支社委员会，发展新社员4人。新冠肺炎疫情期间，支社社员通过捐款捐物、建言献策等共同抗击疫情。向宝山区政协第八届第五次会议提交提案4件，社情民意信息2条。向九三学社宝山区委员会提交"突发公共卫生事件对邮轮经济影响的思考"课题，入选宝山区政协集体书面提案。（陈志洪）

【九三学社宝山区委第四支社】　隶属九三学社宝山区委员会，有社员60人。第八届主任委员孟祥军，副主委吴英彦、张捷频。2020年，发展新社员2人。有九三学社宝山区委员会委员1人，政协宝山区第八届委员会委员1人。递交社情民意信息77条，其中申报社区委5个调研课题。"关于建立二手房出售的房屋结构安全鉴定的措施的建议""关于合理推进幼儿日间看护体系的建议"等被选为九三学社宝山区委员会立项课题。新冠肺炎疫情期间，支社社员捐款4 500元；编写与抗击新冠肺炎工作相关的社情民意信息23条，并被上海市政协采用。立足岗位作贡献，在职社员申请专利4件，技术秘密5项，发表学术论文6篇，参与标准制定5项。（孟祥军）

【九三学社梅山支社】　隶属九三学社上海市委员会，有社员46人。第六届主任委员：穆海玲；副主任委员：王振荣、余小巧。有九三学社上海市第十七届委员会委员1人。2020年，发展新社员3人。开展"不忘合作初心，继续携手前进"主题教育活动，为社员订阅《一心平天下》《平易近人——习近平的语言力量》等学习材料77册；参加九三学社上海市委员会等主办的中青年骨干培训、参政议政培训等；组织参观抗大九分校、宿北大战纪念馆等活动。在抗击新冠肺炎疫情中，为武汉捐款3 800元。在岗社员申请发明专利10件，技术秘密6项，提出合理化建议6条，在核心期刊发表论文4篇。（余小巧）

【九三学社冶金支社】　隶属九三学社上海市委员会，有社员50人。

第十三届主任委员：胡勇，副主任委员：王琦。有政协宝山区第八届委员会委员1人。2020年，发展新社员1人。新冠肺炎疫情期间，发动社员捐款10 200元，4名在岗社员医生坚守一线岗位。组织社员参加九三学社上海市委员会举办的“四史”和社史学习教育活动、第24期中青年社员骨干培训班等。在岗社员申请发明专利15件。（胡　勇）

【九三学社太钢支社】　隶属九三学社太原市委员会，有社员39人。第五届主任委员：白文丽，副主任委员：曹志林、赵晖。2020年，发展新社员3人。新冠肺炎疫情期间，组织社员为王选关怀基金会捐款2 850元，专项用于抗击新冠肺炎疫情；通过“引凤出山”平台，购买3 800元武汉当地产品。在脱贫攻坚战中，组织社员认购山西省中阳县滞销木耳83千克。开展“不忘合作初心，继续携手前进”主题教育活动，组织社员参观太原东山国防爱国主义教育基地490仓库、山西国民师范旧址革命活动纪念馆，观看抗日影片《八佰》等，参加九三学社太原市委员会组织的天龙山古迹保护调研活动。《关于强化“限塑令”实施的建议》团体提案和3条建议被九三学社太原市委员会选中呈报太原市委统战部。支社获“九三学社太原市委员会先进集体”称号，社员冯艳林、王燕飞、芦瑶、白文丽、曹志林、赵晖获“九三学社太原市委员会先进个人”称号，社员冯艳林、王燕飞因参加新冠肺炎疫情防控受到九三学社山西省委员会专项表彰。在纪念九三学社建社75周年主题征文活动中，任建业的《我骄傲　我是九三学社的一员》被评为优秀征文。（白文丽）

## 工会工作

【概况】　2020年底，中国宝武工会所辖子公司、直属工会37个，会员22.70万人。（陈佩红）

【职工民主管理】　2020年，中国宝武将职工民主管理纳入二级党委党建工作责任制考核评价体系。集团公司党委组织部、人力资源部、工会指导宝钢股份、马钢集团、宝武智维等16家单位规范配置职工董事、职工监事，履行相关民主程序。按照国务院国资委《中央企业公司章程指引（试行）》等要求，集团公司法律事务部、工会指导八一钢铁、宝武炭材、马钢交材、欧冶链金等14家单位将职工民主管理相关要求纳入公司章程，融入公司治理。（李士伟）

【召开第一届第三次职工代表大会】　1月17日，中国宝武第一届第三次职工代表大会在宝武管理学院大礼堂举行。大会听取并审议中国宝武总经理胡望明所作的《勇担新时代使命　奋进高质量发展》工作报告，听取并审议《2019年安全生产管理情况及2020年工作计划报告》《集团公司2019年能源环保工作情况及2020年工作计划报告》，书面审议《集团公司2019年企业年金运作和管理情况报告》《集团公司2019年职工教育经费使用情况及2020年培训计划报告》《集团公司2019年职工需求与关注点信息管理情况报告》《集团公司2019年厂务公开民主管理工作综合报告》等专项报告，审议通过《集团公司第一届第三次职工代表大会决议》。（李士伟）

【召开厂务公开专题报告会】　9月16日，中国宝武召开2020年厂务公开专题报告会，集团公司财务部、能源环保部、安全生产监督部、办公室、工会等部门分别通报中国宝武上半年经营绩效、节能环保、安全生产、履职待遇、业务支出管理、厂务公开民主管理、职工代表意见建议处理等情况，中国宝武纪委、国家监察委员会驻中国宝武监察专员办公室书面印发《警示教育案例汇编》，会议还下发《职代会提案工作实用手册》，提高职工代表履职能力和素质。同时，学习贯彻习近平总书记考察调研马钢集团重要讲话精神，组织参观“中国宝武130年”主题展。（李士伟）

【发挥风险防范作用】　2020年，集团公司工会协同相关职能部门研究厂办大集体改革涉及的职工安置、民主程序、风险评估等工作，支撑服务马鞍山区域有关单位推进厂办大集体改革。马钢集团、宝钢资源等单位做好职工思想政治工作和心理疏导，统一认识，企业与地方联动，防范风险。8月20日，马鞍山区域5家厂办大集体改革单位职工安置方案均经职代会审议通过。（李士伟）

【为混合所有制改革服务】　12月，集团公司工会协同各有关部门制定《混合所有制改革民主程序操作指引》，规范混合所有制改革民主程序，支撑服务各单位稳妥推进混合所有制改革，落实《中国宝武

国有企业改革三年行动实施方案》要求。（李士伟）

【推进创建和谐劳动关系】 2020年，中国宝武各级工会组织、人力资源部共同推进创建"和谐劳动关系企业"。5月，上海市人力资源与社会保障局、上海市总工会、上海市企业联合会等部门联合发文表彰"上海市和谐劳动关系达标企业"，中国宝武、欧冶云商、宝武特冶、华宝信托、华宝基金、华宝证券等30家单位获评"上海市和谐劳动关系达标企业"。沪外单位落实当地要求，开展有关创建、复评等工作。（李士伟）

【组织开展领导人员民主评议】 4月，集团公司党委组织部、工会等组织开展2019年度领导人员民主评议，对156名直管领导人员进行民主评议。3 230名职工代表参与评议。评议结果显示，中国宝武成立后，集团公司直管领导民主评议"称职度""能力素质"得分和子公司领导班子"满意度"均连续3年上升。党委组织部和工会对评议结果反映出的问题进行了分析，并向集团公司提出相关建议。（李士伟）

【开展《宝武管理者问卷》调查】 2020年，集团公司工会聚焦中国宝武发展战略和"全面对标找差、创建世界一流"管理主题，组织开展《宝武管理者问卷》调查，了解干部职工对经营管理等工作的知晓率、满意度和意见建议等。一线职工按照工号等距抽样，覆盖集团公司所有二级单位，占在岗职工总数的5.04%；D层级以上领导人员全部参与。职工卷回收8 030份，回收率99.81%；领导卷回收1 556份，回收率96.83%。调研结果显示，职工、各级管理者对中国宝武"成为全球钢铁业引领者"愿景和"共建高质量钢铁生态圈"使命、创建世界一流示范企业充满信心，"非常有信心""有信心"者比例均较2019年、2018年进一步上升，40岁以下青年职工"非常有信心"比例相对更高。职工对落实"全面对标找差 创建世界一流"管理主题情况、参与"我为'对标找差创一流'献一计"活动情况评价良好，积极评价"钢铁荣耀 铸梦百年"宣传教育系列活动，认为"非常有必要，对凝聚'同一个宝武'的共识发挥了重要作用"；职工党员、各级管理者对党组织工作与生产经营融合、推动企业改革发展、党组织书记抓党建、党支部建设等党建工作开展情况的满意度进一步上升。（李士伟）

【评选"好工会"】 5月，在各二级单位工会"本级自评"、基层一线职工与工会工作者的"会员评价"、中国宝武工会各有关部门"专业评价"的基础上，经集团公司工会第一届第六次常委会无记名投票评选，宝钢股份、八一钢铁、武钢集团、韶关钢铁、欧冶云商、宝武炭材、宝钢资源、宝钢工程、宝钢发展9家单位工会被评为"好工会"。（李士伟）

【规范经费审查监督工作】 2020年，集团公司工会组织开展二级单位工会经费审查委员会主任述职，并对二级单位工会2019年度经费审查工作规范化建设情况进行评比，评选出宝钢股份、欧冶云商、宝钢工程、宝武炭材、宝钢发展、宝钢金属6家2019年度经费审查工作优秀单位。宝钢包装、集团公司总部机关、宝钢资源、宝武环科、宝地资产、上海不锈、宝信软件、宝钢特钢、宝武特冶等12家2019年度经费审查工作合格单位。（李士伟）

【评选工会最佳实践案例】 2020年，集团公司工会对各单位工会申报的2019年度特色工作成果，进行组织评审。宝钢工程工会"搭'育匠心，致远行'平台，助产业工人创新能力建设——'3111'创新人才培训计划"等11个项目被评为"工会最佳实践案例Top-Ten（十佳）"。（李士伟）

【组织开展劳动竞赛】 2020年，中国宝武开展以改革创新、对标找差、生态圈建设、智慧制造、安全生产、绿色发展、降本增效以及打赢脱贫攻坚战为重点的"全员对标找差，创建世界一流"劳动竞赛，实现降本增效98.33亿元。"铁钢对标挖潜创一流"专项竞赛，围绕高炉利用系数、吨钢铁水能耗指标，助推中国宝武全年粗钢产量同比增加100万吨。"凝心聚力促增产 铁矿产量创佳绩"专项竞赛，聚焦产量、安全、协同，8—12月铁精矿产量超预算目标12.11%。"环境经营水平提升"竞赛，落实"长江大保护"规划等要求，提升长流程钢铁企业绿色发展指数，绿色园区建设稳步推进。"对标找差降本增效"竞赛，以"简单、高效、低成本"为目标，选取世界一流企业、行业先进企业作为对标对象，建立对标找差指标体系，做到内部对标与外部对标相结合，与同工序、同岗位比，与世界一流指标比。"打赢脱贫攻坚战"竞赛，以完成定点扶贫的10个县脱贫攻坚任

务为目标，体系联动、系统推进，10个县全部脱贫。（徐　卫）

【开展“献一计”活动】 8—12月，中国宝武组织开展“我为企业‘对标找差创一流’献一计”活动（简称“献一计”活动）。3个月内，职工献计20万条，采纳率63%，一批“金点子”“智多星”等先进典型脱颖而出。集团公司工会评选出100个“金点子”，100名“智多星”，500个“银点子”，1 000个“好点子”和10个优秀组织单位。12月23日，举办“荣耀宝武　贡献有我”为主题的中国宝武“员工献计立功创新日”大会，为“献一计”活动“金点子”、“智多星”、职工岗位创新“新人奖”、优秀组织单位代表颁奖，为“智能制造技术应用攻关创新工作室”颁发匾牌。（徐　卫）

【组织技能大赛】 5—10月，集团公司工会组织开展“铸匠心·提技能”中国宝武第二届职工技能大赛，大赛设立磨矿分级工、高炉炼铁工、转炉炼钢工、金属轧制工（热轧）、金属轧制工（冷轧薄板）、钳工、数控机床加工、内燃机车司机、设备点检员（电气）、物理性能检验工、水处理工、智能制造、安全、营销（模拟）、微课、网络安全攻防16个决赛工种和项目，6万名职工参加各单位初赛，1 480名选手参加集团公司决赛，87名职工被授予“中国宝武钢铁集团有限公司岗位能手”称号。中国宝武组队参加第一届全国技能大赛世赛项目“工业4.0”全国机械行业选拔赛，获一等奖；参加第一届全国技能大赛，获工业4.0项目比赛优胜奖。选拔转炉炼钢工、金属轧制工（冷轧薄板）、钳工、内燃机车司机4个工种的优秀选手，组建中国宝武“种子队”，备战“河钢杯”第十届全国钢铁行业职业技能竞赛。（徐　卫）

【举办“百千万”高技能人才工程讲堂】 2月，集团公司工会组织开展中国宝武“百千万”高技能人才工程讲堂——“宝武大咖讲”，邀请中国宝武创新骨干走进直播间，进行网络直播授课。2—12月，完成17期线上直播，2.80万人次参与观看和学习。（徐　卫）

【职工岗位创新成果显著】 11月，中国宝武参加第24届全国发明展览会，选送199项一线职工岗位创新成果参展，获金奖28项、银奖52项、铜奖61项，其中金银奖获奖率比上届提升13.40%。金国平的创新成果获上海市科技进步奖二等奖；7名一线职工分别获全国钢铁行业职工技术创新成果一等奖1项、二等奖3项、三等奖3项。季益龙、许慧华创新工作室被授予“上海市劳模创新工作室”。吉志勇、许慧华获“上海工匠”称号，蔡斌、邱全林、郭忠涛获湖北省“荆楚工匠”称号，王伟获安徽省“三晋工匠”称号。12月23日，中国宝武职工创新活动中心揭牌成立。（徐　卫）

2020年12月23日，中国宝武职工创新活动中心揭牌成立　（刘　杰　摄）

**第24届全国发明展览会中国宝武参展项目获奖一览表**

| 序号 | 项　目　名　称 | 第一发明人 | 发明人所在单位 | 奖项 |
|---|---|---|---|---|
| 1 | 热镀锌汽车外板锌灰质量智能监测控制技术 | 强晓彬 | 宝钢日铁汽车板有限公司 | 金奖 |
| 2 | 一种单机架无槽轧制大规格方钢的方法 | 徐　震 | 宝钢股份钢管条钢事业部 | 金奖 |

（续　表）

| 序号 | 项　目　名　称 | 第一发明人 | 发明人所在单位 | 奖项 |
|---|---|---|---|---|
| 3 | 连铸方坯角部缺陷自动预警系统及方法 | 金国平 | 宝钢股份钢管条钢事业部 | 金奖 |
| 4 | 酸连轧超高强钢焊接用激光装备研发与调整技术 | 陈　杰 | 宝钢股份冷轧厂 | 金奖 |
| 5 | 一种链式输送机的链条自导对中装置及其制备方法 | 章　瑜 | 宝钢股份炼钢厂 | 金奖 |
| 6 | 环冷机内烧结矿矿层温度变化测量装置及基于该装置的测温方法 | 马洛文 | 宝钢股份炼铁厂 | 金奖 |
| 7 | 高炉高冶炼条件下冷却设备操作维护及其应用 | 缪伟良 | 宝钢股份炼铁厂 | 金奖 |
| 8 | 热轧粗轧中间坯镰刀弯控制技术 | 张仁其 | 宝钢股份热轧厂 | 金奖 |
| 9 | 热镀锌锌锅内锌液流动控制方法与装置 | 侯晓光 | 宝钢股份中央研究院 | 金奖 |
| 10 | 热轧分段冷却高强钢工艺用系统研制与应用 | 王　军 | 宝钢股份 | 金奖 |
| 11 | 确定铸坯末端凝固特性的射钉优化技术 | 邹世文 | 宝钢股份梅钢公司 | 金奖 |
| 12 | 高炉出铁场除尘风机风量智能分配技术 | 季益龙 | 宝钢股份梅钢公司 | 金奖 |
| 13 | 一种真三维采矿爆破单元体模型建立方法 | 陈小文 | 宝钢股份梅钢公司 | 金奖 |
| 14 | 一种具有高等级表面形貌的汽车外板用电镀锌特超深冲板及其生产方法 | 冯冠文 | 宝钢股份武钢有限 | 金奖 |
| 15 | 一种节能的高磁感取向硅钢生产方法 | 高　洋 | 宝钢股份武钢有限 | 金奖 |
| 16 | Φ1 422毫米超大口径螺旋埋弧焊管用厚规格X80热轧卷及其制造方法 | 高兴健 | 宝钢股份湛江钢铁 | 金奖 |
| 17 | 焦炉煤气净化系统尾气、废液资源化利用技术 | 杨　涛 | 韶关钢铁 | 金奖 |
| 18 | 高炉风口作业安全性能提升技术 | 陈生利 | 韶关钢铁 | 金奖 |
| 19 | 降低烧结机系统设备故障提高设备作业率的技术集成 | 陈　科 | 韶关钢铁 | 金奖 |
| 20 | 一种高炉风温电偶损坏后的测温方法 | 马　群 | 马钢集团马钢股份 | 金奖 |
| 21 | 直筒型真空精炼装置及其工艺开发 | 沈　昶 | 马钢集团马钢股份技术中心 | 金奖 |
| 22 | 一种破碎机分料头 | 邓承仁 | 宝钢资源武钢资源程潮矿业有限公司 | 金奖 |
| 23 | 一种消防系统综合性能提升技术 | 许慧华 | 宝地资产 | 金奖 |
| 24 | 一种高沥青含量燃料油的生产方法 | 杜亚平 | 宝武炭材 | 金奖 |
| 25 | 新型装配式钢结构建筑技术研发及应用 | 张昭祥 | 宝钢工程上海宝钢建筑工程设计有限公司 | 金奖 |
| 26 | 核电关键设备用镍基合金大截面棒材及其制造方法 | 徐长征 | 宝武特冶 | 金奖 |
| 27 | 环保型钢铁厂带钢表面涂层质量在线检测系统 | 施振岩 | 宝武智维 | 金奖 |
| 28 | 国内降噪地铁消音车轮的研制 | 范兴海 | 宝武智维 | 金奖 |
| 29 | 屈服强度750 MPa级冷轧马氏体钢板及其制造方法 | 孙明军 | 宝钢股份中央研究院梅钢技术中心 | 银奖 |

（续　表）

| 序号 | 项　目　名　称 | 第一发明人 | 发明人所在单位 | 奖项 |
|---|---|---|---|---|
| 30 | 汽车板自动化生产线入口段设备综合技术开发应用 | 顾希成 | 宝钢日铁汽车板有限公司 | 银奖 |
| 31 | 一种取向硅钢连退机组卷取张力的控制方法 | 卢纪平 | 宝钢股份硅钢事业部 | 银奖 |
| 32 | 20辊轧机中间辊倒角位置动态模型控制方法 | 朱华群 | 宝钢股份硅钢事业部 | 银奖 |
| 33 | 一种厚板头部第一刀剪切定位装置及其控制方法 | 朱剑恩 | 宝钢股份厚板部 | 银奖 |
| 34 | 铸机状态智能诊断系统 | 杨建华 | 宝钢股份炼钢厂 | 银奖 |
| 35 | 一种副原料氮封装置及其控制方法 | 陆万钧 | 宝钢股份炼钢厂 | 银奖 |
| 36 | 皮带机上用于测试金属探测器的自动投铁装置 | 周方俊 | 宝钢股份炼铁厂 | 银奖 |
| 37 | 一种悬臂测温杆运输更换机械 | 孙建华 | 宝钢股份炼铁厂 | 银奖 |
| 38 | 一种圆形旋转焦罐平衡检测方法 | 卫福全 | 宝钢股份炼铁厂 | 银奖 |
| 39 | 一种卷取机助卷辊踏步控制校正方法 | 幸利军 | 宝钢股份热轧厂 | 银奖 |
| 40 | 一种解决热轧高强钢在密集冷却区扣头废钢控制方法 | 李华明 | 宝钢股份热轧厂 | 银奖 |
| 41 | 热连轧机架压下辊缝位置自动控制技术 | 荣鸿伟 | 宝钢股份热轧厂 | 银奖 |
| 42 | 用于镀层测厚仪的快门机构装置 | 孙　进 | 宝钢股份设备部 | 银奖 |
| 43 | 一种无螺栓连接全焊接结构冶金渣罐制造方法 | 廖礼宝 | 宝钢股份设备部 | 银奖 |
| 44 | 输送带矿料中非导磁类金属物跟踪装置 | 李　斌 | 宝钢股份运输部 | 银奖 |
| 45 | 冶金铁路机车车辆的主动定位方法 | 李振锋 | 宝钢股份运输部 | 银奖 |
| 46 | 大型港机卷曲电缆拉伸式自动分离保护装置的研发及应用 | 徐剑强 | 宝钢股份运输部 | 银奖 |
| 47 | 低成本高机械加工性的工程机械用钢及其制造方法 | 刘自成 | 宝钢股份制造管理部 | 银奖 |
| 48 | 耐硫化氢应力腐蚀开裂的马氏体不锈钢油套管用钢、油套管及其制造方法 | 张春霞 | 宝钢股份中央研究院 | 银奖 |
| 49 | 变厚度汽车后地板前横梁十一段的轧制方法 | 曹栋杰 | 宝钢股份宝钢国际上海宝钢新材料有限公司 | 银奖 |
| 50 | 钢板剪裁落料模具及斜楔导向装置 | 谢　铭 | 宝钢股份宝钢国际广州花都宝井汽车钢材部件有限公司 | 银奖 |
| 51 | 防止卷取机卸卷时钢卷内圈抽芯的控制方法 | 陈绍林 | 宝钢股份梅钢公司 | 银奖 |
| 52 | 矿山装药台车安全控制技术 | 潘茂军 | 宝钢股份梅钢公司 | 银奖 |
| 53 | 提升热轧产品尺寸控制精度的特殊模型技术 | 谭耘宇 | 宝钢股份梅钢公司 | 银奖 |
| 54 | 一种钢水包保温吊运吊具 | 曹艳玲 | 宝钢股份梅钢公司 | 银奖 |
| 55 | 一种卸船机稳定卸料流量装置及控制方法 | 张端平 | 宝钢股份梅钢公司 | 银奖 |
| 56 | 废油在线智能化系列处理及循环使用技术 | 戴国平 | 宝钢股份梅钢公司 | 银奖 |
| 57 | 高韧性低温压力容器用钢板及其制造方法 | 王宪军 | 宝钢股份武钢有限 | 银奖 |

（续　表）

| 序号 | 项　目　名　称 | 第一发明人 | 发明人所在单位 | 奖项 |
|---|---|---|---|---|
| 58 | 拉矫机驱动辊运行状态监控系统及故障诊断方法 | 刘　洋 | 宝钢股份武钢有限 | 银奖 |
| 59 | 高磁通密度磁浮轨道用F型钢及其生产方法 | 朱　敏 | 宝钢股份武钢有限 | 银奖 |
| 60 | 一种防止带钢边部冷却不均的控制及导引系统 | 陈　勇 | 宝钢股份湛江钢铁 | 银奖 |
| 61 | 一种烧结机点火炉清除结瘤装置 | 袁日旺 | 宝钢股份湛江钢铁 | 银奖 |
| 62 | 一种厚板轧制翘头或扣头控制方法 | 苗雨川 | 宝钢股份厚板部 | 银奖 |
| 63 | 一种LF精炼炉系统运行效率提升的智能集成技术 | 曾　涛 | 韶关钢铁 | 银奖 |
| 64 | H型钢检验用平尺 | 王　平 | 马钢集团马钢股份 | 银奖 |
| 65 | 一种焦炉温度调节控制方法 | 李　强 | 马钢集团马钢股份 | 银奖 |
| 66 | 一种含钒钛动车组车轴用钢及其热处理工艺 | 汪开忠 | 马钢集团马钢股份 | 银奖 |
| 67 | 一种模铸模具吹氩保护装置 | 陈中凯 | 马钢集团马钢股份 | 银奖 |
| 68 | 冷轧十八辊轧机装备技术优化创新及应用 | 黄剑冰 | 宝钢德盛 | 银奖 |
| 69 | 一种超硬态奥氏体不锈钢及其制造方法 | 黄俊霞 | 宝钢德盛 | 银奖 |
| 70 | 一种罩式炉加热罩助燃空气迷宫式管道技术 | 余　斌 | 宁波宝新 | 银奖 |
| 71 | 一种欧冶炉煤气循环回配装置 | 季书民 | 八一钢铁 | 银奖 |
| 72 | 30CrMnSiA热轧带钢的生产方法 | 吾　塔 | 八一钢铁 | 银奖 |
| 73 | 智能工业行车系统 | 张　林 | 武钢集团武汉武钢绿色城市技术发展有限公司通信分公司 | 银奖 |
| 74 | 分布式热处理智能控制关键技术 | 许　煜 | 宝信软件 | 银奖 |
| 75 | 一种高含铁电镀废水预处理系统 | 季雯赟 | 宝武环科工业环境保障部 | 银奖 |
| 76 | 一种锰锌铁氧体料粉新制备方法 | 冯　炜 | 宝武环科上海宝钢磁业有限公司 | 银奖 |
| 77 | 一种密闭取样器及高温无烟取样的方法 | 孙伟方 | 宝武炭材 | 银奖 |
| 78 | 高等级无缝钢管冷轧制管装备技术优化与应用 | 陈　涛 | 宝武特冶 | 银奖 |
| 79 | 高低压开关柜带电智能防护系统 | 巢平源 | 宝武智维 | 银奖 |
| 80 | 洁净钢冶炼用连铸中间包耐火材料实践与应用 | 姚亚双 | 武汉耐材 | 银奖 |
| 81 | 连续退火炉气氛净化技术 | 王　鲁 | 宝钢日铁汽车板有限公司 | 铜奖 |
| 82 | 运用于废水处理中的絮凝剂高效连续混合技术 | 李　宏 | 宝钢日铁汽车板有限公司 | 铜奖 |
| 83 | 精密机床加工中心调整装置及方法 | 高　翔 | 宝钢特钢长材有限公司 | 铜奖 |
| 84 | 一种大口径高频直缝焊管的制备技术 | 吴文辉 | 宝钢股份钢管条钢事业部 | 铜奖 |
| 85 | 初轧钢坯砂轮机修磨质量检测技术研究及装备开发 | 邹　堃 | 宝钢股份钢管条钢事业部 | 铜奖 |
| 86 | 一种在线钢管探伤快节奏控制技术 | 郑敏华 | 宝钢股份钢管条钢事业部 | 铜奖 |
| 87 | 厚板立辊轧机维护技术 | 丁海绍 | 宝钢股份厚板部 | 铜奖 |

（续　表）

| 序号 | 项　目　名　称 | 第一发明人 | 发明人所在单位 | 奖项 |
|---|---|---|---|---|
| 88 | 基于热辐射最小化炉门智能控制方法 | 王　红 | 宝钢股份厚板部 | 铜奖 |
| 89 | 基于大数据分析模型的焊机焊接控制应用技术 | 龚建平 | 宝钢股份冷轧厂 | 铜奖 |
| 90 | 一种连铸浇钢一键降速控制方法和装置 | 陆兴华 | 宝钢股份炼钢厂 | 铜奖 |
| 91 | 一种可去除残余煤气的精炼RH合金的密闭设备及其应用 | 杨　锐 | 宝钢股份炼钢厂 | 铜奖 |
| 92 | 燃气—蒸汽联合循环发电机组运行工况优化值的确定方法 | 顾立群 | 宝钢股份能源环保部 | 铜奖 |
| 93 | 一种低压氮气总管系统及控制方法 | 王绿宇 | 宝钢股份能源环保部 | 铜奖 |
| 94 | 钢厂载矿车16档自动变速系统疑难故障集成诊断技术 | 毛　俊 | 宝钢股份运输部 | 铜奖 |
| 95 | 一种连续波浪型钢卷鞍座 | 张子才 | 宝钢股份运输部 | 铜奖 |
| 96 | 一种低屈强比超高强度连续油管用钢及其制造方法 | 章传国 | 宝钢股份中央研究院 | 铜奖 |
| 97 | 汽车板镀锌线水淬槽锌粉沉淀装置 | 李子武 | 宝钢股份广州JFE钢板有限公司 | 铜奖 |
| 98 | 焊机用升降式上料装置 | 孙静锋 | 上海宝钢阿赛洛激光拼焊有限公司 | 铜奖 |
| 99 | 一种压机毛刷轮引料装置 | 王殿兵 | 宝钢股份宝钢国际烟台宝井钢材加工有限公司 | 铜奖 |
| 100 | 一种垛料智能翻转装置 | 郭三明 | 宝钢股份宝钢国际长春宝钢钢材贸易有限公司 | 铜奖 |
| 101 | 高炉鼓风机进出风控制设备优化技术 | 成　涛 | 宝钢股份梅钢公司 | 铜奖 |
| 102 | 针对热轧卷取温度模型停轧后遗传系数补偿方法 | 姚　禹 | 宝钢股份梅钢公司 | 铜奖 |
| 103 | 冷连轧过程中以爆辊防治为目标的工艺润滑制度优化方法 | 刘云峰 | 宝钢股份梅钢公司 | 铜奖 |
| 104 | 一种组合式冲洗油箱及其使用方法 | 徐天亮 | 宝钢股份梅钢公司 | 铜奖 |
| 105 | 种热镀含铬钝化废液处理装置 | 邹正东 | 宝钢股份梅钢公司 | 铜奖 |
| 106 | 大宗散状矿料传输装备提效的关键技术研究与应用 | 王明江 | 宝钢股份武钢有限 | 铜奖 |
| 107 | 一种轧机秒流量自动增益控制方法及装置 | 黄　涛 | 宝钢股份武钢有限 | 铜奖 |
| 108 | 轧机换辊装置 | 彭晟远 | 宝钢股份武钢有限 | 铜奖 |
| 109 | 超特深冲级钢的生产方法 | 周文强 | 宝钢股份武钢有限 | 铜奖 |
| 110 | 一种焦炉用低铁低铝莫来石砖 | 徐国涛 | 宝钢股份武钢有限 | 铜奖 |
| 111 | 一种电动脱轨器系统 | 吴志刚 | 宝钢股份武钢有限 | 铜奖 |
| 112 | 一种清洗段碱液循环槽用消泡装置 | 刘　斌 | 宝钢股份湛江钢铁 | 铜奖 |
| 113 | 一种提高棒材上钢系统精准传输的智能技术 | 查安鸿 | 韶关钢铁 | 铜奖 |

（续　表）

| 序号 | 项　目　名　称 | 第一发明人 | 发明人所在单位 | 奖项 |
|---|---|---|---|---|
| 114 | 超低碳冷镦钢关键技术研究及产业化 | 刘春林 | 韶关钢铁 | 铜奖 |
| 115 | 高炉热风炉系统智能检测诊断技术集成 | 杨国新 | 韶关钢铁 | 铜奖 |
| 116 | 一种保探伤Q345B级钢板的低成本制造方法 | 夏金魁 | 鄂城钢铁 | 铜奖 |
| 117 | 一种同步电机高压变频软启动系统 | 仝　春 | 马钢集团马钢股份 | 铜奖 |
| 118 | 一种转炉烟罩积渣清理方法及转炉烟罩积渣清理枪 | 潘　军 | 马钢集团马钢股份 | 铜奖 |
| 119 | 一种破碎锤活塞杆用钢及其热处理工艺 | 完颜卫国 | 马钢集团马钢股份 | 铜奖 |
| 120 | 一种冷轧带钢预氧化装置 | 许　翔 | 马钢集团马钢股份 | 铜奖 |
| 121 | 一种用于平整机轧辊毛化的拨盘 | 孟文捷 | 马钢集团马钢股份 | 铜奖 |
| 122 | 一种环保型钢坯加热炉 | 叶明明 | 八一钢铁 | 铜奖 |
| 123 | 一种冷却塔挡冰板 | 顾　巍 | 八一钢铁 | 铜奖 |
| 124 | 一种煤矿用澡堂自动加水装置 | 尤瑞杰 | 八一钢铁 | 铜奖 |
| 125 | 方坯连铸机铸坯自动输送车 | 刘兴海 | 八一钢铁 | 铜奖 |
| 126 | 一种用于冶金过程中的回转滚筒式组合筒体 | 潘大辉 | 宝钢德盛 | 铜奖 |
| 127 | 一种可快速拆装旋转自动喷淋抑尘装置 | 马守斌 | 宝钢资源马钢矿业 | 铜奖 |
| 128 | 绞笼式分级筛 | 李明军 | 宝钢资源马钢矿业 | 铜奖 |
| 129 | 智能控制路口车辆拥堵状况的系统 | 尤伟军 | 宝信软件上海宝康电子控制工程有限公司 | 铜奖 |
| 130 | 一种同步多规格钢板覆膜机及留边覆膜钢板加工方法 | 袁　杰 | 宝钢股份宝钢国际佛山宝钢不锈钢贸易有限公司 | 铜奖 |
| 131 | 一种低异味古马隆树脂的生产方法 | 侯文杰 | 宝武炭材 | 铜奖 |
| 132 | 一种连铸机钢包加盖装置及其方法 | 王　勇 | 马钢集团设计研究院有限责任公司 | 铜奖 |
| 133 | 一种钢丝热处理后油渍反吹机构 | 季海峰 | 宝钢金属宝钢集团南通线材制品有限公司 | 铜奖 |
| 134 | 高性能新型压铸镁合金及其在大交通工具轻量化等方面的应用 | 唐伟能 | 宝钢金属 | 铜奖 |
| 135 | 一种钢丝酸洗振动装置 | 季志平 | 宝钢金属南京宝日钢丝制品有限公司 | 铜奖 |
| 136 | 用于平板摆放锭模的安全套筒支架及其使用方法 | 罗　辉 | 宝武特冶 | 铜奖 |
| 137 | 一种大型镦粗装置的制造方法 | 杨　磊 | 宝武特冶 | 铜奖 |
| 138 | 连铸结晶器足辊涂层的制备方法 | 成　阳 | 宝武智维 | 铜奖 |
| 139 | 低压不接地系统的漏电保护实现方法 | 沈国芳 | 宝武智维 | 铜奖 |
| 140 | 换热器管束的快速检测方法及工装 | 于宝虹 | 宝武智维 | 铜奖 |
| 141 | 冷轧高强汽车板专用高速钢轧辊及其制造方法 | 崔海峰 | 宝武重工宝钢轧辊科技有限责任公司 | 铜奖 |

（徐　卫）

【参加上海市工业机器人技术应用技能大赛】 12月，中国宝武组织参加由上海市经济和信息化委员会、上海市人力资源和社会保障局、上海市教育委员会、上海市总工会、共青团上海市委员会举办的首届上海市工业机器人技术应用技能大赛暨第四届全国工业机器人技能应用大赛上海选拔赛，中国宝武4名参赛选手全部获奖，其中郑莉获一等奖，倪建明、庄亚明获二等奖，倪广明获三等奖，中国宝武获大赛优秀组织奖。（徐 卫）

【安全“1000”班组建设】 6月22—23日，集团公司工会举办安全“1000”（安全第一，违章、隐患、事故为零）标准化示范班组、工会劳动保护干部、青年安全生产示范岗研修活动，来自各子公司的11个安全“1000”标准化示范班组、“安康”（安全、健康）代表和青年安全生产示范岗代表作经验交流。组织职工参加“全国安全知识（网络竞赛）”，20万人次参与竞赛答题。

（徐 卫）

【加强劳动保护工作】 2020年，集团公司工会组织开展劳动安全保护监督，加强劳动安全保护工作体系建设，结合“安康杯”竞赛，开展“反违章、查隐患、找差距、促整改”全员安全自主管理活动，12.50万名职工参与岗位安全风险动态描述活动，查找事故隐患52万条。

（徐 卫）

【表彰先进】 2020年，中国宝武有6名职工当选全国劳动模范、24名职工当选省部级劳动模范，12个集体获评省部级模范集体及获五一劳动奖状和“工人先锋号”称号；6名职工获省部级“工匠”称号，2名职工获中国机械冶金建材行业“工匠”称号。3月，集团公司工会表彰2018—2019年度“玫瑰绽放最佳实践”奖和“玫瑰培育”奖，15个项目获2018—2019年度“玫瑰绽放最佳实践”奖；11个项目获2018—2019年度“玫瑰绽放最佳实践”提名奖；15人获2018—2019年度“玫瑰培育”奖；15人获2018—2019年度“玫瑰培育”提名奖。4月29日，中国宝武召开“展劳模风采 当时代楷模 创世界一流 铸百年梦想”为主题的迎五一劳动模范先进交流会，先进个人和集体代表围绕抗击新冠肺炎疫情和爱岗敬业等方面进行交流。会上，举行中国宝武《劳模先进风采录》首发仪式和劳模带教青年结对仪式。年内，集团公司工会组织评选年度“优秀员工”“最美宝武人”，在37家单位根据评选标准择优推荐的350名“优秀员工”基础上，推选49名员工为“最美宝武人”候选人，经评审小组履行评选程序，最终选出10名“最美宝武人”。

（徐 卫 周 莉 顾 炯 刘向捷）

【疫情防控保障】 2020年，集团公司工会设立新冠肺炎防控工作专项资金1 000万元，用于疫情防控保障和慰问职工等专项工作；组建24支抗击新冠肺炎疫情志愿服务队，2 590名志愿者奋战在防控疫情一线；关注职工身心健康，购买必备防疫物资、实施点对点送餐等工作，开通在鄂地区复工复产心理援助“心晴热线”，关注重点地区重点人群，做好隔离、关心、关爱工作；成立服务专班，做好在单位住宿职工的关心慰问工作。（刘向捷）

【开展职工文化艺术系列活动】 2020年，集团公司工会助力“钢铁荣耀 铸梦百年——中国宝武130年”宣传教育系列活动，组织开展职工文化艺术系列活动，向各单位推荐10项主题活动项目。9月，集团公司文体协会启动开展网球比赛、骑行活动、健康跑活动、太极拳比赛、乒乓球比赛、篮球比赛、电竞比赛、主题征文比赛、摄影展评活动等各类赛事活动19场，3 635名职工参与。（刘向捷）

【帮困送温暖】 2020年，中国宝武加大内部精准帮扶工作力度，沪内“全国系深度困难职工”和“省级系困难职工”清零。通过开展“元旦春节、中秋国庆、金秋助学、大病救助”等帮困送温暖活动，对困难职工进行精准帮扶，各级工会开展帮困慰问102 077人次，帮困金额6 653.32万元。其中，日常帮困92 953人次，帮困金额4 312.14万元；助学帮困1 562人次，帮困金额321.21万元；医疗帮困7 562人次，帮困金额2 019.97万元。（刘向捷）

【解决职工“三最”问题】 2020年，集团公司工会从工作、福利、环境、活动和生活5个渠道推进“三最”（最关心、最直接、最现实）实事项目。各单位实施“三最”实事项目1 003项，其中幸福宝武环境类521个、幸福宝武福利类96个、幸福宝武工作类136个、幸福宝武生活类218个和幸福宝武活动类32个。做好住院补助、工会会员专享保障、大病救助等保障工作，组织员工保险自购保障计划特惠推介服务活动。

（刘向捷）

【完成退休人员社会化管理工作】 2020年，集团公司工会履行退休人员社会化管理协调和牵头的职责，主动对接上级组织和属地政府部门。把握企地（企业与属地政府部门）对接、地方批复、人事档案移交、党员组织关系移交、管理服务职能移交等关键环节，抓好上海市、武汉市两个重点地区，以及退休人员集中的相关单位。通过工作例会、过程跟进、现场调研、工作专报等方式，督促、指导退休人员社会化管理工作的开展。年底，中国宝武27.30万名退休人员全部实行社会化管理。 （崔宝兵）

## 共青团工作

【概况】 中国宝武团委下设组织建设部、基层工作部、青年发展部、文化宣传部。2020年底，有团委委员18人、常委6人。中国宝武团委下辖团委101个，团总支51个，团支部661个。有专职团干部47人，兼职团干部1 730人，共青团员8 133人，35岁以下青年员工39 969人（统计数据不含太钢集团）。 （潘　宏）

【组织青年抗击新冠肺炎疫情】 2020年，集团公司团委成立战“疫”保障和战“疫”报道2个专门工作组，向各级团组织发出动员令，协调宿舍管理部门做好春节期间留宿、返宿青年抗疫物资和防护用品配发、青年集中场所卫生消毒、青年动态信息上报工作。协调资源，调集1 510箱消毒剂、酒精消毒液以及1 000件防护服等价值175.82万元应急防疫物资，缓解疫情暴发初期应急物资供应难问题。组建“阻击疫情”青年志愿服务队，2 590名青年志愿者奋战各条抗“疫”战线。依托“中国宝武”“青春宝武”微信公众号，面向青年宣传卫生防护、心理健康知识，下发《单宿青年指南》和《远程办公指南》，提升团员青年的自我防护意识。宣传先进典型，推出“青春战‘疫’手记”系列报道，武钢集团青年何航获“中国青年五四奖章”。 （杜　众）

【承办在沪中央企业党建带团建工作座谈会】 2020年，集团公司团委根据共青团中央组织部、青年发展部和共青团中央企业工作委员会安排，组织10家在沪中央企业、地方国有企业召开党建带团建工作座谈会，为上级团组织提供中央企业党建带团建工作经验做法和参考案例。 （杜　众）

【协办中央企业团委书记培训班】 11月，2020年度中央企业团委书记培训班在中国宝武（常熟）领导力发展中心开班。培训采用课堂讲授、专题讨论、实践教学、经验分享相结合的方式，有“学习贯彻党的十九届五中全会精神”“大国关系与国际局势”“科技创新理论与实践”“领导力提升”“共青团与青年工作实务”等课程，团中央企业工作委员会委员、各中央企业团委负责人115人参加培训。 （杜　众）

【发现选拔青年人才】 2020年，集团公司人力资源部、团委启动开展青年人才穿透式发现选拔工作，围绕企业中心工作，聚焦科技创新、市场开拓、职能运营、平台经济、国际化运作等领域，加快源头发现与培养，分类打造高素质专业化青年人才队伍，通过组织推荐和全员举荐两个渠道相结合，探索建立优秀青年人才穿透式发现识别机制，为集团公司储备数量充足的高素质专业化“战略预备队”，各单位团组织推荐1 080人，全员举荐信息21 990条，5 731人参与推荐，被推荐人数2 408人。 （杜　众）

【开展“做奋斗者”青年岗位创新立功活动】 2020年，集团公司团委广泛发动各级团组织青年积极参与“献计·立功”活动，35岁以下青年献计50 802条，献计数占比28.5%。结合劳动竞赛开展岗位建功活动，组建青年突击队338支、青年文明号125支、青年安全生产示范岗136支，共599支队伍，聚焦精益生产、效率效益、智慧制造、降本增效主题开展各类活动1 200余次。 （杜　众）

【举办第二届中国宝武青年文化艺术节】 2020年，集团公司团委举办第二届中国宝武青年文化艺术节系列活动，包括开展“致敬时代偶像 激扬青春理想”五四特别主题团日活动，录制“130秒走进宝武130年”视频，开展“青春制作人”青年才艺比赛活动，举办“唱响青春赞歌　喜迎荣耀百年”彩虹乐团系列快闪活动，组建“金色炉台”主题晚会彩虹舞团，持续发现才艺青年，展现青春活力，助力“钢铁荣耀　铸梦百年”宣传教育系列活动。 （杨伊乔）

编辑：张　鑫

# 18 企业文化

# 企业文化

## 企业文化管理

中国宝武企业文化建设工作主要由集团公司企业文化部管理，主要负责企业文化建设的指导监督，集团公司愿景、使命、价值观贯彻普及的指导监督，重大新闻发布的综合管理，以及舆情管理、品牌管理等。宝武管理学院媒体与在线学习中心、挂靠企业文化部的史志办公室等部门分别负责与企业文化有关的业务。（张文良）

【策划开展“钢铁荣耀 铸梦百年”宣传教育系列活动】 2020年，企业文化部挖掘各单位优秀人才和专业优势，组建“钢铁荣耀 铸梦百年”宣传教育系列活动核心工作团队。4月27日，中国宝武“钢铁荣耀 铸梦百年”宣传教育系列活动启动，年内完成“中国宝武130年”系列展、司歌征集创作、系

2020年7月3日，“中国宝武130年”系列展第三展——“天山赞歌”揭幕（施 琮 摄）

2020年12月31日，以中国宝武和中国近现代钢铁工业130年发展历程为创作背景的大型原创现实主义话剧《铸梦》在上海市宝山区委党校首演（施　琮 摄）

列明信片、纪念章、《铸梦百年——中国宝武130年简史》、画册《百年宝武》、大型文献纪录片《百年宝武》、原创话剧《铸梦》、"重走钢铁长征路"片区活动、"金色炉台"主题活动、环保动画片《华丽的转身》等。系列活动主题鲜明、内容丰富、形式多样，现场参加人数1.35万人，观看直播65万人次，将"同一个宝武"的理念深植人心。（王丹云）

【企业文化体系能力提升】 2020年，企业文化部进一步规范子公司理念体系的建设和管理，明确"诚信、创新、协同、共享"的价值观须统一；集团公司一级子公司、上市公司、托管企业及委托其他子公司管理的企业，可根据战略发展需要保留或提出本单位的愿景、使命，但须与集团公司愿景、使命方向一致、内容呼应、支撑有力、宣传同步。结合公司治理体系和治理能力现代化推进要求，系统研究并形成《中国宝武企业文化体系能力提升方案》，完成《完善中国宝武企业文化体系 支撑高质量钢铁生态圈建设》主题成果报告，制订《关于完善企业文化体系支撑高质量钢铁生态圈建设的指导意见》。（王丹云）

【优化荣誉激励体系】 2020年，企业文化部修订完善并下发《中国宝武荣誉激励体系指导意见（2020版）》，分"勇担时代重任，展现青春风采""传承工匠精神，绽放时代光芒""引领创新思维，点燃智慧之光""凝聚奋进力量，共享宝武辉煌"4个篇章，策划实施2019年度人物颁奖典礼；根据国务院国资委"全面小康　央企担当"第三届中央企业优秀故事征集活动要求，择优报送15篇宝武故事，其中《金银潭医院，我们冲上来了》获三等奖，《方舱"四勇士"》获优秀奖。（王丹云）

【加强精神文明建设】 2020年，企业文化部推进新时代文明单位创建工作，制订下发《关于营造浪费可耻、节约光荣文化氛围的工作方案》，在全体员工中营造浪费可耻、节约为荣的文化氛围。加强精神文明建设和文明单位创建工作，申报宝钢股份营销中心为"全国文明单位"，使中国宝武"全国文明单位"增至4家，即宝山钢铁股份有限公司、宝钢股份营销中心、安徽马钢矿业资源集团有限公司南山矿业有限公司、太原钢铁（集团）有限公司技术中心。（王丹云）

## 对外宣传与品牌管理

【做好抗疫期间对外宣传】 2020年抗击新冠肺炎疫情期间，企业文化部加强与相关子公司特别是中国宝武武汉总部的协同，在《人民日报》、新华社、中央电视台、中国新闻社、《解放日报》、澎湃新闻等主流媒体及湖北省当地媒体，密集报道中国宝武在疫情期间增持宝钢股份股票、实施总部远程办公、助力医疗系统医用氧气保障、武汉总部校区改造隔离区、体育中心改

建方舱医院、紧急驰援火神山雷神山医院建设等彰显中央企业责任的举措。（张　伟）

【高质量发展主题宣传】 2020年，企业文化部聚焦“中国宝武高质量发展”主题，做好习近平总书记考察调研中国宝武马钢集团、中国宝武与太钢集团实施联合重组、亿吨宝武圆梦等20多项热点重点话题的新闻宣传工作。其中，“中国宝武与三大矿业巨头实现人民币跨境结算铁矿石交易”引起新华社关注，新华社专访中国宝武党委书记、董事长陈德荣，并形成内参稿件。（张　伟）

【扶贫工作宣传】 2020年，企业文化部强化中国宝武扶贫攻坚政治担当和责任担当，进一步讲好扶贫故事、宣传推介扶贫典型、凝聚社会力量。建立扶贫宣传工作体系，内外宣联动、总部与属地化联动，做好扶贫宣传报道，在《人民日报》、新华社等主流媒体及国务院国资委新媒体平台、地方媒体刊发中国宝武扶贫工作经验。其中，《国资报告》第10期刊登中国宝武党委书记、陈德荣长署名文章《坚持共同发展理念，共筑钢铁生态圈扶贫之路》。（张　伟）

【境外宣传工作】 2020年，中国宝武及宝钢股份、八一钢铁、宝钢资源、欧冶云商、宝钢包装等下属境外公司分别在脸书（Facebook）、推特（Twitter）和Line（社交聊天软件）开通运行境外社交媒体账号，形成境外宣传的社交媒体矩阵，刊发中国宝武新闻、品牌宣传等重要信息，注重以国际化的内容、以图文等综合形式走近境外受众。（张　伟）

【舆情管理工作】 2020年，企业文化部优化舆情联动报告体系，动态跟踪内外部舆情，提高舆论引导和舆情管控水平。梳理2020年子公司新闻发言人、新闻工作机构信息，加强对子公司处理危机事件的协同指导。在新冠肺炎疫情防控中，发挥团队和体系作用，做好正面引导，让社会各界客观认识到中国宝武在鄂企业不停产的必要性和重要性。全年舆情工作总体可控。（张　伟）

2020年6月19日，中国宝武在广西上林县举行2020年“宝武扶贫助学金”集中发放仪式（樊亚明　摄）

【制订中国宝武《品牌管理办法》】 2020年，为规范、统一、提升中国宝武的品牌形象，促进品牌管理工作专业化、制度化，合理、统筹使用品牌资源，实现集团公司品牌资产的有效增值，企业文化部制订中国宝武《品牌管理办法》。明确集团公司实行以统一品牌为主，适度的独立品牌相结合的混合型品牌架构；明确集团公司对统一品牌实行直接管理与授权管理相结合的方式，对独立品牌实行备案、评价管理；明确品牌准入机制，以及品牌架构及类别管理、品牌标志使用授权、品牌的升级和创立、品牌视觉识别管理、品牌传播、品牌保护等主要品牌管理业务及流程。（张　铮）

【品牌决策及授权】 2020年，企业文化部根据《品牌管理办法》相关条款，结合新进入、新创设子公司战略定位、集团公司内同类产业子公司品牌使用等情况，通过评估后以书面请示形式提请集团公司批准，对相关子公司进行品牌使用授权。年内，决策授权马钢交材、重庆钢铁、西藏矿业3家一级子公司采用“宝武”品牌，并按统一品牌进行管理；决策欧冶链金、欧冶工业品两家一级子公司采用“欧冶”品牌，并由欧冶云商授权其使用，同时按照独立品牌进行管理。（张　铮）

【制订《中国宝武纪念品管理办法》】 2020年，企业文化部制订出台《中国宝武纪念品管理办法》，对纪念品的许可、禁止规则，纪念品工作的管理职责，以及纪念品开发、管理与领用等均做严格规范，确保集团公司及各子公司与纪

念品相关的工作有据可循、有法可依。（张　宁）

【品牌规范化应用】　2020年，企业文化部在集团公司总部及子公司品牌视觉识别应用领域做好指导服务和规范化应用的监督工作。对新进入中国宝武体系的马钢集团、重庆钢铁、西藏矿业等子公司，开展统一品牌视觉识别（VI）规范培训及应用辅导；对新设立的宝武原料、欧冶工业品、宝武大学等单位开展视觉识别设计、应用辅导和项目实施支撑；严格管理集团公司内外企业一次性使用中国宝武品牌的授权及使用规范跟踪。（张　铮）

【品牌形象策划】　2020年，企业文化部在第三届中国国际进口博览会上，通过“铸梦百年，共建高质量钢铁生态圈”国际论坛及中国宝武新成立子公司——欧冶工业品股份有限公司揭牌等活动，向境内外观众展示中国宝武品牌。做好2019年新进大学毕业生培训相关品牌形象策划工作。（张　铮）

【中国宝武品牌获权威机构认可】2020年，中国宝武在《财富》最受赞赏的中国公司排行榜位列第八，在金属行业榜中连续4年登上榜首；在英国品牌评估机构（Brand Finance）发布的“2020全球最有价值的25个采矿钢铁金属品牌”排行榜位列第十；在中国冶金报社发布的2020年中国钢铁行业品牌榜中，中国宝武获“2020年中国卓越钢铁企业国际影响力品牌”，中国宝武（BAOSTEEL宝钢牌）获“2020年中国钢材市场优秀品牌（板卷类）”。（张　铮）

## 史志工作

【概况】　中国宝武设有史志编纂委员会，委员会主任委员由中国宝武党委书记、董事长担任，副主任委员由中国宝武总经理、党委副书记担任，委员包括中国宝武领导成员和各职能部门主要负责人、中国宝武史志办公室（简称史志办）主任。史志办为中国宝武史志编纂委员会的办事机构，挂靠集团公司企业文化部。史志办的主要职能是：承担编辑出版《中国宝武钢铁集团有限公司年鉴》，编辑并提供有关的史料性书刊，集团公司内部史志鉴工作和对外史志鉴工作联络的归口管理等工作。（张文良）

【编纂出版《中国宝武钢铁集团有限公司年鉴（2020）》】　《中国宝武钢铁集团有限公司年鉴（2020）》是中国宝武的第三部年鉴，由中国宝武史志编纂委员会编纂，是系统记述2019年中国宝武各方面情况的年度资料性文献，详细记载总部各部门及各子公司2019年改革、发展的基本情况和重大事项，设总述、特载、专文、要闻大事、企业管理、科技研发、节能环保、人力资源、财务审计、钢铁主业、新材料产业、智慧服务业、资源环境业、产业园区业、产业金融业、党群工作、企业文化、人物与荣誉、统计资料、附录、索引21个篇目，129个分目，1 414个条目，卷首照片48幅，随文照片77幅，图、表67张，计85.80万字。11月，由上海人民出版社出版，上海人民出版社发行中心发行。（张文良）

【编纂《宝钢集团志》】　《宝钢集团志（1998—2016）》（简称《宝钢集团志》）是国家第二轮修志工程中的一部重要志书，既是《上海市级专志（1978—2010）》的组成部分，又是一部独立完整的志书，冠名《上海市级专志·宝钢集团志（1998—2016）》，主要记述上海宝钢集团公司和宝钢集团有限公司的发展历程，时间断限为1998年11月17日上海地区钢铁企业联合重组至2016年12月1日宝武联合重组。2018年9月，中国宝武发文正式启动编纂工作，在史志办成立《宝钢集团志》编纂室。2020年1月，编纂室将初稿交各涉编单位进行内部评审和保密审查；3月，编纂室根据各单位评审意见对初稿进行修改后，提交上海市地方志办公室进行市级评议。5月29日，上海市地方志办公室组织专家对《宝钢集团志》进行评议，形成专家组评议意见。会后，编纂室对专家的评审意见进行梳理，根据评审意见，从志书的篇章结构、体例、志体表述，内容的完整性、全面性，行文规范，标题，解决交叉重复，数据、史实的核实，以及卷首照、大事记、人物篇的具体问题等方面作补充、修改和完善。9月，形成送审稿，提交市地方志办公室审定。11月20日，上海市地方志办公室召开《宝钢集团志》审定会，志稿以较高质量通过专家审定。（张文良）

【编写《铸梦百年——中国宝武130年简史》】　2020年，作为中国宝武“钢铁荣耀　铸梦百年”宣传

2020年10月26日，《铸梦百年——中国宝武130年简史》举行首发仪式　（张　勇　摄）

教育系列活动的一项重要内容，史志办承担编写《铸梦百年——中国宝武130年简史》。10月26日，集团公司在"重走钢铁长征路"宁马片区活动现场进行《铸梦百年——中国宝武130年简史》首发式，中国宝武党委书记、董事长陈德荣向马钢集团青年员工赠书。《铸梦百年——中国宝武130年简史》一书由陈德荣作序，中国宝武总经理、党委副书记胡望明担任主编。全书主要内容分为蹒跚起步、烽烟岁月、火红年代、曲折前行、横空出世、开创新局、发展壮大、做优做强、引领未来9个章节。全书时间跨度为1890年至2020年，以时间为轴线简述了中国宝武旗下各子公司在不同历史方位上镌刻的足迹，同时勾勒出中国近现代钢铁工业史的发展轨迹。全书6.30万字，共印刷1.20万册，发至中国宝武各班组、党支部，作为员工和党员的学习材料。　（张文良）

【编写《百年宝武》画册】　2020年，作为中国宝武"钢铁荣耀　铸梦百年"宣传教育系列活动的一项重要内容，史志办承担编写《百年宝武》画册。12月23日，集团公司在纪念中国宝武130年"金色炉台"主题活动上举行《百年宝武》画册首发式。画册由中国宝武总经理、党委副书记胡望明担任主编。画册以时间为轴线，精选750余张图片，分艰难起步（1890—1949）、初创崛起（1949—1978）、辉煌腾飞（1978—2016）、引领未来（2016—2020）4个部分，展示中国宝武旗下各子公司在不同历史方位上镌刻下的足迹，中国近现代钢铁工业筚路蓝缕、砥砺前行的发展脉络清晰可见。画册共印刷5 000册，发至中国宝武总部及各子公司，作为文创产品（礼品）及员工学习材料。　（张文良）

【《中国宝武钢铁集团有限公司年鉴（2019）》获全国地方志优秀成果奖】　12月30日，中国地方志指导小组和中国地方志学会联合下发《关于对第七届全国地方志优秀成果（年鉴类）的通报表扬》，由中国宝武史志编纂委员会编纂的《中国宝武钢铁集团有限公司年鉴（2019）》获评"三等年鉴"。中国地方志指导小组是国务院委托中国社会科学院代管的独立机构，是国家地方志工作的最高政府机构；中国地方志学会是中国地方志系统的权威学术机构。此次参评的有公开出版的2019卷各级各类年鉴，包括省级

2020年12月23日，中国宝武举行《百年宝武》画册首发式　（刘　杰　摄）

综合年鉴、市级综合年鉴、县级综合年鉴、专业年鉴、军事年鉴，共评出345部年鉴，进行通报表扬。（张文良）

## 新闻工作

【概况】 中国宝武新闻工作由集团公司党委统一领导，党委宣传部新闻管理处负责承担集团公司新闻工作的管理职责，对外保留“中国宝武新闻中心”牌子。宝武管理学院媒体与在线学习中心负责承担集团公司自有媒体的新闻制作及发布任务，管理中国宝武报社、中国宝武新闻App（手机应用程序）和中国宝武官方微信“友爱的宝武”微信公众号，负责中国宝武资讯平台的信息发布。2020年4月全新推出“中国宝武”官方抖音号。年内，中国宝武顺应舆论生态和媒体格局的深刻变革，整合力量，形成《中国宝武报》（包括手机、网页电子版）、“友爱的宝武”官方微信、中国宝武官网、中国宝武资讯平台、中国宝武抖音号“五位一体”的融媒体高效运行模式，成为企业信息传播、文化宣传的主阵地。在上海市报纸行业协会发布2020年度“媒体深度融合”创新项目名单，“中国宝武‘五位一体’融媒体传播矩阵”获“媒体深度融合”创新项目一等奖。（赵　琦）

【新闻管理】 2020年，党委宣传部新闻管理处加强重要新闻、活动、会议等内部采访任务的策划协同、重要稿件内容的把关审核。向国务院国资委报送《中国宝武加强新型冠状病毒感染肺炎疫情防控工作情况的报告》，协同做好新冠肺炎疫情防控及复工复产宣传，制定下发《关于进一步做好疫情防控宣传报道的通知》。制定《关于进一步扩大“友爱的宝武”集团官微影响力、覆盖面的通知》《中国宝武网站管理办法》《中国宝武媒体中心马钢记者站管理办法》。梳理统计集团公司微信矩阵，集团公司层面和一级子公司41个微信公众号入驻中国宝武官微，形成新媒体新闻传播矩阵。（徐文红）

【开设重点专栏】 2020年，《中国宝武报》、“友爱的宝武”微信公众号、中国宝武资讯平台和“中国宝武”官方抖音号围绕中国宝武改革发展和生产经营策划主题宣传，全年开设重点专栏有：学习贯彻习近平总书记考察中国宝武马钢集团的重要讲话精神、打造后劲十足的中流砥柱；学习贯彻党的十九届四中全会精神、打造新时代的“宝武之治”；学习贯彻党的十九届五中全会精神，开启新征程；博成论坛；钢铁荣耀、铸梦百年；决战决胜脱贫攻坚；众志成城、抗击疫情；战“疫”一线播报；全面对标找差，创建世界一流；推进整合融合、协同提升核心能力；走进宝武“镇国之宝”；融合大家谈；宝武思想界；我为企业对标找差创一流献一计；回望不平凡的2020等。重点、持续、深度报道中国宝武在融入国家战略、做强做优做大，创建世界一流示范企业，联合重组、加快专业化整合，产品创新、智慧制造、绿色发展，依靠工人阶级办企业等方面丰富的实践成果。其中，“博成论坛”全年发表12篇评论。“钢铁荣耀　铸梦百年”宣传教育系列活动报道在中国宝武内外引发广泛关注，推动“同一个宝武”的文化融合。（赵　琦）

【做好“中国宝武130年”系列报道】 2020年，《中国宝武报》、“友爱的宝武”微信公众号、中国宝武资讯平台和“中国宝武”官方抖音号对“中国宝武130年”系列9个主题展、“重走钢铁长征路”各片区及专场活动、金色炉台主题活动、亿吨宝武仪式等项目进行全景式的展示，发布报道268篇，通过现场侧记、直播、视频、云看展，官微、抖音、特刊等宣传手法，及时、生动、全方位地实现从可读到可视、从静态到动态的融合传播。拍摄制作纪录片《百年宝武》（第一集、第二集）。推出“我的宝武故事”“我的宝武老物件”“话说中国宝武130年”“荣耀金曲”“在一起，在心中，在路上”工作手记等子栏目，展示中国宝武130年的精神传承和宝武大家庭的丰硕成果，进一步凝聚“同一个宝武”文化共识。策划推出的“我的宝武故事”征文活动，收到来稿300多篇，组织评选出34篇优秀故事。（赵　琦）

【做好疫情防控和复工复产宣传报道】 2020年，《中国宝武报》、“友爱的宝武”微信公众号、中国宝武资讯平台和“中国宝武”官方抖音号展现企业抗击新冠肺炎疫情动态，讲述宝武人“为国保产，为民复工”，医用氧气保供，火速驰援火神山、雷神山医院建设，全力提供救治隔离场所等感人故事和事迹。（赵　琦）

【做好扶贫工作宣传报道】 2020年，媒体与在线学习中心组织记者参与对中国宝武领导班子成员的扶贫调研进行跟踪报道，与扶贫干部联系，宣传扶贫取得的阶段成果，并组建采访小分队深入扶贫现场，进行深度系列报道，形成多渠道、立体式的扶贫宣传格局，全面、真实反映中国宝武的对口扶贫攻坚工作。（赵 琦）

【推出批评性报道】 2020年，媒体与在线学习中心加强舆论监督，捕捉管理热点、重点、难点，推出《思想界》视频4期，以对标找差为主题，以问题为导向，采访集团公司子公司、职能部门管理者和基层员工，就对标找差、开阔视野、树立信心等话题阐述观点，起到反思问题、促进工作的效果。组织采写《被点名之后——湛江钢铁炼钢厂降低铁钢比背后的故事》，并配发短评，经官微发布后，在集团公司内引起较大反响，对相关单位改善生产指标、改进工作起到积极促进作用。12月，《中国宝武报》每半月推出一期“啄木鸟”专栏，揭示企业在安全、环境、管理等方面的短板及各种不文明现象。（赵 琦）

【设立马钢记者站】 2020年，中国宝武成立媒体中心马钢记者站。这是在集团公司区域总部或一级子公司设立的首个记者站。记者站参加了韶关钢铁管理经验推广，中国宝武安徽（产业）总部首发项目启动，“重走钢铁长征路”武汉片区、宁马片区和湛江专场活动，中国宝武130年纪念大会和主题活动，及中国宝武科技成果发布会等相关采访报道。（赵 琦）

【获奖作品】 2020年，媒体与在线学习中心在中国冶金报社、冶金

2020年11月16日，中国宝武媒体中心马钢记者站揭牌（施 琮 摄）

文学艺术协会、中国钢铁新闻网联合举办的2019年新钢杯“新时代新钢铁”短视频大赛中，《用智慧创造开启美好未来》获一等奖；在上海市报纸行业协会好新闻评比中，“中国宝武‘五位一体’融媒体传播矩阵”获2020年“媒体深度融合”创新项目一等奖；在上海市报纸行业协会、上海市报协行业报专业委员会好新闻评比中，《这座英雄的城，“我”守护！（微信）》获2020年度“抗疫防疫、复工复产”新闻作品一等奖，《重磅 中国宝武与全球铁矿三大巨头实现人民币跨境结算！》获2020年度“抗疫防疫、复工复产”新闻作品二等奖；在上海市新闻工作者协会2019年度企业报“新闻奖”评比中，《5G助阵，陈德荣远程“一键炼钢”成功》获通讯类一等奖，《中国宝武精品钢助中俄东线天然气管道通气》获消息类一等奖，《打破“烟囱”，拥抱变革，“智享”未来！》获言论类二等奖，《宝钢股份有支鸽子巡逻队》获图片类三等奖。（赵 琦）

## 媒体与出版物

【《中国宝武社会责任报告》】 2009年创刊。中国宝武企业文化部主办。年刊，大16开本，报告以中、英文两种文字出版，以印刷品、电子文档形式发布，其中电子文档可在中国宝武网站（http://www.baowugroup.com）下载阅读。《中国宝武2019社会责任报告》以“共建高质量钢铁生态圈”为主题，分为“诚信经营”“创新驱动”“绿色发展”“关爱员工”“回馈社会”“生态圈共建”六大章节，“一张互联互通的‘智’造网络”“一座城市钢厂的绿色蝶变”“一条‘授人以渔’的脱贫路”三大专题进行重点展示，并编制别册《中国宝武精准扶贫白皮书》。6月，《中国宝武2019社会责任报告》首次参加中国社科院评级委员会的专业评级，被评定为五星级报告（即是一份卓越的企业社会责任报告）。（王丹云）

【《中国宝武钢铁集团有限公司年鉴》】 2018年创办，中国宝武钢铁集团有限公司主办，中国宝武史志编纂委员会编纂，是系统记述中国宝武各方面情况的年度资料性文献。编辑部设在中国宝武史志办公室。《中国宝武钢铁集团有限公司年鉴（2020）》，大16开本，483页，85.80万字，印1 000册，定价360元，2020年11月由上海人民出版社出版，上海人民出版社发行中心发行。（张文良）

【《中国宝武报》】 2017年1月，创刊于1978年8月1日的《宝钢日报》更名为"《中国宝武报》"。《中国宝武报》由中国宝武钢铁集团有限公司主办，国内公开发行，国内统一连续出版物号CN31-0117，是中国宝武主要新闻传媒之一。2020年出版报纸98期，每份定价150元，发行量26 607份，同比减少1 791份，主要发行对象为中国宝武员工。（赵 琦）

【《中国宝武报》数字报】 由宝武管理学院媒体与在线学习中心制作。主要栏目有一版要闻、二版要闻、专题报道、宝武人、宝武视点、数字报、宝武视频七大板块。网址为http://news.baowugroup.com。2020年，发布文章1 691篇，报纸版面480个，全年网页浏览量41.07万余人次。（赵 琦）

【视频新闻】 由宝武管理学院媒体与在线学习中心制作。2020年，制作的视频专题片、微视频35部，在"友爱的宝武"官方微信、中国宝武资讯平台及其他场合播出或播放。全年制作短视频《印象2019》《奋斗》《创新》《青春》《工匠精神》，专题访谈《中国宝武思想界》（2集），纪录片《百年宝武》（第一集、第二集）。（施胜国）

【中国宝武资讯平台】 由宝武管理学院媒体与在线学习中心每个工作日发布，员工通过智能手机一键进入，可动态收阅公司新闻、服务等资讯。2020年，注册人数10.95万人，绑定设备数20.42万人。资讯模块访问量28万人次，阅读量53万人次。（赵 琦）

【"友爱的宝武"官方微信】 由宝武管理学院媒体与在线学习中心发布。2020年，发布信息1 302篇，网民数19万人。（张 琴）

【"中国宝武"官方抖音号】 2020年，宝武管理学院媒体与在线学习中心推出"中国宝武"官方抖音号。全年发布155条短视频，获点赞数36.80万人次，网民4.30万人。在上海政务账号热度排行榜上，排名第十。（施胜国）

【《宝钢技术》】 1983年12月创刊，是中国宝武主管、宝钢股份主办的技术刊物，大16开本，双月刊（逢双月出版），国内外公开发行。国内统一连续出版物号CN31-1499/TF，国际标准连续出版物号ISSN1008-0716。2020年10月，国家新闻出版署批复同意《宝钢技术》主办单位由原宝钢集团有限公司变更为宝山钢铁股份有限公司。《宝钢技术》主要刊登针对宝钢工艺技术进行分析与研究、开发与应用的相关论文。2020年出刊6期，每期78页。（李国团）

【《宝钢技术研究（英）》】 2002年10月创刊，原为《宝钢技报（英）》网络版，2007年12月更名为"《宝钢技术研究（英）》"，是中国宝武主管、宝钢股份主办的英文版技术刊物。大16开本，季刊（逢季末出版），国内外公开发行。国内统一连续出版物号CN31-2001/TF，国际标准连续出版物号ISSN 1674-3458。2020年10月，国家新闻出版署批复同意《宝钢技术研究（英）》主办单位由原宝钢集团有限公司变更为宝山钢铁股份有限公司。《宝钢技术研究（英）》主要刊登冶金工艺研究和冶金产品研究方面的相关论文。2020年出刊4期，每期48页。（李国团）

【《炼钢》】 1985年创刊，是宝钢股份主管，武钢有限和中国金属学会联合主办的技术刊物，大16开本，双月刊（逢双月出版），国内外公开发行。入编《中文核心期刊要目总览》2020年版（即第9版）冶金工业类的核心期刊。2020年出刊6期，每期80页。主要刊登铁水预处理、炼钢、炉外精炼、连铸及其相关领域生产工艺技术和产品开发的相关论文。（李朝前）

【《电工钢》】 2019年3月，国家新闻出版署批复同意《武钢技术》更名为"《电工钢》"，是宝钢股份主管、武钢有限主办的技术刊物，大16开本，双月刊（逢双月出版），国内外公开发行。2020年出刊6期，每期64页。主要刊登硅钢生产工艺技术、产品开发与应用的相关论文。（李朝前）

【《武汉工程职业技术学院学报》】 1985年创刊，武汉工程职业技术学院主办。1998年经新闻出版署批准为学术性期刊，季刊，国内统一连续出版物号CN42-1652/Z，国际标准连续出版物号ISSN1671-3524。学报依托中国宝武行业优势，旨在为企业技术人员、院校及研究机构人员提供应用技术和职业教育研究成果交流的平台。2020年，设工程技术、计算机技术及应用、经济与管理、问题探讨、教育与教学等栏日，刊发学术论文106篇。（叶　茜）

【《武汉冶金管理干部学院学报》】1991年创刊，原名《管理教育学刊》，武汉工程职业技术学院主办。1998年经新闻出版署批准为学术性期刊，季刊，国内统一连续出版物号CN42-1580/TF，国际标准连续出版物号ISSN1009-1980。学报旨在为企业技术与管理人员、院校及研究机构人员提供研究成果交流的平台。2020年，设管理纵横、产教融合研究、法苑探索、教育与教学等栏目，刊发学术论文126篇。（叶　茜）

【《马钢日报》】1964年7月1日创刊，原名《马钢工人》，1992年9月更名为《马钢日报》，马钢集团党委主办，为马钢集团党委机关报。国内统一刊号CN34-0041，周三刊，对开4版。2020年，出版144期，每期印数1.20万份，主要发行对象为马钢集团员工。（江　霞）

【《安徽冶金科技职业学院学报》】1990年创刊，原名《马钢职工大学学报》，马钢职工大学主办。2004年马钢职工大学更名为“安徽冶金科技职业学院”后，学报更名为《安徽冶金科技职业学院学报》。2000年，由国家新闻出版总署批准为公开发行的冶金科技类期刊，季刊，国内统一连续出版物号CN34-1281/Z，ISSN1672-9994。2020年，设冶金科技交流、企业经济与管理、高职教育、人文学术研究等栏目，刊发学术论文135篇。（田朝林）

【《冶金动力》】1982年创刊，原名《钢铁动力》，马鞍山钢铁股份有限公司主办。1993年由国家新闻出版主管部门批准为国内公开发行的科技期刊，2014年被国家新闻出版广电总局认定为首批学术期刊，月刊，国内统一连续出版物号CN34-1127/TK，国际标准连续出版物号ISSN1006-6764。办刊宗旨是面向冶金企业，面向应用技术，及时报道冶金与动力能源专业最新科技成果，传播科技信息，促进技术创新，为企业和读者服务。2020年，开设供用电、燃气、制氧、热电、供排水、自动化等栏目，刊发学术论文295篇。（齐春梅）

【《太钢日报》】前身为创刊于1950年1月的《钢铁小报》，《钢铁小报》报头由中共中央主席毛泽东题写。1994年，经新闻出版署批准，定名为《太钢日报》。《太钢日报》由中共太原钢铁（集团）有限公司委员会主管主办，国内统一刊号CN14-0047，4开4版，周六刊，是太钢集团主要新闻传媒之一。2020年，出版报纸288期，发行量1万份，主要发行对象为太钢集团员工。（陈　涛）

【《重钢报》】1950年10月24日创刊，原名《钢铁报》，1979年12月26日更名为“《重钢报》”，1993年7月2日经新闻出版署批准公开发行，国内统一连续出版物号为CN50-0023。由中共重庆钢铁（集团）有限责任公司委员会主管主办，周三刊（每周一、三、五出版），4开4版。2020年，出报114期，刊发新闻1 742篇，推出栏目24个、专版84个。（吴　琼）

## 宝钢教育基金会

【概况】宝钢教育基金始于1990年宝钢出资设立的宝钢奖学金，原始基金200万元，2005年经民政部批准注册成立宝钢教育基金会，2020年底基金总额6 820万元。2020年度，公益支出1 161.59万元，108所高校的494名学生、270名教师获宝钢教育奖。至2020年，全国100余所高等院校25 340名师生获宝钢教育奖；用于教育奖励和资助金额累计2.50亿元。（周逸敏）

【宝钢教育基金会理事会换届】6月21日，宝钢教育基金会在上海宝山举行理事会换届大会（第二届理事会第十二次全体会议暨第三届理事会第一次全体会议）。会议听取并审议通过《宝钢教育基金会秘书处工作报告》《关于宝钢教育基金会第三届理事会理事候选人产生情况的报告》；表决产生胡望明等25名宝钢教育基金会第三届理事会理事候选人为宝钢教育基金会第三届理事会理事。选举胡望明为宝钢教育基金会第三届理事会理事长；选举陈英颖为宝钢教育基金会第三届理事会秘书长。聘请叶志明任宝钢教育基金会新一届监事会主席；聘请黄达人任

2020年6月21日，中国宝武总经理、党委副书记胡望明向新聘宝钢教育基金会顾问颁发聘书　　（施　琮　摄）

宝钢教育奖评审工作委员会主任委员，姜胜耀、叶静漪、庄辉明、陈英颖为副主任委员。宝钢教育基金会第三届理事会理事：胡望明、王丽萍、田刚、向波涛、张国臣、欧阳华、王伟明、陈信元、曲景平、尹冬梅、王志林、周天华、蒋一、魏先文、梁茜、马骏、梁斌、赵昌昌、牛晓莉、臧勇、桑标、周飞、黄伟、秦长灯、陈英颖。宝钢教育基金会第三届监事会监事：叶志明、刘淑慧、戴立益、胡俊生、赵丹龄。（周逸敏）

【宝钢教育奖年度评审】　11月14日，宝钢教育奖2020年度评审工作会议在湖南长沙召开。会议听取宝钢教育奖评审工作委员会的《宝钢教育奖2020年度评审工作报告》，审议并确认252名宝钢优秀教师奖获奖教师、469名宝钢优秀学生奖获奖学生和25名宝钢优秀学生特等奖获奖学生；投票产生张文宏等9名宝钢优秀教师特等奖获奖教师、杨建民等9名宝钢优秀教师特等奖提名奖获奖教师。（周逸敏）

【宝钢教育基金会重大事项】　11月14日，宝钢教育基金会第三届理事会第二次全体会议在湖南长沙召开。会议听取并审议通过《宝钢教育基金会秘书处工作报告》；审议并通过《关于批准〈2021年度宝钢教育基金会收支预算〉的决议》。同日，宝钢教育基金会第三届监事会第二次全体会议在湖南长沙召开。会议赞同2020年度宝钢教育奖评审工作，同意第三届理事会第二次全体会议秘书处工作报告。

（周逸敏）

【参加“全国教书育人楷模”评选活动】　8月21日，宝钢教育基金会出席教育部组织的“全国教书育人楷模”评选活动推选会议。2020年，宝钢教育基金会出资120万元，用于奖励12名“全国教书育人楷模”。（周逸敏）

【评定首届“宝武职业教育奖”】　1月9日，“宝武职业教育奖”为期3年的先行试点工作在武汉工程职业技术学院启动。9月8日，按照《宝武职业教育奖评定办法（试行）》，经由中国宝武公司治理部、人力资源部、党委宣传部、武汉工程职业技术学院、宝钢教育基金会秘书处组成的评定工作委员会审定通过，有6名教师、6名学生获首届“宝武职业教育奖”。奖励金额总计18万元。（周逸敏）

编辑：张　鑫

# 19 人物与荣誉

# 人物与荣誉

## 中国宝武钢铁集团有限公司领导简介（2020年12月）

陈德荣

男，汉族，1961年3月生，浙江永嘉人，1982年2月参加工作，1992年3月加入中国共产党，武汉钢铁学院钢铁冶金专业毕业，研究生学历，工学硕士学位，正高级经济师。中国宝武钢铁集团有限公司党委书记、董事长。

历任浙江省杭州钢铁厂技术开发处副处长、转炉炼钢分厂副厂长，杭州钢铁集团公司转炉炼钢厂厂长，浙江冶金集团（杭州钢铁集团公司）副总经理，浙江省嘉兴市副市长、市委副书记、市长、市委书记，浙江省副省长，温州市委书记，浙江省委常委，宝钢集团有限公司董事、总经理、党委常委，中国宝武钢铁集团有限公司董事、总经理、党委副书记等职务。2018年6月起，任中国宝武钢铁集团有限公司党委书记、董事长。

胡望明

男，汉族，1963年11月生，湖北汉川人，1984年7月参加工作，1988年10月加入中国共产党，东南大学机械制造专业毕业，研究生学历，工学硕士、管理学博士学位，正高职高级工程师。中国宝武钢铁集团有限公司董事、总经理、党委副书记。

历任武汉钢铁公司烧结厂副厂长，武汉钢铁（集团）公司机电部副部长、经营计划部副部长，武汉钢铁（集团）公司总经理助理，武汉钢铁（集团）公司副总经理、党委常委（其间兼任武汉钢铁股份有限公司党委书记），中国宝武钢铁集团有限公司副总经理、党委常委等职务。2018年10月起，任中国宝武钢铁集团有限公司董事、总经理、党委副书记。

伏中哲

男，汉族，1960年6月生，陕西扶风人，1982年7月参加工作，1982年6月加入中国共产党，西安冶金建筑学院轧钢工艺专业毕业，大学学历，工学学士学位，教授级高级工程师。

历任宝山钢铁（集团）公司生产部副部长（主持工作）、生产部部长、炼钢厂厂长，宝钢集团总经理助理（其间先后兼任炼钢部部长，一钢公司总经理，一钢公司董事长、总经理），宝钢集团一钢公司董事长、总经理，宝钢股份副总经理、董事、总经理（其间兼任宝钢分公司总经理），宝钢集团党委常委、副总经理、党委副书记（其间先后兼任宝钢股份董事、总经理、党委常委，宝钢集团生产服务业运营管理委员会主任，宝钢发展有限公司董事长），中国宝武钢铁集团有限公司党委副书记等职务。2019年3月至2020年7月，任中国宝武钢铁集团有限公司董事、党委副书记［其间先后兼任中国宝武党校校长，中国宝武党校、中国宝武管理学院校（院）务委员会主任，宝武大学第一副校长］。

邹继新

男，汉族，1968年7月生，湖北监利人，1989年7月参加工作，1995年4月加入中国共产党，在职大学学历，工商管理硕士专业学位，正高职高级工程师。中国宝武钢铁集团有限公司党委常委。

历任武汉钢铁股份有限公司三炼钢厂副厂长、炼钢总厂副厂长、厂长，武汉钢铁股份有限公司总经理助理，武汉钢铁股份有限公司副总经理，武汉钢铁（集团）公司副总经理、党委常委（其间兼任武汉钢铁股份有限公司董事、总经理）等职务。2016年10月起，任中国宝武钢铁集团有限公司党委常委（2017年2月起兼任宝钢股份董事、总经理、党委副书记，2019年1月起兼任宝钢股份董事长、党委书记）。

朱永红

男，汉族，1969年1月生，湖北仙桃人，1989年7月参加工作，1999年11月加入中国共产党，中国地质大学管理科学与工程专业毕业，研究生学历，管理学硕士、经济学博士学位，高级经济师、高级会计师。中国宝武钢铁集团有限公司总会计师、党委常委。

历任武汉市蔡甸经济开发区管理委员会副主任兼蔡甸区招商局局长，武汉钢铁（集团）公司战略研究室主任，武汉钢铁（集团）公司计划财务部部长，武汉钢铁（集团）公司财务总监，武钢国贸总公司党委书记、副总经理，武汉钢铁（集团）公司副总会计师、总会计师，中国宝武钢铁集团有限公司总会计师（2018年10月起兼任董事会秘书）等职务。2019年1月起，任中国宝武钢铁集团有限公司总会计师、党委常委。

郭　斌

男，汉族，1971年8月生，山东青岛人，1994年7月参加工作，1992年10月加入中国共产党，东北大学管理工程专业毕业，大学学历，工学学士、工商管理硕士专业学位，工程师。中国宝武钢铁集团有限公司副总经理、党委常委。

历任宝钢集团有限公司（宝钢股份）党委组织部、人力资源部副部长，宝钢股份人力资源部副部长（主持工作）、部长，宝钢集团有限公司党委组织部、人力资源部部长兼宝钢股份党委组织部部长，宝钢集团有限公司党委组织部部长、人力资源部总经理，宝钢集团有限公司总经理助理，宝钢股份党委副书记、副总经理，宝钢集团有限公司副总经理（其间兼任宝钢发展有限公司董事长），中国宝武钢铁集团有限公司副总经理（其间先后兼任武钢集团有限公司总经理、党委副书记，武钢集团有限公司董事长、党委书记、中国宝武武汉总部负责人）等职务。2020年9月起，任中国宝武钢铁集团有限公司副总经理、党委常委。

张锦刚

男，汉族，1970年4月生，山东威海人，1992年8月参加工作，1991年5月加入中国共产党，鞍山钢铁学院钢铁冶金专业毕业，在职研究生学历，工学学士、工学博士学位，教授级高级工程师。中国宝武钢铁集团有限公司副总经理、党委常委。

历任鞍钢第三炼钢厂厂长助理、第二炼钢厂副厂长，鞍钢股份有限公司第一炼钢厂副厂长（主持工作），鞍钢股份有限公司投资规划部部长（2007年2月至2009年2月借调中国钢铁工业协会任副秘书长），鞍钢生产协力中心主任，鞍钢集团有限公司董事会秘书，宝钢集团有限公司副总经理，中国宝武钢铁集团有限公司副总经理等职务。2020年5月起，任中国宝武钢铁集团有限公司副总经理、党委常委。

章克勤

男，汉族，1961年9月生，浙江上虞人，1983年8月参加工作，1986年6月加入中国共产党，华东政法学院法律专业毕业，中央党校研究生学历，高级政工师。中国宝武钢铁集团有限公司党委常委、纪委书记，国家监委驻中国宝武钢铁集团有限公司监察专员。

历任上海市中级人民法院刑

二庭助理审判员、审判员，上海市第一中级人民法院研究室副主任、主任、审判员，上海市第一中级人民法院经一庭庭长、审判员，民三庭庭长、审判员，上海市第一中级人民法院审委会委员，上海世博局副巡视员、法律事务部部长、主题馆部部长，上海市第一中级人民法院审委会专职委员，上海市纪委常委，宝钢集团有限公司党委常委、纪委书记，中国宝武钢铁集团有限公司党委常委、纪委书记等职务。2019年1月起，任中国宝武钢铁集团有限公司党委常委、纪委书记，国家监委驻中国宝武钢铁集团有限公司监察专员。

侯安贵

男，汉族，1972年2月生，江苏溧水人，1994年7月参加工作，1998年3月加入中国共产党，东北大学钢铁冶金专业毕业，在职研究生学历，工学学士、工学博士学位，正高级工程师。中国宝武钢铁集团有限公司副总经理、党委常委。

历任宝钢股份炼钢厂厂长助理、副厂长、副厂长（主持工作）、厂长，宝钢股份梅钢公司副总经理，宝钢股份总经理助理（其间兼任制造管理部部长），宝钢股份副总经理，宝钢集团有限公司总经理助理（其间先后兼任宝钢工程技术集团有限公司董事长，欧冶云商股份有限公司党委书记、高级副总裁，欧冶云商股份有限公司董事长），宝钢股份董事、总经理、党委副书记等职务。2020年5月起，任中国宝武钢铁集团有限公司副总经理、党委常委。

魏　尧

男，汉族，1963年12月生，安徽巢湖人，1983年8月参加工作，1994年6月加入中国共产党，中国科学技术大学行政管理专业毕业，在职研究生学历，管理学硕士学位，高级审计师。中国宝武钢铁集团有限公司党委常委。

历任安徽省审计厅办公室副主任、金融审计处处长、厅长助理，安徽省蚌埠市中市区委副书记、代区长、区长，安徽省蚌埠市固镇县委书记，安徽省蚌埠市委常委、固镇县委书记、县人大常委会主任，安徽省马鞍山市委常委、组织部部长，安徽省马鞍山市委常委、副市长、市委副书记、市长、市委书记，安徽省十届省委委员，马钢（集团）控股有限公司党委书记、董事长（其间先后兼任马鞍山钢铁股份有限公司党委书记，中国宝武马鞍山总部总代表）等职务。2020年9月起，任中国宝武钢铁集团有限公司党委常委。

傅连春

男，汉族，1962年3月生，湖北黄冈人，1982年8月参加工作，1993年9月加入中国共产党，武汉钢铁学院炼铁专业毕业，在职研究生学历，工学博士学位，教授级高级工程师。

历任武钢技术部副部长、副总工程师，武钢股份副总工程师，武钢集团副总工程师、总工程师、国家硅钢工程技术研究中心主任，武钢集团副总经理，中国宝武钢铁集团有限公司工会主席等职务。2017年3月至2020年5月，任中国宝武钢铁集团有限公司工会主席、职工董事（其间先后兼任产教融合领导小组办公室主任、宝武大学执行副校长）。

张贺雷

男，蒙古族，1971年10月生，辽宁喀左人，1996年7月参加工作，1995年12月加入中国共产党，中南工业大学选矿工程专业毕业，在职研究生学历，工学学士、工学博士学位，高级政工师。中国宝武钢铁集团有限公司工会主席、职工董事。

历任宝钢股份人事处组织室主任，宝钢集团有限公司党委组织部、人力资源部组织统战管理主管，上海宝钢工程技术有限公司纪委书记、工会主席，宝钢工程技术集团有限公司党委组织部、人力资源部部长，宝钢集团有限公司监察部副部长兼监察一处处长，宝钢工程技术集团有限公司技术服务事业部党委书记，宝钢工程技术集团有限公司副总经理（业务），宝钢集团有限公司纪委常委、监察部部长，中国宝武钢铁集团有限公司纪委常委、监察部部长，宝钢股份钢管条钢事业部党委书记，宝钢股份工会主席等职务。2020年7月起，任中国宝武钢铁集团有限公司工会主席；2020年9月起，同时担任职工董事。

## 先进人物

陈　炯
（全国劳动模范）

宝钢股份宝钢湛江钢铁有限公司副总指挥，1962年11月生，教授级高级工程师，无党派人士。全国工程勘察设计大师，享受国务院政府特殊津贴专家，曾获国家科技进步奖二等奖和多项行业科技

陈　炯

进步奖特等奖、一等奖，获广东省五一劳动奖章、宝钢“银牛奖”等。

陈炯长期致力于工业工程建设，主持和参与完成众多大型项目设计。2011年宝钢广东湛江钢铁基地项目正式启动后，担任宝钢工程技术集团有限公司、宝钢湛江钢铁有限公司总工程师，全面负责该项目的土木建筑技术工作。对众多工程技术难题开展系统攻关，取得丰硕成果。这些成果以编制企业建设标准（28项）、标准图集（26本）等方式固化落地，完整地应用于工程建设中。同时，系统审定主体项目全部土木建筑设计方案，把从业30多年积累的宝贵经验应用于工程中，并传授给各参建单位。

湛江钢铁基地建设场地高差大，海相淤泥、地表玄武岩壳体、风成海积细砂、湛江组黏土等7种地貌形成的复杂地基，软硬差距大。陈炯提出复杂地质条件下特大型工程建设的岩土工程规划理念，妥善处理了大面积深厚海相淤泥地基。湛江钢铁基地大面积软基处理和各类边坡治理，通过综合利用场地土岩的工程特性，实现不外购砂石料，达到环境友好型和节约型建设的目标。针对海边的氯离子强腐蚀性吹填地基，他主持研发了混凝土自防腐高强预应力混凝土管桩，形成成套新技术。混凝土自防腐管桩在湛江钢铁基地项目中得到大规模应用，并在东南沿海吹填地基的建设工程中广泛应用。

联合钢铁厂建设用桩量巨大，桩基持力层选择历来是重大技术经济问题。陈炯借助静载荷试桩曲线建立桩端土受力状态的判定方法，控制与协调桩端土工、桩长和可打入深度三要素，独创融勘察、设计和施工于一体的桩基工程新技术，科学地减少了静载荷试桩数，大幅度降低了桩材用量及损桩率。湛江组黏土地基中，湛江钢铁基地项目采用的管桩侧阻、端阻皆比业界采用值高，使桩材用量降低20%以上，实践证明了其安全可靠。

台风大面积掀起墙屋面雨水灌入厂房，对钢铁厂是致命的风险。陈炯主持创立高抗风性能工业建筑围护系统完整的技术体系，极大地提高其抗风能力。该技术体系，以内陆地区常用的彩钢板轻型围护的造价，达到了抵抗超强台风的能力。湛江钢铁基地项目炼钢、冷轧、热轧等高大厂房，成功抵御了16级超强台风的正面袭击。他在国内首先撰文提出钢结构可按“高延性、低承载力”和“低延性、高承载力”两条思路进行抗震设计，进而构建了轻型围护钢结构抗震设计方法，在湛江钢铁基地项目建设中全面应用，并为国家标准《建筑抗震设计规范》《钢结构设计标准》所采用，使中国工业建筑钢结构抗震获得了围护材料轻型化所带来的丰厚利益。

金国平
（全国劳动模范）

金国平

宝钢股份钢管条钢事业部电气设备技能大师，1974年10月生，工学学士，高级技师。长期扎根一线坚持创新攻关，为重点钢材生产线保驾护航，为电炉炼钢生产设备现场解决了上百项疑难急症；专注钢厂智慧制造，带领团队完成一系列智慧制造项目，为推动智能钢厂建设作出突出贡献；累计完成攻关改善课题100多项，科研和技术改造项目12项，拥有国家专利21件，其中发明专利15件，认定企业技术秘密24项，创效3 000多万元；带领职工创新工作室取得各类创新成果53项，成果效益9 592万元，被授予上海市和国家级技能大师工作室等称号。曾获“全国技术能手”“上海市劳动模范”“上海工匠”等荣誉称号，获全国五一劳动奖章。

电炉炼钢生产线节奏快、连续性强，对自动化设备可靠性和精度要求高，一旦发生故障，停机停产损失大。金国平25年来坚守在一线，哪里有急难险情，哪里就能看到他的身影。连铸生产线液压系统突发幽灵跳电故障，他半夜赶到现场，快速分析、果断处置，避免了重大停产事故；结晶器系统突发振动性能异常，他开车从外地赶回厂里主持原因分析，及时排查故障点，恢复了关键设备的功能精度，保障了产品控制质量。他不仅故障诊断技艺精湛，而且还善于从问题中寻找改进点，完成现场各类攻关改善课题100多项，为重要生产线稳定顺行构筑了坚强屏障。作为自动化专家，他多次勇挑重担，先后担负宝钢4条重要连铸生产线改造工程“三电”系统的开工调试指挥任务，为重大工程顺利投产发挥了重要作用。

电炉炼钢产线主要生产国家重点行业所需的桥梁缆索钢、汽车轴承钢、轮胎帘线钢、油气管线钢和军工用钢等高端钢材品种，对控制系统精度要求苛刻。金国平带领团队埋头苦干3年，开发出方坯连铸轻压下质量优化控制技术，突破了国外引进技术在高等级钢材品种生产中的精度稳定性瓶颈，保障了高端钢材的批量稳定生产，项目直接创效1 380万元，获第22届全国发明展览会金奖、首届上海职工优秀创新成果奖一等奖、上海市科技进步奖二等奖。他负责自主研制改造的电磁搅拌逆变电源装备，成功实现电源核心部件的进口替代，使改造后的设备达到多年运行零故障的水平，并且降低维修成本66%以上。

近年来，金国平在推动钢厂智慧制造上不断取得突破。负责开发的钢坯边角缺陷在线监测预警系统，运用先进的图像监测识别技术替代传统人工巡检方式，在解决热坯角部缺陷早期预警问题上发挥重要作用，有效降低了角部缺陷批量爆发的风险，使连铸高合金钢角裂缺陷发生率下降60%；主持开发的钢坯长度自动复检系统，实现钢坯长度在线逐支跟踪、自动复测记录和误差自动修正，减轻人工逐支复测的劳动负荷，提高了钢坯长度质检自动化和精细化水平，使钢坯定尺不合格率下降40%；负责实施电炉钢水自动测温取样机器人、连铸结晶器自动加渣系统改造等一系列智慧制造项目，推动传统重复性、危险性人工作业向智能化、无人化作业的转变，显著提升作业安全性和劳动效率，为智能钢厂的建设作出突出贡献。

金国平引领周围更多的员工走上技能型、创新型发展道路，以他名字命名的“金国平职工创新工作室”，先后带教培养出技师和高级技师6人、工程师2人，总结各类培训材料100多篇，参与编写电气点检等级工系列教材，多次受邀赴国内兄弟钢厂开展技术支撑推广和创新指导。

钟　韶

（全国劳动模范）

钟　韶

韶钢松山能源环保部维检作业区调试班班长。1973年10月生，大专，中共党员。1994年7月参加工作，先后获2014—2017年“韶关钢铁最佳班组长”、2015年度“韶关钢铁最佳员工”、2016年度“全国安全管理标准化百名优秀班组长”、2016—2017年中国宝武“金牛奖”、2019年度“中央企业劳动模范”称号，为韶关钢铁基层员工树立起一个勤学习、敢担当、善管理、能创新的当代优秀蓝领工人的榜样。

能源环保部调试班是一个时时和高压电打交道的特殊班组，安全风险高。钟韶扎根基层，创新班组安全管理，自2014年担任调试班班长后，努力传承调试班严格安全管理的优良传统，延续几代调试人创下的辉煌——调试班实现46年无事故；带领的班组连续5年获“韶关钢铁年度十佳标杆班组”“韶关钢铁安全‘1000’标准化示范班组”和“工人先锋号”称号；2015年、2017年，2次获“中国宝武安全‘1000’标准化示范班组”，2019年获“广东省五一劳动奖状”，成为韶关钢铁班组建设和基层安全管理的一面旗帜。他主持的“夯实安全管理五项基础，筑安全管理八大支柱”班组安全管理成果获全国钢铁企业工会劳动保护工作联合会（简称全国钢劳联）第33次年会班组安全建设成果奖；他撰写的论文《加强工会劳动安全保护重要性的思考》获“全国钢劳联第32次年会优秀论文三等奖”，《关于班组开展“岗位风险描述”活动的思考》获全国钢劳联第33次年会理论研讨论文优秀奖，《浅谈班组长在企业安全管理中的定位和作用》获全国钢劳联第34次年会理论研讨论文优秀奖。

2016年3月，钟韶领衔创建韶关钢铁能源环保部第一个以一线员工为主体的钟韶蓝领创新工作室，当年完成“降低低压电机的返修率”“降低高压断路器的机械联锁故障率”等创新（改善）课题6项；2017年完成“降低架空线路故障次数”“降低电机吹灰对环境的污染”等创新（改善）课题攻关9项；2018年立项、完成创新（改善）课题攻关4项；2019年立项创新（改善）课题攻关4项，其中“一种耐压试验平台安全门的研制”课题获韶关钢铁第一季度“智慧制造与安全‘1000’班组创建专题篇”发布银奖，“减少二电站风机防喘阀控制系统管接头的故障率”课题获韶关钢铁第二季度“对标争先专题篇”发布银奖。

为提高韶关钢铁220千伏界牌岭站、220千伏柏山站、110千伏高炉站3座变电站7台大容量变压器试验数据的准确性，钟韶查阅大量书籍和技术资料，探索并推广使用助磁法，通过降低变压器自感效应，使测试时间从22分钟缩短到5分钟，测试结果误差率优于国家电力行业标准；领衔开展的创新（改善）课题获韶关钢铁银奖2项；参与的“35千伏一高线开关站综合自动化保护系统改造”项目获韶钢松山科技成果奖一等奖；参加实施的创新成果获实用新型专利授权7件、技术秘密认定14项，通过专利授权认定3件。2017年后，钟韶蓝领工作室在难题攻关、效率提升、修旧利废等方面为企业降本增效800多万元。以钟韶蓝领创新工作室为平台，开展高压、低压电工复审培训20次，开展电度表安装、继电保护编程、标准化操作等12项培训；为高压电气、继电保护方面输送10名技术人才；导师带徒40人次，先后培育出技师1人、高级电工2人、电气助理工程师2人。

吴保桥
（全国劳动模范）

吴保桥

马钢集团马钢股份技术中心型钢研究所所长，1973年4月生，中共党员，硕士，高级工程师。2018年获“安徽省战略性新兴产业技术领军人才”称号，2019年获“全国钢铁工业劳动模范”称号。

吴保桥从事型钢轧制科研和产品开发工作20余年，为提升马钢热轧H型钢的品牌形象和核心竞争力作出了贡献。近年来，瞄准高寒地区油气资源开采市场，作为马钢H型钢技术带头人，带领团队对耐低温热轧H型钢成分设计、连铸控制、轧制控制、相变析出等行业性技术难题开展攻关，开发了−60℃条件下低温韧性和焊接性能优异H型钢经济系合金体系，开发出满足−60℃低温韧性要求的V和Nb−V微合金化热轧H型钢生产技术，确立马钢耐低温热轧H型钢领域的主导地位。基于对耐低温热轧H型钢的研究成果，带领团队在国内率先开发出满足高寒地区耐低温要求的热轧H型钢、槽钢和角钢系列产品，应用于全球最大的液化天然气项目——俄罗斯亚马尔项目，实现销售利润近1.3亿元。该产品的成功开发，打破了国外企业对该产品的垄断。他带领的研发团队，相继开发出满足不同领域特殊需求的高品质热轧H型钢产品，奠定了马钢热轧H型钢在国内市场和技术方面的领导地位。开发新品种60个，新产品销售量超过41万吨，在交通、能源、基建、机械等领域得到广泛应用，新增利润逾3亿元。通过在高强度高耐候热轧H型钢成分设计、冶炼和连铸生产控制技术、焊接工艺控制等方面开展全面深入研究，使马钢形成了不同等级和用途的耐候热轧H型钢全流程生产控制技术。开发出系列耐候H型钢产品，向中国中车股份有限公司供货近35万吨，新增销售收入14.9亿元，新增销售利润2.6亿元。他把培养人才队伍作为自己的重要工作，每年带教科研助手和徒弟，开展技术培训超20学时，搭建了高水平热轧H型钢人才梯队。

吴　琨
（全国劳动模范）

吴　琨

八一钢铁制造管理部理化检验中心作业长，1966年10月生，中共党员，大学，钢铁化学分析高级工程师。2016—2019年连续被评为八一钢铁“工匠”，2017年被新疆维吾尔自治区总工会授予新疆维吾尔自治区“三八红旗手”称号，2019年获全国五一劳动奖章，被选为新疆“最美职工”。

吴琨扎根钢铁检化验生产一线基层岗位30年，带领的团队连续8年检化验协议完成合格率100%，连续8年安全事故为零。所在团队获宝钢集团女职工“玫瑰”奖状，被八一钢铁授予“工人先锋号”称号。2013年，带领由基层女职工为主要成员组成的检化验团队，创建吴琨女职工创新工作室，对检化验项目进行优化，对设备技术进行创新、改造，对进厂原料及炼钢过程合金原料化验方法进行革新，解决实际检化验中的难题，达到节省人力、降本增效、满足生产急需的目标。工作室签订“师徒协议”31对，培养新进人学毕业生5名；开展各类技术交流、安全环保创新、职业健康培训100余次；创新6项绿色环保的检化验先进操作法，在生产中得到应用，40余项技术秘密和5项专利获得认可。2014年，吴琨女职工创新工作室获新疆维吾尔自治区总工会授予的“职工(劳模)创新工作室”称号。

八一钢铁进厂焦煤混煤状况一直是制约降本增效的关键难点，吴琨带领团队组织开展“运用镜质体反射率测定分析煤质状况”分析方法应用，解决了进厂煤混煤鉴别问题，为每年百万吨进厂焦煤提供煤质鉴别依据。焦煤黏结指数是八一钢铁进厂焦煤对外结算的关键指标，她领衔开展分析技术攻关，“焦煤黏结指数影响因素探讨”方法的推广应用，对八一钢铁进厂焦煤生产、成本结算起到了降本增效作用。

吴琨和她的维吾尔族大学毕业生徒弟入选“八一钢铁民族团结十佳对子”。在她的感召下，拥有维吾尔、汉、回等民族的整个作业区的各族群众工作上团结互助，生活上和睦相处。她注重技能传承及师徒带教，应用30年化学分析经验，带教10余名徒弟，获八一钢铁“优秀兼职教师奖”。

李永生
(全国劳动模范)

李永生

鄂城钢铁宽厚板厂热轧车间总作业长、电气首席师，1984年1月生，土家族，中共党员，高级工程师。2007年7月，安徽工业大学自动化专业毕业后加入鄂城钢铁，参与宽厚板项目筹备工作。宽厚板厂投产后，独立完成轧线传动辊道节能改造，每年节能降耗40多万元；主持轧机液压站扩容改造，通过消化外方控制程序，带领技术人员自主完成液压站扩容的电气设计、施工、编程和调试工作。获评“湖北省劳动模范”，获中国宝武“银牛奖”。

2014—2015年，李永生带领相关专业人员，优化轧机自动辊缝控制程序，实现轧机轧制效率和节奏的提升，每小时轧制产量提高10%以上。2016年，宽厚板厂多套生产系统服务器由于老化严重且无法采购原型号，频繁出现设备故障。他经过几个月摸索，利用3天检修时间进行改造，最终实现加热炉、热处理炉两套生产系统服务器的虚拟化。2018—2019年，中国宝武提出通过智慧制造，实现冶金生产线的转型升级。他被任命为鄂钢智慧制造宽板事业部自动化专案组组长，提出厚板剪切线通过自动化提升、智能检测设备的应用，最终实现产线全流程自动化的目标。经过近半年的准备和两个多月的调试，最终实现产线自动化率提升、操作室集中双重目标。他通过变频器国产化改造、轧机伺服系统在线诊断技术研究等76项技术改进和创新，为企业降本创效6 000多万元，申报“一种提高钢板冷却均匀性的加速冷却装置及方法”等4项国家专利。他做好传帮带学，所带领的员工，2人获“鄂城钢铁劳动模范”称号，1人获“武钢集团十杰青年”称号。

## 人物传略

刘栋亭
(1924.4.2—2020.1.31)

河北南宫人，2020年1月31日因病逝世。

1945年4月—1949年7月期间，在冀南六分区银行干部训练班学习。1945年7月—1954年3月，任冀南六地会秘书处会计，夏津县武委会秘书、公安派出所所长。1954年3月—1966年1月，任湖南桃源县公安局秘书、副局长，华钢保卫处副科长、科长、炼钢厂党委副书记。1966年1月—1974年9月，任武汉钢铁公司炼钢厂党委书记。1974年9月—1980年1月，任华北冶金矿山建设公司党委副书记。1980年1月—1983年4月，任湖南省岳阳行政署副专员。1983年4

月—1984年7月，任武汉钢铁公司顾问。1984年7月离职休养。

**王希槐**

（1927.6.2—2020.7.11）

安徽安庆人，2020年7月11日因病逝世。

1949年6月，毕业于上海交通大学电机系专业。1949年7月，参加革命工作。1952年1月，加入中国共产党。1952年8月—1953年4月，赴苏联斯大林钢管厂实习。历任鞍山钢铁公司动力部发电厂技术员、助理工程师、副处长、公司副经理；四川省攀枝花钢铁公司动力处党委副书记、副处长等职务。1981年5月，参加宝钢建设，任上海宝山钢铁总厂领导小组成员、党委委员兼总厂副厂长。1987年11月，任上海宝山钢铁总厂电气总工程师，1988年11月被评为教授级高级工程师。1991年离职休养。

**顾章根**

（1947.12.27—2020.8.29）

上海浦东人，2020年8月29日因病逝世。

1973年11月，加入中国共产党。1968年9月，毕业于上海冶金专科学校金相热处理专业，1968年12月分配到马鞍山钢铁公司工作；1983年7月，任马鞍山钢铁公司一铁厂党委副书记、纪委书记；1986年12月，任一铁厂党委书记、纪委书记。1993年8月，任马鞍山钢铁股份有限公司工会主席；1997年6月起，任马钢总公司党委书记、副总经理，马鞍山钢铁股份有限公司党委书记、副董事长（2003年1月—2006年1月期间，兼任马鞍山市政协主席）。2009年2月退休。

**商　钧**

（1924.11.23—2020.9.14）

河北保定人，2020年9月14日因病逝世。

1945年8月，参加革命工作，任河北宣化龙烟铁矿公司股长、科长。1946年10月—1947年5月，随军转移，于晋察冀边区工业交通学校学习。1947年5月—1947年7月，负责接收阳泉寿阳煤矿。1947年7月—1949年8月，任晋察冀边区第一发电工程处施工队长、第三生产处分厂厂长。1949年8月—1950年3月，任太原兵工局三十三厂厂部主任。1950年3月，进入西北钢铁公司工作，历任总动力科科长，总动力师，动力厂厂长、党委书记，副总工程师。1973年11月—1979年8月，任太原钢铁公司革命委员会副主任、主任，党委副书记等职。1979年8月—1985年12月，任太原钢铁公司经理。1985年12月—1992年3月，连续两届当选太原市政协副主席。1994年11月离职休养。

## 年度荣誉

**先进集体一览表**

| 序号 | 获奖单位 | 荣誉称号 | 授予单位 |
|---|---|---|---|
| 1 | 宝钢股份武钢有限气体公司 | 全国抗击新冠肺炎疫情先进集体 | 中共中央、国务院、中央军委 |
| 2 | 宝山钢铁股份有限公司 | 第六届全国文明单位 | 中央精神文明建设指导委员会 |
| 3 | 宝钢股份营销中心 | 第六届全国文明单位 | 中央精神文明建设指导委员会 |

（续　表）

| 序号 | 获奖单位 | 荣誉称号 | 授予单位 |
|---|---|---|---|
| 4 | 安徽马钢矿业资源集团有限公司南山矿业有限公司 | 第六届全国文明单位 | 中央精神文明建设指导委员会 |
| 5 | 太原钢铁（集团）有限公司技术中心 | 第六届全国文明单位 | 中央精神文明建设指导委员会 |
| 6 | 太钢集团山西钢科碳材料有限公司 | 全国石油和化学工业先进集体 | 人力资源和社会保障部、中国石油和化学工业联合会 |
| 7 | 宝武集团广东韶关钢铁有限公司 | 全国厂务公开民主管理示范单位 | 全国厂务公开协调小组 |
| 8 | 中国宝武钢铁集团有限公司 | 全国厂务公开民主管理先进单位 | 全国厂务公开协调小组 |
| 9 | 马鞍山钢铁股份有限公司港务原料总厂工会委员会 | 全国模范职工之家 | 中华全国总工会 |
| 10 | 宝武装备智能科技有限公司工会委员会 | 全国模范职工之家 | 中华全国总工会 |
| 11 | 太钢集团太钢不锈精密带钢公司不锈钢“手撕钢”创新研发团队 | 中国青年五四奖章集体 | 共青团中央 |
| 12 | 武钢集团江北公司爱心摆渡青年先锋队 | 全国抗击新冠肺炎疫情青年志愿服务先进集体 | 共青团中央、中国青年志愿者协会 |
| 13 | 宝钢股份湛江钢铁有限公司物流部工艺铁路作业区 | 2019年度全国青年安全生产示范岗 | 共青团中央、应急管理部 |
| 14 | 宝钢股份武钢有限炼铁厂四高炉作业区 | 2019年度全国青年安全生产示范岗 | 共青团中央、应急管理部 |
| 15 | 马钢集团马钢能源管控中心供水分厂污水浮船作业区 | 2019年度全国青年安全生产示范岗 | 共青团中央、应急管理部 |
| 16 | 宝武智维湛江分公司环境监测站 | 2019年度全国青年安全生产示范岗 | 共青团中央、应急管理部 |
| 17 | 太钢集团太钢不锈热连轧厂1549精整作业区平整机组 | 2019年度全国青年安全生产示范岗 | 共青团中央、应急管理部 |
| 18 | 武钢集团有限公司党委 | 中央企业先进基层党组织 | 国务院国资委党委 |
| 19 | 广东韶关钢铁有限公司韶钢松山炼铁厂高炉炉内作业区党支部 | 中央企业第二批基层示范党支部 | 国务院国资委党委 |
| 20 | 宝钢股份炼钢厂一炼钢分厂连铸口班生产准备作业区 | 上海市模范集体 | 中共上海市委、市人民政府 |
| 21 | 宝钢股份梅钢公司矿业分公司能源环保部变配电作业区地面高配班 | 上海市模范集体 | 中共上海市委、市人民政府 |
| 22 | 宝钢金属混合所有制改革项目团队 | 上海市模范集体 | 中共上海市委、市人民政府 |
| 23 | 宝信软件智慧城市软件事业部 | 上海市模范集体 | 中共上海市委、市人民政府 |
| 24 | 宝武智维冶金炉窑智能运维团队 | 上海市模范集体 | 中共上海市委、市人民政府 |
| 25 | 宝武环科上海宝田新型建材有限公司立磨作业区 | 上海市模范集体 | 中共上海市委、市人民政府 |
| 26 | 宝地资产上海宝绿置业有限公司佘山项目组 | 上海市模范集体 | 中共上海市委、市人民政府 |

（续　表）

| 序号 | 获 奖 单 位 | 荣 誉 称 号 | 授 予 单 位 |
|---|---|---|---|
| 27 | 宝武集团鄂城钢铁有限公司 | 湖北省五一劳动奖状 | 湖北省总工会 |
| 28 | 武钢集团武钢中冶工业技术服务有限公司气体事业部 | 湖北省工人先锋号 | 湖北省总工会 |
| 29 | 重庆钢铁轧钢厂板材轧制甲班作业区 | 重庆市工人先锋号 | 重庆市总工会 |
| 30 | 太钢集团太钢不锈冷轧厂连轧作业区 | 山西省工人先锋号 | 山西省总工会 |
| 31 | 太钢集团太钢不锈炼铁厂工会 | 山西省模范职工小家 | 山西省人力资源和社会保障厅、山西省总工会 |
| 32 | 中国宝武钢铁集团有限公司 | 上海市厂务公开民主管理先进单位 | 上海市厂务公开工作领导小组 |
| 33 | 宝钢工程技术集团有限公司 | 上海市厂务公开民主管理先进单位 | 上海市厂务公开工作领导小组 |
| 34 | 宝钢资源马钢矿业南山矿业有限公司 | 第十二届安徽省文明单位 | 安徽省精神文明建设指导委员会 |
| 35 | 马钢集团安徽马钢汽车运输服务有限公司 | 第十二届安徽省文明单位 | 安徽省精神文明建设指导委员会 |
| 36 | 马钢股份铁路运输公司 | 第十二届安徽省文明单位 | 安徽省精神文明建设指导委员会 |
| 37 | 马钢股份港务原料总厂 | 第十二届安徽省文明单位 | 安徽省精神文明建设指导委员会 |
| 38 | 马钢股份热电总厂 | 第十二届安徽省文明单位 | 安徽省精神文明建设指导委员会 |
| 39 | 马钢集团离退休职工服务中心 | 第十二届安徽省文明单位 | 安徽省精神文明建设指导委员会 |
| 40 | 马钢股份轮轴事业部 | 第十二届安徽省文明单位 | 安徽省精神文明建设指导委员会 |
| 41 | 马钢集团长材事业部 | 第十二届安徽省文明单位 | 安徽省精神文明建设指导委员会 |
| 42 | 马钢集团康泰置地发展有限公司 | 第十二届安徽省文明单位 | 安徽省精神文明建设指导委员会 |
| 43 | 马钢集团财务有限公司 | 第十二届安徽省文明单位 | 安徽省精神文明建设指导委员会 |
| 44 | 宝钢股份武钢有限质检中心 | 2017—2019年度湖北省文明单位 | 湖北省精神文明建设指导委员会 |
| 45 | 山西太钢不锈钢股份有限公司营销中心 | 2018—2019年度山西省文明单位标兵 | 山西省精神文明建设指导委员会 |
| 46 | 山西太钢工程技术有限公司 | 2018—2019年度山西省文明单位标兵 | 山西省精神文明建设指导委员会 |
| 47 | 太钢集团职工教育培训中心 | 2018—2019年度山西省文明单位 | 山西省精神文明建设指导委员会 |

（续 表）

| 序号 | 获奖单位 | 荣誉称号 | 授予单位 |
|---|---|---|---|
| 48 | 重庆钢铁股份有限公司 | 重庆市文明单位 | 重庆市精神文明建设指导委员会 |
| 49 | 重庆钢铁炼铁厂 | 重庆市文明单位 | 重庆市精神文明建设指导委员会 |
| 50 | 重庆钢铁炼钢厂 | 重庆市文明单位 | 重庆市精神文明建设指导委员会 |
| 51 | 重庆钢铁中厚板厂 | 重庆市文明单位 | 重庆市精神文明建设指导委员会 |
| 52 | 重庆钢铁动力能源部 | 重庆市文明单位 | 重庆市精神文明建设指导委员会 |
| 53 | 重庆钢铁物流运输部 | 重庆市文明单位 | 重庆市精神文明建设指导委员会 |
| 54 | 重庆钢铁长材厂 | 重庆市文明单位 | 重庆市精神文明建设指导委员会 |
| 55 | 新疆八钢佳域工业材料有限责任公司 | 2020年度新疆维吾尔自治区文明单位 | 新疆维吾尔自治区精神文明建设指导委员会 |
| 56 | 新疆八钢金属制品有限公司 | 2020年度新疆维吾尔自治区文明单位 | 新疆维吾尔自治区精神文明建设指导委员会 |
| 57 | 宝钢股份炼铁厂高炉智慧制造青年团队 | 2019年度上海市青年五四奖章集体 | 共青团上海市委 |
| 58 | 宝钢股份营销系统团委 | 2019年度上海市五四红旗团委 | 共青团上海市委 |
| 59 | 欧冶云商团委 | 2019年度上海市五四红旗团委 | 共青团上海市委 |
| 60 | 华宝证券团总支 | 2019年度上海市五四红旗团支部 | 共青团上海市委 |
| 61 | 宝钢资源现代贸易物流创新实践团队 | 2019年度上海市标杆青年突击队 | 共青团上海市委 |
| 62 | 宝钢股份炼铁厂高炉分厂二号高炉青年团队 | 2019年度上海市青年安全生产示范岗 | 共青团上海市委 |
| 63 | 太钢集团焦化厂7.63米焦炉环保治理攻关团队 | 第13届山西省青年五四奖状 | 共青团山西省委 |
| 64 | 太钢集团精密带钢公司太钢“手撕钢”青年创新创效基地 | 2019年度山西省青年文明号 | 共青团山西省委 |
| 65 | 太钢集团营销中心不锈钢一部 | 2019年度山西省青年文明号 | 共青团山西省委 |
| 66 | 宝钢股份武钢有限质检中心党委 | 中国宝武先进基层党组织标杆 | 中国宝武党委 |
| 67 | 宝钢股份梅钢公司炼钢厂设备室党支部 | 中国宝武先进基层党组织标杆 | 中国宝武党委 |
| 68 | 马钢集团马钢股份长材事业部党委 | 中国宝武先进基层党组织标杆 | 中国宝武党委 |
| 69 | 武钢集团集体企业改革中心党支部 | 中国宝武先进基层党组织标杆 | 中国宝武党委 |
| 70 | 八一钢铁八钢股份轧钢厂棒线分厂党总支 | 中国宝武先进基层党组织标杆 | 中国宝武党委 |

（续　表）

| 序号 | 获 奖 单 位 | 荣 誉 称 号 | 授 予 单 位 |
|---|---|---|---|
| 71 | 韶关钢铁韶钢松山制造管理部党总支 | 中国宝武先进基层党组织标杆 | 中国宝武党委 |
| 72 | 宝钢资源（国际）武钢资源党委 | 中国宝武先进基层党组织标杆 | 中国宝武党委 |
| 73 | 宝钢工程马钢集团设计研究院有限责任公司第一党支部 | 中国宝武先进基层党组织标杆 | 中国宝武党委 |
| 74 | 宝钢发展/宝地资产（一浦五）制造服务事业部人力资源中心劳务分公司党支部 | 中国宝武先进基层党组织标杆 | 中国宝武党委 |
| 75 | 宝信软件第一党总支 | 中国宝武先进基层党组织标杆 | 中国宝武党委 |
| 76 | 宝钢股份武钢有限炼铁厂高炉分厂八高炉片区党支部 | 中国宝武先进基层党组织 | 中国宝武党委 |
| 77 | 宝钢股份湛江钢铁冷轧厂1550单元党支部 | 中国宝武先进基层党组织 | 中国宝武党委 |
| 78 | 宝钢股份营销系统宝钢阿赛洛党支部 | 中国宝武先进基层党组织 | 中国宝武党委 |
| 79 | 宝钢股份钢管条钢事业部焊管部党委 | 中国宝武先进基层党组织 | 中国宝武党委 |
| 80 | 宝钢股份硅钢事业部取向分厂党支部 | 中国宝武先进基层党组织 | 中国宝武党委 |
| 81 | 宝钢股份炼铁厂烧结党支部 | 中国宝武先进基层党组织 | 中国宝武党委 |
| 82 | 宝钢股份炼钢厂设备管理室党支部 | 中国宝武先进基层党组织 | 中国宝武党委 |
| 83 | 宝钢股份热轧厂综合党支部 | 中国宝武先进基层党组织 | 中国宝武党委 |
| 84 | 宝钢股份运输部成品出厂中心党支部 | 中国宝武先进基层党组织 | 中国宝武党委 |
| 85 | 宝钢股份机关党委规划与科技部党支部 | 中国宝武先进基层党组织 | 中国宝武党委 |
| 86 | 马钢集团马钢股份炼铁总厂党委 | 中国宝武先进基层党组织 | 中国宝武党委 |
| 87 | 马钢集团马钢股份港务原料总厂党委 | 中国宝武先进基层党组织 | 中国宝武党委 |
| 88 | 马钢集团马钢股份热电总厂党委 | 中国宝武先进基层党组织 | 中国宝武党委 |
| 89 | 马钢集团保卫部第一门禁大队党支部 | 中国宝武先进基层党组织 | 中国宝武党委 |
| 90 | 马钢集团马钢股份第一钢轧总厂生产技术室党支部 | 中国宝武先进基层党组织 | 中国宝武党委 |
| 91 | 马钢集团马钢股份特钢公司轧钢分厂党总支 | 中国宝武先进基层党组织 | 中国宝武党委 |
| 92 | 马钢集团马钢股份能控中心热力分厂党支部 | 中国宝武先进基层党组织 | 中国宝武党委 |
| 93 | 马钢集团马钢合肥公司制造运营部（安全管理部）党支部 | 中国宝武先进基层党组织 | 中国宝武党委 |
| 94 | 武钢集团武钢中冶气体事业部党支部 | 中国宝武先进基层党组织 | 中国宝武党委 |
| 95 | 武钢集团北湖公司党委 | 中国宝武先进基层党组织 | 中国宝武党委 |

（续　表）

| 序号 | 获 奖 单 位 | 荣 誉 称 号 | 授 予 单 位 |
|---|---|---|---|
| 96 | 武钢集团实业公司党委 | 中国宝武先进基层党组织 | 中国宝武党委 |
| 97 | 武钢集团青青教育机关党支部 | 中国宝武先进基层党组织 | 中国宝武党委 |
| 98 | 八一钢铁八钢股份炼铁厂第一炼铁分厂欧冶炉炉区党支部 | 中国宝武先进基层党组织 | 中国宝武党委 |
| 99 | 八一钢铁八钢股份炼钢厂第二炼钢分厂板坯连铸党支部 | 中国宝武先进基层党组织 | 中国宝武党委 |
| 100 | 八一钢铁八钢股份能源中心热力分厂鼓风党支部 | 中国宝武先进基层党组织 | 中国宝武党委 |
| 101 | 韶关钢铁韶钢松山特轧厂棒三生产作业区党支部 | 中国宝武先进基层党组织 | 中国宝武党委 |
| 102 | 韶关钢铁韶钢松山炼铁厂高炉炉内作业区党支部 | 中国宝武先进基层党组织 | 中国宝武党委 |
| 103 | 上海不锈/宝钢特钢园区建设党总支 | 中国宝武先进基层党组织 | 中国宝武党委 |
| 104 | 宝钢资源（国际）马钢矿业南山矿业有限公司高村铁矿党总支 | 中国宝武先进基层党组织 | 中国宝武党委 |
| 105 | 宝钢资源（国际）武钢资源金山店矿采矿分公司党总支 | 中国宝武先进基层党组织 | 中国宝武党委 |
| 106 | 宝钢资源（国际）马钢矿业姑山矿龙山（白象山）选矿厂党总支 | 中国宝武先进基层党组织 | 中国宝武党委 |
| 107 | 宝钢资源（国际）香港党支部 | 中国宝武先进基层党组织 | 中国宝武党委 |
| 108 | 宝钢金属武汉精密带钢捆带分厂党支部 | 中国宝武先进基层党组织 | 中国宝武党委 |
| 109 | 宝钢工程工程技术事业本部轧钢党支部 | 中国宝武先进基层党组织 | 中国宝武党委 |
| 110 | 宝钢工程宝华招标马钢集团招标咨询有限公司党支部 | 中国宝武先进基层党组织 | 中国宝武党委 |
| 111 | 宝武炭材宝化湛江党总支 | 中国宝武先进基层党组织 | 中国宝武党委 |
| 112 | 宝钢发展/宝地资产（一浦五）宝山宾馆党总支 | 中国宝武先进基层党组织 | 中国宝武党委 |
| 113 | 宝钢发展/宝地资产（一浦五）一钢公司联合党支部 | 中国宝武先进基层党组织 | 中国宝武党委 |
| 114 | 宝钢发展/宝地资产（一浦五）技术服务分公司设施维护部党支部 | 中国宝武先进基层党组织 | 中国宝武党委 |
| 115 | 宝信软件第二党总支 | 中国宝武先进基层党组织 | 中国宝武党委 |
| 116 | 宝信软件第七党总支 | 中国宝武先进基层党组织 | 中国宝武党委 |

（续　表）

| 序号 | 获奖单位 | 荣誉称号 | 授予单位 |
|---|---|---|---|
| 117 | 宝信软件飞马智科工程技术分公司党支部 | 中国宝武先进基层党组织 | 中国宝武党委 |
| 118 | 欧冶云商欧冶采购党支部 | 中国宝武先进基层党组织 | 中国宝武党委 |
| 119 | 欧冶云商欧冶国际党支部 | 中国宝武先进基层党组织 | 中国宝武党委 |
| 120 | 欧冶云商南方分公司党支部 | 中国宝武先进基层党组织 | 中国宝武党委 |
| 121 | 宝武环科梅宝公司党委 | 中国宝武先进基层党组织 | 中国宝武党委 |
| 122 | 宝武环科金资公司冶金渣分厂党总支 | 中国宝武先进基层党组织 | 中国宝武党委 |
| 123 | 宝武环科湛江宝钢建材湛江生产部党支部 | 中国宝武先进基层党组织 | 中国宝武党委 |
| 124 | 宝钢德盛带钢厂党支部 | 中国宝武先进基层党组织 | 中国宝武党委 |
| 125 | 宁波宝新技术质量部党支部 | 中国宝武先进基层党组织 | 中国宝武党委 |
| 126 | 鄂城钢铁宽厚板厂热轧车间党支部 | 中国宝武先进基层党组织 | 中国宝武党委 |
| 127 | 宝钢包装佛山宝钢制罐党支部 | 中国宝武先进基层党组织 | 中国宝武党委 |
| 128 | 武汉耐材机关党支部 | 中国宝武先进基层党组织 | 中国宝武党委 |
| 129 | 宝武特冶等温锻事业部党支部 | 中国宝武先进基层党组织 | 中国宝武党委 |
| 130 | 宝地新疆服务业联合党委机械运输队党支部 | 中国宝武先进基层党组织 | 中国宝武党委 |
| 131 | 华宝信托第四党支部 | 中国宝武先进基层党组织 | 中国宝武党委 |
| 132 | 华宝基金第二党支部 | 中国宝武先进基层党组织 | 中国宝武党委 |
| 133 | 华宝证券第五党支部 | 中国宝武先进基层党组织 | 中国宝武党委 |
| 134 | 武工职院经济贸易学院党支部 | 中国宝武先进基层党组织 | 中国宝武党委 |
| 135 | 宝武水务宝山分公司党支部 | 中国宝武先进基层党组织 | 中国宝武党委 |
| 136 | 宝武物流武钢物流商务部党支部 | 中国宝武先进基层党组织 | 中国宝武党委 |
| 137 | 宝武智维上海金艺检测技术有限公司检测技术党支部 | 中国宝武先进基层党组织 | 中国宝武党委 |
| 138 | 宝武智维马钢检修公司能源维检部党支部 | 中国宝武先进基层党组织 | 中国宝武党委 |
| 139 | 宝地广东物业党支部 | 中国宝武先进基层党组织 | 中国宝武党委 |
| 140 | 宝武清能武汉钢铁集团气体有限责任公司空压车间党支部 | 中国宝武先进基层党组织 | 中国宝武党委 |

（续 表）

| 序号 | 获奖单位 | 荣誉称号 | 授予单位 |
|---|---|---|---|
| 141 | 欧冶链金机关第二党支部 | 中国宝武先进基层党组织 | 中国宝武党委 |
| 142 | 马钢交材热轧分厂党支部 | 中国宝武先进基层党组织 | 中国宝武党委 |
| 143 | 宝武重工重机公司技术服务部党支部 | 中国宝武先进基层党组织 | 中国宝武党委 |
| 144 | 中国宝武组织统战人力资源部党支部 | 中国宝武先进基层党组织 | 中国宝武党委 |
| 145 | 中国宝武纪委机关党支部 | 中国宝武先进基层党组织 | 中国宝武党委 |
| 146 | 武汉钢铁集团气体有限责任公司销售市场党支部 | 中国宝武防疫先锋党组织 | 中国宝武党委 |
| 147 | 武汉钢铁有限公司冷轧厂涂镀分厂党支部 | 中国宝武防疫先锋党组织 | 中国宝武党委 |
| 148 | 武汉钢电股份有限公司综合管理党支部 | 中国宝武防疫先锋党组织 | 中国宝武党委 |
| 149 | 武汉宝钢华中贸易有限公司本部第一党支部 | 中国宝武防疫先锋党组织 | 中国宝武党委 |
| 150 | 宝钢股份设备资材采购中心党委 | 中国宝武防疫先锋党组织 | 中国宝武党委 |
| 151 | 宝钢湛江钢铁有限公司机关党总支 | 中国宝武防疫先锋党组织 | 中国宝武党委 |
| 152 | 上海梅山钢铁股份有限公司保卫人武部党支部 | 中国宝武防疫先锋党组织 | 中国宝武党委 |
| 153 | 马钢(集团)控股有限公司保卫部党委交管大队党支部 | 中国宝武防疫先锋党组织 | 中国宝武党委 |
| 154 | 武钢集团有限公司党委 | 中国宝武防疫先锋党组织 | 中国宝武党委 |
| 155 | 武钢中冶工业技术服务有限公司党委 | 中国宝武防疫先锋党组织 | 中国宝武党委 |
| 156 | 武汉武钢绿色城市技术发展有限公司党委 | 中国宝武防疫先锋党组织 | 中国宝武党委 |
| 157 | 乌鲁木齐互利安康安保技术有限责任公司保安大队党总支 | 中国宝武防疫先锋党组织 | 中国宝武党委 |
| 158 | 广东韶钢松山股份有限公司设备管理部党总支 | 中国宝武防疫先锋党组织 | 中国宝武党委 |
| 159 | 武钢资源集团有限公司党委 | 中国宝武防疫先锋党组织 | 中国宝武党委 |
| 160 | 武钢资源乌龙泉矿青山炉料分公司党支部 | 中国宝武防疫先锋党组织 | 中国宝武党委 |
| 161 | 宝武炭材机关欧冶化工运营中心党支部 | 中国宝武防疫先锋党组织 | 中国宝武党委 |

（续　表）

| 序号 | 获奖单位 | 荣誉称号 | 授予单位 |
|---|---|---|---|
| 162 | 宝钢发展有限公司上海置业分公司资产运营中心第二党支部 | 中国宝武防疫先锋党组织 | 中国宝武党委 |
| 163 | 宝信软件（武汉）有限公司自动化事业部总支第三党支部 | 中国宝武防疫先锋党组织 | 中国宝武党委 |
| 164 | 欧冶云商华中分公司党支部 | 中国宝武防疫先锋党组织 | 中国宝武党委 |
| 165 | 宝武环科武汉金属资源有限责任公司党委 | 中国宝武防疫先锋党组织 | 中国宝武党委 |
| 166 | 宝钢德盛不锈钢有限公司工程动力党支部 | 中国宝武防疫先锋党组织 | 中国宝武党委 |
| 167 | 宁波宝新不锈钢有限公司设备部第一党支部 | 中国宝武防疫先锋党组织 | 中国宝武党委 |
| 168 | 宝武集团鄂城钢铁有限公司制氧厂党支部 | 中国宝武防疫先锋党组织 | 中国宝武党委 |
| 169 | 湖北鄂钢商贸服务有限公司餐饮联合党支部 | 中国宝武防疫先锋党组织 | 中国宝武党委 |
| 170 | 河南宝钢制罐有限公司党支部 | 中国宝武防疫先锋党组织 | 中国宝武党委 |
| 171 | 武汉钢铁集团耐火材料有限责任公司制造仓储第二党支部 | 中国宝武防疫先锋党组织 | 中国宝武党委 |
| 172 | 新疆宝地产城服务业联合党委 | 中国宝武防疫先锋党组织 | 中国宝武党委 |
| 173 | 华宝证券有限责任公司第六党支部 | 中国宝武防疫先锋党组织 | 中国宝武党委 |
| 174 | 武汉工程职业技术学院后勤保障部党支部 | 中国宝武防疫先锋党组织 | 中国宝武党委 |
| 175 | 武汉钢铁集团物流有限公司党委 | 中国宝武防疫先锋党组织 | 中国宝武党委 |
| 176 | 宝武装备智能科技有限公司工业智能服务事业部党总支 | 中国宝武防疫先锋党组织 | 中国宝武党委 |
| 177 | 武汉钢铁集团江南燃气热力有限责任公司党委 | 中国宝武防疫先锋党组织 | 中国宝武党委 |
| 178 | 宝山钢铁股份有限公司 | 第二届职工技能大赛优秀组织单位 | 中国宝武 |
| 179 | 马钢（集团）控股有限公司 | 第二届职工技能大赛优秀组织单位 | 中国宝武 |
| 180 | 宝武装备智能科技有限公司 | 第二届职工技能大赛优秀组织单位 | 中国宝武 |
| 181 | 宝武集团马钢轨交材料科技有限公司 | 第二届职工技能大赛优秀组织单位 | 中国宝武 |
| 182 | 上海宝信软件股份有限公司 | 第二届职工技能大赛优秀组织单位 | 中国宝武 |

（续 表）

| 序号 | 获奖单位 | 荣誉称号 | 授予单位 |
|---|---|---|---|
| 183 | 中国宝武企业文化部媒体中心编辑团队 | 2020年度中国宝武青年先锋示范岗 | 中国宝武 |
| 184 | 欧冶云商脱贫攻坚·撷秋实青年团队 | 2020年度中国宝武青年先锋示范岗 | 中国宝武 |
| 185 | 华宝信托国际业务部 | 2020年度中国宝武青年先锋示范岗 | 中国宝武 |
| 186 | 宝武智维机械制造分公司航空喷涂团队 | 2020年度中国宝武青年先锋示范岗 | 中国宝武 |
| 187 | 宝钢德盛带钢厂轧制工段综合技术小组 | 2020年度中国宝武青年先锋示范岗 | 中国宝武 |
| 188 | 宝武炭材宝方炭材料科技有限公司10万吨超高功率石墨电极项目青年突击队 | 2020年度中国宝武青年先锋示范岗 | 中国宝武 |
| 189 | 马钢集团马钢股份炼铁总厂B号高炉核心作业区 | 2020年度中国宝武青年先锋示范岗 | 中国宝武 |
| 190 | 宝武水务安徽欣创节能环保科技股份有限公司大气污染防治综合技术研究创新团队 | 2020年度中国宝武青年先锋示范岗 | 中国宝武 |
| 191 | 宝钢包装覆膜铁成型及应用研究团队 | 2020年度中国宝武青年先锋示范岗 | 中国宝武 |
| 192 | 宝钢工程马钢集团设计研究院有限责任公司矿山设计研究院青年先锋团队 | 2020年度中国宝武青年先锋示范岗 | 中国宝武 |
| 193 | 宝钢股份湛江钢铁炼铁厂固废返生产环保高效利用实践青年先锋队 | 2020年度中国宝武青年先锋示范岗 | 中国宝武 |
| 194 | 宝信软件大数据（XDATA）技术研发团队 | 2020年度中国宝武青年先锋示范岗 | 中国宝武 |
| 195 | 宝地资产产业园事业部互联宝地产业先锋队 | 2020年度中国宝武青年先锋岗 | 中国宝武 |
| 196 | 武钢集团武汉武钢大数据产业园有限公司青年先锋团队 | 2020年度中国宝武青年先锋岗 | 中国宝武 |
| 197 | 八一钢铁八钢股份能源中心“90后”特别行动小组 | 2020年度中国宝武青年先锋岗 | 中国宝武 |
| 198 | 宝武重工宝钢轧辊科技有限责任公司技术开发部技术服务组 | 2020年度中国宝武青年先锋岗 | 中国宝武 |
| 199 | 宝钢股份硅钢事业部第四智慧工厂创改集体 | 2020年度中国宝武青年先锋岗 | 中国宝武 |
| 200 | 财务公司支付结算团队 | 2020年度中国宝武青年先锋岗 | 中国宝武 |
| 201 | 宝信软件高炉炉前智能化应用团队 | 2020年度中国宝武青年先锋岗 | 中国宝武 |
| 202 | 宝钢资源锰系创业团队 | 2020年度中国宝武青年先锋岗 | 中国宝武 |

（续　表）

| 序号 | 获奖单位 | 荣誉称号 | 授予单位 |
|---|---|---|---|
| 203 | 欧冶云商宝武物流资产有限公司武钢物流外贸码头青年突击队 | 2020年度中国宝武青年先锋岗 | 中国宝武 |
| 204 | 宝钢股份营销系统南方公司工业工程部突击队 | 2019年度宝武青年突击队 | 中国宝武 |
| 205 | 宝钢股份热轧厂设备管理室智慧制造青年突击队 | 2019年度宝武青年突击队 | 中国宝武 |
| 206 | 宝钢股份武钢有限热轧厂智慧创新青年突击队 | 2019年度宝武青年突击队 | 中国宝武 |
| 207 | 宝钢股份湛江钢铁热轧厂“1+N”全自动轧钢推进团队 | 2019年度宝武青年突击队 | 中国宝武 |
| 208 | 武钢集团不动产中心白沙新城综合体项目组 | 2019年度宝武青年突击队 | 中国宝武 |
| 209 | 八一钢铁欧冶炉青年突击队 | 2019年度宝武青年突击队 | 中国宝武 |
| 210 | 八一钢铁炼钢厂第一炼钢分厂转炉青年突击队 | 2019年度宝武青年突击队 | 中国宝武 |
| 211 | 韶关钢铁炼钢厂青年创新创效攻坚队 | 2019年度宝武青年突击队 | 中国宝武 |
| 212 | 宝钢金属海外业务攻坚队 | 2019年度宝武青年突击队 | 中国宝武 |
| 213 | 宝钢工程上海宝钢建筑工程设计有限公司高原装配式建筑青年突击队 | 2019年度宝武青年突击队 | 中国宝武 |
| 214 | 欧冶云商欧冶华中钢铁生态圈激活青年突击队 | 2019年度宝武青年突击队 | 中国宝武 |
| 215 | 宝钢资源原燃料智慧供应链服务平台项目组 | 2019年度宝武青年突击队 | 中国宝武 |
| 216 | 宝地资产宝武大厦项目“我们卓越，我们快乐”青年突击队 | 2019年度宝武青年突击队 | 中国宝武 |
| 217 | 宝武炭材苏州宝化炭黑有限公司环境改善团队 | 2019年度宝武青年突击队 | 中国宝武 |
| 218 | 宝信软件上海宝康电子控制工程有限公司城市运维产品研发团队 | 2019年度宝武青年突击队 | 中国宝武 |
| 219 | 宝武智维工业建筑智能运维团队 | 2019年度宝武青年突击队 | 中国宝武 |
| 220 | 宝武环科武汉金属资源有限责任公司粉磁分公司青年创新突击队 | 2019年度宝武青年突击队 | 中国宝武 |
| 221 | 宁波宝新酸再生环境改善突击队 | 2019年度宝武青年突击队 | 中国宝武 |
| 222 | 宝钢包装佛山宝钢制罐有限公司工厂部彩印技术突击队 | 2019年度宝武青年突击队 | 中国宝武 |

（续　表）

| 序号 | 获奖单位 | 荣誉称号 | 授予单位 |
|---|---|---|---|
| 223 | 武汉耐材制造分公司镁碳质量攻关组 | 2019年度宝武青年突击队 | 中国宝武 |
| 224 | 中国宝武集团应急办青年突击队 | 2020年宝武青年突击队（抗疫类） | 中国宝武 |
| 225 | 宝钢股份员工单宿自治管理委员会 | 2020年宝武青年突击队（抗疫类） | 中国宝武 |
| 226 | 宝钢股份武钢有限气体公司安全生产青年突击队 | 2020年宝武青年突击队（抗疫类） | 中国宝武 |
| 227 | 宝钢股份武钢有限能源环保部能源管控中心 | 2020年宝武青年突击队（抗疫类） | 中国宝武 |
| 228 | 武钢集团武钢大数据防疫青年突击队 | 2020年宝武青年突击队（抗疫类） | 中国宝武 |
| 229 | 武钢集团武钢江北公司爱心摆渡青锋队 | 2020年宝武青年突击队（抗疫类） | 中国宝武 |
| 230 | 欧冶云商欧冶华中“抗疫保产”青年团队 | 2020年宝武青年突击队（抗疫类） | 中国宝武 |
| 231 | 欧冶云商欧冶采购疫情防控青年团队 | 2020年宝武青年突击队（抗疫类） | 中国宝武 |
| 232 | 宝地资产寓舍事业部“为了理想冲冲冲”青年突击队 | 2020年宝武青年突击队（抗疫类） | 中国宝武 |
| 233 | 华宝信托华宝善行专项慈善信托工作组 | 2020年宝武青年突击队（抗疫类） | 中国宝武 |
| 234 | 宁波宝新青年志愿者抗疫突击队 | 2020年宝武青年突击队（抗疫类） | 中国宝武 |
| 235 | 宝钢包装武汉宝钢制罐复工复产安全保障团队 | 2020年宝武青年突击队（抗疫类） | 中国宝武 |
| 236 | 武汉耐材武汉武钢维苏威高级连铸耐火材料有限公司压机产能班组 | 2020年宝武青年突击队（抗疫类） | 中国宝武 |
| 237 | 武汉耐材武钢有限总包事业部青锋队 | 2020年宝武青年突击队（抗疫类） | 中国宝武 |
| 238 | 宝钢股份设备资材采购中心中国进博会服务青年团队 | 2019年度宝武青年文明号 | 中国宝武 |
| 239 | 宝钢股份湛江钢铁厚板厂主轧线生产团队 | 2019年度宝武青年文明号 | 中国宝武 |
| 240 | 宝钢股份广州JFE钢板有限公司镀锌电气运行班组 | 2019年度宝武青年文明号 | 中国宝武 |
| 241 | 宝钢股份宝钢阿赛洛激光拼焊有限公司产销研团队 | 2019年度宝武青年文明号 | 中国宝武 |
| 242 | 宝钢股份湛江钢铁冷轧厂智慧制造推进团队 | 2019年度宝武青年文明号 | 中国宝武 |

（续 表）

| 序号 | 获奖单位 | 荣誉称号 | 授予单位 |
| --- | --- | --- | --- |
| 243 | 宝钢股份武钢有限炼钢厂四炼钢助力智慧制造扬帆起航青年文明号 | 2019年度宝武青年文明号 | 中国宝武 |
| 244 | 八一钢铁新疆八钢国际贸易股份有限公司资源贸易公司青年文明号 | 2019年度宝武青年文明号 | 中国宝武 |
| 245 | 八一钢铁能源中心热力分厂炉机电青年文明号 | 2019年度宝武青年文明号 | 中国宝武 |
| 246 | 宝钢工程事业本部电气部智能智慧制造团队青年文明号 | 2019年度宝武青年文明号 | 中国宝武 |
| 247 | 欧冶云商东方钢铁电子商务有限公司集控核岗位创新青年团队 | 2019年度宝武青年文明号 | 中国宝武 |
| 248 | 宝钢资源合同管理物流系统优化小组 | 2019年度宝武青年文明号 | 中国宝武 |
| 249 | 宝钢德盛第一粗炼厂运行一工段 | 2019年度宝武青年文明号 | 中国宝武 |
| 250 | 宝武炭材宝钢化工湛江有限公司智慧制造项目组 | 2019年度宝武青年文明号 | 中国宝武 |
| 251 | 宝信软件湛江分公司信息化桌面运维组 | 2019年度宝武青年文明号 | 中国宝武 |
| 252 | 宝武智维热喷涂表面技术创新团队 | 2019年度宝武青年文明号 | 中国宝武 |
| 253 | 宝武环科武汉金属资源有限责任公司冶金渣分厂团支部 | 2019年度宝武青年文明号 | 中国宝武 |
| 254 | 财务公司合并重组项目团队 | 2019年度宝武青年文明号 | 中国宝武 |
| 255 | 宁波宝新设备部行车专业组 | 2019年度宝武青年文明号 | 中国宝武 |
| 256 | 宝钢包装钢铁生态圈推进小组 | 2019年度宝武青年文明号 | 中国宝武 |
| 257 | 宝钢股份武钢有限质检中心条材作业区青安岗 | 2019年度宝武青年安全生产示范岗 | 中国宝武 |
| 258 | 宝钢股份湛江钢铁能源环保部2030冷轧循环水运行作业区 | 2019年度宝武青年安全生产示范岗 | 中国宝武 |
| 259 | 宝钢股份炼铁厂二烧结青年安全生产示范岗 | 2019年度宝武青年安全生产示范岗 | 中国宝武 |
| 260 | 宝钢股份安徽宝钢青年安全生产示范岗 | 2019年度宝武青年安全生产示范岗 | 中国宝武 |
| 261 | 宝钢股份炼钢厂一炼钢分厂精炼作业区（四号RH精炼） | 2019年度宝武青年安全生产示范岗 | 中国宝武 |
| 262 | 宝钢股份梅钢公司运输部原料码头卸船机作业青安岗 | 2019年度宝武青年安全生产示范岗 | 中国宝武 |

（续　表）

| 序号 | 获奖单位 | 荣誉称号 | 授予单位 |
|---|---|---|---|
| 263 | 武钢集团武汉钢铁江北集团有限公司汉钢动力车间江夏110千伏变电站青年安全示范队 | 2019年度宝武青年安全生产示范岗 | 中国宝武 |
| 264 | 八一钢铁八钢股份能源中心热力分厂炉机电作业区青安岗 | 2019年度宝武青年安全生产示范岗 | 中国宝武 |
| 265 | 八一钢铁乌鲁木齐互利安康安保技术有限责任公司青年安全生产示范岗 | 2019年度宝武青年安全生产示范岗 | 中国宝武 |
| 266 | 欧冶云商佛山宝钢不锈钢贸易有限公司上海欧冶不锈钢分公司1 600机组生产作业区 | 2019年度宝武青年安全生产示范岗 | 中国宝武 |
| 267 | 宝钢资源安徽皖宝矿业股份有限公司石灰分公司安环运行科 | 2019年度宝武青年安全生产示范岗 | 中国宝武 |
| 268 | 宝钢德盛工程动力部供电工段运行丙班 | 2019年度宝武青年安全生产示范岗 | 中国宝武 |
| 269 | 宝武炭材宝山分公司化产厂青年安全生产示范岗 | 2019年度宝武青年安全生产示范岗 | 中国宝武 |
| 270 | 宝信软件(武汉)有限公司自动化事业部硅钢酸轧线青年安全生产示范岗 | 2019年度宝武青年安全生产示范岗 | 中国宝武 |
| 271 | 宝武智维再制造中心电气状态保障作业区变压器抢修团队 | 2019年度宝武青年安全生产示范岗 | 中国宝武 |
| 272 | 宝武环科上海宝钢磁业有限公司湛江分公司青年安全生产示范岗 | 2019年度宝武青年安全生产示范岗 | 中国宝武 |
| 273 | 宁波宝新二号重卷机组 | 2019年度宝武青年安全生产示范岗 | 中国宝武 |
| 274 | 宝钢包装河南宝钢制罐有限公司工厂部C班 | 2019年度宝武青年安全生产示范岗 | 中国宝武 |
| 275 | 宝地新疆钢城绿化工程有限公司厂区环卫队青年安全生产示范岗 | 2019年度宝武青年安全生产示范岗 | 中国宝武 |
| 276 | 武汉耐材武汉武钢维苏威高级陶瓷有限公司青年安全生产示范岗 | 2019年度宝武青年安全生产示范岗 | 中国宝武 |
| 277 | 宝钢股份团委 | 2019年度中国宝武五四红旗团委 | 中国宝武 |
| 278 | 马钢集团马钢股份第四钢轧总厂团委 | 2019年度中国宝武五四红旗团委 | 中国宝武 |
| 279 | 八一钢铁轧钢厂团委 | 2019年度中国宝武五四红旗团委 | 中国宝武 |
| 280 | 宝钢工程团委 | 2019年度中国宝武五四红旗团委 | 中国宝武 |
| 281 | 宝钢资源团委 | 2019年度中国宝武五四红旗团委 | 中国宝武 |
| 282 | 宝武炭材团委 | 2019年度中国宝武五四红旗团委 | 中国宝武 |

（续　表）

| 序号 | 获奖单位 | 荣誉称号 | 授予单位 |
|---|---|---|---|
| 283 | 宝钢股份武钢有限团委 | 2020年中国宝武五四红旗团委(抗疫类) | 中国宝武 |
| 284 | 宝钢股份营销系统华中本部团支部 | 2019年度中国宝武五四红旗团支部 | 中国宝武 |
| 285 | 宝钢股份运输部成品出厂中心团支部 | 2019年度中国宝武五四红旗团支部 | 中国宝武 |
| 286 | 宝钢股份湛江钢铁炼铁厂高炉丁班团支部 | 2019年度中国宝武五四红旗团支部 | 中国宝武 |
| 287 | 宝钢股份梅钢公司炼钢厂吊运团支部 | 2019年度中国宝武五四红旗团支部 | 中国宝武 |
| 288 | 宝钢股份武钢有限硅钢部二分厂团支部 | 2019年度中国宝武五四红旗团支部 | 中国宝武 |
| 289 | 马钢集团马钢股份特钢点检室团支部 | 2019年度中国宝武五四红旗团支部 | 中国宝武 |
| 290 | 武钢集团武汉市青青教育管理有限公司团总支 | 2019年度中国宝武五四红旗团支部 | 中国宝武 |
| 291 | 八一钢铁制造管理部团支部 | 2019年度中国宝武五四红旗团支部 | 中国宝武 |
| 292 | 韶关钢铁韶钢工程技术有限公司团总支 | 2019年度中国宝武五四红旗团支部 | 中国宝武 |
| 293 | 鄂城钢铁团支部 | 2019年度中国宝武五四红旗团支部 | 中国宝武 |
| 294 | 欧冶云商技术中心团支部 | 2019年度中国宝武五四红旗团支部 | 中国宝武 |
| 295 | 宝钢资源现代贸易联合团支部 | 2019年度中国宝武五四红旗团支部 | 中国宝武 |
| 296 | 宝地资产团支部 | 2019年度中国宝武五四红旗团支部 | 中国宝武 |
| 297 | 宝钢德盛冷轧厂团支部 | 2019年度中国宝武五四红旗团支部 | 中国宝武 |
| 298 | 宝信软件飞马智科信息技术股份有限公司工程技术分公司团支部 | 2019年度中国宝武五四红旗团支部 | 中国宝武 |
| 299 | 宝武智维上海金艺检测技术有限公司湛江检测团支部 | 2019年度中国宝武五四红旗团支部 | 中国宝武 |
| 300 | 宝武环科武汉金属资源有限责任公司武新建材分厂团支部 | 2019年度中国宝武五四红旗团支部 | 中国宝武 |
| 301 | 宝钢特钢团支部 | 2019年度中国宝武五四红旗团支部 | 中国宝武 |
| 302 | 华宝证券团总支 | 2019年度中国宝武五四红旗团支部 | 中国宝武 |
| 303 | 武汉耐材团支部 | 2019年度中国宝武五四红旗团支部 | 中国宝武 |
| 304 | 宝钢股份武钢日铁(武汉)镀锡板有限公司技术质量管理部团支部 | 2020年中国宝武五四红旗团支部(抗疫类) | 中国宝武 |

（续　表）

| 序号 | 获奖单位 | 荣誉称号 | 授予单位 |
|---|---|---|---|
| 305 | 宝钢德盛机关团支部 | 2020年中国宝武五四红旗团支部（抗疫类） | 中国宝武 |
| 306 | 宝武炭材武汉聚焦精化工有限责任公司团支部 | 2020年中国宝武五四红旗团支部（抗疫类） | 中国宝武 |

## 先进个人一览表

| 序号 | 姓　名 | 性　别 | 单位或职务 | 荣誉称号 | 授予单位 |
|---|---|---|---|---|---|
| 1 | 陈　炯 | 男 | 宝钢股份湛江钢铁副总指挥 | 全国劳动模范 | 中共中央、国务院 |
| 2 | 金国平 | 男 | 宝钢股份钢管条钢事业部电气设备技能大师 | 全国劳动模范 | 中共中央、国务院 |
| 3 | 钟　韶 | 男 | 韶钢松山能源环保部维检作业区调试班班长 | 全国劳动模范 | 中共中央、国务院 |
| 4 | 吴保桥 | 男 | 马钢集团马钢股份技术中心型钢研究所所长 | 全国劳动模范 | 中共中央、国务院 |
| 5 | 吴　琨 | 女 | 八一钢铁制造管理部理化检验中心作业长 | 全国劳动模范 | 中共中央、国务院 |
| 6 | 李永生 | 男 | 鄂城钢铁宽厚板厂热轧车间总作业长、电气首席师 | 全国劳动模范 | 中共中央、国务院 |
| 7 | 刘　安 | 男 | 宝钢股份副总经理，武钢有限党委书记、执行董事 | 全国抗击新冠肺炎疫情先进个人 | 中共中央、国务院、中央军委 |
| 8 | 刘海生 | 男 | 宝钢股份湛江钢铁工会副主席 | 全国优秀工会工作者 | 中华全国总工会 |
| 9 | 彭建东 | 男 | 宝钢工程常州宝菱重工机械有限公司工会主席 | 全国优秀工会工作者 | 中华全国总工会 |
| 10 | 何　航 | 男 | 武钢集团 | 第24届中国青年五四奖章 | 共青团中央 |
| 11 | 李成刚 | 男 | 宝钢股份 | 2019—2020年度全国青年岗位能手 | 共青团中央、人力资源和社会保障部 |
| 12 | 张婷婷 | 女 | 欧冶云商 | 2019—2020年度全国青年岗位能手 | 共青团中央、人力资源和社会保障部 |
| 13 | 何　琤 | 女 | 宝信软件 | 2019—2020年度全国青年岗位能手 | 共青团中央、人力资源和社会保障部 |
| 14 | 廖　席 | 男 | 太钢集团 | 2019—2020年度全国青年岗位能手 | 共青团中央、人力资源和社会保障部 |

（续　表）

| 序号 | 姓　名 | 性　别 | 单位或职务 | 荣誉称号 | 授予单位 |
|---|---|---|---|---|---|
| 15 | 安海生 | 男 | 八一钢铁安全保卫部部长、武装部部长 | 中央企业抗击新冠肺炎疫情先进个人 | 国务院国资委党委 |
| 16 | 罗生刚 | 男 | 鄂城钢铁商贸公司餐饮党支部书记、餐饮分公司经理 | 中央企业抗击新冠肺炎疫情先进个人 | 国务院国资委党委 |
| 17 | 马保华 | 男 | 宝钢股份武钢有限检修中心技能大师 | 中央企业抗击新冠肺炎疫情先进个人 | 国务院国资委党委 |
| 18 | 李高陆 | 男 | 武钢集团武钢中冶工业技术服务有限公司气体事业部党支部书记兼工会主席 | 中央企业抗击新冠肺炎疫情先进个人 | 国务院国资委党委 |
| 19 | 侯冰冰 | 男 | 武钢集团武钢绿色城市技术发展有限公司项目管理部总经理 | 中央企业抗击新冠肺炎疫情先进个人 | 国务院国资委党委 |
| 20 | 李高陆 | 男 | 武钢集团武钢中冶工业技术服务有限公司气体事业部党支部书记兼工会主席 | 中央企业优秀共产党员 | 国务院国资委党委 |
| 21 | 幸利军 | 男 | 宝钢股份热轧厂卷取操作技能大师 | 上海市劳动模范 | 中共上海市委、市人民政府 |
| 22 | 邹世文 | 男 | 宝钢股份梅钢公司炼钢厂连铸浇钢首席操作 | 上海市劳动模范 | 中共上海市委、市人民政府 |
| 23 | 季益龙 | 男 | 宝钢股份梅钢公司炼铁厂电气首席点检员 | 上海市劳动模范 | 中共上海市委、市人民政府 |
| 24 | 李　斌 | 男 | 宝钢股份运输部港口机械高级操作工 | 上海市劳动模范 | 中共上海市委、市人民政府 |
| 25 | 熊　伟 | 男 | 宝钢股份制造管理部产品设计技术首席工程师 | 上海市劳动模范 | 中共上海市委、市人民政府 |
| 26 | 高　展 | 男 | 宝钢股份钢管条钢事业部产品设计技术首席工程师 | 上海市劳动模范 | 中共上海市委、市人民政府 |
| 27 | 孙永丽 | 女 | 宝钢工程工程技术事业本部建筑事业部技术总监 | 上海市劳动模范 | 中共上海市委、市人民政府 |
| 28 | 朱　俊 | 男 | 欧冶工业品数字科技中心高级总监 | 上海市劳动模范 | 中共上海市委、市人民政府 |
| 29 | 黄俊杰 | 男 | 宝钢资源合金贸易部副总经理 | 上海市劳动模范 | 中共上海市委、市人民政府 |
| 30 | 王继明 | 男 | 宝地资产党委书记、董事长，一浦五联合党委书记 | 上海市劳动模范 | 中共上海市委、市人民政府 |
| 31 | 许慧华 | 男 | 宝地资产园区设施技术服务分公司首席操作师 | 上海市劳动模范 | 中共上海市委、市人民政府 |

（续 表）

| 序号 | 姓 名 | 性 别 | 单位或职务 | 荣誉称号 | 授予单位 |
|---|---|---|---|---|---|
| 32 | 刘鸿哲 | 女 | 华宝信托薪酬福利事业部总经理 | 上海市劳动模范 | 中共上海市委、市人民政府 |
| 33 | 林秀贞 | 女 | 宝武炭材党委书记、董事长 | 上海市劳动模范 | 中共上海市委、市人民政府 |
| 34 | 徐新华 | 男 | 宝武炭材宝山化产厂化产生产首席操作 | 上海市劳动模范 | 中共上海市委、市人民政府 |
| 35 | 常维仑 | 男 | 宝钢包装印铁分公司工厂部设备主管 | 上海市劳动模范 | 中共上海市委、市人民政府 |
| 36 | 杨 剑 | 男 | 宝武特冶电炉厂炼钢主要操作 | 上海市劳动模范 | 中共上海市委、市人民政府 |
| 37 | 王萌华 | 女 | 中国宝武公司治理部资深高级经理 | 上海市劳动模范 | 中共上海市委、市人民政府 |
| 38 | 依明江·吐尔逊 | 男 | 八一钢铁炼钢厂第一炼钢分厂连铸作业区中包工 | 新疆维吾尔自治区劳动模范 | 中共新疆维吾尔自治区委员会、新疆维吾尔自治区人民政府 |
| 39 | 赵 虎 | 男 | 八一钢铁轧钢厂中厚板分厂轧钢主任工程师 | 新疆维吾尔自治区劳动模范 | 中共新疆维吾尔自治区委员会、新疆维吾尔自治区人民政府 |
| 40 | 朱 亮 | 男 | 八一钢铁新疆八钢国际贸易股份有限公司总经理助理 | 新疆维吾尔自治区劳动模范 | 中共新疆维吾尔自治区委员会、新疆维吾尔自治区人民政府 |
| 41 | 武 星 | 男 | 宝武炭材乌海宝化万辰煤化工有限责任公司特种沥青作业区作业长 | 内蒙古自治区劳动模范 | 中共内蒙古自治区委员会、内蒙古自治区人民政府 |
| 42 | 徐 冰 | 男 | 马钢集团马钢股份炼铁总厂首席技师 | 安徽省五一劳动奖章 | 安徽省总工会 |
| 43 | 戴 飞 | 男 | 宝武重工钢结构工程分公司焊工高级技师 | 安徽省五一劳动奖章 | 安徽省总工会 |
| 44 | 王慧峰 | 男 | 太钢集团医疗公司心血管内科主任 | 山西省五一劳动奖章 | 山西省总工会 |
| 45 | 赵雪斌 | 男 | 太钢集团太钢不锈炼铁厂三高炉作业区值班室白班工长 | 山西省五一劳动奖章 | 山西省总工会 |
| 46 | 李 贤 | 男 | 太钢集团岚县矿业公司选矿部主任 | 山西省五一劳动奖章 | 山西省总工会 |
| 47 | 唐耀辉 | 男 | 宝钢德盛工会主席、纪委副书记 | 福建省五一劳动奖章 | 福建省总工会 |
| 48 | 吉志勇 | 男 | 宝武智维检修事业部资深作业师 | 上海工匠 | 上海市总工会 |

（续 表）

| 序号 | 姓　名 | 性　别 | 单位或职务 | 荣誉称号 | 授予单位 |
|---|---|---|---|---|---|
| 49 | 许慧华 | 男 | 宝地资产园区设施技术服务分公司首席操作师 | 上海工匠 | 上海市总工会 |
| 50 | 蔡　斌 | 男 | 宝钢股份武钢有限热轧厂2250产线乙班作业区精轧班长 | 荆楚工匠 | 湖北省总工会 |
| 51 | 邱全林 | 男 | 宝钢股份黄石涂镀板有限公司制造管理部一般操作工 | 荆楚工匠 | 湖北省总工会 |
| 52 | 郭忠涛 | 男 | 武钢集团武钢绿色城市技术发展有限公司金结公司焊工 | 荆楚工匠 | 湖北省总工会 |
| 53 | 王　伟 | 男 | 太钢集团太钢不锈炼钢二厂冶炼一作业区吹氧工 | 三晋工匠 | 山西省总工会 |
| 54 | 刘孝平 | 女 | 太钢集团工会宣教文体部部长 | 山西省优秀工会工作者 | 山西省人力资源和社会保障厅、山西省总工会 |
| 55 | 陈晓洁 | 女 | 宝钢工程 | 2019年度上海市青年五四奖章个人 | 共青团上海市委 |
| 56 | 尉晟煜 | 男 | 宝信软件 | 2019年度上海市优秀共青团干部 | 共青团上海市委 |
| 57 | 陈豪杰 | 男 | 宝钢股份 | 2019年度上海市优秀共青团员 | 共青团上海市委 |
| 58 | 徐碧君 | 女 | 中南钢铁 | 2019—2020年度广东省优秀共青团员 | 共青团广东省委 |
| 59 | 杨梦雨 | 女 | 马钢集团 | 2019年度安徽省优秀共青团员 | 共青团安徽省委 |
| 60 | 骆超超 | 男 | 马钢集团 | 2019年度安徽省青年岗位能手 | 共青团安徽省委 |
| 61 | 马晓标 | 男 | 马钢集团 | 2019年度安徽省青年岗位能手 | 共青团安徽省委 |
| 62 | 何　博 | 男 | 马钢集团 | 2019年度安徽省青年岗位能手 | 共青团安徽省委 |
| 63 | 胡啸海 | 男 | 马钢集团 | 2019年度安徽省青年岗位能手 | 共青团安徽省委 |
| 64 | 史志杰 | 男 | 太钢集团 | 2019年度山西省青年岗位能手 | 共青团山西省委、山西省人力资源和社会保障厅 |
| 65 | 侯　悦 | 女 | 太钢集团 | 2019年度山西省优秀共青团干部 | 共青团山西省委 |

（续 表）

| 序号 | 姓 名 | 性 别 | 单位或职务 | 荣誉称号 | 授予单位 |
|---|---|---|---|---|---|
| 66 | 杨占淇 | 女 | 八一钢铁 | 2017—2019年度优秀共青团员 | 共青团新疆维吾尔自治区委 |
| 67 | 李仕优 | 男 | 宝钢股份湛江钢铁炼钢厂转炉炉长 | 金牛奖 | 中国宝武 |
| 68 | 刘宝军 | 男 | 宝钢股份硅钢事业部党委书记、总经理，硅钢部部长兼取向硅钢后续工程项目组经理 | 金牛奖 | 中国宝武 |
| 69 | 王 勇 | 男 | 宝钢股份武钢有限冷轧厂设备管理室副主任 | 金牛奖 | 中国宝武 |
| 70 | 高 珊 | 女 | 宝钢股份中央研究院厚板研究所首席研究员 | 金牛奖 | 中国宝武 |
| 71 | 李顺祥 | 男 | 宝钢股份梅钢公司冷轧厂镀锡作业区作业长 | 金牛奖 | 中国宝武 |
| 72 | 查安鸿 | 男 | 中南钢铁韶钢松山特轧厂棒材维检作业区机械班班长 | 金牛奖 | 中国宝武 |
| 73 | 黄微涛 | 男 | 重庆钢铁制造管理部产品设计技术主任工程师 | 金牛奖 | 中国宝武 |
| 74 | 黄高见 | 男 | 鄂城钢铁炼钢厂炼钢车间作业长 | 金牛奖 | 中国宝武 |
| 75 | 汪昌平 | 男 | 马钢集团马钢股份长材事业部轧钢点检一分厂电气点检员 | 金牛奖 | 中国宝武 |
| 76 | 汪开忠 | 男 | 马钢集团马钢股份技术中心特钢研发高级技术主管、长材研究所所长 | 金牛奖 | 中国宝武 |
| 77 | 库尔班·霍加木 | 男 | 八一钢铁八钢股份炼钢厂第一炼钢分厂出坯作业区值班长 | 金牛奖 | 中国宝武 |
| 78 | 洪育莲 | 女 | 欧冶云商电商交易事业部副总经理 | 金牛奖 | 中国宝武 |
| 79 | 金武明 | 男 | 宝信软件自动化事业本部总经理 | 金牛奖 | 中国宝武 |
| 80 | 王本治 | 男 | 宝钢资源马钢矿业南山矿和尚桥选矿厂点检员 | 金牛奖 | 中国宝武 |
| 81 | 赵寿山 | 男 | 宝武环科新疆互力佳源环保科技有限公司保温区域班组长 | 金牛奖 | 中国宝武 |
| 82 | 李高陆 | 男 | 武钢集团武钢中冶工业技术服务有限公司气体事业部党支部书记 | 金牛奖 | 中国宝武 |

（续 表）

| 序号 | 姓　名 | 性　别 | 单位或职务 | 荣誉称号 | 授予单位 |
|---|---|---|---|---|---|
| 83 | 严天祥 | 男 | 宝武炭材炭材料研究院（工程中心）高级操作工 | 金牛奖 | 中国宝武 |
| 84 | 郭守春 | 男 | 宝钢工程工程技术事业本部冷轧事业部总经理 | 金牛奖 | 中国宝武 |
| 85 | 刘一鸣 | 男 | 宝武智维检修事业部热轧设备服务中心卷筒作业区首席作业师 | 金牛奖 | 中国宝武 |
| 86 | 邹存涛 | 男 | 华宝信托北方业务中心副总经理 | 金牛奖 | 中国宝武 |
| 87 | 王丹云 | 女 | 中国宝武企业文化部企业文化处处长 | 金牛奖 | 中国宝武 |
| 88 | 杨东明 | 男 | 宝钢股份武钢有限炼钢厂三炼钢产线连铸作业区作业长 | 银牛奖 | 中国宝武 |
| 89 | 陆　敏 | 女 | 宝钢股份制造管理部产品设计技术首席工程师 | 银牛奖 | 中国宝武 |
| 90 | 赵昌亮 | 男 | 宝钢股份梅钢公司能源环保部电气设备综合点检员 | 银牛奖 | 中国宝武 |
| 91 | 任允清 | 男 | 宝钢股份宝武铝业科技有限公司制造部熔铸专家 | 银牛奖 | 中国宝武 |
| 92 | 谭人杰 | 男 | 宝钢股份钢管条钢事业部条钢部线材区域乙班作业区作业长 | 银牛奖 | 中国宝武 |
| 93 | 王永川 | 男 | 宝钢股份宝钢激光拼焊国际有限公司执行董事、总经理、党支部书记 | 银牛奖 | 中国宝武 |
| 94 | 吴　杰 | 男 | 宝钢股份炼钢厂二炼钢分厂连铸浇钢技能大师 | 银牛奖 | 中国宝武 |
| 95 | 张　毅 | 男 | 宝钢股份冷轧厂精整分厂C470重卷作业区作业长 | 银牛奖 | 中国宝武 |
| 96 | 刘　斌 | 男 | 宝钢股份湛江钢铁厚板厂党总支书记、厂长兼厚板项目组长 | 银牛奖 | 中国宝武 |
| 97 | 罗世强 | 男 | 宝钢股份黄石涂镀板有限公司设备管理部电气首席操作工 | 银牛奖 | 中国宝武 |
| 98 | 方　喆 | 男 | 宝钢股份能源环保部能源中心高级主任工程师 | 银牛奖 | 中国宝武 |
| 99 | 郑伟东 | 男 | 宝钢股份热轧厂生产技术室作业长 | 银牛奖 | 中国宝武 |

（续　表）

| 序号 | 姓　名 | 性　别 | 单位或职务 | 荣誉称号 | 授予单位 |
|---|---|---|---|---|---|
| 100 | 高学鹏 | 男 | 宝钢股份钢管条钢事业部营销部主任经理 | 银牛奖 | 中国宝武 |
| 101 | 高　峰 | 男 | 宝钢股份设备部电气设备首席工程师 | 银牛奖 | 中国宝武 |
| 102 | 郁潘华 | 男 | 宝钢股份宝钢日铁汽车板有限公司镀锌分厂管理作业长 | 银牛奖 | 中国宝武 |
| 103 | 姜云龙 | 男 | 宝钢股份炼铁厂高炉分厂首席操作工 | 银牛奖 | 中国宝武 |
| 104 | 陈畏林 | 男 | 宝钢股份武钢有限炼铁厂高炉分厂作业长 | 银牛奖 | 中国宝武 |
| 105 | 郭耀雷 | 男 | 宝钢股份宝钢国际天津宝钢钢材配送有限公司生产作业区班长 | 银牛奖 | 中国宝武 |
| 106 | 李　刚 | 男 | 宝钢股份炼铁厂原料分厂厂长 | 银牛奖 | 中国宝武 |
| 107 | 刘德成 | 男 | 宝钢股份冷轧厂厂长助理 | 银牛奖 | 中国宝武 |
| 108 | 章华兵 | 男 | 宝钢股份硅钢事业部生产技术室首席工程师 | 银牛奖 | 中国宝武 |
| 109 | 陈建刚 | 男 | 宝钢股份运输部成品出厂中心党支部书记 | 银牛奖 | 中国宝武 |
| 110 | 郑　雷 | 男 | 宝钢股份梅钢公司炼钢厂连铸分厂高级操作工 | 银牛奖 | 中国宝武 |
| 111 | 王天柱 | 男 | 宝钢股份营销中心（宝钢国际）热板与工程材料销售部热轧产品室业务总监 | 银牛奖 | 中国宝武 |
| 112 | 潘欢军 | 男 | 宝钢股份湛江钢铁冷轧厂高强钢机电作业区作业长 | 银牛奖 | 中国宝武 |
| 113 | 刘村强 | 男 | 宝钢股份武钢有限检修中心作业长 | 银牛奖 | 中国宝武 |
| 114 | 金　玮 | 男 | 宝钢股份钢管条钢事业部无缝钢管厂轧管丙班作业区作业长 | 银牛奖 | 中国宝武 |
| 115 | 徐力峰 | 男 | 宝钢股份湛江钢铁炼铁厂焦化煤气净化作业区作业长 | 银牛奖 | 中国宝武 |
| 116 | 刘明才 | 男 | 中南钢铁韶钢松山物流部检修作业区信号点检班班长 | 银牛奖 | 中国宝武 |
| 117 | 陈生利 | 男 | 中南钢铁韶钢松山炼铁厂高炉炉内作业区高级操作工 | 银牛奖 | 中国宝武 |

（续 表）

| 序号 | 姓　名 | 性　别 | 单位或职务 | 荣誉称号 | 授予单位 |
|---|---|---|---|---|---|
| 118 | 刘　灵 | 女 | 中南钢铁韶钢松山营销中心销售部主任管理师 | 银牛奖 | 中国宝武 |
| 119 | 车怀智 | 男 | 重庆钢铁轧钢厂设备室点检员 | 银牛奖 | 中国宝武 |
| 120 | 黄先敏 | 男 | 鄂城钢铁联合焦化公司热工班班长 | 银牛奖 | 中国宝武 |
| 121 | 宋　文 | 男 | 鄂城钢铁炼铁厂高级主任工程师 | 银牛奖 | 中国宝武 |
| 122 | 姚绍志 | 男 | 马钢集团马钢股份炼铁总厂高炉二分厂作业长 | 银牛奖 | 中国宝武 |
| 123 | 孙　静 | 女 | 马钢集团马钢股份检测中心产成品单元检验工 | 银牛奖 | 中国宝武 |
| 124 | 邬　琼 | 男 | 马钢集团马钢股份四钢轧总厂首席技师 | 银牛奖 | 中国宝武 |
| 125 | 许　翔 | 男 | 马钢集团马钢股份冷轧总厂首席技师 | 银牛奖 | 中国宝武 |
| 126 | 李　平 | 男 | 马钢集团马钢股份炼焦总厂首席技师 | 银牛奖 | 中国宝武 |
| 127 | 毛雄杰 | 男 | 马钢集团马钢股份运输部设备管理室主任 | 银牛奖 | 中国宝武 |
| 128 | 罗武龙 | 男 | 马钢集团马钢股份能源环保部部长 | 银牛奖 | 中国宝武 |
| 129 | 吴宇文 | 男 | 八一钢铁八钢股份轧钢厂中厚板分厂点检员 | 银牛奖 | 中国宝武 |
| 130 | 徐保磊 | 男 | 八一钢铁新疆焦煤(集团)有限责任公司1890煤矿采煤一队副队长 | 银牛奖 | 中国宝武 |
| 131 | 李晓明 | 男 | 八一钢铁新疆八钢金属制品有限公司制品分厂工艺主任工程师 | 银牛奖 | 中国宝武 |
| 132 | 仲跻炜 | 男 | 欧冶云商数智供应链研发中心平台技术二级首席工程师 | 银牛奖 | 中国宝武 |
| 133 | 刘共华 | 女 | 宝信软件资深总监 | 银牛奖 | 中国宝武 |
| 134 | 谢崇军 | 男 | 宝信软件飞马智科信息技术股份有限公司工程技术分公司技术总监 | 银牛奖 | 中国宝武 |
| 135 | 叶　围 | 男 | 宝钢资源马钢矿业张庄矿选矿厂工段长 | 银牛奖 | 中国宝武 |

（续　表）

| 序号 | 姓　名 | 性　别 | 单位或职务 | 荣誉称号 | 授予单位 |
|---|---|---|---|---|---|
| 136 | 陈长臻 | 男 | 宝钢资源矿山运营中心高级经理 | 银牛奖 | 中国宝武 |
| 137 | 余登建 | 男 | 宝钢资源武钢资源金山店矿采矿分公司班长 | 银牛奖 | 中国宝武 |
| 138 | 曹黎颖 | 女 | 宝武环科上海宝钢新型建材科技有限公司冶金渣利用技术高级主任师兼技术中心主任 | 银牛奖 | 中国宝武 |
| 139 | 王　剑 | 男 | 武钢集团武汉钢铁江北集团有限公司党委书记、执行董事 | 银牛奖 | 中国宝武 |
| 140 | 张荣娟 | 女 | 武钢集团办公室综合业务高级经理 | 银牛奖 | 中国宝武 |
| 141 | 郭忠涛 | 男 | 武钢集团武钢绿色城市技术发展有限公司金结公司质量管理中心焊工 | 银牛奖 | 中国宝武 |
| 142 | 杨　杰 | 男 | 武钢集团武汉扬光实业有限公司包装分公司材料作业区维修班电工 | 银牛奖 | 中国宝武 |
| 143 | 白　超 | 男 | 武钢集团新疆宝地产城发展有限公司物业公司配餐部区域长 | 银牛奖 | 中国宝武 |
| 144 | 吴京涛 | 男 | 宝地资产文商旅事业部宝乐汇项目运营高级经理 | 银牛奖 | 中国宝武 |
| 145 | 蒋继强 | 男 | 宝地资产工程管理部安全能环部部长 | 银牛奖 | 中国宝武 |
| 146 | 孙永章 | 男 | 宝地资产南京宝地梅山产城发展有限公司资产经营室经理 | 银牛奖 | 中国宝武 |
| 147 | 陈永健 | 男 | 宝地资产广东宝地南华产城发展有限公司规划投资部部长 | 银牛奖 | 中国宝武 |
| 148 | 刘　丽 | 女 | 宝武炭材设备管理部党支部副书记 | 银牛奖 | 中国宝武 |
| 149 | 刘　义 | 男 | 宝钢工程马钢设计研究院运营管理部资深首席设计师 | 银牛奖 | 中国宝武 |
| 150 | 孟祥帅 | 男 | 宝钢德盛热轧厂项目组钳工一般操作工 | 银牛奖 | 中国宝武 |
| 151 | 沈　飞 | 男 | 马钢交材车轮厂生产协调员 | 银牛奖 | 中国宝武 |
| 152 | 张　迪 | 男 | 宝钢包装越南宝钢制罐有限公司工厂部生产主管 | 银牛奖 | 中国宝武 |

（续　表）

| 序号 | 姓　名 | 性　别 | 单位或职务 | 荣誉称号 | 授予单位 |
|---|---|---|---|---|---|
| 153 | 马明娟 | 女 | 宝武特冶精密钢管事业部技术营销室产品制造技术高级工程师 | 银牛奖 | 中国宝武 |
| 154 | 薛自力 | 男 | 宝武智维韶钢工程设备检修事业部重要设备检修车间首席操作工 | 银牛奖 | 中国宝武 |
| 155 | 阮国智 | 男 | 宝武智维炉窑建筑事业部炼钢中心资深工程师 | 银牛奖 | 中国宝武 |
| 156 | 张　烨 | 男 | 宝武重工钢结构工程分公司焊接首席技师 | 银牛奖 | 中国宝武 |
| 157 | 裘慕贤 | 男 | 宝武水务宝山分公司运营技术部首席操作工 | 银牛奖 | 中国宝武 |
| 158 | 杨　艳 | 女 | 宝武清能武汉钢铁集团气体有限责任公司生产技术部质检中心班长 | 银牛奖 | 中国宝武 |
| 159 | 赵志华 | 女 | 欧冶链金北方分公司副总经理 | 银牛奖 | 中国宝武 |
| 160 | 胡　洁 | 女 | 华宝基金指数研发投资部总经理 | 银牛奖 | 中国宝武 |
| 161 | 杨　宇 | 男 | 华宝证券研究创新部经理 | 银牛奖 | 中国宝武 |
| 162 | 夏　力 | 男 | 财务公司武汉分公司业务部总经理 | 银牛奖 | 中国宝武 |
| 163 | 杨　哲 | 男 | 宁波宝新热酸机组综合管理 | 银牛奖 | 中国宝武 |
| 164 | 刘宁刚 | 男 | 武汉工程职业技术学院培训事业部技师学院主任 | 银牛奖 | 中国宝武 |
| 165 | 吴海凤 | 女 | 中国宝武办公室党建高级专员 | 银牛奖 | 中国宝武 |
| 166 | 梁高飞 | 男 | 中国宝武新材料产业发展中心高级经理 | 银牛奖 | 中国宝武 |
| 167 | 俞方群 | 男 | 宝钢股份营销中心（宝钢国际）热板与工程材料销售部能源用钢产品室主任 | 中国宝武优秀共产党员标兵 | 中国宝武党委 |
| 168 | 张　建 | 男 | 马钢集团马钢股份技术中心党委书记、主任，新产品开发中心主任，技术研究院院长 | 中国宝武优秀共产党员标兵 | 中国宝武党委 |
| 169 | 戴文笠 | 男 | 韶关钢铁韶钢松山炼钢厂厂长 | 中国宝武优秀共产党员标兵 | 中国宝武党委 |
| 170 | 诸时杰 | 男 | 宝钢资源矿石贸易部总经理 | 中国宝武优秀共产党员标兵 | 中国宝武党委 |

（续 表）

| 序号 | 姓 名 | 性 别 | 单位或职务 | 荣誉称号 | 授予单位 |
|---|---|---|---|---|---|
| 171 | 蒋继强 | 男 | 宝钢发展/宝地资产（一浦五）宝地宝泉总经理 | 中国宝武优秀共产党员标兵 | 中国宝武党委 |
| 172 | 朱小俊 | 男 | 鄂城钢铁信息化部计量车间主任，驻陈桥村扶贫工作队队员 | 中国宝武优秀共产党员标兵 | 中国宝武党委 |
| 173 | 陆志清 | 男 | 宝武特冶特冶厂电渣熔炼甲班作业区作业长 | 中国宝武优秀共产党员标兵 | 中国宝武党委 |
| 174 | 林延德 | 男 | 宝武物流资产有限公司武钢物流外贸码头总经理 | 中国宝武优秀共产党员标兵 | 中国宝武党委 |
| 175 | 曹叶飞 | 男 | 宝武智维检修事业部钢条设备服务中心首席作业师 | 中国宝武优秀共产党员标兵 | 中国宝武党委 |
| 176 | 栗猛虎 | 男 | 宝武重工宝钢轧辊营销本部副部长 | 中国宝武优秀共产党员标兵 | 中国宝武党委 |
| 177 | 金 卿 | 男 | 宝钢股份湛江钢铁能源环保部（能源电厂项目组）党委副书记 | 中国宝武优秀党务工作者标兵 | 中国宝武党委 |
| 178 | 李敏娜 | 女 | 宝钢股份能源环保部水处理分厂党支部书记 | 中国宝武优秀党务工作者标兵 | 中国宝武党委 |
| 179 | 丁 晖 | 男 | 马钢集团马钢股份炼铁总厂党委书记、厂长 | 中国宝武优秀党务工作者标兵 | 中国宝武党委 |
| 180 | 王 剑 | 男 | 武钢集团江北公司党委书记、执行董事 | 中国宝武优秀党务工作者标兵 | 中国宝武党委 |
| 181 | 周 桦 | 女 | 八一钢铁八钢股份轧钢厂中厚板分厂设备党支部书记 | 中国宝武优秀党务工作者标兵 | 中国宝武党委 |
| 182 | 夏明旭 | 男 | 宝钢资源（国际）马钢矿业机关党总支书记，党委工作部副部长 | 中国宝武优秀党务工作者标兵 | 中国宝武党委 |
| 183 | 丁 康 | 男 | 宝武炭材梅山分公司党总支书记、经理，盐城项目组副组长 | 中国宝武优秀党务工作者标兵 | 中国宝武党委 |
| 184 | 倪 海 | 男 | 欧冶云商欧冶国际党支部书记、总经理 | 中国宝武优秀党务工作者标兵 | 中国宝武党委 |
| 185 | 刘雪莲 | 女 | 华宝信托有限责任公司第一党支部书记、总经理助理 | 中国宝武优秀党务工作者标兵 | 中国宝武党委 |
| 186 | 黄 斌 | 女 | 宝武环科党委组织部业务高级主管 | 中国宝武优秀党务工作者标兵 | 中国宝武党委 |
| 187 | 李志建 | 男 | 宝钢股份武钢有限安全保卫部消防大队装备参谋 | 中国宝武优秀共产党员 | 中国宝武党委 |
| 188 | 彭 斌 | 男 | 宝钢股份武钢有限能源环保部型轧作业区作业长 | 中国宝武优秀共产党员 | 中国宝武党委 |

（续　表）

| 序号 | 姓　名 | 性　别 | 单位或职务 | 荣誉称号 | 授予单位 |
|---|---|---|---|---|---|
| 189 | 余　辉 | 男 | 宝钢股份武钢有限运输部生产技术室副主任 | 中国宝武优秀共产党员 | 中国宝武党委 |
| 190 | 何龙义 | 男 | 宝钢股份武钢有限热轧厂轧钢工艺主任工程师 | 中国宝武优秀共产党员 | 中国宝武党委 |
| 191 | 黄　勇 | 男 | 宝钢股份武钢有限硅钢部二分厂党支部副书记、工会主席 | 中国宝武优秀共产党员 | 中国宝武党委 |
| 192 | 刘海军 | 男 | 宝钢股份武钢有限冷轧厂轧钢分厂302机组作业长 | 中国宝武优秀共产党员 | 中国宝武党委 |
| 193 | 丁作飞 | 男 | 宝钢股份武钢有限武钢日铁（武汉）镀锡板有限公司团委书记 | 中国宝武优秀共产党员 | 中国宝武党委 |
| 194 | 张鲁峻 | 男 | 宝钢股份武钢有限钢电公司生产技术室副主任 | 中国宝武优秀共产党员 | 中国宝武党委 |
| 195 | 喻圣男 | 女 | 宝钢股份湛江钢铁热轧厂综合管理室运行改善组组长 | 中国宝武优秀共产党员 | 中国宝武党委 |
| 196 | 段建强 | 男 | 宝钢股份湛江钢铁物流部设备管理室技术组组长 | 中国宝武优秀共产党员 | 中国宝武党委 |
| 197 | 章苇玲 | 女 | 宝钢股份湛江钢铁制造管理部配矿管理专业技术人员 | 中国宝武优秀共产党员 | 中国宝武党委 |
| 198 | 杨小青 | 男 | 宝钢股份梅钢公司能源环保部副部长 | 中国宝武优秀共产党员 | 中国宝武党委 |
| 199 | 黄文华 | 男 | 宝钢股份梅钢公司冷轧厂机械设备区域工程师 | 中国宝武优秀共产党员 | 中国宝武党委 |
| 200 | 王军峰 | 男 | 宝钢股份梅钢公司炼铁厂作业长 | 中国宝武优秀共产党员 | 中国宝武党委 |
| 201 | 孙建福 | 男 | 宝钢股份梅钢公司新事业分公司设备管理高级主任工程师 | 中国宝武优秀共产党员 | 中国宝武党委 |
| 202 | 魏海音 | 女 | 宝钢股份营销中心（宝钢国际）合同物流部青山营销服务团队总经理 | 中国宝武优秀共产党员 | 中国宝武党委 |
| 203 | 谭人杰 | 男 | 宝钢股份钢管条钢事业部条钢部线材乙班作业长 | 中国宝武优秀共产党员 | 中国宝武党委 |
| 204 | 黄　明 | 男 | 宝钢股份钢管条钢事业部鲁宝钢管电气设备区域工程师 | 中国宝武优秀共产党员 | 中国宝武党委 |
| 205 | 任　昊 | 男 | 宝钢股份硅钢事业部组织员 | 中国宝武优秀共产党员 | 中国宝武党委 |
| 206 | 王红兵 | 男 | 宝钢股份硅钢事业部轧钢首席操作工 | 中国宝武优秀共产党员 | 中国宝武党委 |

（续 表）

| 序号 | 姓 名 | 性 别 | 单位或职务 | 荣誉称号 | 授予单位 |
|---|---|---|---|---|---|
| 207 | 姜云龙 | 男 | 宝钢股份炼铁厂高炉分厂炉前首席操作工 | 中国宝武优秀共产党员 | 中国宝武党委 |
| 208 | 李 刚 | 男 | 宝钢股份炼铁厂原料分厂厂长 | 中国宝武优秀共产党员 | 中国宝武党委 |
| 209 | 艾小龙 | 男 | 宝钢股份炼钢厂一炼钢分厂作业长 | 中国宝武优秀共产党员 | 中国宝武党委 |
| 210 | 段生灵 | 男 | 宝钢股份炼钢厂设备管理室机械设备区域工程师 | 中国宝武优秀共产党员 | 中国宝武党委 |
| 211 | 张仁其 | 男 | 宝钢股份热轧厂生产技术室粗轧操作技能大师 | 中国宝武优秀共产党员 | 中国宝武党委 |
| 212 | 许中华 | 男 | 宝钢股份厚板部轧钢工艺高级主任工程师 | 中国宝武优秀共产党员 | 中国宝武党委 |
| 213 | 高 宏 | 男 | 宝钢股份冷轧厂综合管理室安环消防保卫区域工程师 | 中国宝武优秀共产党员 | 中国宝武党委 |
| 214 | 姜玉明 | 男 | 宝钢股份冷轧厂一冷轧分厂轧钢工 | 中国宝武优秀共产党员 | 中国宝武党委 |
| 215 | 马雪丹 | 女 | 宝钢股份制造管理部薄板产品设计室产品设计技术主任产品工程师、党支部副书记 | 中国宝武优秀共产党员 | 中国宝武党委 |
| 216 | 王 珏 | 女 | 宝钢股份设备部设备管理室首席工程师 | 中国宝武优秀共产党员 | 中国宝武党委 |
| 217 | 王小辉 | 男 | 宝钢股份能源环保部能源技术室区域工程师 | 中国宝武优秀共产党员 | 中国宝武党委 |
| 218 | 刘梦露 | 女 | 宝钢股份运输部运输管理室运输计划区域工程师 | 中国宝武优秀共产党员 | 中国宝武党委 |
| 219 | 卢成洲 | 男 | 宝钢股份原料采购中心采购经营室经理、国航经营党支部副书记 | 中国宝武优秀共产党员 | 中国宝武党委 |
| 220 | 张 煦 | 男 | 宝钢股份设备资材采购中心通用材料室经理、党支部书记 | 中国宝武优秀共产党员 | 中国宝武党委 |
| 221 | 邓照军 | 男 | 宝钢股份中央研究院武钢有限技术中心检测分析研究所物理高级实验师 | 中国宝武优秀共产党员 | 中国宝武党委 |
| 222 | 张国民 | 男 | 宝钢股份中央研究院热轧产品研究所产品研究和开发高级主任研究员 | 中国宝武优秀共产党员 | 中国宝武党委 |
| 223 | 梅 杰 | 男 | 宝钢股份宝日汽车板销售部技术服务室副主任 | 中国宝武优秀共产党员 | 中国宝武党委 |

（续 表）

| 序号 | 姓 名 | 性 别 | 单位或职务 | 荣誉称号 | 授予单位 |
|---|---|---|---|---|---|
| 224 | 林振守 | 男 | 宝钢股份人力资源部评价任用主任管理师 | 中国宝武优秀共产党员 | 中国宝武党委 |
| 225 | 任建平 | 男 | 宝钢股份广州JFE钢板品质管理部商品技术室副主任 | 中国宝武优秀共产党员 | 中国宝武党委 |
| 226 | 吴正平 | 男 | 宝钢股份黄石公司安全保卫部安全管理主任工程师 | 中国宝武优秀共产党员 | 中国宝武党委 |
| 227 | 王爱国 | 男 | 宝钢股份宝武铝业工程指挥部副总指挥 | 中国宝武优秀共产党员 | 中国宝武党委 |
| 228 | 李振华 | 男 | 宝钢股份宝欧公司新事业发展部总经理 | 中国宝武优秀共产党员 | 中国宝武党委 |
| 229 | 刘新华 | 男 | 宝钢股份激光拼焊国际海外贸易业务代表 | 中国宝武优秀共产党员 | 中国宝武党委 |
| 230 | 方宗远 | 男 | 宝钢股份离退休党工委第三党支部 | 中国宝武优秀共产党员 | 中国宝武党委 |
| 231 | 李光进 | 男 | 马钢集团人力资源服务中心信息化室副经理 | 中国宝武优秀共产党员 | 中国宝武党委 |
| 232 | 关益农 | 女 | 马钢集团教培中心管理人员培训处教师 | 中国宝武优秀共产党员 | 中国宝武党委 |
| 233 | 汤 贤 | 女 | 马钢集团保卫部（武装部）技术防范和通讯管理科科长 | 中国宝武优秀共产党员 | 中国宝武党委 |
| 234 | 戴莅隽 | 男 | 马钢集团马钢股份计财部高管 | 中国宝武优秀共产党员 | 中国宝武党委 |
| 235 | 朱恩亚 | 男 | 马钢集团马钢股份销售公司冷轧部经理 | 中国宝武优秀共产党员 | 中国宝武党委 |
| 236 | 李 键 | 男 | 马钢集团马钢股份检测中心党群工作室组织纪检干事 | 中国宝武优秀共产党员 | 中国宝武党委 |
| 237 | 张晓萍 | 女 | 马钢集团马钢股份技术中心炼铁工艺研究所副所长 | 中国宝武优秀共产党员 | 中国宝武党委 |
| 238 | 卜晓云 | 男 | 马钢集团马钢股份铁运公司机务段三作业区党支部书记、作业长 | 中国宝武优秀共产党员 | 中国宝武党委 |
| 239 | 汤延林 | 男 | 马钢集团马钢股份仓配公司生产配送部作业长 | 中国宝武优秀共产党员 | 中国宝武党委 |
| 240 | 尤 石 | 男 | 马钢集团马钢股份炼铁总厂炼铁一分厂二号炉代理炉长 | 中国宝武优秀共产党员 | 中国宝武党委 |
| 241 | 鲁 斌 | 男 | 马钢集团马钢股份第一钢轧总厂连铸分厂主要操作工 | 中国宝武优秀共产党员 | 中国宝武党委 |

（续 表）

| 序号 | 姓 名 | 性 别 | 单位或职务 | 荣誉称号 | 授予单位 |
|---|---|---|---|---|---|
| 242 | 张文满 | 男 | 马钢集团马钢股份长材事业部重型H型钢分厂党支部书记、厂长 | 中国宝武优秀共产党员 | 中国宝武党委 |
| 243 | 李 强 | 男 | 马钢集团马钢股份第四钢轧总厂党群工作室保卫干事 | 中国宝武优秀共产党员 | 中国宝武党委 |
| 244 | 杨 帆 | 男 | 马钢集团马钢股份特钢公司特钢点检室电气技术主管 | 中国宝武优秀共产党员 | 中国宝武党委 |
| 245 | 齐占成 | 男 | 马钢集团马钢股份马钢冷轧总厂点检二分厂机械工程师 | 中国宝武优秀共产党员 | 中国宝武党委 |
| 246 | 张 繁 | 男 | 马钢集团马钢股份能控中心供水分厂主管技术员 | 中国宝武优秀共产党员 | 中国宝武党委 |
| 247 | 杨 飞 | 男 | 马钢集团马钢股份热电总厂设备管理室主任 | 中国宝武优秀共产党员 | 中国宝武党委 |
| 248 | 张 芳 | 女 | 马钢集团马钢股份炼焦总厂能源分厂党支部书记、厂长 | 中国宝武优秀共产党员 | 中国宝武党委 |
| 249 | 王子华 | 男 | 马钢集团马钢股份长钢股份品质部综合管理科科长 | 中国宝武优秀共产党员 | 中国宝武党委 |
| 250 | 张 强 | 男 | 马钢集团马钢股份合肥公司综合部副部长 | 中国宝武优秀共产党员 | 中国宝武党委 |
| 251 | 高大林 | 女 | 马钢集团马钢股份制造部质量管理室科员 | 中国宝武优秀共产党员 | 中国宝武党委 |
| 252 | 严长龙 | 男 | 马钢集团马钢股份资源分公司第二石灰分厂设备管理员 | 中国宝武优秀共产党员 | 中国宝武党委 |
| 253 | 万小仲 | 男 | 马钢集团财务公司总经理助理、结算业务部经理 | 中国宝武优秀共产党员 | 中国宝武党委 |
| 254 | 朱义飞 | 男 | 马钢集团康泰公司裕泰物业公司山南物业管理项目部员工 | 中国宝武优秀共产党员 | 中国宝武党委 |
| 255 | 胡 桂 | 男 | 武钢集团好生活平台事业部总经理兼党支部书记 | 中国宝武优秀共产党员 | 中国宝武党委 |
| 256 | 李小虎 | 男 | 武钢集团大数据产业园互联网数据中心（IDC）运营中心业务经理 | 中国宝武优秀共产党员 | 中国宝武党委 |
| 257 | 王 锋 | 男 | 武钢集团江北公司汉冶萍文旅分公司体育中心（武钢博物馆）经理 | 中国宝武优秀共产党员 | 中国宝武党委 |
| 258 | 刘 晖 | 男 | 武钢集团实业公司商业公司副经理 | 中国宝武优秀共产党员 | 中国宝武党委 |

（续　表）

| 序号 | 姓　名 | 性　别 | 单位或职务 | 荣誉称号 | 授予单位 |
|---|---|---|---|---|---|
| 259 | 张利忠 | 男 | 武钢集团北湖公司总经理助理 | 中国宝武优秀共产党员 | 中国宝武党委 |
| 260 | 詹婷婷 | 女 | 武钢集团改革发展部高级经理 | 中国宝武优秀共产党员 | 中国宝武党委 |
| 261 | 赵广谙 | 男 | 八一钢铁“访惠聚”工作队驻岳普湖县也克先拜巴扎镇开来依马克村队员 | 中国宝武优秀共产党员 | 中国宝武党委 |
| 262 | 郭海生 | 男 | 八一钢铁八钢股份炼铁厂烧结分厂点检维护作业区作业长 | 中国宝武优秀共产党员 | 中国宝武党委 |
| 263 | 李　果 | 男 | 八一钢铁八钢股份轧钢厂棒线分厂一高线作业长 | 中国宝武优秀共产党员 | 中国宝武党委 |
| 264 | 肖国琴 | 女 | 八一钢铁物流运输分公司生产计划室生产计划主办 | 中国宝武优秀共产党员 | 中国宝武党委 |
| 265 | 雒维英 | 女 | 八一钢铁安全保卫部安全武装主管 | 中国宝武优秀共产党员 | 中国宝武党委 |
| 266 | 孔侦峰 | 男 | 八一钢铁八钢股份销售部销售员 | 中国宝武优秀共产党员 | 中国宝武党委 |
| 267 | 罗通盛 | 男 | 八一钢铁新疆焦煤集团1890煤矿运输队生产一班班长 | 中国宝武优秀共产党员 | 中国宝武党委 |
| 268 | 谭洪武 | 男 | 八一钢铁巴州敦德矿业有限责任公司生产管理工程师 | 中国宝武优秀共产党员 | 中国宝武党委 |
| 269 | 杨　涛 | 男 | 韶关钢铁韶钢松山炼铁厂焦化化产作业区主任工程师、党支部书记 | 中国宝武优秀共产党员 | 中国宝武党委 |
| 270 | 刘明才 | 男 | 韶关钢铁韶钢松山物流部检修作业区信号点检班长 | 中国宝武优秀共产党员 | 中国宝武党委 |
| 271 | 魏　炜 | 男 | 韶关钢铁韶钢工程设计事业部土建室结构设计师 | 中国宝武优秀共产党员 | 中国宝武党委 |
| 272 | 乔显兵 | 男 | 韶关钢铁宝钢特钢韶关有限公司销售部副部长 | 中国宝武优秀共产党员 | 中国宝武党委 |
| 273 | 王　锋 | 男 | 上海不锈/宝钢特钢安全保卫部保卫管理主任管理师、党小组长 | 中国宝武优秀共产党员 | 中国宝武党委 |
| 274 | 吕　炯 | 男 | 上海不锈/宝钢特钢能源环保部水质检验主要操作、党小组长 | 中国宝武优秀共产党员 | 中国宝武党委 |
| 275 | 刘发平 | 男 | 宝钢资源马钢矿业姑山矿白象山铁矿副矿长 | 中国宝武优秀共产党员 | 中国宝武党委 |
| 276 | 皮恩泽 | 男 | 宝钢资源武钢资源程潮矿采矿分公司副经理 | 中国宝武优秀共产党员 | 中国宝武党委 |

（续　表）

| 序号 | 姓　名 | 性　别 | 单位或职务 | 荣誉称号 | 授予单位 |
|---|---|---|---|---|---|
| 277 | 汪文良 | 男 | 宝钢资源马钢矿业张庄矿办公室主任、规划发展部部长 | 中国宝武优秀共产党员 | 中国宝武党委 |
| 278 | 许　丽 | 女 | 宝钢资源武钢资源乌龙泉矿设备工程部部长 | 中国宝武优秀共产党员 | 中国宝武党委 |
| 279 | 程　尧 | 男 | 宝钢资源马钢矿业罗河矿选矿厂厂长助理 | 中国宝武优秀共产党员 | 中国宝武党委 |
| 280 | 方　兴 | 男 | 宝钢资源武钢资源大冶铁矿尖林山矿西采工段段长 | 中国宝武优秀共产党员 | 中国宝武党委 |
| 281 | 包永康 | 男 | 宝钢资源安徽皖宝矿业股份有限公司石灰分公司经理助理 | 中国宝武优秀共产党员 | 中国宝武党委 |
| 282 | 刘正超 | 男 | 宝钢金属江北金属制品综合管理部后勤主管 | 中国宝武优秀共产党员 | 中国宝武党委 |
| 283 | 何新平 | 男 | 宝钢工程工程技术事业本部焦化事业部资深项目经理 | 中国宝武优秀共产党员 | 中国宝武党委 |
| 284 | 赵　文 | 男 | 宝钢工程党委组织部、人力资源部招聘配置高级主管 | 中国宝武优秀共产党员 | 中国宝武党委 |
| 285 | 薛玉业 | 男 | 宝钢工程宝钢节能环保事业部资深设计师 | 中国宝武优秀共产党员 | 中国宝武党委 |
| 286 | 王立东 | 男 | 宝武炭材制造管理部部长、智慧制造工作组组长、宝山煤精厂厂长 | 中国宝武优秀共产党员 | 中国宝武党委 |
| 287 | 涂　勇 | 男 | 宝武炭材武汉聚焦精焦油蒸馏作业区操作工 | 中国宝武优秀共产党员 | 中国宝武党委 |
| 288 | 赵　岚 | 女 | 产业金融党建工作部纪检高级专员 | 中国宝武优秀共产党员 | 中国宝武党委 |
| 289 | 俞欣亮 | 男 | 宝钢发展/宝地资产(一浦五)技术服务分公司市政工程部区域工程师 | 中国宝武优秀共产党员 | 中国宝武党委 |
| 290 | 杨思伟 | 男 | 宝钢发展/宝地资产(一浦五)宝钢物流不锈特钢物流部副经理(主持工作) | 中国宝武优秀共产党员 | 中国宝武党委 |
| 291 | 朱建平 | 男 | 宝钢发展/宝地资产(一浦五)丰宝公司客运一部二中队作业长 | 中国宝武优秀共产党员 | 中国宝武党委 |
| 292 | 李学勤 | 男 | 宝钢发展/宝地资产(一浦五)广东置业副总经理(主持工作) | 中国宝武优秀共产党员 | 中国宝武党委 |

（续　表）

| 序号 | 姓　名 | 性　别 | 单位或职务 | 荣誉称号 | 授予单位 |
|---|---|---|---|---|---|
| 293 | 彭芸彪 | 男 | 宝钢发展/宝地资产(一浦五)二钢公司维稳办副主任、安全保卫(维稳办)党支部书记、工会负责人 | 中国宝武优秀共产党员 | 中国宝武党委 |
| 294 | 李子阳 | 男 | 宝信软件信息化事业本部制造业软件事业部总监 | 中国宝武优秀共产党员 | 中国宝武党委 |
| 295 | 周明浩 | 男 | 宝信软件营销本部高级总监 | 中国宝武优秀共产党员 | 中国宝武党委 |
| 296 | 徐耀军 | 男 | 宝信软件南京分公司高级工程师 | 中国宝武优秀共产党员 | 中国宝武党委 |
| 297 | 赵会斌 | 男 | 宝信软件(武汉)有限公司自动化事业部自动控制部资深项目经理 | 中国宝武优秀共产党员 | 中国宝武党委 |
| 298 | 范绪炜 | 男 | 欧冶云商华中分公司建材市场部部门经理 | 中国宝武优秀共产党员 | 中国宝武党委 |
| 299 | 顾燮峰 | 男 | 宝武环科宝钢磁业技术中心软磁工艺主任工程师 | 中国宝武优秀共产党员 | 中国宝武党委 |
| 300 | 廖红兵 | 男 | 宝武环科鄂州公司制造管理部部长 | 中国宝武优秀共产党员 | 中国宝武党委 |
| 301 | 杨　雷 | 男 | 宝武环科安徽马钢嘉华新型建材有限公司生产安环部部长 | 中国宝武优秀共产党员 | 中国宝武党委 |
| 302 | 陈清泉 | 男 | 宝钢德盛工程动力部设计管理区域工程师 | 中国宝武优秀共产党员 | 中国宝武党委 |
| 303 | 郑全义 | 男 | 宁波宝新冷酸机组高级操作工 | 中国宝武优秀共产党员 | 中国宝武党委 |
| 304 | 宋　欢 | 男 | 鄂城钢铁炼钢厂炼钢车间炉长 | 中国宝武优秀共产党员 | 中国宝武党委 |
| 305 | 王和喜 | 男 | 鄂城钢铁焦化公司生产技术室副主任(主持工作) | 中国宝武优秀共产党员 | 中国宝武党委 |
| 306 | 周　涛 | 男 | 鄂城钢铁炼铁厂环保车间副主任(主持工作) | 中国宝武优秀共产党员 | 中国宝武党委 |
| 307 | 李海良 | 男 | 宝钢包装河北宝钢制罐生产主管 | 中国宝武优秀共产党员 | 中国宝武党委 |
| 308 | 万媛媛 | 女 | 武汉耐材市场运营部副部长兼运营管控室主任 | 中国宝武优秀共产党员 | 中国宝武党委 |
| 309 | 李建萍 | 女 | 宝地新疆绿化工程公司绿化工程部党支部书记 | 中国宝武优秀共产党员 | 中国宝武党委 |
| 310 | 杨　燕 | 女 | 华宝信托人力资源部(党委组织部)人力资源专家 | 中国宝武优秀共产党员 | 中国宝武党委 |

（续 表）

| 序号 | 姓　名 | 性　别 | 单位或职务 | 荣誉称号 | 授予单位 |
|---|---|---|---|---|---|
| 311 | 张　明 | 男 | 华宝基金多元资产管理部总经理助理 | 中国宝武优秀共产党员 | 中国宝武党委 |
| 312 | 张　青 | 男 | 华宝证券研究创新部副总经理 | 中国宝武优秀共产党员 | 中国宝武党委 |
| 313 | 吴太喜 | 男 | 财务公司武钢财务公司业务组组长 | 中国宝武优秀共产党员 | 中国宝武党委 |
| 314 | 孔祥顺 | 男 | 武工职院培训事业部技师学院培训师 | 中国宝武优秀共产党员 | 中国宝武党委 |
| 315 | 徐旭阳 | 男 | 宝地南京产业工程发展分公司项目管理部业务经理 | 中国宝武优秀共产党员 | 中国宝武党委 |
| 316 | 夏勇军 | 男 | 宝武水务欣创公司环境设计研究院院长兼工程部经理 | 中国宝武优秀共产党员 | 中国宝武党委 |
| 317 | 林立春 | 男 | 宝武智维马钢检修公司轧钢维检北部线材维检作业区作业长 | 中国宝武优秀共产党员 | 中国宝武党委 |
| 318 | 阮国智 | 男 | 宝武智维炉窑建筑事业部资深工程师 | 中国宝武优秀共产党员 | 中国宝武党委 |
| 319 | 廖耀新 | 男 | 宝地广东餐饮事业部副经理（主持工作） | 中国宝武优秀共产党员 | 中国宝武党委 |
| 320 | 刘伟伟 | 男 | 宝武清能江南燃气江南中燃运营部抢维修主管 | 中国宝武优秀共产党员 | 中国宝武党委 |
| 321 | 刘泽兵 | 男 | 欧冶链金马钢智信公司副总经理 | 中国宝武优秀共产党员 | 中国宝武党委 |
| 322 | 吴江淮 | 男 | 马钢交材销售部副部长 | 中国宝武优秀共产党员 | 中国宝武党委 |
| 323 | 彭清兵 | 男 | 宝武重工钢结构分公司炉窑（混铁）工程部副经理 | 中国宝武优秀共产党员 | 中国宝武党委 |
| 324 | 蒋丹枫 | 男 | 中国宝武办公室（董事会办公室）秘书室高级秘书 | 中国宝武优秀共产党员 | 中国宝武党委 |
| 325 | 何春芳 | 女 | 中国宝武纪委高级纪检察员 | 中国宝武优秀共产党员 | 中国宝武党委 |
| 326 | 汪江龙 | 男 | 中国宝武战略规划部制造业策划经理 | 中国宝武优秀共产党员 | 中国宝武党委 |
| 327 | 张　军 | 男 | 宝钢股份武钢有限焦化公司炼焦分厂第三党支部书记 | 中国宝武优秀党务工作者 | 中国宝武党委 |
| 328 | 樊惠文 | 男 | 宝钢股份武钢有限炼钢厂组织员 | 中国宝武优秀党务工作者 | 中国宝武党委 |
| 329 | 查方来 | 男 | 宝钢股份武钢有限党群工作部党支部书记、部长 | 中国宝武优秀党务工作者 | 中国宝武党委 |

（续 表）

| 序号 | 姓 名 | 性 别 | 单位或职务 | 荣誉称号 | 授予单位 |
|---|---|---|---|---|---|
| 330 | 师传刚 | 男 | 宝钢股份湛江钢铁机关党总支书记、纪检监督部副部长（主持工作） | 中国宝武优秀党务工作者 | 中国宝武党委 |
| 331 | 杨海怀 | 男 | 宝钢股份梅钢公司热轧厂组织员 | 中国宝武优秀党务工作者 | 中国宝武党委 |
| 332 | 刘彩萍 | 女 | 宝钢股份梅钢公司矿业分公司贸易部党支部书记 | 中国宝武优秀党务工作者 | 中国宝武党委 |
| 333 | 周铁群 | 男 | 宝钢股份营销系统东北公司党委书记 | 中国宝武优秀党务工作者 | 中国宝武党委 |
| 334 | 袁 焕 | 男 | 宝钢股份营销系统厦门宝钢精密钢材科技有限公司党支部书记 | 中国宝武优秀党务工作者 | 中国宝武党委 |
| 335 | 刘 纯 | 男 | 宝钢股份钢管条钢事业部无缝钢管厂管加工区域党支部书记 | 中国宝武优秀党务工作者 | 中国宝武党委 |
| 336 | 江 芸 | 女 | 宝钢股份钢管条钢事业部纪检监督部纪检监督管理师 | 中国宝武优秀党务工作者 | 中国宝武党委 |
| 337 | 张茂峰 | 男 | 宝钢股份硅钢事业部综合管理室党支部书记 | 中国宝武优秀党务工作者 | 中国宝武党委 |
| 338 | 杨承厚 | 男 | 宝钢股份炼铁厂烧结分厂党支部书记 | 中国宝武优秀党务工作者 | 中国宝武党委 |
| 339 | 章 鹰 | 男 | 宝钢股份炼钢厂运转车间党支部书记 | 中国宝武优秀党务工作者 | 中国宝武党委 |
| 340 | 谢 捷 | 女 | 宝钢股份热轧厂设备管理室党支部书记 | 中国宝武优秀党务工作者 | 中国宝武党委 |
| 341 | 戴飞虎 | 男 | 宝钢股份厚板部党务管理师 | 中国宝武优秀党务工作者 | 中国宝武党委 |
| 342 | 冯 立 | 男 | 宝钢股份冷轧厂精整分厂党支部书记 | 中国宝武优秀党务工作者 | 中国宝武党委 |
| 343 | 茅怡文 | 男 | 宝钢股份设备部自动化控制室党支部书记 | 中国宝武优秀党务工作者 | 中国宝武党委 |
| 344 | 景乃平 | 男 | 宝钢股份党委巡察办副主任，纪检监督部党支部书记 | 中国宝武优秀党务工作者 | 中国宝武党委 |
| 345 | 陈 功 | 男 | 马钢集团马钢股份长材事业部线棒分厂党支部书记 | 中国宝武优秀党务工作者 | 中国宝武党委 |
| 346 | 唐 军 | 男 | 马钢集团马钢股份冷轧总厂冷轧二分厂党支部书记 | 中国宝武优秀党务工作者 | 中国宝武党委 |

（续　表）

| 序号 | 姓　名 | 性　别 | 单位或职务 | 荣誉称号 | 授予单位 |
|---|---|---|---|---|---|
| 347 | 许月潮 | 男 | 马钢集团马钢股份合肥公司能环中心党支部书记 | 中国宝武优秀党务工作者 | 中国宝武党委 |
| 348 | 戴　莉 | 女 | 马钢集团马钢股份能控中心燃气分厂党支部书记 | 中国宝武优秀党务工作者 | 中国宝武党委 |
| 349 | 高　峰 | 男 | 马钢集团马钢股份炼焦总厂第一炼焦分厂党支部书记 | 中国宝武优秀党务工作者 | 中国宝武党委 |
| 350 | 杜　锦 | 男 | 马钢集团马钢股份铁运公司高炉站党支部书记、副站长 | 中国宝武优秀党务工作者 | 中国宝武党委 |
| 351 | 何　如 | 女 | 马钢集团保卫部（武装部）党委办公室主任 | 中国宝武优秀党务工作者 | 中国宝武党委 |
| 352 | 金　花 | 女 | 马钢集团财务共享中心党群干事 | 中国宝武优秀党务工作者 | 中国宝武党委 |
| 353 | 李高陆 | 男 | 武钢集团武钢中冶气体事业部党支部书记 | 中国宝武优秀党务工作者 | 中国宝武党委 |
| 354 | 郑良君 | 男 | 武钢集团武钢绿城宜昌分公司党支部书记 | 中国宝武优秀党务工作者 | 中国宝武党委 |
| 355 | 范青霞 | 女 | 武钢集团好生活供餐事业部党支部书记、工会主席 | 中国宝武优秀党务工作者 | 中国宝武党委 |
| 356 | 周立军 | 女 | 八一钢铁党校主管 | 中国宝武优秀党务工作者 | 中国宝武党委 |
| 357 | 杨　静 | 男 | 八一钢铁德勤互力公司检修工程部党总支书记 | 中国宝武优秀党务工作者 | 中国宝武党委 |
| 358 | 周萍萍 | 女 | 八一钢铁金属制品公司组织员 | 中国宝武优秀党务工作者 | 中国宝武党委 |
| 359 | 陈　刚 | 男 | 八一钢铁八钢股份制造管理部生产管制中心区域党支部书记、调度 | 中国宝武优秀党务工作者 | 中国宝武党委 |
| 360 | 肖双林 | 男 | 韶关钢铁韶钢松山炼钢厂一炼钢作业区党支部书记 | 中国宝武优秀党务工作者 | 中国宝武党委 |
| 361 | 蔡海彬 | 男 | 韶关钢铁韶钢松山特轧厂棒材维检作业区党支部书记 | 中国宝武优秀党务工作者 | 中国宝武党委 |
| 362 | 吴　贝 | 男 | 韶关钢铁韶钢松山能环部发电分厂党支部书记 | 中国宝武优秀党务工作者 | 中国宝武党委 |
| 363 | 何焱彬 | 男 | 上海不锈/宝钢特钢纪检工作部综合审理主管、机关党总支组织员 | 中国宝武优秀党务工作者 | 中国宝武党委 |

（续 表）

| 序号 | 姓 名 | 性 别 | 单位或职务 | 荣誉称号 | 授予单位 |
|---|---|---|---|---|---|
| 364 | 唐国友 | 男 | 宝钢资源武钢资源鄂州球团有限公司党委书记、执行董事 | 中国宝武优秀党务工作者 | 中国宝武党委 |
| 365 | 简 洁 | 女 | 宝钢资源马钢矿业南山矿纪委副书记 | 中国宝武优秀党务工作者 | 中国宝武党委 |
| 366 | 罗 昶 | 男 | 宝钢资源武钢资源大冶铁矿选矿厂党总支书记 | 中国宝武优秀党务工作者 | 中国宝武党委 |
| 367 | 刘喜富 | 男 | 宝钢资源马钢矿业桃冲矿党委工作部副部长 | 中国宝武优秀党务工作者 | 中国宝武党委 |
| 368 | 余庆国 | 男 | 宝钢资源武钢资源金山店矿运行分公司党总支书记 | 中国宝武优秀党务工作者 | 中国宝武党委 |
| 369 | 黄 强 | 男 | 宝钢资源纪检监督部高级经理 | 中国宝武优秀党务工作者 | 中国宝武党委 |
| 370 | 吴远东 | 男 | 宝钢金属武汉精密带钢捆带分厂党支部书记兼厂长 | 中国宝武优秀党务工作者 | 中国宝武党委 |
| 371 | 高继周 | 女 | 宝钢工程宝钢建筑党总支书记 | 中国宝武优秀党务工作者 | 中国宝武党委 |
| 372 | 陈忠阳 | 男 | 宝钢发展/宝地资产(一浦五)宝山宾馆党总支书记、执行董事 | 中国宝武优秀党务工作者 | 中国宝武党委 |
| 373 | 王秀清 | 女 | 宝钢发展/宝地资产(一浦五)物业事业部综合管理组负责人 | 中国宝武优秀党务工作者 | 中国宝武党委 |
| 374 | 吴春兴 | 男 | 宝信软件第一党总支书记 | 中国宝武优秀党务工作者 | 中国宝武党委 |
| 375 | 李明宇 | 男 | 宝信软件纪检监督部监督室主任 | 中国宝武优秀党务工作者 | 中国宝武党委 |
| 376 | 朱丽凤 | 女 | 宝武环科工业环境部机关党支部书记 | 中国宝武优秀党务工作者 | 中国宝武党委 |
| 377 | 张 荣 | 男 | 宝钢德盛冷轧厂党支部书记、厂长,冷轧项目组组长 | 中国宝武优秀党务工作者 | 中国宝武党委 |
| 378 | 吕孟静 | 男 | 宁波宝新设备部第二党支部书记 | 中国宝武优秀党务工作者 | 中国宝武党委 |
| 379 | 罗生刚 | 男 | 鄂城钢铁商贸公司餐饮联合党支部书记,餐饮分公司经理 | 中国宝武优秀党务工作者 | 中国宝武党委 |
| 380 | 倪汉武 | 男 | 鄂城钢铁制氧厂党总支书记、厂长 | 中国宝武优秀党务工作者 | 中国宝武党委 |

（续 表）

| 序号 | 姓 名 | 性 别 | 单位或职务 | 荣誉称号 | 授予单位 |
|---|---|---|---|---|---|
| 381 | 陈德松 | 男 | 宝钢包装上海宝翼制罐党支部书记 | 中国宝武优秀党务工作者 | 中国宝武党委 |
| 382 | 王文兵 | 男 | 宝武特冶等温锻事业部党支部书记、副总经理 | 中国宝武优秀党务工作者 | 中国宝武党委 |
| 383 | 郑建宏 | 男 | 宝地新疆机关党支部副书记、党群主管 | 中国宝武优秀党务工作者 | 中国宝武党委 |
| 384 | 张 玲 | 女 | 华宝证券第七党支部组织兼纪检委员，资金运营综合部流动性管理业务副总监 | 中国宝武优秀党务工作者 | 中国宝武党委 |
| 385 | 严永东 | 男 | 武工职院经济贸易学院党支部书记 | 中国宝武优秀党务工作者 | 中国宝武党委 |
| 386 | 王文俊 | 男 | 宝武水务上海第二党支部书记 | 中国宝武优秀党务工作者 | 中国宝武党委 |
| 387 | 杨新盛 | 男 | 宝武物流资产有限公司马钢物流汽运公司第三分公司党支部书记 | 中国宝武优秀党务工作者 | 中国宝武党委 |
| 388 | 陈靓霞 | 女 | 宝武智维办公室专业管理师兼团队负责人 | 中国宝武优秀党务工作者 | 中国宝武党委 |
| 389 | 王 倩 | 女 | 宝武智维宝钢机械厂第二党支部书记、高级研发工程师 | 中国宝武优秀党务工作者 | 中国宝武党委 |
| 390 | 贾国恒 | 男 | 马钢交材点检分厂党支部书记 | 中国宝武优秀党务工作者 | 中国宝武党委 |
| 391 | 王毅民 | 男 | 宝武重工宝钢铸造党支部书记 | 中国宝武优秀党务工作者 | 中国宝武党委 |
| 392 | 江燕鑫 | 女 | 宝武重工表面公司组织、宣传干事 | 中国宝武优秀党务工作者 | 中国宝武党委 |
| 393 | 杨怡君 | 男 | 中国宝武信访办高级经理、支部支委委员 | 中国宝武优秀党务工作者 | 中国宝武党委 |
| 394 | 龙中成 | 男 | 中国宝武党委组织部组织统战高级专员 | 中国宝武优秀党务工作者 | 中国宝武党委 |
| 395 | 张颖睿 | 女 | 中国宝武纪委监督检查室主任、党小组长 | 中国宝武优秀党务工作者 | 中国宝武党委 |
| 396 | 徐力方 | 女 | 中国宝武党校党建教研室副主任、支部支委委员 | 中国宝武优秀党务工作者 | 中国宝武党委 |
| 397 | 刘 安 | 男 | 宝钢股份党委常委、副总经理，武钢有限党委书记、执行董事 | 中国宝武防疫先锋党员 | 中国宝武党委 |

（续 表）

| 序号 | 姓 名 | 性 别 | 单位或职务 | 荣誉称号 | 授予单位 |
|---|---|---|---|---|---|
| 398 | 马保华 | 男 | 宝钢股份武钢有限检修中心焊接技能大师 | 中国宝武防疫先锋党员 | 中国宝武党委 |
| 399 | 万学汉 | 男 | 宝钢股份武钢有限硅钢部四分厂准备机组项目现场负责人 | 中国宝武防疫先锋党员 | 中国宝武党委 |
| 400 | 张煜鹏 | 男 | 宝钢股份武钢有限炼钢厂设备管理室设备管理区域工程师 | 中国宝武防疫先锋党员 | 中国宝武党委 |
| 401 | 肖 扬 | 男 | 宝钢股份武钢有限纪委书记、工会主席 | 中国宝武防疫先锋党员 | 中国宝武党委 |
| 402 | 陈 浩 | 男 | 宝钢股份武钢有限条材厂行车主要操作 | 中国宝武防疫先锋党员 | 中国宝武党委 |
| 403 | 梁志聪 | 男 | 宝钢股份湛江钢铁办公室行政综合管理 | 中国宝武防疫先锋党员 | 中国宝武党委 |
| 404 | 耿 灿 | 男 | 宝钢股份梅钢公司制造管理部原燃料管理室主任 | 中国宝武防疫先锋党员 | 中国宝武党委 |
| 405 | 胡中杰 | 男 | 宝钢股份炼铁厂党委副书记、副厂长（主持工作）兼炼铁项目组副经理（主持工作） | 中国宝武防疫先锋党员 | 中国宝武党委 |
| 406 | 汪国俊 | 男 | 宝钢股份原料采购中心青山基地服务团队高级总监、党总支书记 | 中国宝武防疫先锋党员 | 中国宝武党委 |
| 407 | 王 斌 | 男 | 宝钢股份办公室行政后勤室主任 | 中国宝武防疫先锋党员 | 中国宝武党委 |
| 408 | 陈梅华 | 女 | 宝钢股份黄石涂镀板有限公司贸易部采购管理区域管理师 | 中国宝武防疫先锋党员 | 中国宝武党委 |
| 409 | 李计政 | 男 | 宝钢股份宝和通商株式会社韩国BGM株式会社社长 | 中国宝武防疫先锋党员 | 中国宝武党委 |
| 410 | 张 艳 | 女 | 马钢集团行政事务中心党总支书记、主任 | 中国宝武防疫先锋党员 | 中国宝武党委 |
| 411 | 崔海涛 | 男 | 马钢集团办公室（董事会办公室、应急办）职能主任 | 中国宝武防疫先锋党员 | 中国宝武党委 |
| 412 | 钟学斌 | 男 | 马钢集团马钢（合肥）板材公司党委委员、总经理助理 | 中国宝武防疫先锋党员 | 中国宝武党委 |
| 413 | 张文斌 | 男 | 马钢集团马钢股份港务原料总厂港口分厂党支部书记、分厂厂长 | 中国宝武防疫先锋党员 | 中国宝武党委 |
| 414 | 李高陆 | 男 | 武钢集团武钢中冶气体事业部党支部书记 | 中国宝武防疫先锋党员 | 中国宝武党委 |

（续　表）

| 序号 | 姓　名 | 性　别 | 单位或职务 | 荣誉称号 | 授予单位 |
|---|---|---|---|---|---|
| 415 | 殷定宏 | 男 | 武钢集团武钢中冶副总经理 | 中国宝武防疫先锋党员 | 中国宝武党委 |
| 416 | 杨晓林 | 男 | 武钢集团办公室（党委办公室）综合管理处长 | 中国宝武防疫先锋党员 | 中国宝武党委 |
| 417 | 郭忠涛 | 男 | 武钢集团武钢绿城金属结构有限责任公司设计研究院焊接工艺评定员 | 中国宝武防疫先锋党员 | 中国宝武党委 |
| 418 | 曾福星 | 男 | 武钢集团武钢北湖经济开发公司工会主席兼北湖盛和公司总经理 | 中国宝武防疫先锋党员 | 中国宝武党委 |
| 419 | 柯　伟 | 男 | 武钢集团武汉市交运光大汽车运输公司经理 | 中国宝武防疫先锋党员 | 中国宝武党委 |
| 420 | 漆巨星 | 男 | 武钢集团武钢好生活服务有限公司园区服务事业部总经理兼党支部书记 | 中国宝武防疫先锋党员 | 中国宝武党委 |
| 421 | 钱　辉 | 男 | 武钢集团江北公司汉阳钢厂动力车间江夏变电站站长 | 中国宝武防疫先锋党员 | 中国宝武党委 |
| 422 | 梁　笛 | 男 | 八一钢铁乌鲁木齐互利安康安保技术有限责任公司保安大队一中队中队长 | 中国宝武防疫先锋党员 | 中国宝武党委 |
| 423 | 王玉杰 | 男 | 八一钢铁物流运输分公司公路运输部汽车一队队长 | 中国宝武防疫先锋党员 | 中国宝武党委 |
| 424 | 戴　进 | 男 | 八一钢铁安全保卫部消防队党支部书记 | 中国宝武防疫先锋党员 | 中国宝武党委 |
| 425 | 樊明坤 | 男 | 八一钢铁八钢股份轧钢厂安全管理工程师、综合治理干事 | 中国宝武防疫先锋党员 | 中国宝武党委 |
| 426 | 胡　明 | 男 | 韶关钢铁设备管理部部长、党总支书记 | 中国宝武防疫先锋党员 | 中国宝武党委 |
| 427 | 贾　飞 | 男 | 韶关钢铁襄阳重型装备材料有限公司锻造厂团支部书记 | 中国宝武防疫先锋党员 | 中国宝武党委 |
| 428 | 王庆贺 | 男 | 韶关钢铁制造管理部技术质量室主任 | 中国宝武防疫先锋党员 | 中国宝武党委 |
| 429 | 李　勤 | 男 | 上海不锈安全保卫部保卫管理主任管理师 | 中国宝武防疫先锋党员 | 中国宝武党委 |
| 430 | 姚新阶 | 男 | 宝钢资源武钢资源乌龙泉矿总经理助理 | 中国宝武防疫先锋党员 | 中国宝武党委 |
| 431 | 邹永安 | 男 | 宝钢资源武钢资源金山店矿生产服务中心党支部书记、工会主席 | 中国宝武防疫先锋党员 | 中国宝武党委 |

（续　表）

| 序号 | 姓　名 | 性　别 | 单位或职务 | 荣誉称号 | 授予单位 |
|---|---|---|---|---|---|
| 432 | 许映明 | 男 | 宝钢资源浙江舟山武港码头有限公司总经理、党支部书记 | 中国宝武防疫先锋党员 | 中国宝武党委 |
| 433 | 方周林 | 男 | 宝钢资源武钢资源大冶铁矿尖林山矿采矿甲班班长 | 中国宝武防疫先锋党员 | 中国宝武党委 |
| 434 | 卞全福 | 男 | 宝钢资源马钢矿业南山矿双退办党总支书记、主任、工会主席 | 中国宝武防疫先锋党员 | 中国宝武党委 |
| 435 | 马建军 | 男 | 宝钢金属宝武轻材（武汉）有限公司精密带钢分公司精轧分厂质量主管 | 中国宝武防疫先锋党员 | 中国宝武党委 |
| 436 | 周　灵 | 男 | 宝钢工程工程技术事业本部高级施工经理 | 中国宝武防疫先锋党员 | 中国宝武党委 |
| 437 | 肖　丽 | 女 | 宝钢工程上海宝钢节能环保技术有限公司高级项目经理 | 中国宝武防疫先锋党员 | 中国宝武党委 |
| 438 | 涂仲文 | 男 | 宝武炭材武汉聚焦精化工有限责任公司焦油蒸馏作业区操作工 | 中国宝武防疫先锋党员 | 中国宝武党委 |
| 439 | 李勇翔 | 男 | 宝武炭材设备管理部煤精电仪作业区电气综合点检员 | 中国宝武防疫先锋党员 | 中国宝武党委 |
| 440 | 吕晔佳 | 女 | 宝钢发展/宝地资产（一浦五）上海宝地仲量联行物业服务有限公司大厦经理 | 中国宝武防疫先锋党员 | 中国宝武党委 |
| 441 | 金明杰 | 男 | 宝钢发展/宝地资产（一浦五）职业健康公司急救中心经理 | 中国宝武防疫先锋党员 | 中国宝武党委 |
| 442 | 倪　杰 | 男 | 宝钢发展/宝地资产（一浦五）制造服务事业部人力资源中心绿化管理部综合事务员 | 中国宝武防疫先锋党员 | 中国宝武党委 |
| 443 | 戴　翼 | 男 | 宝信软件（武汉）有限公司信息化事业部党支部书记、副总经理 | 中国宝武防疫先锋党员 | 中国宝武党委 |
| 444 | 王　艳 | 女 | 宝信软件飞马智科公司综合管理部副部长 | 中国宝武防疫先锋党员 | 中国宝武党委 |
| 445 | 黄　飞 | 男 | 欧冶云商华中分公司总经理助理 | 中国宝武防疫先锋党员 | 中国宝武党委 |
| 446 | 徐苏建 | 男 | 欧冶云商欧冶采购总经理助理 | 中国宝武防疫先锋党员 | 中国宝武党委 |
| 447 | 谢　飞 | 男 | 宝武环科金资公司武新建材分厂销售代表 | 中国宝武防疫先锋党员 | 中国宝武党委 |
| 448 | 曾　凯 | 男 | 宝武环科金资公司武钢丹斯克科技磁材有限公司办公室主任 | 中国宝武防疫先锋党员 | 中国宝武党委 |

（续　表）

| 序号 | 姓　名 | 性　别 | 单位或职务 | 荣誉称号 | 授予单位 |
|---|---|---|---|---|---|
| 449 | 杨　涵 | 女 | 宝钢德盛综合管理部管理师 | 中国宝武防疫先锋党员 | 中国宝武党委 |
| 450 | 王　强 | 男 | 宁波宝新营销中心副总经理 | 中国宝武防疫先锋党员 | 中国宝武党委 |
| 451 | 罗生刚 | 男 | 鄂城钢铁商贸公司餐饮联合党支部书记、餐饮分公司经理 | 中国宝武防疫先锋党员 | 中国宝武党委 |
| 452 | 闵远芬 | 女 | 鄂城钢铁商贸公司餐饮分公司第一员工服务中心管理员 | 中国宝武防疫先锋党员 | 中国宝武党委 |
| 453 | 熊学新 | 男 | 鄂城钢铁商贸公司市场开发分公司项目经理 | 中国宝武防疫先锋党员 | 中国宝武党委 |
| 454 | 傅　敏 | 女 | 鄂城钢铁制氧厂生产运行部充填班班长 | 中国宝武防疫先锋党员 | 中国宝武党委 |
| 455 | 陈　伟 | 男 | 鄂城钢铁制氧厂生产运行部充填工 | 中国宝武防疫先锋党员 | 中国宝武党委 |
| 456 | 严　涛 | 男 | 鄂城钢铁安全保卫部（安保中心）治安管理室主任 | 中国宝武防疫先锋党员 | 中国宝武党委 |
| 457 | 刘　刚 | 男 | 宝钢包装完美包装工业有限公司总经理，越南宝钢制罐有限公司总经理、董事，越南宝钢制罐（顺化）有限公司总经理 | 中国宝武防疫先锋党员 | 中国宝武党委 |
| 458 | 陈金墙 | 男 | 宝钢包装武汉包装有限公司厂长 | 中国宝武防疫先锋党员 | 中国宝武党委 |
| 459 | 曹志明 | 男 | 武汉耐材综合办公室、党委办公室主任 | 中国宝武防疫先锋党员 | 中国宝武党委 |
| 460 | 吴　刚 | 男 | 武汉耐材武钢有限总包事业部鄂钢作业区销售主管 | 中国宝武防疫先锋党员 | 中国宝武党委 |
| 461 | 唐志军 | 男 | 宝武特冶锻造厂机械设备首席点检 | 中国宝武防疫先锋党员 | 中国宝武党委 |
| 462 | 欧阳爱民 | 男 | 宝地新疆物业公司配餐部主管 | 中国宝武防疫先锋党员 | 中国宝武党委 |
| 463 | 赵　洋 | 女 | 华宝基金综合管理部（党委办公室）高级专员 | 中国宝武防疫先锋党员 | 中国宝武党委 |
| 464 | 黄永杰 | 男 | 武工职院后勤保障（总务处）招投标管理员 | 中国宝武防疫先锋党员 | 中国宝武党委 |
| 465 | 唐　辉 | 男 | 武工职院培训事业部综合办公室工勤人员 | 中国宝武防疫先锋党员 | 中国宝武党委 |
| 466 | 李伟康 | 男 | 宝地南京综合管理部综合管理模块经理助理 | 中国宝武防疫先锋党员 | 中国宝武党委 |

（续　表）

| 序号 | 姓　名 | 性　别 | 单位或职务 | 荣誉称号 | 授予单位 |
|---|---|---|---|---|---|
| 467 | 肖　骏 | 男 | 宝武水务武汉分公司负责人、党支部书记 | 中国宝武防疫先锋党员 | 中国宝武党委 |
| 468 | 董　练 | 男 | 宝武物流资产有限公司武钢物流拖车部运行经理 | 中国宝武防疫先锋党员 | 中国宝武党委 |
| 469 | 朱海斌 | 男 | 宝武智维炉窑建筑事业部专业管理师 | 中国宝武防疫先锋党员 | 中国宝武党委 |
| 470 | 宋志丹 | 男 | 宝武智维马钢检修公司综合管理部副部长、党委办公室副主任 | 中国宝武防疫先锋党员 | 中国宝武党委 |
| 471 | 马国权 | 男 | 宝地广东物业党支部副书记、物业事业部副经理（主持工作） | 中国宝武防疫先锋党员 | 中国宝武党委 |
| 472 | 罗　强 | 男 | 宝武清能江南燃气公司江南中燃客户服务部经理 | 中国宝武防疫先锋党员 | 中国宝武党委 |
| 473 | 缪全明 | 男 | 欧冶链金综合管理部副部长、党委办公室副主任、党委宣传部副部长 | 中国宝武防疫先锋党员 | 中国宝武党委 |
| 474 | 许　俊 | 男 | 中国宝武办公室综合业务经理 | 中国宝武防疫先锋党员 | 中国宝武党委 |
| 475 | 陈　佳 | 男 | 中国宝武纪委纪检干部监督与综合管理室主任 | 中国宝武防疫先锋党员 | 中国宝武党委 |
| 476 | 杨怡君 | 男 | 中国宝武办公室信访业务高级专员 | 中国宝武防疫先锋党员 | 中国宝武党委 |
| 477 | 邹世文 | 男 | 宝钢股份梅钢公司炼钢厂首席操作工 | 宝武工匠（工人发明家） | 中国宝武 |
| 478 | 季书民 | 男 | 八一钢铁炼铁厂炼铁工艺专业工程师 | 宝武工匠（工人发明家） | 中国宝武 |
| 479 | 袁亚东 | 男 | 宝钢股份梅钢公司热轧厂综合点检员 | 宝武工匠（工人发明家） | 中国宝武 |
| 480 | 李　强 | 男 | 马钢集团马钢股份炼焦总厂首席技师 | 宝武工匠（工人发明家） | 中国宝武 |
| 481 | 卜维平 | 男 | 宝钢资源马钢矿业南山矿首席技师 | 宝武工匠（工人发明家） | 中国宝武 |
| 482 | 范兴海 | 男 | 宝武智维马钢检修公司长材事业部首席技师 | 宝武工匠（工人发明家） | 中国宝武 |
| 483 | 王明江 | 男 | 宝钢股份武钢有限炼铁厂综合点检员 | 宝武工匠（工人发明家） | 中国宝武 |
| 484 | 朱　炜 | 男 | 宝钢股份宝钢日铁汽车板有限公司技能大师 | 宝武工匠（工人发明家） | 中国宝武 |

（续　表）

| 序号 | 姓　名 | 性　别 | 单位或职务 | 荣誉称号 | 授予单位 |
|---|---|---|---|---|---|
| 485 | 毛　俊 | 男 | 宝钢股份运输部综合点检员 | 宝武工匠（工人发明家） | 中国宝武 |
| 486 | 陈生利 | 男 | 中南钢铁韶钢松山炼铁厂炼铁高级操作工 | 宝武工匠（工人发明家） | 中国宝武 |
| 487 | 袁军芳 | 男 | 马钢集团马钢股份能源管控中心首席技师 | 宝武工匠（工人发明家） | 中国宝武 |
| 488 | 杨　涛 | 男 | 中南钢铁韶钢松山炼铁厂化产技术主任工程师 | 宝武工匠（工人发明家）提名奖 | 中国宝武 |
| 489 | 朱剑恩 | 男 | 宝钢股份厚板部高级操作工 | 宝武工匠（工人发明家）提名奖 | 中国宝武 |
| 490 | 李明军 | 男 | 宝钢资源马钢矿业姑山矿和睦山铁矿球磨工 | 宝武工匠（工人发明家）提名奖 | 中国宝武 |
| 491 | 杨　钧 | 男 | 宝武重工安徽马钢表面技术股份有限公司特种电镀厂工艺员 | 宝武工匠（工人发明家）提名奖 | 中国宝武 |
| 492 | 苏　威 | 男 | 宝钢股份湛江钢铁炼铁厂作业长 | 宝武工匠（工人发明家）提名奖 | 中国宝武 |
| 493 | 钱　杰 | 男 | 宝武特冶锻造厂压机操作高级操作工 | 宝武工匠（工人发明家）提名奖 | 中国宝武 |
| 494 | 孟　飞 | 男 | 宝钢股份梅钢公司炼铁厂高炉区域工程师 | 高炉炼铁工第一名、中国宝武岗位能手 | 中国宝武 |
| 495 | 尹振兴 | 男 | 宝钢股份炼铁厂炼铁工艺区域工程师 | 高炉炼铁工第二名、中国宝武岗位能手 | 中国宝武 |
| 496 | 刘天昊 | 男 | 宝钢股份炼铁厂炼铁工艺区域工程师 | 高炉炼铁工第三名、中国宝武岗位能手 | 中国宝武 |
| 497 | 任鑫鑫 | 男 | 马钢集团马钢股份炼铁总厂高炉工长 | 高炉炼铁工第四名、中国宝武岗位能手 | 中国宝武 |
| 498 | 邢茂卿 | 男 | 宝钢股份湛江钢铁高炉单元专业技术人员 | 高炉炼铁工第五名、中国宝武岗位能手 | 中国宝武 |
| 499 | 冯忠明 | 男 | 宝钢股份梅钢公司炼钢厂转炉炼钢一般操作工 | 转炉炼钢工第一名、中国宝武岗位能手 | 中国宝武 |
| 500 | 闾邱隽隽 | 男 | 宝钢股份梅钢公司炼钢厂转炉炼钢一般操作工 | 转炉炼钢工第二名、中国宝武岗位能手 | 中国宝武 |
| 501 | 解文中 | 男 | 马钢集团马钢股份一钢轧总厂炼钢操作工 | 转炉炼钢工第三名、中国宝武岗位能手 | 中国宝武 |
| 502 | 黄高见 | 男 | 鄂城钢铁炼钢厂区域工程师 | 转炉炼钢工第四名、中国宝武岗位能手 | 中国宝武 |

（续 表）

| 序号 | 姓　名 | 性　别 | 单位或职务 | 荣誉称号 | 授予单位 |
|---|---|---|---|---|---|
| 503 | 张　泉 | 男 | 鄂城钢铁炼钢厂炉长 | 转炉炼钢工第五名、中国宝武岗位能手 | 中国宝武 |
| 504 | 严　峰 | 男 | 宝钢股份武钢有限炼钢厂主要操作工 | 转炉炼钢工第六名、中国宝武岗位能手 | 中国宝武 |
| 505 | 李自强 | 男 | 宝钢股份湛江钢铁热轧厂轧钢单元粗轧操作工 | 金属轧制工（热轧）第一名、中国宝武岗位能手 | 中国宝武 |
| 506 | 何永祥 | 男 | 宝钢股份梅钢公司热轧厂精轧操作工 | 金属轧制工（热轧）第二名、中国宝武岗位能手 | 中国宝武 |
| 507 | 杨宴宾 | 男 | 宝钢股份热轧厂区域工程师 | 金属轧制工（热轧）第三名、中国宝武岗位能手 | 中国宝武 |
| 508 | 涂少永 | 男 | 宝钢股份梅钢公司热轧厂精轧操作工 | 金属轧制工（热轧）第四名、中国宝武岗位能手 | 中国宝武 |
| 509 | 张　飞 | 男 | 宝钢股份梅钢公司热轧厂精轧操作工 | 金属轧制工（热轧）第五名、中国宝武岗位能手 | 中国宝武 |
| 510 | 韩蒙蒙 | 男 | 宝钢股份湛江钢铁热轧厂轧钢单元卷取操作工 | 金属轧制工（热轧）第六名、中国宝武岗位能手 | 中国宝武 |
| 511 | 葛红洲 | 男 | 宝钢股份冷轧厂酸洗工艺区域工程师 | 金属轧制工（冷轧）第一名、中国宝武岗位能手 | 中国宝武 |
| 512 | 陶　涛 | 男 | 宝钢股份冷轧厂轧钢工艺区域工程师 | 金属轧制工（冷轧）第二名、中国宝武岗位能手 | 中国宝武 |
| 513 | 汤锋涛 | 男 | 宝钢股份梅钢公司冷轧厂轧钢见习首席操作工 | 金属轧制工（冷轧）第三名、中国宝武岗位能手 | 中国宝武 |
| 514 | 崔　郑 | 男 | 宝钢股份梅钢公司冷轧厂轧钢工艺技术协理 | 金属轧制工（冷轧）第四名、中国宝武岗位能手 | 中国宝武 |
| 515 | 杨青林 | 男 | 宝钢股份冷轧厂轧钢工艺区域工程师 | 金属轧制工（冷轧）第五名、中国宝武岗位能手 | 中国宝武 |
| 516 | 裴枝峰 | 男 | 马钢集团马钢股份冷轧总厂轧机主要操作工 | 金属轧制工（冷轧）第六名、中国宝武岗位能手 | 中国宝武 |
| 517 | 石东青 | 男 | 宝钢股份梅钢公司设备分公司钳工 | 钳工第一名、中国宝武岗位能手 | 中国宝武 |
| 518 | 阮红升 | 男 | 宝钢股份梅钢公司设备分公司钳工 | 钳工第二名、中国宝武岗位能手 | 中国宝武 |
| 519 | 刘　飞 | 男 | 宝钢股份梅钢公司设备分公司钳工 | 钳工第三名、中国宝武岗位能手 | 中国宝武 |
| 520 | 张春宇 | 男 | 宝钢股份梅钢公司设备分公司钳工 | 钳工第四名、中国宝武岗位能手 | 中国宝武 |

（续 表）

| 序号 | 姓 名 | 性 别 | 单位或职务 | 荣誉称号 | 授予单位 |
|---|---|---|---|---|---|
| 521 | 邢 聪 | 男 | 宝钢股份梅钢公司设备分公司钳工 | 钳工第五名、中国宝武岗位能手 | 中国宝武 |
| 522 | 马守斌 | 男 | 宝钢资源马钢矿业南山矿和尚桥铁矿钳工副组长 | 钳工第六名、中国宝武岗位能手 | 中国宝武 |
| 523 | 汤 伟 | 男 | 马钢交材车轮厂精加工数控机床工 | 数控机床加工第一名、中国宝武岗位能手 | 中国宝武 |
| 524 | 陈 景 | 男 | 马钢交材车轮厂精加工数控机床工 | 数控机床加工第二名、中国宝武岗位能手 | 中国宝武 |
| 525 | 陈志遥 | 男 | 马钢交材车轮厂精加工数控机床工 | 数控机床加工第三名、中国宝武岗位能手 | 中国宝武 |
| 526 | 章 峰 | 男 | 马钢交材车轮厂精加工数控机床工 | 数控机床加工第四名、中国宝武岗位能手 | 中国宝武 |
| 527 | 俞永胜 | 男 | 马钢集团安徽长江钢铁股份有限公司机修厂车工 | 数控机床加工第五名、中国宝武岗位能手 | 中国宝武 |
| 528 | 陈 伟 | 男 | 马钢集团马钢股份铁路运输公司内燃机车司机 | 内燃机车司机第一名、中国宝武岗位能手 | 中国宝武 |
| 529 | 谭 森 | 男 | 宝钢股份武钢有限运输部内燃机车司机 | 内燃机车司机第二名、中国宝武岗位能手 | 中国宝武 |
| 530 | 徐 灿 | 男 | 鄂城钢铁物流部内燃机车司机、主要操作工 | 内燃机车司机第三名、中国宝武岗位能手 | 中国宝武 |
| 531 | 余吉权 | 男 | 中南钢铁韶钢松山物流部机车车辆检修主要操作工 | 内燃机车司机第四名、中国宝武岗位能手 | 中国宝武 |
| 532 | 徐春根 | 男 | 宝钢股份梅钢公司运输部内燃机车司机 | 内燃机车司机第五名、中国宝武岗位能手 | 中国宝武 |
| 533 | 李 庆 | 男 | 马钢集团马钢股份铁路运输公司内燃机车司机 | 内燃机车司机第六名、中国宝武岗位能手 | 中国宝武 |
| 534 | 陈凯鹏 | 男 | 中南钢铁韶钢松山特轧厂电气协理 | 设备点检员（电气）第一名、中国宝武岗位能手 | 中国宝武 |
| 535 | 卢杨光 | 男 | 宝钢股份武钢有限炼铁厂技术协理 | 设备点检员（电气）第二名、中国宝武岗位能手 | 中国宝武 |
| 536 | 梁 坤 | 男 | 中南钢铁韶钢松山炼钢厂电气工程师 | 设备点检员（电气）第三名、中国宝武岗位能手 | 中国宝武 |
| 537 | 闫 航 | 男 | 宝钢股份武钢有限炼钢厂高级点检员 | 设备点检员（电气）第四名、中国宝武岗位能手 | 中国宝武 |
| 538 | 辛胤昊 | 男 | 宝钢股份制造管理部检化验中心一般操作工 | 物理性能检验工第一名、中国宝武岗位能手 | 中国宝武 |

（续　表）

| 序号 | 姓　名 | 性　别 | 单位或职务 | 荣誉称号 | 授予单位 |
|---|---|---|---|---|---|
| 539 | 宋丽荣 | 女 | 宝钢股份湛江钢铁制造管理部物理检验工 | 物理性能检验工第二名、中国宝武岗位能手 | 中国宝武 |
| 540 | 刘骐毓 | 男 | 宝钢股份湛江钢铁制造管理部物理检验工 | 物理性能检验工第三名、中国宝武岗位能手 | 中国宝武 |
| 541 | 陈碧莹 | 女 | 宝钢股份梅钢公司制造管理部金相物理工一般操作工 | 物理性能检验工第四名、中国宝武岗位能手 | 中国宝武 |
| 542 | 王　伟 | 男 | 宝钢资源马钢矿业南山矿磨矿分级工 | 磨矿分级工第一名、中国宝武岗位能手 | 中国宝武 |
| 543 | 冯　刚 | 男 | 宝钢资源马钢矿业姑山矿球磨工 | 磨矿分级工第二名、中国宝武岗位能手 | 中国宝武 |
| 544 | 彭　俊 | 男 | 宝钢资源马钢矿业姑山矿磨矿工 | 磨矿分级工第三名、中国宝武岗位能手 | 中国宝武 |
| 545 | 宛传刚 | 男 | 宝钢资源马钢矿业姑山矿磨矿工 | 磨矿分级工第四名、中国宝武岗位能手 | 中国宝武 |
| 546 | 赵林康 | 男 | 宝钢资源马钢矿业姑山矿球磨工 | 磨矿分级工第五名、中国宝武岗位能手 | 中国宝武 |
| 547 | 童安钢 | 男 | 宝武水务马鞍山分公司北区型钢水处理一般操作工 | 水处理工第一名、中国宝武岗位能手 | 中国宝武 |
| 548 | 黄联兵 | 男 | 宝钢股份梅钢公司一钢轧总厂水处理一般操作工 | 水处理工第二名、中国宝武岗位能手 | 中国宝武 |
| 549 | 沈志波 | 男 | 宝钢股份湛江钢铁能源环保部水处理运行主要操作工 | 水处理工第三名、中国宝武岗位能手 | 中国宝武 |
| 550 | 胡　林 | 男 | 宝钢股份梅钢公司能源环保部水处理高级操作工 | 水处理工第四名、中国宝武岗位能手 | 中国宝武 |
| 551 | 严　刚 | 男 | 宝钢股份武钢有限能源环保部水处理主要操作工 | 水处理工第五名、中国宝武岗位能手 | 中国宝武 |
| 552 | 莫建华 | 男 | 宝钢股份武钢有限能源环保部给排水巡检主要操作工 | 水处理工第六名、中国宝武岗位能手 | 中国宝武 |
| 553 | 何扬帆 | 男 | 中南钢铁韶钢松山宝钢特钢韶关有限公司设备协理 | 智能制造第一名、中国宝武岗位能手 | 中国宝武 |
| 554 | 陈　贝 | 男 | 中南钢铁韶钢松山炼钢厂电气工程师 | 智能制造第一名、中国宝武岗位能手 | 中国宝武 |
| 555 | 黄昕晟 | 男 | 宝钢股份运输部专项点检员 | 智能制造第二名、中国宝武岗位能手 | 中国宝武 |
| 556 | 陈豪杰 | 男 | 宝钢股份炼钢厂专项点检员 | 智能制造第二名、中国宝武岗位能手 | 中国宝武 |

（续　表）

| 序号 | 姓　名 | 性　别 | 单位或职务 | 荣誉称号 | 授予单位 |
|---|---|---|---|---|---|
| 557 | 张　骏 | 男 | 马钢集团马钢（合肥）钢铁有限公司板材设备部电气区域工程师 | 智能制造第三名、中国宝武岗位能手 | 中国宝武 |
| 558 | 方　锟 | 男 | 马钢集团马钢（合肥）钢铁有限公司板材设备部电气点检员 | 智能制造第三名、中国宝武岗位能手 | 中国宝武 |
| 559 | 汤学振 | 男 | 宝钢股份武钢有限能源管控中心区域工程师 | 安全第一名、中国宝武岗位能手 | 中国宝武 |
| 560 | 孙　浩 | 男 | 宝钢股份梅钢公司运输部机车钳工 | 安全第二名、中国宝武岗位能手 | 中国宝武 |
| 561 | 候艳新 | 男 | 八一钢铁炼铁厂安全环保工程师 | 安全第三名、中国宝武岗位能手 | 中国宝武 |
| 562 | 陶龙彪 | 男 | 宝钢股份炼钢厂转炉连铸操作工 | 安全第四名、中国宝武岗位能手 | 中国宝武 |
| 563 | 李成鹏 | 男 | 宝钢股份湛江钢铁炼钢厂行车原料操作工 | 安全第五名、中国宝武岗位能手 | 中国宝武 |
| 564 | 李晓斌 | 男 | 宝钢股份湛江钢铁厚板厂能介点检员 | 安全第六名、中国宝武岗位能手 | 中国宝武 |
| 565 | 刘　灵 | 女 | 中南钢铁韶钢松山营销中心销售主任管理师 | 营销（模拟）第一名、中国宝武岗位能手 | 中国宝武 |
| 566 | 江予凤 | 女 | 马钢集团马钢股份营销中心副主任科员 | 营销（模拟）第二名、中国宝武岗位能手 | 中国宝武 |
| 567 | 张　颖 | 女 | 宝钢股份营销中心（宝钢国际）青山属地服务团队市场营销高级经理 | 营销（模拟）第三名、中国宝武岗位能手 | 中国宝武 |
| 568 | 何　果 | 男 | 中南钢铁韶钢松山营销中心销售业务主任管理师 | 营销（模拟）第四名、中国宝武岗位能手 | 中国宝武 |
| 569 | 余　兵 | 男 | 鄂城钢铁营销中心营销员 | 营销（模拟）第五名、中国宝武岗位能手 | 中国宝武 |
| 570 | 杨　辉 | 男 | 马钢集团特钢公司总经理助理 | 营销（模拟）第六名、中国宝武岗位能手 | 中国宝武 |
| 571 | 王思蕊 | 女 | 宝信软件工业互联网研究院大数据中心助理研发工程师 | 网络安全攻防第一名、中国宝武岗位能手 | 中国宝武 |
| 572 | 邹德胜 | 男 | 中南钢铁韶钢松山广东昆仑信息科技有限公司系统集成服务部业务系统平台主任工程师 | 网络安全攻防第二名、中国宝武岗位能手 | 中国宝武 |
| 573 | 徐加磊 | 男 | 宝钢包装武汉宝钢包装有限公司综合部员工 | 网络安全攻防第三名、中国宝武岗位能手 | 中国宝武 |

（续 表）

| 序号 | 姓 名 | 性 别 | 单位或职务 | 荣誉称号 | 授予单位 |
|---|---|---|---|---|---|
| 574 | 朱 阳 | 男 | 宝信软件飞马智科信息技术股份有限公司祥盾信息网络安全部网络工程师 | 网络安全攻防第四名、中国宝武岗位能手 | 中国宝武 |
| 575 | 邓群芳 | 男 | 中南钢铁韶钢松山广东昆仑信息科技有限公司信息化事业部信息化软件开发主办工程师 | 网络安全攻防第五名、中国宝武岗位能手 | 中国宝武 |
| 576 | 陈 萌 | 男 | 宝信软件飞马智科信息技术股份有限公司祥盾信息网络安全部经理 | 网络安全攻防第六名、中国宝武岗位能手 | 中国宝武 |
| 577 | 申凯峰 | 男 | 宝钢股份湛江钢铁炼钢厂浇钢运行操作工 | 中国宝武岗位能手 | 中国宝武 |
| 578 | 谭志强 | 男 | 宝钢股份武钢有限炼钢厂机械设备技术协理 | 中国宝武岗位能手 | 中国宝武 |
| 579 | 杜 静 | 男 | 武钢集团武钢绿色城市建设发展有限公司武金堤项目公司施工员 | 中国宝武岗位能手 | 中国宝武 |
| 580 | 王海华 | 男 | 宝武特冶特冶厂自耗炉主要操作工 | 中国宝武岗位能手 | 中国宝武 |
| 581 | 陶范明 | 男 | 宝钢股份制造管理部理化检验首席操作工 | 中国宝武岗位能手 | 中国宝武 |
| 582 | 吴剑忠 | 男 | 宝钢股份炼钢厂工会业务协理 | 第二届职工技能大赛优秀组织者 | 中国宝武 |
| 583 | 吴亚明 | 男 | 宝钢股份炼钢厂转炉冶炼技能大师 | 第二届职工技能大赛优秀组织者 | 中国宝武 |
| 584 | 谭斌丽 | 女 | 宝钢股份热轧厂工会业务主要操作工 | 第二届职工技能大赛优秀组织者 | 中国宝武 |
| 585 | 韦 晓 | 男 | 宝钢股份冷轧厂主任工程师 | 第二届职工技能大赛优秀组织者 | 中国宝武 |
| 586 | 杨育忠 | 男 | 宝钢股份冷轧厂工会业务协理 | 第二届职工技能大赛优秀组织者 | 中国宝武 |
| 587 | 赵李平 | 男 | 宝钢股份梅钢公司炼钢厂工会主席 | 第二届职工技能大赛优秀组织者 | 中国宝武 |
| 588 | 李树发 | 男 | 宝钢股份梅钢公司工会经济工作部部长 | 第二届职工技能大赛优秀组织者 | 中国宝武 |
| 589 | 沈宇音 | 女 | 宝钢股份营销中心（宝钢国际）工会主任管理师 | 第二届职工技能大赛优秀组织者 | 中国宝武 |

（续　表）

| 序号 | 姓　名 | 性　别 | 单位或职务 | 荣誉称号 | 授予单位 |
|---|---|---|---|---|---|
| 590 | 包　翔 | 男 | 宝钢股份工会主任管理师 | 第二届职工技能大赛优秀组织者 | 中国宝武 |
| 591 | 朱胜利 | 男 | 马钢集团党委工作部薪酬福利与培训开展职能主任 | 第二届职工技能大赛优秀组织者 | 中国宝武 |
| 592 | 程　宏 | 男 | 马钢集团马钢股份铁路运输公司党委副书记、纪委书记、工会主席 | 第二届职工技能大赛优秀组织者 | 中国宝武 |
| 593 | 毛雄杰 | 男 | 马钢集团马钢股份铁路运输公司设备室主任、党支部书记、工会主席 | 第二届职工技能大赛优秀组织者 | 中国宝武 |
| 594 | 王　革 | 男 | 马钢集团马钢股份炼铁总厂工会主任管理师 | 第二届职工技能大赛优秀组织者 | 中国宝武 |
| 595 | 杭　斌 | 男 | 宝钢资源马钢矿业工会副主席 | 第二届职工技能大赛优秀组织者 | 中国宝武 |
| 596 | 于　淼 | 男 | 宝武水务工会主任管理师 | 第二届职工技能大赛优秀组织者 | 中国宝武 |
| 597 | 徐　箖 | 男 | 宝信软件党群工作部工团专员 | 第二届职工技能大赛优秀组织者 | 中国宝武 |
| 598 | 甄慧瑜 | 女 | 宝武智维工会主任管理师 | 第二届职工技能大赛优秀组织者 | 中国宝武 |
| 599 | 黄云燕 | 女 | 马钢交材党委工作部职能主任 | 第二届职工技能大赛优秀组织者 | 中国宝武 |
| 600 | 褚　刚 | 男 | 宝武大学上海校区（人才开发院）培训师 | 第二届职工技能大赛优秀组织者 | 中国宝武 |
| 601 | 黄国平 | 男 | 宝武大学上海校区（人才开发院）培训师 | 第二届职工技能大赛优秀组织者 | 中国宝武 |
| 602 | 陈　明 | 男 | 宝武大学马鞍山校区培训管理员 | 第二届职工技能大赛优秀组织者 | 中国宝武 |
| 603 | 潘保平 | 男 | 宝武大学武汉校区汽车与材料工程学院专任教师 | 第二届职工技能大赛优秀组织者 | 中国宝武 |
| 604 | 马欣娟 | 女 | 宝武大学南京校区技能鉴定部部长 | 第二届职工技能大赛优秀组织者 | 中国宝武 |
| 605 | 竺丽力 | 女 | 宝武管理学院媒体与在线学习中心高级主任培训师 | 第二届职工技能大赛优秀组织者 | 中国宝武 |
| 606 | 张　钊 | 男 | 中国宝武人力资源部员工发展经理 | 第二届职工技能大赛优秀组织者 | 中国宝武 |

（续　表）

| 序号 | 姓　名 | 性　别 | 单位或职务 | 荣誉称号 | 授予单位 |
|---|---|---|---|---|---|
| 607 | 胡　奇 | 男 | 中国宝武智慧业中心、智慧化与大数据建设办公室信息化高级经理 | 第二届职工技能大赛优秀组织者 | 中国宝武 |
| 608 | 王　力 | 男 | 中国宝武安全生产监督部安全督察专员 | 第二届职工技能大赛优秀组织者 | 中国宝武 |
| 609 | 徐　卫 | 女 | 中国宝武工会经济工作部高级专员 | 第二届职工技能大赛优秀组织者 | 中国宝武 |
| 610 | 赵　磊 | 男 | 中国宝武青年发展部部长 | 第二届职工技能大赛优秀组织者 | 中国宝武 |
| 611 | 胡　林 | 男 | 宝钢股份原料采购中心青山团队运行支持板块运营管理组负责人 | 最美宝武人 | 中国宝武 |
| 612 | 李　总 | 男 | 马钢集团马钢股份第四钢轧总厂炼钢物流分厂天车工 | 最美宝武人 | 中国宝武 |
| 613 | 王丽娟 | 女 | 中国宝武运营共享服务中心运营管理室主任 | 最美宝武人 | 中国宝武 |
| 614 | 叶克盆·巴合提 | 男 | 八一钢铁八钢股份炼铁厂第二炼铁分厂点检维护区域党支部书记 | 最美宝武人 | 中国宝武 |
| 615 | 李四海 | 男 | 宝钢资源武钢资源程潮矿生产服务分公司炸药库班长 | 最美宝武人 | 中国宝武 |
| 616 | 周一中 | 男 | 宝钢股份武钢有限热轧厂厂长 | 最美宝武人 | 中国宝武 |
| 617 | 王　瑾 | 男 | 武钢集团武钢中冶工业技术服务有限公司气体事业部副经理 | 最美宝武人 | 中国宝武 |
| 618 | 夏瑞芳 | 女 | 欧冶云商数据运营中心区域运营经理 | 最美宝武人 | 中国宝武 |
| 619 | 黄妍凭 | 女 | 宝武特冶精密钢管事业部生产技术室钢管工艺主任工程师 | 最美宝武人 | 中国宝武 |
| 620 | 王少震 | 男 | 宝地资产园区服务事业部（制造服务事业部）综合管理部业务经理、中国宝武派驻宁洱县化良村第一书记（挂职） | 最美宝武人 | 中国宝武 |
| 621 | 顾建平 | 男 | 宝钢股份炼铁厂炼焦分厂推焦车司机 | 优秀员工 | 中国宝武 |
| 622 | 任海斌 | 男 | 宝钢股份炼铁厂设备管理室电气专项点检员 | 优秀员工 | 中国宝武 |

（续　表）

| 序号 | 姓　名 | 性　别 | 单位或职务 | 荣誉称号 | 授予单位 |
|---|---|---|---|---|---|
| 623 | 徐天凤 | 男 | 宝钢股份炼铁厂设备管理室仪器仪表主任工程师 | 优秀员工 | 中国宝武 |
| 624 | 顾立敏 | 男 | 宝钢股份炼钢厂设备管理室高级点检员 | 优秀员工 | 中国宝武 |
| 625 | 周奇星 | 男 | 宝钢股份炼钢厂运转车间二炼钢丁班作业区400吨以上行车工 | 优秀员工 | 中国宝武 |
| 626 | 黄晨光 | 男 | 宝钢股份炼钢厂一炼钢分厂连铸浇钢主要操作工 | 优秀员工 | 中国宝武 |
| 627 | 张先念 | 男 | 宝钢股份热轧厂生产技术室智慧制造与数模组组长 | 优秀员工 | 中国宝武 |
| 628 | 胡凤洋 | 男 | 宝钢股份热轧厂生产技术室主任工程师 | 优秀员工 | 中国宝武 |
| 629 | 徐　栋 | 男 | 宝钢股份厚板厂设备管理室公辅作业长 | 优秀员工 | 中国宝武 |
| 630 | 吴　祥 | 男 | 宝钢股份厚板厂精整运行甲班作业长 | 优秀员工 | 中国宝武 |
| 631 | 王志成 | 男 | 宝钢股份硅钢事业部生产技术室高级主任工程师 | 优秀员工 | 中国宝武 |
| 632 | 徐　明 | 男 | 宝钢股份硅钢事业部作业长 | 优秀员工 | 中国宝武 |
| 633 | 张　峰 | 男 | 宝钢股份硅钢事业部硅钢研究所产品研究和开发高级主任研究员 | 优秀员工 | 中国宝武 |
| 634 | 陶　涛 | 男 | 宝钢股份冷轧厂一冷轧分厂区域工程师 | 优秀员工 | 中国宝武 |
| 635 | 王　丹 | 男 | 宝钢股份冷轧厂三冷轧分厂作业长 | 优秀员工 | 中国宝武 |
| 636 | 华　峰 | 男 | 宝钢股份冷轧厂四冷轧分厂操作工 | 优秀员工 | 中国宝武 |
| 637 | 施　令 | 男 | 宝钢股份冷轧厂磨辊车间轴承维护工 | 优秀员工 | 中国宝武 |
| 638 | 王志刚 | 男 | 宝钢股份宝钢日铁汽车板有限公司销售部市场营销管理师 | 优秀员工 | 中国宝武 |
| 639 | 张　枫 | 男 | 宝钢股份宝钢日铁汽车板有限公司生产部设备管理室电气设备首席点检员 | 优秀员工 | 中国宝武 |

（续　表）

| 序号 | 姓　名 | 性　别 | 单位或职务 | 荣誉称号 | 授予单位 |
|---|---|---|---|---|---|
| 640 | 吴俊荣 | 男 | 宝钢股份运输部综合管理室（安全）区域工程师 | 优秀员工 | 中国宝武 |
| 641 | 李惠明 | 男 | 宝钢股份运输部运输管理室技术协理 | 优秀员工 | 中国宝武 |
| 642 | 陈　健 | 男 | 宝钢股份运输部成品出厂中心库场区域日班作业长 | 优秀员工 | 中国宝武 |
| 643 | 葛潇俊 | 男 | 宝钢股份钢管条钢事业部无缝钢管厂油井管调整主要操作工 | 优秀员工 | 中国宝武 |
| 644 | 付贺峰 | 男 | 宝钢股份钢管条钢事业部营销部线材一室主任经理 | 优秀员工 | 中国宝武 |
| 645 | 古云波 | 男 | 宝钢股份钢管条钢事业部设备能环部计算机技术主任工程师 | 优秀员工 | 中国宝武 |
| 646 | 邵　刚 | 男 | 宝钢股份钢管条钢事业部宝特长材棒材一厂轧钢高级操作工 | 优秀员工 | 中国宝武 |
| 647 | 张　浩 | 男 | 宝钢股份钢管条钢事业部精密钢管厂工艺监督主要操作工 | 优秀员工 | 中国宝武 |
| 648 | 高　进 | 男 | 宝钢股份钢管条钢事业部鲁宝钢管制造部公辅作业区水处理及空分制氮主要操作工 | 优秀员工 | 中国宝武 |
| 649 | 姜兴宝 | 男 | 宝钢股份钢管条钢事业部条钢部精整甲班机械清理三组组长 | 优秀员工 | 中国宝武 |
| 650 | 朱春生 | 男 | 宝钢股份制造管理部厚板管理室产品设计技术主任工程师 | 优秀员工 | 中国宝武 |
| 651 | 黄锦花 | 女 | 宝钢股份制造管理部质量保证室标准管理高级主任工程师 | 优秀员工 | 中国宝武 |
| 652 | 王晓冬 | 男 | 宝钢股份设备部通信室网综合点检员 | 优秀员工 | 中国宝武 |
| 653 | 严祖虬 | 男 | 宝钢股份设备部自动化控制室计算机技术区域工程师 | 优秀员工 | 中国宝武 |
| 654 | 周　彬 | 男 | 宝钢股份能源环保部发电分厂发电运行主任工程师 | 优秀员工 | 中国宝武 |
| 655 | 林　俐 | 女 | 宝钢股份能源环保部环保技术室环保技术区域工程师 | 优秀员工 | 中国宝武 |
| 656 | 周一中 | 男 | 宝钢股份武钢有限热轧厂厂长 | 优秀员工 | 中国宝武 |
| 657 | 代　攀 | 男 | 宝钢股份武钢有限运输部工业港分厂卸船管理作业长 | 优秀员工 | 中国宝武 |

（续　表）

| 序号 | 姓　名 | 性　别 | 单位或职务 | 荣誉称号 | 授予单位 |
|---|---|---|---|---|---|
| 658 | 崔　云 | 男 | 宝钢股份武钢有限炼铁厂烧结分厂点检三作业区作业长 | 优秀员工 | 中国宝武 |
| 659 | 陈　立 | 男 | 宝钢股份武钢有限炼钢厂设备管理室三炼钢运行组区域工程师 | 优秀员工 | 中国宝武 |
| 660 | 肖　峰 | 男 | 宝钢股份武钢有限条材厂大型分厂高线丁班作业区作业长 | 优秀员工 | 中国宝武 |
| 661 | 韩　巍 | 男 | 宝钢股份武钢有限热轧厂2250精卷电气作业区电气主任工程师 | 优秀员工 | 中国宝武 |
| 662 | 王　罕 | 男 | 宝钢股份武钢有限硅钢部二分厂酸轧一作业区管理作业长 | 优秀员工 | 中国宝武 |
| 663 | 杨　旭 | 男 | 宝钢股份武钢有限冷轧厂调质分厂112生产作业区乙班班组长 | 优秀员工 | 中国宝武 |
| 664 | 程尚武 | 男 | 宝钢股份武钢有限质检中心原料作业区丁班班长 | 优秀员工 | 中国宝武 |
| 665 | 廖　勇 | 男 | 宝钢股份武钢有限检修中心电机修复车间中小电机作业区作业管理层（3级） | 优秀员工 | 中国宝武 |
| 666 | 潘　然 | 女 | 宝钢股份武钢有限焦化公司综合管理室人力资源管理主任管理师 | 优秀员工 | 中国宝武 |
| 667 | 周思炜 | 男 | 宝钢股份武钢有限能源环保部热力分厂热能工艺技术协理 | 优秀员工 | 中国宝武 |
| 668 | 徐红兵 | 男 | 宝钢股份武钢有限安全保卫部安保指挥调度室调度员 | 优秀员工 | 中国宝武 |
| 669 | 王良斌 | 男 | 宝钢股份武钢有限设备管理部副部长 | 优秀员工 | 中国宝武 |
| 670 | 张　翌 | 男 | 宝钢股份武钢有限武钢日铁（武汉）镀锡板有限公司营业部部长 | 优秀员工 | 中国宝武 |
| 671 | 何　飞 | 男 | 宝钢股份武钢有限钢电公司设备管理室电控作业区作业长 | 优秀员工 | 中国宝武 |
| 672 | 王　鸳 | 女 | 宝钢股份武钢有限制造管理部综合管理室员工 | 优秀员工 | 中国宝武 |
| 673 | 程　曦 | 男 | 宝钢股份武钢有限设备管理部技术室电气组副组长 | 优秀员工 | 中国宝武 |

（续　表）

| 序号 | 姓　名 | 性　别 | 单位或职务 | 荣誉称号 | 授予单位 |
|---|---|---|---|---|---|
| 674 | 王　骞 | 男 | 宝钢股份武钢有限炼铁厂原料分厂点检二作业区作业长 | 优秀员工 | 中国宝武 |
| 675 | 阳　方 | 男 | 宝钢股份武钢有限炼钢厂四炼钢产线炼钢甲班作业长 | 优秀员工 | 中国宝武 |
| 676 | 王　鹏 | 男 | 宝钢股份武钢有限条材厂一炼钢分厂点检作业区电仪班班长 | 优秀员工 | 中国宝武 |
| 677 | 唐　璇 | 男 | 宝钢股份武钢有限热轧厂生产技术室质量保障组区域工程师 | 优秀员工 | 中国宝武 |
| 678 | 熊金乐 | 男 | 宝钢股份武钢有限硅钢部设备管理室技术组高级主任工程师 | 优秀员工 | 中国宝武 |
| 679 | 张本龙 | 男 | 宝钢股份湛江钢铁冷轧厂2030酸轧作业区管理作业长 | 优秀员工 | 中国宝武 |
| 680 | 李　伟 | 男 | 宝钢股份湛江钢铁厚板厂生产技术室技术组组长 | 优秀员工 | 中国宝武 |
| 681 | 黄枭雄 | 男 | 宝钢股份湛江钢铁厚板厂轧线三电设备点检员 | 优秀员工 | 中国宝武 |
| 682 | 邓龙兴 | 男 | 宝钢股份湛江钢铁能源环保部发电单元一号发电作业区作业长 | 优秀员工 | 中国宝武 |
| 683 | 李　权 | 男 | 宝钢股份湛江钢铁热轧厂工艺专业组组长 | 优秀员工 | 中国宝武 |
| 684 | 苗　亮 | 男 | 宝钢股份湛江钢铁炼铁厂高炉电仪作业区作业长 | 优秀员工 | 中国宝武 |
| 685 | 黄景标 | 男 | 宝钢股份湛江钢铁设备部同位素点检员 | 优秀员工 | 中国宝武 |
| 686 | 邵　融 | 男 | 宝钢股份湛江钢铁炼钢厂安保组组长 | 优秀员工 | 中国宝武 |
| 687 | 王　伟 | 男 | 宝钢股份湛江钢铁运输项目组工程管理室主任 | 优秀员工 | 中国宝武 |
| 688 | 廖智帅 | 男 | 宝钢股份湛江钢铁制造管理部检化验中心设备维护作业区见习作业长 | 优秀员工 | 中国宝武 |
| 689 | 王　东 | 男 | 宝钢股份湛江钢铁热轧厂生产技术室过程控制组副组长 | 优秀员工 | 中国宝武 |
| 690 | 李如一 | 男 | 宝钢股份梅钢公司炼铁厂炼焦分厂党支部书记 | 优秀员工 | 中国宝武 |

（续　表）

| 序号 | 姓　名 | 性　别 | 单位或职务 | 荣誉称号 | 授予单位 |
|---|---|---|---|---|---|
| 691 | 曹春林 | 男 | 宝钢股份梅钢公司热轧厂1780轧线乙作业区1780卷运乙班班长 | 优秀员工 | 中国宝武 |
| 692 | 樊志强 | 男 | 宝钢股份梅钢公司冷轧厂生产技术室副主任 | 优秀员工 | 中国宝武 |
| 693 | 苏东升 | 男 | 宝钢股份梅钢公司炼钢厂设备室机械设备技术协理 | 优秀员工 | 中国宝武 |
| 694 | 殷士钧 | 男 | 宝钢股份梅钢公司运输部成品码头作业区装卸桥司机高级操作工 | 优秀员工 | 中国宝武 |
| 695 | 任乃兵 | 男 | 宝钢股份梅钢公司热电厂干熄焦发电作业区CDQ集控运行乙班发电运行一般操作工 | 优秀员工 | 中国宝武 |
| 696 | 钟卫兵 | 男 | 宝钢股份梅钢公司矿业分公司回采分厂出矿作业区见习作业长 | 优秀员工 | 中国宝武 |
| 697 | 徐天亮 | 男 | 宝钢股份梅钢公司设备分公司轧钢机械检修保障部卷取作业区点修班班长 | 优秀员工 | 中国宝武 |
| 698 | 吴　忠 | 男 | 宝钢股份梅钢公司新事业分公司高炉原料作业区党支部书记、作业长 | 优秀员工 | 中国宝武 |
| 699 | 曹　玉 | 男 | 宝钢股份梅钢公司制造部检测中心炼钢化验作业区仪器分析班班长 | 优秀员工 | 中国宝武 |
| 700 | 张　涛 | 男 | 宝钢股份梅钢公司设备部检修管理室副主任 | 优秀员工 | 中国宝武 |
| 701 | 侯丽丽 | 女 | 宝钢股份梅钢公司能源环保部综合管理室企业文化主任管理师 | 优秀员工 | 中国宝武 |
| 702 | 邱锦标 | 男 | 宝钢股份原料采购中心废钢供应部废钢加工配送中心作业长 | 优秀员工 | 中国宝武 |
| 703 | 胡　林 | 男 | 宝钢股份原料采购中心青山团队运行支持板块运营管理组负责人 | 优秀员工 | 中国宝武 |
| 704 | 陈　延 | 男 | 宝钢股份设备资材采购中心主任管理师 | 优秀员工 | 中国宝武 |
| 705 | 林燕青 | 男 | 宝钢股份设备资材采购中心安全管理员 | 优秀员工 | 中国宝武 |

（续　表）

| 序号 | 姓　名 | 性　别 | 单位或职务 | 荣誉称号 | 授予单位 |
|---|---|---|---|---|---|
| 706 | 潘东晓 | 女 | 宝钢股份中央研究院武钢有限技术中心综合服务部主任管理师 | 优秀员工 | 中国宝武 |
| 707 | 陆春晖 | 男 | 宝钢股份中央研究院研发保障中心高级实验师 | 优秀员工 | 中国宝武 |
| 708 | 纪红玲 | 女 | 宝钢股份中央研究院研发保障中心质量体系主任工程师 | 优秀员工 | 中国宝武 |
| 709 | 李　兵 | 男 | 宝钢股份营销中心（宝钢国际）合同物流部青山营销服务团队物流计划高级经理 | 优秀员工 | 中国宝武 |
| 710 | 李金峰 | 男 | 宝钢股份营销中心（宝钢国际）冷板销售部涂镀产品室产品销售业务总监 | 优秀员工 | 中国宝武 |
| 711 | 杨　雪 | 女 | 宝钢股份营销中心（宝钢国际）武汉宝钢华中贸易有限公司高级总监兼能源用钢部总经理 | 优秀员工 | 中国宝武 |
| 712 | 李少锋 | 男 | 宝钢股份营销中心（宝钢国际）成都宝钢西部贸易有限公司家电用钢部营销高级经理 | 优秀员工 | 中国宝武 |
| 713 | 何国儒 | 男 | 宝钢股份营销中心（宝钢国际）财务部预算及绩效管理业务总监 | 优秀员工 | 中国宝武 |
| 714 | 刘春龙 | 男 | 宝钢股份营销中心（宝钢国际）南昌宝江钢材加工配送有限公司市场部经理 | 优秀员工 | 中国宝武 |
| 715 | 胡向平 | 男 | 宝钢股份营销中心（宝钢国际）上海宝钢商贸有限公司锅炉结构用钢部总经理 | 优秀员工 | 中国宝武 |
| 716 | 张　雨 | 男 | 宝钢股份营销中心（宝钢国际）宝钢车轮有限公司营销部副总经理 | 优秀员工 | 中国宝武 |
| 717 | 李　瑛 | 女 | 宝钢股份企业文化部 | 优秀员工 | 中国宝武 |
| 718 | 文德建 | 男 | 宝钢股份纪检监督部 | 优秀员工 | 中国宝武 |
| 719 | 李建永 | 男 | 宝钢股份审计部 | 优秀员工 | 中国宝武 |
| 720 | 尹志高 | 男 | 宝钢股份黄石涂镀板有限公司制造管理部镀锌机组工艺主要操作工 | 优秀员工 | 中国宝武 |

（续　表）

| 序号 | 姓　名 | 性　别 | 单位或职务 | 荣誉称号 | 授予单位 |
|---|---|---|---|---|---|
| 721 | 沃文芸 | 女 | 宝钢股份宝钢欧洲有限公司宝钢意大利钢铁集散中心副总经理 | 优秀员工 | 中国宝武 |
| 722 | 丁建成 | 男 | 宝钢股份宝钢美洲有限公司财务总监 | 优秀员工 | 中国宝武 |
| 723 | 李计政 | 男 | 宝钢股份宝和通商株式会社韩国BGM株式会社社长 | 优秀员工 | 中国宝武 |
| 724 | 周　旭 | 男 | 宝钢股份广州JFE钢板有限公司营业部营管室物流区域长 | 优秀员工 | 中国宝武 |
| 725 | 张立彬 | 男 | 宝钢股份宝武铝业科技有限公司工程管理部工程综合事务管理师 | 优秀员工 | 中国宝武 |
| 726 | 李　总 | 男 | 马钢集团马钢股份第四钢轧总厂炼钢物流分厂天车工 | 优秀员工 | 中国宝武 |
| 727 | 徐　飞 | 男 | 马钢集团马钢股份第一钢轧总厂炼钢点检分厂技术员 | 优秀员工 | 中国宝武 |
| 728 | 谷海容 | 男 | 马钢集团马钢股份技术中心汽车板研究所技术员 | 优秀员工 | 中国宝武 |
| 729 | 杨金宇 | 男 | 马钢集团党委工作部规划配置与员工管理职能主任 | 优秀员工 | 中国宝武 |
| 730 | 江少云 | 男 | 马钢集团工会组织宣教民管职能副部长 | 优秀员工 | 中国宝武 |
| 731 | 李玉英 | 女 | 马钢集团马钢技术改造部工艺项目管理室经理 | 优秀员工 | 中国宝武 |
| 732 | 汪国俊 | 男 | 马钢集团行政事务中心机关事务管理室项目管理员 | 优秀员工 | 中国宝武 |
| 733 | 陶元琼 | 女 | 马钢集团人力资源服务中心社会保险业务主管 | 优秀员工 | 中国宝武 |
| 734 | 许冰融 | 女 | 中国宝武运营共享中心马鞍山分中心资产总账组副经理 | 优秀员工 | 中国宝武 |
| 735 | 蒋　虎 | 男 | 马钢集团离退休中心山南服务站副站长 | 优秀员工 | 中国宝武 |
| 736 | 胥光蕙 | 女 | 马钢集团教育培训中心机械系教师 | 优秀员工 | 中国宝武 |
| 737 | 臧　军 | 男 | 马钢集团保卫部交管大队四中队中队长 | 优秀员工 | 中国宝武 |

（续　表）

| 序号 | 姓　名 | 性　别 | 单位或职务 | 荣誉称号 | 授予单位 |
|---|---|---|---|---|---|
| 738 | 魏爱玲 | 女 | 马钢集团马钢股份营销中心（销售公司）分（子）公司管理部科员 | 优秀员工 | 中国宝武 |
| 739 | 杨俊峰 | 男 | 马钢集团马钢股份采购中心耐辅资源部经理 | 优秀员工 | 中国宝武 |
| 740 | 王明杰 | 男 | 马钢集团马钢股份检测中心物理站加工作业区制样工 | 优秀员工 | 中国宝武 |
| 741 | 邹　强 | 男 | 马钢集团马钢股份技术中心车轮研究所技术员 | 优秀员工 | 中国宝武 |
| 742 | 李　欣 | 女 | 马钢集团马钢股份铁路运输公司综合管理室文书 | 优秀员工 | 中国宝武 |
| 743 | 盛德平 | 男 | 马钢集团马钢股份港务原料总厂混匀分厂安全员 | 优秀员工 | 中国宝武 |
| 744 | 潘晓菁 | 女 | 马钢集团马钢股份炼铁总厂综合管理部科员 | 优秀员工 | 中国宝武 |
| 745 | 张　磊 | 男 | 马钢集团马钢股份长材事业部党群工作室宣传干部 | 优秀员工 | 中国宝武 |
| 746 | 王　剑 | 男 | 马钢集团马钢股份长材事业部综合管理室、党群工作室主任 | 优秀员工 | 中国宝武 |
| 747 | 邬秀红 | 女 | 马钢集团马钢股份冷轧总厂设备管理室设备主办 | 优秀员工 | 中国宝武 |
| 748 | 吴　俊 | 男 | 马钢集团马钢股份冷轧总厂点检一分厂区域工程师 | 优秀员工 | 中国宝武 |
| 749 | 宛佳旺 | 男 | 马钢集团马钢股份特钢公司轧钢分厂轧钢工 | 优秀员工 | 中国宝武 |
| 750 | 杨　帆 | 男 | 马钢集团马钢股份特钢公司炼钢区域电气技术主管 | 优秀员工 | 中国宝武 |
| 751 | 陈道海 | 男 | 马钢集团马钢股份能源管控中心热电总厂热力分厂主管技术员 | 优秀员工 | 中国宝武 |
| 752 | 刘　波 | 男 | 马钢集团马钢股份党群室组织干事 | 优秀员工 | 中国宝武 |
| 753 | 杨　成 | 男 | 马钢集团马钢股份炼焦总厂作业长 | 优秀员工 | 中国宝武 |
| 754 | 陈　军 | 男 | 马钢集团马钢股份资源分公司第二回收分厂副厂长 | 优秀员工 | 中国宝武 |

（续　表）

| 序号 | 姓　名 | 性　别 | 单位或职务 | 荣誉称号 | 授予单位 |
|---|---|---|---|---|---|
| 755 | 马　兵 | 男 | 马钢集团马钢股份仓储配送公司配送中心主任、党支部书记 | 优秀员工 | 中国宝武 |
| 756 | 余　琼 | 男 | 马钢集团马钢股份马钢（合肥）钢铁有限公司首席工程师 | 优秀员工 | 中国宝武 |
| 757 | 蔡先武 | 男 | 马钢集团马钢股份安徽长江钢铁股份有限公司阜阳办主任 | 优秀员工 | 中国宝武 |
| 758 | 丁　进 | 男 | 马钢集团安徽马钢和菱实业有限公司包装一部作业管理员 | 优秀员工 | 中国宝武 |
| 759 | 蒋玉华 | 男 | 马钢集团康泰置地发展有限公司房产分公司保卫干部 | 优秀员工 | 中国宝武 |
| 760 | 李艳芬 | 女 | 马钢集团马钢利民企业公司人力资源科科长 | 优秀员工 | 中国宝武 |
| 761 | 陈巍崴 | 女 | 武钢集团武钢绿色城市技术发展有限公司通信分公司副经理 | 优秀员工 | 中国宝武 |
| 762 | 郑　伟 | 男 | 武钢集团武钢绿色城市技术发展有限公司市政园林工程公司三供一业项目部经理 | 优秀员工 | 中国宝武 |
| 763 | 黄云海 | 男 | 武钢集团武钢绿色城市技术发展有限公司武汉东西湖绿建项目管理公司总经理、党支部书记 | 优秀员工 | 中国宝武 |
| 764 | 曾　真 | 女 | 武钢集团武钢绿色城市技术发展有限公司总法律顾问、审计（法务）部副总经理 | 优秀员工 | 中国宝武 |
| 765 | 肖　拓 | 男 | 武钢集团武汉钢铁江北集团有限公司北湖分公司设备技术部部长 | 优秀员工 | 中国宝武 |
| 766 | 周　峰 | 男 | 武钢集团武汉钢铁江北集团有限公司汉阳钢厂动力车间安全员 | 优秀员工 | 中国宝武 |
| 767 | 陈　俊 | 男 | 武钢集团武汉钢铁江北集团有限公司工业服务公司水处理设备员 | 优秀员工 | 中国宝武 |
| 768 | 李　斯 | 女 | 武钢集团武汉市雅苑房地产开发有限责任公司经营财务部综合会计 | 优秀员工 | 中国宝武 |
| 769 | 林训建 | 男 | 武钢集团武汉武钢好生活服务有限公司供餐事业部总经理 | 优秀员工 | 中国宝武 |

（续　表）

| 序号 | 姓　名 | 性　别 | 单位或职务 | 荣誉称号 | 授予单位 |
|---|---|---|---|---|---|
| 770 | 夏　嵘 | 女 | 武钢集团武汉市青青教育管理有限公司武钢珈因早教基地主任 | 优秀员工 | 中国宝武 |
| 771 | 王　瑾 | 男 | 武钢集团武钢中冶工业技术服务有限公司气体事业部副经理 | 优秀员工 | 中国宝武 |
| 772 | 曹文浩 | 男 | 武钢集团武钢中冶工业技术服务有限公司炼铁检修事业部原料作业区作业长 | 优秀员工 | 中国宝武 |
| 773 | 陈才智 | 男 | 武钢集团武钢中冶工业技术服务有限公司铁路器材事业部电务作业区作业长 | 优秀员工 | 中国宝武 |
| 774 | 周　斌 | 男 | 武钢集团武钢中冶工业技术服务有限公司冷硅协力事业部冷轧作业区作业长 | 优秀员工 | 中国宝武 |
| 775 | 刘　贤 | 男 | 武钢集团武汉扬光实业有限公司资循循环分公司合金事业部部长 | 优秀员工 | 中国宝武 |
| 776 | 钟　东 | 女 | 武钢集团武汉扬光实业有限公司安全防护用品分公司综合管理部业务主管 | 优秀员工 | 中国宝武 |
| 777 | 鲁　晶 | 女 | 武钢集团武汉武钢大数据产业园有限公司招商业务经理 | 优秀员工 | 中国宝武 |
| 778 | 王　莹 | 女 | 武钢集团办公室（党委办公室、党委宣传部）宣传文化处长（见习） | 优秀员工 | 中国宝武 |
| 779 | 张　君 | 男 | 武钢集团人力资源部干部 | 优秀员工 | 中国宝武 |
| 780 | 李　华 | 女 | 武钢集团经营财务部干部 | 优秀员工 | 中国宝武 |
| 781 | 杨　力 | 男 | 武钢集团项目发展业务部项目管理总监 | 优秀员工 | 中国宝武 |
| 782 | 龙儒鸿 | 男 | 武钢集团老干部与退管中心公共事业部主任管理师 | 优秀员工 | 中国宝武 |
| 783 | 李　伟 | 男 | 八一钢铁炼铁厂焦化分厂化工作业区作业长 | 优秀员工 | 中国宝武 |
| 784 | 向旭东 | 男 | 八一钢铁炼铁厂氧气高炉作业区工艺主任工程师 | 优秀员工 | 中国宝武 |
| 785 | 郭　鹏 | 男 | 八一钢铁炼钢厂第二炼钢分厂板坯连铸作业区专业工程师 | 优秀员工 | 中国宝武 |

（续　表）

| 序号 | 姓　名 | 性　别 | 单位或职务 | 荣誉称号 | 授予单位 |
|---|---|---|---|---|---|
| 786 | 曹王杰 | 男 | 八一钢铁炼钢厂第二炼钢分厂设备点检维护作业区专业工程师 | 优秀员工 | 中国宝武 |
| 787 | 孙金波 | 男 | 八一钢铁轧钢厂棒线分厂二高线作业区作业长 | 优秀员工 | 中国宝武 |
| 788 | 周立军 | 女 | 八一钢铁党校主管 | 优秀员工 | 中国宝武 |
| 789 | 戚纯平 | 男 | 八一钢铁能源中心动调煤气作业区现场专工 | 优秀员工 | 中国宝武 |
| 790 | 马玉莲 | 女 | 八一钢铁能源中心计控分厂司秤作业区司秤班组司秤工 | 优秀员工 | 中国宝武 |
| 791 | 沈荣海 | 男 | 八一钢铁物流运输分公司铁路运输部车务段值班员 | 优秀员工 | 中国宝武 |
| 792 | 于苏甫·亚克甫 | 男 | 八一钢铁物流运输分公司公路运输部汽车四队指导司机 | 优秀员工 | 中国宝武 |
| 793 | 汪　勇 | 男 | 八一钢铁新疆德勤互力工业技术有限公司工业运营中心运营作业区点检工 | 优秀员工 | 中国宝武 |
| 794 | 廖学军 | 男 | 八一钢铁新疆八钢金属制品有限公司钢管公司焊管党支部书记 | 优秀员工 | 中国宝武 |
| 795 | 高　斌 | 男 | 八一钢铁制造管理部综合管理室综合业务主管 | 优秀员工 | 中国宝武 |
| 796 | 樊明涛 | 男 | 八一钢铁新疆八钢佳域工业材料有限责任公司板材制品分公司铸锻作业区值班长 | 优秀员工 | 中国宝武 |
| 797 | 桑　凯 | 男 | 八一钢铁乌鲁木齐互利安康安保技术有限责任公司米东工贸组项目经理 | 优秀员工 | 中国宝武 |
| 798 | 陈　源 | 男 | 八一钢铁乌鲁木齐互利安康安保技术有限责任公司保安大队第一党支部书记 | 优秀员工 | 中国宝武 |
| 799 | 朱兴会 | 男 | 八一钢铁新疆焦煤(集团)有限责任公司1890煤矿综掘队现场专业工程师 | 优秀员工 | 中国宝武 |
| 800 | 黄永明 | 男 | 八一钢铁新疆焦煤(集团)有限责任公司2130煤矿采煤队副队长 | 优秀员工 | 中国宝武 |

（续 表）

| 序号 | 姓 名 | 性 别 | 单位或职务 | 荣誉称号 | 授予单位 |
|---|---|---|---|---|---|
| 801 | 杨 真 | 男 | 八一钢铁富蕴蒙库铁矿有限责任公司矿山测量现场工程师 | 优秀员工 | 中国宝武 |
| 802 | 张孝龙 | 男 | 八一钢铁巴州敦德矿业有限责任公司生产技术部地质主任工程师 | 优秀员工 | 中国宝武 |
| 803 | 塔里甫江·吐尔逊 | 男 | 八一钢铁销售部南疆片区莎车经销点营销工程师 | 优秀员工 | 中国宝武 |
| 804 | 叶克岔·巴合提 | 男 | 八一钢铁八钢股份炼铁厂第二炼铁分厂点检维护区域党支部书记 | 优秀员工 | 中国宝武 |
| 805 | 冯涌涛 | 男 | 八一钢铁轧钢厂热轧分厂设备作业区党支部书记 | 优秀员工 | 中国宝武 |
| 806 | 程 燕 | 女 | 八一钢铁新疆八钢国际贸易股份有限公司经理 | 优秀员工 | 中国宝武 |
| 807 | 曹培万 | 男 | 韶关钢铁宝钢特钢韶关有限公司轧钢作业区轧机工 | 优秀员工 | 中国宝武 |
| 808 | 尚聪亚 | 女 | 韶关钢铁检测中心化学检测作业区湿法班班长 | 优秀员工 | 中国宝武 |
| 809 | 杨国新 | 男 | 韶关钢铁炼铁厂生产技术室炼铁工艺主任工程师 | 优秀员工 | 中国宝武 |
| 810 | 陈 科 | 男 | 韶关钢铁炼铁厂烧结维检作业区机械工程师 | 优秀员工 | 中国宝武 |
| 811 | 陈文亮 | 男 | 韶关钢铁炼钢厂转炉炉长（主要操作工） | 优秀员工 | 中国宝武 |
| 812 | 王 冠 | 男 | 韶关钢铁炼钢厂连铸工艺主任工程师 | 优秀员工 | 中国宝武 |
| 813 | 罗 咏 | 女 | 韶关钢铁能环部部长助理 | 优秀员工 | 中国宝武 |
| 814 | 周永椗 | 男 | 韶关钢铁设备管理部检修管理主任管理师 | 优秀员工 | 中国宝武 |
| 815 | 施志勇 | 男 | 韶关钢铁安保部安全体系管理主任管理师 | 优秀员工 | 中国宝武 |
| 816 | 何庆明 | 男 | 韶关钢铁广东昆仑信息科技有限公司信息化事业部技术总监 | 优秀员工 | 中国宝武 |
| 817 | 张小兵 | 男 | 韶关钢铁炼钢厂设备维检高级操作工 | 优秀员工 | 中国宝武 |

（续　表）

| 序号 | 姓　名 | 性　别 | 单位或职务 | 荣誉称号 | 授予单位 |
|---|---|---|---|---|---|
| 818 | 曹　勇 | 男 | 韶关钢铁特轧厂厂长 | 优秀员工 | 中国宝武 |
| 819 | 伍勇争 | 男 | 韶关钢铁特轧厂板材精整作业区作业长 | 优秀员工 | 中国宝武 |
| 820 | 谢镇韶 | 男 | 韶关钢铁特轧厂棒一2生产作业区员工 | 优秀员工 | 中国宝武 |
| 821 | 余　骏 | 男 | 韶关钢铁制造管理部部长助理 | 优秀员工 | 中国宝武 |
| 822 | 徐英彪 | 男 | 韶关钢铁企业文化部宣传室主任 | 优秀员工 | 中国宝武 |
| 823 | 庄明亮 | 男 | 韶关钢铁武钢集团襄阳重型装备材料有限公司铸锻事业部锻钢厂工艺员 | 优秀员工 | 中国宝武 |
| 824 | 包　锋 | 男 | 韶关钢铁炼铁厂厂长 | 优秀员工 | 中国宝武 |
| 825 | 刘克辉 | 男 | 韶关钢铁派驻重庆钢铁支撑组配煤技术首席工程师 | 优秀员工 | 中国宝武 |
| 826 | 朱志勇 | 男 | 重庆钢铁投资管理部规划与设计管理室主任 | 优秀员工 | 中国宝武 |
| 827 | 别程程 | 男 | 重庆钢铁营销中心四川销售分公司产品销售主管专员 | 优秀员工 | 中国宝武 |
| 828 | 文向东 | 男 | 重庆钢铁设备管理部备件修复作业区作业长 | 优秀员工 | 中国宝武 |
| 829 | 刘　毅 | 男 | 重庆钢铁制造管理部配矿技术区域工程师 | 优秀员工 | 中国宝武 |
| 830 | 韩陈杰 | 男 | 重庆钢铁安全保卫部干部 | 优秀员工 | 中国宝武 |
| 831 | 高思琴 | 女 | 重庆钢铁能源环保部安全管理室煤气防护管理员 | 优秀员工 | 中国宝武 |
| 832 | 刘金果 | 男 | 重庆钢铁物流运输部生产设备维修钳工 | 优秀员工 | 中国宝武 |
| 833 | 宋明明 | 男 | 重庆钢铁炼铁厂生产技术室副主任（主持工作） | 优秀员工 | 中国宝武 |
| 834 | 程　殿 | 男 | 重庆钢铁炼钢厂炼钢工艺区域工程师 | 优秀员工 | 中国宝武 |
| 835 | 王绍斌 | 男 | 重庆钢铁轧钢厂厂长 | 优秀员工 | 中国宝武 |
| 836 | 杜大志 | 男 | 重庆钢铁原料采购中心主任管理师 | 优秀员工 | 中国宝武 |

（续　表）

| 序号 | 姓　名 | 性　别 | 单位或职务 | 荣誉称号 | 授予单位 |
|---|---|---|---|---|---|
| 837 | 梅宏生 | 男 | 重庆钢铁重庆千信能源环保有限公司设备管理部检修管理员 | 优秀员工 | 中国宝武 |
| 838 | 朱小俊 | 男 | 鄂城钢铁驻陈桥村扶贫工作队队员 | 优秀员工 | 中国宝武 |
| 839 | 余　莉 | 女 | 鄂城钢铁商贸有限公司餐饮分公司第二员工餐厅班组长 | 优秀员工 | 中国宝武 |
| 840 | 周总基 | 男 | 鄂城钢铁人力资源部薪酬福利室主任 | 优秀员工 | 中国宝武 |
| 841 | 黄国虎 | 男 | 鄂城钢铁采购部耐材采购室合金采购员 | 优秀员工 | 中国宝武 |
| 842 | 杨　波 | 男 | 鄂城钢铁宽厚板厂生产技术室高级主任工程师 | 优秀员工 | 中国宝武 |
| 843 | 傅　敏 | 女 | 鄂城钢铁制氧厂生产运行部充填班班长 | 优秀员工 | 中国宝武 |
| 844 | 殷　园 | 男 | 鄂城钢铁轧材厂棒二运行车间自动化班班长 | 优秀员工 | 中国宝武 |
| 845 | 刘金彪 | 男 | 鄂城钢铁能源动力厂热力车间设备管理区域工程师 | 优秀员工 | 中国宝武 |
| 846 | 徐　灿 | 男 | 鄂城钢铁物流部内燃机车司机 | 优秀员工 | 中国宝武 |
| 847 | 匡稳军 | 男 | 宝钢金属武汉钢铁江北集团冷弯型钢有限公司营销部销售主管 | 优秀员工 | 中国宝武 |
| 848 | 李　锐 | 男 | 宝钢金属南京宝日钢丝制品有限公司营销部业务员 | 优秀员工 | 中国宝武 |
| 849 | 陈婷婷 | 女 | 宝钢金属宝钢集团南通线材制品有限公司财务部副部长 | 优秀员工 | 中国宝武 |
| 850 | 严敏红 | 女 | 宝钢金属总部H族群工会经理 | 优秀员工 | 中国宝武 |
| 851 | 潘春明 | 男 | 宝钢工程工程技术事业本部热轧钢管事业部主任设计师 | 优秀员工 | 中国宝武 |
| 852 | 林小琴 | 女 | 宝钢工程工程技术连铸事业部工艺室员工 | 优秀员工 | 中国宝武 |
| 853 | 王志刚 | 男 | 宝钢工程上海宝华国际招标有限公司安徽分公司市场经营部部长 | 优秀员工 | 中国宝武 |
| 854 | 叶远龙 | 男 | 宝钢工程马钢集团设计研究院有限责任公司电气工程公司主任设计师 | 优秀员工 | 中国宝武 |

（续　表）

| 序号 | 姓　名 | 性　别 | 单位或职务 | 荣誉称号 | 授予单位 |
|---|---|---|---|---|---|
| 855 | 朱永平 | 男 | 宝钢工程马鞍山博力建设监理有限责任公司事业一部员工 | 优秀员工 | 中国宝武 |
| 856 | 蒋广建 | 男 | 宝钢工程安全能环部高级主管 | 优秀员工 | 中国宝武 |
| 857 | 曾令江 | 男 | 欧冶云商技术中心项目总监 | 优秀员工 | 中国宝武 |
| 858 | 张天意 | 女 | 欧冶云商电商交易事业部产品高级专员 | 优秀员工 | 中国宝武 |
| 859 | 何黎峰 | 男 | 欧冶云商不锈钢事业部产品服务部总经理 | 优秀员工 | 中国宝武 |
| 860 | 李辰锴 | 男 | 欧冶云商战略投资部投融资经理 | 优秀员工 | 中国宝武 |
| 861 | 张　坤 | 男 | 欧冶云商经营财务部经营预算高级经理 | 优秀员工 | 中国宝武 |
| 862 | 冯亚志 | 男 | 欧冶云商成都分公司高级营销经理 | 优秀员工 | 中国宝武 |
| 863 | 夏瑞芳 | 女 | 欧冶云商数据运营中心区域运营经理 | 优秀员工 | 中国宝武 |
| 864 | 李伟志 | 男 | 欧冶云商上海欧冶物流股份有限公司运帮产品部总经理 | 优秀员工 | 中国宝武 |
| 865 | 谢　翔 | 女 | 欧冶云商上海欧冶金融信息服务股份有限公司金融科技部高级技术经理 | 优秀员工 | 中国宝武 |
| 866 | 韩大春 | 男 | 宝钢资源马钢矿业姑山矿钟九铁矿项目部综合事务员 | 优秀员工 | 中国宝武 |
| 867 | 祖　飞 | 男 | 宝钢资源马钢矿业规划发展经理 | 优秀员工 | 中国宝武 |
| 868 | 吕　权 | 男 | 宝钢资源马钢矿业罗河矿罗河选矿厂维修电工 | 优秀员工 | 中国宝武 |
| 869 | 李　童 | 男 | 宝钢资源马钢矿业设备工程科技分公司和睦山产线电修工段副段长 | 优秀员工 | 中国宝武 |
| 870 | 韩　俊 | 男 | 宝钢资源建材科技工程设备部部长 | 优秀员工 | 中国宝武 |
| 871 | 高路萍 | 女 | 宝钢资源武钢资源大冶铁矿设备工程部电气自动化控制管理员 | 优秀员工 | 中国宝武 |

（续 表）

| 序号 | 姓 名 | 性 别 | 单位或职务 | 荣誉称号 | 授予单位 |
|---|---|---|---|---|---|
| 872 | 王平武 | 男 | 宝钢资源武钢资源金山店矿选矿分公司尾矿大班干堆场管理员 | 优秀员工 | 中国宝武 |
| 873 | 刘 峰 | 男 | 宝钢资源武钢资源鄂州球团有限公司生产副主任 | 优秀员工 | 中国宝武 |
| 874 | 姚新阶 | 男 | 宝钢资源武钢资源乌龙泉矿总经理助理 | 优秀员工 | 中国宝武 |
| 875 | 李四海 | 男 | 宝钢资源武钢资源程潮矿生产服务分公司炸药库班长 | 优秀员工 | 中国宝武 |
| 876 | 郑明桥 | 男 | 宝钢资源宝钢资源（印尼）有限公司项目开发经理 | 优秀员工 | 中国宝武 |
| 877 | 吴文英 | 女 | 宝钢资源运营支持高级专员 | 优秀员工 | 中国宝武 |
| 878 | 何孔江 | 男 | 宝钢资源安徽皖宝矿业股份有限公司物流创业团队负责人 | 优秀员工 | 中国宝武 |
| 879 | 赵士水 | 男 | 宝钢资源浙江舟山武港码头有限公司调度长 | 优秀员工 | 中国宝武 |
| 880 | 倪璐明 | 女 | 宝钢资源上海宝钢航运有限公司船员管理总监 | 优秀员工 | 中国宝武 |
| 881 | 李立炜 | 男 | 宝钢资源煤炭贸易部基础管理代表 | 优秀员工 | 中国宝武 |
| 882 | 王少震 | 男 | 宝地资产园区服务事业部（制造服务事业部）综合管理部业务经理、中国宝武派驻宁洱县化良村第一书记（挂职） | 优秀员工 | 中国宝武 |
| 883 | 陈 晨 | 女 | 宝地资产商办事业部招商经理 | 优秀员工 | 中国宝武 |
| 884 | 宋 奕 | 女 | 宝地资产产业园事业部综合管理组组长 | 优秀员工 | 中国宝武 |
| 885 | 杨 军 | 男 | 宝地资产寓舍事业部友间公寓市区项目家三店长 | 优秀员工 | 中国宝武 |
| 886 | 沈建良 | 男 | 宝地资产园区服务事业部（制造服务事业部）保安服务部保安二部经理 | 优秀员工 | 中国宝武 |
| 887 | 沈慧平 | 女 | 宝地资产技术服务分公司综合管理部部长 | 优秀员工 | 中国宝武 |
| 888 | 王 汨 | 女 | 宝地资产成本合约总监 | 优秀员工 | 中国宝武 |

（续　表）

| 序号 | 姓　名 | 性　别 | 单位或职务 | 荣誉称号 | 授予单位 |
|---|---|---|---|---|---|
| 889 | 王建平 | 男 | 宝地资产不锈钢高炉改造项目组高级经理 | 优秀员工 | 中国宝武 |
| 890 | 吴建洲 | 男 | 宝地资产福州置业项目工程管理高级总监 | 优秀员工 | 中国宝武 |
| 891 | 胡　敏 | 男 | 宝地资产一钢公司综合办副主任 | 优秀员工 | 中国宝武 |
| 892 | 张志融 | 男 | 华宝信托风险管理部风控主管 | 优秀员工 | 中国宝武 |
| 893 | 李瑞超 | 男 | 华宝信托华宝都鼎（上海）融资租赁有限公司副总经理 | 优秀员工 | 中国宝武 |
| 894 | 华　虎 | 男 | 宝钢德盛第一粗炼厂运行二工段高炉煤气余压发电装置（TRT）班班长 | 优秀员工 | 中国宝武 |
| 895 | 王伟生 | 男 | 宝钢德盛精炼厂转炉工段GOR炉班长 | 优秀员工 | 中国宝武 |
| 896 | 游　飞 | 男 | 宝钢德盛带钢厂热轧项目组机械设备主任工程师 | 优秀员工 | 中国宝武 |
| 897 | 侯　锐 | 男 | 宝钢德盛冷轧厂设备工段设备技术组电气设备主任工程师 | 优秀员工 | 中国宝武 |
| 898 | 林少健 | 男 | 宝钢德盛工程动力部能源技术室供配电技术区域工程师 | 优秀员工 | 中国宝武 |
| 899 | 孙镇镇 | 男 | 马钢交材加热炉区域工程师、能源管理员 | 优秀员工 | 中国宝武 |
| 900 | 张炳强 | 男 | 马钢交材制造部物流室天车工 | 优秀员工 | 中国宝武 |
| 901 | 周　盛 | 男 | 宝武炭材宝山化产厂主要操作工 | 优秀员工 | 中国宝武 |
| 902 | 徐永良 | 男 | 宝武炭材能环部管理区域工程师 | 优秀员工 | 中国宝武 |
| 903 | 陈　潇 | 女 | 宝武炭材财务部经营管理主任会计师 | 优秀员工 | 中国宝武 |
| 904 | 赵　龙 | 男 | 宝武炭材制造管理部技术协理 | 优秀员工 | 中国宝武 |
| 905 | 张　琪 | 男 | 宝武炭材武汉聚焦精化工有限责任公司焦油区域党支部书记、焦油蒸馏作业长 | 优秀员工 | 中国宝武 |
| 906 | 章海波 | 男 | 宝信软件智能装备事业本部总监 | 优秀员工 | 中国宝武 |

（续 表）

| 序号 | 姓 名 | 性 别 | 单位或职务 | 荣誉称号 | 授予单位 |
|---|---|---|---|---|---|
| 907 | 沈红雨 | 男 | 宝信软件信息化事业本部总监 | 优秀员工 | 中国宝武 |
| 908 | 李 菁 | 男 | 宝信软件云应用事业本部资深项目经理 | 优秀员工 | 中国宝武 |
| 909 | 朱龙江 | 男 | 宝信软件自动化服务事业本部总监 | 优秀员工 | 中国宝武 |
| 910 | 周佳俊 | 男 | 宝信软件信息服务事业本部研发工程师 | 优秀员工 | 中国宝武 |
| 911 | 蔡纪昌 | 男 | 宝信软件营销本部高级总监 | 优秀员工 | 中国宝武 |
| 912 | 郭 琨 | 男 | 宝信软件上海梅山工业民用工程设计研究院有限公司主任工程师 | 优秀员工 | 中国宝武 |
| 913 | 王春荣 | 女 | 宝信软件上海宝景信息技术发展有限公司总经理助理兼财务部经理 | 优秀员工 | 中国宝武 |
| 914 | 姜 靖 | 男 | 宝信软件上海宝信数据中心有限公司运维部部长 | 优秀员工 | 中国宝武 |
| 915 | 徐 彤 | 男 | 宝信软件新疆宝信智能技术有限公司业务主管 | 优秀员工 | 中国宝武 |
| 916 | 朱 芬 | 女 | 宝信软件（武汉）有限公司高级工程师 | 优秀员工 | 中国宝武 |
| 917 | 许帮华 | 男 | 欧冶云商宝武物流资产有限公司马钢物流副总经理 | 优秀员工 | 中国宝武 |
| 918 | 潘志龙 | 男 | 欧冶云商宝武物流资产有限公司欧珏公司综合管理部副经理 | 优秀员工 | 中国宝武 |
| 919 | 章 海 | 男 | 宝武智维资深管理师兼团队负责人 | 优秀员工 | 中国宝武 |
| 920 | 张海南 | 男 | 宝武智维综合点检员 | 优秀员工 | 中国宝武 |
| 921 | 明仁荣 | 男 | 宝武智维作业师（数控机床工） | 优秀员工 | 中国宝武 |
| 922 | 王 岿 | 男 | 宝武智维钳工 | 优秀员工 | 中国宝武 |
| 923 | 周 超 | 男 | 宝武智维专业工程师 | 优秀员工 | 中国宝武 |
| 924 | 陈敏丽 | 女 | 宝武智维财务管理师 | 优秀员工 | 中国宝武 |
| 925 | 张 莹 | 女 | 宝武智维主任工程师 | 优秀员工 | 中国宝武 |
| 926 | 徐 珍 | 男 | 宝武智维主任管理师（招聘配置管理）兼团队负责人 | 优秀员工 | 中国宝武 |

（续　表）

| 序号 | 姓　名 | 性　别 | 单位或职务 | 荣誉称号 | 授予单位 |
|---|---|---|---|---|---|
| 927 | 江　济 | 男 | 宝武重工安徽马钢重型机械制造有限公司技术主管 | 优秀员工 | 中国宝武 |
| 928 | 张　耸 | 男 | 宝武重工上海宝钢铸造有限公司主任工程师 | 优秀员工 | 中国宝武 |
| 929 | 郭　钧 | 男 | 宝武环科武汉金属资源有限责任公司冶金渣分厂钢渣扣罐作业区扣罐大班班长 | 优秀员工 | 中国宝武 |
| 930 | 颜　涛 | 男 | 宝武环科鄂州资源有限责任公司运营管理部生产室主任 | 优秀员工 | 中国宝武 |
| 931 | 叶志勇 | 男 | 宝武环科广东华欣环保科技有限公司钢渣处理作业部皮带班班长 | 优秀员工 | 中国宝武 |
| 932 | 俞能春 | 男 | 宝武环科马鞍山资源利用有限公司安徽马钢嘉华新型建材有限公司生产安环部副部长 | 优秀员工 | 中国宝武 |
| 933 | 黄祥赞 | 男 | 宝武环科转底炉事业部湛江转底炉机械技术员 | 优秀员工 | 中国宝武 |
| 934 | 史月凯 | 男 | 宝武环科上海宝发环科技术有限公司环保技术工程师 | 优秀员工 | 中国宝武 |
| 935 | 王　亮 | 男 | 宝武水务武汉华德环保工程技术有限公司工程管理部项目现场负责人 | 优秀员工 | 中国宝武 |
| 936 | 胡　笳 | 男 | 宝武水务安徽欣创节能环保科技股份有限公司环保设计研究院副总经理 | 优秀员工 | 中国宝武 |
| 937 | 封羽涛 | 男 | 宝武清能产业发展中心技术企划总监 | 优秀员工 | 中国宝武 |
| 938 | 钱辉涛 | 男 | 宝武清能江南燃气运营部设备设施组主管 | 优秀员工 | 中国宝武 |
| 939 | 颜春良 | 男 | 欧冶链金智慧集控中心副主任 | 优秀员工 | 中国宝武 |
| 940 | 段蓓蓓 | 女 | 欧冶链金投资管理部副部长 | 优秀员工 | 中国宝武 |
| 941 | 肖伟佳 | 男 | 宝地资产上海吴淞口创业园有限公司招商营销中心总经理 | 优秀员工 | 中国宝武 |
| 942 | 葛　蔚 | 男 | 宝地资产上海吴淞口创业园有限公司安全管理员 | 优秀员工 | 中国宝武 |

（续　表）

| 序号 | 姓　名 | 性　别 | 单位或职务 | 荣誉称号 | 授予单位 |
|---|---|---|---|---|---|
| 943 | 方焰松 | 男 | 华宝基金交易部员工 | 优秀员工 | 中国宝武 |
| 944 | 鞠双妹 | 女 | 华宝证券营运管理部零售经纪业务运营资深经理 | 优秀员工 | 中国宝武 |
| 945 | 秦岭峰 | 男 | 华宝证券资产管理业务总部产品市场部产品业务总监 | 优秀员工 | 中国宝武 |
| 946 | 沈学东 | 男 | 财务公司业务部业务总监 | 优秀员工 | 中国宝武 |
| 947 | 肖　进 | 男 | 宁波宝新一轧钢机组机组经理 | 优秀员工 | 中国宝武 |
| 948 | 吴九荣 | 男 | 宁波宝新冷酸机组工程师 | 优秀员工 | 中国宝武 |
| 949 | 王欢申 | 男 | 宁波宝新能环酸洗工艺组组长 | 优秀员工 | 中国宝武 |
| 950 | 张绍军 | 男 | 宝钢包装印铁事业部副总经理 | 优秀员工 | 中国宝武 |
| 951 | 张玲玲 | 女 | 宝钢包装上海宝翼制罐有限公司销售部经理 | 优秀员工 | 中国宝武 |
| 952 | 刘　波 | 男 | 宝钢包装武汉宝钢包装有限公司沌口制罐分公司作业长 | 优秀员工 | 中国宝武 |
| 953 | 黄妍凭 | 女 | 宝武特冶精密钢管事业部生产技术室钢管工艺主任工程师 | 优秀员工 | 中国宝武 |
| 954 | 田沛玉 | 男 | 宝武特冶产品制造技术主任工程师 | 优秀员工 | 中国宝武 |
| 955 | 徐　锋 | 男 | 宝武特冶产品研究主任研究员 | 优秀员工 | 中国宝武 |
| 956 | 李时军 | 男 | 宝地南京生产管理主任管理师 | 优秀员工 | 中国宝武 |
| 957 | 王　科 | 女 | 宝地新疆物业公司不动产运营部主管 | 优秀员工 | 中国宝武 |
| 958 | 李建萍 | 女 | 宝地新疆物业公司绿化工程部党支部书记 | 优秀员工 | 中国宝武 |
| 959 | 徐　超 | 男 | 武汉耐材炮泥事业部作业长 | 优秀员工 | 中国宝武 |
| 960 | 周　芬 | 女 | 武汉耐材质量工程师 | 优秀员工 | 中国宝武 |
| 961 | 廖耀新 | 男 | 宝地广东餐饮事业部副经理（主持工作） | 优秀员工 | 中国宝武 |
| 962 | 聂碧娟 | 女 | 宝武大学武汉工程职业学院综合办公室主任 | 优秀员工 | 中国宝武 |
| 963 | 王　蕾 | 女 | 宝武大学安徽冶金科技职业学院主任培训师 | 优秀员工 | 中国宝武 |

（续　表）

| 序号 | 姓　名 | 性　别 | 单位或职务 | 荣誉称号 | 授予单位 |
|---|---|---|---|---|---|
| 964 | 赵诗琴 | 女 | 中国宝武办公室综合机要高级专员 | 优秀员工 | 中国宝武 |
| 965 | 陈　静 | 女 | 中国宝武战略规划部投资管理经理 | 优秀员工 | 中国宝武 |
| 966 | 何　峰 | 男 | 中国宝武人力资源部薪酬策划高级经理 | 优秀员工 | 中国宝武 |
| 967 | 周　峰 | 男 | 中国宝武智慧服务产业发展中心、智慧化与大数据建设办公室高级经理 | 优秀员工 | 中国宝武 |
| 968 | 周　游 | 女 | 中国宝武海外事业发展办公室海外事业高级经理 | 优秀员工 | 中国宝武 |
| 969 | 徐　卫 | 女 | 中国宝武工会高级专员 | 优秀员工 | 中国宝武 |
| 970 | 王丽娟 | 女 | 中国宝武运营共享服务中心运营管理室主任 | 优秀员工 | 中国宝武 |
| 971 | 侯长俊 | 男 | 宝钢股份 | 第三届中国宝武十大杰出青年 | 中国宝武 |
| 972 | 赵　海 | 男 | 马钢集团 | 第三届中国宝武十大杰出青年 | 中国宝武 |
| 973 | 窦　恒 | 男 | 宝武智维 | 第三届中国宝武十大杰出青年 | 中国宝武 |
| 974 | 雷　成 | 男 | 宝武炭材 | 第三届中国宝武十大杰出青年 | 中国宝武 |
| 975 | 李亚峰 | 男 | 宝地资产 | 第三届中国宝武十大杰出青年 | 中国宝武 |
| 976 | 李成刚 | 男 | 宝钢股份 | 第三届中国宝武十大杰出青年 | 中国宝武 |
| 977 | 杜　珊 | 女 | 宝信软件 | 第三届中国宝武十大杰出青年 | 中国宝武 |
| 978 | 郭利荣 | 女 | 中南钢铁 | 第三届中国宝武十大杰出青年 | 中国宝武 |
| 979 | 李韶飞 | 男 | 欧冶云商 | 第三届中国宝武十大杰出青年 | 中国宝武 |
| 980 | 裴冬冬 | 男 | 产融业中心 | 第三届中国宝武十大杰出青年 | 中国宝武 |
| 981 | 董黎和 | 男 | 宝武智维 | 第三届中国宝武十大青年先锋 | 中国宝武 |

（续　表）

| 序号 | 姓　名 | 性　别 | 单位或职务 | 荣誉称号 | 授予单位 |
|---|---|---|---|---|---|
| 982 | 姜　维 | 男 | 宝钢资源 | 第三届中国宝武十大青年先锋 | 中国宝武 |
| 983 | 袁文振 | 男 | 宝钢股份 | 第三届中国宝武十大青年先锋 | 中国宝武 |
| 984 | 赵　琦 | 女 | 宝地资产 | 第三届中国宝武十大青年先锋 | 中国宝武 |
| 985 | 程　龙 | 男 | 中南钢铁 | 第三届中国宝武十大青年先锋 | 中国宝武 |
| 986 | 滕树竹 | 女 | 宝钢包装 | 第三届中国宝武十大青年先锋 | 中国宝武 |
| 987 | 邓坦坦 | 男 | 宝钢工程 | 第三届中国宝武十大青年先锋 | 中国宝武 |
| 988 | 李雪强 | 男 | 武钢集团 | 第三届中国宝武十大青年先锋 | 中国宝武 |
| 989 | 胡春林 | 男 | 马钢集团 | 第三届中国宝武十大青年先锋 | 中国宝武 |
| 990 | 郭水华 | 男 | 产融业中心 | 第三届中国宝武十大青年先锋 | 中国宝武 |
| 991 | 韦晶晶 | 女 | 宝钢股份 | 2020年度宝武青年岗位能手标兵 | 中国宝武 |
| 992 | 付泽剑 | 男 | 宝武清能 | 2020年度宝武青年岗位能手标兵 | 中国宝武 |
| 993 | 西尔扎提·艾再孜 | 男 | 八一钢铁 | 2020年度宝武青年岗位能手标兵 | 中国宝武 |
| 994 | 齐亚猛 | 男 | 宝钢股份 | 2020年度宝武青年岗位能手标兵 | 中国宝武 |
| 995 | 李小虎 | 男 | 武钢集团 | 2020年度宝武青年岗位能手标兵 | 中国宝武 |
| 996 | 李永生 | 男 | 鄂城钢铁 | 2020年度宝武青年岗位能手标兵 | 中国宝武 |
| 997 | 吴振刚 | 男 | 宝钢金属 | 2020年度宝武青年岗位能手标兵 | 中国宝武 |
| 998 | 宋文博 | 男 | 宝武环科 | 2020年度宝武青年岗位能手标兵 | 中国宝武 |
| 999 | 徐鑫军 | 男 | 宝武特冶 | 2020年度宝武青年岗位能手标兵 | 中国宝武 |

（续　表）

| 序号 | 姓　名 | 性　别 | 单位或职务 | 荣誉称号 | 授予单位 |
|---|---|---|---|---|---|
| 1000 | 程梦圆 | 女 | 华宝证券 | 2020年度宝武青年岗位能手标兵 | 中国宝武 |
| 1001 | 曾　豪 | 男 | 华宝基金 | 2020年度宝武青年岗位能手标兵 | 中国宝武 |
| 1002 | 刘梦露 | 女 | 宝钢股份 | 2020年度宝武青年岗位能手 | 中国宝武 |
| 1003 | 陈雅娟 | 女 | 武汉耐材 | 2020年度宝武青年岗位能手 | 中国宝武 |
| 1004 | 苗馥峻 | 男 | 宝钢股份 | 2020年度宝武青年岗位能手 | 中国宝武 |
| 1005 | 罗　鉴 | 男 | 宝武清能 | 2020年度宝武青年岗位能手 | 中国宝武 |
| 1006 | 赵金凯 | 男 | 宝钢股份 | 2020年度宝武青年岗位能手 | 中国宝武 |
| 1007 | 查安鸿 | 男 | 中南钢铁 | 2020年度宝武青年岗位能手 | 中国宝武 |
| 1008 | 贾　鹏 | 男 | 华宝基金 | 2020年度宝武青年岗位能手 | 中国宝武 |
| 1009 | 曾　涛 | 男 | 重庆钢铁 | 2020年度宝武青年岗位能手 | 中国宝武 |
| 1010 | 谢志刚 | 男 | 宝钢股份 | 2020年度宝武青年岗位能手 | 中国宝武 |
| 1011 | 熊金乐 | 男 | 宝钢股份 | 2020年度宝武青年岗位能手 | 中国宝武 |
| 1012 | 冯　刚 | 男 | 宝钢资源 | 2020年度宝武青年岗位能手（技能竞赛序列） | 中国宝武 |
| 1013 | 孟　飞 | 男 | 宝钢股份 | 2020年度宝武青年岗位能手（技能竞赛序列） | 中国宝武 |
| 1014 | 任鑫鑫 | 男 | 马钢集团 | 2020年度宝武青年岗位能手（技能竞赛序列） | 中国宝武 |
| 1015 | 邢茂卿 | 男 | 宝钢股份 | 2020年度宝武青年岗位能手（技能竞赛序列） | 中国宝武 |
| 1016 | 冯忠明 | 男 | 宝钢股份 | 2020年度宝武青年岗位能手（技能竞赛序列） | 中国宝武 |
| 1017 | 闾邱隽隽 | 男 | 宝钢股份 | 2020年度宝武青年岗位能手（技能竞赛序列） | 中国宝武 |
| 1018 | 黄高见 | 男 | 中南钢铁 | 2020年度宝武青年岗位能手（技能竞赛序列） | 中国宝武 |

（续　表）

| 序号 | 姓　名 | 性　别 | 单位或职务 | 荣誉称号 | 授予单位 |
|---|---|---|---|---|---|
| 1019 | 张　泉 | 男 | 中南钢铁 | 2020年度宝武青年岗位能手（技能竞赛序列） | 中国宝武 |
| 1020 | 严　峰 | 男 | 宝钢股份 | 2020年度宝武青年岗位能手（技能竞赛序列） | 中国宝武 |
| 1021 | 李自强 | 男 | 宝钢股份 | 2020年度宝武青年岗位能手（技能竞赛序列） | 中国宝武 |
| 1022 | 韩蒙蒙 | 男 | 宝钢股份 | 2020年度宝武青年岗位能手（技能竞赛序列） | 中国宝武 |
| 1023 | 陶　涛 | 男 | 宝钢股份 | 2020年度宝武青年岗位能手（技能竞赛序列） | 中国宝武 |
| 1024 | 崔　郑 | 男 | 宝钢股份 | 2020年度宝武青年岗位能手（技能竞赛序列） | 中国宝武 |
| 1025 | 裴枝峰 | 男 | 马钢集团 | 2020年度宝武青年岗位能手（技能竞赛序列） | 中国宝武 |
| 1026 | 石东青 | 男 | 宝钢股份 | 2020年度宝武青年岗位能手（技能竞赛序列） | 中国宝武 |
| 1027 | 阮红升 | 男 | 宝钢股份 | 2020年度宝武青年岗位能手（技能竞赛序列） | 中国宝武 |
| 1028 | 刘　飞 | 男 | 宝钢股份 | 2020年度宝武青年岗位能手（技能竞赛序列） | 中国宝武 |
| 1029 | 邢　聪 | 男 | 宝钢股份 | 2020年度宝武青年岗位能手（技能竞赛序列） | 中国宝武 |
| 1030 | 汤　伟 | 男 | 马钢交材 | 2020年度宝武青年岗位能手（技能竞赛序列） | 中国宝武 |
| 1031 | 陈　景 | 男 | 马钢交材 | 2020年度宝武青年岗位能手（技能竞赛序列） | 中国宝武 |
| 1032 | 陈志遥 | 男 | 马钢交材 | 2020年度宝武青年岗位能手（技能竞赛序列） | 中国宝武 |
| 1033 | 章　峰 | 男 | 马钢交材 | 2020年度宝武青年岗位能手（技能竞赛序列） | 中国宝武 |
| 1034 | 俞永胜 | 男 | 马钢集团 | 2020年度宝武青年岗位能手（技能竞赛序列） | 中国宝武 |
| 1035 | 余吉权 | 男 | 中南钢铁 | 2020年度宝武青年岗位能手（技能竞赛序列） | 中国宝武 |
| 1036 | 陈凯鹏 | 男 | 中南钢铁 | 2020年度宝武青年岗位能手（技能竞赛序列） | 中国宝武 |
| 1037 | 卢杨光 | 男 | 宝钢股份 | 2020年度宝武青年岗位能手（技能竞赛序列） | 中国宝武 |

（续　表）

| 序号 | 姓　名 | 性　别 | 单位或职务 | 荣誉称号 | 授予单位 |
|---|---|---|---|---|---|
| 1038 | 梁　坤 | 男 | 中南钢铁 | 2020年度宝武青年岗位能手（技能竞赛序列） | 中国宝武 |
| 1039 | 闫　航 | 男 | 宝钢股份 | 2020年度宝武青年岗位能手（技能竞赛序列） | 中国宝武 |
| 1040 | 宋丽荣 | 女 | 宝钢股份 | 2020年度宝武青年岗位能手（技能竞赛序列） | 中国宝武 |
| 1041 | 刘骐毓 | 男 | 宝钢股份 | 2020年度宝武青年岗位能手（技能竞赛序列） | 中国宝武 |
| 1042 | 陈碧莹 | 女 | 宝钢股份 | 2020年度宝武青年岗位能手（技能竞赛序列） | 中国宝武 |
| 1043 | 沈志波 | 男 | 宝钢股份 | 2020年度宝武青年岗位能手（技能竞赛序列） | 中国宝武 |
| 1044 | 何扬帆 | 男 | 中南钢铁 | 2020年度宝武青年岗位能手（技能竞赛序列） | 中国宝武 |
| 1045 | 陈　贝 | 男 | 中南钢铁 | 2020年度宝武青年岗位能手（技能竞赛序列） | 中国宝武 |
| 1046 | 黄昕晟 | 男 | 宝钢股份 | 2020年度宝武青年岗位能手（技能竞赛序列） | 中国宝武 |
| 1047 | 陈豪杰 | 男 | 宝钢股份 | 2020年度宝武青年岗位能手（技能竞赛序列） | 中国宝武 |
| 1048 | 张　骏 | 男 | 马钢集团 | 2020年度宝武青年岗位能手（技能竞赛序列） | 中国宝武 |
| 1049 | 方　锟 | 男 | 马钢集团 | 2020年度宝武青年岗位能手（技能竞赛序列） | 中国宝武 |
| 1050 | 孙　浩 | 男 | 宝钢股份 | 2020年度宝武青年岗位能手（技能竞赛序列） | 中国宝武 |
| 1051 | 陶龙彪 | 男 | 宝钢股份 | 2020年度宝武青年岗位能手（技能竞赛序列） | 中国宝武 |
| 1052 | 李成鹏 | 男 | 宝钢股份 | 2020年度宝武青年岗位能手（技能竞赛序列） | 中国宝武 |
| 1053 | 李晓斌 | 男 | 宝钢股份 | 2020年度宝武青年岗位能手（技能竞赛序列） | 中国宝武 |
| 1054 | 何　果 | 男 | 中南钢铁 | 2020年度宝武青年岗位能手（技能竞赛序列） | 中国宝武 |
| 1055 | 王思蕊 | 女 | 宝信软件 | 2020年度宝武青年岗位能手（技能竞赛序列） | 中国宝武 |
| 1056 | 徐加磊 | 男 | 宝钢包装 | 2020年度宝武青年岗位能手（技能竞赛序列） | 中国宝武 |

（续　表）

| 序号 | 姓　名 | 性　别 | 单位或职务 | 荣誉称号 | 授予单位 |
|---|---|---|---|---|---|
| 1057 | 朱　阳 | 男 | 宝信软件 | 2020年度宝武青年岗位能手（技能竞赛序列） | 中国宝武 |
| 1058 | 邓群芳 | 女 | 中南钢铁 | 2020年度宝武青年岗位能手（技能竞赛序列） | 中国宝武 |
| 1059 | 王　潇 | 女 | 宝钢股份 | 2019年度宝武优秀青年安生生产示范岗岗长 | 中国宝武 |
| 1060 | 邓良兴 | 男 | 宝钢股份 | 2019年度宝武优秀青年安生生产示范岗岗长 | 中国宝武 |
| 1061 | 伍　英 | 男 | 宝钢股份 | 2019年度宝武优秀青年安生生产示范岗岗长 | 中国宝武 |
| 1062 | 李　想 | 男 | 宝钢股份 | 2019年度宝武优秀青年安生生产示范岗岗长 | 中国宝武 |
| 1063 | 陈宏峰 | 男 | 宝钢股份 | 2019年度宝武优秀青年安生生产示范岗岗长 | 中国宝武 |
| 1064 | 庞尚京 | 男 | 宝钢股份 | 2019年度宝武优秀青年安生生产示范岗岗长 | 中国宝武 |
| 1065 | 周　峰 | 男 | 武钢集团 | 2019年度宝武优秀青年安生生产示范岗岗长 | 中国宝武 |
| 1066 | 沈驰原 | 男 | 八一钢铁 | 2019年度宝武优秀青年安生生产示范岗岗长 | 中国宝武 |
| 1067 | 管士晨 | 男 | 八一钢铁 | 2019年度宝武优秀青年安生生产示范岗岗长 | 中国宝武 |
| 1068 | 王　益 | 男 | 欧冶云商 | 2019年度宝武优秀青年安生生产示范岗岗长 | 中国宝武 |
| 1069 | 卢隆昌 | 男 | 宝钢资源 | 2019年度宝武优秀青年安生生产示范岗岗长 | 中国宝武 |
| 1070 | 胡　眉 | 男 | 宝钢德盛 | 2019年度宝武优秀青年安生生产示范岗岗长 | 中国宝武 |
| 1071 | 陈　彬 | 男 | 宝武炭材 | 2019年度宝武优秀青年安生生产示范岗岗长 | 中国宝武 |
| 1072 | 赵　扬（已离职） | 男 | 宝信软件 | 2019年度宝武优秀青年安生生产示范岗岗长 | 中国宝武 |
| 1073 | 汤永仁（已离职） | 男 | 宝武智维 | 2019年度宝武优秀青年安生生产示范岗岗长 | 中国宝武 |
| 1074 | 招红枫 | 男 | 宝武环科 | 2019年度宝武优秀青年安生生产示范岗岗长 | 中国宝武 |
| 1075 | 王　斯 | 男 | 宁波宝新 | 2019年度宝武优秀青年安生生产示范岗岗长 | 中国宝武 |

（续　表）

| 序号 | 姓　名 | 性　别 | 单位或职务 | 荣誉称号 | 授予单位 |
|---|---|---|---|---|---|
| 1076 | 黄银磊 | 男 | 宝钢包装 | 2019年度宝武优秀青年安生生产示范岗岗长 | 中国宝武 |
| 1077 | 李　昊 | 男 | 宝地新疆 | 2019年度宝武优秀青年安生生产示范岗岗长 | 中国宝武 |
| 1078 | 徐　涛 | 男 | 武汉耐材 | 2019年度宝武优秀青年安生生产示范岗岗长 | 中国宝武 |
| 1079 | 马燕楠 | 男 | 宝钢股份 | 2019年度中国宝武优秀共青团员 | 中国宝武 |
| 1080 | 叶忆君 | 女 | 宝钢股份 | 2019年度中国宝武优秀共青团员 | 中国宝武 |
| 1081 | 朱华俊 | 男 | 宝钢股份 | 2019年度中国宝武优秀共青团员 | 中国宝武 |
| 1082 | 李东阳 | 男 | 宝钢股份 | 2019年度中国宝武优秀共青团员 | 中国宝武 |
| 1083 | 余荣超 | 男 | 宝钢股份 | 2019年度中国宝武优秀共青团员 | 中国宝武 |
| 1084 | 黄昕晟 | 男 | 宝钢股份 | 2019年度中国宝武优秀共青团员 | 中国宝武 |
| 1085 | 徐　昕 | 女 | 马钢集团 | 2019年度中国宝武优秀共青团员 | 中国宝武 |
| 1086 | 高莹茹 | 女 | 马钢集团 | 2019年度中国宝武优秀共青团员 | 中国宝武 |
| 1087 | 郭　锐 | 男 | 马钢集团 | 2019年度中国宝武优秀共青团员 | 中国宝武 |
| 1088 | 刘俊波 | 男 | 武钢集团 | 2019年度中国宝武优秀共青团员 | 中国宝武 |
| 1089 | 贺逢毅 | 男 | 八一钢铁 | 2019年度中国宝武优秀共青团员 | 中国宝武 |
| 1090 | 王东兴 | 男 | 中南钢铁 | 2019年度中国宝武优秀共青团员 | 中国宝武 |
| 1091 | 王　超 | 男 | 宝钢金属 | 2019年度中国宝武优秀共青团员 | 中国宝武 |
| 1092 | 洪　枫 | 男 | 宝钢工程 | 2019年度中国宝武优秀共青团员 | 中国宝武 |
| 1093 | 杨　昆 | 男 | 欧冶云商 | 2019年度中国宝武优秀共青团员 | 中国宝武 |
| 1094 | 朱志强 | 男 | 宝钢资源 | 2019年度中国宝武优秀共青团员 | 中国宝武 |

（续　表）

| 序号 | 姓　名 | 性　别 | 单位或职务 | 荣誉称号 | 授予单位 |
|---|---|---|---|---|---|
| 1095 | 张鑫磊 | 男 | 宝地资产 | 2019年度中国宝武优秀共青团员 | 中国宝武 |
| 1096 | 吴柯珂 | 女 | 华宝信托 | 2019年度中国宝武优秀共青团员 | 中国宝武 |
| 1097 | 余万金 | 男 | 宝钢德盛 | 2019年度中国宝武优秀共青团员 | 中国宝武 |
| 1098 | 于大川 | 男 | 马钢交材 | 2019年度中国宝武优秀共青团员 | 中国宝武 |
| 1099 | 陈　彬 | 男 | 宝武炭材 | 2019年度中国宝武优秀共青团员 | 中国宝武 |
| 1100 | 钱诗语 | 女 | 宝信软件 | 2019年度中国宝武优秀共青团员 | 中国宝武 |
| 1101 | 胡　博 | 男 | 宝武智维 | 2019年度中国宝武优秀共青团员 | 中国宝武 |
| 1102 | 袁孜英 | 女 | 宝武环科 | 2019年度中国宝武优秀共青团员 | 中国宝武 |
| 1103 | 於子豪 | 男 | 宝武水务 | 2019年度中国宝武优秀共青团员 | 中国宝武 |
| 1104 | 周奕豪 | 男 | 华宝基金 | 2019年度中国宝武优秀共青团员 | 中国宝武 |
| 1105 | 钟铁凡 | 男 | 华宝证券 | 2019年度中国宝武优秀共青团员 | 中国宝武 |
| 1106 | 陈斯杰 | 男 | 财务公司 | 2019年度中国宝武优秀共青团员 | 中国宝武 |
| 1107 | 邓博钦 | 男 | 宁波宝新 | 2019年度中国宝武优秀共青团员 | 中国宝武 |
| 1108 | 黄　予 | 男 | 宝钢包装 | 2019年度中国宝武优秀共青团员 | 中国宝武 |
| 1109 | 邱煜亮 | 男 | 宝钢股份 | 2020年中国宝武优秀共青团员（抗疫类） | 中国宝武 |
| 1110 | 蒋刚亮 | 男 | 宝钢股份 | 2020年中国宝武优秀共青团员（抗疫类） | 中国宝武 |
| 1111 | 冯　宇 | 女 | 武钢集团 | 2020年中国宝武优秀共青团员（抗疫类） | 中国宝武 |
| 1112 | 孙福琳 | 女 | 武钢集团 | 2020年中国宝武优秀共青团员（抗疫类） | 中国宝武 |
| 1113 | 吴　航 | 男 | 武钢集团 | 2020年中国宝武优秀共青团员（抗疫类） | 中国宝武 |

（续 表）

| 序号 | 姓　名 | 性　别 | 单位或职务 | 荣誉称号 | 授予单位 |
|---|---|---|---|---|---|
| 1114 | 胡　晓 | 女 | 武钢集团 | 2020年中国宝武优秀共青团员（抗疫类） | 中国宝武 |
| 1115 | 何　莹 | 女 | 宝信软件 | 2020年中国宝武优秀共青团员（抗疫类） | 中国宝武 |
| 1116 | 王　者 | 男 | 宝武重工 | 2020年中国宝武优秀共青团员（抗疫类） | 中国宝武 |
| 1117 | 白　超 | 男 | 武钢集团 | 2020年中国宝武优秀共青团员（抗疫类） | 中国宝武 |
| 1118 | 吉　晶 | 女 | 宝钢股份 | 2019年度中国宝武优秀共青团干部 | 中国宝武 |
| 1119 | 金晓峰 | 男 | 宝钢股份 | 2019年度中国宝武优秀共青团干部 | 中国宝武 |
| 1120 | 高　阳 | 男 | 宝钢股份 | 2019年度中国宝武优秀共青团干部 | 中国宝武 |
| 1121 | 唐合雷 | 男 | 宝钢股份 | 2019年度中国宝武优秀共青团干部 | 中国宝武 |
| 1122 | 黄朝东 | 男 | 宝钢股份 | 2019年度中国宝武优秀共青团干部 | 中国宝武 |
| 1123 | 钱　蒙 | 女 | 马钢集团 | 2019年度中国宝武优秀共青团干部 | 中国宝武 |
| 1124 | 苏　煜 | 男 | 武钢集团 | 2019年度中国宝武优秀共青团干部 | 中国宝武 |
| 1125 | 汪晓强 | 男 | 八一钢铁 | 2019年度中国宝武优秀共青团干部 | 中国宝武 |
| 1126 | 肖明山 | 男 | 中南钢铁 | 2019年度中国宝武优秀共青团干部 | 中国宝武 |
| 1127 | 吴立坤 | 男 | 宝钢金属 | 2019年度中国宝武优秀共青团干部 | 中国宝武 |
| 1128 | 茅惠惠 | 女 | 宝钢工程 | 2019年度中国宝武优秀共青团干部 | 中国宝武 |
| 1129 | 张煜东 | 男 | 欧冶云商 | 2019年度中国宝武优秀共青团干部 | 中国宝武 |
| 1130 | 胡永康 | 男 | 宝钢资源 | 2019年度中国宝武优秀共青团干部 | 中国宝武 |
| 1131 | 李绍梅 | 女 | 宝钢德盛 | 2019年度中国宝武优秀共青团干部 | 中国宝武 |
| 1132 | 陈时雯 | 女 | 马钢交材 | 2019年度中国宝武优秀共青团干部 | 中国宝武 |

（续　表）

| 序号 | 姓　名 | 性　别 | 单位或职务 | 荣誉称号 | 授予单位 |
|---|---|---|---|---|---|
| 1133 | 许素娟 | 女 | 宝信软件 | 2019年度中国宝武优秀共青团干部 | 中国宝武 |
| 1134 | 朱钟铖 | 男 | 宝武智维 | 2019年度中国宝武优秀共青团干部 | 中国宝武 |
| 1135 | 胡　进 | 男 | 宝武环科 | 2019年度中国宝武优秀共青团干部 | 中国宝武 |
| 1136 | 程梦圆 | 女 | 华宝证券 | 2019年度中国宝武优秀共青团干部 | 中国宝武 |
| 1137 | 张啸瀚 | 男 | 宝钢包装 | 2019年度中国宝武优秀共青团干部 | 中国宝武 |
| 1138 | 李青青 | 女 | 宝钢股份 | 2020年中国宝武优秀共青团干部（抗疫类） | 中国宝武 |
| 1139 | 张　晨 | 男 | 马钢集团 | 2020年中国宝武优秀共青团干部（抗疫类） | 中国宝武 |
| 1140 | 杨水萍 | 女 | 宝钢资源 | 2020年中国宝武优秀共青团干部（抗疫类） | 中国宝武 |
| 1141 | 涂仲文 | 男 | 宝武炭材 | 2020年中国宝武优秀共青团干部（抗疫类） | 中国宝武 |
| 1142 | 方浩峰 | 男 | 宝武智维 | 2020年中国宝武优秀共青团干部（抗疫类） | 中国宝武 |

编辑：张　鑫

# 20 统计资料

# 统计资料

### 中国宝武历年产销量及粗钢产量占全国比例一览表

<table>
<tr><th rowspan="2">年　份</th><th colspan="5">中国宝武产销量（万吨）</th><th rowspan="2">中国粗钢产量（万吨）</th><th rowspan="2">中国宝武占全国粗钢产量比例（%）</th></tr>
<tr><th>铁产量</th><th>粗钢产量</th><th>商品坯材产量</th><th>商品坯材销量</th><th>出口钢材</th></tr>
<tr><td>2020年</td><td>10 117.68</td><td>11 528.81</td><td>11 262.94</td><td>11 261.43</td><td>453.09</td><td>106 476.70</td><td>10.83</td></tr>
<tr><td>2019年</td><td>8 762.08</td><td>9 545.55</td><td>9 236.62</td><td>9 266.79</td><td>459.28</td><td>99 630</td><td>9.58</td></tr>
<tr><td>2018年</td><td>6 253.00</td><td>6 724.84</td><td>6 593.16</td><td>6 613.59</td><td>340.59</td><td>92 826</td><td>7.24</td></tr>
<tr><td>2017年</td><td>6 147.01</td><td>6 539.27</td><td>6 529.10</td><td>6 555.89</td><td>336.41</td><td>83 173</td><td>7.86</td></tr>
<tr><td>2016年</td><td>5 671.68</td><td>5 848.62</td><td>5 729.77</td><td>5 742.60</td><td>400.07</td><td>80 837</td><td>7.24</td></tr>
</table>

### 2020 年中国宝武主要经济指标统计表

| 项　目　名　称 | 数　　值 | 单　　位 | 比上年增长 |
|---|---|---|---|
| 工业总产值（现行价格） | 6 079.11 | 亿元 | 22.93% |
| 工业销售产值 | 6 029.35 | 亿元 | 22.73% |
| 资产总额 | 10 140.70 | 亿元 | 17.62% |
| 营业收入 | 6 737.40 | 亿元 | 22.01% |
| 利润总额 | 455.40 | 亿元 | 31.88% |
| 上缴税费 | 256.10 | 亿元 | 0.01% |
| 净资产收益率 | 8.21 | % | 增长0.92个百分点 |
| 铁产量 | 10 117.68 | 万吨 | 15.47% |
| 钢产量 | 11 528.81 | 万吨 | 20.78% |

（续　表）

| 项 目 名 称 | 数　　值 | 单　　位 | 比上年增长 |
|---|---|---|---|
| 商品坯材产量 | 11 262.94 | 万吨 | 21.94% |
| 商品坯材销量 | 11 261.43 | 万吨 | 21.52% |
| 出口钢材 | 453.09 | 万吨 | −1.35% |

## 中国宝武钢铁集团有限公司资产负债表

（2020年12月31日）

单位：人民币元

| 项　　目 | 2020年 | 2019年（经重述） |
|---|---|---|
| 资产 | | |
| 流动资产 | | |
| 货币资金 | 84 176 948 556.35 | 77 316 065 485.49 |
| 结算备付金 | 2 247 401 003.52 | 1 746 641 768.24 |
| 交易性金融资产 | 10 757 738 503.73 | 5 211 563 271.04 |
| 以公允价值计量且其变动计入当期损益的金融资产 | 8 164 842 742.86 | 9 891 400 755.53 |
| 衍生金融资产 | 60 840 823.90 | 66 206 472.07 |
| 应收票据 | 10 312 141 647.16 | 10 567 336 486.69 |
| 应收账款 | 17 408 127 447.13 | 18 334 488 182.51 |
| 应收款项融资 | 41 386 473 836.50 | 40 861 588 115.55 |
| 预付款项 | 14 143 103 673.77 | 14 158 710 508.15 |
| 其他应收款 | 7 570 424 873.69 | 8 500 728 673.76 |
| 买入返售金融资产 | 11 538 792 843.03 | 6 602 850 953.86 |
| 存货 | 114 587 164 053.77 | 114 907 486 798.21 |
| 合同资产 | 921 361 666.33 | — |
| 持有待售资产 | 4 748 433.56 | 88 660 201.21 |
| 一年内到期的非流动资产 | 6 846 646 159.39 | 3 302 674 501.22 |
| 其他流动资产 | 45 083 489 548.02 | 52 887 543 324.59 |
| 流动资产合计 | 375 210 245 812.71 | 364 443 945 498.12 |

（续　表）

| 项　　　目 | 2020年 | 2019年（经重述） |
|---|---|---|
| 非流动资产 | | |
| 发放贷款和垫款 | 1 361 318 554.88 | 1 599 031 016.92 |
| 债权投资 | 243 000 000.00 | 1 760 698 711.95 |
| 可供出售金融资产 | 31 447 565 152.96 | 47 728 628 904.70 |
| 其他债权投资 | 4 773 205 331.21 | 5 561 672 867.48 |
| 持有至到期投资 | 2 033 922 291.38 | 2 101 131 751.56 |
| 长期应收款 | 10 536 823 253.59 | 9 483 470 366.49 |
| 长期股权投资 | 116 200 554 377.39 | 103 400 548 845.01 |
| 其他权益工具投资 | 1 220 105 632.36 | 1 483 607 863.59 |
| 其他非流动金融资产 | 9 778 811 437.83 | 11 691 046 456.29 |
| 投资性房地产 | 17 885 741 905.17 | 10 534 169 880.05 |
| 固定资产 | 313 137 410 822.14 | 315 473 648 790.30 |
| 在建工程 | 46 898 740 596.42 | 28 555 433 795.56 |
| 使用权资产 | 92 321 574.82 | 97 300 705.12 |
| 无形资产 | 52 305 971 343.84 | 50 932 210 759.18 |
| 开发支出 | 1 806 284 585.21 | 1 677 788 353.59 |
| 商誉 | 1 351 670 030.69 | 563 510 555.04 |
| 长期待摊费用 | 5 081 861 781.88 | 4 729 502 354.46 |
| 递延所得税资产 | 13 465 649 793.97 | 13 686 437 787.72 |
| 其他非流动资产 | 9 240 118 711.12 | 15 221 964 224.02 |
| 非流动资产合计 | 638 861 077 176.86 | 626 281 803 989.03 |
| 资产总计 | 1 014 071 322 989.57 | 990 725 749 487.15 |
| **负债和所有者权益** | | |
| 流动负债 | | |
| 短期借款 | 106 161 360 466.51 | 108 070 722 223.44 |

（续　表）

| 项　　目 | 2020年 | 2019年（经重述） |
| --- | --- | --- |
| 吸收存款及同业存放 | 1 857 415 555.88 | 3 330 366 094.76 |
| 拆入资金 | 652 866 111.11 | 2 028 215 252.89 |
| 交易性金融负债 | 128 867 222.96 | — |
| 以公允价值计量且其变动计入当期损益的金融负债 | 134 346 643.54 | 79 074 869.92 |
| 衍生金融负债 | 204 299 677.54 | 36 919 469.08 |
| 应付票据 | 44 579 114 708.87 | 51 175 688 293.93 |
| 应付账款 | 69 795 165 827.15 | 61 161 336 015.88 |
| 预收款项 | 10 652 925 924.90 | 36 392 459 117.24 |
| 合同负债 | 36 451 764 362.39 | 3 721 784 611.10 |
| 卖出回购金融资产款 | 3 007 004 778.38 | 5 737 228 058.49 |
| 应付职工薪酬 | 10 437 078 612.65 | 16 471 113 610.45 |
| 应缴税费 | 7 441 346 500.49 | 5 047 277 726.54 |
| 其他应付款 | 21 246 360 931.67 | 28 111 136 554.05 |
| 代理买卖证券款 | 3 274 597 186.86 | 2 228 531 140.83 |
| 一年内到期的非流动负债 | 24 515 373 478.22 | 45 950 979 154.45 |
| 其他流动负债 | 33 865 869 587.15 | 36 831 026 829.54 |
| 流动负债合计 | 374 405 757 576.27 | 406 373 859 022.59 |
| 非流动负债 | | |
| 长期借款 | 84 597 715 428.27 | 62 101 078 402.66 |
| 应付债券 | 34 535 682 489.64 | 16 733 594 063.84 |
| 租赁负债 | 90 192 538.75 | 89 901 835.41 |
| 长期应付款 | 4 808 275 233.49 | 6 835 948 334.33 |
| 长期应付职工薪酬 | 18 088 635 841.75 | 18 831 683 535.04 |
| 预计负债 | 5 159 397 940.31 | 4 842 353 469.74 |
| 递延收益 | 3 836 527 959.22 | 4 229 092 964.81 |

（续　表）

| 项　　　目 | 2020年 | 2019年（经重述） |
| --- | --- | --- |
| 递延所得税负债 | 3 627 426 659.49 | 5 265 174 969.30 |
| 其他非流动负债 | 3 631 832 399.46 | 3 756 778 912.18 |
| 非流动负债合计 | 158 375 686 490.38 | 122 685 606 487.31 |
| 负债合计 | 532 781 444 066.65 | 529 059 465 509.90 |
| 所有者权益 | | |
| 其他权益工具 | — | 1 138 500 000.00 |
| 资本公积 | 40 215 221 650.97 | 50 290 299 249.38 |
| 其他综合收益 | 5 279 918 977.02 | 11 350 157 656.57 |
| 专项储备 | 919 439 779.19 | 619 008 687.49 |
| 一般风险准备金 | 1 353 348 058.84 | 1 279 955 327.03 |
| 盈余公积 | 108 610 804 831.69 | 107 153 473 634.92 |
| 未分配利润 | 84 605 640 351.20 | 63 159 456 719.23 |
| 归属于母公司所有者权益合计 | 293 775 474 647.80 | 287 781 952 273.51 |
| 少数股东权益 | 187 514 404 275.12 | 173 884 331 703.74 |
| 所有者权益合计 | 481 289 878 922.92 | 461 666 283 977.25 |
| 负债和所有者权益总计 | 1 014 071 322 989.57 | 990 725 749 487.15 |

## 2020 年度中国宝武钢铁集团有限公司利润表

单位：人民币元

| 项　　　目 | 2020年 | 2019年（经重述） |
| --- | --- | --- |
| 营业收入 | 673 738 672 714.85 | 631 717 007 677.15 |
| 减：营业成本 | 589 782 718 374.14 | 550 477 655 804.77 |
| 税金及附加 | 5 069 607 974.00 | 4 758 169 014.14 |
| 销售费用 | 10 611 012 960.94 | 10 642 373 313.57 |
| 管理费用 | 20 658 936 123.35 | 30 429 550 416.68 |
| 研发费用 | 17 685 790 928.03 | 16 254 912 053.96 |

（续　表）

| 项　　　目 | 2020年 | 2019年（经重述） |
|---|---|---|
| 财务费用 | 9 394 725 583.04 | 10 794 011 366.10 |
| 其中：利息费用 | 10 429 256 134.68 | 10 517 437 719.61 |
| 利息收入 | 1 452 720 263.06 | 993 358 535.03 |
| 汇兑（净收益）/净损失 | （535 451 132.05） | 420 125 320.79 |
| 加：其他收益 | 3 048 939 618.73 | 3 450 096 881.98 |
| 投资收益 | 23 290 650 229.75 | 22 529 782 873.38 |
| 其中：对联营企业和合营企业的投资收益 | 8 570 460 910.52 | 10 047 532 634.58 |
| 以摊余成本计量的金融资产终止确认收益 | 370 819.40 | 67 796 079.00 |
| 公允价值变动收益 | （125 293 892.72） | 684 251 001.84 |
| 信用减值损失（损失负数） | （19 937 360.51） | 3 463 431.81 |
| 资产减值损失（损失负数） | （3 471 809 643.96） | （2 237 995 909.12） |
| 资产处置收益 | 3 793 395 549.93 | 1 867 604 186.85 |
| 营业利润 | 47 051 825 272.57 | 34 657 538 174.67 |
| 加：营业外收入 | 1 318 785 726.69 | 1 363 553 315.96 |
| 减：营业外支出 | 2 827 401 321.71 | 2 979 864 390.36 |
| 利润总额 | 45 543 209 677.55 | 33 041 227 100.27 |
| 减：所得税费用 | 6 817 193 620.62 | 5 250 931 832.88 |
| 净利润 | 38 726 016 056.93 | 27 790 295 267.39 |
| 按经营持续性分类 | | |
| 持续经营净利润 | 38 728 370 639.09 | 27 790 295 267.39 |
| 终止经营净亏损 | （2 354 582.16） | — |
| 按所有权归属分类 | | |
| 归属于母公司所有者的净利润 | 25 038 264 996.43 | 18 665 433 541.22 |
| 少数股东损益 | 13 687 751 060.50 | 9 124 861 726.17 |
| 其他综合收益的税后净额 | （6 696 087 219.28） | 3 059 552 968.08 |

（续 表）

| 项　　目 | 2020年 | 2019年（经重述） |
|---|---|---|
| 归属于母公司所有者的其他综合收益的税后净额 | （6 087 545 798.13） | 2 586 780 236.33 |
| 不能重分类进损益的其他综合收益 | | |
| 权益法下不可转损益的其他综合收益 | 3 213 903.41 | — |
| 重新计量设定受益计划的变动额 | 51 992 250.64 | （16 111 978.55） |
| 其他权益工具投资公允价值变动 | 106 375 150.15 | 183 665 571.28 |
| 将重分类进损益的其他综合收益 | | |
| 权益法下可转损益的其他综合收益 | 2 045 461 295.41 | 2 440 181 515.80 |
| 其他债权投资公允价值变动 | （36 806 555.64） | 5 052 856.09 |
| 可供出售金融资产公允价值变动 | （7 902 905 809.85） | （42 933 428.70） |
| 金融资产重分类计入其他综合收益的金额 | 58 783.88 | 402 393.51 |
| 其他债权投资信用减值准备 | （880 947.51） | 523 874.06 |
| 外币财务报表折算差额 | （354 053 868.62） | 15 999 432.84 |
| 归属于少数股东的其他综合收益的税后净额 | （608 541 421.15） | 472 772 731.75 |
| 综合收益总额 | 32 029 928 837.65 | 30 849 848 235.47 |
| 其中： | | |
| 归属于母公司所有者的综合收益总额 | 18 950 719 198.30 | 21 252 213 777.55 |
| 归属于少数股东的综合收益总额 | 13 079 209 639.35 | 9 597 634 457.92 |

## 中国宝武主要子公司及控股公司经营情况统计表

（2020年12月31日）

金额单位：亿元

| 企　业　名　称 | 成立年月 | 资产总计 | 持股比例 | 营业总收入 | 利润总额 |
|---|---|---|---|---|---|
| 宝山钢铁股份有限公司 | 2000年2月 | 3 562.25 | 62.29% | 2 844.36 | 160.22 |
| 宝武集团中南钢铁有限公司 | 1966年8月 | 227.59 | 51.00% | 311.01 | 25.26 |
| 马钢（集团）控股有限公司 | 1998年9月 | 1 094.70 | 51.00% | 1 202.65 | 54.62 |
| 太原钢铁（集团）有限公司 | 1997年12月 | 1 254.66 | 51.00% | 786.23 | 39.34 |

（续　表）

| 企　业　名　称 | 成立年月 | 资产总计 | 持股比例 | 营业总收入 | 利润总额 |
|---|---|---|---|---|---|
| 宝钢德盛不锈钢有限公司 | 2005年11月 | 131.94 | 70.00% | 111.35 | −5.17 |
| 宁波宝新不锈钢有限公司 | 1996年3月 | 37.59 | 54.00% | 79.77 | 1.63 |
| 宝钢集团新疆八一钢铁有限公司 | 1951年9月 | 521.78 | 61.87% | 243.24 | 13.20 |
| 武钢集团有限公司 | 1958年9月 | 1 071.72 | 100.00% | 382.97 | 39.84 |
| 宝钢资源有限公司 | 2006年7月 | 151.25 | 100.00% | 286.19 | 1.32 |
| 宝钢资源（国际）有限公司 | 2010年12月 | 172.21 | 100.00% | 357.52 | 3.43 |
| 宝钢澳大利亚矿业有限公司 | 2002年5月 | 5.32 | 100.00% | 0.00 | 0.00 |
| 欧冶云商股份有限公司 | 2015年2月 | 231.83 | 60.89% | 749.56 | 3.40 |
| 宝武物流资产有限公司 | 2019年9月 | 3.11 | 100.00% | 1.22 | −0.10 |
| 宝武集团环境资源科技有限公司 | 2016年12月 | 82.74 | 100.00% | 76.41 | 8.84 |
| 宝钢发展有限公司 | 1986年9月 | 65.30 | 100.00% | 18.11 | −1.78 |
| 上海宝地不动产资产管理有限公司 | 2012年4月 | 185.26 | 100.00% | 38.90 | 19.66 |
| 上海宝钢不锈钢有限公司 | 2012年2月 | 283.79 | 100.00% | 0.61 | −2.82 |
| 宝钢特钢有限公司 | 2012年3月 | 114.61 | 100.00% | 62.27 | −5.28 |
| 宝钢工程技术集团有限公司 | 1999年8月 | 95.80 | 100.00% | 91.47 | 7.49 |
| 上海宝华国际招标有限公司 | 2005年12月 | 5.69 | 100.00% | 1.28 | 0.42 |
| 宝钢金属有限公司 | 2007年12月 | 158.69 | 100.00% | 105.44 | 5.24 |
| 宝武装备智能科技有限公司 | 1994年6月 | 21.76 | 100.00% | 34.73 | 0.60 |
| 欧冶工业品股份有限公司 | 2020年9月 | 39.89 | 100.00% | 10.39 | 0.00 |
| 宝武水务科技有限公司 | 2019年8月 | 15.99 | 100.00% | 13.66 | 0.67 |
| 宝武清洁能源有限公司 | 2019年11月 | 1.30 | 100.00% | 0.02 | −0.23 |
| 西藏矿业资产经营有限公司 | 1998年4月 | 33.69 | 47.96% | 3.98 | −1.87 |
| 华宝投资有限公司 | 2007年3月 | 624.38 | 100.00% | 19.84 | 7.38 |
| 华宝信托有限责任公司 | 1998年6月 | 130.22 | 98.00% | 22.54 | 16.00 |
| 华宝资本有限公司 | 1991年5月 | 5.11 | 100.00% | 0.00 | 0.02 |

（续 表）

| 企业名称 | 成立年月 | 资产总计 | 持股比例 | 营业总收入 | 利润总额 |
|---|---|---|---|---|---|
| 宝武原料供应有限公司 | 2020年7月 | 9.58 | 92.00% | 12.90 | 0.06 |
| 宝钢集团上海第一钢铁有限公司 | 1938年11月 | 13.13 | 100.00% | 0.30 | −0.08 |
| 宝钢集团上海浦东钢铁有限公司 | 1913年3月 | 25.79 | 100.00% | 0.01 | 0.46 |
| 宝钢集团上海五钢有限公司 | 1958年9月 | 13.16 | 100.00% | 1.11 | 0.36 |
| 宝钢集团上海梅山有限公司 | 1969年4月 | 41.20 | 100.00% | 23.80 | 0.00 |
| 南京宝钢轧钢有限公司 | 1991年7月 | 0.25 | 66.62% | 0.02 | −0.01 |
| 宝钢香港投资有限公司 | 2015年9月 | 20.67 | 100.00% | 0.00 | −7.97 |
| 上海宝钢心越人力资源服务有限公司 | 2016年7月 | 0.17 | 100.00% | 0.03 | 0.02 |
| 宝武铝业科技有限公司 | 2011年11月 | 51.38 | 51.00% | 0.92 | −1.56 |

## 中国宝武上市公司一览表

（2020年12月31日）

| 企业名称 | 股票代码 | 总股本（百万股） | 2020年12月31日 | |
|---|---|---|---|---|
| | | | 每股净资产（元） | 股票收盘价格（元） |
| 宝山钢铁股份有限公司 | 600019 | 22 269.45 | 8.28 | 5.95 |
| 上海宝信软件股份有限公司 | 600845 | 1 155.44 | 6.30 | 68.98 |
| 新疆八一钢铁股份有限公司 | 600581 | 1 532.90 | 2.94 | 3.83 |
| 广东韶钢松山股份有限公司 | 000717 | 2 419.52 | 3.93 | 4.27 |
| 上海宝钢包装股份有限公司 | 601968 | 833.33 | 2.83 | 8.10 |
| 马鞍山钢铁股份有限公司 | 600808 | 7 700.68 | 3.69 | 2.66 |
| 西藏矿业发展股份有限公司 | 000762 | 520.82 | 3.87 | 12.98 |
| 山西太钢不锈钢股份有限公司 | 000825 | 5 696.25 | 5.78 | 3.61 |

## 2020年中国宝武主要投产项目一览表

| 单位 | 项目名称 | 开工时间 | 投产时间 |
|---|---|---|---|
| 宝钢股份 | 二号高炉大修改造 | 2020年9月 | 2020年11月 |
| 马钢股份 | 马钢南区雨污分流及排扣优化工程 | 2020年4月 | 2020年12月 |

## 2020年中国宝武主要在建项目一览表

| 单　位 | 项　目　名　称 | 开工时间 | 预计投产时间 |
|---|---|---|---|
| 宝钢股份 | 湛江钢铁三号高炉系统项目 | 2019年3月 | 2021年12月 |
| 宝钢股份 | 武钢有限二三烧结整合大修改造 | 2020年8月 | 2021年12月 |
| 宝钢股份 | 武钢有限能环部新建亚临界燃气锅炉发电项目 | 2020年11月 | 2021年10月 |
| 宝钢股份 | 武钢有限六号高炉大修改造 | 2020年12月 | 2021年8月 |
| 马钢股份 | 马钢二号E型焦煤筒仓工程 | 2020年7月 | 2021年10月 |
| 马钢股份 | 马钢炼铁总厂带式焙烧机工程 | 2020年7月 | 2021年11月 |
| 武钢集团 | 武钢大数据产业园互联网数据中心（IDC） | 2018年12月 | 2024年12月 |

## 2020年末中国宝武各单位员工分类构成情况表

单位：人

| 单位名称 | 在册员工 | 在岗员工 | 岗位分布 | | | 年龄结构 | | | | 学历结构 | | | | |
|---|---|---|---|---|---|---|---|---|---|---|---|---|---|---|
| | | | 管理岗位 | 技术岗位 | 操作岗位 | 35岁及以下 | 36岁～45岁 | 46～55岁 | 56岁及以上 | 研究生 | 大学 | 大专 | 中专、技校、高中 | 初中以下 |
| 中国宝武（合并） | 227 007 | 187 595 | 14 366 | 45 900 | 127 329 | 40 497 | 62 039 | 75 734 | 9 325 | 11 414 | 47 041 | 50 985 | 46 646 | 31 509 |
| 集团公司总部 | 973 | 723 | 163 | 555 | 5 | 50 | 249 | 322 | 102 | 270 | 367 | 79 | 7 | 0 |
| 宝钢股份 | 55 865 | 44 560 | 3 372 | 11 110 | 30 078 | 12 320 | 15 518 | 14 413 | 2 309 | 3 863 | 14 192 | 15 674 | 7 572 | 3 259 |
| 马钢集团 | 26 308 | 25 384 | 2 250 | 3 826 | 19 308 | 5 347 | 6 817 | 12 061 | 1 159 | 795 | 4 305 | 6 575 | 7 475 | 6 234 |
| 太原钢铁 | 38 941 | 31 474 | 1 677 | 6 181 | 23 616 | 4 925 | 10 623 | 14 442 | 1 484 | 1 186 | 5 896 | 8 205 | 10 193 | 5 994 |
| 八一钢铁 | 13 583 | 11 173 | 644 | 1 708 | 8 821 | 1 336 | 3 127 | 6 163 | 547 | 99 | 1 937 | 2 747 | 3 855 | 2 535 |
| 中南钢铁 | 9 641 | 7 772 | 348 | 1 263 | 6 161 | 1 764 | 3 292 | 2 609 | 107 | 217 | 1 611 | 2 807 | 2 445 | 692 |
| 鄂城钢铁 | 7 376 | 4 027 | 281 | 603 | 3 143 | 370 | 2 268 | 1 378 | 11 | 113 | 845 | 1 120 | 1 277 | 672 |
| 宝钢德盛 | 2 111 | 2 111 | 133 | 412 | 1 566 | 1 200 | 481 | 368 | 62 | 21 | 429 | 666 | 504 | 491 |

（续　表）

| 单位名称 | 在册员工 | 在岗员工 | 岗位分布 | | | 年龄结构 | | | | 学历结构 | | | | |
|---|---|---|---|---|---|---|---|---|---|---|---|---|---|---|
| | | | 管理岗位 | 技术岗位 | 操作岗位 | 35岁及以下 | 36岁～45岁 | 46～55岁 | 56岁及以上 | 研究生 | 大学 | 大专 | 中专、技校、高中 | 初中以下 |
| 马钢交材 | 1 683 | 1 642 | 122 | 179 | 1 341 | 401 | 382 | 788 | 71 | 62 | 324 | 551 | 423 | 282 |
| 宁波宝新 | 1 208 | 1 206 | 73 | 191 | 942 | 307 | 581 | 252 | 66 | 19 | 295 | 334 | 155 | 403 |
| 宝钢金属 | 1 561 | 1 380 | 137 | 464 | 779 | 413 | 489 | 399 | 79 | 106 | 373 | 251 | 442 | 208 |
| 宝武炭材 | 2 044 | 1 983 | 201 | 472 | 1 310 | 889 | 502 | 506 | 86 | 172 | 558 | 749 | 406 | 98 |
| 宝钢包装 | 1 297 | 1 297 | 92 | 570 | 635 | 705 | 442 | 121 | 29 | 26 | 392 | 388 | 425 | 66 |
| 宝武特冶 | 998 | 998 | 114 | 310 | 574 | 176 | 424 | 357 | 41 | 84 | 326 | 360 | 225 | 3 |
| 武汉耐材 | 1 018 | 669 | 61 | 150 | 458 | 106 | 204 | 352 | 7 | 50 | 123 | 118 | 88 | 290 |
| 宝钢工程 | 1 934 | 1 885 | 198 | 1 562 | 125 | 402 | 717 | 560 | 206 | 445 | 1 137 | 171 | 105 | 27 |
| 欧冶云商 | 2 731 | 2 414 | 322 | 1 281 | 811 | 662 | 773 | 819 | 160 | 326 | 1 082 | 401 | 293 | 312 |
| 宝信软件 | 5 245 | 5 151 | 435 | 4 266 | 450 | 2 069 | 1 749 | 1 159 | 174 | 1 040 | 2 917 | 812 | 358 | 24 |
| 宝武智维 | 6 645 | 6 566 | 576 | 1 084 | 4 906 | 1 062 | 1 791 | 3 039 | 674 | 273 | 1 591 | 2 034 | 1 826 | 842 |
| 宝武重工 | 1 793 | 1 712 | 225 | 401 | 1 086 | 344 | 415 | 829 | 124 | 101 | 391 | 460 | 566 | 194 |
| 宝钢资源（国际） | 16 291 | 11 030 | 677 | 1 682 | 8 671 | 1 540 | 3 258 | 5 705 | 527 | 368 | 1 753 | 2 038 | 3 957 | 2 914 |
| 宝武原料 | 15 | 15 | 8 | 7 | 0 | 0 | 7 | 8 | 0 | 9 | 6 | 0 | 0 | 0 |
| 宝武环科 | 4 077 | 3 559 | 319 | 1 016 | 2 224 | 836 | 1 354 | 1 214 | 155 | 223 | 1 099 | 1 056 | 840 | 341 |
| 宝武水务 | 1 721 | 1 715 | 200 | 384 | 1 131 | 394 | 554 | 696 | 71 | 130 | 472 | 504 | 388 | 221 |
| 宝武清能 | 1 002 | 808 | 86 | 169 | 553 | 100 | 371 | 296 | 41 | 70 | 274 | 192 | 152 | 120 |
| 欧冶链金 | 548 | 546 | 78 | 318 | 150 | 229 | 132 | 165 | 20 | 34 | 247 | 123 | 79 | 63 |

（续　表）

| 单位名称 | 在册员工 | 在岗员工 | 岗位分布 | | | 年龄结构 | | | | 学历结构 | | | | |
|---|---|---|---|---|---|---|---|---|---|---|---|---|---|---|
| | | | 管理岗位 | 技术岗位 | 操作岗位 | 35岁及以下 | 36岁～45岁 | 46～55岁 | 56岁及以上 | 研究生 | 大学 | 大专 | 中专、技校、高中 | 初中以下 |
| 西藏矿业 | 930 | 887 | 181 | 144 | 562 | 163 | 499 | 220 | 5 | 4 | 63 | 142 | 411 | 267 |
| 武钢集团 | 11 056 | 9 467 | 709 | 2 642 | 6 116 | 1 393 | 3 147 | 4 374 | 553 | 397 | 2 031 | 1 155 | 1 086 | 4 798 |
| 宝地资产 | 1 291 | 707 | 89 | 514 | 104 | 92 | 276 | 235 | 104 | 81 | 263 | 221 | 130 | 12 |
| 宝钢发展 | 3 417 | 2 046 | 181 | 645 | 1 220 | 120 | 720 | 1 029 | 177 | 52 | 532 | 634 | 709 | 119 |
| 上海不锈 | 834 | 346 | 59 | 158 | 129 | 11 | 89 | 222 | 24 | 31 | 152 | 88 | 74 | 1 |
| 宝钢特钢 | 672 | 566 | 63 | 263 | 240 | 42 | 184 | 255 | 85 | 44 | 227 | 174 | 121 | 0 |
| 宝地南京 | 195 | 194 | 46 | 98 | 50 | 9 | 66 | 108 | 11 | 33 | 84 | 37 | 29 | 11 |
| 宝地广东 | 129 | 128 | 20 | 51 | 57 | 19 | 50 | 53 | 6 | 7 | 52 | 42 | 21 | 6 |
| 华宝投资 | 3 | 3 | 1 | 2 | 0 | 0 | 2 | 0 | 1 | 2 | 1 | 0 | 0 | 0 |
| 华宝信托 | 399 | 397 | 48 | 349 | 0 | 201 | 165 | 26 | 5 | 207 | 188 | 1 | 1 | 0 |
| 华宝基金 | 262 | 262 | 57 | 205 | 0 | 152 | 85 | 25 | 0 | 165 | 88 | 7 | 2 | 0 |
| 华宝证券 | 576 | 576 | 53 | 523 | 0 | 317 | 183 | 70 | 6 | 243 | 302 | 26 | 2 | 3 |
| 财务公司 | 101 | 100 | 26 | 74 | 0 | 28 | 34 | 32 | 6 | 39 | 57 | 3 | 1 | 0 |
| 一钢公司 | 136 | 34 | 14 | 20 | 0 | 1 | 11 | 18 | 4 | 2 | 23 | 8 | 0 | 1 |
| 浦钢公司 | 161 | 38 | 8 | 23 | 7 | 0 | 6 | 19 | 13 | 0 | 13 | 17 | 2 | 6 |
| 五钢公司 | 236 | 44 | 19 | 25 | 0 | 2 | 2 | 27 | 13 | 5 | 23 | 15 | 1 | 0 |

编辑：张　鑫

# 21 附录

# 附　录

## 领导讲话选编

### 国务院国资委党委委员、秘书长彭华岗在纪念中国宝武130年大会上的讲话（摘录）

2020年12月23日

钢铁工业是反映一个国家工业水平和社会进步程度的重要标志。130年来，中国钢铁工业从幼稚走向成熟，从孱弱走向强大，为推动我国经济发展、振兴民族工业、改善人民生活，贡献了巨大的钢铁力量。在波澜壮阔的历史进程中，中国宝武作为我国钢铁工业的优秀代表，经历和见证了钢铁工业不断发展壮大的全过程。亿吨宝武的实现，更标志着中国宝武创造了世界钢铁工业发展史上的奇迹，开创了中华民族钢铁工业现代化进程的新局面。

多年来，中国宝武坚持实业报国，走出了一条中国钢铁工业新型工业化之路，深刻改变了我国制造业发展所需钢材严重依赖进口，受制于人的局面，有力推动了中国钢铁工业迈向世界水平。现在的中国宝武走出了一条做强做优做大国有企业的道路，跨入世界一流甚至全球领先企业的行列。未来必将持续对标学习和赶超世界一流，持续推动质量效益提升，持续激发活力动力，真正成为国际资源配置中占主导地位、引领全球行业技术发展、在全球产业发展中具有话语权和影响力的领军企业，实现对全球钢铁业的全面引领。

### 中国钢铁工业协会党委书记何文波在纪念中国宝武130年大会上的讲话（摘录）

2020年12月23日

2020年12月23日，中国宝武粗钢年产量超过1亿吨，成为世界第一大钢铁集团。这是中国宝武的荣耀时刻，更是中国钢铁的辉煌见证。作为这块创业热土上曾经的一员，我倍感自豪。

伟大的时代造就伟大的企业。正是有了中国共产党的坚强领导，正是中国特色社会主义的制度优势，正是改革开放给中国经济和中国钢铁带来的无限生机，造就了中国宝武和中国钢铁的速度和奇迹。

在“两个一百年”奋斗目标的历史交汇期，中国钢铁工业以占世界钢产量一半以上的实力，屹立在世界钢铁舞台的中央。中国宝武作为中国钢铁工业的优秀代表，正带着光荣与梦想，争创世界一流，为“成为全球钢铁业引领者”踔厉奋发、踵事增华。我们从没有像今天这样，如此接近、更具信心、更有能力实现钢铁强国的目标。虽然在前进的道路上，我们还面临诸多困难和问题，这也让我们更加明确了未来发展的方向。相信有中国宝武等一批先进企业的引领，中国钢铁全面建成世界一流的目标一定会实现。

## 上海市委常委、副市长吴清在纪念中国宝武130年大会上的讲话（摘录）

2020年12月23日

上海是中国近代工业和中国工人阶级的发祥地，是一座与钢铁深度结缘的城市。130年前，江南制造局的炼钢厂在这里诞生，同年12月23日汉阳铁厂奠基施工，开启了中国宝武发展的序幕，也开启了中国钢铁工业发展的序幕。

“十四五”期间，上海市将全面推进城市的数字化转型，推动整体性转变、全方位赋能、革命性重塑，加快建设具有世界影响力的国际数字之都。中国宝武在数字化转型方面一直走在全国工业企业前列，希望能进一步引领数字化转型发展，不断提升企业能级和核心竞争力，进一步增强产业链供应链的自主可控能力，进一步加快新技术的应用，充分发掘大宗商品消费的潜力，依托新技术以及新的制造模式，不断推动消费力向生产力的高效转化。

## 中国宝武党委书记、董事长陈德荣在纪念中国宝武130年大会上的讲话（摘录）

2020年12月23日

今天的中国宝武，是中国近现代钢铁工业的历史传承者、中国今日钢铁工业之集大成者、中国乃至全球钢铁业的未来引领者。中国宝武组建以来，义不容辞地承担起优化行业秩序、引导行业发展的历史责任，积极推进联合重组、整合融合，加快改革创新、转型升级，初步构建了具有宝武特色的现代公司治理体系和治理能力，在服务国家战略、倾力打造“国之重器”和“镇国之宝”的道路上阔步前行，吸纳了宝钢、武钢、马钢、太钢、重钢、韶钢、八钢、鄂钢等企业，开启了中国钢铁航母编队、破浪起航的崭新征程。

今年8月19日，习近平总书记考察调研中国宝武马钢集团并发表重要讲话，充分肯定了中国宝武的改革发展成绩，鞭策和激励我们乘势而上，由“老大”变“强大”。特别感谢国务院国资委，上海市委、市政府，中国钢铁工业协会等各地各级党委、政府和有关方面的正确领导和大力支持，特别感谢钢铁生态圈广大合作伙伴与我们一路同行、携手共进，特别感谢社会各界对中国宝武的关心关切、鼎力相助。

亿吨宝武不仅是一份荣耀，更是一个崭新的起点。中国宝武将深入学习贯彻习近平新时代中国特色社会主义思想，抓住深化国有企业改革和推动长三角一体化发展的重大机遇，认真落实“十四五”战略规划和国企改革三年行动有关要求，勇担使命，砥砺前行，为早日成为全球钢铁业引领者和具有全球竞争力的世界一流示范企业而不懈奋斗。

### 中共中国宝武钢铁集团有限公司委员会部分文件题录

| 文　号 | 标　　题 |
|---|---|
| 宝武委〔2020〕1号 | 中国宝武钢铁集团有限公司党委关于报送2019年工作总结和2020年工作要点的报告 |
| 宝武委〔2020〕2号 | 中国宝武党委关于印发《加强境外单位党建工作的实施意见》的通知 |
| 宝武委〔2020〕3号 | 关于马鞍山马钢废钢有限责任公司党委、纪委更名及隶属关系调整的通知 |
| 宝武委〔2020〕4号 | 关于马钢轨道交通装备有限公司党委、纪委更名及隶属关系调整的通知 |
| 宝武委〔2020〕5号 | 关于王剑虎同志任职的通知 |
| 宝武委〔2020〕9号 | 中国宝武党委关于深化人才发展机制改革加强科技人才、技能人才队伍建设的实施意见 |
| 宝武委〔2020〕10号 | 关于邓伟斌同志任职的通知 |
| 宝武委〔2020〕11号 | 关于陈昭启同志任职的通知 |
| 宝武委〔2020〕14号 | 关于刘国旺、陈冬生同志职务任免的通知 |
| 宝武委〔2020〕15号 | 关于陈冬生、刘国旺同志职务任免的通知 |

（续　表）

| 文　号 | 标　　题 |
|---|---|
| 宝武委〔2020〕16号 | 关于印发《中国宝武钢铁集团有限公司关于加强境外企业廉洁风险防控的实施意见（2019版）》的通知 |
| 宝武委〔2020〕17号 | 关于印发《关于领导人员和管理者违规插手干预重大事项的记录报告办法（2019版）》的通知 |
| 宝武委〔2020〕18号 | 关于印发《中国宝武钢铁集团有限公司加强"不能腐"体制机制建设的实施意见（2019版）》的通知 |
| 宝武委〔2020〕19号 | 关于加强廉洁风险防控工作的实施意见（2019版） |
| 宝武委〔2020〕20号 | 关于下发《关于加强领导人员党风廉政教育的实施意见（2019版）》的通知 |
| 宝武委〔2020〕21号 | 关于印发《党风廉政倾向性问题报告制度（2019版）》的通知 |
| 宝武委〔2020〕25号 | 中国宝武党委关于印发《贯彻落实中国共产党统一战线工作条例（试行）的实施意见（2019版）》的通知 |
| 宝武委〔2020〕26号 | 中国宝武党委关于印发《党外代表人士队伍建设管理办法（2019版）》的通知 |
| 宝武委〔2020〕27号 | 中国宝武党委关于印发《党员领导人员与党外代表人士联谊交友实施办法（2019版）》的通知 |
| 宝武委〔2020〕28号 | 中国宝武党委关于印发《关于加强与党外人士沟通的工作制度（2019版）》的通知 |
| 宝武委〔2020〕29号 | 关于免去刘建荣同志职务的通知 |
| 宝武委〔2020〕30号 | 中国宝武钢铁集团有限公司党委关于党务公开的实施意见（2019版） |
| 宝武委〔2020〕31号 | 关于发布《中国宝武钢铁集团有限公司廉洁承诺制度（2019版）》的通知 |
| 宝武委〔2020〕32号 | 中国宝武钢铁集团有限公司党委关于建立宣传思想工作和海外宣传工作领导协调机制的通知 |
| 宝武委〔2020〕33号 | 关于印发《宝武集团党委关于深入贯彻落实中央八项规定精神进一步加强作风建设的实施意见》的通知 |
| 宝武委〔2020〕34号 | 关于深入开展形势任务教育的意见 |
| 宝武委〔2020〕35号 | 关于认真做好宣传思想工作的意见 |
| 宝武委〔2020〕36号 | 中国宝武关于推进"两学一做"学习教育常态化制度化实施意见 |
| 宝武委〔2020〕37号 | 中国宝武钢铁集团有限公司关于加强海外公司安全保密工作的指导意见（2019版） |
| 宝武委〔2020〕41号 | 关于切实做好在鄂单位新型冠状病毒感染的肺炎疫情防控工作、抓好生产稳定运行的意见 |
| 宝武委〔2020〕42号 | 中国宝武党委、中国宝武关于新型冠状病毒感染肺炎疫情防控工作情况的专题报告 |
| 宝武委〔2020〕43号 | 关于成立中国宝武新型冠状病毒感染肺炎疫情防控工作领导小组的通知 |
| 宝武委〔2020〕44号 | 中国宝武党委关于印发《领导班子民主生活会制度（2019版）》的通知 |
| 宝武委〔2020〕45号 | 中国宝武党委关于加强党的领导、为打赢疫情防控阻击战提供坚强政治保证的通知 |
| 宝武委〔2020〕46号 | 中国宝武党委、中国宝武关于新型冠状病毒感染肺炎疫情防控工作情况的专题报告 |
| 宝武委〔2020〕47号 | 中国宝武钢铁集团有限公司党委关于2019年定点扶贫工作的报告 |
| 宝武委〔2020〕48号 | 关于做好当前疫情防控和复工复产工作的意见 |
| 宝武委〔2020〕49号 | 关于印发《中国宝武钢铁集团有限公司意识形态阵地管理办法》的通知 |

（续 表）

| 文 号 | 标 题 |
|---|---|
| 宝武委〔2020〕50号 | 关于召开中共宝武装备智能科技有限公司党代表会议的批复 |
| 宝武委〔2020〕52号 | 关于印发《中国宝武党委理论学习中心组学习实施意见》的通知 |
| 宝武委〔2020〕53号 | 中国宝武党委、中国宝武关于发布《关于进一步规范领导人员和管理者及其亲属、其他特定关系人经商办企业行为的规定（2019版）》的通知 |
| 宝武委〔2020〕54号 | 中国宝武党委、中国宝武关于印发《廉洁从业八条禁令（2019版）》的通知 |
| 宝武委〔2020〕55号 | 中国宝武党委、中国宝武印发《关于实行禁入管理的规定（2019版）》的通知 |
| 宝武委〔2020〕56号 | 关于解旗同志任职的通知 |
| 宝武委〔2020〕57号 | 中国宝武关于新型冠状病毒感染肺炎疫情防控工作工会专项资金保障的实施意见 |
| 宝武委〔2020〕59号 | 关于张忠武、刘国旺同志职务任免的通知 |
| 宝武委〔2020〕60号 | 关于胡达新、何柏林同志职务任免的通知 |
| 宝武委〔2020〕61号 | 关于王继明等三名同志职务任免的通知 |
| 宝武委〔2020〕62号 | 关于朱超同志任职的通知 |
| 宝武委〔2020〕63号 | 关于蔡伟飞、胡达新同志职务任免的通知 |
| 宝武委〔2020〕64号 | 关于蔡伟飞、胡达新同志职务任免的通知 |
| 宝武委〔2020〕65号 | 关于增补中共广东宝地南华产城发展有限公司委员会委员的批复 |
| 宝武委〔2020〕66号 | 关于明确宝武大学及下属校区运作方式的通知 |
| 宝武委〔2020〕67号 | 关于安徽马钢工程技术集团有限公司党委、纪委更名及隶属关系调整的通知 |
| 宝武委〔2020〕68号 | 关于印发《中国宝武2020年扶贫工作计划》的通知 |
| 宝武委〔2020〕69号 | 关于崔荣新、陶全兴同志职务任免的通知 |
| 宝武委〔2020〕70号 | 关于汪震、胡志强同志职务任免的通知 |
| 宝武委〔2020〕71号 | 关于胡志强同志任职的通知 |
| 宝武委〔2020〕72号 | 关于印发《中共中国宝武钢铁集团有限公司委员会巡视工作实施办法》的通知 |
| 宝武委〔2020〕73号 | 关于朱庆明等三名同志任职的通知 |
| 宝武委〔2020〕74号 | 关于宝钢发展、宝地资产合署运作的通知 |
| 宝武委〔2020〕75号 | 关于钱建兴同志任职的通知 |
| 宝武委〔2020〕76号 | 关于进一步统筹做好疫情防控和复工复产工作的通知 |
| 宝武委〔2020〕77号 | 关于组织党员自愿捐款支持新冠肺炎疫情防控工作的通知 |
| 宝武委〔2020〕78号 | 关于印发《中国宝武2020年度重点任务分解》的通知 |
| 宝武委〔2020〕79号 | 关于安涛同志任职的通知 |

（续　表）

| 文　号 | 标　　题 |
|---|---|
| 宝武委〔2020〕80号 | 关于批转《中国宝武钢铁集团有限公司基层职工感知宝武活动计划指南》的通知 |
| 宝武委〔2020〕81号 | 关于印发《中国宝武钢铁集团有限公司职工代表大会民主评议领导人员工作细则》的通知 |
| 宝武委〔2020〕82号 | 中国宝武钢铁集团有限公司规范各级职代会制度工作意见 |
| 宝武委〔2020〕83号 | 中国宝武钢铁集团有限公司党委关于周建峰同志职务调整前备案的请示 |
| 宝武委〔2020〕86号 | 关于朱超、黄道锋同志职务任免的通知 |
| 宝武委〔2020〕87号 | 关于推进新时期中国宝武产业工人队伍建设改革的实施意见 |
| 宝武委〔2020〕88号 | 关于印发《关于疫情防控和复工复产期间进一步加强关心关爱干部职工工作的指导意见》的通知 |
| 宝武委〔2020〕89号 | 关于田钢同志任职的通知 |
| 宝武委〔2020〕90号 | 关于印发《关于进一步激励中国宝武各级干部新时代新担当新作为的实施意见（2019版）》的通知 |
| 宝武委〔2020〕91号 | 关于印发《关于进一步优化子公司领导班子及高级管理人员配置的实施办法（2019版）》的通知 |
| 宝武委〔2020〕92号 | 关于印发《中国宝武集团登记备案人员因私出国（境）审批管理办法（2019版）》的通知 |
| 宝武委〔2020〕93号 | 中国宝武党委关于宝钢股份武钢有限进一步强化落实疫情防控措施的情况报告 |
| 宝武委〔2020〕94号 | 关于增补中共欧冶链金再生资源有限公司委员会委员的批复 |
| 宝武委〔2020〕95号 | 关于宝武装备智能科技有限公司有关“两委”委员增补的批复 |
| 宝武委〔2020〕96号 | 关于调整中国宝武党委巡视工作领导小组组成人员的通知 |
| 宝武委〔2020〕97号 | 关于免去崔荣新等3名同志职务的通知 |
| 宝武委〔2020〕102号 | 中国宝武党委关于印发《关于认真学习贯彻〈中国共产党国有企业基层组织工作条例（试行）〉的工作方案》的通知 |
| 宝武委〔2020〕104号 | 中国宝武钢铁集团有限公司党委关于印发《中国宝武青年荣誉评选与激励办法（2019版）》的通知 |
| 宝武委〔2020〕107号 | 关于朱超、翁志华同志职务任免的通知 |
| 宝武委〔2020〕108号 | 关于朱超、翁志华同志职务任免的通知 |
| 宝武委〔2020〕109号 | 关于孔祥清同志任职的通知 |
| 宝武委〔2020〕110号 | 关于翁志华、季艳军同志职务任免的通知 |
| 宝武委〔2020〕111号 | 关于免去孔祥清同志职务的通知 |
| 宝武委〔2020〕112号 | 关于周建峰同志任职的通知 |
| 宝武委〔2020〕113号 | 关于印发《关于进一步加强工会经费审查监督工作的意见》的通知 |
| 宝武委〔2020〕114号 | 关于召开中国共产党上海宝钢包装股份有限公司第二次党员代表大会的批复 |
| 宝武委〔2020〕115号 | 关于杜松林同志任职的通知 |
| 宝武委〔2020〕116号 | 关于季艳军、张忠武同志职务任免的通知 |

（续　表）

| 文　号 | 标　　题 |
|---|---|
| 宝武委〔2020〕118号 | 关于增补中共上海宝地不动产资产管理有限公司委员会委员的批复 |
| 宝武委〔2020〕119号 | 关于增补中共宝钢发展有限公司委员会委员的批复 |
| 宝武委〔2020〕120号 | 关于中国共产党新疆宝地产城发展有限公司第一届委员会和第一届纪律检查委员会组成人员候选人预备人选的批复 |
| 宝武委〔2020〕121号 | 关于评比和表彰在疫情防控阻击战中表现突出的基层党组织和党员的通知 |
| 宝武委〔2020〕124号 | 关于免去陈志宇同志职务的通知 |
| 宝武委〔2020〕125号 | 关于唐琪明等五名同志职务任免的通知 |
| 宝武委〔2020〕126号 | 关于召开中国共产党南京宝地梅山产城发展有限公司党员大会的批复 |
| 宝武委〔2020〕127号 | 关于田钢同志任职的通知 |
| 宝武委〔2020〕128号 | 关于兰银同志任职的通知 |
| 宝武委〔2020〕129号 | 关于召开中国共产党宝钢集团财务有限责任公司党员大会的批复 |
| 宝武委〔2020〕130号 | 关于召开中国共产党华宝证券有限责任公司第一次党员代表大会的批复 |
| 宝武委〔2020〕131号 | 关于免去储双杰同志职务的通知 |
| 宝武委〔2020〕132号 | 中国宝武党委、中国宝武关于印发《关于开展中国宝武“钢铁荣耀　铸梦百年”宣传教育系列活动的工作方案》的通知 |
| 宝武委〔2020〕133号 | 关于周学东、周建峰同志职务任免的通知 |
| 宝武委〔2020〕134号 | 关于施兵、吴小弟同志任职的通知 |
| 宝武委〔2020〕137号 | 关于免去何柏林同志职务的通知 |
| 宝武委〔2020〕140号 | 关于同意召开中国共产党上海宝钢不锈钢有限公司第一次党员代表大会的批复 |
| 宝武委〔2020〕141号 | 关于同意召开中国共产党华宝信托有限责任公司党员大会的批复 |
| 宝武委〔2020〕143号 | 关于印发《中国宝武钢铁集团有限公司2020年厂务公开民主管理工作要点》的通知 |
| 宝武委〔2020〕145号 | 关于同意召开中国共产党宝钢工程技术集团有限公司党代表会议的批复 |
| 宝武委〔2020〕146号 | 关于免去侯安贵同志职务的通知 |
| 宝武委〔2020〕148号 | 关于陈冬生、何柏林同志任职的通知 |
| 宝武委〔2020〕149号 | 关于武汉钢铁集团鄂城钢铁有限责任公司党委、纪委更名的通知 |
| 宝武委〔2020〕150号 | 关于黄孔威同志任职的通知 |
| 宝武委〔2020〕152号 | 关于同意召开中共宝武集团环境资源科技有限公司党代表会议的批复 |
| 宝武委〔2020〕153号 | 关于同意宝钢工程技术集团有限公司党委委员增补的批复 |
| 宝武委〔2020〕154号 | 关于成立中共中国宝武钢铁集团有限公司运营共享服务中心委员会、纪律检查委员会的通知 |

（续 表）

| 文 号 | 标 题 |
| --- | --- |
| 宝武委〔2020〕155号 | 关于同意召开中国共产党宝武炭材料科技有限公司第一次党员代表大会的批复 |
| 宝武委〔2020〕156号 | 关于同意中国共产党宝钢集团财务有限责任公司委员会和纪律检查委员会组成人员候选人预备人选的批复 |
| 宝武委〔2020〕157号 | 关于同意召开中共广东宝地南华产城发展有限公司党员大会的批复 |
| 宝武委〔2020〕158号 | 关于同意中国共产党华宝证券有限责任公司第一届委员会和第一届纪律检查委员会组成人员候选人预备人选的批复 |
| 宝武委〔2020〕159号 | 关于印发《中国宝武2020年度重点任务分解之“公司治理体系和治理能力现代化”部分》的通知 |
| 宝武委〔2020〕160号 | 关于陶全兴同志任职的通知 |
| 宝武委〔2020〕164号 | 关于同意宝地新疆第一次党代会和第一届党委、第一届纪委第一次全会选举结果的批复 |
| 宝武委〔2020〕165号 | 关于同意中共宝武装备智能科技有限公司委员会、纪律检查委员会延期换届的批复 |
| 宝武委〔2020〕166号 | 关于同意财务公司党员大会和党委、纪委第一次全会选举结果的批复 |
| 宝武委〔2020〕167号 | 关于表彰2019年度中国宝武钢铁集团有限公司优秀共产党员、优秀党务工作者和先进基层党组织的决定 |
| 宝武委〔2020〕169号 | 关于张贺雷、傅连春同志职务任免的通知 |
| 宝武委〔2020〕170号 | 关于周学东、张贺雷同志职务任免的通知 |
| 宝武委〔2020〕171号 | 关于同意华宝证券第一次党代会和第一届党委、第一届纪委第一次全会选举结果的批复 |
| 宝武委〔2020〕172号 | 关于同意召开中共宝武集团马钢轨交材料科技有限公司党代表会议的批复 |
| 宝武委〔2020〕173号 | 关于印发《中国宝武钢铁集团有限公司党委巡视组工作规则》的通知 |
| 宝武委〔2020〕174号 | 关于陆怡梅同志任职的通知 |
| 宝武委〔2020〕175号 | 关于印发《中国宝武钢铁集团有限公司党组织工作经费实施办法》的通知 |
| 宝武委〔2020〕176号 | 关于同意宝武集团环境资源科技有限公司党委委员增补的批复 |
| 宝武委〔2020〕177号 | 中国宝武党委关于印发《关于进一步严肃党内政治生活的实施办法（试行）》的通知 |
| 宝武委〔2020〕178号 | 中国宝武党委关于印发《贯彻中国共产党统一战线工作条例（试行）实施意见》的通知 |
| 宝武委〔2020〕179号 | 关于中国宝武钢铁集团有限公司国家安全人民防线建设小组成员调整的通知 |
| 宝武委〔2020〕180号 | 关于免去蒋兴元同志职务的通知 |
| 宝武委〔2020〕182号 | 关于中国宝武钢铁集团有限公司工会主席调整的通知 |
| 宝武委〔2020〕183号 | 关于在防汛救灾中充分发挥基层党组织战斗堡垒作用和广大党员先锋模范作用的通知 |
| 宝武委〔2020〕184号 | 关于印发《信访维稳工作管理制度》的通知 |
| 宝武委〔2020〕185号 | 关于同意召开中国共产党华宝基金管理有限公司党员大会的批复 |
| 宝武委〔2020〕188号 | 关于同意中共南京宝地梅山产城发展有限公司委员会、纪律检查委员会延期换届的批复 |

（续　表）

| 文　号 | 标　　题 |
| --- | --- |
| 宝武委〔2020〕189号 | 关于同意召开中国共产党宝钢金属有限公司第二次党员代表大会的批复 |
| 宝武委〔2020〕190号 | 关于中国共产党上海宝钢不锈钢有限公司第一届委员会和纪律检查委员会组成人员候选人预备人选的批复 |
| 宝武委〔2020〕191号 | 中国宝武党委关于印发《党外代表人士队伍建设管理办法》的通知 |
| 宝武委〔2020〕192号 | 中国宝武党委关于印发《2019—2023年党员教育培训工作实施意见》的通知 |
| 宝武委〔2020〕193号 | 中国宝武党委关于印发《发展党员工作制度》的通知 |
| 宝武委〔2020〕194号 | 中国宝武党委关于印发《关于贯彻落实“中央企业党建巩固深化年”要求的工作方案》的通知 |
| 宝武委〔2020〕196号 | 关于免去曾杰同志职务的通知 |
| 宝武委〔2020〕199号 | 关于印发《中国宝武钢铁集团有限公司督办工作管理办法（2020版）》的通知 |
| 宝武委〔2020〕200号 | 关于印发《重大事项社会稳定风险评估实施办法》的通知 |
| 宝武委〔2020〕201号 | 关于印发《中国宝武议事协调机构运行机制（试行）（2020版）》的通知 |
| 宝武委〔2020〕202号 | 关于印发《中国宝武拥军优属工作规定》的通知 |
| 宝武委〔2020〕203号 | 中国宝武钢铁集团有限公司党委关于印发《贯彻落实〈中国共产党重大事项请示报告条例〉实施办法》的通知 |
| 宝武委〔2020〕204号 | 中国宝武党委关于印发《党员组织关系管理办法》的通知 |
| 宝武委〔2020〕205号 | 关于同意召开中国共产党上海宝信软件股份有限公司第二次党员代表大会的批复 |
| 宝武委〔2020〕206号 | 关于同意宝武集团马钢轨交材料科技有限公司有关“两委”委员增补的批复 |
| 宝武委〔2020〕207号 | 关于同意召开中国共产党宝武水务科技有限公司第一次党员代表大会的批复 |
| 宝武委〔2020〕210号 | 关于印发《中国宝武党委关于持续解决形式主义问题改进工作作风的实施方案》的通知 |
| 宝武委〔2020〕211号 | 关于免去刘安同志职务的通知 |
| 宝武委〔2020〕212号 | 中国宝武党委关于学习贯彻习近平总书记考察调研中国宝武重要讲话精神的实施意见 |
| 宝武委〔2020〕214号 | 中国宝武钢铁集团有限公司党委关于印发《基层党组织选举工作制度》的通知 |
| 宝武委〔2020〕216号 | 关于同意召开中国共产党宝武物流资产有限公司第一次党员代表大会的批复 |
| 宝武委〔2020〕217号 | 关于同意上海不锈第一次党代会和第一届党委、第一届纪委第一次全会选举结果的批复 |
| 宝武委〔2020〕218号 | 关于同意中共宝武清洁能源有限公司委员会、纪律检查委员会延期换届的批复 |
| 宝武委〔2020〕219号 | 中国宝武钢铁集团有限公司党委关于印发《落实全面从严治党主体责任清单》的通知 |
| 宝武委〔2020〕220号 | 关于印发《中共中国宝武钢铁集团有限公司委员会关于实行党风廉政建设责任制的规定》的通知 |
| 宝武委〔2020〕221号 | 关于印发《落实党风廉政建设责任制考核评价办法》的通知 |
| 宝武委〔2020〕222号 | 关于印发《中国宝武党委学习贯彻习近平总书记考察调研中国宝武重要讲话精神重点任务表》的通知 |

（续　表）

| 文　号 | 标　题 |
|---|---|
| 宝武委〔2020〕226号 | 关于表彰在疫情防控阻击战中表现突出的基层党组织和党员的决定 |
| 宝武委〔2020〕227号 | 关于魏尧、伏中哲同志职务任免的通知 |
| 宝武委〔2020〕228号 | 关于同意召开中国共产党中国宝武钢铁集团有限公司机关第二次党员代表大会的批复 |
| 宝武委〔2020〕229号 | 关于同意中国共产党广东宝地南华产城发展有限公司委员会和纪律检查委员会组成人员候选人预备人选的批复 |
| 宝武委〔2020〕231号 | 关于成立中共欧冶工业品股份有限公司委员会、纪律检查委员会的通知 |
| 宝武委〔2020〕232号 | 关于印发《中国宝武党委常态化贯彻落实习近平总书记重要讲话和指示批示工作实施办法》的通知 |
| 宝武委〔2020〕233号 | 关于深入贯彻落实习近平总书记重要指示精神坚决制止餐饮浪费行为的通知 |
| 宝武委〔2020〕234号 | 关于明确中国宝武领导班子成员分工的通知 |
| 宝武委〔2020〕235号 | 关于田国兵、谈爱国同志任职的通知 |
| 宝武委〔2020〕236号 | 关于印发《党委意识形态工作责任制管理办法》的通知 |
| 宝武委〔2020〕238号 | 关于同意宝地广东党员大会和党委、纪委第一次全会选举结果的批复 |
| 宝武委〔2020〕241号 | 中国宝武钢铁集团有限公司党委关于印发《巩固深化中国宝武“不忘初心、牢记使命”主题教育成果的方案》的通知 |
| 宝武委〔2020〕242号 | 关于成立中共华宝投资有限公司委员会、纪律检查委员会的通知 |
| 宝武委〔2020〕243号 | 关于印发《巡视报告问题底稿管理办法》的通知 |
| 宝武委〔2020〕247号 | 中国宝武党委关于疫情防控和复工复产情况的报告 |
| 宝武委〔2020〕252号 | 关于胡爱民、黄洪永同志任职的通知 |
| 宝武委〔2020〕253号 | 中国宝武党委关于对习近平总书记视察发表重要讲话贯彻落实情况的报告 |
| 宝武委〔2020〕254号 | 关于免去杜松林同志职务的通知 |
| 宝武委〔2020〕255号 | 关于宝武物产、宝地新疆和宝地广东三家党委隶属关系调整的通知 |
| 宝武委〔2020〕256号 | 关于同意中国共产党华宝信托有限责任公司委员会和纪律检查委员会组成人员候选人预备人选的批复 |
| 宝武委〔2020〕257号 | 关于徐美竹同志任职的通知 |
| 宝武委〔2020〕258号 | 关于王语、秦铁汉同志职务任免的通知（宝地资产） |
| 宝武委〔2020〕259号 | 关于王语、秦铁汉同志职务任免的通知（宝钢发展） |
| 宝武委〔2020〕260号 | 关于秦铁汉、朱建春同志职务任免的通知（宝钢特钢） |
| 宝武委〔2020〕261号 | 关于秦铁汉、朱建春同志职务任免的通知（上海不锈） |
| 宝武委〔2020〕262号 | 关于陈在根等三名同志职务任免的通知 |
| 宝武委〔2020〕263号 | 关于免去崔伟灿同志职务的通知 |

（续　表）

| 文　号 | 标　题 |
|---|---|
| 宝武委〔2020〕264号 | 关于高银波、崔荣新同志职务任免的通知 |
| 宝武委〔2020〕265号 | 关于免去吕军、高银波同志职务的通知 |
| 宝武委〔2020〕266号 | 关于崔荣新、魏炜同志职务任免的通知 |
| 宝武委〔2020〕267号 | 关于韶关钢铁党委、纪委更名和鄂城钢铁党委隶属关系调整的通知 |
| 宝武委〔2020〕268号 | 关于陈步权同志任职的通知 |
| 宝武委〔2020〕269号 | 关于陈海涛同志任职的通知 |
| 宝武委〔2020〕270号 | 关于王强民、贾砚林同志职务任免的通知 |
| 宝武委〔2020〕271号 | 关于宝钢集团财务有限责任公司党委、纪委更名的通知 |
| 宝武委〔2020〕272号 | 关于印发《中国宝武深入学习宣传贯彻党的十九届五中全会精神工作方案》的通知 |
| 宝武委〔2020〕274号 | 关于张锦刚等三名同志任职的通知 |
| 宝武委〔2020〕275号 | 关于在中国宝武各级党组织和广大共产党员中开展“学讲话　展后劲　促强大”主题活动的通知 |
| 宝武委〔2020〕276号 | 关于中共南京宝地梅山产城发展有限公司委员会隶属关系调整的通知 |
| 宝武委〔2020〕278号 | 关于免去蔡建群同志职务的通知 |
| 宝武委〔2020〕282号 | 关于印发《中国宝武钢铁集团有限公司改革三年行动实施方案（2020—2022年）》的通知 |
| 宝武委〔2020〕284号 | 中国宝武党委关于印发《2020年度二级单位党委书记抓基层党建工作述职评议考核工作方案》的通知 |
| 宝武委〔2020〕285号 | 关于丁毅等八名同志职务任免的通知 |
| 宝武委〔2020〕286号 | 关于何潮、安涛同志职务任免的通知 |
| 宝武委〔2020〕289号 | 关于同意华宝信托党员大会和党委、纪委第一次全会选举结果的批复 |
| 宝武委〔2020〕290号 | 中国宝武党委关于印发《2020年度二级党委党建工作责任制考核评价方案》的通知 |
| 宝武委〔2020〕291号 | 关于认真开好2020年度中国宝武二级单位领导班子民主生活会的通知 |
| 宝武委〔2020〕292号 | 关于西藏矿业有关党组织调整的通知 |
| 宝武委〔2020〕293号 | 关于开展“我为企业‘对标找差创一流’献一计”活动的指导意见 |
| 宝武委〔2020〕294号 | 关于曾泰等三名同志任职的通知 |
| 宝武委〔2020〕295号 | 中国宝武员工教育培训工作实施意见 |
| 宝武委〔2020〕296号 | 关于高祥明等九名同志任职的通知 |
| 宝武委〔2020〕297号 | 关于盛更红同志任职的通知 |

（赵诗琴）

## 中国宝武钢铁集团有限公司部分行政文件题录

| 文 号 | 标 题 |
| --- | --- |
| 宝武字〔2020〕14号 | 关于表彰2019年“最美宝武人”和“优秀员工”的决定 |
| 宝武字〔2020〕15号 | 关于2019年度各单位能源环保工作评价结果的通报 |
| 宝武字〔2020〕23号 | 关于调整总部业务部门名称的通知 |
| 宝武字〔2020〕29号 | 关于下达中国宝武钢铁集团有限公司2020年度投资计划的通知 |
| 宝武字〔2020〕32号 | 关于下发《督办工作管理办法》的通知 |
| 宝武字〔2020〕33号 | 关于下发《中国宝武钢铁企业超低排放改造工作方案》的通知 |
| 宝武字〔2020〕35号 | 关于下发《中国宝武钢铁集团有限公司2020年审计项目计划》的通知 |
| 宝武字〔2020〕36号 | 关于进一步做好当前安全生产工作的通知 |
| 宝武字〔2020〕39号 | 关于印发《集团总部新型冠状病毒感染肺炎疫情防控期间远程办公方案及管理制度（试行）》的通知 |
| 宝武字〔2020〕49号 | 关于下发总部部门对外经济业务授权方案（2020版）的通知 |
| 宝武字〔2020〕52号 | 关于维护行业平稳运行、促进行业改革发展方面的意见 |
| 宝武字〔2020〕64号 | 关于成立档案中心的通知 |
| 宝武字〔2020〕65号 | 关于成立中国宝武原料供应管理委员会的通知 |
| 宝武字〔2020〕67号 | 关于切实做好复工复产期间安全生产和疫情防控、应急处置工作的通知 |
| 宝武字〔2020〕70号 | 关于成立中国宝武原料采购中心的通知 |
| 宝武字〔2020〕75号 | 关于发布《中国宝武钢铁集团有限公司智慧化与大数据年度报告（2019）》的通知 |
| 宝武字〔2020〕79号 | 关于印发《2020年安全督导工作方案》的通知 |
| 宝武字〔2020〕80号 | 关于发布《中国宝武2020年全面风险管理工作推进计划》的通知 |
| 宝武字〔2020〕83号 | 关于开展危险化学品使用安全专项整治的通知 |
| 宝武字〔2020〕86号 | 关于贯彻落实应急管理部等部门联合下发的《关于高危行业领域安全技能提升行动计划的实施意见》的通知 |
| 宝武字〔2020〕87号 | 关于下发中国宝武2020年环保督察工作计划的通知 |
| 宝武字〔2020〕97号 | 关于组织开展中国宝武2020年“全面对标找差　创建世界一流”劳动竞赛的指导意见 |
| 宝武字〔2020〕100号 | 关于印发中国宝武钢铁集团有限公司防范化解尾矿库安全风险实施方案的通知 |
| 宝武字〔2020〕101号 | 关于下发《中国宝武钢铁集团有限公司公车市场化社会化改革指导意见》的通知 |
| 宝武字〔2020〕109号 | 关于下发《混合所有制改革工作推进实施办法》的通知 |
| 宝武字〔2020〕111号 | 关于印发《禁入限制人员信息管理细则》的通知 |
| 宝武字〔2020〕118号 | 关于印发《关于进一步推进中国宝武退休人员社会化管理工作的实施方案》的通知 |
| 宝武字〔2020〕126号 | 关于进一步优化海外事业推进体制的通知 |
| 宝武字〔2020〕134号 | 关于组织开展“铸匠心、提技能”中国宝武第二届职工技能大赛的通知 |

（续 表）

| 文 号 | 标 题 |
|---|---|
| 宝武字〔2020〕151号 | 关于印发《中国宝武退休人员社会化管理领导小组办公室工作制度》的通知 |
| 宝武字〔2020〕153号 | 关于印发《中国宝武境外疫情防控应急预案》的通知 |
| 宝武字〔2020〕167号 | 关于2020年宝武集团管理创新成果评奖结果的通知 |
| 宝武字〔2020〕176号 | 关于成立中国宝武配矿技术专家委员会的通知 |
| 宝武字〔2020〕198号 | 关于落实“违章就是犯罪”的理念 进一步强化违章人员责任追究的实施意见 |
| 宝武字〔2020〕211号 | 关于开展2020年安全生产月活动的通知 |
| 宝武字〔2020〕216号 | 关于表彰中国宝武“创新争先”优秀个人及团队的决定 |
| 宝武字〔2020〕217号 | 关于下发《中国宝武所属上市公司股权激励管理办法（试行）》的通知 |
| 宝武字〔2020〕223号 | 关于做好2020年高温季节防暑降温工作的通知 |
| 宝武字〔2020〕238号 | 关于下发2020年中国宝武科技创新计划的通知 |
| 宝武字〔2020〕241号 | 关于规范集团公司延迟退休年龄管理工作的通知 |
| 宝武字〔2020〕253号 | 关于实施财务共享业务一体化集中管理的通知 |
| 宝武字〔2020〕254号 | 关于魏尧等三人任职的通知 |
| 宝武字〔2020〕263号 | 关于切实加强2020年汛期和高温季节安全生产工作的通知 |
| 宝武字〔2020〕267号 | 关于表彰2019年度环境经营优秀案例的通知 |
| 宝武字〔2020〕281号 | 关于成立宝武大学重庆校区的通知 |
| 宝武字〔2020〕282号 | 关于成立中国宝武西南总部的通知 |
| 宝武字〔2020〕290号 | 关于成立中国钢铁博物馆（筹）的通知 |
| 宝武字〔2020〕307号 | 关于印发《中国宝武安全生产专项整治三年行动实施方案》的通知 |
| 宝武字〔2020〕315号 | 关于下发《关于推进总图空间数字化管理的指导意见（试行）》的通知 |
| 宝武字〔2020〕319号 | 关于建立中国宝武荣誉激励项目计划体系的指导意见 |
| 宝武字〔2020〕325号 | 关于开展全面对标找差，争创世界一流工作的通知 |
| 宝武字〔2020〕326号 | 关于印发《2020年度总部部门组织绩效任务书》的通知 |
| 宝武字〔2020〕327号 | 关于印发《2020年度子公司组织绩效评价方案（试行）》及《2020年度子公司组织绩效任务书》的通知 |
| 宝武字〔2020〕332号 | 关于下发中国宝武《招标业务操作实施规范（试行）》和《评标专家和评标专家库管理办法（试行）》的通知 |
| 宝武字〔2020〕333号 | 关于发布中国宝武制度树（2020版）的通知 |
| 宝武字〔2020〕335号 | 关于设立低碳冶金创新中心的通知 |
| 宝武字〔2020〕344号 | 关于发布《法人管理办法》的通知 |
| 宝武字〔2020〕345号 | 关于张锦刚、侯安贵任职的通知 |

（续　表）

| 文　　号 | 标　　　　题 |
|---|---|
| 宝武字〔2020〕350号 | 关于印发《中国宝武境外机构（项目）常态化疫情防控措施》的通知 |
| 宝武字〔2020〕363号 | 关于印发《中国宝武安全管理体系规范》的通知 |
| 宝武字〔2020〕380号 | 关于下发《中国宝武钢铁集团有限公司关联交易指导意见》的通知 |
| 宝武字〔2020〕392号 | 关于下发《2020年度总部管理者"一人一表"管理方案（试行）》的通知 |
| 宝武字〔2020〕397号 | 关于加强中国宝武基金业务风险管理的实施意见 |
| 宝武字〔2020〕401号 | 关于成立中国宝武中南钢铁有限公司（暂定名）筹备组的通知 |
| 宝武字〔2020〕411号 | 关于加强班组建设的指导意见 |
| 宝武字〔2020〕422号 | 关于做好稳外贸稳外资工作的通知 |
| 宝武字〔2020〕429号 | 关于布局服务型区域总部推动城市产业集群协同发展的实施意见 |
| 宝武字〔2020〕431号 | 关于魏尧、伏中哲职务聘解的通知 |
| 宝武字〔2020〕449号 | 关于评选第二届"宝武工匠（工人发明家）"的通知 |
| 宝武字〔2020〕453号 | 关于下发对标世界一流管理提升行动实施方案和工作清单的通知 |
| 宝武字〔2020〕470号 | 关于产业金融板块运作体系调整的通知 |
| 宝武字〔2020〕492号 | 关于郭斌任职的通知 |
| 宝武字〔2020〕514号 | 关于下发2021年度商业计划书编制大纲的通知 |
| 宝武字〔2020〕521号 | 关于编制2021年度因公出国（境）团组预算（计划）的通知 |
| 宝武字〔2020〕532号 | 关于韶关钢铁更名及相关子公司管理关系调整的通知 |
| 宝武字〔2020〕533号 | 关于撤销马钢工作领导小组及下设马钢工作办公室的通知 |
| 宝武字〔2020〕543号 | 关于加强网络产品和服务采购有关合规管理工作的通知 |
| 宝武字〔2020〕550号 | 关于西藏矿业作为中国宝武一级子公司管理的通知 |
| 宝武字〔2020〕559号 | 关于推进中国宝武网络安全和信息化领域自主可控应用工作的通知 |
| 宝武字〔2020〕560号 | 关于发布《中国宝武"十四五"战略规划纲要》的通知 |
| 宝武字〔2020〕564号 | 关于表彰"2020年中国宝武技术创新重大成果奖"获奖成果的决定 |
| 宝武字〔2020〕565号 | 关于表彰"先进高推比航空发动机关键部件用近净成型钛合金模锻产品研发及应用"成果的决定 |
| 宝武字〔2020〕566号 | 关于丁毅、魏尧职务聘解的通知 |
| 宝武字〔2020〕570号 | 关于韶关总部运作方式调整的通知 |
| 宝武字〔2020〕571号 | 关于规范行政问责、建立穿透式问责机制更新发布《违规经营投资责任追究实施办法》的通知 |
| 宝武字〔2020〕574号 | 关于优化集团级联合重组项目管理方式的通知（试行） |
| 宝武字〔2020〕575号 | 关于调整宝钢德盛、宁波宝新管理关系的通知 |
| 宝武字〔2020〕576号 | 关于下发《中国宝武各级子公司分类处理退休人员统筹外费用的实施意见》的通知 |

（续　表）

| 文　　号 | 标　　题 |
|---|---|
| 宝武字〔2020〕579号 | 关于太钢集团作为中国宝武一级子公司管理的通知 |
| 宝武字〔2020〕582号 | 关于重钢集团纳入中国宝武管理体系的通知 |
| 宝武字〔2020〕586号 | 关于发布《中国宝武内控合规评估标准（2020版）》的通知 |
| 宝武字〔2020〕588号 | 关于发布《中国宝武（总部）内控合规手册（2020版）》的通知 |
| 宝武字〔2020〕589号 | 关于授予第二届“宝武工匠（工人发明家）”称号的决定 |
| 宝武字〔2020〕590号 | 关于表彰“铸匠心、提技能”中国宝武第二届职工技能大赛名次奖、优秀组织单位和优秀组织者的决定 |
| 宝武字〔2020〕595号 | 关于明确集团级联合重组项目相关委托管理事项的通知（试行） |
| 宝武字〔2020〕596号 | 关于表彰2020年中国宝武“金牛奖”“银牛奖”的决定 |

（陆一初）

## 2020年部分社会媒体对中国宝武报道一览表

| 标　　题 | 媒体名称 | 刊登日期 |
|---|---|---|
| 中国宝武绿色发展和智慧制造现场会在湖北举行 | 武汉广播电视台 | 1月3日 |
| 武钢有限快速迈入智造时代 | 武汉广播电视台 | 1月4日 |
| 中国宝武董事长：城市钢厂要从招人嫌变为讨人喜 | 界面新闻 | 1月5日 |
| 由“宝马”联合透视钢铁业专业化整合之道 | 《经济参考报》 | 1月6日 |
| 整合潮汇聚中国经济再腾飞磅礴新力量 | 《经济参考报》 | 1月6日 |
| 修复生态　康复长江 | 中央电视台《焦点访谈》栏目 | 1月6日 |
| 湖北鄂州　老工业城市转型“钢城”变“港城” | 中央电视台新闻频道 | 1月7日 |
| “钢铁巨轮”乘风破浪 | 《人民日报》 | 1月8日 |
| 武钢有限：走绿色、智慧、融合蝶变之路 | 新华网 | 1月8日 |
| “亿吨宝武”如何更强？陈德荣：绿色关乎存亡，智慧关乎未来 | 澎湃新闻 | 1月8日 |
| “智慧党建”让支部生活“往实里走、往心里走、往常态走”——记中国宝武宝钢股份设备部计量室党支部 | 新华社 | 1月9日 |
| 中国宝武：宝武特种冶金公司参研项目获国家科学技术进步奖一等奖 | 《第一财经》 | 1月10日 |
| 2019年度国家科学技术奖揭晓，快看中国宝武拿下几个奖项！ | 搜狐新闻 | 1月10日 |
| 党委“掌舵”促发展 | 《经济日报》 | 1月12日 |

（续　表）

| 标　　题 | 媒体名称 | 刊登日期 |
| --- | --- | --- |
| 宝钢股份入选世界经济论坛“灯塔工厂”：唯一入选中国钢企 | 澎湃新闻 | 1月14日 |
| 宝钢股份入选世界经济论坛“灯塔工厂” | 新华社 | 1月14日 |
| “中国宝武在下一盘大棋？”“是的。” | 《中国冶金报》 | 1月22日 |
| 防疫抗疫十万火急！中央企业星夜驰援武汉！ | 国资小新（国务院国资委官方微博） | 1月25日 |
| 中国宝武：向武汉市捐赠3 000万元，持续关注疫情发展 | 澎湃新闻 | 1月25日 |
| 中国宝武向武汉市捐赠3 000万元 | 《文汇报》 | 1月25日 |
| 中央企业合力战“疫”，集中优势兵力服务疫情防控！ | 国资小新 | 1月29日 |
| 中央企业积极向湖北疫情防控一线捐款捐物 | 国资小新 | 1月29日 |
| 开足马力！中央企业加快疫情防控所需物资生产 | 新华视点 | 1月29日 |
| 战疫情　物资保障　多渠道调集资源　央企合力战疫情 | 央视网 | 1月31日 |
| 与疫情赛跑8小时供货23吨　宝钢保障雷神山医院建设 | 人民网 | 1月31日 |
| 助力雷神山医院建设！宝钢股份8小时紧急完成彩涂板供货重任 | 澎湃新闻 | 2月1日 |
| 与疫情赛跑！宝钢股份助力雷神山、火神山医院建设 | 《文汇报》 | 2月1日 |
| 我给医院送氧气　一分钟都不能耽误 | 央视网 | 2月2日 |
| 火神山医院火速建成！33张图见证央企神速！ | 国资小新 | 2月2日 |
| 中国宝武武汉总部：完成金银潭医院医用氧气改造工程 | 澎湃新闻 | 2月3日 |
| 中国宝武：适度增持宝钢股份股票 | 中新网 | 2月4日 |
| 中国宝武增持宝钢股份　深化国有资本投资公司试点 | 《新京报》 | 2月4日 |
| 宝钢股份：中国宝武增持超7 000万股公司股份　未来6个月拟继续增持 | 《中国证券报》 | 2月4日 |
| 中国宝武拟未来6个月增持宝钢股份2%股份 | 《证券时报》 | 2月4日 |
| 宝钢股份控股股东方面拟增持不超2%股份 | 《上海证券报》 | 2月4日 |
| 中国宝武决定增持旗下上市公司宝山钢铁股票 | 新浪财经 | 2月4日 |
| 中国宝武增持宝钢股份：在疫情抗击关键时期加大金融支持力度 | 澎湃新闻 | 2月4日 |
| 中国宝武出手护盘，斥资3.6亿增持子公司宝钢股份 | 界面新闻 | 2月4日 |
| 中国宝武钢铁集团增持宝钢股份股票 | 文汇报App | 2月4日 |
| 中国宝武钢铁集团增持宝钢股份股票：进一步增强资本市场信心 | 新华社 | 2月5日 |

（续　表）

| 标　　题 | 媒体名称 | 刊登日期 |
|---|---|---|
| 用人民币结算！中国宝武与巴西淡水河谷合作有重大突破 | 人民日报客户端 | 2月6日 |
| 中国宝武与巴西淡水河谷公司首次实现人民币跨境结算 | 新浪财经 | 2月6日 |
| 宝钢与淡水河谷开展部分铁矿石人民币跨境结算，合计3.3亿 | 澎湃新闻 | 2月7日 |
| 复工首日，上海企业防疫的N种好办法 | 上观新闻 | 2月10日 |
| 中国宝武钢铁集团总部：疫情防控期间实施远程办公 | 《新民晚报》 | 2月11日 |
| 全力“战疫”，中国宝武武汉总部校区改造隔离区、体育中心改建“方舱医院” | 《经济日报》 | 2月11日 |
| 中国宝武武汉总部校区改造隔离区　体育中心改建“方舱医院” | 《新民晚报》 | 2月11日 |
| 宝武武汉总部校区改造职工隔离区，体育中心改建“方舱医院” | 澎湃新闻 | 2月11日 |
| “黑灯工厂”“不碰面生产”“智慧数据化展厅物流”——宝钢股份以“智能制造”实现稳产高产 | 新华社 | 2月12日 |
| 高炉不能停、疫情防控不松懈，宝钢股份智慧制造破解平衡难题 | 澎湃新闻 | 2月12日 |
| 疫情之下，上海这家“灯塔工厂”为何能不停工 | 《解放日报》 | 2月13日 |
| 供应武汉半数以上医用氧气，武钢“供氧抗疫突击队”在行动 | 人民日报客户端 | 2月17日 |
| 破解武汉缺氧困境：中国宝武武汉总部保障当地超一半医用氧气 | 澎湃新闻 | 2月17日 |
| 武钢，供氧抗疫突击队 | 《中国日报》 | 2月18日 |
| 湖北省领导调研武钢医用氧保供工作 | 武汉广播电视台 | 2月23日 |
| 湖北省领导视察指导医用氧保供和防疫工作，为武钢点赞加油！ | 全国能源信息平台 | 2月23日 |
| 智慧制造助疫情期间不停产——直击宝钢冷轧厂车间 | 新华社上海频道 | 2月25日 |
| Smart manufacturing, logistics to help Baosteel maintain steady output | 《中国日报》 | 2月25日 |
| 武汉的“救命氧”供应能否保障？总台央广记者现场探访 | 中央广播电视总台《中国之声》栏目 | 2月27日 |
| 战疫情特别报道·武汉直播间　全力保障抗疫一线“救命氧”供应 | 中央电视台新闻频道 | 3月1日 |
| 武汉日记：无论如何不能“断气”！ | 人民网 | 3月1日 |
| Baowu Steel shifts gears to liquid oxygen output | 《中国日报》 | 3月3日 |
| China Baowu's crude steel output world's largest in 2019 | 新华社 | 3月4日 |
| 2019年中国宝武粗钢产量跃居全球第一简介 | 中央电视台新闻频道 | 3月4日 |
| 产量跻身“全球第一”中国宝武何以破解钢铁“白菜价”？ | 中国新闻网 | 3月4日 |
| 1/3员工在武汉　中国宝武以“智造”增强“疫情抵抗力” | 中国新闻网 | 3月4日 |

（续　表）

| 标　　题 | 媒体名称 | 刊登日期 |
|---|---|---|
| 粗钢年产近亿吨，中国宝武成为全球最大钢铁生产商！面对疫情，总体产能利用率恢复94% | 《文汇报》 | 3月4日 |
| 中国宝武粗钢年产量跃居全球第一 | 新华社 | 3月4日 |
| 自我救赎　以“智”抗疫　宝武冲刺亿吨年目标有底气 | 《人民日报》 | 3月5日 |
| 2019年中国宝武粗钢产量跃居全球第一 | 中央电视台新闻频道 | 3月5日 |
| 中国宝武钢产量首次跃居全球第一，陈德荣：这是一件自然的事 | 澎湃新闻 | 3月5日 |
| 解析宝武问鼎之路，仅仅是大吗？ | 《中国冶金报》 | 3月5日 |
| 去年粗钢产量营收利润均居第一，将布局建设上海运控中心　宝武成为全球第一钢铁企业 | 《解放日报》 | 3月6日 |
| 宝武成为全球第一钢铁企业 | 《解放日报》 | 3月6日 |
| 英雄的城市支撑着武钢“一分钟没有停产” | 《中国冶金报》 | 3月13日 |
| Baowu to ramp up global expansion | 《中国日报》 | 3月18日 |
| 精准施策　安全有序　在鄂中央企业按下复工复产快捷键 | 国资委网站 | 3月22日 |
| 疫情期间海外的中国建设者 | 国资委网站 | 3月22日 |
| 上海企业复产复工按下加速键 | 《新民晚报》 | 3月24日 |
| 武钢有限冷轧厂加急生产300吨钢板，用于制造负压救护车 | 《湖北日报》 | 3月25日 |
| 驻湖北央企复产“加速跑” | 《经济日报》 | 3月26日 |
| 武钢率先实现100%复工复产 | 《长江日报》 | 3月30日 |
| 湖北武汉：加快恢复生产生活秩序 | 央视网 | 4月1日 |
| 湖北武汉　武钢已实现100%复工复产 | 中央电视台《朝闻天下》栏目 | 4月1日 |
| 中国宝武今年追加扶贫资金至81万，比去年增35% | 澎湃新闻 | 4月1日 |
| 2020年一季度，中国宝武定点扶贫工作有哪些成绩？ | 《国资报告》 | 4月2日 |
| 中国宝武：坚持精准帮扶、聚焦目标降低疫情影响 | 新华社 | 4月4日 |
| 防疫不忘扶贫“加码”，中国宝武今年帮扶资金增长35% | 《人民日报》 | 4月4日 |
| 扶贫点蔬菜滞销，这家央企将它们送到最需要的地方 | 上观新闻 | 4月15日 |
| 中国宝武郭斌：浦东创新精神给企业注入强劲动力 | 东方财经·浦东频道 | 4月18日 |
| 罗鉴：与时间赛跑　为生命供氧 | 央视网 | 4月20日 |

（续　表）

| 标　　题 | 媒体名称 | 刊登日期 |
|---|---|---|
| 4年前关停的上海不锈高炉“新生”：宝武钢铁会博中心开工 | 澎湃新闻 | 4月27日 |
| “不锈钢地带”华丽变身　中国宝武钢铁会博中心开建 | 上海电视台 | 4月27日 |
| 中国宝武钢铁会博中心今天上午开工 | 《新民晚报》 | 4月27日 |
| 中国宝武钢铁会博中心开工建设 | 《经济日报》 | 4月27日 |
| China Baowu to build steel convention and exposition center | 《中国日报》 | 4月27日 |
| 中国宝武盘活开发工业存量土地：拓展城市服务产业 | 新华社 | 4月27日 |
| 中国工业新天地，上海第一高炉将变身钢铁会博中心 | 《人民日报》 | 4月27日 |
| 欧冶云商创新融贷模式助力抗疫 | 《上海证券报》 | 4月28日 |
| 欧冶云商助力行业传统融贷模式创新 | 证券时报网 | 4月28日 |
| 变身后的高炉将举行世界钢铁大会，吴淞工业区转型迈出重要一步！ | 上海人民广播电台 | 4月28日 |
| 上海最大工业遗存保护区启动改造　宝武上海不锈高炉区域将转型 | 《文汇报》 | 4月28日 |
| 中国宝武：战“疫”与扶贫攻坚精准对接 | 《经济参考报》 | 4月28日 |
| 欧冶直融，助力传统银行融贷模式创新　数字金融精准服务中小微企业 | 《经济日报》 | 4月29日 |
| 欧冶直融助力传统银行融贷模式创新　精准服务中小微企业 | 央广网 | 4月29日 |
| “钢柔并济”解融资难，“钢铁新零售”供血中小微企业 | 《人民日报》 | 4月29日 |
| 中国宝武旗下欧冶云商推“欧冶直融”，解决中小微企业融资难 | 澎湃新闻 | 4月30日 |
| 数字平台服务产品　对接银行融贷模式创新 | 新华社 | 4月30日 |
| 上海：“无人工厂”助力创新　“智”造5G“新基建”加速推进 | 上海电视台 | 5月1日 |
| 构筑长江滨江生态长廊，梅钢打造全球钢铁业最绿工厂 | 《人民日报》 | 5月7日 |
| 新“跨”越！中国宝武与全球铁矿石三大巨头实现人民币跨境结算 | 《人民日报》 | 5月11日 |
| 武钢有限100%复产　努力追回疫情造成的损失 | 武汉广播电视台 | 5月11日 |
| 中国宝武：与全球铁矿石三巨头实现人民币跨境结算 | 界面新闻 | 5月11日 |
| 中国宝武与全球三大铁矿石供应商实现铁矿石交易人民币跨境结算 | 新华社 | 5月12日 |
| 中国宝武与全球铁矿石三大“巨头”实现人民币跨境结算 | 央广网 | 5月12日 |
| 中国宝武与全球知名铁矿石供应商实现人民币跨境结算 | 中国新闻网 | 5月12日 |
| 铁矿石贸易中首尝区块链技术，中国宝武与全球三大巨头实现人民币跨境结算 | 《科技日报》 | 5月12日 |
| Baosteel, Rio Tinto ink yuanbased iron ore deal | 《中国日报》 | 5月13日 |

（续 表）

| 标 题 | 媒体名称 | 刊登日期 |
|---|---|---|
| 央企互联网平台筑就转型升级新势能 | 国资委网站 | 5月26日 |
| 央企带货“主播天团”来了! | 《工人日报》 | 5月28日 |
| 马钢建成国内首条重型热轧H型钢生产线 | 新华社 | 5月30日 |
| 央企带货“主播天团”来咯！买它! | 国资小新 | 5月30日 |
| 创新助销方式　央企“主播天团”直播带货助脱贫 | 《经济参考报》 | 6月1日 |
| 3/4钢产量分布长江沿线，中国宝武绿色发展“置顶” | 人民日报客户端 | 6月5日 |
| “十三五”投入环保128亿元！这家世界级钢厂交出了出色的绿色答卷 | 《文汇报》 | 6月7日 |
| 中国宝武：绿色发展路上阔步向前 | 《中国冶金报》 | 6月8日 |
| “铁疙瘩”有“大智慧”——长三角企业借工业互联网转型升级 | 新华社 | 6月10日 |
| 宝钢股份：“十三五”期间减排绩效显著 稳步推进绿色发展 | 新华社 | 6月11日 |
| 中国宝武宝钢股份宝山基地高端家电板产品出口订单总量同比增长21.54% | 《人民日报》 | 6月12日 |
| 百年工业基地再写传奇，吴淞城打造长三角双创升级版 | 人民日报客户端 | 6月28日 |
| 中国宝武吴淞园建设管理办揭牌　吴淞创新城首发项目开工 | 央广网 | 6月28日 |
| 中国宝武吴淞园建设管理办公室揭牌 | 光明日报客户端 | 6月28日 |
| 上海吴淞创新城：打造长三角双创升级版，争当北上海创新发展“加速器” | 《经济日报》 | 6月28日 |
| 昔日钢城向国际科创城进发 | 《科技日报》 | 6月28日 |
| 中国宝武吴淞园建设管理办公室揭牌、吴淞创新城首发项目开工 | 中新网 | 6月28日 |
| 吴淞打响整体转型第一枪，这块比黄浦区还大的“大衣料子”怎么裁 | 上观新闻 | 6月28日 |
| 吴淞拉开转型大幕：吴淞创新城首发项目开工建设 | 上观新闻 | 6月28日 |
| 首发项目开工建设，吴淞创新城拉开转型大幕 | 《文汇报》 | 6月28日 |
| 吴淞创新城首发项目开工　聚焦新材料新能源文创产业 | 《新民晚报》 | 6月28日 |
| 长三角双创升级　吴淞创新城首发项目开工 | 上海电视台 | 6月28日 |
| 吴淞创新城首发项目开工！摩天大楼群、托马斯乐园、对标巴黎左岸的滨水岸线…… | 上海人民广播电台 | 6月28日 |
| 宝山吴淞创新城首发项目今天开工! | 上海发布 | 6月28日 |
| 吴淞创新城首发项目开工，中国宝武：投100亿元加速转型升级 | 澎湃新闻 | 6月28日 |
| 上海宝山吴淞创新城首发项目开工 | 界面新闻 | 6月28日 |

（续　表）

| 标　　题 | 媒体名称 | 刊登日期 |
| --- | --- | --- |
| 吴淞创新城首发项目今天开工！滨水休闲带、摩天大楼群，还有…… | 上海宝山 | 6月28日 |
| 按“人民城市”理念裁剪“大衣料子” | 《解放日报》 | 6月29日 |
| 中国宝武马钢特钢2020年上半年重点产品风电能源用钢销量同比增长80%以上 | 《求是》 | 7月3日 |
| 今年上半年，中国宝武马钢特钢公司重点产品风电能源用钢销量同比增长80%以上 | 《人民日报》 | 7月3日 |
| 中国宝武宝钢股份宝山基地利用工业大数据等实现了无人驾驶重载框架车在钢铁冶金行业工业化运行 | 《人民日报》 | 7月3日 |
| 宝信软件工业互联网平台取得新进展 | 《上海证券报》 | 7月8日 |
| AI赋能钢铁：中国宝武旗下宝信软件自主研发工业互联网平台 | 澎湃新闻 | 7月10日 |
| 乘势而上，勇立潮头！宝信软件“打造工业互联网，赋能钢铁生态圈” | 《中国冶金报》 | 7月10日 |
| 产业数字化　制造更智能 | 《人民日报》 | 7月13日 |
| 上汽集团“携手”中国宝武助推燃料电池车商业化　计划五年建设10座加氢站 | 新华社 | 7月15日 |
| 瞄准氢能产业　上汽宝武展开合作 | 上海电视台新闻综合频道 | 7月15日 |
| 上汽牵手宝武，5年落地10至20座加氢站 | 《新民晚报》 | 7月15日 |
| 燃料电池车应用场景加速落地　真正实现“零排放”　上海打造国家级氢能产业示范区 | 央视新闻客户端 | 7月16日 |
| 我国桥梁缆索用钢研发技术获重大突破 | 《光明日报》 | 7月16日 |
| 习近平总书记重要讲话在沪上企业家中引起热烈反响 | 《解放日报》 | 7月22日 |
| 十大基地年产百万吨规模，中国宝武布局长江经济带氢能产业 | 人民日报客户端 | 7月29日 |
| 中国宝武推动贯通氢能全产业链的商业化示范 | 新华社 | 7月29日 |
| 钢铁工业“换挡”新能源，中国宝武牵起长江经济带氢能“朋友圈” | 《科技日报》 | 7月29日 |
| 上海：吴淞氢能产业园今开园2年内氢气价格或看齐柴油 | 上海电视台新闻综合频道 | 7月29日 |
| 中国宝武布局氢能：吴淞氢能产业园开园，宝武清能等签约入园 | 澎湃新闻 | 7月29日 |
| 中国宝武进军氢能产业，未来十年规划合作建设百座加氢站 | 界面新闻 | 7月29日 |
| 长江经济带氢能产业生态圈峰会暨第二届宝山氢能论坛举行 | 上海宝山 | 7月29日 |
| 氢经济“箭在弦上”，上海“箭头”蓄势待发 | 《文汇报》 | 7月31日 |
| 7+2，9家上海企业入围世界500强，两张新面孔是谁？ | 上观新闻 | 8月10日 |

（续 表）

| 标　　题 | 媒体名称 | 刊登日期 |
|---|---|---|
| 12家钢企上榜《财富》世界500强！中国宝武超越安米，位列世界钢企第一！ | 《中国冶金报》 | 8月10日 |
| 《国资报告》独家解读：2020年《财富》世界五百强上榜国企名单 | 《国资报告》 | 8月11日 |
| 中国宝武世界500强排名创新高至111，首居全球钢企第一 | 澎湃新闻 | 8月11日 |
| 新华社独家视频丨跟着总书记走进马钢 | 新华视点微博 | 8月19日 |
| 这个被誉为“江南一枝花”的钢铁厂，总书记今天来过 | 新华社 | 8月19日 |
| 中国宝武马钢集团．乘势而上　扛起国有企业使命担当 | 安徽电视台 | 8月19日 |
| 习近平勉励马钢：在长三角一体化发展中把握机遇顺势而上 | 中央电视台 | 8月20日 |
| 总书记视察的这家著名钢企与一盘“大棋”密切相关 | 央视网 | 8月20日 |
| 习近平在安徽考察时强调　坚持改革开放坚持高质量发展　在加快建设美好安徽上取得新的更大进展 | 新华社 | 8月21日 |
| 习近平在安徽考察时强调　坚持改革开放坚持高质量发展　在加快建设美好安徽上取得新的更大进展 | 中央电视台 | 8月21日 |
| 打造亿吨钢铁“航母”，中国宝武与太钢集团实施联合重组 | 人民日报客户端 | 8月21日 |
| 中国宝武与太钢集团实施联合重组：打造亿吨级钢铁集团 | 新华社 | 8月21日 |
| 中国宝武与太钢集团实施联合重组　打造亿吨钢铁集团 | 央广网 | 8月21日 |
| 中国宝武与太钢集团实施联合重组，打造亿吨钢铁集团 | 《科技日报》 | 8月21日 |
| 中国宝武与太钢集团联合重组　无偿获得该公司51%股权 | 中新社 | 8月21日 |
| 重磅重组，又一千亿元级企业将并入中国宝武 | 上观新闻 | 8月21日 |
| 中国最大钢铁集团再度扩容：宝武重组太钢集团 | 华尔街见闻 | 8月21日 |
| 中国宝武与太钢集团实施联合重组：打造亿吨钢铁集团 | 《证券时报》 | 8月21日 |
| 中国宝武拟重组太钢集团　打造亿吨钢企目标或已胜券在握 | 《上海证券报》 | 8月21日 |
| 中国宝武“无偿”收购太钢集团，钢铁业兼并重组再提速 | 《第一财经》 | 8月21日 |
| 中国宝武与太钢集团实施联合重组，实现“亿吨宝武”规划目标 | 澎湃新闻 | 8月21日 |
| 中国宝武重组太钢集团，正式成为全球最大钢铁生产商 | 界面新闻 | 8月21日 |
| 牢记嘱托积极作为　加快建设美好安徽——习近平总书记在安徽考察引起当地干部群众热烈反响 | 中央电视台 | 8月22日 |
| 宝武与太钢集团实施联合重组 | 《人民日报》海外版 | 8月22日 |
| Baowu Steel to take 51% stake in Tisco | 《中国日报》 | 8月22日 |

（续 表）

| 标　　题 | 媒体名称 | 刊登日期 |
| --- | --- | --- |
| 中国宝武与太钢集团实施联合重组　产能有望突破亿吨 | 《中国证券报》 | 8月22日 |
| 加快建设美好安徽　努力取得更大进展 | 《人民日报》 | 8月23日 |
| 中国宝武“弯弓搭箭”布局“长江氢走廊” | 《经济参考报》 | 8月24日 |
| 宝武马钢:“蝶变”中的中国钢铁巨头 | 新华社 | 8月26日 |
| 满足高端制造需求,唯有靠创新 | 《光明日报》 | 8月26日 |
| 钢铁业变大又变强 | 《经济日报》 | 8月31日 |
| 区块链技术应用的钢铁样本——宝武钢铁 | 财新网 | 9月10日 |
| 对标世界一流　国企管理三年内再升级 | 中央电视台(二套)财经频道 | 9月14日 |
| 以“对标世界一流”为轴　多家央企“以点带面”成果显现——国资委举行对标世界一流管理提升行动媒体通气会 | 中国企业网 | 9月14日 |
| 欧冶云商:助推中小企业转型发展,打造高质量钢铁生态圈 | 人民网上海频道 | 9月14日 |
| 央企电商平台实施战略合作:推进“钢铁—建筑”产业链协同发展 | 新华社 | 9月16日 |
| 央企电商平台战略签约“同心桥计划”为钢铁建筑业上下游企业提供服务 | 中国证券报·中证网 | 9月16日 |
| 央企电商平台协同发展战略合作签约仪式在沪举行 | 《证券时报》 | 9月16日 |
| 协同推进钢铁—建筑产业链转型升级　中央企业电商平台协同发展战略合作签约仪式在沪举行 | 证券日报网 | 9月16日 |
| 欧冶云商牵手央企电商平台共谋发展 | 中国证券网 | 9月16日 |
| 过半钢材用于建筑,7家相关央企发起“同心桥计划”协同发展 | 澎湃新闻 | 9月16日 |
| 钢铁建筑业共筑“同心桥”,央企电商平台协同发展战略签约 | 人民日报客户端 | 9月16日 |
| 补短板　锻长板　融入新发展格局 | 新华网 | 9月17日 |
| 宝钢股份:发力智慧制造,未来“城市钢厂”值得期待 | 人民网上海频道 | 9月19日 |
| 钢铁报国,做全球行业引领者 | 人民日报学习强国平台 | 10月4日 |
| 在“四史”学习教育中,勇攀高峰勇挑重担的责任意识在中国宝武上下加快形成 | 《解放日报》 | 10月4日 |
| 中国宝武将托管央企中钢集团 | 界面新闻 | 10月11日 |
| 走进宝武马钢　见证中国钢铁企业发展 | 新华网客户端 | 10月13日 |
| 中国宝武与力拓合资项目实现2亿吨铁矿石发运目标 | 界面新闻 | 10月16日 |
| 中国宝武与力拓西澳合资项目累计发运2亿吨铁矿石 | 澎湃新闻 | 10月19日 |

（续 表）

| 标　　题 | 媒体名称 | 刊登日期 |
| --- | --- | --- |
| 中国宝武援边扶贫“长征路”：9年来直接帮扶资金超6亿元 | 澎湃新闻 | 10月19日 |
| 中央企业奋战稳增长纪实：来之不易的“转正”！ | 新华社 | 10月21日 |
| 重磅！亿吨“钢铁航母”的重组扩张历程！ | 《中国冶金报》 | 10月21日 |
| 因地制宜发展特色产业，中国宝武对口帮扶9县脱贫摘帽 | 人民日报客户端上海频道 | 10月22日 |
| 中国宝武：对中钢集团实施托管，陈德荣任管理委员会主任 | 澎湃新闻 | 10月24日 |
| 中国宝武与力拓合资项目铁矿石发货量达2亿吨 | 新华社 | 10月27日 |
| 欧冶云商混改成效获国资委肯定 | 《中国冶金报》 | 10月28日 |
| 中国宝武“铸梦百年，共建高质量钢铁生态圈”活动举行 | 央广网 | 11月8日 |
| 第三届进博会：千亿元级钢铁企业“宝武”签大单　打造工业品淘宝平台 | 东方卫视 | 11月8日 |
| 中国宝武发布工业品供应链平台欧贝 | 界面新闻 | 11月8日 |
| 中国宝武进博会上与13家企业达成现场采购签约 | 界面新闻 | 11月8日 |
| 中国宝武发布跨境贸易金融服务平台 | 界面新闻 | 11月8日 |
| 欧冶工业品启航，亿吨宝武数字化赋能“老大要变强人” | 人民日报客户端上海频道 | 11月9日 |
| China Baowu Steel Group ink deals at CIIE | 《中国日报》 | 11月9日 |
| 买买买！钢铁企业在进博会签下这些大单！ | 《中国冶金报》 | 11月9日 |
| 中国宝武又一子公司揭牌启航！ | 《中国冶金报》 | 11月9日 |
| 中国宝武“进博攻略”聚焦智慧制造 | 《文汇报》 | 11月9日 |
| 中国宝武进博会上与13家企业采购签约　成立欧冶工业品股份有限公司 | 《新民晚报》 | 11月9日 |
| 中国宝武成立欧冶工业品，陈德荣：没有竞争对手只有合作伙伴 | 澎湃新闻 | 11月9日 |
| 进博会宝武分团首秀：欧冶工业品股份有限公司揭牌启航 | 《经济日报》 | 11月10日 |
| 聚焦进口博览会　采购热情高涨　央企省市交易团密集签约 | 中央电视台财经频道 | 11月10日 |
| 进博会圆满闭幕　这些央企看点你都get了吗？ | 国资小新 | 11月10日 |
| 进博会观察：央企助力构建“双循环”新发展格局 | 《国资报告》 | 11月11日 |
| 坚持共同发展理念　共筑钢铁生态圈扶贫之路 | 《国资报告》 | 11月20日 |
| 大别山下的定点帮扶 | 人民网 | 11月27日 |
| 总投资约135.6亿元！吴淞创新城剧透10大重大产业项目 | 《文汇报》 | 12月22日 |

（续　表）

| 标　　题 | 媒体名称 | 刊登日期 |
|---|---|---|
| 中国宝武推出工业互联网平台：满足智慧制造和智慧服务应用场景 | 新华社 | 12月22日 |
| 这一工业互联网平台力争3至5年内成国内示范，中国宝武研发 | 澎湃新闻 | 12月22日 |
| 中国宝武发布工业互联网平台 | 《中国证券报》 | 12月22日 |
| 中国宝武工业互联网平台发布：打造钢铁数字生态操作系统 | 《证券时报》 | 12月22日 |
| 钢铁是怎样炼成的，故事不止在书里 | 新华社 | 12月22日 |
| 全球钢企之冠！中国宝武2020年粗钢产量实现亿吨 | 《人民日报》 | 12月23日 |
| 中国宝武年产钢突破亿吨：努力成为全球钢铁业引领者 | 新华社 | 12月23日 |
| 1亿吨，曾经全中国一年钢产量，今天一家企业实现了 | 上观新闻 | 12月23日 |
| 中国宝武步入超亿吨时代 | 《解放日报》 | 12月23日 |
| “中国第一钢企”宝武迎130年　实现“亿吨产量”目标 | 中新网 | 12月23日 |
| 年产钢突破1亿吨！钢铁航母中国宝武问鼎全球第一 | 国资小新 | 12月23日 |
| 钢铁航母中国宝武年产钢突破1亿吨！中国钢企问鼎全球第一 | 澎湃新闻 | 12月23日 |
| 钢铁航母中国宝武年产钢突破1亿吨 | 《证券时报》 | 12月23日 |
| 钢铁报国！中国宝武科技成果展举行 | 《人民日报》 | 12月23日 |
| 脱胎换骨！央地携手加速吴淞创新城开发建设 | 《人民日报》 | 12月23日 |
| 上海吴淞创新城先行启动区一批重大项目开工建设 | 新华社 | 12月23日 |
| Baowu Steel makes major announcement for Shanghai industrial park | 《中国日报》 | 12月23日 |
| 吴淞地区转型再迈一步！十大首发重大产业项目今天开建 | 上海发布 | 12月23日 |
| 总投资约135.6亿元！上海吴淞创新城首发重大产业项目今开工 | 《解放日报》 | 12月23日 |
| 上海宝山：吴淞创新城重大产业项目今开工建设　总投资超135亿元 | 上海电视台 | 12月23日 |
| 老工业区向科创阵地加快转型　吴淞创新城一批重大项目开工 | 上海电视台 | 12月23日 |
| 吴淞创新城：打造老工业基地“脱胎换骨”典范 | 《文汇报》 | 12月23日 |
| 老工业区向科创阵地加快转型　吴淞创新城一批重大项目开工 | 《新民晚报》 | 12月23日 |
| 上海吴淞创新城重大产业项目开工，总投资约135.6亿元 | 澎湃新闻 | 12月23日 |
| 打造钢铁数字生态操作系统，中国宝武工业互联网平台发布 | 《人民日报》 | 12月23日 |
| 钢铁工业谋求数智化转型，中国宝武工业互联网平台正式亮相 | 《科技日报》 | 12月23日 |
| 130年　中国宝武实现从零到亿吨的历史性跨越 | 央广网 | 12月24日 |

（续 表）

| 标　　题 | 媒体名称 | 刊登日期 |
|---|---|---|
| 引领全球钢铁业　中国宝武粗钢年产量突破1亿吨! | 《科技日报》 | 12月24日 |
| 中国宝武问鼎全球第一,这艘亿吨钢铁航母是如何炼成的? | 界面新闻 | 12月24日 |
| 中国宝武年产钢突破1亿吨　位居全球第一 | 上海电视台 | 12月24日 |
| 130年实业兴国,“亿吨宝武”一朝圆梦 | 《文汇报》 | 12月24日 |
| 中国宝武年产钢突破亿吨　下个目标:更优更强的科技公司 | 《新民晚报》 | 12月24日 |
| 科技创新铸就钢铁脊梁,中国宝武发布十大科技成果 | 《科技日报》 | 12月24日 |
| 中国宝武年产钢突破亿吨 | 《中国证券报》 | 12月25日 |
| After record steel output, Baowu chases tech, profitability and scale | 《中国日报》 | 12月25日 |

（张　伟）

## 《财富》全球500强钢铁企业排名表

单位：百万美元

| 2020年度排名 | 2019年度排名 | 公 司 名 称 | 2020年营业收入 | 2020年利润 | 国　家 |
|---|---|---|---|---|---|
| 72 | 111 | 中国宝武钢铁集团有限公司 | 97 643.10 | 3 628.70 | 中　国 |
| 197 | 146 | 安赛乐米塔尔集团 | 53 270.00 | −733.00 | 卢森堡 |
| 200 | 218 | 河钢集团有限公司 | 52 760.70 | 5.70 | 中　国 |
| 226 | 194 | 韩国浦项制铁公司 | 48 712.80 | 1 340.30 | 韩　国 |
| 249 | 198 | 日本制铁株式会社 | 45 555.70 | −305.90 | 日　本 |
| 279 | 329 | 青山控股集团有限公司 | 42 448.10 | 1 129.30 | 中　国 |
| 298 | 248 | 德国蒂森克虏伯集团 | 39 658.80 | 10 725.10 | 德　国 |
| 308 | 351 | 江苏沙钢集团有限公司 | 38 664.50 | 1 144.50 | 中　国 |
| 375 |  | 敬业集团有限公司 | 32 528.20 | 607.30 | 中　国 |
| 384 | 459 | 山东钢铁集团有限公司 | 31 990.30 | 129.40 | 中　国 |
| 400 | 401 | 鞍钢集团有限公司 | 30 885.60 | 258.50 | 中　国 |
| 404 | 365 | 日本钢铁工程控股公司 | 30 443.70 | −206.30 | 日　本 |
| 411 | 429 | 首钢集团有限公司 | 30 053.70 | 42.50 | 中　国 |
| 431 |  | 建龙钢铁控股有限公司 | 28 361.50 | 494.00 | 中　国 |

说明：数据来源于美国《财富》中文网。

## 中国宝武部分单位全称、简称对照表

| 全　　称 | 简　　称 |
|---|---|
| 中国宝武钢铁集团有限公司 | 中国宝武、宝武集团、集团公司 |
| 钢铁产业发展中心 | 钢铁业中心 |
| 新材料产业发展中心 | 新材业中心 |
| 智慧服务产业发展中心 | 智慧业中心 |
| 资源环境产业发展中心 | 资环业中心 |
| 产业园区业发展中心 | 园区业中心 |
| 产业金融业发展中心 | 产融业中心 |
| 宝山钢铁股份有限公司 | 宝钢股份 |
| 武汉钢铁有限公司 | 武钢有限 |
| 宝钢湛江钢铁有限公司 | 湛江钢铁 |
| 上海梅山钢铁股份有限公司 | 梅钢公司 |
| 宝钢股份黄石涂镀板有限公司 | 黄石公司 |
| 上海宝钢国际经济贸易有限公司 | 宝钢国际 |
| 宝钢欧洲有限公司 | 宝欧公司 |
| 宝钢美洲有限公司 | 宝美公司 |
| 宝和通商株式会社 | 宝和通商 |
| 宝钢新加坡有限公司 | 宝新公司 |
| 宝金企业有限公司 | 宝金公司 |
| 宝运企业有限公司 | 宝运公司 |
| 宝钢日铁汽车板有限公司 | 宝日汽车板 |
| 广州JFE钢板有限公司 | 广州JFE钢板 |
| 宝武铝业有限公司 | 宝武铝业 |
| 宝武集团中南钢铁有限公司 | 中南钢铁 |
| 宝武集团广东韶关钢铁有限公司 | 韶关钢铁 |
| 广东韶钢松山股份有限公司 | 韶钢松山 |
| 宝武集团鄂城钢铁有限公司 | 鄂城钢铁 |
| 重庆长寿钢铁有限公司 | 长寿钢铁 |
| 重庆钢铁股份有限公司 | 重庆钢铁 |
| 马钢（集团）控股有限公司 | 马钢集团 |
| 马鞍山钢铁股份有限公司 | 马钢股份 |
| 安徽长江钢铁股份有限公司 | 长江钢铁 |
| 马钢（合肥）钢铁有限公司 | 合肥公司 |

（续　表）

| 全　　称 | 简　　称 |
| --- | --- |
| 太原钢铁（集团）有限公司 | 太钢集团 |
| 山西太钢不锈钢股份有限公司 | 太钢不锈 |
| 宝钢德盛不锈钢有限公司 | 宝钢德盛 |
| 宁波宝新不锈钢有限公司 | 宁波宝新 |
| 宝钢集团新疆八一钢铁有限公司 | 八一钢铁 |
| 新疆八一钢铁股份有限公司 | 八钢股份 |
| 新疆八钢南疆钢铁拜城有限公司 | 南疆钢铁 |
| 新疆天山联合钢铁有限公司 | 天山钢铁 |
| 新疆天山钢铁巴州有限公司 | 巴州钢铁 |
| 新疆伊犁钢铁有限责任公司 | 伊犁钢铁 |
| 宝武集团马钢轨交材料科技有限公司 | 马钢交材 |
| 马钢瓦顿股份有限公司 | 瓦顿公司 |
| 宝武炭材料科技有限公司 | 宝武炭材 |
| 宝钢金属有限公司 | 宝钢金属 |
| 上海宝钢包装股份有限公司 | 宝钢包装 |
| 宝武特种冶金有限公司 | 宝武特冶 |
| 武汉钢铁集团耐火材料有限责任公司 | 武汉耐材 |
| 上海宝信软件股份有限公司 | 宝信软件 |
| 欧冶云商股份有限公司 | 欧冶云商 |
| 飞马智科信息技术股份有限公司 | 飞马智科 |
| 宝武物流资产有限公司 | 宝武物流资产 |
| 宝钢工程技术集团有限公司 | 宝钢工程 |
| 宝武装备智能科技有限公司 | 宝武智维 |
| 宝武重工有限公司 | 宝武重工 |
| 欧冶工业品股份有限公司 | 欧冶工业品 |
| 宝钢资源有限公司/宝钢资源（国际）有限公司 | 宝钢资源 |
| 武钢资源集团有限公司 | 武钢资源 |
| 安徽马钢矿业资源集团公司 | 马钢矿业 |
| 宝武原料供应有限公司 | 宝武原料 |
| 宝武集团环境资源科技有限公司 | 宝武环科 |
| 宝武水务科技有限公司 | 宝武水务 |
| 宝武清洁能源有限公司 | 宝武清能 |

（续　表）

| 全　称 | 简　称 |
| --- | --- |
| 欧冶链金再生资源有限公司 | 欧冶链金 |
| 西藏矿业资产经营有限公司 | 西藏矿业 |
| 武钢集团有限公司 | 武钢集团 |
| 新疆宝地产城发展有限公司 | 宝地新疆 |
| 上海宝地不动产资产管理有限公司 | 宝地资产 |
| 宝钢发展有限公司 | 宝钢发展 |
| 南京宝地梅山产城发展有限公司 | 宝地南京 |
| 广东宝地南华产城发展有限公司 | 宝地广东 |
| 上海不锈钢有限公司/宝钢特钢有限公司 | 宝地吴淞 |
| 上海不锈钢有限公司 | 上海不锈 |
| 宝钢特钢有限公司 | 宝钢特钢 |
| 华宝投资有限公司 | 华宝投资 |
| 华宝信托有限责任公司 | 华宝信托 |
| 华宝基金管理有限公司 | 华宝基金 |
| 华宝证券有限责任公司 | 华宝证券 |
| 宝武集团财务有限责任公司 | 财务公司 |
| 中国中钢集团有限公司 | 中钢集团 |
| 重庆钢铁（集团）有限责任公司 | 重钢集团 |

（张文良）

## 本年鉴所用专有名词解释

【宝钢股份四大基地】　宝山基地（宝钢股份直属厂部为主）、青山基地（武汉钢铁有限公司）、东山基地（宝钢湛江钢铁有限公司）和梅山基地（上海梅山钢铁股份有限公司）。

【“百千万”高技能人才工程】　中国宝武打造100个国家级、行业级、省市级创新工作室；培育2 000名至少有一项绝技绝活，并经集团公司专业部门认定的高技能“智造人才”；培育数万名高技能人才，稳步提升高级技师、技师占比。

【处僵治困】　“僵尸企业”处置和特困企业专项治理。

【科改示范企业】　国务院国有企业改革领导小组办公室部署国企改革专项工程，选取200余户科技型企业开展深化市场化改革、提升自主创新能力的专项行动。

【两不愁三保障】　“两不愁”即不愁吃、不愁穿，“三保障”即义务教育、基本医疗、住房安全有保障。

【两个大局】　中华民族伟大复兴战略全局和世界百年未有之大变局。

【两个维护】　坚决维护习近平总书记党中央的核心、全党的核心地位，坚决维护党中央权威和集中统一领导。

【两高四关】　高级管理人员、高潜能后备干部，关键岗位、关键任务、关键人才、关键能力。

【两个一以贯之】　坚持党对国有企业的领导是重大政治原则，必须一以贯之；建立现代企业制度是国有企业改革的方向，也必须一以贯之。

【两个责任】　落实党风廉政建设责任制，党委负主体责任，纪委负监督责任。

【两金】　企业产成品占用资金和应收账款资金。

【两于一入】　高于标准、优于城区、融入城市。

【两优一先】　优秀党务工作者、优秀共产党员和先进基层党组织。

【三大攻坚战】　防范化解重大风险、精准脱贫、污染防治。

【三高两化】　高科技、高效率、高市场占有率、生态化、国际化。

【三供一业】　国有企业职工家属区供水、供电、供热（供气）及物业管理。

【三基建设】　党的基本组织、基本队伍、基本制度建设。

【三会一课】　定期召开支部党员大会、党支部委员会和党小组会，按时上好党课。

【三去一降一补】　去产能、去库存、去杠杆、降成本、补短板。

【三有】　有钱、有闲、有趣。

【三治四化】　三治，即固体废物不出厂、废水零排放、废气超低排放；四化，即洁化、绿化、美化、文化。

【三重一大】　重大决策、重要人事任免、重大项目安排和大额度资金使用。

【双百企业】　百家中央企业子企业和百家地方国有骨干企业。

【双百行动】　国务院国有企业改革领导小组组织选取百余户中央企业子企业和百家地方国有骨干企业，在2018—2020年期间实施“国企改革双百行动”。

【十三五】　国民经济和社会发展第十三个五年规划时期，即2016—2020年。

【十四五】　国民经济和社会发展第十四个五年规划时期，即2021—2025年。

【四风】　形式主义、官僚主义、享乐主义、奢靡之风。

【四个一律】　操作室一律集中、现场操作一律机器人、设备运维一律远程、服务一律上线。

【四个意识】　政治意识、大局意识、核心意识、看齐意识。

【四个自信】　道路自信、理论自信、制度自信、文化自信。

【四史】　中共党史、新中国史、改革开放史和社会主义发展史。

【双创】　大众创业、万众创新。

【通宝】　一种在实体产业内流通、以信用为核心的数字凭证。

【新发展理念】　创新、协调、绿色、开放、共享的发展理念。

【新冠肺炎】　新型冠状病毒感染的肺炎。

【压减】　压缩管理层级、减少法人户数。

【一岗双责】　党员干部在做经济建设、履行本职岗位应有的管理职责的同时，还要对所在单位的党风廉政建设负责。

【一基五元】　中国宝武关于“以钢铁制造业为基础，新材料产业、智慧服务业、资源环境业、产业园区业、产业金融业协同发展”的业务组合。

【“亿万千百十”的战略目标】　到2025年，中国宝武要实现亿吨级钢铁产业规模；到2035年，要实现万亿元营业收入；最终形成若干个千亿元级营业收入、百亿元级利润的支柱产业和一批百亿元级营业收入、十亿元级利润的优秀企业。　（张文良）

# 中国宝武主要子公司通讯录

| 公司名称 | 网　　址 | 电　话 | 传　真 | 地　址 | 邮政编码 |
|---|---|---|---|---|---|
| 宝钢股份 | www.baosteel.com | 021–26647000 | 021–26646999 | 上海市宝山区富锦路885号 | 201999 |
| 中南钢铁 | — | 020–89889802 | 020–89889821 | 广东省广州市海珠区琶洲大道83号 | 510335 |
| 韶钢松山 | www.sgis.com.cn | 0751–8785789 | 0751–8785701 | 广东省韶关市曲江区 | 512123 |
| 鄂城钢铁 | www.ecsteel.com.cn | 0711–3233321 | 0711–3233289 | 湖北省鄂州市鄂城区武昌大道215号 | 436002 |
| 太钢集团 | www.tisco.com.cn | 0351–2132615 | 0351–3134170 | 山西省太原市尖草坪2号 | 030003 |
| 宝钢德盛 | www.baosteel-desheng.com | 0591–62586020 | 0591–62586020 | 福建省福州市罗源县罗源湾开发区金港工业区2号 | 350601 |
| 宁波宝新 | www.baoxins.com | 0574–86718888 | 0574–86907128 | 浙江省宁波市经济技术开发区（北仑霞浦） | 315807 |
| 马钢集团 | www.magang.com.cn | 0555–2883492 | 0555–2883492 | 安徽省马鞍山市九华西路8号 | 243000 |
| 八一钢铁 | www.bygt.com.cn | 0991–3893018 | 0991–3891000 | 新疆维吾尔自治区乌鲁木齐市头屯河区八一路 | 830022 |
| 马钢交材 | www.mgwheelaxle.com | 0555–2883669 | 0555–2888282 | 安徽省马鞍山市天门大道中段 | 243000 |
| 中钢集团 | www.sinosteel.com | 010–62686689 | 010–62686688 | 北京市海淀区海淀大街8号中钢国际广场 | 100080 |
| 重钢集团 | www.cqgtjt.com | 023–68843319 | 023–68849988 | 重庆市大渡口区大堰三村1号 | 400080 |
| 宝武炭材 | www.baowucarbon.com | 021–26648409 | 021–66789208 | 上海市宝山区同济路1800号 | 201999 |
| 宝钢金属 | www.baosteelmetal.com | 021–26099999 | 021–26099998 | 上海市宝山区同济路333号5号楼 | 200940 |
| 宝钢包装 | www.baosteelpackaging.com | 021–56766888 | 021–56766338 | 上海市宝山区同济路333号2号楼 | 200940 |
| 宝武特冶 | — | 021–26032000 | 021–26032005 | 上海市宝山区同济路303号 | 200940 |

（续 表）

| 公司名称 | 网 址 | 电 话 | 传 真 | 地 址 | 邮政编码 |
|---|---|---|---|---|---|
| 武汉耐材 | — | 027–86892471 | — | 湖北省武汉市青山区工农村路 | 430080 |
| 欧冶云商 | www.ouyeel.cn | 95025 | — | 上海市宝山区漠河路600号A座28楼 | 200940 |
| 宝信软件 | www.baosight.com | 021–20378899 | 021–20378662 | 中国（上海）自由贸易试验区郭守敬路515号 | 201203 |
| 宝钢工程 | www.baosteelengineering.com | 021–26088800 | 021–26088755 | 上海市宝山区克山路550弄7号楼 | 201999 |
| 宝武智维 | www.baoiem.com | 021–31115553 | — | 上海市宝山区克东路16号 | 201900 |
| 宝武重工 | — | 021–56690679 | 021–56690889 | 上海市宝山区漠河路600号东鼎国际A座26、27层 | 201999 |
| 欧冶工业品 | www.obei.com.cn | 021–26645125 | — | 上海市宝山区漠河路151号 | 201999 |
| 宝钢资源 | www.baosteelresources.com | 021–35880888 | 021–35880128 | 中国（上海）自由贸易试验区世博大道1859号宝武大厦1号楼 | 200126 |
| 宝武原料 | — | 021–20658393 | — | 中国（上海）自由贸易试验区世博大道1859号2号楼 | 200126 |
| 宝武环科 | www.bwhk.com.cn | 021–36588698 | 021–36588798 | 上海市宝山区漠河路600号东鼎国际大厦A座12楼 | 201900 |
| 宝武水务 | www.baowuwater.com | — | — | 上海市宝山区克山路550弄7号楼 | 201999 |
| 宝武清能 | — | 021–66788821 | — | 上海市宝山区宝杨路699号 | 201999 |
| 欧冶链金 | www.oylianjin.cn | 0555–2880195 | 0555–2884370 | 安徽省马鞍山市湖南路750号 | 243000 |
| 西藏矿业 | — | 0891–6872877 | 0897–6872132 | 西藏自治区拉萨市中和国际城金珠二路8号 | 850000 |

（续 表）

| 公司名称 | 网 址 | 电 话 | 传 真 | 地 址 | 邮政编码 |
|---|---|---|---|---|---|
| 武钢集团 | www.wuganggroup.cn | 027−86865018 | 027−86865018 | 湖北省武汉市青山区友谊大道999号 | 430083 |
| 宝地资产 | — | 021−36025666 | — | 上海市浦东新区浦电路370号26楼 | 200122 |
| 宝地吴淞 | www.baosteel-pecialsteel.com | 021−56679080 | 021−56670867 | 上海市宝山区水产路1269号 | 200940 |
| 华宝信托 | www.hwabaotrust.com | 021−38506666 | 021−68403999 | 中国(上海)自由贸易试验区世纪大道100号环球金融中心52层、59层 | 200120 |
| 华宝基金 | www.fsfund.com | 021−38505888 | 021−38505777 | 中国(上海)自由贸易试验区世纪大道100号上海环球金融中心58楼 | 200120 |
| 华宝证券 | www.cnhbstock.com | 021−68777222 | — | 中国(上海)自由贸易试验区世纪大道100号57楼 | 200120 |
| 财务公司 | www.baofinance.com | 021−20657307 | 021−68878969 | 中国(上海)自由贸易试验区世博大道1859号1号楼 | 200126 |

编辑：张 鑫

# 22

# 索引

# 索　引

说　明：

一、本索引采用主题词索引法，按主题词（专用名、人名）首字的汉语拼音顺序排列。

二、主题词（专用名、人名）后面的数字表示内容所在的页码。

三、内容有交叉重复的，在本索引中有重复出现的情况。

不动产　4,17,68,107,123,133,134,218,267,288,311—313,316,317,320,321,323,404,464,484,496,518

## C

H



J



K



L



M

T



W



X

# 《中国宝武钢铁集团有限公司年鉴(2021)》工作人员

总 编 审：张文良

编　　辑：张　鑫　李　冰　盛继军

校　　对：张　鑫　李　冰　盛继军

《中国宝武钢铁集团有限公司年鉴》编辑部地址：上海市同济路333号1号楼5楼
邮政编码：200940　电话：021-20657451

**图书在版编目（CIP）数据**

中国宝武钢铁集团有限公司年鉴. 2021 / 中国宝武钢铁集团有限公司史志编纂委员会编. — 上海：上海人民出版社，2021
ISBN 978-7-208-17476-4

Ⅰ. ①中… Ⅱ. ①中… Ⅲ. ①钢铁集团公司 – 上海 – 2021 – 年鉴 Ⅳ. ①F426.31-54

中国版本图书馆CIP数据核字（2021）第243546号

**责任编辑** 马瑞瑞 王梦佳
**封面设计** 陈酌工作室

**中国宝武钢铁集团有限公司年鉴2021**
中国宝武钢铁集团有限公司史志编纂委员会 编

出　　版 上海人民出版社
（201101 上海市闵行区号景路159弄C座）
发　　行 上海人民出版社发行中心
印　　刷 上海盛通时代印刷有限公司
开　　本 889×1194 1/16
印　　张 37
插　　页 4
字　　数 942,000
版　　次 2021年12月第1版
印　　次 2021年12月第1次印刷
ISBN 978-7-208-17476-4/F·2725
定　　价 370.00元